U0817265

孟子文獻集成

孟子文獻集成編纂委員會 編纂

山東人民出版社

圖書在版編目（CIP）數據

孟子文獻集成. 第一〇五卷 / 《孟子文獻集成》編纂委員會編. --濟南：山東人民出版社, 2020.1
ISBN 978-7-209-12316-7

Ⅰ. ①孟… Ⅱ. ①孟… Ⅲ. ①儒家 ②《孟子》-研究資料-匯編 Ⅳ. ①B222.55

中國版本圖書館CIP數據核字(2019)第227474號

項目統籌: 胡長青
責任編輯: 劉　晨
裝幀設計: 武　斌
項目完成: 文化藝術編輯室

孟子文獻集成（第一〇五卷）
《孟子文獻集成》編纂委員會 編

主管單位　山東出版傳媒股份有限公司
出版發行　山東人民出版社
社　　址　濟南市英雄山路165號
郵　　編　250002
電　　話　總編室（0531）82098914
　　　　　市場部（0531）82098027
網　　址　http://www.sd-book.com.cn
印　　裝　山東新華印務有限責任公司
經　　銷　新華書店

規　　格　16開（210mm×285mm）
印　　張　77.5
字　　數　620千字
版　　次　2020年1月第1版
印　　次　2020年1月第1次
印　　數　1-200
ISBN 978-7-209-12316-7
定　　價　900.00圓
如有印裝質量問題，請與出版社總編室聯繫調換。

《孟子文獻集成》編纂委員會

學術顧問 杜維明 張豈之 李學勤 牟鍾鑒

學術委員會

主　　任 陳　來

副 主 任 郭齊勇 李存山

委　　員 王　傑 王中江 王志民 王其俊 王鈞林 王漢東 孔德立 杜澤遜 李存山
李景林 吴　婧 袁汝旭 徐洪興 高兆波 郭齊勇 陳　來 孫明霞 梁　樞
梁　濤 董洪利 曾振宇 楊海文 楊朝明 趙　勇 鄭傑文 劉瑾輝 顔世安
顔炳罡 龔鵬程

（按姓氏筆畫排序）

編纂委員會

主　　編 王志民

副 主 編 杜澤遜 梁　濤 胡長青 李梅訓

委　　員 王　路 王恒柱 李西寧 李振聚 李國慶 黄顯功 張　勇 張志清 趙永和
趙紅彦 劉　晨

（按姓氏筆畫排序）

編　務　劉　晨　楊雲雲　孫　姣　李　濤　劉嬌嬌　張豔豔

趙　菲　呂士遠

組織實施

中國孟子研究院

山東人民出版社

序

《孟子文獻集成》是在孟子故里鄒城市委市政府鼎力支持下，由中國孟子研究院、山東人民出版社協同合作，共同致力完成的一項大型儒家文獻的搜集、整理、出版學術工程。

一

孟子是中國歷史上偉大的思想家、政治家、教育家，是僅次於孔子的儒家學派重要代表人物。戰國時期，戰争頻仍，『角戰英雄，六經泥蟠，百家飆駭』（《文心雕龍·時序》），孔學既黜，儒道中衰。孟子遵夫子之道，批邪説，正人心，發揚光大孔子學説，復興儒學，成爲孔子之後最重要的儒家傳人和先秦原始儒學理論體系的主要奠基人。韓愈論儒家道統由堯、舜、禹、湯、文、武、周公代代相傳，言及『文、武、周公傳之孔子，孔子傳之孟軻。軻之死，不得其傳焉』（《原道》），又説『自孔子没，群弟子莫不有書，獨孟軻氏之傳得其宗』（《送王塤秀才序》）。可見，後世尊孟子爲『亞聖』，稱儒學爲『孔孟之道』，實爲孟子歷史地位使然！

《孟子》一書，是孟子及其弟子編著的全面反映孟子思想的儒家經典著作。漢文帝時，即曾設立《孟子》學博士，全國推闡。六朝時期，玄學、佛學興盛，儒學式微，《孟子》亦受冷落，但唐宋以後，隨着孟子地位的大幅提昇，《孟子》一書越來越受到統治者和學者文人的廣泛重視。唐代大儒韓愈倡論中國文化道統，其《原道》之説，影響甚大，已掀『孟子熱』；北宋時期，《孟子》與《論語》俱列入『十三經』之數；南宋朱熹作《四書章句集注》，将《孟子》列『四書』之中。南宋統治者更將其正式列入官方之學，設爲科舉考試科目，欽定爲必讀經典，學孟子、讀《孟子》，蔚然而成社會風氣。此後，孟子地位進一步提昇：元文宗封孟子爲『亞聖公』，尊其爲『百世之師』；明清兩朝更大推『四書』，地位儼然超越『五經』。《孟子》與《論語》並行，上自帝王，下至百姓，家有之，户誦之，『所研究者惟「四書」，所辨訂者亦惟「四書」』（《四庫全書總目·四書大全提要》語）。孟子思想，深入人心；《孟子》之學，遍佈各地；《孟子》

文獻，汗牛充棟。

根據我們的初步調查，歷代《孟子》文獻有兩千種之多。這些文獻，依孟子學史的發展，大致形成了以下幾点較鮮明的時代特徵：宋元文獻多義理闡發，以朱熹《孟子章句集注》爲代表；明代以王夫之《讀四書大全説》爲代表，多從心性之學挖掘孟子豐富的思想内涵；清代孟子學最盛，不僅産生了以乾嘉學者戴震《孟子字義疏證》、崔述《孟子事實録》爲代表的大量考據、辨僞著作，還出現了集前人研究成果之大成的焦循《孟子正義》。大致可以説，以東漢趙岐《孟子章句》爲發端，歷代學者多所闡釋研究。尤其宋元以來，孟學實爲千年『顯學』。《孟子》文獻内容所涉注釋訓詁、義理闡發、思想挖掘、考證辨僞等所有方面，其對孟子及《孟子》文本的研究廣度、深度可謂前無古人，後難爲繼。尤爲重要的是，歷代學者秉持儒家人生理念，一生所繫，立德立言，以『爲往聖繼絶學』爲生命追求之本，往往傾一生之力終注一經。孟子文獻不僅真實地展示了孟學及儒學發展的歷史，也留下了代代學者治學的心路，實在是應該认真进行挖掘整理的傳統文化瑰寶。

然而，毋庸諱言，孟子文獻的收集整理向未受到應有的重視。這固然與二十世紀以來，儒學命運多舛有關：批孔之時，孟子亦受其累；近數十年來，『孔子熱』不斷升温，孟子受冷落的現象却未有大的改觀，歷代孟子文獻迄未收集整理即是一例。據我們不完全統計，包括臺灣在内的中國圖書館，現存宋元至清代的刻本與鈔本計有一千二百餘種之多。由於各種原因，百分之九十餘未曾整理出版，而百分之七十以上仍處於人所罕见的塵封狀態。歷史的責任，現實的需要，未來的期盼，都在呼喚能有一套《孟子文献集成》的編纂出版。

二

二〇一三年四月底，孟子研究院在孟子故里山東省鄒城市正式成立。時值一年一度的『孟母文化節』，同時進行的還有由鄒城市、《光明日報》國學版、山東師範大學山東省齊魯文化研究院共同策劃主辦的『孟子公開課』開講儀式。來自國内各著名高校的部分主講學者和與會專家對孟子研究院成立後的學術規劃提出了許多建設性意見，多位專家提出了編纂《孟子文獻集成》的建議。

同年十月二十九日至三十日，孟子研究院學術委員會第二次會議在主任陳來先生主持下於鄒城召開。會議就《集成》的立項和編纂事宜進行了認真深入地討論，參閱審查了初選孟子文獻書目，形成了以下四點共識：一是孟子文獻的搜集、整理向稱薄弱，絶大多數迄未面世，影響了孟學研究的深度和廣度。編纂《集成》，填補空白，意義重大。二是要在廣泛搜集、精心選編的基礎上，力求將《集成》做成收羅全、質量高、權威性强的精品學術工程。三是应制定具体工作規劃，選編文獻时代可由遠及近；文獻收集範圍，宜先國内後國外，分段完成，穩步推進，確保質量。四是在孟子研究院學術委員會基礎上，应增加部分孟子研究專家，充實到《集成》學術委員會，選聘孟學研究、版本目録、館藏出版等方面專家，組建高層次、有效率的編纂部和工作班子，扎實有效開展工作。

在經過編纂部四次召開籌備會議和系列籌備工作基礎上，二〇一四年五月，在濟南召開了特邀專家選目審查論證會。來自北京大學、中國人民大學、山東大學等全國各地的十餘位孟子和孟學史專家就編纂部提供的《集成》選編總目（國内）進行了認真研析、讨论審查。這次會議的召開更堅定了大家对編纂《集成》的信心和認識，許多專家從長期孟學研究的切身感受中充分肯定編纂《集成》的重大意義，一致認爲：這是一項立足當前又澤被後世的重大學術工程；目前国内編成的經典文獻集成中唯獨没有孟子文獻集成，这不僅是文化建設的一种缺憾，也从多个方面影響了孟子研究的深入和拓展，从这个意義上説，該項目的实施确是一項填補空白、意義深遠的學術工程。專家們特别指出，這項重大學術工程，由山東，特别是孟子故里鄒城市支持，由孟子研究院、山東省齊魯文化研究院牽頭承擔，正是歷史責任與當前文化建設的最佳選擇。相信《集成》的出版，對於提昇孟學研究、促進孟子研究院發展、推动山東文化强省建設，贡献巨大，意義深遠。會議還就選目原則形成以下共識：一是《集成》應當是一套研究孟子文獻的集大成之作，所收以獨立成書的研究《孟子》專書爲主，兼顧其他，儘量收全。對孟子文獻的含義可以放得寬一些，對書名没有『孟子』的，例如以『四書』『諸子』爲書名的，也要注意在考察辨析基礎上做好，要高標準、高質量。二是《集成》應兼顧古籍的重要性與稀見性，做到常見書精選善本，重要文獻不遺漏。三是海外孟子文獻應作爲一個工作目標，與海外學者合作，广匯博收，規劃編纂。四是時代大致截止到清末，現代部分可作爲『附編』或單獨列編收集出版，部分難以收入文獻應附列存目。這次專家會議的意見，得到二〇一四年六月五日召開的孟子研究院第二次學術委員會的重視和確認。

在籌備、啓動《集成》的整個過程中，得到鄒城市主要領導及社會各界鼎力支持。山東人民出版社主動、積極地參與了各項工作。二〇一四年八月二十八日，在山東省第五届文博會上，省有關領導和衆多媒體記者見證了孟子研究院與山東人民出版社共同簽訂《〈孟子文獻集成〉編纂出版協議書》的过程。

經過編纂委員會及有關方面的共同努力和各相關圖書館的大力支持，宋元時期傳世文獻已基本全部收録，共四十八種，分裝十四册，已於二〇一六年初首批出版發行。其中，收録宋元刻本十四種，海外善本四種，第一次影印的即有十六種，屬於披沙揀金的珍本，將爲孟子文獻及思想研究提供寶貴資料。

第二輯精選明代孟子文獻八十一種，分裝爲三十二册影印，已經於二〇一七年三月出版。

第三輯爲明代文獻的第二批，共收入著作四十五種，分裝爲二十册影印，其中五種來自日本，三種來自美國；其他部分也多爲稀見的珍本和善本，已經於二〇一八年三月出版。

第四輯，共收録著作六十二種。其中，明代著作四十八種，分裝爲二十四册；清代著作十四種，分裝爲十册。共出版三十四册。底本皆爲精選珍本善本，其中，明代刻本四十種，清代刻本二十二種。又有二十三種來自日本，多爲國内未見，彌足珍貴。

本次出版爲《孟子文獻集成》第五輯，清代文獻之第二部分，也是《集成》編纂以來，收録文獻最多的一輯。共收入著作三百六十八種，分裝爲一百册；至此，自康熙朝至清末絶大部分與《孟子》相關文獻已基本囊括。其中：來自日本的珍稀文獻八種；稿抄本二十六種；孤本二十二種，國内未出版者達三分之二以上。

編纂出版《孟子文獻集成》，既有利於深入挖掘孟子思想精髓，洞見《孟子》世代傳承的歷史場景，又有利於珍貴文獻的保護、傳承和共享、共用，是惠及當代、澤被後世的文化善舉。值此共出版二百册之際，我們對國内外各有關圖書館和學界同仁的鼎力支持與真誠合作表達崇高的敬意和誠摯的感謝！

讓我們黽勉同心，共同努力，以期這一重大學術工程的圓滿完成。

王志民

二〇一五年四月十二日第一稿

二〇一八年三月八日修改第二稿

二〇一八年十二月十二日修改第三稿

二〇一九年十月六日修改第四稿

凡例

一、《孟子文獻集成》匯聚歷代關於《孟子》之著述，要其旨歸，不外經學之考證、義理之推闡、文章之批點，故舉凡注釋、析義、批點等書皆酌加收録，大致以著者時代先後爲次，俾經學之大，義理之善與夫文章之美，庶幾由此而知。

二、《孟子文獻集成》選用底本多未經整理，或孤傳海外，或秘庋深閣，學者既不能徧歷中外而窺其概貌，又不能盡探二酉而知其大略，不能無憾焉。今集爲一編，則學者循覽而知《孟子》一經之本末，歷代著述之昇沉。

三、各書或得自日本、美國，或攝自國家圖書館、天津圖書館、上海圖書館、浙江圖書館、山東大學圖書館等。底本皆經選擇，其存世孤秘，列爲首選，而後出佳槧，流佈稀少，亦資採摭。

四、諸書著録書名、卷數、著者時代、姓名、撰著方式及版本，覽者便焉。

五、著者真僞，學者所重，凡有歧異，均於著者前加『題』字，略示區别。

六、諸家解《孟》之作，或爲獨立成書者，或爲總集内别裁而出者，或以『四書』著述總題者，今所匯集，以能獨立析出者爲斷。其單篇零什，概所不收。

七、裁出之書，凡原有題名者，概依原題，而於版本項注其從來；凡無獨立題名者，則仍用大題，而括注『孟子』二字；其不能析離者，則全書收録。

八、是編博訪廣蒐，固難周徧，續有所得，拟輯《補編》，庶免遺珠之憾。伏望博雅君子，匡其不逮，補其未備，是所幸焉。

目録

序　一
凡例　一
四書玩注詳説（孟子）十四卷首一卷（一）　一
清　冉覲祖輯　清　孟鐈訂

四書玩注詳説（孟子）十四卷首一卷（一）

清 冉覲祖輯 清 孟鐈訂

清康熙二十八年寄願堂刻本

四書玩註詳說序

嘗聞學術係於人心人心關乎氣運學術不明則人心不正此氣運升降之大機也吾夫子删定贊脩接堯舜以来相傳之道

盱眙王氏十四間書樓藏書印

具載於六經而發六經之精蘊者莫詳於論語其言仁言孝言敬言恕言學言政蓋聖人如天然元氣渾淪萬理無不包涵於中曾子悟一貫之旨述聖經以

作大學明明德新民止至善格致誠正脩齊治平外有以極其規模之大而內有以盡其節目之詳子思得之以作中庸性道教之闡發存養省察之微密舉

三達德五達道九經而貫之以
一誠極其效至於位育參贊而
其實不越戒懼慎獨之際孟子
七篇推本性善而特指仁義禮
智四端要歸於察識擴充此一

聖三賢所以為天地立心為民
物立命為往聖繼絕學為萬世
開太平天之大有意於斯文也、
孟子沒而其傳泯焉異端虛無
寂滅之教百家權謀功利之習

俗儒記誦詞章之學羣言淆亂
無所折衷此正學之所以日晦
也有宋河南兩程夫子出始
教人讀論語渡識大學中庸於
禮記中於孟子則有解四書之

名實眆於此至朱子而表章發明之稽往古之載籍攷近世之文獻而折衷以義理之權衡使人先讀大學以定其規模次讀論語以盡其蘊奧次讀孟子以

觀其發越然後會其歸於中庸
又曰主敬以立其體窮理以致
其知反躬以踐其實然後孔曾
思孟之傳煥然如日中天使學
者有所依據持循以入於堯舜

之道先儒比之孟子以為孟子之功不在禹下朱子之功不在孟子下信然哉繇是而歷元及明朱子所註四書自黨庠術序以及里巷山谷家絃戶誦髫而

業之竟白首如飲食裘葛之不
可易也而風氣純質人文郁盛
道學昌明於戲何其偉歟迨正
嘉間姚江一派深與朱子牴牾
不循居敬窮理專任良知視經

傳註疏皆可損棄一時人士樂其簡便羣起而附和之正學湮晦蓋二百餘年於茲矣　永光先生慨然憂之曰是吾之責也夫是吾之責也夫爰亂四書集

詮研精覃思二十年章求其旨句求其解字求其訓以身體之以心驗之惟其心與聖賢之心相融洽故其言與聖賢之言相符契溲訂正羣儒之論要歸於

一是沈潛久故體之深剖晰精
故言之切集成名曰玩註詳說
刊行以廣其傳余靜中反覆披
讀天地古今之淵涵千聖萬賢
之微密包羅無遺而醇正確實

莫有過爲恭逢

聖天子在上接堯舜心傳闡洙泗

精藴經書解義悉本程朱得

先生此書須發學宫使人縣而

行之敬義夾持誠明並進俾異

端邪說不得以干正而賢智之
過亦無所逞其聰明意見則學
術明而人心正氣運臻於淳古
趣斯文於將墜覺來裔於無窮
然則　先生之功又豈在朱子

下扎余質性愚鈍垂老無聞方
愧於道未有所窺私幸其與
先生之見若有合也故聊爲序
之如此
康熙二十八年歲次己巳仲春

嵩陽耿介書於敬恕草堂

四書玩註詳說序

冉子永光輯四書玩註詳說既成以示其友李子李子受而讀之不禁作而嘆曰古今註疏之多無有踰於四書者蓋自勝國以四書程士 本朝因之合三百餘年學士大夫之鑽研講求罷精神於其中者不爲不專且久矣然卑者拘牽字句斜纏章旨往往種荆棘於康莊高者附會禪宗過求元妙陷溺人心又不啻開門而揖盜焉噫言四書於今日自非以篤實光明之質而又沉潛體勘深契性命之原者固未易折衷前人而遂期其可傳也冉子弱冠以第一人登中州賢書制藝妙絕流輩乃其爲學最稱淹博諸如爾雅方言山經地志以及種樹卜筮星相

青烏子之書無不讀欒翰撫桐投壺較奕無不精也已而悔之屏藝術一心志專於四子之書肆力焉初取紫陽大註閉戶而伏誦之腐心枯腎已既有年乃復上下數千餘載盡搜諸家註疏一一羅列之於几案芟其荒謬存其純粹次爲一書其所發明務極詳盡不厭繁重多至三千餘葉二百餘萬言自古以來蓋未嘗有已然要其指歸又一一如大註之意而止絶無蔓詞複句異端之說貌合而神離者得濫厠於其間斯固非諸家之書而仍爲朱子一人之書也其用心不可謂不勤而功不可謂不偉矣或曰大全語類蒙引存疑集說以及晚村滄柱所著不綦明備歟予曰鈎元纘要矻矻窮年宋元諸儒　國朝顧彥固已

昭揭蘊奧而樹之禆楔矣然人各爲書家自成帙繩樞甕牖之士既苦無力不能盡致而遍觀之而又其爲說多獨抒已見指摘前失議論紛紜無所統攝求有判同異而歸於畫一者莫不益難乎若夫冉子之書擇焉既精語焉復詳蓋經二十餘年而後乃能脫稿剖古今不决之疑發經傳合一之旨弘綱細目備載無遺實有度越乎前人者豈易言哉予得交冉子始自丙辰且十年矣每見其爲人深沉恬淡中無畛域夙切嘆服之私今于是書而益知冉子之所討論删定而輯之簡編者皆其驗諸踐履而確然見其不可易固非揣度影響如世之著書者比也冉子冉子其人可以傳矣其書可以傳矣時

康熙二十五年歲次丙寅冬十一月望後七日襄城年家同學

弟禫服李灼然來章甫頓首拜撰於禮山園

四書玩註詳說自序

四書古未爲一編也漢孝文時論語孟子並置博士元成間安昌侯張禹以魯論名家復合齊論而考之刪其問王知道二篇從魯論二十篇爲定號張侯論當世重之終西漢孟子不甚著故藝文志次論語於六經孟子襍儒家諸子僅與孫卿等漢末臺卿趙岐始析孟子十四篇而爲之註焉安昌後註論語者數十家鄭何並行於世而皇侃疏十卷爲備宋邢昺正義實因之臺卿後註孟子者只陸善經一人宋孫奭正義本趙註而時蕪陸說此程朱以前語孟之大率也學庸乃戴記篇目不自行世其註疏具禮中與論孟判然不相入蓋語孟各有專家而學庸

同爲禮無所謂四書也及程子教人以論孟學庸爲本爲論語說孟子解於大學次其簡編發其歸趣中庸解見於石子重所集録於是四書合矣而猶未正四書之名朱子推本二程合右註疏而折衷之爲語孟集註學庸章句其言曰論孟學庸此四書當以序進又曰四書道理粲然若理會得四書何書不可讀何理不可究何事不可處此四書之名所由與五經並垂天壤而不敝也丘瓊山曰四書之名始於宋考之核矣論語二十篇學其體歟政其用歟仁爲其經知禮樂其緯歟義不與仁並稱而言之屢屢可以相通也終身行恕爲一言之要修己以敬尤徹上徹下之道也顏子以博約體聖教曾子以忠恕証一貫觀

其高第所發明而知孔子之道固皆實而可循也曾子十傳證以詩書參以己意於經文所謂格致誠正修齊治平者瞭如指掌而誠意之慎獨平天下之絜矩其經外有獨抉之秘乎中庸所引孔子語不具論首闡性道教及中和之名義而存省之功位育之效內聖外王統在是矣中言道之無不包後言誠之無不貫可謂深入理窟自闢一境地也孟子七篇發前人未發爲多要亦有所元本爰資雄辨以大暢其說耳人謂孟子以仁義折利國之問傳於子思不知此即孔子義利之分也言必以孔子之言㨿存示其要言性以孔子之言秉彝好德定其歸言養氣則宗曾子自反而縮之大勇性善仁義禮智即子思天命之

性也情善四端即子思喜怒哀樂之發皆中節也思誠人道即中庸所謂誠之也井田學校富教之科條崇王黜霸無道桓文之家法也惡鄉原禀亂德之防闢楊墨杜異端之害也前後若合符契孟子所言其揆一者予於四書見之矣原程朱定四書之意則又不僅以其言道之同而實以敘道統之所在古今言道統者莫詳於書堯舜禹一中授受其後由湯而文武周公繩繩不絕至孔子道統變而在下恐人謂道至孔子而止定爲四書以見由孔子而曾而思而孟歷有傳人爲不絕之緒見四書者在孔曾思孟爲言道之書在程朱爲敘道統之書四而一也

國家程士經取其專書取其無場屋先書藝而後經藝所重有在

矣欲士子體程朱之註以說孔曾思孟之書講明道理取法聖賢嚴正學以興而人才以盛顧其得於中者無可見其發爲言者則存乎文凡場屋之以文衡士非徒取文也以覘其讀書有得否也多士相沿謂場屋以文爲衡遇不遇係乎文彼四書者祇借徑耳其功深於爲文而淺於說書叩之則曰吾說書取足爲文而止勿庸過求也噫亦倒置之甚已夫所謂取足爲文者習講章一二語不究源委卑者影响疑似演爲寬套不切之文著紙已屬高者標新領異自成一家其弊也日就支離汗漫而與書旨背馳是不特于程朱之註孔曾思孟之書弁髦視之而于 國家程士講明道理取法聖賢之意亦不相謀矣若然何

不如前代以詩賦詞曲取士而必以四書爲也予謂善讀四書者初若不知爲作文計但取其書精思而潛玩之洞悉其義理體認其口吻以聖賢之言會聖賢之心既得聖賢之心而益無扞格於聖賢之言久而吾心吾言與聖賢有水乳之合其發爲文也以所洞悉之義理體認之口吻目注手揮得意疾書其平不膚其奇不詭簡不爲促繁不爲冗未有不佳者也予嘗語學者孔曾思孟之書程朱之註不僅爲文章用而學者皆河漢吾言駴愕不肯信也殆難以偏藝滕口說也予以鈍資復值僻壤靜寄一室日手四書不置有疑無所從質仍求諸簡册問故帙新函襍置几案每一字不能[illegible]一句不得轉必盡取而翻閱之

以求得其說而後已其不得者反覆涵泳以己意稍通之十餘年所積紙三千餘葉二百餘萬言編摩成帙名曰玩註詳說玩註者玩程朱之註即所以玩孔曾思孟之書參以大全語類蒙存淺約諸書爲之羽翼其說本詳者連類互見而不厭其詳本畧者亦旁蒐曲証而不憾其畧務使學者於四書中纖毫無疑斯稱快焉雖然亦烏能無疑乎要在大意無滯礙而已抑聞之朱子曰居今之世孔子復生不免應舉應舉則不能不從事爲文文非可輕也學者苟以王唐歸茅自命雖欲不取孔曾思孟之書程朱之註精思而潛玩之亦不可得何也文與書非二物也培其根以俟其華濬其源以引其流如是必得佳文而

國家亦愈以得佳士若能直溯孔曾思孟所以各爲一書言異而指同者何在程朱所以定爲四書昔分而今合者又何爲則進爲文一等矣予故備言之使讀四書者無昧四書所由來也

時

康熙丙寅杪秋牟陽冉覲祖書於家塾之寄願堂

四書玩注詳說序

憶昔同冉子永光讀書萬勝岡上之書舍冉子裁弱冠予壯未冉子於大全蒙存淺約諸書無不披閱而點定之爲時輩所宗癸卯冉子移居邑中復結社於趙氏草堂晨夕栢對揣摩制舉業秋冉子獲解首去社遂辭予以貧授徒自給不問戶外事冉子盛負時名知交徧四方詩文應酬碁酒徵逐無虛日冉子厭苦之乃自搆草廬於魯廟西郁魯廟者漢魯仲康童稚遺蹤所也草廬成冉子杜門潛居栽花種樹時科頭短衣襪諸農夫不能辨値九月冉子菊開繞籬折簡招知巳予與焉酒闌冉子謂予曰吾輩讀書苟無所見亦已耳有所見而不謀所托以傳是

自棄也不朽之業豈必在遠哉孔曾思孟之微言具在四書學者祇藉以獵取科名而不深爲研求程朱之註僅於制義所急需者撮其字句棄全書不肯讀恐久而薄程朱廢傳註異說且蠭起矣予欲取舊所点定之書參以新編裒爲一集開示後學念此非歲時可竟我二八其共任之顧麟士楊子常相與商確成書學者稱兩先生不衰勉爲企及予有意乎予曰是吾志也譬之獵予其獲兕予爲之發豝焉譬之渡予其張颿予爲之鼓枻焉冉子於是下帷目閱手錄寒暑弗間藁竣一卷卽以相付予偕有補綴務期詳備不啻鑄隙蓋予向輯四書三易藁而未就今則統於詳說一書中矣將授梓有代爲籌者曰是書詳閎

詳矣其如卷帙過煩爲後學所望而却步何予笑應之曰世俗之學但熟註頭小講足以撐腸拄腹矣眼孔如是而忽於几案間遮卷累而積有數尺奚怪乎其以爲煩而不敢讀也予謂讀書雖視其識解之有無耳心不能盡書而書不能外理書之理無異於心之理展卷而讀掩卷而思兩相須也當其掩卷沈思時書理踴躍現前或豎一議或發一疑起而質之於書皆缺畧無所取衷是書可以不讀也或豎一議或發一疑起而質之於書一一剔抉無遺若先我意而設爲問答以相待也是書豈不可不讀也然則謂讀書取其簡不取其煩者正不知其識解居何等耳今人即不讀大全未有不聞大全之當遵者誠取大全與

是書並觀大全猝讀之段落迷曰句讀拗口是書則綱目分明點圈醒豁叢列之中自有鍼線二者難易一寓目即能辨已謂是書難讀者畏難而云然也非既讀之實見其難而云然也易云蒙以養正聖功也養童蒙者讀書未能博窮理未能精要當先授之以正久之由正而博且精可以了書旨可以證文訣并立心制行皆於是有得焉若避難就易捨方從圓承訛踵謬流於異學而不覺即遇名師指示而痼錮已深故態時作將爲終身膏肓之疾不可以瘳夫周行雖遠按程而前少費時日無不至者違周行而趨便徑誤入荆棘足重繭而不能至矣故書患不正不患其煩是書童蒙無不可讀也雖然冉子有言寧徵諸

一二有識者之信不避天下百無識者之疑冉子但欲存此書使聖賢之旨不至晦蝕後學之能讀不能讀亦聽之而已或又曰冉子殫精力而成書貸金錢而命梓固當求其多售子何言之迂也予曰多售甚善而曲意以求售則大非也冉子於此寧有利名之心哉其積學有年八上公車而不遇不形怨尤有勸之留意場屋風氣者冉子輒謝不能也詩歌古文可爲大集問世多散佚不自珍惜叩之則曰吾聊以寄也家貧用常匱不以猝牘通宰官爲自潤計其田半荒廩無儲冉子若罔聞叩之則曰彼有掌者不以撓吾意也其行誼人所共諒而殫精力貸金錢如是以爲利名之階必不然矣且本欲講明道理開示後學而

次其書晦其理以希多售亦何爲乎予雖鹿鹿無聞頗負薑桂之性使冉子而存利名之見予早割席求去不忝末議矣此我二人之所深相信者也冉子今行年五十自提前至六十僅十年之讎校爲書二三種六十後周遊山水尋名勝以娛老顧予衰矣他年山水之遊不知能有濟勝之具杖履相隨否十年讎校猶願濡毫從事矣時

康熙二十六年丁卯立秋後一日傘山孟鐈公飛氏序

凡例

讀白文是看書第一着不可一滚讀去須逐句逐讀反覆玩索方得義味尋常圈點易訛茲並用句讀字以界之如學字下用讀而時習之下用句是也○有不可爲句讀而口氣宜略斷者於句讀外增一頓字如物有本末物字宜畧斷也○又有口氣本不宜斷而於下文虛實有分者亦用頓如在明明德在字當頓不可在明二字連讀也○又有虛字管攝下文者亦用頓如道盛德至善道字綰至忘也必忠信以得之必字綰至失之皆宜頓也○有數字緊連不可讀斷者則用某某連以見其與上下文有微分如學而時習之時習二字當連道千乘之國千乘之國四字當連也○有頓與連可互見者如皆自明也知自明二字連則皆字畧頓苟日新知苟字畧頓則日新二字連也○又有俗讀之誤者如是故君子無所不用其極多於是故君子讀斷殊非語氣宜是故二字畧頓君子連下爲是故君子語大都須於故君子讀斷不可槩論○未有上好仁而下不好義者也多於未有上好仁讀斷不成文理須將上好仁而下不好義連讀以未有二字貫之故未有二

字宜先作一頓也、○句讀頓連四字、要在隨文斟酌、姑擧數端、以見其槩、

朱註分段截講、本大全舊例也、大全小註某氏某氏上下連綴、不得分朗、今則朱註每段提起、大全某氏某氏、亦每段各爲起止、嘗存淺約諸書與某段相發、卽附某段後○大全辯於某氏某氏另提甚善、然將朱註總錄、而以某氏某氏統附其後、倉猝不辨某氏之訓註某段、不如分截朱註、以某氏某氏附之、較便也、

古註疏多異說、經朱子折衷後、固已探驪取珠、餘皆鱗爪、而瑣屑有宜詳者、間錄一二、以輔朱註、而非以反古○大全明成祖時所修、大有功於後學、但採錄龐雜、不能一一精當、今人所以有遺憾於胡金諸公也、然昔爲其難、今爲其易、不可存非薄之見、是書於大全存者七八、去者二三、非敢臆爲芟除、實以卷帙浩繁、不能備載云爾、○大全辯所續、多新說、與先儒不類、學者勿以後來居上而謾信之、○會纂大全每以時說竄入先儒語中、淺兒貽誤、所引蔡氏亦多蒙引所無、讀者辨之、○崇道堂大全註、去取不苟、所節數語、亦復可觀、今所採、卽以崇道堂繫之、

語類載朱子及門人問答之語、大全朱子諸說、強半出語類、其中有一段截取數語

者有三兩段合爲一段者意取簡便而間有不合原説或本詳今畧仍從語類以正其誤去煩言贅字勝原本者則悉依大全○學庸或問已俻載大全中其於論孟或問僅節取之今亦不能俻載而廣爲之增入○中庸輯畧可與或問相表裏無暇博收僅及一二

蒙引折衷大全存疑繼之相爲發明二書稱指南之車是者十九非者十一白璧微瑕求全爲累今乃有人痛詆蒙存甚可駭也○淺説爲行世第一部講章後來多藍本於此與蒙存不可朴無也

直解條晳詳核統貫衆意雖於白文語氣稍嫌襞積以視今日空油正爲對症之劑但是書內講章務從簡明不能俻錄

説約於書理蓁蕪日有廓清之功固其識解卓越亦其聞見該洽所採諸書今多不得見其全本殊媿孤陋不逮前人也纂序串以講章附以已見詞簡意正不晦不支人置一部童而習之白首不釋取其便也自合參廣出臧否各異而纂序於是萃矣近亦爲名流所詆然在上玉固非謂書理盡於此也

集說最是細心體認之書，於大全、蒙存、淺說，字斟句酌，一一別白，成一家言。注疏直解用其說而掩其名，餘書無採用者。獨仇滄柱留意此書，乃知大家自能具眼。

翼註新舊說參半，其筆力過八百鍊而出，往往以片語括要義，故諸書多採之。

說統、心訣、好辯、諸家辯、指南、湖南講諸書，至今日應爲名流所不屑寓目。然大全、蒙存諸書精於說理，而聯絡篇章、剔挑字句有不暇及，而說統、心訣數種各有偏長，不可一切屏斥也。披沙揀金，剖石求玉，何得概以沙石而擯之？

體未立說正大，因註頭簡編有限，言不盡意。若將全書盡作辨義發揮，則書無遺蘊矣。

彙解一書採摘謹嚴，評隲詳慎，空其紙貴一時；正解、集成嗣出，可以鼎足而三矣。他有未行中州者，不及見也。○吾鄉漳南李夢沙羣言折衷行世已久，有採輯，無論斷，無從收入是書。中間歸德某四書正、孟津某四書會解，道遠未及致；又如新安陳元熈於四書考究功深，向見其藁積數寸許；尉氏李伯和亦有成編，以未刊行，故是書缺如不備。

近來名手操選政評語多出羽翼朱註仇滄柱呂晚村二家尤膾炙人口予向欲彙之成編而晚村令子已輯爲語錄趙殿颺於集成備採滄柱文徵評語予有實獲之歎續入是書甚多其於集成外從文徵選入者亦復時有

廣炬訂載前輩評語久爲擧家所資今擇其有裨書理者錄之論文之精當者亦或附焉

諸書中說之無可取者有參差之有雖屬可議而或猶有從之者則存之以備一說不敢專憑一人之見也○說之善者又不可混於所施有實發正意者有推前後意者有借客形主者爲之分別孰爲正意孰爲前後層孰爲主孰爲客庶不致有倒置喧奪之患○引用諸書前後位置各從其類雖若散列而暗有針線即如一節書有朱子數條或昔前今後或昔後今前大全某氏某氏以及蒙存無不皆然大抵正意居前旁意居後其說相爲發明則必編之一處令其首尾相啣也

凡採其說必著其姓名以溯所自若畧其姓氏竟似㫖爲己有者非君子不沒人善之意也予所不敢○有一說而諸書雷同不辨始於何人採某書則繫之某書以

仍其舊

講章爲幼學而設但取訓明口氣其精義散見於諸書不必悉撮入講中也是講斟酌淺說纂序直解本義集說體朱彙解正解集成而爲之不敢苟同。講用圈點且於左旁以短橫界斷使知講章某句爲講本文某句語氣劃然。他書朱註總錄講貼註後茲則朱註分截隨附衆說故以講章統貫其後也

總旨務期詳盡其確然可從者居前從違兩可者次之偏辭旁意又次之。大全蒙存諸書皆主於隨文見義不立總旨近講爲作文計非總旨無欛柄矣用之爲便。他書標總旨於章首取其開端即見大意也愚謂圈外總註往往有堪作旨者前後兩見則重出分外立意則相妨不如以旨附總註後爲歸於一如鄉黨篇皆有記孔子云云若於章首標旨又當何說乎。有總註則隨總註發明無總註則以總旨括之諸說備見於前總旨收繳於後此亦由詳歸約之義也

本文高二字頂格朱註高一字皆大書大全以下諸說平行字微小旨字講字亦高一字以便檢閱愚所僭爲評隲則皆雙行小字益不敢與先儒及時賢比肩也。

凡先儒成說及時賢創議鄙衷稍有不安即形之評隲期效一得之愚然或看本文不徹過執己見者亦有之總爲發明書理非曰雌黄人物也閱者鑒之

書無圏點最不醒豁而濃圏密點亦覺可厭兹於平常敷演之說只逐句加點稍有意味者逐句加圏有關肯綮者連點或間用尖圏最喫緊須記誦者方連圏使學者一望知其緩急幼穉不能徧閲是書但究心於連圏點者亦可得其大意○音不暇正無平上去入旁圏向有校正字學首誤寫誤一書倘俟刊行

少年共筆研之友今皆散處唯與孟子公雍晨夕把臂每一卷蕆成公雍即爲訂正予固殫十年之勤公雍亦數易寒暑焉○公雍書窺程朱之奧文登王唐之席共於歷科程墨及房行各稿日閲手録皆成卷帙是書竣予將與公雍同事文選以公海内且予三人同治尚書尤期其爲尚書詳說倣四書之例倘得卒業則願畢矣○予社執牛耳者楊子半千齒登大耋不能兼筆而面相商確時出特見録其數則以見一斑又如毛子雲翮張子玉林孫子雨三畀子肱艮張子黄石往還予齋中與會所至每有恭酌片言隻語必爲登之受業趙子象九朱子雲漢邊子雲

崇吉人、師子天木、劉子雲生、右臣、孟子行、而李子向、樂周子子新、仲舒、徐子乾公、
許子希曾、王子沛蒼、吳子天凝、馬子駿生、梁子子曼、董子漢儒、秦子長卿、姪孫時
温志、法則校閱鈔錄、各執其事、或以數語質疑、亦不可沒也
是書成、復摘其要語、書之註頭、使幼學熟讀精思、遇不能了然處、則以全書質之、名
曰四書提要、以倣朱子通鑑綱目大書提要之例。○愓顧說約而不得約、竊予何
人而欲舍筏、經渡必不能矣、詳說者由博返約之筌蹄也、繼之提要、庶其約乎
梓工數十、至自金陵、遴其尤者、付之剞劂、雖未敢稱精妙、而每一葉出、予姪門人遍
相傳閱、陰陶亥豕之訛、即時改正、此則較他刻為擅勝也
坊間鋟板、首嚴翻刻之禁、予嘗病其私、是書非賈人射利之舉、不以翻刻為嫌也、但
得工良無訛、足徧海內、則予心大慰矣、或曰家藏此板、如置美莊、可為後人療貧
予曰貧者士之常、貧而好學、遠踰富而嘗利、吾欲後人之善讀是書、不願後人善
鬻是書也。○四方博洽之士、倘肯補其掛漏、一函見示、當即增入、或摘其紕繆、亦
當急為修改、蓋此書期於開發後學、惟恐錯指徑路、在己無長可炫、無短可護、凡

屬學者視爲公共之書同若可正之在從此日得聞所未聞則是藉此書以請益也幸甚幸甚

泳光氏誠

孟子[illegible]說

[illegible]人也[illegible]曰孟子魯公族孟孫之後漢書註云字子車[illegible]

[illegible]軻[illegible]騶亦作鄒本邾國也

[題註][illegible]也[illegible]子男子之通稱也此書孟子之所作也故總謂之孟子其[illegible]者

[illegible]有各[illegible]孟子鄒人也名軻字子輿未聞也鄒本春秋邾子之國至孟子時改曰鄒矣

國近魯後魯為[illegible]所并又言邾為楚所并非魯也今鄒縣是也或曰孟子魯公族孟

孫之後故孟子仕於齊喪母而歸葬于魯也三桓子孫既以衰微分適他國

按序說本史記[illegible]分注[illegible]趙氏今依趙岐孟子

題辭稱之其見[illegible]全載朱說存其一以示異也

[孟子]題辭[illegible]孟子字子[illegible]本闕孔叢子云孟子車註一作子居居貧坎軻故名軻字子

居亦[illegible]子輿子[illegible]皆[illegible]傳會

[illegible]父激公宜一云孟子父名激字公宜母仉氏夢神人乘雲擁龍鳳自泰山來將至于嶧

[illegible]凝視久之忽見光雲隆而[illegible]見五色雲覆孟子之居而孟子生焉出闕里誌

○[illegible]孟母[illegible]有賢德教其子以居[illegible]舍近墓孟子之少也嬉戲為墓間之事踊

嬉戲為墓間之事孟母曰此非吾所以居子也乃去舍市乃嬉為賈衒賣之事孟母又曰此非吾所以

居子也遂徙舍學宮之旁其嬉戲乃設俎豆揖讓進退孟母曰此真可以居吾子矣遂

居之稍長既學而歸孟母方織問曰學何所至矣孟子曰自若也孟母以刀斷其織孟子懼而

問其故孟母曰子之廢學若我斷斯織矣夫君子學以立名問以廣知是以居則

安寧動則遠害今而廢之是不免于厮役而無以離于禍患也何以異于織績

而食中道廢而不為寧能衣其夫子而長不乏之食哉孟子懼旦夕勤學不息出列女傳

○又韓詩外傳孟子少時誦其母方織孟輟然中止乃復進母知其諠也呼而

問之曰何為中止曰有所失復得母引刀裂其織以此誡之孟子不復諠矣○

孟子少時東家殺豚問母曰東家殺豚何為母曰欲啖汝母自悔而言曰吾懷

妊是子席不正不坐割不正不食胎教之也今適有知而欺之是教之不信也

乃買豚肉以食 ○孟子既娶將入私室其婦袒而在內孟子不悅遂去不入婦

之明不欺也

辭孟母而求去曰妾聞夫婦之道私室不與焉今者妾竊惰在室夫子見妾勃然不悅

是客妾也婦人之義蓋不客宿請歸父母於是孟母召孟子而謂之曰夫禮將上

堂聲必揚所以戒人也將入戶視必下恐見人過也今子不察於禮而責於

人不亦遠乎孟子謝遂留其婦○又孟子妻獨居踞孟子入戶見之白于母曰婦無禮

請去之母曰何也曰踞母曰何以知之孟子曰我親

之母曰汝往燕私之處入戶不聞聲令人踞而視之是汝之無禮非婦無禮孟子自責不去婦

受業子思之門人（子思孔子之孫名伋索隱云王劭以人為衍字而趙氏注及孔叢子等書亦皆云孟子親受業於子思未知是否）

慶源輔氏曰子思之門人無顯名於後者而孟子直得子思之傳則爲親受業於子思者爲是而集註兩存其說蓋自古聖賢固有聞而知之者不必待耳傳面命而後得也又以中庸一書觀之所以傳授心法開示蘊奧如此其至則當時門弟子豈無見而知之者孟子從而受之愈益光明亦宜有之也此只據理而論

○西山真氏曰七篇之書出乎中庸者非一其曰四端云者則未發之中中節之和矣仁義禮知性也所謂大本也惻隱羞惡辭讓是非情也所謂達道也其曰禹稷顏回同道孔子仕止久速者則君子而時中也其曰鄉原亂德者則小人而無忌憚也其曰子莫執中者時中之反也其曰曾子北宮黝之勇者齊莊者之强也其曰仁之實事親義之實從兄禮之實節文斯二者則仁者人也親親爲大義者宜也尊賢爲大親親之殺尊賢之等禮所生也其曰堯舜性之湯武

反之之則自誠明謂之性自明誠謂之教也其曰天下国家之本在身則爲天下國家有九經也至于誠者天之道思誠人之道一章之義本于中庸足以見淵源之所自

吳氏程曰按孟子自魏惠王三十五年游梁至哀王七年而燕人畔齊距孔子卒一百六十七年是爲周赧王之三年而孟子著書之成爾則在其後也况孔子卒其時伯魚之沒已六載子思雖長不欺亦非幼矣子思享年六十有四去孔子四五十年而卒而孟子始生其不得親受業可見故孟子但曰私淑諸人而集註以爲子思之徒于論語序說止稱門人此條皆核近實

〔脩齊〕孟子見子思子思甚悦其志命子上侍坐禮敬甚崇賓退子上請曰白聞士無介不見女無媒不嫁孟孺子無介而見大人說而敬之白也未諭敢問子思曰然吾昔從夫子于郯遇程子于塗傾蓋而語終日而別命子路將束帛贈焉以其道同于君子也今孟軻言稱堯舜性善仁義世所希有也非爾所及也

◎問子思曰堯舜文武之道可力而致乎子思曰彼人也我人也稱其言履其

務浚其之盡行之，必汲汲如農之遇時雨之想利，必有不至者乎。子思又曰：

軻曰：自大而不修其所以大，不大矣；自是而不修其所以是，不是矣。設辭于前，

其行則人莫能階也，擴其志則人莫能及也。禮接於人，人不敢慢；辭交於人，人

不敢侮，其惟高遠乎。○問子思：牧民之道何先？子思曰：先利之。軻曰：君子之所

以教民，亦仁義而已，何必曰利？子思曰：仁義者，固所以利之也。上不仁則下不

得其所，上不義則下樂為亂也，此為不利大矣。故易曰：利者，義之和也。又曰：利

用安身，以崇德也。此皆利之大者也。此數條皆謂面受業於子思，疑出傅會。

〔纂〕按：陳氏櫟曰：孟子游齊梁時，距孔子時一百六十餘歲云云，見得不是親

受業子思。通鑑載孟軻嘗問牧民之道何先，子思曰：先利之。孟子曰：君子所以教

民，亦仁義而已矣，何必曰利？子思曰：仁義固所以利之也云云。此大抵後人所

為做湊孟子一段假受者耳。○愚按：綱目孟軻至魏，分註又為受業孔子之孫

子思，蓋兩存以備考定耶？○下條韓子曰：惟孟軻師子思，而子思之學出于曾

子。孫則受子子思門人者，從史遷之言；親受子思者，從韓子之言。恐當從史遷。○

○今斷從子思之門人若得親受業于子思不應七篇全無所施而曰私淑諸人如此輕他如顏子則曰夫子循循云云

道既通趙氏曰孟子通五經尤長於詩書程子曰孟子曰可以仕則仕可以止則止可以久則久可以速則速孔子聖之時者也故知易者莫如孟子又曰王者之迹熄而詩亡詩亡然後春秋作又曰春秋無義戰又曰春秋天子之事故知春秋者莫如孟子尹氏曰以此而言則趙氏謂孟子長於詩書而已豈知孟子者哉

趙注孟子生有淑質夙喪其父幼被慈母三遷之教長師孔子之孫子思治儒術之道通五經尤長于詩書

鄒京山孟子遺事嘗自言門人皆以食愈飢莫知以學愈愚人知糞其田莫知糞其心糞田不過利苗得粟糞心易行而得其所以欲何謂糞心博學多聞何謂易行一性止淫夫有意而不至者有矣未有無意而至者也學既通慨然有憂世之心

事齊宣王王不能用適梁梁惠王不果所言則見以爲迂遠而闊於事情 史記

梁惠王之三十五年乙酉孟子始至梁其後二十三年當齊湣王之十年丁未齊人
伐燕而孟子在齊故古史謂孟子先事齊宣王後乃見梁惠王襄王湣王獨孟子以
伐燕爲宣王時事與史記荀子等書皆不合而通鑑以伐燕之歲爲宣王十九年則
是孟子先游梁而後至齊見齊王矣然考異亦無他據又未知孰是也

新安陳氏曰謹按通鑑綱目周顯王三十三年乙酉孟軻至魏慎靚王二年壬
寅魏君嗇卒孟軻去魏適齊五年乙巳燕君噲以國讓其相子之赧王元年丁
未齊伐燕取之分注但云齊王其下即書孟軻去齊赧王二年戊申即齊閔王
地元年伐燕一事史記以爲齊湣王十年丁未蓋以顯王四十六年戊戌爲齊
閔王元年通鑑以爲宣王十九年丁未蓋以顯王三十七年己丑爲宣王元年
史記通鑑之不同蓋如此證以通鑑綱目丁未宣王卒閔王立戊申方改元則
丁未乃宣王末年閔王繼位之年蓋未能的知伐燕之爲先君事與嗣君事也
以當時事證之閔王爲是孟子謂爲宣王恐傳寫之訛耳無所折衷姑以綱目
爲據○今按此主湣王說○通鑑綱目於顯王四十六年云案史記是年齊湣王元年又於赧王二年云齊湣王元年紀年已存兩說故伐燕事終爲疑案

仁山金氏曰齊宣王伐燕孟子所見也謂爲湣王者荀卿所聞也史記又所傳聞者也安得以後世所傳聞之辭而反疑孟子所見之辭乎文公尊孟子者序說及集註反取荀子史記而疑孟子爲差雖曰疑以傳疑而後人將以爲實又曰伐燕事孟子最詳其次戰國策蘇秦在燕與其相子之婚而蘇代與子之交秦死齊宣王復用代代爲齊使燕燕王問宣王何如對曰必不霸不信其臣以激燕王而厚子之也於是燕王以國讓子之三年大亂儲子謂齊宣王因而伐之王令章子伐燕士卒不戰城門不閉燕王噲死齊大勝子之亡此通鑑所據以繫之宣王也但年表以齊威王立三十六年宣王立十九年湣王立四十年通鑑則下威湣王之十年上益威王之十年移下宣王十年以合伐燕之事前錄疑考他據故嚴祥以爲伐燕雖從戰國策亦當一以孟子爲是況又有戰國策之可據乎○此王宣王說○孟子書中明有宣王問曰云云當以宣王爲是

【纂引】據編目則孟子先游梁後適齊蓋孟子游齊梁時年已耄矣故於梁則惠王一見稱之曰叟於齊則曰惡得有其一以慢其二哉是以齒德自居也蓋是

[illegible]子上下節心方始出而欲擅當世天下事也○新安陳氏謂伐燕事以[illegible]證之
閔王爲是此不知何謂也淖齒是楚人楚人將兵救齊因爲齊相欲與燕分
齊地乃執閔王殺之擢其筋懸之廟梁而死後爲王孫賈所誅其見于史記者
如是此只是以證湣王爲燕所敗何足以證伐燕之必爲湣王事已見史記田
敬仲完世家淖齒無傳○此段今断從黃氏日抄蓋孟子出于所見史記得于
所聞所聞不如所見之真况温公通鑑又自于史記相戾不知温公生于千載
之下又何據而不從史記也義理則可斷若事實年次安得遠而知昔人之舛
耶故以孟子所稱齊王而不曰宣王盡爲湣王此說應是○愚按此說最長湣
亦無有此私議爲諸侯謀救燕伐齊不咸也若湣王則遂爲諸侯所滅又不止
燕人畔也○按史記齊伐燕有一事燕文公卒易王初立齊宣王因喪伐之
取十城是即梁惠篇問答称宣王者也孟子作於宣王已没之後故以謚稱也
湣王又伐燕已嘗以燕與子之齊伐燕下七十城是即公孫丑篇沈同問燕可
伐者也止称齊王者作孟子時湣王尚在未有謚可称也此分宣湣作兩事存以備考

當是之時秦用商鞅楚魏用吳起齊用孫子田忌天下方務於合從連衡以攻伐爲賢而孟軻乃述唐虞三代之德是以所如者不合

新安陳氏曰蘇秦主合從之說欲合六國爲一以抗秦張儀主連衡之說則離六國之交以事秦六國謂楚燕齊韓趙魏也

【蒙引】秦用商鞅鞅本衛之公族綱目大書衛鞅後封之于商地故又稱商鞅○楚魏用吳起起初用于魏々武侯卒奔楚々君類卒楚人殺之○齊用孫子田忌此孫子指孫臏非孫武子也武子則吳王闔閭所用殺二寵姬爲隊長者也齊伐魏以田忌爲將臏爲軍師威王時○從衡二字之義當主史畧註以議利相合曰從以勢相脅逼曰衡如詩傳南北曰從東西曰衡者甚不切然當時二字之名所由起則是如詩傳之說也史記註亦未得其所以然蓋秦居陝西而視山東諸国東西連亘其勢衡也故以秦而脅六国是王于秦也故曰連衡山東諸国則無西一面只以南北相合而爲從故以六国合約以抗秦所主者六国也故謂之從耳○須以攻伐縱衡字與唐虞三代之德字相對看

【通註】周衰之末戰國縱橫用兵爭強以相侵奪當世取士務先權謀以爲上賢先王大道陵遲隳廢異端並起若楊朱墨翟放蕩之言以干時惑衆者非一孟子閔悼堯舜湯文周孔之業將遂湮微正塗壅底仁義荒怠佞僞馳騁紅紫亂朱于是則慕仲尼周流憂世遂以儒道游于諸侯思濟斯民然由不肯枉尺直尋時君咸謂之迂闊于事終莫能聽納其說

【孟子遺事】時戰国分爭所用士如孫臏吳起蘇秦張儀輩專務攻戰聚斂講于合從連衡之術而處士如鄒衍公孫龍慎到田駢淳于髡之徒爭爲邪說各激不經之譚以悅人主詠勢利而孟子獨毅然修仲尼之業高上其志不肯輕見諸侯至周顯王三十三年魏惠王卑辭厚幣聘四方賢者孟子始由鄒往告以仁義王道仁政與民偕樂等語惠王見爲迂闊而遠于事情孟子遂去歸鄒不見諸侯者又數年顯王三十七年齊威王卒子宣王立喜文學士士居稷下者七十六人皆上大夫列第康莊之衢以示尊寵顯王四十三年孟子往齊齊宣王素聞孟子名私使人瞯之遂以一上大夫祿十萬鍾孟子義不肯臣辭祿王

命以爲師而實不能受教也孟子磨礱異論有雪宮明堂大小圜古今樂仁智
交鄰之對居歲餘道不行孟子有憂色毋見而問曰子有憂色何也對曰不敏
異日又擁楹而歎毋又見而問曰鄉見子有憂色曰不敏今擁楹而歎何也對
曰軻聞之君子稱身而就位不爲苟得而受賞以貪榮祿諸侯不聽則不達其
上聽而不用則不踐其朝今道不用于齊願行而毋老是以憂也毋曰蓋婦人
之禮精五飯冪酒漿養舅姑縫衣裳而已故有閨門之修而無境外之志易曰
無攸遂在中饋詩曰無非無儀惟酒食是議以言婦人無擅制之義而有三從
之道也故年少則從乎父母出嫁則從乎夫夫死則從乎子禮也今子成人而
我老矣子行乎子義吾行乎吾禮子何憂乎無何毋逝卒孟子自齊歸葬于魯
齊王以上卿禮贈賻孟子得厚葬母既葬反齊止于嬴拜齊王棺中之賜復歸
于魯終喪三年魯平公欲見之嬖人臧倉謂孟子葬母厚而葬父薄也平公遂
止不見顯王末年孟子居鄒七穆公與魯閧有對穆公問有司罪季任以幣來
交曹君之弟欲假館受學孟子辭而慎靚王元年魏惠王薨子襄王立明年孟

于適梁惠王卒嗣君見襄王無君人氣復去適齊也宣王餽兼金百鎰不受託疾欲從
孟子孟子託疾辭不往明日弔於東郭氏宿於景丑氏有告景子語同館王充
年齊伐燕取七十餘城孟子止之不聽既而燕人畔孟子遂致爲臣歸赧王二
年孟子適宋滕文公方爲世子適楚過宋而見孟子孟子與之言皆善又與戴
不勝戴盈之畢者與之宋何踐等諸皆在篇中時宋王偃無道孟子遂去適薛
有答陳臻受餽語遂歸鄒滕定公薨文公嗣使然友問禮適鄒孟子之滕館于
上宮文公問爲齊楚井田有告陳相許行諸已乃自滕歸鄒此只大槩畧錄未有的據
退而與萬章之徒序詩書述仲尼之意作孟子七篇趙氏曰凡二百六十一章三萬
四千六百八十五字韓子曰孟軻之書非軻自著軻既沒其徒萬章公孫丑相與記
軻所言焉耳愚按二說不同史記近是
通証於是退而論集所與高第弟子公孫丑萬章之徒難疑答問又自撰其法度
之言著書七篇二百六十一章三萬四千六百八十五字包羅天地揆敘萬類仁
義道德性命禍福粲然靡所不載帝王公侯遵之則可以致隆平頌清廟卿大夫

士靡之則可以尊君父立忠信守志厲操者儀之則可以崇高節抗浮雲有風人之託物二雅之正言可謂直而不倨曲而不屈命世亞聖之大才者也孔子自衛反魯然後樂正雅頌各得其所乃刪詩定書繫周易作春秋孟子退自齊梁述堯舜之道而著作焉此大賢擬聖而作者也七十子之疇會集夫子所言以爲論語論語者五經之錧鎋六藝之喉衿也孟子之書則而象之衛靈公問陳於孔子孔子答以俎豆梁惠王問利國孟子對以仁義宋桓魋欲害孔子孔子稱天生德于予魯臧倉毀鬲孟子孟子曰臧氏之子焉能使予不遇哉旨意合同若此者衆又有外書四篇性善辯文說孝經爲政其文不能弘深不與內篇相似似非孟子本真後世依放而託之者也孟子既沒之後大道遂絀逮至亡秦焚滅經術坑戮儒生孟子徒黨盡矣其書號爲諸子故篇籍得不泯絶漢興除秦虐禁開延道德孝文皇帝欲廣遊學之路論語孝經孟子爾雅皆置博士後罷傳記博士獨立五經而已訖今諸經通義得引孟子以明事謂之博文孟子長於譬喻辭不迫切而意已獨至其言曰說詩者不以文害辭不以辭害志以意逆志爲得之矣其言殆欲

後世人深求其意以解其文不但施於說詩也今諸解者往往摭取而說之其說又多乖異不同孟子以來五百餘歲傳之者亦已衆多

［孫疏］丁公著案漢書趙岐本傳云趙岐字邠卿京兆長陵人也嘗罹疾甚藏其子曰吾歿之後置一圓石安墓前刻曰漢有逸人姓趙名岐有志無時後疾瘳仕至大僕卿嘗作州郡以廉直疾惡見憚焉○張鎰釋云孟子題辭即序也趙註尚異故不謂之序而謂之題辭○唐林慎思續孟子書二卷以謂孟子七篇非軻自著乃弟子共記其言韓愈亦云孟軻之書非軻自著既沒其徒萬章公孫丑相與記軻所言焉今趙氏爲孟子之所作故總謂之孟子者蓋亦有由爾○篇所以七者蓋天以七紀璿璣運度七政分離聖以布曜故法之也章所以二百六十一者三時之日數也不敢比易當期之數故取於三時三時者成歲之要時故法之也三萬四千六百八十五字者可以行五常之道施七政之紀故法五七之數而不敢盈也已知對惠王欲以與民同樂故以文王靈臺靈沼爲言對宣王欲以好貨色與百姓同之故以大王厥妃爲言論仁則託以毅

爲喻論性則託以牛山之木爲喻是皆有風人之託物言也如引他人有心予忖度之乃積乃倉古公亶父來朝走馬不失其馳舍矢如破凡此之類是皆有二雅之正言也故可謂直其辭而且不失其倨傲曲其辭而且不失之屈在[illegible]商

篇章字數配天時云云未免附會

孫奭正義序大總羣聖之道者莫大乎六經紹六經之教者莫尚乎孟子自昔仲尼既沒戰國初興至化陵遲異端並作儀衍肆其詭辯楊墨飾其淫辭遂致王公納其謀以紛亂于上學者循其踵以蔽惑于下猶洚水懷山時盡昏墊繁蕪塞路孰可芟夷惟孟子挺名世之才秉先覺之志拔邪樹正高行厲辭導王化之源以救時弊開聖人之道以斷羣疑其言精而贍其旨淵而通致仲尼之教獨尊于千古非聖賢之倫安能至於此乎其書由炎漢之後盛傳於世爲之註者則有趙岐陸善經爲之音則有張鎰丁公著自陸善經已降其所訓說雖小有異同而其宗趙氏

閻序說謂史記近是而集註亦以滕文公篇首章云門人不能盡記其辭又第四

疑云記者之誤如何朱子曰前說是後兩處失之熟讀七篇觀其筆勢如鎔鑄而
成非綴緝可就也論語便是記錄綴緝所爲非一筆文字矣
新安陳氏曰愚聞或疑易繫辭有子曰字以爲非孔子作朱子曰安知非後人
所加如周子自著通書五峰刊之每章加周子曰字今讀孟子亦當會此意
文獻通考按前史藝文志俱以論語入經類孟子入儒家類直齋陳氏書錄解
題始以語孟同入經類其說曰自韓文公稱孔子傳之孟軻軻死不得其傳天
下學者咸曰孔孟孟子之書固非荀揚以降所可同日語也今國家設科語孟
並列於經而程氏諸儒訓解二書常相表裏故合爲一類今從之○晁氏曰岐
字臺卿後漢人爲章指析爲十四篇其序云軻戰國時以儒術干諸侯不用退
與公孫丑萬章之徒難疑答問著書七篇二萬四千六百八十五字秦焚書以
其書號諸子故得不泯絕又爲外書四篇其書不能洪深似非孟子本眞也按
韓愈以此書爲弟子所會集與岐之言不同今考其書載孟子所見諸侯皆稱
謚如齊宣王梁惠王梁襄王滕定公滕文公魯平公是也夫死然後有謚軻無

志時所見諸侯不應皆前死且惠王元年至平公之卒凡七十七年軻始見惠王曰叟必已老矣决不見平公之卒也後人追爲之明矣則岐之言非也荀子載孟子三見齊王而不言弟子問之曰我先攻其邪心楊子載孟子曰夫有意而不至者有矣夫有無意而至者也今書皆無之則知散軼也多矣岐謂秦焚書得不泯絶亦非也或曰豈見于外書邪若爾則岐又不當謂其不能弘深也○孟子音義正義共十六卷晁氏曰皇朝孫奭等採唐張鎰丁公著所撰參附益其闕古今注孟子者趙氏之外有陸善經奭撰正義以趙註爲本其不同者時時兼取善經如謂予臭既中爲予等無執中之類大中祥符中書成上于朝○陳氏曰舊有張鎰丁公著爲之音俱未精當奭方奉詔校定撰集正義遂討論音釋疏其疑滯備其闕遺○伊川孟子解十四卷○晦菴孟子集註或問各十四卷○續孟子二卷崇文總目林愼思撰愼思以爲孟子七篇非軻著書而弟子共記其言不能盡軻意因傳其說演而續之○删孟一篇晁氏曰皇朝馮休撰休觀孟軻書時有叛經者疑軻没後門人妄有附益删去之著書十

七篇以明其意前乎休而非軻者荀卿刺軻者曰王充後乎休而疑軻者溫公與軻辨者蘇東坡然不若休之詳也○疑孟一卷晁氏曰皇朝司馬光君實撰光疑孟子書有非軻之言者著論是正之凡十一篇光論性不以軻道性善爲然○疑孟朝奉大夫臨川陸筠嘉材撰周平園序曰嘉材平生篤志孟子若翼孟音解九十一條昔唐彭城劉軻慕孟子而命名著翼孟三卷白樂天記其事頗以不朽嘉材覩劉何愧特予非樂天比其能使嘉材不朽乎○尊孟辯七篇陳氏曰建安余允文隱之撰以司馬公有疑孟及李遘泰伯常語鄭厚叔折衷皆有非孟之言故辯之爲五卷後二卷則王充論衡刺孟及東坡論語說中與孟子異者亦辯焉按孫奭云隋志有鄭元註孟子七卷梁時有綦毋邃孟子九卷唐藝文志孟子註有四家凡三十五卷今不能詳考

【蒙引】問詩書旣刪於孔子矣孟子又何以序爲豈敢孔子所刪定者而序正之孟子嘗云予未得爲孔子徒也予私淑諸人也是時去孔子百餘年則詩書豈能無舛逸失次者耶○淸嘗記一書載朱子之言謂孟子一書決是孟子所自作不是孟子如何寫得精意如此透徹首尾如此貫串看他是甚麼樣文氣若

當時門下有人爲得如此意思出、亦不可謂軻之死不得其傳矣、故曾南豐謂

書二一與亦樂變輩人所作、以公孫丑萬章平日所問推於孟子者觀之、似未能

爲出孟子七篇文字、如此精粹貞活也○此斷從通考綱目、亦以爲軻後門人

爲之、

【孟子遺事】孟子壽八十有四、卒、墓在今山東鄒縣東北三十里四基山之陽、世

墓在縣北二十里馬鞍山、妻田氏、生子睪、字仲子、受學于公孫丑、著詩傳、漢毛

萇引用其說、或云子夏受詩、傳曾申、申傳魏人李克、克傳魯孟仲子、即孟子子

也、今書內有孟仲子、註引趙氏以爲孟子之從昆弟、此謂孟子之子、不應二人同稱、孟子生年月日未詳、按家譜云孟

子生于周定王三十七年四月二日、即今之二月也、卒于赧王二十六年正月

十五日、即今之十一月也、吾鄉陳士元云、按史周定王在位二十八年崩、無三

十七年、考之長曆、定王二十七年己亥、至赧王二十年壬申、凡一百五十三年、

疑定字是安字之訛、安王在位二十六年崩、自安王二十六年乙巳至赧王壬

申凡八十八年、譜謂孟子八十四歲、自赧王壬午逆推、當生於烈王四年己酉、

[illegible]及綱目大事記等書，並謂孟子以顯王三十三年乙酉至魏，四十三年乙未爲齊上卿，四十四年丙申去齊，復至魏，歷慎靚王二年壬寅去魏，復適齊，赧王元年丁未致爲臣於齊，不復仕。若孟子果生於烈王己酉，至顯王乙酉應聘至魏，則年甫三十七，未老，而魏惠王以烈王辛亥嗣國，三十五年孟子始來，則王年已六七十歲，反稱三十七歲之孟子爲叟乎？疑孟子或生於安王初年，卒于赧王初年近是。

〔考異〕史記六國表註，皇甫謐曰：孟子稱禹生石紐，西夷人也。今無此語。

〔備考〕孟子説齊宣王而不悦，淳于髡侍。孟子曰：今日説公，而君不悦，意者其未知善之爲善乎？淳于髡曰：夫子亦誠無善耳。昔者瓠巴鼓瑟，而潛魚出聽；伯牙鼓琴，而六馬仰秣。魚馬猶知善之爲，而況若人者乎？孟子曰：夫雷霆之起也，破竹折木，震驚天下，而不能使聾者卒有聞；日月之明，徧照天下，而不能使盲者卒有見。今公之君若此也。淳于髡曰：不然。昔者揖封生高商，齊人好歌；杞梁之妻悲哭，而人稱詠。夫聲無細而不聞，行無隱而不形。夫子苟賢，居魯而魯國之剖何也孟子曰不用賢削何有也吞舟之魚不居潛澤度量之士不居汚世夫藝冬至必影吾亦時矣此與先名實之章彰彰然疑出附会○孟子曰江海異於行潦者深廣也叢山別於丘陵者高大也若潦不異于行潦則孺子浴其淵高不出于丘陵則羖羊登其顛○又曰人皆知以食愈飢莫知以學愈愚夫學者崇名立身之本也儀狀齊等而飾貌者好賢性同倫而學問者智是故藏璽璞磨非金也而可以刑金詩書辟立非我也而可以厲心此與都京也孟子遺事所引首二句同○或問為學之道孟子曰靜然後慮使良心不陷於欲憤然後會使良知不誘于物則道之章微析覺學不解矣此學之道也

文獻通考元豐六年吏部尚書曾孝寬言孟軻有廟在鄒未加爵命詔封鄒國公○七年禮部言乞以鄒國公同顏子配食宣聖○政和五年太常寺言兗州鄒縣孟子廟詔以樂正子配享公孫丑以下從祀皆擬定其爵樂正子克利國侯公孫丑壽光伯萬章博興伯告不害東阿伯孟仲子新泰伯陳臻蓬萊伯充虞昌樂伯屋廬連奉符伯徐辟仙源伯陳代沂水伯彭更雷澤伯公都子平陰

儀殿丘蒙須城伯高子灃水伯桃應膠水伯盆成括萊陽伯季孫豊城伯子叔承陽伯從之告子盆成括非孟子弟子季孫子叔尤爲不合

元史成宗延祐三年封孟子父爲邾國公母爲邾國宣獻夫人○仁宗皇慶二年封孟子鄒國亞聖公

明史紀事本末洪武五年命仍祀孟子初國子監請釋奠命罷孟子祀至是上曰孟子闢邪說辨異端發明先聖之道其復之明太祖覽孟子土芥寇讎謂非人臣所宜言議去其配享詔有以不敬論命金吾射之刑部尚書錢唐輿櫬疏諫袒胸受箭曰臣得爲孟軻死死有餘榮上覽情詞懇切遂復祭命太醫療其箭瘡

明會典嘉靖九年始爲木主題曰亞聖孟子

人物考薛應旂曰余按史記載國時有三鄒子先孟子而出者有鄒忌以鼓琴干齊威王因及國政封爲成侯而受相印後孟子而出者有鄒衍著書十餘萬言其語宏大不經迂怪遠適平原君側行撇席燕昭王擁彗先驅請列弟子○其見尊禮如此豈與仲尼菜色陳蔡孟軻困於齊梁同乎哉然其言卒不可傳而孔孟則經緯上下與天地相爲悠久矣○

附錄叢類孟子墓碑有宋景祐四年歲在丁丑孔公道輔守兗州訪孟子墓得
于鄒縣東北三十里茲山之陽即其地廟而祀之泰山先生孫復爲記以尊崇
聖學著孟子之功。前謂識其大者後公百五十有九年乙未是爲元貞元年東
陽司居教尹鄒慶與澂以新學宮復故宅以建精舍導江張額爲述養浩之旨
稱命世之才敘傳心之要求遺求畋有所興起既而甚孟子墓齋廬琢石爲產
坐像冠章甫衣逢掖俾觀者有考乎古郝經曰孟子出處大槩史傳不詳著
焉以表諸纂孟子師子思聞牧民之道何先子思曰先利之孟子曰君子教民
以仁義而已矣何必曰利此平生出處之本也。周顯王二十三年乙酉至魏慎
靚王二年壬寅去魏適齊赧王二年戊申去齊先儒朱熹作資治通鑑綱目備
書之厥有旨哉居魏十八年居齊六年皆時西有秦南有楚以地則大以力則
强從衡之士馳騖不暇孟子曾無蹤迹豈智不及哉所不爲耳。魏權齊辟彊之
于秦楚地醜德齊莫能相尚而願安承教願輔吾志之言與諸秦楚彼善于此
斯言也山徑之介然也用之成路可也故絕營之言利而道之以仁義對辟彊

想文之間則開其不忍之心將朝則類矣以全進退出處則不言行事設法[illegible]倖與舉乎此佗皆可知其去魏也當在齊卒而赫立也其去齊也辟疆卒而地立也史記顯王二十六年戊寅在齊辟疆立通鑑在三十六年戊子史記顯王四十五年丁酉在齊地立通鑑在赧王元年丁未史載齊閔宣者既滅六國表本之秦紀秦紀不載日月世本多舛通鑑據汲冢竹書書不經秦火蓋可信也皇極經世書載孟子去齊在顯王四十四年丙申周辟疆之世去齊或以伐燕故耶伐燕辟疆事也燕世家謂在地時誣矣且謂孟子曰今伐燕此文武之時不可失也又廣記陰言之其伐燕也始則沈同之問終則陳賈為之辭既有以辭辟疆甚慚之心孟子于是致為臣而歸矣入齊幾何遽遊魏齊二十四年加經世書所載則十有八年矣其間不過之魯之宋與滕薛數小國而已心則聖人不敢忘天下之心五百年必有王者興我未之見不得在名世之列者時也司馬遷之不足以知孟子盛誇諸侯郊迎撇席擁篲前驅于騶子者謂豈與孟子困于齊梁同蓋世之說遇獲禽而不知為之範無以見聖賢之志也儀衍得志當時景

春稱爲大丈夫孟子直謂妾婦故雖不可三月無君必出疆載質又安肯鑽穴踰墻以取國人之賤宿晝居休綽綽餘裕在易困而不失其所亨此之謂也由是而觀之騶子田忌之徒乃邪說詖行淫辭孟子于此則息之則距之則放之以正人心者豈所屑爲也今千六百餘年矣孟子之墓如岡如阜萬世覩仰彼妾僞馳騁果安在乎故因司侯之請刻石墓旁而記其大略如此云○又張頵孟母墓碑孟子自齊葬於魯盖母歿也其地在鄒縣北二十餘里馬山之陽馬鬣其封隆然岡阜千六百餘年宜有豐碑紀載而蔑之或聞豈歷世既久遂湮沒耶惟片石在旁題曰鄒公墳廟碑者僅存于母之德咸畧鄒縣尹東陽吕敬完孟子廟宇復孟子故宅并孟母廬用心既勤亦各紀其事矣而又以孟母墓碑爲請讀鄒公讀碑莫釋其疑因不敢讓以祛觀者之惑其言母氏曰李未知何據嘗考而謂孟子後孔子三十五年生時周定王三十七年謹按孔子以周敬王四十一年壬戌歲卒後三十五年實貞定王二十五年丙申又三年戊戌貞定崩孟子之至魏顯王三十三年也歲在乙酉逆數至貞定丙申爲一

百十年慎靚王三年壬寅去魏適齊視乙酉十八年赧王元年丁未去齊在齊六年自齊葬魯此六年間皇極經世書謂孟子顯王四十三乙未爲齊卿四十四年丙申去齊則葬魯丙申前事其生不在孔子卒後三十五年明矣孟子曰由孔子至於今百有餘歲去聖人之世若此其未遠也蓋自孔子卒至孟子游梁時方百四十餘年而孟子以老則孟子之生去聖人未百年也其葬魯也充虞以木若以美爲問孟子答以得之爲有財古之人皆用之而臧倉沮魯平公之來見有曰孟子之後喪踰前喪然則實爲齊卿時所以棱肰而盡于心者報母氏劬勞亦至矣乎以聖賢之質在傳不勤處節不煩固有不待教而能者考之劉向列女傳孟母之教歷歷可紀墓而築埋市而賈衒其居使之舍學宮之旁則設俎豆乃其狀也以有知而教信示机織以劝學循曰童子之教耳子行乎義吾行吾禮之言定在齊時孟子老矣而母訓益嚴謂教之所致非耶世之人知以教子責之父師而不知察母教之尤近也知代哺之爲恩而不知訓誨之爲恩知畜養之爲慈而不知礼法之爲慈咻噢則覩無能則憐偷惰于襁褓

之中養成子長大之後習與性成父師之訓不能入雖有美材不得爲良器矣孔子再歲而孤孟子夙喪其父操心危慮患深以達于大聖大賢之域察世訓是賴因表諸孟母之墓使天下爲人母者知所取則也（文長稿爲節錄）

孟子序說附

韓子曰：堯以是傳之舜，舜以是傳之禹，禹以是傳之湯，湯以是傳之文、武、周公，文、武、周公傳之孔子，孔子傳之孟軻，軻之死，不得其傳焉。荀與揚也，擇焉而不精，語焉而不詳。

程子曰：韓子此語，非是蹈襲前人，又非鑿空撰得出，必有所見。若無所見，不知言所傳者何事。

朱子曰：此非深知所傳者何事，則未易言也。堯舜之所以爲堯舜，以其盡此心之体而已。禹、湯、文、武、周公、孔子傳之以至于孟子，其間相望有或數百年者，非得口傳耳授，密相付屬也。特此心之体，隱乎百姓日用之間，賢者識其大，不賢者識其小，而体其全且盡者，則爲得其傳耳。

【蒙引】韓子此語出原道篇。其上文云：夫所謂先王之教者何也？博愛之謂仁，行而宜之之謂義，由是而之焉之謂道，足乎已無待於外之謂德。其文易、詩、書、春秋，其法禮、樂、刑、政，其民士、農、工、商，其位君臣、父子、師友、賓主、昆弟、夫婦，其服麻絲，其居宮室其食粟米蔬菓魚肉其爲道易明其爲教易行也是故以之爲己則順而祥以之爲人則愛而公以之爲心則和而平以之爲天下国家無所處而不當是故生則得其情死則盡其常郊焉而天神格廟焉而人鬼亨曰斯道也何道也曰斯吾所謂道也非向所謂老與佛之道也堯以是傳之舜云云○按韓子此語則是字已自有所指而程子朱子却又云云者何也豈都不觀其言意所自來耶○蓋一段文見于送浮屠文暢師序序曰民之初生固若禽獸然聖人者出然後知宮居而粒食親親而尊尊生者養而死者藏是故道莫大乎仁義教莫正乎禮樂刑政施之於天下萬物得其宜措之于躬行体安而氣平堯以是傳之舜舜以是傳之禹禹以是傳之湯湯以是傳之文武文武以是傳之周公孔子書之於冊中國之人世守之依此說見得皆未及此心之体處故朱子嘗謂韓子徒知用之可及乎天下而未知體之必本于吾心○或曰孟氏之後有董仲舒如何不傳其所持所造似猶優于韓子曰視韓子則醇正過之矣若以配堯舜及孔軻如何得班位不弱如何可進之堯舜孔孟之班行乎今以先儒所論董子者錄於後以備考便

見董子之爲董子矣程子曰董子言仁人正其誼不謀其利明其道不計其功度越諸子遠矣又曰漢儒近似者三人董仲舒大毛公楊雄朱子曰仲舒資質純良摸索道得數句着然亦非他直見得這道理又曰仲舒識得本原如云正心誠意可以治天下國家如說仁義禮樂皆其具此等說話皆好問舒云性者生之質也曰不是只當云性者生之理也氣者生之質也問其以情爲人之欲何如也曰未害盖欲爲善欲爲惡皆人之情也問董仲舒見道不分明處曰也是見得鶻突如命者天之令性者生之質情者人之欲命非聖人不立性非教化不成情非制度不節等語是不識性善模樣又曰明於天性知自貴於物然後知仁義知仁義然後重禮節重禮節然後安處善安處善然後樂循理又似見得性善模樣終是說得騎牆不分明端的又曰董子所謂醇儒蓋是至於天下國家事業恐施展未必得又嘗說仲舒困善無精采又曰三策說得稍親切終是脫不得漢儒氣象西山眞氏曰仲舒醇正近理之言見稱於諸老先生外如曰強勉學問則聞見博而智益明強勉行道則德日起而大有功又引孟子道聞行知之說此二條最有功於學者

蓋道學之要致知力行而已虞書之精一論語之知及仁守中庸之博學篤行秦漢以下未有識之者而仲舒能言之此豈諸儒所及其曰道之大原出於天則天命率性之意又所謂知其本原者至謂有國家者不可不知春秋也其言亦有補於世本傳稱其進退容止非禮不行兩相驕王正身率下方公孫弘以阿意容悅取相位仲舒獨終始守正卒老於家以其資之美守之固使得從游聖門淵源所漸當無慚于游夏矣但其人生于絕學之後雖潛心大業終未能窺大道之全至或流于災異之術吁可笑哉愚按仲舒所言如此亦是下工夫積得來本傳謂其下帷講誦三年不窺園以潛心於大業亦是甚麼樣下工夫不然絕學之後焉能見得到此孟軻之後庶幾焉者其董子一人矣若文中子也儘有志氣儘有格言只是有些外華應病吾道以誠實爲主況又欲速故作續經這也是器量不可大受矣○擇之精以窮究言語之詳以議論言故以擇之精爲先

又曰孟氏醇乎醇者也荀與揚大醇而小疵

程子曰韓子論孟子甚善非見得孟子意亦道不到其論荀揚則非也荀子極偏

駁只一句皆類又本已失楊子雖少過然亦不識性更說甚道
蒙引荀子曰荀子言養心莫善於誠荀子元不識誠既誠矣心安用養耶○真氏
曰荀子云水火有氣而無生草木有生而無知禽獸有知而無義人有氣有生有
知亦且有義故最爲天下之貴也其論似矣至其論性則以爲惡論禮則以爲僞
顛其自相戾耶○荀子論心爲汚濁在下清明在上此語可疑蓋心之虛靈知覺
萬理具焉初豈有一毫之汚濁哉汨於物欲而後汚濁耳今日汚濁在下清明在
上是物欲之害初未嘗去但伏而未作耳○孟子醇乎醇者也本出文集讀荀子
篇○夫醇以其皆知崇正道黜邪說也小疵即擇焉而不精語焉而不詳也○按
論會大全孟荀楊醇疵如何篇曰言必堯舜談必仁義孟子之醇何如也一則曰
尊王二則曰尊王荀之醇何如也適堯舜文王者謂之正非堯舜文王者謂之馳
楊之醇又何如也夫閱其書而考其本玩其辭而究其源則俱可謂之醇矣獨不
思聖人之作書非爲書蓋爲道也凡與道背馳者不足以爲書凡與性背馳者不
足以爲道彼其性惡之論與夫降衷下民者實壞其視無有不善者孰爲無學之

云也善惡之論與夫稟賦德從庭其覩順杞柳之性者孰爲無瑕之璧也大本既乖雖其事極天下之確而豈足以掩其疵乎大原既舛雖其辭極天下之艱深而豈足以匿其弊乎雖微韓子其醇其疵吾固有以知之矣反覆讀荀一篇以軻雄爲聖人之徒以荀卿在軻雄之間儔取而例論之若無所高下者而其終也以醇乎醇歸之孟子以大醇歸之荀揚韓子固爲確論矣而未嘗明言其醇疵所在吾自其言性而論之則知愈之所以爲是抑揚者思過半矣○又曰三子之醇疵愈之論則非矣吾不知愈之爲是醇疵之論者將爲道耶將爲書耶欲削前代之不合以附于聖人之籍愈不過爲書計也異時原性之作以爲性之品有三三子者得其中而遺其上下則未免離性以爲情而合才以爲性矣慕孟子之醇而未能祠其醇指荀楊之疵而未能去其疵則愈之爲愈特因書而見道而非遺書而得道者也

又曰孔子之道大而能博門弟子不能徧觀而盡識也故學焉而皆得其性之所近其後離散分處諸侯之國又各以其所能授弟子源遠而末益分惟孟軻師子思而

子思之學出於曾子自孔子没獨孟軻氏之傳得其宗故求觀聖人之道者必自孟子始。

程子曰孔子言參也魯然顔子没後終得聖人之道者曾子也觀其啓手足時之言可以見矣所傳者子思孟子皆其學也

問大是就渾淪處説博是就該貫處説否朱子曰韓子亦未必有此意但如此看亦自好問學焉而皆得其性之所近曰政事者就政事上學得文學者就文學上學得德行言語者就德行言語上學得

慶源輔氏曰韓子但言孔門諸子惟曾子之學獨傳而有子思孟軻然不言其所以獨傳之故故程子又從而發明之以爲曾子之稟資質魯鈍故用功于内者深篤雖質觀其啓手足之言所謂一息尚存此志不容少懈者此聖道之所以終傳而有子思孟子之學也

蒙引孔子之道大而能博此文集送王塤秀才序○按韓文自孔子没獨孟軻之傳得其宗下文云夫沿河而下苟不止雖有遲疾必至于海如不得其道也雖疾

不止終莫幸而至焉故學必慎其所道匕於楊墨老莊佛之學而欲之聖人之道猶航斷港絶潢以望至于海也故求觀聖人之道必自孟子始○以此觀之則謂孟子得聖道之大全正宗而非偏岐末流之學信矣○程子註曰孔子言參也魯然顔子没後終得聖人之道者曾子也觀其啟手足之言可以見矣所傳者子思孟子皆其學也程子此言不是正解韓子之言朱子以其可相發明故附云

又曰楊子雲曰古者楊墨塞路孟子辭而闢之廓如也夫楊墨行正道廢孟子雖賢聖不得位空言無施雖切何補然賴其言而今之學者尚知宗孔氏崇仁義貴王賤霸而已其大經大法皆亡滅而不救壞爛而不收所謂存十一於千百安在其能廓如也然向無孟氏則皆服左衽而言侏離矣故愈嘗推尊孟氏以爲功不在禹下者爲此也

張存中曰後漢南蠻傳云衣裳斑襴語言侏離蠻夷譁言不分明之聲也

新安陳氏曰自古楊墨行至安在其能廓如也皆是雜辭揚中之抑只看向無孟氏三句幹轉而歸之以孟氏功不在禹下盡之矣孟子闢楊墨功不在禹治洪水

下行○洪水溺人之身異端陷溺人心心溺之禍甚於溺身故也

劉引古者楊墨塞路孟子辭而闢之廓如也此二句子雲之言自楊墨行正道廢以下皆韓子之言○其大經大法其指先王也出韓文集與孟簡尚書之篇皆係截文本文一則曰先王之法二則曰先王之道三則曰先王之事又曰二帝三王羣聖人之道可見○大經蓋本中庸之大經上自王朝之間以至父子夫婦房闈之內先王莫不制爲之禮此皆係五品之人倫事如儀禮曲禮所載猶可見其畧也○大法蓋指刑政典章之屬如周室班爵祿之制當時孟子已曰其詳不可得而聞諸侯已去其籍矣至於論井田則亦曰此其大畧也若夫潤澤之則在君與子亦可見大法之亡滅已多○書云地平天成萬世永賴時乃功則自古功高者莫禹若也故獨舉禹以推孟子之功

或問於程子曰孟子還可謂聖人否程子曰未敢便道他是聖人然學已到至處

按至字必當作聖字

朱子曰古者以孟子比孔子時說得高然孟子道性善言必稱堯舜又見孟子說得

實

慶源輔氏曰未敢便道他是聖人以其行處言學已到聖處以其知處言也孟子論大而化之之聖聖而不可知之之謂神與夫聖知巧力之譬精密切當非思儗臆度之所能及是其學已到聖處也然其英氣未化有露圭角處故未免便覺是聖人此其權度審矣

程子又曰孟子有功於聖門不可勝言仲尼只說一個仁字孟子開口便說仁義仲尼只說一個志孟子便說許多養氣出來只此二字其功甚多又曰孟子有大功於世以其言性善也又曰孟子性善養氣之論皆前聖所未發

慶源輔氏曰言性善使資質美者聞之必求復其本然而克其善資質不美者聞之亦知所自警而不流于惡言養氣使氣質剛柔不齊者勇猛奮發于道義而無懦怯弱之弊皆發夫子所未發其功多在此此所以有大功于世也

又曰學者全要識時若不識時不足以言學顏子陋巷自樂以有孔子在焉若孟子之時世既無人安可不以道自任又曰孟子有些英氣才有英氣便有圭角英氣甚

[illegible]子便渾厚不同顏子去聖人只毫髮間孟子大賢亞聖之次也○[illegible]氏曰英氣
[illegible]曰[illegible]處曰但以孔子之言比之便可見且如冰與水精非不光比之玉自是有溫
潤含蓄氣象無許多光耀也

新安陳氏曰英氣甚害事蓋責備賢者之辭

覺軒蔡氏曰聞之程子又曰仲尼元氣也顏子春生也孟子並秋殺盡見仲尼無
所不包顏子示不違如愚之學於後世有自然之和氣不言而化者也孟子則露
其材蓋亦時然而已仲尼天地也顏子和風慶雲也孟子泰山巖巖之氣象也觀其
言皆可見之矣仲尼無迹顏子微有迹孟子其迹著孔子儘是明快人顏子儘豈
弟孟子儘雄辨○

慶源輔氏曰英氣是剛明秀發之氣此自是好底氣質若消化未盡終有圭角露見
有時而發露若變化氣質須渾然純是義理如張子所謂德勝於氣性命皆於德方
始是成就處又曰言心聲也德之符也有德者必有言若就言上看得分明則其
德無餘蘊矣玉有溫潤含蓄氣象所以為貴人有溫潤含蓄氣象所以為聖賢也溫

聖一也

【蒙引】問英氣害事處安在曰孔子德性藏寬大氣象較從容故學者亦得而親之高者亦愈見其不可及故曰夫子溫良恭儉讓以得之又曰卽之也溫聽其言也厲蓋夜詐者獻其誠暴慢者致其恭如飲醇醪令人不覺自醉譬之春風者物自然能使發生也如此而猶有不入不行處則命也若孟子則不如孔子多矣蓋英氣如此則其所以感人者亦未得如孔子矣程子安得不責其偷一萬英氣害事蓋于為戒學者設非謂孟子曰孟子既有英氣又有獨無害事處耶然則萬世人各有英氣便害事孟子有英氣獨不能害事可乎程子是以全人來律孟子尋一疵為之回護○孟子大賢亞聖之次蓋以顏曾為大賢亞聖而孟子次之其實批了孟子顏子並觀其氣象自有次第但難於口舌說上者料造詣深者當自會之○孟子說要營壘竟有戰國氣習然也是賴有那睟面盎背四體不言而喻一段氣宇所以致得當時人君無厭心而得全其大名幽難曰不遇終是所在堂上去就光明磊落此[illegible][illegible]其六三宿出晝者自是指不得齊王待遇之厚耳然亦可想見其在齊日從容亦

讀誠意章[illegible]發矣不然何以爲孟子

楊氏曰孟子一書只是要正人心教人存心養性收其放心至論仁義禮智則以惻隱羞惡辭讓是非之心爲之端論邪說之害則曰生於其心害於其政論事君則欲格君心之非一正君而國定千變萬化只說從心上來人能正心則事無足爲者矣大學之修身齊家治國平天下其本只是正心誠意而已心得其正然後知性之善故孟子遇人便道性善歐陽永叔卻言聖人之教人性非所先可謂誤矣人性上不可添一物堯舜所以爲萬世法亦是率性而已所謂率性循天理是也外邊用計用數假饒立得功業只是人欲之私與聖賢作處天地懸隔

朱子曰心得其正然後知性之善語若有病蓋知性之善然後能正其心心得其正然後有以眞知性之爲善而不疑耳

慶源輔氏曰人能正心則事無足爲者其語亦失之太快觀大學正心之後於修身齊家治國平天下更有工夫在○此一句判斷二帝三王及漢唐以後爲治之道所以不同明白詳盡

【纂箋】孟子之書所以救世而垂後也。當時舉世滔滔皆沒溺于功利，孟子所以要人便道性善，言必稱堯舜，而性之所以善，堯舜之所以爲堯舜者，仁義而已矣。所以託始於見梁惠王一章，通七篇都是這一泉脈灌注流通。

【諸説】孟子比孔子時說得高，然孟子道性善，言必稱堯舜，又見孟子說得實。○人饒雙峯云：心在外者要收向裏，心在內者却推出去。孟子云學問求放心、四端擴而充之，一部孟子皆是此意。大底一收一放，一闔一闢，道理森然。○讀孟子非惟看他義理，熟讀之便曉作文之法。首尾照應，血脈通貫，語意反覆，明白峻潔，無一字閑。人若能如此作文，便是第一等文章。○孟子之書明白親切，無甚可疑者，只要日日熟讀，須教他在吾肚中先千百轉，便自然純熟。某初看時，要逐句去看它，便覺得意思淺迫，至後來放寬看，却有條理。○孟子文章妙不可言，文蔚曰：他每段自有一二句綱領，其後只是解此一二句。曰：此猶是淺者，其他自有妙處。雖老蘇之徒得其妙。○孟子之文恐一篇是一人作，又疑孟子親作，不然何其妙也。豈有是人出孟子之門而沒世不聞耶？○問孟子比論語却易看，但其間數段極難曉曰只盡心篇語簡了便難理會且如養氣一章被他說長了極分曉只是人不熟讀○如老蘇輩只讀孟韓二子便翻繹得許多文章出來且如攻城四面牢壯若攻得一面破時這城子已是自家底了不待更攻得那三面方入得去○孟子疏乃儕武吉人假作蔡季通識其人當孔頴達時未尚孟子只尚論語孝經爾其書全不似疏樣不曾解出名物制度只繞纏趙岐之說耳○陳文言孟子趙岐所記者鄉做得好日做得緊氣鬪人東漢文章皆如此○解書難得分曉趙岐孟子拙而不明王弼周易巧而不明

都京山云孟子入品心術正大光明議論開口見心更無回互範諭之譏行口實人且熬寬平雖頻笑不苟而亦無矯激違情所謂非先王之法言不言非先王之法行不行者也○孟子步趨孔子故論語意思深厚七篇即其註疏如告人君詞政孔子但舉其大端孟子頗劇而出制產設教十一一指掌然亦只是教之富之之家法而已論語之言寬而有餘七篇之言詳而能充○孟子學問政事皆從心上發揮論政雖是一念不忍擴而充之論學能求放心先立乎其大更無枝葉之辭

亦無隱藏之秘讀其書如清風明月中行神骨俱爽○孟子為卿于齊辭十萬之
祿其氣格嶷嶷如威鳳翔于千仞可望不可扳及其去齊三宿而後出晝遲遲其歸
惓又如此讀其書論其世可想見其人○孔子在春秋時人曰為東家丘及門之
時如陳亢謂子貢賢于仲尼戰國時百家鼎時六經未表章而孟子卓然獨信諸
生民以來未有孔子願學私淑其識量度越人遠矣○人性皆善此理直截易簡
非如後儒遷就體面之說其曰人皆有四端皆可為堯舜孩提知愛知敬聖人先
得我心同然此等議論千古炳如日月行天○孟子言性善原于孔子○孔子贊
易曰繼之者善成之者性又曰無思也無為也寂然不動感而遂通天下之故非
天下之至神其孰能與於此此性善之源淵也○子思作中庸曰天命之謂性率性
之謂道喜怒哀樂未發謂之中發而皆中節謂之和中也者天下之大本和也者
天下之達道也子思之受指于夫子者也孟子因夫子子思之說故曰天下之言
性則故而已故者以利為本乃若其情則可以為善矣乃所謂善也即寂然不
動感而遂通天下之達道之旨也○七篇大旨不過人倫日用孝弟言行之間初無

齊辟之謬。此孔氏正傳中庸所言。萬宋程朱諸君表章論法。使後學知指歸。其功比于孟之于孔。亦天之所以報孟氏與。○秦漢而來。推尊孟子莫如韓退之。以為上接堯舜禹湯文武孔子之傳。知言哉。司馬遷以孟子與荀卿並傳。到淳于髡荀卿墨翟諸人同傳。其序孟子寂寥數語。而以騶衍贅之。又云梁惠王欲攻趙。孟子稱大王去邠。今按七篇無梁伐趙之事。大王去邠本齊滕文公語。都非實録。司馬遷疏舛謬矣類此。郝京山議論偏駁甚多。此數條正大。故録之。

心説七篇大義皆從仁義敷衍。性善其本原也。孝弟其功用也。知言養氣其藴藉也。尊王賤霸。闢齊梁之君謂陳者。其事業也。闢楊墨。惡鄉原。正人心而反經。所以衛其道。以承禹周孔子堯舜湯文之統者也。故上下篇之終皆以此。○讀孟子者宜知大旨總論第一章大意。便如常山蛇勢。首尾相應。通章順往無不流貫。孟子書多用此法。如人問月之狀何如。答曰月之狀似月。則滋惑也。郤喻之曰月之狀如弦。弦則如彎弓。望則如鏡。斯了然矣。孟子開口多用此法。如言王道先言五十步百步。言虐政先言挺刃。言四境先言王臣。言用人先言作室。言齊州先言齊語。

之類此設法比騐也○如沼上則引詩好貨好色則引公劉太王發棠則引馮婦之類此援引體也○有一章而設法比數見者如釁牛章秋毫百鈞超海折枝權度求魚鄒楚之類是也○有一章而援引比數見者如許行章先援行一身來比種粟一節次援堯舜之事來比當堯先六節又援孔子之事來比昔者孔子二節之喻是也又好辯章若論正意只聖王不作吾為此懼二節及正人心一節已說盡了然不見地步高遠據當灊大勢把禹周孔子從頭說來方說承三聖才見好辯功勞不得已孟子設法比騐如法家之假○如援引比騐如法家之公案只借他來證驗而已學者看書須拿定正意為主比喻譬喻不可顧譬而失其主也○朱子嘗謂孟子一書決孟子自作不是孟子如何寫得這等淋漓痛快無論微言奧旨即對齊梁之君數語挑撥徹醒震發縱橫使聽之者欲悲則悲欲喜則喜章丘安能贊一辭也七篇皆救世而作又所遇皆庸君下士異多有為之言其大旨只在開人心之陷于功利而亟提仁義以喚醒之其使人識取仁義之最吃緊處則在性善一字今讀書者試玩其一言一句莫不自性善發來○要下與人同歸一性善是理

堯舜湯之道楊墨横逆塞仁之路非特辟二諸之狂瀾而已學者其可不盡心乎○古

來道學皆有頭領如唐虞之執中禹之祗德湯之聖敬文之敬止武之敬勝周公

之勤施孔子之時習曾子之止至善子思之中庸已逗仁義之理至孟子則明白

揭出當戰国擾攘功利之時地醜德齊時非不利勢非不便兵革非不堅利所以

者君臣父子兄弟去利懷仁義以相接耳故孟子以此二字爲救時一粒金丹服

七国侯王凡無仙骨不識而丘山皆功利之習中于膏肓一聞仁義之話如嚼蠟一

般無味反以爲迂遠而闊于事情不知唐虞三代所以得天下者無非仁義其失

天下無非不仁不義故仁義皆行之者王假之者伯無之而国危矣七篇之中千

言萬語無非發明此旨至其言性善者以性中本有仁義也闢異端者闢其害仁

義之行也有並言仁者仁則兼之類是也有單言義者集義取義之類是也而平旦

夜氣孩提乍見之端直截痛快深切著明其有功于後學大矣○堯舜之授受曰

人心惟危道心惟微即此仁義也仁義根于天性何如其微不仁義則計利計利

則不奪不饜何如其危孟子見梁惠王始曰王何必曰利亦有仁義而已矣終曰

王亦曰仁義而已矣何必曰利此其剖破危微之關夬于仁義上用事分之極晰
斷之極確正是擇之欲精守之欲一使堯舜之心傳至孔子者不泯沒于人欲
橫流之世也可以明治統可以明道統七篇之中無非此旨而彰明較著惟此爲
甚故以此爲全書之冠○孟子胸襟識界極高當時侯王皆從孟子口中乞
勸諸王孟子與他分庭抗禮毫無混至如梁襄王王驩之輩不足以當其一盼又
如儀衍之氣欲震耀七國孟子以妾婦二字作考語當時之求富貴利達者無
非義之萬鍾者則用一龍斷乞墦等語直令此輩羞死無地蓋由其胸中浩然無
欲視氣燄薰灼之徒如蠅嗜糞如犬嗜骨故能放開兩眼從往從來爲天下第一
人若稍染着便入縱橫之習氣矣讀居天下之廣居節及說大人一章何等特達
而根抵自浩然之氣來

牟陽冉覲祖永光甫輯
男 詡衡華阿
詵衍慶男甫
詔衛康宜甫校
詮衛季真
同學謚 鑄公鑿甫訂

孟子上

梁惠王章句上 凡七章

〔孫疏〕自此至盡心是孟子七篇之目及次第也。總而言之則孟子為此書之大○名梁惠王以下為當篇之小目其次第蓋以聖王之盛唯有堯舜堯舜之道仁義為首故以梁惠王問利國對以仁義為七篇之首也○章句者章文之成也句者辭之絕也○按史記世家云魏之先畢公高之後也武王伐紂而高封于畢是為畢姓其後絕封為庶人或在夷狄其苗裔曰畢萬事晉獻公獻公十六年以魏封畢萬爲大夫卜偃曰畢萬之後必大矣萬滿數也魏大名也畢萬封十一年獻公卒畢萬之世彌大從其國名爲魏氏生武子武子生悼悼生絳絳生魏獻子獻子生侈侈之孫曰魏桓子桓子孫曰文侯文侯卒子擊立爲武侯武侯卒子罃立爲惠王惠王二十一年齊趙共伐我邑于是徙都大梁然則梁惠王是武侯之子名罃謚曰惠謚法云愛人好與曰惠汲冢紀年云梁惠成王九年四月甲寅徙都大梁

勿軒熊氏曰一章義利之辨兼言孟子之學二三章言與民同樂三四五六章皆言仁政七章兼言王霸之辨

孟子見梁惠王

梁惠王魏侯罃也都大梁僭稱王謚曰惠

趙氏曰按魏初都安邑在漢河東郡安邑縣至惠王徙大梁在漢陳留郡浚儀縣

東陽許氏曰孟子至梁時魏尚爲侯此稱之爲王乃著書之時追稱耳○蓋始

各[illegible]大國至徐州以會與王之[illegible]以下[illegible]
[illegible]與魏惠王三十五年卑禮厚幣以招賢者而孟軻至梁
新安倪氏曰：按綱目周顯王三十三年乙酉爲惠王三十五年。
然綱目於會徐州以相王之年，紀書魏惠王一年，則此所謂惠王三十五年
[illegible]爲侯時位[illegible]計，併此年數不應爲王之三十五年也。爲王只一年而
[illegible]其見梁惠王何也。朱子曰：不見諸侯，不先往見也。見梁惠王，
[illegible]之禮亦在。不待見諸侯時，士鮮自重，而孟子猶守此禮，故所居
之國[illegible]先見與國君不得與？必以禮先焉，然後往答其
禮。一說記[illegible]之事[illegible]
[illegible]孟子見梁惠王，或謂[illegible]道夫也。孟之游歷聘之齊之衛之魯
豈不是不遇歟[illegible]禮是吾道可行之機也，故不遠千里
而[illegible]去，豈[illegible]猶將去之，況卑禮厚幣之招，又所招者

[illegible]

[illegible]孟子[illegible]故只作欲行道說為是

[illegible]孟子見梁[illegible]見梁惠王想當時偶遊至梁惠王府求見

之[illegible]之耳朱子以為[illegible]亦句[illegible]郎史記所云卑禮厚幣以招賢者

[illegible]孟子至梁[illegible]則卑禮厚幣想不為孟子一人[illegible]孟子也

[illegible]有為之君[illegible]故爾[illegible]

[illegible]此章[illegible]言利之[illegible]梁惠[illegible]

梁以見之欲行[illegible]

王曰叟不遠千里而來[illegible]

叟長老之稱王所謂利[illegible]

吳氏程曰叟非絶句當連下[illegible]

以叟稱孟子古人尚[illegible]以叟者為相尊[illegible]

西山真氏曰當時王[illegible]則人心[illegible]之[illegible]

見賢之一術

【合參】富國强兵之類。今即其言求之曰辟土地充府庫若不仁而富之富[illegible]
約與國戰必克為之强戰强兵也曰之類所該尚廣
【翼註】梁王說利是功利之利非專指財利也
【集說】看亦將二字見得惠王當時卑禮厚幣以招賢者所謀無非利國之事所
招亦無非利國之人故于孟子亦以此望之耳亦是好意但不昔言利謂了不
覺便如此說故孟子一句截住。有以二字指其抱負而言。凡言如者乃不
止乎此而如此之類也此言益者益即指富强二者也言類即其中之類也富
將懸王所見不過如此富强二字俱是活字如云富其國强其兵也則富强中
亦自有多少事體故曰之類。
【心訣】不遠何有欣幸意亦將何有深望意。不曰利國而曰利吾國下節數吾
字正從此映出。
【圖】王開口自稱至梁亦越千里矣叟不憚千里之遠而來夫豈徒哉亦將有深謀
長策以利益吾國而使之富强者乎。

孟子對曰句王頓何必曰利句亦有仁義而已矣節

仁者心之德愛之理義者心之制事之宜也

語類○一　淳問仁者心之德愛之理義者心之制事之宜德與理俱以體言制與宜俱以用言否曰心之德是渾淪說愛之理方說到親切處心之制却是說義之體程子所謂處物爲義是也楊雄言義以宜之韓愈言行而宜之之謂義若只以義爲宜則義有在外意須如程子言處物爲義則是處物者在心而非外也○或問心之德愛之理以體言心之制事之宜以用言曰也不是如此義亦只得如此說事之宜雖若在外然所以制其宜則在心也程子曰處物爲義非此一句則後人恐未免有義外之見如義者事之宜事得其宜之謂義皆說得未分曉蓋物之宜雖在外而所以處之使得其宜者則在內也○曰仁言心之德便見得可包四者義言心之制却只是說義而已曰然○至問心之德是就專言之統體說愛之理是就偏言之一體說雖言其體而用未嘗不包在其中心之制是說義之主于中事之宜是說義之形于外合內外而言之也曰心之制

亦是就義之全體處說事之宜是就千條萬緒各有所宜處說事之宜亦非是
就在外之事說看甚麽事來這裡面便有個宜處這便是義。問心之制是義
制曰是裁制問莫是以制其心曰心自有這制心自是有制制如快利刀斧事來劈
將去可底從這一邊去不可底從那一邊去

或問人所以為性者五獨舉仁義何也曰天地所以生物不過陰陽五行而五
行實一陰陽也人性雖有五然曰仁義則大段已舉矣以陰陽五行言則木火
皆陽金水皆陰而土無不在以性言則禮者仁之餘智者義之歸而信亦無不
在也又曰仁存諸心性之所以為體也義制夫事性之所以為用也然以性言
之則皆體也以情言之則皆用也以陰陽言之則義體而仁用也以存心制事
言之則仁體而義用也錯綜交羅惟其所當而各有條理焉

雲峰胡氏曰心之德是體愛之理是用心之制是體事之宜是用孟子所言仁
義是包體用而言論語所謂為仁是以仁之用言

纂解與人君言仁義當重愛之理事之宜上然不遺親後君看自見但推其體

則原于心之德心之制也。

此二句乃一章之大指下文乃詳言之後多放此

說約通義陳先生曰孟子文法多以主意立綱領于前而分開照應于後然後結之熟讀自見。

蒙引不必說亦有仁義可以益王之國只是對利字言不必要對吾國字但說到未有仁而遺其親未有義而後其君則自然有以利其國矣此句且莫鑿破他。

彙說何必曰利不特不當言且亦何足言見當時利國之謀皆卑卑不足道者。更有所當行而行之且勝強似此萬萬倍者要曉得是勸君語意若止說個然不可言他便無味了且不得何必二字之意。亦有云者不是說利之外還有這等乃云吾人之所當留心而行之者亦獨有此耳而已矣者此外更無他道之可言也。添一行字見存義不止當言也

賈炬訂仁義二字孟子獨[illegible]梁王許多貪劉不得然前節開口語與末節找說

兩節又明說不得。今

【合參】此節雖是遏其欲而引之于理，不必對看。要歸重下句「何必」，必言其不可也而已矣，此外無可言也。

【注疏直解】此二句且就理欲公私上說，到中間方指陳利害出來，末二句方說利害上結之。

【講】孟子對曰：王何必曰利？亦唯有仁義之可言而已矣。蓋利者人欲之私，仁義者天理之公，君子言理不言欲，言公不言私，王之所問于彼而不于此，何耶？

王曰讀何以利吾國句？大夫曰讀何以利吾家句？士庶人曰讀入聲○庶何以利吾身句？上下交征利讀而國危矣句○危連國。萬乘之國讀弑其君者頓，必千乘之家句；千乘之國讀弑其君者頓，必百乘之家句。萬頓取千焉句，千頓取百焉句，不為不多矣句。苟為頓後義而先利讀，不奪頓不饜句。

此言求利之害，以明上文「何必曰利」之意也。征，取也。上取乎下，下取乎上，故曰交征。國危，謂將有弑奪之禍。

【蒙引】求利自上始。其下化之，皆求利，畢竟其害歸于上。仁義亦自上始，其下化之，亦皆仁義，畢竟其利歸于上。○上取乎下，下是已下，如何取之于上？蓋天地間之利只有此數，上求利，便着取之于下；下求利，便着取之于上矣。不然，取將何之？如魯季氏攘奪其君，是取之于上；兹剝其民，是取之于下。大夫雖爲君之下，猶爲民之上也。若夫士庶人曰何以利吾身，則非取之于上而又將誰取？

【存疑】利吾國至而國危矣，是自利上推到有害處。曰萬乘之國弒其君者必千乘之家，至不奪不饜，皆是說國危之專。萬取千焉，至不奪不饜，又只是串萬乘之國弒其君四句。○王曰何以利吾國，一定是取之于臣民，所謂損下益上也。大夫曰何以利吾家，一定是取之君與民，所謂攘奪其君兹剝其民，故曰上下交征利。

【集說】何以二字，不止是口說如此，便是許多謀算求必得之之意。○三何以利，亦有分。利吾國者，取之于臣民；利吾家者，取之于君與民；利吾身者，只是撙便宜邊耳。既如此算計，則必定做出事來，故曰上下交征利。不曰身家危而獨曰國

利於其君必仍歸于在上者也

【附朱】交征則在三何以內見

【說統】此節正是發明王何必曰利也首以首何爲獨王爲大夫士庶之表帥利風一倡不至攘奪不止可見利之端有召禍之害之寔亦自王受之利之不可言如此

【諸家辨】何以利吾國數句雖並說見其勢下甚側重王曰何○數曰字何以字即是弑奪形船日字乃心口相商乎日慶機隱智蘊動處語云兵莫憯于志即此意

乘車數也萬乘之國者天子畿內地方千里出車萬乘千乘之家者天子之公卿采地方百里出車千乘也千乘之國諸侯之國百乘之家諸侯之大夫也弑下殺上也饜足也言臣之於君每十分而取其一分亦已多矣若又以義爲後而以利爲先則不弑其君而盡奪之其心未肯以爲足也

【趙注】天子建國諸侯立家上下乘當言國而言家者諸侯以國爲家亦以避萬乘

稱冢君臣上下之詞

前漢刑法志殷周以兵定天下矣天下旣定戢藏干戈教以文德而猶立司馬之官設六軍之衆司馬掌邦政軍旅焉萬二千五百人為軍王則六軍也因井田而制軍賦地方一里為井井十為通通十為成成方十里成十為終終十為同同方百里同十為封封十為畿畿方千里有稅有賦稅以足食賦以足兵四井為邑四邑為丘丘十六井也有戎馬一匹牛三頭四丘為甸甸六十四井也有戎馬四匹兵車一乘牛十二頭甲士三人卒七十二人干戈備具是謂乘馬之法一井八家一甸六十四井計田五百七十六頃五百一十二家出士卒七十五人則殷周之制不及七家給一兵也又兵車一乘有牛馬共十六計三十二家又出一馬或牛也一同百里提封萬井提舉也舉四封之內也除山川沈斥城池邑居園囿術路三千六百井沈斥水田舄鹵也沈謂淵深水之下也斥鹹鹵之地術大道也定出賦六千四百井戎馬四百匹兵車百乘此卿大夫采地之大者也采官也因官食地故曰采也是謂百乘之家一封三

百一十六里提封十六萬井定出賦六萬四千井戎馬四千匹兵車千乘此諸侯
之大者也是謂千乘之國天子畿內千里提封百萬井定出賦六十四萬井戎
馬四萬匹兵車萬乘故稱萬乘之主戎馬車徒干戈素具
程氏復心曰按王制天子畿內地方千里爲方百里者百則千乘之家國當龜
方三百一十四里有奇爲方百里者十百乘之家地方百里爲方十里者百故
刑法志云云與集註不同要之孟子時說當時假設言之非謂古法然也
東陽許氏曰萬乘之國則千乘之家千乘之國則百乘之家此以君十卿祿大
夫言之也○王畿方千里固可出車萬乘天子之卿受地視侯則方百里方百里
不能出車千乘也千乘之國當三百一十六里有奇百乘之家則當方百里矣諸
侯卿之采地未必如是之大也○讀者不可以辭害意
新安陳氏曰以制地定法言天子萬乘諸侯取十之一得千乘諸侯千乘大夫
取十之一得百乘○
慶源輔氏曰集註發明不奪不饜最說得人心求利之意出蓋尚義則循理而

有制御利則橫流而無節故不弑逆而盡奪之其心猶有所不足也○新安陳氏曰此章始末兼言仁義中單言義者蓋仁有溫然慈愛之意義有截然斷制之意取其斷制以勝私去利則義之用爲尤切兼言仁義該體用之全也單言義取功用之切也下文仁施于親義施于君此對君言之故單言義亦通

【蒙引】萬乘之國弑其君者必千乘之家千乘之國弑其君者必百乘之家分明言上下交征利畢竟上人受虧也看兩個必字○千乘之家左右是千乘之國皆地方百里出車千乘者也入則爲公卿出則爲侯伯其曰家者特對國而言耳君臣之別也○但此處朱子大註分明謂天子之公卿蓋本萬章下天子之公卿受地視侯說大抵是要家字端的未可輕疑妄議○天子畿內千里只得萬乘其公卿諒非只一二人欲每人各取其十之一則萬乘盡矣天子又何而取給愚謂取字之義只是君十卿祿之意言以公卿而所取萬乘者得千焉以大夫而所取千乘者得百焉未知是否以俟知者○上下之間各安于其分

之所當得所謂義也苟為後義而先利則稱欲以求無有底極耶必盡取乃足

○尊言義以義利相反對言也兼言仁義亦對利言然該節用之全也

【存疑】不為不多不是為他較量多寡只起下後義先利不奪不饜句意耳不饜便見得不多奪是下奪其上○後義先利不奪不饜單就在下者說千乘之家百乘之家俱在內然却從上之求利倡來

【注疏直解】萬取千千取百是就祿之分數不是乎萬乘中各取一千乘千乘中各取一百乘也公卿大夫不止一二人天子諸侯焉得許多地分他語意謂天子有一萬分祿公卿則有一千分祿諸侯有一千分祿大夫則有一百分祿也

【顯全】萬取二句指臣之所當得言乃先王頒祿之定制非侵取之謂此即義之所在也○取字活猶言得也饜如窮飲食之無止極

【諸家辨】苟為後義二句緊承上文極言征利之害即總括上數句以遞入下文以見自私自利其勢不奪不已非是進一步（苟為為字輕只作若是二字看非設若語氣是轉語以見必然）

【講】且王之言利也亦未知求利之有害乎苟王不能躬行仁義而先之曰何以利

吾國凡取之臣民以為國之利者在所必為焉利一倡于上而人爭效于下大夫有家者將曰何以利吾家勢必取之君取之民以為家之利也士庶人有身者將曰何以利吾身勢必取之君取之卿大夫以為身之利也上以利取乎下下以利取乎上交相征利而國危矣國危何如天子君萬乘之國而弒其君者必千乘之家而為公卿者也而為萬乘者亦危矣諸侯君千乘之國而弒其君者必百乘之家而為大夫者也而為千乘者亦危矣夫先王制地之法各有所當得者天子萬乘而天子之公卿得千乘焉諸侯千乘而諸侯之大夫得百乘焉則臣之于君十分而取一不為不多矣此義之所在也知其義之所當得而安之亦以可以自足矣若是後義而先利則逞欲以求安有底止不弒其君而盡奪之其心未肯饜足也此國所以危也夫求利之說倡之于上而國危之禍亦歸之于上求利之害若此也

未有仁而遺其親者也句仁而遺其親遠之也仁字稍頓遺其親連 未有頓義而後其君者也句

此言仁義未嘗不利以明上文亦有仁義而已之意也遺猶棄也後不急也言

仁者必愛其親義者必急其君故人君躬行仁義而無求利之心則其下化之自親戴於已也

或問朱子曰仁者人也其發則專主于愛而愛莫切于愛親故人仁則必不遺其親矣義者宜也其發則事皆得其宜而所宜者莫大于尊君故人義則必不後其君矣

慶源輔氏曰仁義人心之固有人君躬行仁義以感之而無求利之心以誘之則人心之固有者亦皆興起而自然尊君親上有不待外求而勉强爲之也

雲峰胡氏曰人性有五仁義爲先人倫有五君親爲先所以孟子揭此于七篇之首然此二句本文仁義二字指下之人而言集註必自人君躬行上說來者蓋上文先言王而後言大夫士庶惟上之人求利而後下皆求利故集註于此揭人君躬行仁義而無求利之心故其下化之而自有仁義之利也

新安倪氏曰孟子謂何必曰利亦有仁義而已矣是以利對仁義而分言之集註于此節云仁義未嘗不利是以仁義合利而貫言之若與孟子上文有不同

術何哉蓋有仁義中之利有仁義外之利外仁義以求利孟子之所戒此章之大旨也行仁義而得利集註之所發明亦孟子之本意也不遺其親即是親親之仁不後其君即是尊君之義豈非仁義中自然之利乎

【蒙引】上文只曰亦有仁義而已而此則又加以未有遺其親後其君者蓋直是要說仁義自有其利也仁義既自有其利如此愈見得又何必曰利○此利字與上文何以利吾國上下交征利之利不同此利是仁義中之利天理之公也故始終是利而無害上條所言利是仁義外之利則人欲之私而已故不免于害也○本文仁義字側指在下人言故有君有親孟子只概就在下人說便見得人君躬行仁義而無求利之心則其下化之自親戴于已也利却歸于上○細看大註躬行仁義與仁義未嘗不利兩個仁義字與本文仁義字及註中仁者義者字不同蓋仁義未嘗不利亦是就人君言非是謂仁者自享愛親之利義者自享敬君之利也

【存疑】仁主于愛而愛莫切于愛親故曰未行仁而遺其親者也義主于敬而

其知于尊君故曰未有義而後其君者也然此是在下人事必上之人先行仁
義乃有此效上口亦有仁義而已矣且在上人事故註曰人君躬行仁義而無
求利之心則其下化之自親戴于已也
【集說】兩未有字從上文看來見得不奪不饜遺親後君莫甚于此若夫仁斷未
有遺其親者義斷未有後其君者行仁義之效較征利何如口氣如此○人君
躬行仁義而無求利之心此是推上一層至腦處說則其下化之自親戴于已
此是本節正解不可于仁義中便入躬行的話
【說統】未有二字是反上文而決言仁義之利○上面說危說弑說奪則遺親後
君極矣仁義却無此禍下遂發言除非不好仁義便罷如其仁義未有此也○
戰國之君中于利已深只空空以仁義說即必不見信孟子打動他處全在說
板利害不遺不後的確指出仁義之利來
【廣炬】訂竟正說仁不遺親義不後君有何味全要從仁而遺親義而後君打轉
兩而字透徹兩未有纔得勢俏升○仁義二字來脈原當着人君身上但貫一

二語領過畧多便非。此處仁義尤大端入細不得太公

不遺親後君此是從士庶人看要到士庶人不遺親後君須從王始

王曰仁義而已矣大夫曰仁義而已矣乃至士庶人曰仁義而已矣而後見不

遺親後君之效故仁義二字一頓其中煞有次第功夫次第景象在絕不可放

過。上節言利之不利以應王何必曰句此節言仁義之利以應亦有仁義句

不是泛說感應

【諸家辨】遺後只恝視君親不與弑奪例看大夫士庶見利則爭失利則敬其始

不過遺親後君其後便可以弑親弑君好利則必至于弑奪好義則不至于遺

後二者字應前大夫士庶仁義雖就事君事親說却歸重人主行仁義語意與

大學未有上好仁節同

按註親載于已已字原承人君說意專在君因君親皆五倫所重故并

言之。此說弑奪即屬遺後類註諸家辨俱作輕重相形看亦竟有來

【[illegible]】君舍利而言仁義則其自然之利當何如仁主于愛而愛莫先于愛親不仁而

遺其親者有之矣未有人心既仁而愛之所施乃于親獨遺也義主于敬而敬

[illegible]先于尊君不義而後其君者有之矣未有人心既義而事之所趨乃子君獨後趨臣之于下有親之親有君之尊也鄉行仁義以倡之而親親尊尊之利歸于上矣

王亦曰仁義而已矣句何必曰利

重言之以結上文兩節之意

覺軒蔡氏曰學者細玩而已矣與何必之辭見孟子語意嚴厲斬釘截鐵斷斷然只說仁義更不向利上去若董子正其誼不謀其利明其道不計其功意亦得其傳者歟

【紹聞編】南軒曰仁不遺親義不後君舉世之人皆由仁義則無不愛其親尊其君三代盛時所以長治久安而無後患也為國者舍是其將焉求徵重言之旨

王亦曰仁義而已矣何必曰利

【實踐錄】亦字已矣字在利害上說出來與上文別　徊初

【心訣】此結上文以致叮嚀之意須要說得與上文異王亦曰仁義直是要能行

仁義何必曰利直是要他不求利。不只說不說便罷。

[通]然則王亦唯曰仁義而已矣何必曰利夫孟子之于惠王始終抑其利而啓仁義啓之所以遏人欲而擴天理者至矣

此章言仁義根於人心之固有天理之公也利心生於物我之相形人欲之私也循天理則不求利而自無不利徇人欲則求利未得而害已隨之所謂毫釐之差千里之謬此孟子之書所以造端托始之深意學者所宜精察而明辨也

慶源輔氏曰利心人本無之只緣有已有物彼此相形便生出較短量長爭多競少之意遂欲已長人短人少已多偏陂反側惟已是徇故曰人欲之私也○循天理者無所爲而爲故不求利然成已成物各得其宜故自無不利徇人欲者有所爲而爲故雖求利而未必得然妨人害物招尤取禍故害常隨之

太史公曰余讀孟子書至梁惠王問何以利吾國未嘗不廢書而歎也曰嗟乎利誠亂之始也夫子罕言利常防其源也故曰放於利而行多怨自天子以至於庶人好利之弊何以異哉程子曰君子未嘗不欲利但專以利爲心則有害惟仁義

則不求利而未嘗不利也。當是之時，天下之人惟利是求，而不復知有仁義。故孟子言仁義而不言利，所以拔本塞源而救其弊。此聖賢之心也。

[語類]朱子曰：凡事不可先有個利心，才說着利，必害于義。聖人做處只向義邊做，然義未嘗不利，不可先說道利，不可先有求利之心。蓋緣本來道理只有一個仁義，更無別物事。義是事事要合宜。○聖賢之言，所以要辨別教分明，但只要向義邊一直去，更不通思量第二着。才說義乃所以爲利，固是義有大利存焉。若行義時便說道有利，則此心只邪向那邊去。固是未有仁而遺其親，未有義而後其君，纔于爲仁時便說要不遺其親，爲義時便說要不後其君，則是先有心于爲利。聖賢要人止向一路做去，不要做這一邊，又思量那一邊。仲舒所以分明說不謀其利，不計其功。

[或問]孟子謂仁義未嘗不利，則是所謂仁義者，乃所以爲求利之資乎？曰：不然也。仁義天理之自然也，居仁由義，循天理而不得不然者也。然仁義得於此，則君臣父子之間，以至于天下之事，自無一物不得其所者，而初非有求利之心也。

易所謂利者義之和亞謂此篇曰然則孟子何不以是爲言也曰仁義固無不利矣然以是爲言則人之爲仁義也不免有求利之心焉一有求利之心則利不可得而其害至矣此孟子所以拔本塞源而救其獘也曰太史公之歎其要知孟子之學耶曰未必知也以其言之偶得其要是以歎而著之耳使其誠知孟子之學也則豈其崇勢利羞貧賤而不自知其非耶

雲峰胡氏曰孟子之得子子思者曰仁義所以利之也及告梁王則言仁義而不言利蓋子思所言者利物之利梁王所問者利己之利也程子以爲拔本塞源者所以救當時流獘之極朱子以爲造端托始者所以謹夫學者心術之初

新安陳氏曰孟子一書以遏人欲存天理爲主何必曰利遏人欲也亦有仁義存天理也自此以後鮮有不可以此六字該貫章旨者

東陽許氏曰君子利己之心不可有利物之心不可無孟子不言利是專攻人利己之心絶利己之心然後可行利物之事然利物乃所以利己也至乎家道親後君則己亦無不利矣但不可假仁義以求利耳

塞源害之本源指利也。○拔本以草木言本根也塞源以水言

【會解】此章只重在仁義上。孟子言仁義是孟子一生學問一生經濟故首篇發之第三節一章之綱領四節孟子言利之害五節與言仁義之利末節結上文

【翼朱】通章以仁義爲主雖中間言求利之害仁義之利覺相對待然意實相承看起徵語便見。○戰國諸侯曰以利干上而挾策以干諸侯者亦徉徉以利進獨孟子抱仁義之畧守不見諸侯公之節皆其以禮見惠王也豈不欲轉移人心以行吾仁義于天下乎顧其溺于利已久闢口便說利孟子不得不退他利而啓他以仁義蓋義利乃吾人大關頭于此勘破便純王于此勘不破便雜霸故先言一利一害以動其心而轉移之如曰天下之不利莫大于君之弒國之危而卒自利基之天下之利莫大于子之孝臣之忠而卒自仁義基之則言仁義者言其所以忠孝者也何可已也言利者言其所以甚弒奪者也何可溺也始猶泛就理欲上推言終則就利害上較論矣此可見仁義務心固孟子見君第一義而居仁由義孟子一生受用處其他與齊宣滕文等議論雖不同然只是

孟子對曰句王句何必曰利句亦有仁義而已矣句

仁者心之德愛之理義者心之制事之宜也

語類元尊問仁者心之德愛之理義者心之制事之宜德與理俱以體言制與宜俱以用言否曰心之德是渾淪說愛之理方說到親切處心之制却是說義之體程子所謂處物爲義是也楊雄言義以宜之韓愈言行而宜之之謂義若只以義爲宜則義有在外意須如程子言處物爲義則是處物者在心而非外也○或問心之德愛之理以體言心之制事之宜以用言曰也不是如此義亦只得如此說事之宜雖若在外然所以制其宜則在心也程子曰處物爲義非此一句則後人恐未免有義外之見如義者事之宜事得其宜之謂義皆說得未分曉蓋物之宜雖在外而所以處之使得其宜者則在內也曰仁言心之德便見得可包四者義言心之制却只是說義而已曰然○至問心之德是就專言之統體說愛之理是就偏言之一體說雖言其體而用未嘗不包在其中心之制是說義之全于中事之宜是說義之形于外合內外而言之也曰心之制

亦是說義之全體處說事之宜是說千條萬緒各有所宜處說事之宜亦非是說在外之事說看甚麼事來這裡面便有個宜處這便是義。問心之制是義制曰是義制問莫是以制其心曰心自有這制心自是有制制如快利刀斧事來劈將去可底從這一邊去不可底從那一邊去

〔或問〕人所以爲性者五獨舉仁義何也曰天地所以生物不過陰陽五行而五行實一陰陽也人性雖有五然曰仁義則大段已舉矣以陰陽五行言則木火皆陽金水皆陰而土無不在以性言則禮者仁之餘智者義之歸而信亦無不在也又曰仁存諸心性之所以爲體也義制夫事性之所以爲用也然以性言之則皆體也以情言之則皆用也以陰陽言之則義體而仁用也以存心制事言之則仁體而義用也錯綜交羅惟其所當而各有條理焉

雲峰胡氏曰心之德是體愛之理是用心之制是體事之宜是用孟子所言仁義是包體用而言論語所謂爲仁是以仁之用言

〔彙解〕與人君言仁義當重愛之理事之宜上煞下遺親後君看自見但推其體

字神情王之譁王之愧俱從此中看出

【諸家評】王意賢者未必樂此是疑詞不是斷詞此正王一念可進于賢處故孟子亟以公樂導之此與舊説異然作疑詞亦頗有味

【講】此章孟子因梁王之問而引之以公樂于民也孟子見梁惠王適王立于沼上乃顧鴻鴈麋鹿以問孟子曰賢者之君亦樂此乎

孟子對曰句賢者讀而後樂此句不賢者讀雖有此頓不樂也句

此一章之大指

新安陳氏曰揭大旨于前而分開照應于後此孟子諸章例也首章及此章皆如此後當以此法觀之不一一提掇

龜山楊氏曰世之君子仕賢者乎則必語王以憂民而勿爲臺沼苑囿之觀是拂其欲也其佞者乎則或語王以自樂而廣其侈心是縱其欲也二者皆非能引君以當道惟孟子之言常于毫髮之間剖析利害之所在使人君化爲而不自知夫如是其在朝則可以格君心之非而其君易行矣

〔通説〕張氏曰孟子若答云賢者何樂乎此則非惟告人之道不當爾而于理亦有未完也。今云然則辭氣不迫而理完矣。〔愛日〕王所謂樂人欲之私以自樂者

〔纂疏〕孟子所謂賢者樂此天理之公與民同樂者也

〔雙峰〕饒氏曰王意謂賢者未必樂此自家有斯而孟子說惟賢者樂此此其意非

〔存疑〕王曰賢者亦樂此乎意賢者必不以此爲樂而已有愧于心也。孟子也不說賢者不樂此也不說賢者樂此惟說賢者而後樂此不賢者雖有此不樂矣。

得樂非人君之所禁但要能享與不能享耳賢者而後樂此能享其樂也不賢者雖有此不樂不能享其樂也。所以能享其樂與民同也不能享其樂不與民同也。孟子之答特出王之意外是因其所欲引而歸之於善蓋路去此所以爲善引其君也。後篇好樂好貨好色之類皆是如此

〔纂序〕桀紂不賢之人亡國破家雖有此亦爲人所奪太[illegible]無素節地盡若愛。

〔補案〕三句且虛下正詳之上句包有同樂意。下句包有獨樂意。乃[illegible][illegible]露出。

【纂引】求利自上始，其下化之皆求利，畢竟其害歸于上。仁義亦自上始，其下化之亦皆仁義，畢竟其利歸于上。○上取乎下是已，下如何取之于上？蓋天地間之利只有此數，上求利便着取之于下，下求利便着取之于上矣，不然取將何之？如魯季氏攘奪其君，是取之于上；剝其民，是取之于下。大夫雖為君之下，猶為民之上也。若夫士庶人曰何以利吾身，則非取之于上而又將誰取？

【存疑】利吾國至而國危矣，是自利上推到有害處。曰萬乘之國弒其君者必千乘之家至不奪不饜，皆是說國危之事。萬取千焉至不奪不饜，又只是申萬乘之國弒其君四句。○王曰何以利吾國，一定是取之于臣民，所謂損下益上也。大夫曰何以利吾家，一定是取之君與民，所謂攘奪其君剝其民，故曰上下交征利。

【案說】何以二字不止是口說，如此便是許多謀算求必得之之意。三何以利亦有分，利吾國者取之于臣民，利吾家者取之于君與民，利吾身者只是攫便宜。遞互既如此算計，則必定做出事來，故曰上下交征利。不曰身家危而獨曰國

亂皆其爭必仍歸于在上者也

〔觀〕朱文征郎在三何以內見

〔說〕統此節正是發明王何必曰利也語以首句爲綱王爲大夫士庶之表帥利風一倡不至攘奪不止可見利之端萌于啓之者之實亦自王受之利之不可言如此

〔諸家〕辨何以利吾國數句雖並說見註終下甚側重王曰句○數目字何以字即是弑奪胚胎日字乃心口相商乎日後機隱智蘊節處語云兵莫憯于志即此意

乘車數也萬乘之國者天子畿內地方千里出車萬乘千乘之家者天子之公卿采地方百里出車千乘也千乘之國諸侯之國百乘之家諸侯之大夫也弑下殺上也饜足也言臣之於君每十分而取其一分亦已多矣若又以義爲後而以利爲先則不弑其君而盡奪之其心未肯以爲足也

〔趙注〕天子建國諸侯立家上下乘當言國而言家者諸侯以國爲家亦以避萬

左傳注云天子靈臺諸侯觀臺又似各有所據○易乾鑿度言文王二十九年伐崇作靈臺含神霧云作邑于豐起靈臺是類謀云作靈臺受赤爵丹書○圖序按囿亦曰靈沼亦曰靈俱是一時美其名云從常解是

集說經始靈臺四句一聯經始勿亟二句又追而言之如此王在靈囿以下俱當時之民樂文王之辞○經始只是總量度規模之意營之乃是起手去做集註謀爲二字謀亦是筭計工程如何爲則下手做起

心訣不日成之乃是詩人極其形容如云速于置郵之意○按不日成之只是形容其成之速若不終日者然作不數日看者非是趍註不限以期亦不可從○經始勿亟是詩人從不日成之內抽出一層意見得成之速非文王趍之而然也勿亟二字是文王戒民之詞○攸伏攸字是虛字註中安其所七字并訓攸字也

孟子言文王雖用民力而民反歡樂之旣加以美名而又樂其所有蓋由文王能愛其民故民樂其樂而文王亦得以享其樂也

東陽許氏曰麀鹿魚鳥各得其所咸遂其性可見文王之德被萬物覩而在學而下文魚鹿云云尤見文王仁及物而物感動處物且如是于人可知○

[illegible]饒氏曰：自樂便不是仁。同樂便是仁。如文王未嘗無靈臺、靈沼，然與民同樂便是天理。文王畢竟自朝至于日中昃不遑暇食，用咸和萬民，人必得所，然後有此樂。此所謂後天下之樂而樂。

【蒙引】民反歡樂之，指庶民子來不日成之也。不是包其臺曰靈臺以下。古之人與民偕樂，是說平日有恩惠及人，當岐之政是也。不必兼言勿亟之命。又須于經始之日亦爲與民偕樂也。蓋詩人言經始勿亟，是與下句庶民子來相對。戀言文王尚戒以勿亟，而庶民亦自急也。以見其得民樂之意耳。故能樂也。全在民樂其樂上。故集註用此句以發揮其義。不然亦何以能樂。

【存疑】文王以民力爲臺爲沼以下，是孟子解詩之意。詩曰庶民攻之，不日成之，庶民子來，是民反歡樂之也。詩曰靈臺靈沼，是謂其臺曰靈臺，謂其沼曰靈沼也。詩曰王在靈囿，麀鹿攸伏以下，是樂其有麋鹿魚鼈也。詩之所言，皆民樂君之詞，故孟子釋之如此。

【翼註】兩謂其，一樂其，俱須民字看。

集說 集註孟子言三字斷住乃是就詩之言而釋其意如此非解釋之辭下節微此○雖用民力而民反歡樂之雖字反字要看用民之力宜乎致其愁怨者今不惟不愁且怨而反歡樂之此是何等光景○旣加以美名是說謂其臺曰靈臺二句而又樂其所有是說樂其有麋鹿魚鼈何益由文王能愛其民是說古之人與民偕樂句故民樂其樂云云是說故能樂也○樂其有麋鹿魚鼈不是民也去樂那麋鹿魚鼈乃是見文王有此麋鹿魚鼈正如爲人子者見父母有可懽心之處他心裏都喜歡也樂之之意如此與芻蕘雉兔之囿不同○古之人便指文王所謂賢者也與民偕樂不是把臺池魚鼈與民同樂乃是平日無一民不得其所使之俱有其樂故曰偕樂若存疑云推好樂之心以行仁政使民亦有其樂文王治岐之政是也說是然推好樂之心也不是我要樂臺沼然後推此而行仁政蓋好樂之心人所同也文王只是使民俱有其樂耳不闕臺池不臺池與民偕樂在平日故能樂也在後來○故能樂也故字應前而後二字見得如此然後能享有其樂所以爲明上文賢者而後樂此之意

【詳說】自經始至魚躍分上，是引詩之詞，不是發揮之意。孟子承以上爲臺沼財貨以上
自經始及役事以民力言，句至重歡樂二字，句句作發詩詞看。靈臺一句是歡
樂而加以美名，見能樂靈沼之樂也。樂其句是歡樂而及其所有，見能享鳥獸
之樂也。○

【□□□□】文王以民力爲臺爲沼，富重發以爲意，跌起而字一轉，着力都在此處。

【□□】此節申明賢者樂此句。文王以下只就上詩詞衍其意，至與民偕樂方是
孟子議論。○講此節須直從幾句跌宕幾句，參錯方見史遷手筆。偕樂能
使愛戴當日情景識觀，收下參麻與囿中草木共一歡榮，民間雞豚與囿中鳥
獸共一繁庶。此其精神豐洽，見無有餘，彼無不足，不亦樂乎。下節引湯誓只重
豈能獨樂四字，語外教人着想。

【□家語】與民偕樂，不必說我有臺池鳥獸，民有田里樹畜，只是觀民其心
貫洽，無纖毫私意間隔，文王亦不自知其爲偕樂，仁心自然，不容間，如此。樂是一
居蔵參上
下亦無妨

講　不觀諸文王乎文王古賢君也詩有云文王經始于靈臺方其經之以度其基址營之以正其方而但見庶民相與攻治之協力競勸不日之間已成之矣蓋經始之時王恐煩民戒令勿亟而庶民勇躍如子趨父事不召自來也靈下有囿王在靈囿只見麀鹿斁伏而不驚麀鹿濯濯而肥澤白鳥鶴鶴而鮮潔也有沼王在靈沼則見於牣充滿于中者魚之跳躍合圍沼之物無不得其所焉詩人之言雖此夫文王以民力爲臺之高爲沼之深宜乎民以爲厲已而民乃樂事亟成反歡樂之且加以美名謂其臺曰靈臺謂其沼曰靈沼言其倏忽而成若神靈所爲者而樂其臺下之有麀鹿沼中之有魚鱉焉所以然者果何哉蓋緣古之人平日愛民與聚勿施而與之偕樂故民之得所樂者亦樂君之樂而文王遂能樂其所以樂民享太平無事之休也正所謂賢者而後樂此也

湯誓曰（句）時日（讀）害喪（句）予及女（讀）偕亡（句）民（讀）欲與之偕亡（句）雖有臺池鳥獸（讀）

豈能獨樂哉（句）

講　此引書而釋之以明不賢者雖有此不樂之意也湯誓尚書篇名時是也日指夏

亡害何也桀嘗自言吾有天下如天之有日日亡吾乃亡耳民怨其虐故因其言
言而目之曰此日何時亡乎若亡則我寧與之俱亡蓋欲其亡之甚也孟子引此
以明君獨樂而不恤其民則民怨之而不能保其樂也
說約附錄湯誓夏王率遏衆力率割夏邑有衆率怠弗協曰時日曷喪予及汝
偕亡夏德若茲今朕必往○竹書湯誓蓋與師之將誓于亳都者○竹書紀年
桀作瑤臺罷民力殫民財為酒池糟隄縱靡靡之樂群臣相持歌曰江水沛
沛兮舟楫敗兮我王廢兮趣歸薄兮薄亦大兮又曰樂兮樂兮四牡蹻兮六轡
沃兮去不善而從善何不樂兮伊尹知天命之至舉觴而告桀曰君王不聽臣
之言亡無日矣桀拍然而作啞然而笑曰子何妖言吾有天下如天之有日也
日亡吾亦亡矣於是接履而趨遂適湯湯立為相殷王而夏亡
集說吳氏曰以不特指怨上下終而肆之亂即目前雖自己荒淫而聲聲
道○愁歎遍野縱樂亦無甚光景蔽蔽曰不暇喜雖有此不樂也集註不能保
其樂是正解豈能獨樂哉之意然須兼此說乃盡雖有此不樂之意○君獨樂

而不恤其民亦自可見曰此說是朱子補意緣通節都是民怨之之辭然民怨都從何來須此何義方足

【蒙序合參】民欲與之偕亡帶下是發書之詞泛說為君言勿指桀言豈能獨樂與上節故能樂對看言民不樂其樂而君不能獨享其樂也

【[illegible]】湯誓曰是日何時喪予及女偕亡民怨夏桀欲其亡之甚如此故書言觀之人君獨樂而不恤其民至于民怨之而欲與之偕亡則其亡也可立而待也雖有臺池鳥獸豈能獨樂于上哉故曰不賢者雖有此不樂也王可不勉為賢者而以不賢者為鑒哉

【旨】東陽許氏曰此章關鍵全在偕樂獨樂上文王與民同樂夏桀結怨春巳與亡乃其效也

【注疏直解】惠王看樂字小孟子指而進之說得樂字大指出一偕字正賢者所以能樂處指出一獨字正不賢者所以雖有此不樂處賢不賢二句是一章之大指偕獨又宜[illegible]大指

〔詳說〕此以賢者而後樂句爲主不賢者只反足上句不必平對引詩書雖不合
或發出偕字獨字一正一反與賢者不賢相形使梁王尊法文王見孟子寓
規于諷之意

梁惠王曰句寡人之於國也讀盡心焉耳矣句河內凶讀則移其民於河東句民連○其
移其粟於河內句粟連○其河東凶讀亦然句察鄰國之政讀無如寡人之用心者句寡人○
之鄰國之民不加少讀寡人之民不加多讀何也句
寡人諸侯自稱言盡心之人也河內河東皆魏地凶歲不熟也移民以就食移粟
以給其老稚之不能移者○大全小註移粟民自移其粟耳

〔通注〕魏舊在河東後爲強國兼得河內也

〔蒙引〕魏惠王自負其盡心恤民而訝其民宜加多而不加多者意以爲歲凶而
爲人力終無如之何也且一則曰河東凶二則曰河內凶要其實則民之饑亦
必曰歲所爲也而惠王不能行仁政而暴虐其民夫既不能行仁政而暴虐其
民雖于今實力于移民移粟亦無救故曰狗彘食人食而不知檢塗有餓莩而

不知發○何也二字是推在歲凶上去未曾集註明曰乃以民不加多歸罪于歲凶○移其民於河東移河内之民于河東也○移其粟于河内移河東之粟于河内也○設若河内河東俱凶則惠王又將何以處之甚矣為國莊行王道也王政行則三年耕有一年之食九年耕有三年之食所謂樂歲終身飽凶年免于死亡者矣

［集説］惠王移民移粟雖皆令民自移然其中亦必有一番調停處置那移之勞不然只使民移來移去便以為盡心恐惠王呆不至此○罪歲之意有兩義一則謂鄰國之民不歸我一則謂我國之民不見長盛總是凶年饑歲鄰國之民不肯來而我國之民或極力調停猶不免于死亡此或皆歲之所為人不能勝也○重不免死亡邊

［翼注］亦然分上是自救恤民之勤下是因致民歸之望

［心訣］盡心就救荒上說河内四句正盡心之事發粟比移民更重移民以就粟便移粟以就民委曲區處益見盡心處○少是消耗多是蕃衍不可以避亡為

以歸附爲多

諸家論所移非在官之粟只是移率不凶之地之民之粟而已○觀下塗有餓莩何可見○盡心焉耳矣五字便與王者心事各别王者只恐不逮視民如傷幾曾自家覺得盡心來梁王自心滿足將不知檢發歲凶一切推諉向歲上不知王政大備時天不能災何消罪歲乎且不究心王政只移民移粟便看作許大作用便要民加多是歲本不能災因我平日無恒產所以爲災此與兵不能刺人而我操之以刺人何異

按趙注焉耳者懇至之詞盡心焉耳矣者言至極也焉耳連讀又加一矣字殊不成語氣不如正義連讀盡心焉稍斷焉耳與爾通是形容字面猶云其盡心是這樣了如此說似與孫疏合○或云耳矣只作而已看更捷○記檀弓勿之有悔焉耳矣亦是此三字連用

講此孟子因梁惠王之行小惠而引之以行王道也昔梁惠王謂孟子曰寡人之于國也所以計安斯民者可謂盡心焉耳矣吾盡心于民之政莫要於救荒寡人于河內凶則移其民于河東使壯者得以就食焉移其粟于河內使老稚者得以取給焉至于河東凶而亦爲之移民移粟焉夫思及於河內而又慮爲于

河東患及于壯者而又慮周于老穉盍救災恤患不遺餘術察鄰國之政誠無如寡人之用心者矣以鄰國之不用心也宜民之少而不加少以寡人之用心也宜民之多而不加多其故何也豈歲有凶爲歟有不可回而人事之僭累不足賴耶不然何民之此不加多而彼不加少也

孟子對曰句王好戰句請以戰喻句塡然鼓之句兵刃既接句棄甲曳兵而走句或百步而後止句○百步連或五十步而後止句○五十步連以五十步頓笑百步讀則何如句曰術不可句直不百步耳句是亦走也句曰句王頓如知此讀則無望民之多於鄰國也句○無望連

塡鼓音也兵以鼓進以金退直猶但也天合小註正誤有人也之

【說約】鋒蹤塡塞也滿也趙氏曰鼓音者言鼓音之充塞滿而盈滿也言鼓音旣充塞盈滿于戰陣之際則兵亦刀鎗旣以交接

東陽許氏曰集註兵以鼓進以金退亦大約言之周禮大司馬辨鼓鐸鐲鐃之用大抵鐲進鐃退鐸振進退也後世戰陣益專以金聲退鐸大鈴也鐲鉦也形

如小鐘以爲鼓飾鐃如鈴執而鳴之

蒙引 鼓字非虛指戰士而言也如孫子傳所謂于是鼓之于是復鼓之者一例

心訣 鼓之之謂鼓其進也原是虛活字勿誤作金鼓之鼓填然鼓之所運之進皆用之勝負未决至兵刃既接時方有勝負之分〇無心于戰故棄甲有心防追故曳兵

醉朱 以身被甲難去故棄之

言此以譬鄰國不卹其民惠王能行小惠然皆不能行王道以養其民不可以此而笑彼也楊氏曰移民移粟荒政之所不廢也然不能行先王之道而徒以是爲盡心焉則末矣

慶源輔氏曰周禮司徒以荒政十有二聚萬民雖無所謂移粟之事然大荒大札則令邦國移民以避災就賤

蒙引 此且未追咎他前日所行之病民只說他今日所行之未足以救民至末段乃追舉其時病所在而切告之亦醫國之術不得爲之護疾也矣

【存疑】孟子此章之論，主意在行王道。棄甲曳兵而走，不能行王道之喻也。或百步而後止，猶鄰國不恤其民也；或五十步而後止，猶惠王能行小惠也。惠王之察鄰國之政，無如寡人之用心，以五十步笑百步也。○王如知此，則無望民之多于鄰國也。意謂戰以勝敵為上，走之遠近，弗計也；猶治以王道為上，小惠之能行與否，弗計也。王如知百步走也，直不百步，是亦走也，不可以近而笑遠；則鄰國不恤其民，百步之走也；王能行小惠，五十步之走也，不可以此笑彼，望民之加多于鄰國也。

【說約】按周禮廩人：凡萬民之食食者，人四鬴，上也；人三鬴，中也；人二鬴，下也。若食不能人二鬴，則令邦移民就穀，故曰移民移粟，荒政之所不廢。

【集說】固不可說惠王移之之為是，亦不可于移民移粟上辨駁他不是處。但以是為盡心，而且望其民之加多焉，則不可耳。

【體朱】走也，分上是設喻以開其端，下是就事以通其敝。

【心訣】此節納約自牖之意，不可十分敗王之興。

叟以好戰為喻，亦微有諷
意然且在喻前不必考矣

［講］孟子知惠王蔽于反己，乃飾其所明者而對之曰：王好戰，請以戰喻。方其兩軍並列，填然鼓之，兵刃既接，勝敗以分，敗者棄甲曳兵而走，或百步而後止，或五十步而後止。彼五十步者以其走之近，而笑百步之遠為無勇也，則何如？王曰：不可。夫戰以勝負為勇怯，不以走之遠近為強弱。彼五十步之走者，直但未至于百步耳。若論其心，則皆棄甲曳兵之時，已無折衝禦侮之氣，可以至于五十步，亦可以至于百步，是亦走也，安可以此笑彼。孟子曰：王知五十步之不可笑百步也，則無望民之倍多于鄰國矣。夫戰貴勇敢，務貴行王道，以五十步之走，而比百步之遠，其不能勝敵一也。以王之行小惠，而比鄰國之不恤其民者，不行王道一也。使王之民而能加多于鄰國，是五十之步亦可以笑百步矣。既此例彼，王何望于民焉。

不違農時句，穀頭，不可勝食也句。○不可勝盡。數罟頭，不入洿池句，魚鱉頭，不可勝食也句。斧斤以時入山林句，材木頭，不可勝用也句。穀頭與魚鱉頭不可勝食，謂材木頭

不可勝用讀是使民養生喪死無憾也句〇民連使養生喪死無憾讀王道之始也句

農時謂春耕夏耘秋收之時凡有興作不違此時至冬乃役之也〇不可勝食言多也數罟密網也洿窊下之地水所聚也古者網罟必用四寸之目魚不滿尺市不得粥人不得食山林川澤與民共之而有厲禁草木零落然後斧斤入焉

禮記王制獺祭魚然後漁人入澤梁豺祭獸然後田獵鳩化爲鷹然後設罻羅草木零落然後入山

周禮地官司徒山虞掌山林之政令物爲之厲而爲之守禁仲冬斬陽木仲夏斬陰木或謂陽木生山南者陰木生山北者凡服耜斬季材以時入之服牝服車之材也季猶穉也服與耜宜用穉材尚柔韌也令萬民時斬材有期日〇澤虞掌國澤之政令爲之厲禁使其地之人守其材物以時入之于王府頒其餘于萬民

〇蔡氏曰文王治岐澤梁無禁此所謂山林川澤與民共之即是澤梁無禁無禁者王者愛民之仁也雖無禁而有厲禁又王者愛物之仁也周禮山虞掌

山林之政令物爲之厲而爲之守禁註曰爲之厲每物有藩界也爲之守者
守者設禁令也守者謂其地之民占伐林木者也鄭司農云厲遮列守之也此
是觀之澤梁無禁者不禁民之取而有厲禁者禁民之不以時取也
【蒙引】農時與農隙不相同農時是正治田之時農隙是不治田之時○洿池二
字當平看洿是地勢自然者池是人所鑿者○山林之分其高者爲山平而多
草木者爲林○斧斤當有別賈誼治安策曰至于髖髀之所非斤則斧也但考
之韻書俱無二義當再詳之意者有大小之別○厲禁厲與禁也非謂嚴禁也
【存疑】穀藥五穀說謂春耕夏耘秋收之時者大槪言也
【翼註】不違農時即勿奪其時但云百畝之田是法制已備
【正解】民甚艱窮由穀匱也故首言穀魚鱉草木皆所以賑之者不違農時正王
者盡心于養民之初事此二句已該盡發民發粟之非見王者自有正大作用
無事一切權宜之術也下魚鱉材木二段見山澤且有餘裕而粟益不言可知
【心訣】不違農時三段正與移民移粟對針

【廣炸訂】古來經濟專從小事究心然其實是為民不是為物是養生不是放生

澤梁無禁數罟有禁一邊何等濶大一邊何等細膩　顧慶〔?〕

孫按不違三段平講為正大哉重首段與上文發要對照雖小巧亦可用

此皆為治之初法制未備且因天地自然之利而撙節愛養之事也然飲食宮室所以養生祭祀棺槨所以送死皆民所急而不可無者今皆有以資之則人無所恨矣王道以得民心為本故以此為王道之始（養生處穀與魚鱉為飲食材木為宮室送死處穀與魚鱉供祭祀材木為棺槨）

趙注從此以下為王陳王道也

慶源輔氏曰養生送死乃人世之始終於是二者皆有以遂之則人世之始終一無所憾而民心得矣此其所以為王道之始也

新安陳氏曰法制未備謂聖人未行井田法以前天地自然之利謂穀魚材木之類撙節愛養謂不違農時不用數罟斧斤以時入之類王道之始謂王制未備

蒙引此處不過初焉事下一節集註云此王道之成也正與此王道之始相對

[illegible]喪讀如字不音去聲喪者死而葬之也。王道以得民心爲本得民心則
植民生爲本。

[存疑]行小惠不可望民加多欲民加多雖在行王道耳故下二節遂言王道。養生喪死無憾則生民之基本立矣故爲王道之始註以得民心解之似稍差

[說約]按通義仁山金氏曰喪平聲則是一活字包得祭祀棺槨言喪其死也若喪父而無服喪字亦同。王道以得民心爲本末句內可不用

[翼說]此皆爲治之初法制未備却不是說開國之初須看王道之始句蓋當時王道不行一凡物理俱無樽節愛養之道若一返舊習而斷然以行王道則雖法制不能一日即備而即此而行之亦足以仁民而愛物漸漸王政可復曰爲治之初者行王道之初也法制未備者王道之法制未備也雖開國規模不過如此然于此則不可說向那一邊去。樽節是不使過取所以保其往者愛養是更保護長養之所以培其後者不止曰意而曰事雖法制未備却不是全無法制也不違不入以時三段亦俱是上爲之令。飲食宮室所以養生祭祀棺

鄰所以送死須看上數與魚鱉材木不是穀與魚鱉所以養生材木所以送死
○大文王道之始緊跟養生喪死無憾句來故集註云王道以得人心爲本○
王道雖非要譽于民然一番法制品節側着不是曲狥民心處果能無憾則民
心得矣得民心者得民心之所同然非有要結使之繫屬于我乃爲得也○若
論天地自然之利自足以養天下之民何待王者然或有其利而不知所以取
之或知所以取之而不知所以樽節愛養之所生有限所取無窮仍歸于盡畢
竟仍至于有憾也所以王者因其自然而爲之制既不禁民之取又不容民徧
取條制一行萬世無弊所以爲王道而百姓食其力而不知也
【心敓】不可勝食勝用只說生殖繁多尚未到人食用上養生喪死無憾方是食
用兼豐歉皆給言無憾二字最重蓋王道本乎人情使生計稍立人心不至渙
散然後可以創制立法以圖經久○王道之始始是根脚不是起頭○當時民
方糜爛于干戈若一旦盡地分田創制立法則非惟不能治又從而擾之矣故
必養生喪死無憾而後爲之制田里教樹畜爲聖賢設施措置有序如此

經說　恒産未制也先之以不違農時當産未立也先之以數罟不入洿池樹藝
未與道先之以斧斤以時入山林看王者經制區畫處實多少心思在
當法制未備時即樽節愛養亦未有政令規條但人君清心寡欲以
關其源不為民物之害則天地自然之利始出然後可議法制耳○不違農食三
段是歸君心方是儒者至論○不是行王政後不消此三節亦不是此三節中
無王政齊法制條後此三節道理已無所不盡不必更說在法制未備時此三
節為先急隨時隨地可行若無此則下節王政亦無從施設矣須擬定天地自
然四字見儒者經世原頭與功利作用家別行異本○或云始即資生資送意
言王道盡于此也下節不過廣上意耳養生送死一部周禮盡之如以此節為
始事下節為終事雞豚狗彘始不當畜耶此論不然一部周禮畢竟固居先荒
時尚未有此精詳也雞豚狗彘始固已畜然看五母雞二母彘即是文王養老
之政豈文王前不曾畜耶即五母二母纖細精詳處正是王道盡頭若在人家
多畜者侵利不畜少畜者失養便不是王道矣故謂王道之成究不離始事耶

四書玩注詳說　卷上孟卷之一　梁惠王　三

許則可講王道蓋于此則不可

【集成】仇滄柱曰惠王以後民發棄望民有多孟子則曰欲得民心則惟行王道
耳時解勸對救荒立論反于初敗得民意不相照顧益謬矣

【顧雕訂】王道二字是孟子本領與前集作等閒并過　○求當　○然字若與盡字對
照注射爾靡　○此題有兩意一王道已有其始未註得民心爲本是也此題上
句說爲正解一王道止有其始未註法制未備是也此題下節說爲進解而尤
以正解爲主　○雖平

【講】按註王道以得民心爲本與
是無憾二字看出不必深講

【講】王欲得民何不行王道乎蓋王道莫先于養民如農時乃五穀所自出必愛惜
民力勿妨其春耕夏耘秋收之時必至冬乃役之則民得盡力于田畝而五穀
不可勝食也洿池乃魚鼈所聚必禁絕密網勿使入于其中魚不滿尺市不得
粥則川澤不竭于漁而魚鼈不可勝食也山林乃材木所生必明制禁採直待
草木零落之時斧斤方許入山林則材木得以蕃殖而不可勝用也夫穀與魚鼈

不可勝食材木不可勝用是使民飲食宮室以養生祭祀棺槨以送死皆無憾

遂其心而無不足之憾也養生喪死無憾是乃爲治之初法制未備且因天地

自然之利而爲撙節愛養之事民心得而邦本固此王道之始也自此綱紀法

度施行有地矣

五畝之宅讀樹之以桑句五十者讀可以衣帛矣句雞豚狗彘之畜讀無失其時句

七十者讀可以食肉矣句百畝之田讀勿奪其時句數口之家讀可以無饑矣句謹

庠序之教句序連○庠申之以孝悌之義句頒白者讀不負戴於道路矣句○負戴連道路連七十

者讀衣帛食肉讀黎民讀不饑不寒讀然而不王者讀未之有也句

五畝之宅一夫所受二畝半在田二畝半在邑田中不得有木恐妨五穀故於牆

下植桑以供蠶事五十始衰非帛不煖未五十者不得衣也畜養也時謂孕字之

時如孟春犧牲毋用牝之類也七十非肉不飽未七十者不得食也百畝之田亦

一夫所受至此則經界正井地均無不受田之家矣庠序皆學名也申重也丁寧

反覆之意善事父母爲孝善事兄長爲悌頒與斑同老人頭半白黑者也負任在

背戴任在首夫民衣食不足則不暇治禮義而飽煖無教則又近於禽獸故既富而教以孝悌則人知愛親敬長而代其勞不使之負戴於道路矣衣帛食肉但言七十舉重以見輕也黎黑也黎民黑髮之人猶秦言黔首也少壯之人雖不得衣帛食肉然亦不至於饑寒也史記秦紀始皇三十四年丞相李斯上書有曰惑亂黔首黔首黑頭也

趙注庠序者教化之宮也殷曰序周曰庠謹修教化申重孝弟之義壯者代老心各安之故頒白者不負戴也

禮記月令孟春之月命樂正入學習舞乃脩祭典命祀山林川澤犧牲毋用牝禁止伐木毋覆巢毋殺孩蟲胎夭飛鳥

問既曰魚鱉不可勝食又言老者始可食肉何也朱子曰魚鱉自生之物養其小而食其大老幼之所同也至于雞豚之畜人力所爲則非七十之老不得以食之矣

南軒張氏曰衣帛食肉必曰五十七十者民之欲無窮而桑畜有養之利有限不爲之制則爭至其欲而老者或不得衣之食之矣又使知老者之當養其老

幼之有别教亦行乎其中矣日用飲食無非教也不待庠序而後教也
東陽許氏曰王制五十始衰六十非肉不飽七十非帛不煖與此不同或殷周
之制異大抵年高者衣帛食肉也○庠序之教教以人倫于其常教之中又以
孝弟二者重明之而篤之尤力也
趙氏曰古者一夫一婦受私田百畝公田十畝八家是爲八百八十畝餘公田
二十畝八家分之得二畝半以爲廬舍城邑之居亦各得二畝半春令民畢出
在野冬則畢入于邑在野曰廬在邑曰里廬各在田中而里聚居也○古者以
百步爲畝今以二百四十步爲畝古百畝當今之四十一畝也經界謂治地分
田經畫其溝塗封植之界也
仁山金氏曰古者六尺爲步步百爲畝一夫一婦受田百畝又受田廬之地二
畝半邑居二畝半田以九百畝爲一井八面皆百畝爲私田八家受之兩一百
畝爲公田又有公田之内除二十畝爲廬舍八家則每家得二畝半于邑築受
亦如之古所謂畝即今田疇其廣六尺其長六百尺是爲一畝若以今丈步計

之則古百畝當今四十一畝古者一畝當今一畝十步

【豚彘】豚稚豕也彘衛產曰牝豕也然考諸韻書並無此明訓只云豕也惟正韻豚小豕也周禮天官庖人註亦然蓋麋鹿之大者豚豕之小者曰麋又曰麛曰豚又曰豯豨皋耳○狗有三守狗獵狗食狗此是指食狗也○上文不遑豈其時猶未有百畝之制至此方一夫受田百畝然雖有田百畝而奪其民時亦無益矣故又須勿奪其時與上句雞豚狗彘無失其時同或謂勿失其受田之時者非也○庠序指鄉學非謂國學也舉俊秀及凡鄉之民皆教之所謂使契爲司徒教以人倫者也所教之中又以孝弟爲重此說可從蓋春秋教以禮樂冬夏教以詩書無非教也豈特孝弟在所教耶但以此爲重耳○既曰申之以孝悌之義則庠序之教不止孝悌明矣孝悌特其重者夫人倫有五而詩書禮樂亦皆教也

【存疑】必五十然後衣帛未五十者所衣爲何古有桑麻桑麻壯者之所衣今之木綿來自外國起于季世恐三代八之時未有也必七十然後許食肉少壯之人

不使民不得食其食有時不若老者之常用也〇老者衣帛食肉黎民不饑不
寒乃合發民意

【集說】是字之時不發其任上者行之有道如孟春犧牲毋用牝之類即民間亦但有見令使之不失其時也按懷胎曰孕乳化曰字孕謂胎也字謂生也是二義〇未五十者不得衣帛七十者不得食肉此是說王制如此不是解可以二字可以二字乃是從樹之以桑勿失其時來〇奪時之事非一凡無益之擾可已之役酷刑重斂使民不能專力于田畝者是〇蒙引以重字作輕重之重玩集註丁寧反復之意句則此重字似重復之重平音也非輕重之重仲音耳〇不負戴于道路乃是即行路之間一事而言其俱能孝弟之意不可以此便盡了孝弟之事〇七十者衣帛食肉不惟兼五十者在內並不負戴于道路亦在內蓋承上三段而黎民不饑不寒則承百畝之田一段也

【說統】勿奪其時節上一不違農時並顧其所欲曰不違逆辭其所惡曰勿奪〇三可以字須重制法者身上看

〔心〕執正節教只帶說所以七十者二句義不復出。謹字重。至學術言學術之邪正人心風化之所由關。謹之更不使異術得雜其間也。就所教中又舉孝弟申明之。

〔通考〕論者重在謹申二字是也。然謹申之實在教養二字。孟子時王教衰絕。雖有庠序而道德離一。故教須謹。蓋庠序中說不教孝弟。然其義未易明。信故義須申。申猶反復丁寧使細繹其指歸之所在也。當周制盛時家塾黨庠州序國學。皆有定制。井法壞。遂學制亦壞。故游士橫異端出。孟子下个謹字。不特見庠序久廢。即有庠序。教術已亂。亦難為理。如孟子勸滕行王政。而許行之流即至此可驗也。庠序與教曆發。到底謹字之義乃盡。

〔集疏〕養道與庶教以終養可見王道何等周詳。豈區區小惠可及。仇餉苦桎小民不知教人道之憂。民尚異學。為憂尤甚。謹字中有警傷人心。救防閑邪向意。申之以孝弟之義。從來皆講得深微。八關大幾。令下文須自包攝不上論。理斷須照顧下文發講

蕃陂謂室與設學有別楊淮斗墨二云庠邑所設矣盡謂之庠分體又云庠教養序教弟雖有所本相偏張天加小陳微子皆係常說所以王今是之也

此言法制品節之詳極裁成輔相之道以左右民是王道之成也

易泰卦象曰天地交泰后以裁成天地之道輔相天地之宜以左右民

雙峯饒氏曰五畝宅百畝田是法制五十衣帛七十食肉是品節有法制無品節則泛而不足用有品節無法制則于何處取用

慶源輔氏曰註云盡法制品節之詳極裁成輔相之道則民情之變故已備見聖人之制作已大成以左右民則不惟制民之產使之有以養其生而又爲之學校之教使之得以全其性如帝堯所謂匡之直之輔之翼之使自得之是爲王道之大成也

新安陳氏曰極裁成輔相總言田桑畜養之事以左右民就富教斯民說乃王道之終事應上文王道之始也一句

蒙引饒氏謂五畝宅百畝田是法制五十衣帛七十食肉是品節看來此說亦無憑據蓋法制固所以品節之也況此節重五畝宅百畝田及雞豚狗彘之畜

上其曰五十七十足以衣帛食肉者，乃其效耳，本意非以此論品節。觀上條，蓋有法制未備字可見法制亦自兼得品節了。又或以五畝百畝爲法制，勿奪其時勿失其時爲品節，亦太牽強。○盡法制品節之詳，即所以極裁成輔相之道也。

【存疑】法制中也有品節兼教養説。饒氏只就衣帛食肉説，不是裁成輔相之道。即所以左右其民，輔氏陳氏以裁成輔相當養説，左右其民當教説，不是。

【衍義】法制品節，何要看盡字、詳字；裁成輔相句，要看極字、道字。乃王者一段仁愛萬物之心，推而行之，千條萬緒，曲折周詳，無不到處，曰王道之成，不可説王道之終，堯舜猶病。不特無有止息，且五畝一節，特較上節爲詳密，然亦纔是王者盡而極之，盡其在我之事，亦只是成箇規模而已，若化行俗美，浹髓淪肌，備候異日也。至然而不王者，未之有也，方是説到民心歸往爲王而王於天下處，須要斟酌。

【彙解】此節雖教養并舉，然教亦養中事，當重養邊。

【正解】因王言備荒故備言養民之道如此

【纂序合參】五畝至無饑矣是盡心于養謹庠序至道路矣是盡心于教七十二句再申說補出教行意如是則天下皆望風仰德而莫不尊親矣故王可決也王卽爲天下君而天下之老幼皆歸于我便是盡王道至此有成矣

【講】由是而盡法制品節之詳極裁成輔相之道使百姓各遂其生各復其性者當無不至焉必也一夫受五畝之宅牆下樹養蠶之桑則繭絲所出而五十非帛不煖者可以衣帛矣雞豚狗彘之畜無失其孳字之時則生息繁盛而七十非肉不飽者可以食肉矣興井田之制經界正井地均一夫受田百畝凡有役作只役農隙勿奪其春耕夏耘秋收之時則民得盡力于農畝一家數口皆可以仰事俯育而無饑餓之患矣衣食既足則教化可施于是設爲庠序以教之而又加謹以屏邪說五倫之理皆在所教而孝弟尤爲百行之原又丁寧告語以致其申明之意則民皆愛親敬長樂爲代勞年高頒白之人無有負戴于道路者矣七十者衣帛食肉黎髮之民不饑不寒教養兼舉治化大行人心無不愛

戴而四方無不歸往如是而不一統以王天下者未之有也此王道之成也乃

得謂之盡心耳

狗彘頓食人食讀而不知檢句塗頓有餓莩讀而不知發句人死句則曰讀非我也

讀歲也句是何異於刺人而殺之讀曰讀非我也讀兵也句王頓無罪歲句斯天下

之民至焉句○天下之民通

檢制也莩餓死人也發發倉廩以賑貸也歲謂歲之豐凶也惠王不能制民之產

又使狗彘得以食人之食則與先王制度品節之意異矣至於民饑而死猶不知

發則其所移特民間之粟而已乃以民不加多歸罪於歲凶是知刃之殺人而不

知操刃者之殺人也不罪歲則必能自反而益脩其政天下之民至焉則不但多

於鄰國而已大全小註政即上文所言王道

蒙引狗彘食人食而不知檢此即所謂殺人以政者也○刺人而使之死這便

是殺之也非謂既刺而復殺之○狗彘食人食而不知檢既有以致人之死塗

有餓莩而不知發又無以救人之死是人之死者我也非歲也今也人死則曰

非我也歲也云云○註則與先王制度品節之意異矣蓋先王在上數罟不入洿池斧斤以時入山林於此尚爲之制惟恐民用之不繼且又必五十者然後衣帛七十者然後食肉于人尚爲之制惟恐其濫用而無節況于狗彘其肯使食人之食乎○則其所移特民間之粟而已此一句是朱子以孟子之言照出見上文所謂移粟者是民粟也初間讀移其粟于河內亦謂是在官之粟移將去及孟子塗有餓莩而不知發方知只是民之粟愈見惠王之不得罪歲而其惠之小也亦甚矣○初觀惠王之問似若無罪歲之意然孟子一聞其言遂得其意於其所謂鄰國之民不加少寡人之民不加多何也數字內就見他是欲歸罪于歲以爲我雖盡心如此然民終不加多意者天殃下民而奪之歲人力終莫如之何耳況其所問一則曰河東凶二則曰河內凶再不曾省及已之政有未善處而一惟歲凶是圖矣

存疑 上曰王如知此則無望民加多于鄰國意思都未明白說出及爾讓王道了然後說出那意思狗彘食人食而不知檢二句皆是不行王道也人死則曰

非我也歲也是就上文寡人之民不加多何也及一則曰河內凶一則曰河東凶看出王無罪歲斯天下之民至焉應寡人之民不加多何也句言如此則天下之民至焉不但多于鄰國而已也

【集說】惠王不能制民之產是承上文來故曰又使狗彘云云乃指平日說不是朱子于上多要一層至于民饑而死云云則指當日說狗彘食人食如豆穀今斯食也而今狗彘得食之矣〇王無罪歲不止空空不罪之而已故註云則必能自反而益脩其政此政字便是王政與上王道相應須補此意方足〇斯天下之民至焉只以不但多于鄰國而已輕輕還他恭上文康王道之事已盲了然而不王者未之有也此節只說到惠王身上來將罪歲不罪歲釋他何也之意是與轉他語氣不是欣動語氣只于無罪歲句重重開導方是

【體朱】兵也分上責其暴政之失下啓其仁政之效天下之民對國言至字對多言〇王無罪歲中須點自反平日不能發倉廩而先發之以脩其權宜之政非徒移民之粟而已矣自反平日不能行王道而漸行之以益脩其經常之政非

徒蔽己之心已也天下之民至焉則必王矣豈徒多于鄰國之民已哉末二句
重看

〔心訣〕全在不知發以形移眾之失不知檢政與王道相悖所以致凶之由也○看狗彘句見平日之視民猶輕于物看餓莩句見今日之視倉廩猶重于民處不知歛見民瘼絕不關切與盡心相悖○人死二字中消耗了許多百姓所以不加多歲也二字正與河內河東凶荒相應○無罪歲內便含罪己意此二句遞章歸結在此與上文何也二字相應

〔摘商〕合参以戰起以兵結開應之妙

〔諸家辨〕常時弊政多矣獨舉不知檢不知發節一以見其餘也○歲也王無罪歲二歲字宜顧盼河內凶二句再就歲凶說正孟子對症發藥處註兼豈凶歲拔于無罪歲句是着力語不可順口讀過○註與先王制度品節之意異蒙存有二說一云只與五畝之宅一條反看一云因天地自然之利而撙節愛養之此亦是先王制度品節處但未盡其詳也又云此句上面須知自不能制民之產一句起看來須兼不能又使二句方盡得與先王異處承上文當以變綜上二節爲優亦只是大概說故蒙引先王在上一條以見其意○或云不知檢不知發以致民之死是養生有憾處餓莩在途是送死有憾處只須前節查看

而求
盡。

[通]今王平日不行王道以制民之產乃厚斂于民以養禽獸使狗彘等人之食而食之而不知檢察別無先王制度品節之意異矣至于塗有餓死之人而不知發倉廩以賑貸之則其所殺特民間之衆而已及人饑而死則曰非我一不能盡心也歲凶為之也是何異以兵刺人而殺之曰非我殺之也兵為之也夫兵不能代操兵者之罪而歲能代失政者之罪乎王誠惕然反己無歸罪于歲而革今日之弊政行王道之始終以此盡心斯天下之民皆望風而歸焉豈但加多於國而已哉。

程子曰孟子之論王道不過如此可謂實矣又曰孔子之時周室雖微天下猶知尊周之為義故春秋以尊周為本至孟子時七國爭雄天下不復知有周而生民之塗炭已極當是時諸侯能行王道則可以王矣此孟子所以勸齊梁之君也蓋王者天下之義主也聖賢亦何心哉視天命之改與未改耳

新安陳氏曰王道不出農桑教養等實事豈求之高遠難行者哉

【直解】此章以行王道爲主能兼與政而行王道方謂之盡心何以致王發民務

聚而行小惠欲民之多于鄰國不可得也

【正解】此章見人君當盡心于王道爲收拾民心之計不得以小惠而責望于民

盡心二字是主蓋王者之政王者之心爲之也不違節是因天地自然之利盡

樽節愛養之方余以撫恤民心爲王道之先務五畝節是詳言王道敎養之事

而底于歲未節斥其時政之弊章內雖敎養兼說要重在養一邊言民未知敎

猶属養道未全治貴因民不貴移民貴在乎時不貴臨荒時貴得民心不貴較

民數貴壓恤天下不貴轉移一國

【衍別】當時惠王若遂用孟子之言而見之施行必先發倉廩而賑貸以舒目前

之急次行王道之始事而後及王道之終事耳或者不察只謂劈初頭便只是

不違農時數罟不入洿池斧斤以時入山林不知民只管坐有餓莩你不違

農時數罟不入洿池斧斤以時入山林却如何濟得反是迂遠而濶于事儘孟子

斷無迂濶事且是時民既有饑色野有餓莩矣聖人通變宜民雖無數罟入洿

祉斧斤不以時入山林可也

按通章可憐今在何也及至無罪歲處處王自矜小惠而歸罪于歲孟子勉以王道而無歸罪于歲大意不過如此

梁惠王曰句寡人頓願安承教句承教讀

承上章言願安意以受教

蒙引按上章孟子之於惠王既曉以小惠之不足以得民又備舉王道之始終告之以見其所以得民者正在此而不在彼末又指其所行之病民者以諷切之惠王蓋有感于其言至是請于孟子曰寡人願安承教謂之安者見其出乎中心之誠而無所勉強也凡安字多對勉強言

淺說承教還有求教之意不是承上文之教也

講此孟子甚言虐政之當除以儆梁王之行仁政也梁王因孟子之言而有感復曰行小惠不若行王政宜罪已不宜罪歲夫子所以教我者至矣然在國政多缺善言必再寡人願安意以受夫子之教幸盡言而無隱可也

孟子對曰句殺人頓以梃與刃讀有以異乎句曰句無以異也句

梃杖也

【集説】殺人二字貫下以刃與政當指已殺其人而言之。

【講】孟子對曰與一利不如去一害虐政除然後仁政舉今有殺人者用梃杖與用兵刃者其殺人有以異乎曰梃與刃器雖不同而致人于死則一無以異也

以刃與政讀有以異乎句曰句無以異也句

孟子又問而王答也

新安陳氏曰政謂虐政梃刃政殺人承上章率獸食人之意而敷衍之

【蒙引】孟子向之所以告者亦既詳矣無用贅言矣爲惠王計者今日切務惟在除去目下所行之虐政虐政既除然後王政可以施蓋興一利不如除一害凡害之除亦利之興也不然雖縷縷于王道之陳何益哉此即所以教之也○若不早除虐政吾見民不堪命將有離散于四方莫之顧而之他者矣然以惠王狃于故習猶未知其所爲之病民一至此極也故以梃刃二端先發其意

【餘註】梃刃不重引起下文政字

心訣　虐政何手挺刃特言其致人于死耳若以其害較之一挺只着一手一刃只殺一人虐政行于國則殺一國行于天下則殺天下况挺刃之來猶可避趋虐政之出無路可走此其禍奚啻挺刃哉故曰苛政猛于虎非虛語也此意甚醒

講　又問殺人者或以刃或以虐政有以異乎王曰刃政雖異事而致人于死則同無以異也

曰句庖頓有肥肉句廐頓有肥馬句民頓有飢色句野頓有餓莩句此率獸而食人也句○率獸連食人連

庖斂於民以養禽獸而使民飢以死則無異於驅獸以食人矣

新安陳氏曰此因前章狗彘食人食塗有餓莩之意而究言之即以虐政殺人也。

蒙引　此即其殺人之政無異于刃者也○惟其庖有肥肉廐有肥馬所以民有飢色野有餓莩也此非率獸食人而何

翼註　庖有肥肉四句正是虐政也下二節皆反覆言虐政殺人之不可○庖有

肥肉四句不平因上二句致有下二句也

集註庖有肥肉包凡所豢養以充口腹之欲者在內故集註云厚斂于民以養禽獸獸字包禽字亦在內○民有饑色大概言民都有饑色也野有餓莩則单指已死者言饑色者民不至大饑未必即形于色曰饑色則餓之極矣餓莩而曰野有不特饑死而且無有收之者矣○率訓曰驅不止是在其自食乃是我領率而驅之以食且有調度而必食之之盡意

按此節是指王說下文當庭說

講孟子曰王如知此則今日之政當有更張者矣蓋王之庖則有肥肉矣王之廐則有肥馬矣於是民則有饑色矣野則有餓莩矣此正由王厚斂民財以養禽獸故獸得人而肥人為獸而死是率獸而食人也是即其殺人之政無異于刃者也

獸相食句 且人惡之句 為民父母行政讀○為民父母連 不免於率獸而食人句 惡在其為民父母也句

君者民之父母也惡在猶言何在也

蒙引 此一條極言人君有子民之責而反爲殘民之事○提出爲民父母字所以動其惻隱之心也人君知其有作民父母之責則知保赤子之念自有不容已者矣夫父母之于子孳有忍虐殺之者乎此孟子之善于啓迪不可及也

集說 爲民父母惡有所屬也行政責有所歸也○不免二字要看爲民父母行政其所以愛養之者倘不知有多少道理反蹈此等事亦不免焉惡在其爲民父母乎惡在二字着不特有負父母之責亦且無爲父母之心何以安乎要猶警動惠王之意

心詮 承上節說來只是一意反覆最要看父母二字不曰君而曰父母正見一怵相關處

諸家辨 爲民父母下插行政二字正照前以刃與政政字說

闢 夫獸與獸相食且人爲其以類相殘而惡之况君者民之父母以生養斯民者也爲民父母行政不免乎率獸而食人則是以子民之責而反爲殘民之事惡

亦其爲民之父母也。

仲尼曰句。始作俑者讀。作俑連。其無後乎句。無後連。爲其象人而用之也句。而用之連。象人…如之
何讀。如之何連。使斯民飢而死也句。而死連。飢
俑，從葬木偶人也。古之葬者束草爲人以爲從衛，謂之芻靈，略似人形而已。中古
易之以俑，則有面目機發，而太似人矣。故孔子惡其不仁，而言其必無後也。孟子
言此作俑者但用象人以葬，孔子猶惡之，況實使民飢而死乎。

趙氏曰：木人設機而能踊跳，故名曰俑。

新安陳氏曰：作俑者殺人殉葬之漸。孔子惡之者以此。

【禮記】檀弓下：孔子謂爲明器者知喪道矣，備物而不可用也。哀哉！死者而用生
者之器也，不殆于用殉乎哉？其曰明器，神明之也。塗車芻靈，自古有之，明器之
道也。孔子謂爲芻靈者善，謂爲俑者不仁，不殆于用人乎哉！

【蒙引】此一條又痛言民之不可殘也。象人而用，不必說到殺人殉葬之漸處。
其謂天道間難得者，人人作俑者象人以殉葬，終未至于真殺人也，然以其用

于死地。孔子猶惡之。况使民饑而死。爲眞虐殺其民者。耶其甚言不仁也。○中古易之以俑。蓋世俗人所爲。非周公之制作也。

【存疑】只象人而用。便是不仁。

【翼註】註中實字正對象字

【集說】作俑還是當時作爲此俑之人。非槪謂用俑之人也。無後之意。孔子只以無謂之事而殘忍若此。必絶其後斷之而已。○面目是爲俑雕刻面目鬚髮是中作機關令其活動運轉者。○爲其象人而用之也。是孟子解孔子之言。○使民饑而死。使字便是導歛虐民以致必死之意。集註實字可看。雖對象人說。然卽應前以政殺人之意矣。○如之何三字。乃令惠王自思。最是撥動他良心處

【辭朱】此與上節皆從上率獸食人虐政來。上節言其虐政之不君。此節言其虐政之不仁。

【指南合參】人至愚不忖。無不欲利子孫。惕無後之言。則視民之饑死。眞不啻呼蹴于梃刃之下。爲其象人。但不知其說到殺人殲滅之漸。緫須說得甚顯。則使民

饑而死者方懇切。

【圈】仲尼有言曰始作木偶者其人殆絕後乎仲尼何以惡之若此○謂其從偶象人而用之以殉葬也夫象人以葬非真致人于死仲尼猶惡之如此如之何其厲民養使斯民饑而死也豈不尤見惡于仲尼乎王急反而自改可了

李氏曰爲人君者固未嘗有率獸食人之心然徇一己之欲而不恤其民則其流必至於此故以爲民父母告之夫父母之於子爲之就利避害未嘗頃刻而忘於懷何至視之不如犬馬乎○

疊山謝氏曰此章以人對獸極言人君不行仁政視人猶獸也天地間難得者人象人而用之猶不免于無後豈可率獸食人不行王政以至於此乎○

新安陳氏曰爲人君者有爲民父母之責固未嘗有率獸食人之心惟徇欲而不恤民則其流至此而不自覺故以率獸食人箴其昏迷之錮習而以爲民父母觸其惻隱之本心孟子之言深切著明如此而王不悟亦末如之何也已右二章戒梁王厲民自養率獸食人遏人欲也勉其行王道以爲民父母爲心擴

天理也

【旨纂序合參】此章教王痛革虐政，故節節深指其可惡而警動之，重「爲民父母」兩字，正打動不忍之心，而「無後」兩字尤極痛切。

【存疑】前陳王道，而梁惠曰願安承教，故此不復及王道，只舉前章末節「率獸食人」一條意申言，以重警之，先以梃刃殺人，間及于政，殺其本心之明也，下文所言正是虐政殺人事。

【紹聞編】上章姑因其盡心之言，而欲導其仁心，故其辭婉；此因其承教之願，而欲使悟其失，故其言直。

【心訣】通章只是借客形主之法，初以梃刃相形見虐政之毒，猶于兵刃；繼以獸相食相形見視子民不如犬馬；繼又以作俑無後相形見實使民饑而死，不惟有愧于父母，且洪流禍于苗裔矣，可畏哉。

梁惠王曰：「晉國，天下莫強焉，叟之所知也。及寡人之身，東敗於齊，長子死焉；西喪地於秦七百里；南辱於楚。寡人恥之，願比死者一

洒之句如之何讀則可句

魏本晉大夫魏斯與韓氏趙氏共分晉地號曰三晉故惠王猶自謂晉國

【大全小註】惠王斯之孫也

仁山金氏曰成王封弟叔虞于唐至燮父遷晉水之上因名晉其後曲沃奪宗至文公以來世爲盟主末年六卿分晉自相兼并魏斯趙籍韓虔三分晉地爲諸侯謂之三晉而魏爲大

惠王三十年齊擊魏破其軍虜太子申

【通鑑】魏伐趙趙告急于齊齊宣王用孫臏計救趙擊魏魏遂大興師使龐涓將而令太子申爲上將軍與齊人戰孫子謂田忌曰三晉之兵素悍勇而輕齊善戰者因其勢而利導之乃使齊兵入魏地爲十萬灶明日爲五萬灶又明日爲二萬灶龐涓大喜曰我固知齊兵怯入吾地三日士卒亡者過半矣乃與其輕銳倍行逐之孫子度其行暮當至馬陵馬陵道路阻隘可伏兵乃斫大樹白而書之曰龐涓死此樹下于是令善射者萬弩夾道而伏期日暮見火俱發

龐涓果夜至木下、以火燭書、萬弩俱發、涓乃自刎、曰遂成豎子之名、遂破魏虜

太子申、

十七年秦取魏少梁、後魏又數獻地於秦、

史記魏世家惠王十七年、魏與秦戰元里、秦取我少梁、元里少梁皆魏地邑名、

○商君傳、秦孝公使衛鞅將兵伐魏、魏使公子卬將而擊之、軍既相距、衛鞅遺

魏將公子卬書曰、吾始與公子驩、今俱爲兩國將、不忍相攻、可與公子面相見

盟、樂飲而罷兵、以安秦魏、魏公子卬以爲然、會盟已、飲而衛鞅伏甲士襲虜公

子卬、因攻其軍、盡破之以歸秦、魏惠王恐、使使割河西之地獻于秦以和、而魏

遂去安邑、徙都大梁、

又與楚將昭陽戰敗、亡其七邑、

史記楚世家、懷王六年、楚使柱國昭陽將兵而攻魏、破之于襄陵、得邑八、

張存中曰、按史記魏襄王十三年、楚敗我襄陵、不言邑數、楚懷王六年、得邑八、

與集註七邑不合、未知孰是、

比猶爲也言欲爲死者雪其恥也

慶源輔氏曰惠王之志意若剛勇而有爲者然細考之史則其敗于三國皆非義舉也徒以爭城爭地不失之貪則失之繆事既如此猶不知所以自反乃于見賢之際歷叙其喪敗而欲爲死者一洗之此正如匹夫賤人勢出無聊不勝其忿而求一快者所爲耳豈有君人之度而知所謂大勇之理哉

【蒙引】不可謂死者爲太子申亦不可謂凡死于戰者是指其先人言也毛遂謂楚王曰三戰而辱王之先人蓋辱及其先辱之大者也此是惠王問計痛切之詞謂晉國當我先人時天下莫強焉及寡人之身喪敗如此寡人恥之所以欲爲先人一雪其恥故孟子解之曰地方百里而可以王雖敗衂猶可爲也莫謂爲仁耳又實之曰仁者無敵何畏乎秦楚之堅甲利兵此一句當如此說則前後意思都照應矣

【存疑】寡人恥之言辱及先人也故曰願比死者一洗之死者即先人也

體注此是惠王敘晉國先後強弱之迹因望大賢以報復之謀晉國二句是敘

先世之盛東敗四句是嘆今日之衰願比三句是圖報之策。

〔說統〕如何則可有智窮力竭不能自振意。

〔講〕此章因惠王欲報怨而進之以仁政發王也。梁惠王問于孟子曰吾晉國在當人時論其強盛天下諸侯之國無過之者此是叟之所知也及傳至寡人之身則東與齊戰兵敗而長子被殺焉西為秦人所侵喪其河西之地凡七百里南又為楚人所困辱不能與抗是寡人貽羞于先君也寡人心甚愧恥之願為我先君一洗之如之何經畫則可夫子其明告我也。

孟子對曰句地方百里讀而可以王句

百里小國也然能行仁政則天下之民歸之矣。

〔蒙引〕下文四條皆是推明此句之意故註中能行仁政則天下之民歸之者不可說大旱○地方百里而可以王況以堂堂千里之梁何以見百里可王王如施仁政于民云云○地方之方字不是與地字相連如今之言地方之類乃是海內之地方千里者九之方字也正與方寸方丈之義同又以下篇然而文王

總方百里起照之愈見從前或以爲四方之方者俱謬。

存疑 地方百里而可以王則瑣瑣報怨者不足言矣孔惠王所問豈都從下說

是何等規模何等議論

說約 注能行仁政透下不可用○地字畧頓方百里連說

集說 此一句是大冒上答洒耻之問而下節乃其實處彼奪其民處二節見又當知是之時俱是可以之義○云可以王非謂此百里可王乃即百里之地而亦可以王也可以處不在百里不百里朱子補能行仁政四字乃說可以二字道理蒙引以爲太早者乃文字虛實之法也○古所云千里百里俱以四面俱如是而言孟子此處原未曾照顧是四方不是四方猶云止是百里之地亦可以王耳必以爲四方之方者固不是必以爲四方之方爲謬者亦不必然說見一

蒙引合參 方者僅足之意蓋因惠王喪敗之後其氣甚餒故言百里猶有可王之機此便是啓他爲仁意然且漫說盈話能行仁政二句即是下文意也方字作僅是之意似小巧仍以四方說爲正

圖孟子對曰王何慮喪敗之餘難以雪恥也若誠有志自強卽地僅方百里而亦

以王平天下況以堂堂千里之梁乎

王頭如施仁政於民句省刑罰句薄稅斂句深耕易耨句壯者頭以暇日讀修其孝悌忠信句入讀以事其父兄句出讀以事其長上句可使制挺讀以撻秦楚之堅甲利兵矣句

省刑罰薄稅斂此二者仁政之大目也易治也耨耘也盡己之謂忠以實之謂信君行仁政則民得盡力於農畝而又有暇日以脩禮義是以尊君親上而樂效死也

朱子曰魏地廹近于秦無時不受兵割地求成無虛日孟子之言似若容易蓋當時之人焦熬已甚率歡欣鼓舞之民而征之自是見速效後來公子無忌率五國師直擣至函谷關可見

新安陳氏曰省刑則不戕民生薄賦則民得養生所以爲仁政之大目

慶源輔氏曰仁政在于養民而已省刑罰則民不至無所措其手足而得以安

其生薄稅歛則民不至有所闕于衣食而得以保其生故孟子首言仁政首及此
二者下面數句則又其效驗也下文以深易貼薄以修孝弟忠信貼省未妥故不全錄
蒙引仁政又不止此二者此特其大者耳仁政是總言綱領字也省刑薄歛是
仁政裏面事故曰目然仁政先于養民而其事莫有大于此二者又當時切務
也故曰大目如關市譏而不征澤梁無禁罪人不孥之類與凡周禮一書所載
大抵皆仁政也○惠王當時病痛之切者最是嚴刑重歛故孟子告之以此○
深耕者深于耕也不苟且鹵莽而已易耨易治也易其田疇之易有芟薙齊[illegible]
之意與深意相類俱是得盡力之意○孝弟以事父兄忠信以事長上分貼可
或曰不分爲是蓋孟子曰仁義忠信忠信可上貼仁義也則亦可上貼孝弟孝
弟獨不用忠信乎答曰事兄亦可謂之孝乎事父亦可謂之弟乎事長上亦可
謂孝弟乎然則不容不分矣若以忠信全貼孝弟則孝當屬父兄弟當屬長上
如何得單言仁義可以忠信貼之若孝弟則亦不用忠信字矣蓋曰誠于孝弟
亦只歸在孝弟內矣但孝弟可分貼父兄忠信不可分貼長上○尊賢者親上屬

本文可使制梃一句其節入以事其父兄出以事其長上者緊緊連帶着出者以暇日修其孝弟忠信一句出事長上以平時言也尊君親上而樂于效死以有事時言也惟其知尊君親上故樂於效死○夫甲兵固非梃之比而秦楚之堅甲利兵又非他國甲兵之比今而云云者民知尊君親上而樂于效死故也

○識已以心言以實以行言

【存疑】省刑罰只刑當其罪便是不是人罪當死都省了薄稅斂只是惟正之供

○民所以深耕易耨脩孝弟忠信皆本于人君省刑薄斂耳嚴刑則民無所措手足重斂則民不聊生民欲深耕易耨脩孝弟忠信何可得也蘄氏分深耕易耨屬薄斂脩孝弟忠信屬省刑大謬

【翼註】脩字不粗講即便行身體力行意又以事父兄出以事長上正是脩也非脩以後事也勿分孝弟屬父兄忠信屬長上只總見○可使制梃二句且只說民有勇知方可用以戰至王往而征之方說到戰勝上○梁王志在報怨孟子特借此鬭啓之以王道非徒爲他畫報怨之策而已

【詳說】刑五刑罰所以贖刑者以金代之其（條）亦有五稅是履畝而稅仍是賦斂
畝加之斂則不拘地畝一凡征之于民者皆是○省刑罰二句仍兩所賦斂
刑罰之事所以傷殘民命者不止是在稅斂上而稅斂中部非重刑不得謂稅
斂中有酷刑則可謂稅斂足以盡刑罰則不可蒙引存疑俱以相因說似欠分
曉○壯者二字當包在深耕易耨之前特因下制梃以撻之文故于此提出壯
者二字耳非謂耕耨便祗是老幼之事也○暇日不是耕耨之暇乃是上無所
擾而得以盡心于此云耳蓋君行仁政民即自耕自耨未嘗不可脩其孝弟忠
信也即耕耨中亦有孝弟忠信之事看註又有二字可見是省薄之所致○脩
者孝弟忠信民所自有但嚴刑厚斂日不暇給民亦相與苟且爲事不特有不
以孝弟忠信爲務者且亦有雖欲孝弟忠信而不能者今仁政既行民有暇日
禮義之心自然萌動禮義之事自然舉行所謂禮義生于富足也脩字內有崇
尚舉行二義乃脩其所固然者也○脩孝弟忠信入事出事且淺淺就民說蓋
爲下撻秦楚而言若夫庠序學校之教則施仁政中已自包了此特就仁政之

最急者刑歛二事而推言之耳斷以註君行仁政則民得盡力云云為仁政之效說蒙引以為都說仁政之施當如此還未是○孝弟屬父弟自屬兄忠信又合心與事而言之孝弟亦在內而忠又不止孝弟也兩以字俱是根孝弟忠信來脩字大而處意字實而專有可以即所脩而行之者有可以即所脩而推之者大抵脩字方在自己身上說而兩事字則其可見之事迹孝弟忠信不必拘拘分貼○制梃只是甚言其可使以效力之意非真謂止于制梃而已不必抑駁未揭竿之說

翼註　序合參先句要看首末二句施字使字是一節之眼中間脩孝弟忠信跟暇日來暇日跟耕耨來耕耨跟省薄來層層遞捲而上振起如施緊承可使一氣直下首尾如環○仁政廣說省薄是仁政中最大最急者下耕耨脩事皆由省薄得來

廣炬訂　欲強兵而先省刑薄稅此意可思若泛作祥刑恤賦等語則浮而不切與雜出○梁之重刑厚歛都為用兵上來矯甫○拈壯字甚有遠思益劃撻

敵非老弱事也 與公

【正解】省字薄字不苟蓋刑歛皆不可廢者又不可過者暇日二字最可玩味如煩刑横征民皆重足而立安得有從容閒暇之時此可見生養休息氣象

【諸家辨】長上即指君上不必就民間說合鄉與會閭族觀長上尚觀之可以類推若從指民間長上與父兄何別

【心訣】此節正見百里可王處仁政該得廣省刑薄歛乃指其中大目正擬當時嚴刑厚歛之失二句甚重刑罰稅歛正刑名開阡陌務富強之術特以仁字破他孝弟忠信着一其字原是民性因暇日而露耳日省日薄全要發他不忍的念頭方切仁政上暇雖是耕耨之暇正是刑賦所寬之日也蓋煩刑横征民皆重足而立矣可使二字全重在民心樂死上國家用兵全賴壯丁刑罰不省稅歛不薄則不得耕耨無暇脩孝弟忠信壯者散而之四方者幾千人矣吾民央不爲吾用也故孟子提起壯者二字直爲下用兵張本

【[illegible]】數赦非盛世之典揖租亦黃老之治數赦養奸必有重法揖租難繼

必有横征省之薄之只是得其平耳稅斂句得徹田源流歸行助兼寓本領乃大細儒無從下手○省刑罰七句中惟省薄兩句君自制之以下似皆民之所效然飲射讀法庠序學校之法亦必上有以導率之非徒聽其自爲而已也蓋先王所以化民成俗者專在乎此後世善言富強之家亦何嘗不講省刑薄賦但不曉得以後更有事在則其所爲省薄之民亦懷利以事其上而已如晉文公示信示禮幾於近之然其病根全在一示字上此絶是用權術激發非王道也孟子曰修其孝弟忠信曰事其父兄事其長上數其字最可玩蓋此是民所固有之良使其先有暇日而徐思自得固有油然而動不知其所以然而然者○暇日卽從上省薄耕耨看出別無暇日壯者修孝弟忠信卽是壯者之孝弟忠信別無孝弟忠信○梁王但欲報復孟子惟務內治正其機鋒不相對處然爲下等人說法不得不以撻秦楚震驚歆動之句句留意處頓挫貴爲得孟子言外之意乃能令人眼光只注末句將本體只說得點爲略形晉文公示信禮作用便不成說話矣

集成仇滄柱曰：仁政不僅省薄二端。孟子就當時最急者言之，故摘出省薄。大綱耳。下數句雖不得竟屬行仁之政，玩集註語氣，亦提行仁政後相因說，參聯貫中，仍須要界限清楚。刑繁賦苛，殘民以逞，所謂藉寇兵而齎盜糧也。故省薄二端，施仁政者莫急於此。刑是刑，罰是罰，稅是稅，斂是斂，逐字皆有實義，正須分疏。刑罰則用省，稅斂則用薄，此確不可易之政論。若僅謂其救急，何也？豈孟子處三代之下，而欲盡其致刑措、復井田，蓋亦難矣。孟子此言寧爲深簡乎。○題曰二句，又從深耕易耨看出。可使二句，則總承上文。○梁王急于復仇，孟子直從愛民省刑七句，總是休養其民，使知禮義，至用民以雪恥，則在末二句。將解動云上七句句句爲復仇設策，却使秦楚忽之不爲防備，看得孟子似種蠡一流人，豈知陰謀秘計爲孟子所不屑道乎。

按此節自是重省薄二句，爲仁政之實。下文人皆知重。壯者暇日句，將耕耨曾只帶過說。然照下節看，使不得耕耨以養父母，則此節當云省之薄之，使得耕耨，修孝弟忠信，以事父兄長上，耕耨句正不可忽。但語勢是遞下。或以耕耨作對修孝弟三句，亦未是。○壯者上當補家室盈、婦子寧意，而國之所恃惟此壯者，故以壯者言之。趙註：制，作也，可使國人作杖，以撻敵國堅甲利兵。蔡制字甚確。尋常但作執字看者，非。胡南講謂制造木挺，是也。○秦楚亦是大概說，齊在

其中

盡所謂百里可王、惟行仁政而已。王果施仁政于民。刑罰則省之。刑當其罪而不濫民命。稅斂則薄之。惟正之供、而不病民生。此二者仁政之大目也。有此仁政、則民得以安業力農、春深于耕以布種。夏易于耨以除草。而民之壯者、又以閒暇之日、修明其孝弟忠信之道。入則以此事其家之父兄。出則以此事其國之長上。是則衣食既足、禮義又興。一旦有事、則民皆尊君親上、有勇知方。雖使之制木爲梃、以撻夫秦楚之堅甲利兵、無不可矣。何有强大之是慮乎。

彼節　奪其民時句　使不得耕耨讀　以養其父母句　父母凍餓句　兄弟妻子離散句

彼節　謂敵國也

蒙引　彼奪其民時、將文必謂是重刑罰、厚稅斂。然究而言之、既奪其民時、必非省刑薄斂者矣。當云何暇治禮義哉。貼此一句、自與上文相應、而意亦方足。

集說　奪其民時、亦不止一端。然嚴刑重斂、乃其大者。

講　朱子此節與下節、是挑剔所以制梃撻秦楚之意、亦以明百里可王之實也。

難國指秦楚

〔說〕此二節正者可使捷之意。蓋秦楚亦巨國也，何以制挺可撻？正以彼之奪仁不能敵我之仁耳。奪民時正與上耕耨相反，凍餓離散正與孝弟忠信入事出事相反。此正陷溺其民處。

〔講〕夫秦楚之甲兵未易當也，而可以制挺撻之者，正以其不行仁政耳。彼以嚴刑重斂而奪其民時，使不得耕耨力田以養其父母，使其父母凍餓，兄弟妻子離散，不仁極矣。

彼陷溺其民，句王頓往而征之，句○往而征連夫誰與王敵？句

〔註〕陷，陷於阱；溺，溺於水。暴虐之意。征，正也。以彼暴虐其民，而率吾尊君親上之民往正其罪，彼民方怨其上而樂歸於我，則誰與我為敵哉？

〔蒙引〕彼陷溺其民，指奪其民時，使不得耕耨云云。○非敵不過也，自不與我為敵。如紂之前徒倒戈，攻于後以北者是也。若使彼皆人人致力以敵我，我亦安能取勝秦楚之堅甲利兵？又豈吾挺所得而撻也哉？

【存疑】彼奪其民時一條，即是陷溺其民也。故承之曰：彼陷溺其民，王往而征之，夫誰與王敵？所謂百里可王，以此而已。彼區區報怨雪恥，不足言矣。

【説約】前兩節分説，此節總説，蓋分案總斷也。兩彼字緊對一王字。分說總說貪板滯。

【集説】往正其罪，即正其暴虐之罪也。集注率吾尊君親上之民，往正其罪，稱得極好。見得我之所以往正之者，不是胡亂厮殺，其間步伐止齊，同心同德，王者之師也。

【講】彼為政不仁，以陷其民于阱，溺其民于水，如此，民怨之深矣。王乃率吾尊君親上之民，往而正其罪，彼民方樂歸不暇，夫誰與王敵者？乎此彼之堅甲利兵無所用，而我之所以制梃可撻也。

【蒙引】句仁者無敵句，王請勿疑句。仁者無敵，蓋古語也。百里可王，以此而已。恐王疑其迂闊，故勉使勿疑也。大全小註以故曰二字知爲古語。

南軒張氏曰：惠王憤其軍師之敗，欲一洒之，是乃不勝其忿欲之私耳。孟子慨以告之者乃爲國之常道其所施爲皆有實事夫王政之所以不行者以猾君謀利計功之念深每毋致疑而莫肯力行故也使其以先王之治爲必可法以聖賢之言爲必可信而力行之則說無疑焉

【蒙引】一說是請勿疑百里可王之言又一說是請勿疑仁者無敵之言按本意似以百里可王之言疑於迂濶故引仁者無敵之言以實之蓋以仁者無敵之言觀之則百里可王之言信矣故又勉使無疑也前說爲長蓋百里可王之言乃此一章之大指下文都是申明此一句非另有仁者無敵一句道理也此章主于百里可王仁者無敵之言皆是客詞也大註云百里可王以此而已亦講最得緊急

【集說】仁者便是施仁政于民之人方其施仁于民謂之仁政殆仁政既行遠邇歸心則謂之仁者○夫誰與王敵方只就敵國之民言此無敵兼敵國之君與民言夫誰與敵不來敵我也無敵我無敵于天下也

【心法】無敵于天下者王機也而可以仁者必之則百里可王之語亦信之于此

心之仁而已勿疑正指百里可王説便有教他必行意非空空只使他無疑已
亂

[叢]是以古語有曰先以仁心行仁政之仁者自然無敵于天下知仁者無敵則雖百里可王非無實效而徒爲迂濶之論也王請勿以臣言爲疑而決然行仁政以王天下何雪恥之足云哉

孔氏曰惠王之志在於報怨孟子之論在於救民所謂惟天吏則可以伐之蓋孟子之本意

慶源輔氏曰註引孔氏之言蓋怨有當報者有不當報者若惠王之事則所謂不當報者也不當報而報則是忿懥者之所爲耳忿懥者之所爲則其心熏爀焚燒愈熾愈熾不至于大壞極敗而不已若所謂志于救民則王誠惻怛成己以成物一日有一日之功其曰惟天吏則可以伐之其所以自治者嚴矣

勿齋熊氏曰當時七雄皆大國也孟子獨惓惓于齊梁者欲得志行乎中國也若秦楚則蠻夷戎狄之裔七篇之書深鄙外之蓋其得志必非天下生民之福

自周之衰天下大勢不入于楚必入于秦聖賢已逆知其所趨矣當時孟子止言深耕易耨孝悌忠信則可以制梃而撻秦楚自一等富強而言豈不大迂濶而不切于事情然後來秦亾不過起於揭竿斬木之匹夫堅甲利兵果可恃乎孟子之言不我誣也

新安陳氏曰遈忿報怨私欲也行仁救民公理也行仁則自無敵不得已而用兵亦正之之征也不行仁而惟報私怨忿爭而已矣豈惟怨不可報敗亾常必由之此章亦所以遏人欲擴天理也

【講題】朱首節分上是惠王圖報怨之策下是孟子詳示以行仁政而引言以堅其志也通章重百里可王句王如三節正發百里可王之實末節則勉其信百理可王之言而力行之也惠王之問在于報怨孟子則進以仁義救民民心旣得怨不期報而自報矣

【纂序合參】此章總以百里句爲主以施仁政三字爲綱以省刑薄斂爲目省刑一節與彼奪其民時一節意寔相承而句句相反上言仁政之得民下言彼

虐政之夫民一得一失之相形此所以無敵此所以可王也

【蒙引】通章重百里可王一句而其所以可王者只在行仁政以後三節反復申明此意也○外註孔氏正大明確備一章之全旨宜細玩

【指南合參】當時專事富强不顧其民孟子開口只道省刑薄斂每每與戰國策士相反然至于深耕易耨則富亦在其中制梃可撻則强未必不在此非只教他救民不報怨正教他報怨須救民兼富强只是旁意註

孟子見梁襄王句

襄王惠王子名赫

【孫疏】按世家云惠王在位三十六年卒子赫立是爲襄王襄王在位六年卒謚曰襄謚法云因事有功曰襄又曰辟土有德曰襄

新安倪氏曰按通鑑慎靚王三年壬寅惠王卒孟子去魏適齊是以見襄王後即去也

【心訣】此見亦不輕蓋惠王不用或有望于嗣君將以觀其志之所向亦以[illegible]

道小試之端也、

[標]此孟子自述襄王問答之言欲以不嗜殺告世也惠王子襄王嗣位孟子見之出讀語人曰句望之讀不似人君句就之讀而不見所畏焉句卒然問曰句天下惡乎定句吾對曰句定于一句

語告也不似人君不見所畏言其無威儀也卒然急遽之貌蓋容貌辭氣乃德之符其外如此則其中之所存者可知王問列國分争天下當何所定孟子對以必合于一然後定也

新安倪氏曰左氏傳云有威而可畏謂之威有儀而可象謂之儀不似人君無可象之儀也不見所畏無可畏之威也

新安陳氏曰德存乎中容貌辭氣乃德之符驗形見乎外者

問孟子以梁襄王不似人君不見所畏而譏之然則必以勢位自高而厲威嚴以待物邪朱子曰不然也夫有諸中者必形諸外有人君之德則必有人君之容有人君之容則不必作威而自有可畏之威矣曰言之急遽亦何譏邪曰艮

之六五以中正而言有序而呂氏亦曰志定者其言重以舒不定者其言輕以疾然則言貌固皆內德之符不惟可以觀人學者雖以自省可也曰孔子居是邦不非其大夫而孟子誦言其君之失如此何邪曰聖賢之分固不同矣且孔子仕于諸侯而孟子爲之賓師其地有不同也抑七篇之中無復與襄王言者豈孟子自是而不復久于梁邪

【蒙引】孟子見梁襄王爲其容貌詞氣之間皆不當人意孟子蓋將去之故出語云云無久留于梁之理矣○凡聖賢之至于其國而見其君皆是欲觀其動靜以卜吾道之興廢不然至彼何爲○今見襄王氣象如此其不足與有爲決矣故出以語人而去之此雖無可考證然以理斷之決然是去而之他矣○看來天下有可一之理孟子又有能轉其君以一天下之才但襄王未有一天下之器耳○孟子既有去志而述此以語人蓋其所望斯道之行者至是已盡況當垂暮之年已有吾已矣夫之怨矣讀者于此當知聖賢不遇之不幸然此一段議論所關係于世道君道者甚大不可以不傳故出以語人而且以垂後世

【存疑】定者列國息爭干戈不作也定于一言必天下合于一統然後定也蓋列國分王勢不歸一故不相能而起爭天下一統則天下之政出于一無敢爭也

【體朱】望之二句是容貌卒然是詞氣于戈不興謂之定禮樂征伐自天子出謂之一

【集說】出語人曰四字直貫章末蓋一章皆出而語人之言○畏有威可畏在容貌端嚴足起人敬畏處說不然孟子何畏一幼君耶○急遽之貌乃詞氣急遽之貌非容貌之貌也○天下惡乎定定字作一定之定說謂天下分爭怎樣緣得定了不是求問所以定之之道也故孟子以定于一對之蒙引淺說俱以爲當待何人而後定還未是○定于一淺說蓋諸侯王之所以爭而不息者以其無所統故肆意妄行耳若勢歸于一則禮樂征伐有所自出自然無分爭之禍

【說統】卒然二字要猶他輕忽景象○定以勢言指兵革寧息說一以權言指政歸一統說

講孟子卿其不足與有爲乃出而語人曰容貌詞氣乃德之符今吾遠而望之不似人君之度近而就之不見有可畏之威焉且卒然急遽而問曰今天下之勢惡乎得以安定吾對曰天下分則爭合則定人君能合天下而一統之則號令自一人出無敢違命者天下自此定矣

孰能一之句

王問也

存疑言列國勢均力敵莫能相尙誰能芟除群雄收其土地合天下于一也

講王又問今之諸侯孰能合并群雄而一之

對曰句不嗜殺人者讀能一之句

嗜甘也

慶源輔氏曰不嗜殺之對以見理勢之當然非有爲而爲之者也蓋[illegible]之心誠能不嗜殺人則舉天下皆在吾仁愛之中又孰有渙散乖戾而不歸于我亦固非以不嗜殺人爲一天下之具也

慶源輔氏曰好生不嗜殺乃天地生物之心也必得天地此心然後可爲天之子而

撫民之父母此言爲世人教之龜鑑也

[集疏]孰能一之孰字方指何人而言不嗜殺人者者字卽其人也不嗜殺人亦

只淺淺說好生愛人說下節方不妨實講然看此能字則一天下固仍有許多道

理但不嗜殺則其本耳

[蒙引]不嗜殺人指就平日以仁心行仁政言非單指用刑

[翼註]不嗜殺人包得廣如刑罰稅斂皆能殺人不但操刃也

[說統]殺世豈有嗜殺人之理人豈有嗜殺人之心只緣嗜利故嗜殺如興兵黷武

是也嗜欲故嗜殺如狗彘食人食是也人主能囬殺機爲生機則能轉不一爲

至一

[心訣]殺人而曰嗜最能打動人心

按嗜殺豈要是嗜字不好天下豈能全無殺只是不嗜耳以生爲殺

殺亦生也○殺字所包甚多兵刑固是殺而以賦役致民之死亦是殺

[講]晉對曰惟以不忍爲心以好生爲德不嗜殺人者則可以結人心而成大業爲

能一之。

孰能與之句

王復問也。與猶歸也。

【蒙引】當時列國既各有疆域，則各畫地而守之。民有欲舍彼趨此，勢亦難矣。在所禁制也。下文沛然誰能禦之，正是答此意。

【講意】王又問曰：君各民其民，民各君其君，雖有不嗜殺之君，誰能舍其主而歸之乎？

對曰句　天下莫不與也句　王頓　知夫苗乎句。知夫苗連　七八月之間讀　旱句　則苗槁矣句　天頓　油然作雲句　沛然下雨句　則苗浡然興之矣句。然興連　其如是讀　孰能禦之句　今夫天下之人牧讀。人牧連　未有不嗜殺人者也句　如有不嗜殺人者讀　則天下之民讀　皆引領而望之矣句。領連　引　誠如是也讀。如是連　民歸之讀　猶水之就下讀　沛然誰能禦之句

周七八月，夏五六月也。油然，雲盛貌。沛然，雨盛貌。浡然，興起貌。禦，禁止也。人牧，謂牧民之君也。領，頸也。蓋好生惡死，人心所同，故人君不嗜殺人，則天下悅而歸之。

蒙引誠如是誠如有不嗜殺人者則天下之民皆引領而望之矣二句舉與之不同歸扶携來歸也引領而望且說得民心之向慕○誠如是也民歸之猶水之就下沛然孰能禦之重在猶水之就下上蓋上文言引領而望是即風而向欲歸之之意誠然如是民遂即歸之其勢有若水之就下沛然其莫可禦矣誰復得而制之○自如有不嗜殺人者至誰能禦之不可十分断故大註云天下悅而歸之○或要把其如是孰能禦之與下文誠如是也至沛然孰能禦之相並對看亦非也蓋其如是孰能禦之就指苗之浡然與言下文曰誠如是則與其如是語意不偏矣況下句又更出一民字如何盡同得若論其大意則固兩極相對也以苗之勃興於久旱之雲雨喻民之樂歸乎不嗜殺人者○此節重在今夫天下之人牧未有不嗜殺人者及七八月之間旱則苗槁矣二句因襄王不曉而問孰能與之故以其時勢開曉之如此

存疑　望與歸當分別望之方是欲歸

紹聞編　孰能一之對曰不嗜殺人者能一之則一之有不在力矣孰能與之對

曰天下莫不與也蓋今之時則然焉以七八月之間旱喻民困于虐政其日孰能禦之者以苗之興而言也以水之就下喻民之歸仁曰沛然誰能禦之者以天下莫不與而言也

[集說]與只指民說不兼諸侯○未有不嗜殺人者也一句道盡戰國時君病痛蓋說今甘于殺人時君未必心服獨不思率獸食人攻城攻地那一件不是殺人底事而所好在此則甘于殺人而不辭矣說着名聲似難當然在當時卻是稱觴錫爵廟祀而求一椿大美事非孟子不能道出○引領而望一以望其來蘇之救一以望其仁政之行也○誠如是也緊跟引領而望來蓋云既得民心之向慕如此則其歸之也自急矣望以未歸時向慕之切言歸則扶攜而歸也○節末要補吾之所以對王者如此而惜其言之不能用不更端而再問也之意方好蓋孟子一見而出之後即去魏適齊矣

[體味]未有不嗜殺人者即大旱而苗槁也如有不嗜殺人者即大旱之雲霓也引領而望即苗之勃然興也

纔序合繇天下莫不與句且虛講下正言莫不與之意知夫苗一段即其易曉者而言以苗喻民苗之槁于旱喻民困于嗜殺之君苗以雨而興喻民以不嗜殺之君而興望以心言歸以身言既望之便歸之此則天下莫不與而所以定于一者在其中矣

【翼註】久旱易爲雨勞民易爲仁此節主意如此

【心訣】王問皆難之之詞孟子答皆易之之詞。雲行雨施品物流行天道之常也而施于大旱枯槁之時則其興尤速仁人在位天下歸心人事之常也而施于虐政憔悴之時則其歸尤亟望之如引領則必歸之如順流矣歸字正與與字相應望則原其所以與耳二禦之要發透禦自外禦之苗之生機民之歸心皆從中而出不能自已孰能自外禦之。今夫天下之人牧一段提說精神

【諸家辨】其如是承苗說誠如是承民說孰能禦指苗說誰能禦跟水說

【說統】受牛羊而爲之求牧與芻尚不可立視其死况爲人之牧而甘于殺人惡在其爲人牧哉故不曰天下之人君而曰天下之人牧此牧字嗜字中却有深

味。

【蹟炬訂】七八月之間數句竟說做天不嗜殺得反客為主之法。贊伯

【講】對曰天下之民見有可與之君自莫不歸與也。王知夫苗乎七八月之間旱則苗之生意槁矣正急于望雨之時也天油然作雲沛然下雨則苗之槁者浡然興起發生甚速矣其苗之興如是孰能禦之使止耶知苗則知民矣今夫天下之君職在人牧者皆重刑厚斂爭城爭野以致民于死而不恤未有不嗜殺人者也如有一不嗜殺人者則天下之民中心悅服皆引領而望欲以為君如大旱之望雨矣夫誠望之如是也民之歸之由水就下沛然一往其勢誰能禦之使止耶而何天下之不與之也夫王與吾問答如此然而非能有為者奈之何哉。

蘇氏曰孟子之言非苟為大而已然不深原其意而詳究其實未有不以為迂者矣予觀孟子以來自漢高祖及光武及唐太宗及我宋太祖皇帝能一天下者四君皆以不嗜殺人致之其餘殺人愈多而天下愈亂秦晉及隋力能合之而好殺

不已啟或合而復分或遂以亡國孟子之言豈偶然而已哉

旨正解通是出語人而述其問答如此不嗜殺人四字極重天下莫不與節正不嗜殺人者能一之故也○

【說約】通章皆作自述語奇亦七篇之別體○紹聞編今人但見孟子譏襄王不知襄王一問自是可錄曰天下惡乎定夫生民厭亂久矣唐明宗祝天早生聖人亦思定之意也孟子曰定于一言天下之勢出于一也自生民以來經桀紂之亂天下嘗不定矣未有天下裂而爲七各稱王爭雄如孟子時者也其後秦并天下可謂一乎曰非也以亂易亂特聖王之驅除爾

【體朱】自惡乎定至末宜分三段有定于一作一段是一章大旨孰能一一段就君言孰能與一段自民言皆定于一內事○

【諸家辨】章首只出語人數句則下文問答皆孟子語人處敘述中有感慨意與他章但敘問答者不同問加卒然二字實狀其辭無鎮率非舒徐商確也乎二孰能皆詰問急遽與如何則可審問語別下二問皆蒙卒然字因皆去曰

字爲詰詞對加吾字謂吾子其間對以此耳彼能吾信學乎下二對亦皆蒙上吾字不贅。

【心訣】出語人最有意味正爲今夫天下之人牧未有不嗜殺人者故爲今天下之人牧告耳人牧字亦妙牧者養也反以之殺人乎說至此慕者亦當仁矣。通章俱是一番述語而有感慨梁王之意須作評論體

【廣炬訂】觀出語人句作冒自應直述問答乃見大方凌駕易易耳。

鐍按孟子與襄王一段議論雖不見用於當世而由漢唐以至于今日凡有天下者皆不外此謂孟子之言至今猶乞參可也出語于人想亦是存此話說以告天下後世之一天下者

齊宣王問曰句齊桓晉文之事句可得聞乎句

齊宣王姓田氏名辟疆諸侯僭稱王也齊桓公晉文公皆霸諸侯者

趙氏曰田氏本陳公子完之後初以陳爲氏後改姓田氏至田和始篡齊而有之辟疆和之曾孫是爲宣王

趙氏惪曰周顯王二十七年齊桓辛子辟疆立是爲宣王在位十九年卒謚法

善問開道曰宣。齊桓當作齊威王，宣王乃威王之子。

東陽許氏曰：集註辟疆作闢。辟封疆說，則上音闢，下音避；作辟除彊暴說，則上

必益反，下巨良反。

【蒙引】所問在此，所志在此也。○依前說作開闢封疆之義，以此爲名者，其有是志也，故以命名，故嘗曰將以求吾所大欲也，辟土地，朝秦楚云。○

【說統】齊王病根在大欲二字，故開口便問桓文，下文闢土地，朝秦楚，莅中國而撫四夷，正桓文事。○

【□】春秋時道桓文，倘論其功，如一匡九合，猶就其假仁義處言之。至戰國策士所言，則直取其貪殘詭詐之術，又桓文之一變矣。故曰五伯之罪人。齊宣所問乃戰國之桓文，非春秋之桓文也。○看一事字，則所指爲富强功利之粗迹可知。○

妥可得聞乎是疑辭語氣。

【講】此章孟子因齊王之慕伯功，而引之于王道也。齊宣王有志于伯功，乃問孟子

曰五霸迭興齊桓晉文爲盛其當時取威定伯之事可得而聞之乎○

孟子對曰句仲尼之徒讀無道桓文之事者句是以後世無傳焉句臣未之聞也

句無以讀則王乎句

道存焉○董子曰仲尼之門五尺童子羞稱五霸爲其先詐力而後仁義也○亦此意

也以已通用無已必欲言之而不止也王謂王天下之道○

朱子曰無道桓文之事者當伯之事儒者未嘗講求如桓公伯諸侯一匡天下則誰不知至于經營伯業之事儒者未嘗言也○

新安倪氏曰董子名仲舒西漢廣川人此語見漢書本傳對江都易王問殷有三仁而曰仁人者正其誼不謀其利明其道不計其功是以仲尼之門五尺童子羞稱五伯爲其先詐力而後仁義也

西山眞氏曰孟子後能深闢五伯者惟仲舒爲然

王氏若虛曰春秋之時五伯迭興而桓文爲盛有功者莫大于桓文有罪者亦莫大于桓文周之東遷政教號令不行于天下諸侯不知有周矣有人于此勃

然後興更爲盟主支一木于大厦將顛之際屹砥柱于頹波潰決之衝而人[illegible]侯外攘夷狄使前日之不知有周者咸知尊周而君臣之義至于今不墜謂非[illegible]桓文之功不可也故聖人畧其罪而筆之于春秋然其詐力是先仁義爲後如救刑封衛養亂爲功如伐衛致楚陰謀取勝挾天子而令諸侯摟諸侯以伐諸侯如此等類非其罪歟故聖人之徒卑其力而無道之者然聖人春秋之作爲萬世扶綱常有如尊周之舉而不記之則無以勸來者其指微矣乃若其徒所以不道之者是又不欲率天下之人而禍仁義亦春秋誅意之法也故桓文者功之首罪之魁而聖賢待之仁之至義之盡也

【蒙引】因當時無道其事者故後世無得而傳焉惟其無傳故臣亦未之聞也三句意相承○必欲言之而不止也謂必欲孟子言也○王天下之道道至重對上文桓文之事說○集註後世無傳斷以儒者立論言凡有志于聖賢之道而讀書窮理者無自傳之也若夫桓文之事亦未必無傳之者○王謂王天下之道則王字當作去声言王于天下也道便是所以王于天下底道理

【廣桓記】仲尼之徒只還他個無道若說桓文之事如何又道矣君常

【体朱】此二節作一段謂伯功不足言而惟王道為可言也留也分上是抑其伯

功之小下是啓以王道之大註道字對上事字此正王伯之辨處。【餘按】長篇最是淵叢体其

分析段落甚

詳當細究之

【心訣】則字重與答梁王何必曰利亦曰仁義而已矣語同

【好辨】孟子仲尼之徒每每常忽過須提出立論便甚義蘊無窮無以則王對舉言

耳非上舍五帝降思其次而及三王也

【餘按】倚伯成是戰國習氣故宣王問曰以齊桓晉文之事為問學王道是孟子

素志故因問齊桓晉文而歸以王道為說。王字是一章大旨觀其首以王字

起不以王字

結其意自見

【講】孟子對曰臣所受學本之仲尼仲尼之徒羞稱五伯無有道及桓文之事者是

以後世之人不傳其事臣故無從而聞之也既無所聞亦無可言矣必欲臣言

之不止者則惟王天下之道乎盍王道乃聖門所常言臣得聞之者也王誠有

志王道則桓文之事不足言矣

曰句德何如則可以王矣（何）曰句保民而王莫之能禦也（句亦兼王字說）

保字說也

慶源輔氏曰保如保赤子之保

新安陳氏曰王道甚大其要只在保民保民而王一句爲此章之綱領

蒙引德字輕看不必云齊王以王道本于德也只是人君之德當何如乃可王

存疑德字虛下曰保民而王莫之能禦保民即德也

集說保訓愛護愛是心護是事凡于百姓無一念不是衛護相恤是爲愛王者

護則周全曲至無所不用其力矣莫之能禦且空空說

心訣保民即是德勿云德足以保民保民畧斷而王莫之能禦一氣讀蓋保民

便得民心得民心便得天下莫其王便不可禦亦自明白易見也保民處且虛虛

以保愛說優露心字到下面引愛牛事方提出是心足以王來二句是一章要

領下面許多話說無非照應回顧此二語如百姓如老幼如士農商旅皆是民

如推恩如發政施仁制產皆是保民如保四海闢土地之類皆是王只足以王

匯纂曰孰能禦者是莫禦但講中俱宜渾融勿露○保有保養意含下衣食保有保全意含下老幼教育保有保恤意含下凶年死亡保有保護意含下兵備懲○備旨曰王曰德亦見經濟矯按照下文係貼方不泛

【講】王曰人君之德當何如乃可以王天下矣曰王道甚大其要只在保民人君之德誠足以保民則得民心而王天下其勢莫之能禦也

曰句若寡人者讀可以保民乎哉句曰句可句曰句何由知吾可也句曰句臣聞之句胡齕曰句王坐於堂上句有牽牛而過堂下者句○牽牛連王見之句曰句牛何之句對曰句將以釁鐘句王曰句舍之句吾頓不忍其觳觫讀若頓無罪而就死地句對曰句然則廢釁鐘與句曰句何可廢也句以羊易之句不識有諸句

胡齕齊臣也釁鐘新鑄鐘成而殺牲取血以塗其釁郄也觳觫恐懼貌孟子述所聞胡齕之語而問王不知果有此事否

【彙引】本意言卿試度吾能保民否也乃不敢質言而謙之曰若寡人者豈亦可以保民耶言恐不能保民而王也故孟子下文屢屢于不為不能之辨將引發

釁釁本釁郄今曰釁鐘則是因鐘之釁而釁之使釁者不復釁也作若字解亦
郄之郄與隙義同釁鐘之釁謂塗釁也如古人以亂爲治義一般○無罪指今
言然則牛豈有罪乎蓋宣王平日惟知人之無罪者使之就死地爲可哀以爲
芓所不忍者也一旦見牛之觳觫故不忍而以羊易之○一說若無罪而就死
地正指此牛之觳觫情狀言之言似若無罪而令就死地然者如此說方與王蓋
意其無罪而就死地一句爲無礙而于若字亦有安頓
【存疑】釁鐘非牛不可以羊易牛使不得只是齊王一時良心發動不可遏姑以
此替之初不及計慮到此孟子于開導其君爲此遷就之語耳其事之濟否
弗計也
【說約】若無罪而就死地又自解其不忍意若無罪作若人之無罪或只大概說
俱可○以羊易之淺說云吾以羊易之亦作王語也○蒙引云作人之無罪蓋
竟添瘦郎指牛說好
【集說】不曰然則鐘不釁與而曰然則廢釁鐘與廢自是云廢其禮○觳觫若無

罪而就死地作一句讀俱指釁鐘時言乃齊王不忍其使之如此也若過堂下牽牛未必便知觳觫

【體注】朱曰可分上是因斷可以保民而決詞以許之下是因究其所以可保民而援事以證之

【蒙序合參】胡齕一段是齊王恩及於物之事乃以之証可保民者人有這箇心既可以及物自可以保民

【心法】若寡人者就齊王難之之意孟子許之以可者誘其進也何由是有何事實使意思臣聞以下正指上可字之實○王坐堂上自是臨御之常發牽牛者何以過堂下意者釁鐘正典古有告殺之禮歟

編按此節不忍二字要着意孟子開導齊王處全在此

【[illegible]】王曰保民乃人君之大德若寡人者亦可以保民乎哉對曰以王之德保民而王天下何不可之有王曰夫子許吾可以保民何所由而知其可也對曰王之臣有胡齕者臣嘗聞其言曰王一日坐于堂上有牽牛而過堂下者王見之曰

曰牛將何往牽牛者對曰新鑄鐘成將此牛殺以取血而塗鐘之隙釁王曰舍
之吾不忍此牛到臨殺時觳觫恐懼恰象似無罪而就死地一般誠可憐憫
牛者對曰牛既舍則將廢釁鐘之禮與王曰釁鐘大典何可廢也其以羊易之
胡齕之語臣如此不識果有此事否

曰句有之句曰句是心讀足以王矣句百姓頓皆以王爲愛也句臣頓固知王之不
忍也句

王見牛之觳觫而不忍殺即所謂惻隱之心仁之端也擴而充之則可以保四海
矣故孟子指而言之欲王察識于此而擴充之也愛猶吝也

雲峰胡氏曰孟子一書言心學甚詳此是第一个心字是心何心也人之本心
也即此本心而推之所謂先王有不忍人之心斯有不忍人之政者也須看集
註察識擴充四字察識屬知擴充屬行○孟子所謂不忍者如齊宣王見牛之
觳觫將死一念之發非有所勉強自然而然者也君子謂之仁論語所謂小不
忍者如婦人匹夫一念之發不能有所禁止而一聽其自然也君子不謂之義

新安倪氏曰論齊之小不忍云者不忍之念發于私小常人之所不能禁止者
也孟子之不忍云者不忍之念出乎正大君子之所當擴充者也
新安陳氏曰是心足以王矣一句最緊切覷王有此愛物之心即可知王有保
民之心而可以保民矣所以指言王之此心即是足以王天下之本眞氏云王
道不外乎保民而保民又不外乎此心是也
蒙引 既曰是心足以王矣又曰百姓皆以王爲愛也臣固知王之不忍也何意
蓋緣着不忍二字要生議論是心不忍之心也不忍于一牛而忍于百姓乎違
之于其所忍仁不可勝用而王道興矣○箇生意皆在百姓皆以王爲愛也
臣固知王之不忍也二句愛則非不忍不忍則非愛只從此生議論齊國雖褊
小吾何愛一牛亦不消如此說孟子已曰臣固知王之不忍了又何消解說齊
孟子此三句語意直是欲王察識其不□心而擴充之今齊王畧不見有察識
之意只管答得冷淡來所以孟子又設法以開之難之曰王無異于百姓之以
王爲愛也云云欲王反求一而得其本心王又只憑順本將去都無合發孟子乃

爲之辯曰無傷也云云才起得他此心之所以合于王者一問○能行此心足以王矣又曰百姓皆以王爲愛也臣固知王之不忍也者明其果出于不忍也此謂是心者即指此不忍之心也愛字正對不忍字愛則非不忍不忍則非愛愛者計其財而不忍者痛其死孟子着此兩句所以提掇个不忍字惟其實有此不忍之心故足以王也此兩句又似爲下文根本然下文許多話只是發與不忍字反覆辨論不忍二字此一章之骨子孟子只得齊宣王吾不忍其觳觫一句遂堅執着不忍字一開一闔百方開導要他察識而擴充之○是心足以王矣不是愛一牛便足以王天下爲有此心在擴而充之則可以王天下矣擴充之實在老吾老以及人之老云云○百姓皆以王爲愛也一句亦甚喫緊蓋不着此句無以發其論難而啓其察識擴充之端若只言是心足以王矣他不曉問便只恁地說了甚矣孟子之善于言語也○欲王察識于此而擴充之也察識如下文許所謂乃知此心不從外得者蓋人皆有不忍人之心也擴充則須是自親親而仁民自仁民而愛物所謂反其本而推之有所不忍而達之于

其所忍者也

存疑是心足以王是許他見牛之心可王所以可王則在乎擴充也註不可就當大文說○百姓皆以王爲愛也此句最緊關孟子特把此意起發齊王也本不是愛牛爲他以羊易牛其事差異却有个意思在下文所謂仁術見牛未見羊正是這个意思也然直告之則他不醒都無意味了故用百姓皆以王爲愛一語去起發他使他反覆深思而自悟無奈齊王不悟隨孟子甚樣起發都不醒悟只管昏昧如曰以小易大牛羊何擇雖攻擊得緊他只說齊國雖褊小吾何愛一牛又說我非愛其財而易之以羊極口分疏終解不來故孟子從而啓之他卽頓然覺悟如大夢之得醒使非孟子多方啓發他亦豈能得此哉

說約察識擴充足王內尚不可用○蒙引麟士說是察識擴充四字雖此節註實貫領以下通章之意而括之于此耳

東說是心謂愛牛這一點底心非謂愛牛之心也註擴而充之則可以保四海是擴充惻隱之心仁之端也而仁之端也上加卽所謂三字見王這心卽便是

所謂仁之端者，故可以擴充之也。若言以擴充愛牛之心，恐無此理。是以云者，言是心擴充之，便足以王，亦不是說是心便盡了王道。註則可以三字，便是說足字義。○百姓皆以王爲愛，是孟子借言，不是真有這話。○察識擴充四字，是朱子解此一篇大主腦字。察者，自己省察一番，看原是怎樣；識則識得這个是這樣也。擴是由此推將去，不使之止于如此而已；充則大小遠近無不使之滿其分也。察其心而識之，即王說節註乃知此心不從外得之意，要曉得這不忍之心是從何出來，這便是我本然固有之仁心。仁心既所固有，天下何事不本此心，故可以擴充之而王天下矣。若不能察識，則隨起隨滅，並自已之本心而亦有不能自認者。所以孟子借百姓皆以爲愛，將愛與不忍兩路，教他自認。故註云，故孟子指而言之，欲王察識于此而擴充之也。此處且重察識。

【體注】足王矣分上，是許君心足以致治；下是欲以自識其心也。是心不忍殺牛之心也，觳觫之心，仁之端。且漫說足以王，亦只渾淪說个全牛之心，其機可通于治，而足以致王。所以致王，則在于擴充也。擴充之實，至老者節方說。○尚蓋若

說出惻隱後又何用反求說出擴充後又何用復說推恩朱子只是要明白發
透後註意在此耳然欲擴充必從察識故又云欲王察識于此而擴充之也
是心足以王矣丟却是字把心字看泛了死貼是字言心字把心字又看小了
不將易牛不忍之心說是王雖說易牛不忍之心另有一心便將易牛不忍之
心說是王又難說是王之心便只此心須知心是以王是心之本體是心足以
王是即易牛不忍一偏之心而見其本體○德何如至此作第二段謂王不忍
之心是以行王道而王暗含察識此心而擴充之意

【纂序合參】是心足以王矣只爲有此不忍念頭便含个保民的端倪有火然泉
達光景又恐齊王一時不能體認故設言百姓以王爲愛臣固知王之不忍要
他察識擴充以得其本心非徒閒爲設難也臣固知一語煞甚喚醒

【　】是字指點親切出口甚急足字鼓舞並致包蓄有味

【正解】擴充是推此心去體民若認作推愛牛之心以愛民則倒行逆施矣

按是心原指不忍之心但有臣固知王之不忍在下只得要略地說故講者皆
云易牛之心其仍是不忍之心也或深一層謂是愛惜全牛之心以與仁術

【圖】願不遜爲作文 甚與亦非有理辭

【醒】王曰此專向誠有之對曰王道不外保民而保民又不外乎此心王有是心者

之心即足以保民而王矣彼時百姓或皆以王爲計其費而愛之也臣由王不

忍觳觫之言思之固知王之痛其死而不忍也

王曰句然句誠有百姓者句齊國雖褊小句吾何愛一牛句即不忍其觳觫若無

罪而就死地句故以羊易之也句

言以羊易牛其迹似吝實有如百姓所譏者然我之心不如是也

【說約】然謂夫子之言誠然也亦大概首肯之詞誠有百姓照上爲愛句齊國雖

下照上不忍句便是依樣葫蘆語

【集說】其迹似吝吝字不是全不用只是計較于大小多少之間而偏與其大者多

者云耳

【體朱】二句分上言其迹似吝而宜以爲愛下言心實不忍而非所爲愛此處全

不見察識意故又設難問之

心訣齊王之心一向蔽錮他不忍觳觫之言不過一時偶觸而發○故只把孟子所遣不忍觳觫二句模糊答去○只求解脫个愛字而已○竟不能自覺這个不忍之心出來○然字雙頂愛與不忍來誠有百姓三句承上愛意來○即不忍意三句承上臣固知不忍意來○若依舊說則然是然其以我爲愛但以羊易牛其迹實似吝誠有如百姓所譏者齊國以下明其非愛也此說亦可○即字猶云就是也即字作但字看較明

講王曰夫子之言誠然也易牛之事迹似吝嗇誠有百姓如此相議者然我心實不如是○齊國雖褊小吾亦何至愛一牛之利○只是不忍其觳觫若無罪而就死地○吾故以羊易之也此惟夫子知之而百姓不知也

曰句王頓無異於百姓之以王爲愛也句以小易大讀彼惡知之句王若隱其無罪而就死地讀則牛羊何擇焉句○何王笑曰句是頓誠何心哉句我非愛其財讀而易之以羊也句宜乎百姓之謂我愛也句

異怪也隱痛也擇猶分也○言牛羊皆無罪而死何所分別而以羊易牛乎○孟子故

講[illegible]欲王反求而得其本心王不能然故卒無以自解於百姓之言也

慶源輔氏曰宣王既無講學之功不知反求之理而徒自辯解于百姓之言故

孟子又設此以問難之蓋欲王反求而得其本心不忍之實而王猶不能然也

【蒙引】孟子故設此難故字是故意之故欲王反求而得其本心直是要緻出他

見牛未見羊一句惜乎王之不能然也○我非愛其財而易之以羊也是反詞

不是直詞言我若非吝財何故以羊之小易牛之大所謂是誠何心哉所以宜

乎百姓之爲我愛也蓋被孟子難得來廼自遂其向日處心之所以辭不得開

了姑得自伏將去然實則是不忍也非愛也○問當時宣王若能反求而得其

本心則將如何爲辭曰合當云見牛未見羊也於今言之於我心猶戚戚焉即

問此心之所以合于王者何也便快了○愚按此節當以蒙引此條爲明

【說約】是誠數句作一條說○達說我非愛其財而易之以羊單讀此句却是自

解之詞今爲下有宜乎句作自疑之詞也罷○又只依樣全無起發譬如已把

罪名認下故下遂云無傷也○易之以羊之字指牛也云我非愛其財而易牛

以羊也亦可作自解之詞若云我非愛其財而易大以小也則不得不作自疑之詞矣故諸說多從此者。是誠何心哉一何字便足擺蕩下兩句不必云何故易之以羊又添一何字。〔餘〕愚見三句三說是誠句自疑非愛而易之句自解宜乎句自認既自解一句又不得不自認一句總因自疑而默認總是解說不來話不得隱而轉折參差如此是在善讀本文者我非句若作自解則於轉下宜乎句費周折不如照常說作自疑爲提

〔集說〕彼惡知之不是不知汝小易大之故蓋言王明明以小易大故以爲愛爾豈知其所以然之故乎　此二句是說王無異之意下王若隱其云云又是一層是教他察識。以爲愛則吾何愛一牛以爲非愛則無罪之死牛羊又何所擇故曰是誠何心

〔心訣〕因齊王畧不見察識意故復設言以難之牛羊之大小易知牛羊之無罪何擇而隱于牛不隱于羊此二句是孟子一步緊一步提醒他令反求而得其所以不忍處是誠何心哉承王若二句來言爲愛爲不忍哉自家不識了我非

三句承王無異三句，不言我自家且不能知，況百姓乎，正其不能自解，其不能擴充可知。○是識二句一連說，分承似不必泥。○我實非愛其財，而當時只不合易之以羊，也宜乎百姓道我為愛財也。

【辨】傳說我非愛其財句，而字下要添一何字。新說只將我非愛其財句讀斷，了字轉下與末句作一氣讀便了然。我而字下添何字，則我字下須添亡若字，方是一氣。或云我本非愛其財，作自解語，則與何字不顧，當作兩截矣，未妥。○然細玩語氣，當云我本意非愛其財，而却易牛以羊，接宜乎云云較順，但却字本難，不如仍用舊說。

【註】孟子欲王察識其不忍之心，乃難之曰：王無怪異于百姓之以王為愛也。以羊之小易牛之大，亦有可疑。彼百姓惡知王之心乎？王若果不忍其無罪而就死，觳牛無罪，羊亦無罪，何所分擇焉，而以羊易牛乎？王不能自察識也，乃笑曰：是以羊易牛之心，當日誠何心哉？我若非愛惜其財，而何故易牛以羊也？宜乎百姓之謂我愛其財也，亦無解于此日之心也已。

曰：無傷也，句是乃仁術也，句見牛未見羊也。句君子之於禽獸也，句見其生，

不忍見其死句聞其聲讀不忍食其肉句是以君子遠庖厨也句○遠庖厨連
無傷言雖有百姓之言不爲害也術謂法之巧者葢殺牛既所不忍釁鐘又不可廢於此無以處之則此心雖發而終不得施矣然見牛則此心已發而不可遏未見羊則其理未形而無所妨故以羊易牛則二者得以兩全而無害此所以爲仁之術也

朱子曰齊王見牛觳觫而不忍之心萌故以羊易之孟子所謂無傷葢乃護得齊王仁心發見處術猶方便也術字本非不好底字只緣後來把做變詐看了便道是不好鄙不知天下事有難處須看有个巧底道理始得當齊王見牛之時惻隱之心已發乎中又見釁鐘事大似住不得只得以所不見者而易之既周旋得那事又不抑遏了這不忍之心此心乃得流行若當時無个措置便抑遏了這不忍之心遂不得而流行矣此乃所謂仁術也○見牛未見羊也未字有意味蓋言其體則無限量言其用則無終窮擴充得去有甚盡時

【語類】仁術謂已將牛去殺是其仁心無可爲處了却今以羊易之又却存得那

仁術〇此是爲其仁之術也〇

東陽許氏曰既見牛而不忍此心欲行則便不可殺此牛而釁鐘又不可廢此殺牛或廢禮皆是仁心行不徹故用未見其形未聞其聲之羊代之此正用術之圓機此即是權行仁者當放此意而行故謂之術

【蒙引】見牛則此心已發而不可遏言不可自沮了決須行得透未見羊則其理未形而無所妨言初未嘗有不忍之心之可遏於事何所妨礙謂之理未形以是時未有心可言故曰理而已蓋理素具而心隨感而發者也理亦仁也即所謂性也心則統性情見牛未見羊也則其爲不忍而非愛也不待言矣〇惟其見牛未見羊故以未見之羊而易所已見觳觫之牛使牛與釁鐘兩全而無害此所以爲仁術也此仁字就發用上說其本體是不忍者用不得術也〇術者法之巧者於難處之際而有善處之方處謂之術得術則其在兩全無害上〇見牛之觳觫而不忍殺固是矣然如釁鐘何若但以釁鐘之不可廢而終殺之〇則一念之仁自我而發亦自我而遏矣今又姑全此牛以行此一念之仁則釁

鐘之禮又自我而廢矣故以羊易牛爲得其術然初來齊王之以羊易牛亦未有此巧妙見識亦偶然適合于仁術耳孟子意主于開導故爲是獎誘之說

〔存疑〕孟子啓齊王言雖百姓皆以王爲愛然亦無害此乃仁術也然牛羊皆無罪如何以羊易牛爲仁術葢見牛未見羊也見牛則此心已發而不可遏未見羊則其理未形而無所妨故以未見之羊易已見之牛則牛得全而鐘得釁二者得以兩全而無害所以爲仁術也

〔翼註〕不忍一牛是仁曲全不忍之心而不爲禮所妨斯是爲仁術勿以牛得全鐘得釁乎說則又是一禮術矣○此術字不是有意區處乃是天巧自然○見牛未見羊勿平說所見止此牛故不忍之發獨注一牛若羊則未見不妨以全其死耳○古人文字意在筆先先有仁術一解乃有何擇一難也

〔纂朱〕是字指以羊易牛○見牛未見羊此句只解牛羊何擇之難註心字與理字只是一樣但見牛則以應物言故曰心未見羊則無心可言故曰理

〔賡旂訂〕用仁生術即用術全仁此乃齊王暗合處齊王一自已不知孟子特爲指

〇孟子先見牛未見羊□句正釋牛羊何擇也

見牛未見羊不是孟子代齊王巧說解嘲亦不是格非歸正妙解好貨之類此正孟子善於指點開導處滿腔子惻隱之心一端上全身盡露見牛未見羊體用具足不分兩層朱子所謂體無限量用無終窮擴充得去有甚益蔣孟子說到此處直是痛癢相關所以下節云云若有一毫機權作用隔着千里矣〇只一未字中有多少道理事業在下文推恩仁政皆包裹許

按見牛未見羊原是解牛羊何擇之辭若從未字內看出擴充只是餘意晚村說本之朱子然不可作本文正面講

禮記將死而哀鳴也蓋人之於禽獸同生而異類故用之以禮而不忍之心施於見聞之所及其所以必遠庖廚者亦以預養是心而廣為仁之術也

慶源輔氏曰惟其不忍之心止施于見聞之所及故古之君子知學問者必遠其庖廚乃所以預養是不忍之心不使之見其生聞其聲以推廣其為仁之術不必屑屑然以其所不見而易其所見也孟子言此以見宣王之初心本無不善以羊易牛然後仁義之心得以兩全而無害也

雲峯胡氏曰一本心也已發在于擴充未發在于涵養。

蒙引君子之于禽獸也至遠庖厨也此因見牛未見羊及之孟子開導齊王本意不重在此。庖厨庖宰烹煑之義周禮有庖人厨庖屋也。齊王之以未見之羊易已見之牛便是存着此理則是一仁術也。涵養其心即廣其爲仁之術也重在涵字上養之也涵則不至有是心而抑遏不得施者矣故其仁術自廣蓋有不勝計者矣。

存疑見其生不忍見其死以下言齊王所爲有合于君子也。遠庖厨正爲見其生不忍見其死聞其聲不忍食其肉耳。

說約君子遠庖厨本出禮玉藻篇成句而孟子用之也

蒙說死字作殺死時之死言如云不忍見其就死也。蒙引聲謂將死而哀鳴若平時之聲人誰不聞又安得一一不忍食其肉蒙說亦是。遠庖厨遠字不特不身近其地亦有不屑屑于此等事上留心之意蓋云用之以禮四字要看不然則庖厨可廢矣禮如祭祀賓客孝養之類皆是。君子非但在上位者言處多。

是以三字從前不忍來，再不忍字又從見聞二字來。不見不聞，君子固有餘

動乎食之者矣。○預養是心，不是乎日預養是心，乃是遠庖廚者君子自有遠

正大道理，不至臨其地當其時而心不得施也。廣爲仁之術，亦不是推廣。言此

遠庖廚之事亦仁術之一端，仁術甚多，此亦其廣之之處。玩註亦以二字可見。

〖體註〗朱自王曰然至此作第三段，因王不能察識而啓以察識，以驗其不忍，然猶

未及爲政也。

或曰君子之於禽獸以下只爲仁術一註，不甚重。蓋禽獸不得不用，而不忍之

心不可傷，故遠庖字之廚，乃君子之仁術。殺牛既所不忍，釁鐘又不可廢，故以

未見之羊易已見之牛，乃齊王之仁術，正與君子相符也。

〖集成〗仇滄柱曰：君子殺物之中而有好生之意，正在不忍見聞上益豫養其惻

隱之心，不至既發而不得遂，則無礙其仁心者多矣。遠乎庖廚，則割生之禮既不

廢，而不忍之心又不相妨，正與羊之易牛、釁鐘之舉既不廢而愛牛之心又能

曲全相類，故引此作證，以廣王心之不忍也。○儒者之道，理一而分殊，惟理一

故仁民愛物總是一體相關惟分殊故物則愛而弗仁當殺處亦須殺佛氏一味以戒殺爲慈悲是知有理一不知分殊若失暴殄天物恣己口腹聖賢之徒固所不爲也○

（論）孟子乃啓王曰雖百姓以王爲愛然亦無害也○是乃行仁之巧術曲全其不忍之心者也○何以見之當時所見者牛則此心已發而不可遏所未見者羊則其理未形而無所妨故以羊易牛得以兩全而無害也所謂仁術者如此大凡言于爲仁者莫不有術焉其于禽獸也見其生則不忍見其死聞其將死哀鳴之聲則不忍食其肉此固惻隱之真心也○然祭祀燕饗禮有不可廢則寧身遠庖廚使其不接乎耳目以預養此心而廣爲仁之術焉王所爲正合乎君子是何傷乎○

王說曰句 詩云句 他人有心句 予忖度之句○忖度連 夫子之謂也句 夫我乃行之句 反而求之讀 不得吾心句 夫子言之讀 於我心頓 有戚戚焉句 此心之所以合於王者讀 何也句

詩小雅巧言之篇戚戚心動貌。王因孟子之言而前日之心復萌乃知此心不從外得然猶未知所以反其本而推之也

南軒張氏曰宣王聞孟子之言有得于心而說謂已雖行之及反而求之則有不能以自得者及孟子抽其端緒以告則戚戚然有動于中當時不忍之意宛然而形

慶源輔氏曰戚戚心動而有所惻傷也孟子所言曲盡其理故宣王前日之心復動于中而發既曲折之意莫不盡見而亦莫非吾心本然之善非從外而得也向非孟子據理之極知言之要深得夫開導引誘之術則亦何能使宣王若是不忍之心復萌也哉宣王此心雖發動而其端倪微其體未充而又未知所以用力推廣之方故孟子此下復以用力用明用恩之說以應切之

雲峯胡氏曰齊王于其本心略能察識自此以下孟子皆教之以擴充

新安陳氏曰此心之所以合於王者何也王此句亦問得緊切與孟子是心足以王矣一句相照應

【蒙引】於我心有戚戚焉一句最重，所謂乃知此心不從外得者在此。蓋前日之不忍者此心也，今日之戚戚者亦此心也，是心固有，不待外求。於我心有戚戚焉，正被孟子見牛未見羊一句打動了，使得他前日見牛觳觫之光景宛然如在目。要見得此心不從外得，意依舊是前日之心復作，豈待外假。反而推之在我而已。○反其本而推之，只仁民是，未以民對物，下文云恩及禽獸而功不至于百姓是也。然猶未知所以反其本而推之。○舉斯心加諸彼，老幼吾老幼以及人之老幼，是所謂反求本而推之也，皆由近以及遠，自易以及難，所謂由親親推之，然後及于仁民，又推其餘，然後及于愛物，此正反其本而推之也。齊王却未知如此做去，故孟子又拳拳于今恩足以及禽獸而功不至于百姓者獨何與之問。

【集說】戚戚，心動貌。貌字只是戚戚光景，不是容貌之貌。前日之心復萌，要切跟夫子言之來。蓋前日之心雖然自在，却被愛與不忍兩下不能自識，經夫子見牛未見羊之言，乃知當日果是見牛觳觫，故不忍而發此，所以今日如觳觫之

是爲[illegible]至目前也乃知此心不從外得者此心原是自己底心但自行之而不
自知到今乃能得這不忍之心原非從外來當日行之此心也至今何有處戚
於此心也我自行之我自不覺夫子言之此心依然故曰此心不從外得
〖蒙引〗朱戚焉分上是喜其本心所由得下是究其所以合于王也註反本而推之
自親親而推以仁民愛物正是擴充之事夫我乃行之五句正所謂忖度處而
戚戚句最重行之指以羊易牛言反求二句指聞牛羊何擇之難時反求而不
得其所不忍者也夫子言之指見牛未見羊之言戚戚心動而有所惻傷之意
蓋因孟子見牛之言打動他而前日之心復萌也那時齊王始知此心原是固
有不從外得略見能察識意而又曰此心之合于王者何也是全未得孟子是
心足王之言而不知擴充
〖說約〗反其本指心言而推之自下文老老一節此看本字截蒙引爲推
〖講〗王因孟子之言有得于心而說曰詩云他人有心予忖度之正夫子忖度我心
之謂也夫以羊易牛之事我乃行之乃自反爲不忍矣及聞夫子牛羊何擇之

難反而求之則反不得其所以不忍者於吾心及夫子發我以見牛未見羊之
言於是前日堂下之觳觫宛然在目而不忍之心復戚戚然惕傷而萌動向非
夫子善忖度吾心則亦何自而知吾此心之不從外得哉但是心也愛及一牛
而已初無關于天下也而夫子乃曰是心足以王矣吾不知此心之所以合於
王者其故何哉是王雖僅得參義之明而猶未知所以反其本而推之也

曰句有復於王者讀曰句吾力讀足以舉百鈞讀而不足以舉一羽句明讀足以察
秋毫之末讀而不見輿薪句則王許之乎句曰句否句今讀恩足以及禽獸讀而功
不至於百姓者讀獨何與句然則一羽之不舉讀爲不用力焉句輿薪之不見讀爲
不用明焉句百姓之不見保讀爲不用恩焉句故王之不王讀不爲也句非不能也
句

復白也鈞三十斤百鈞至重難舉也羽鳥羽一羽至輕易舉也秋毫之末毛至秋
而末銳小而難見也輿薪以車載薪大而易見也許猶可也今恩以下又孟子之
言蓋天地之性人爲貴故人之與人又爲同類而相親是以惻隱之發則於民

□於物體推廣仁術則仁民易而愛物難今王此心能及物矣則其保民而王
非不能也但自不肯爲耳百姓不見保見字作被字意看
南軒張氏曰親親而仁民仁民而愛物此天理之大同由一本而其施有序也
豈有于一牛則能不忍而不能保民者蓋方見牛而不忍者無以蔽之而其愛
物之端發見也其不能加惠于民者有以蔽之而仁民之理不著也然卽夫愛
物之端可以知夫仁民之理素具其能反而循其不忍之實則其所謂仁民者固
可得也

新安陳氏曰天地之性人爲貴而人之與人又爲同類而相親故惻隱之發於
民切於物緩皆自然而然雖至愚之人亦莫不然學者須是臨事體察看數分
曉不可模糊牽畧聽其自然事過便休若夫推廣仁術則仁民易而愛物難所
謂難[illegible]以易者且以凡人言之推廣此心愛及同類者其勢便其事易至於物
則有不得已而資以爲用者使之皆被吾之愛而無傷則其勢遠其事難自君
人者言之發政施仁使民得以遂其生者其勢便其事易極蕃相豢戕之道變

庶類繁殖鳥獸魚鼈咸若者其勢遠其事難今王此心既發于見牛之際而又有以處之使是心得以流行矣則是于其勢遠而事難者既能使恩及之則豈是心而施于勢近而事易與之同類而相親所謂保民而王者則豈有不能者哉但自不肯爲耳

雙峯饒氏曰集註惻隱之發是就心上說推廣仁術則仁民易而愛物難是就術上說人性靈所以仁民易物無知如何感得他動所以愛物難不必說術處

新安陳氏曰今恩足以及禽獸而功不至于百姓者獨何與此二句難得最要切乃是一大章文意警策處下文又以此二句再難以詰之王能其覺且難者而失之于切且易者何也使王能自其不忍之形于愛物者充廣之仁民特擧而措之耳

[蒙引]許猶可也猶言推他說否○推廣仁術此仁術猶言仁道不與上文一例看爲上文有難處者故術字重此則泛言耳○難易二字不必依饒氏○用恩與推恩何別曰單言親親亦是用恩仁民亦是用恩愛物亦是用恩也推恩

則有次第。

【存疑】齊王不知是心是以王道理。孟子告之意。恩盡在老吾老一節[illegible]心是以王者在乎擴而充之。非謂只愛一牛便可致王也。老吾老幼吾幼以及人之老幼。舉斯心加諸彼。善推其所爲。即擴充之說也。然不合下面與說卻有比輿薪察秋毫之喻。不爲非不能之說。齊王恩及禽獸。則於百姓留所優爲分恩足以及禽獸。而功不至於百姓。此章文差異了。故孟子拿住這一件去辨難攻擊他。使他反覆深思。欣欣覺悟。就那上去。此轉移之妙術也。謂百姓所優爲者。仁民易。愛物難。即集註所云謂其事又差異者。他人所難反易。其易者反難。此有其故。下面興兵構怨。是其故也。孟子一則曰今恩足以及禽獸而功不至于百姓者獨何與。如此辨難。如此攻擊。皆欲使之反覆深思。欣然覺悟。就那上去也。

【集說】此獨何與之意。只以禽獸之難及。亦猶百鈞秋毫之類也。百姓之易保。亦猶一羽輿薪之類也。於難者反及之。而易者反未之及。此爲何故。作詰問他語。

難易以情勢上說。不就用情厚薄上說。若論用情，百姓自辨于禽獸。

〔體朱〕曰否分上是借事以啓其本心之明，下是比例而示以推心之易。何與？正此徵到舉百鈞而不能舉一羽，察秋毫而不能察輿薪。何王不許人而自蹈之。與下節都是論此心易于保民，而辨其不肯擴充也。註天地之性數句，要緊今恩句上。○爲不用恩，正是獨何與之故。功不至于百姓，便不是保民而王，故直曰王之不王。不爲是勢力可爲而志自止，不能是志欲爲而力有限。且含着說

〔翼註〕何以說仁民易，愛物難？此不論事而論心也。蓋人之良心，遇同類顯邇易爲感動，遇異物疎遠，所或至忽遺，故以一羽輿薪喻仁民，以百鈞秋毫喻愛物也。若仁民之事，豈反易于愛物乎。

〔彙解〕集註民物之分有遺與同類二義，重同類邊。仁民愛物之分有切緩難易二義，當相承說。其所以有難易者，以其惻隱之心有切有緩也。照上引喻看，則輕重難易上。

〔好辨〕孟子既要王擴充，何不就以老吾老一節說明，與他只緣齊王認保民而

此題雖故先將有復二節分疏其難易緩急使之了然而後告以用力處然而
足字難得緊三用字極不可看容易了正是足之之精神明足力足恩足數足
字雖跟足王之足來功不至百姓則足者又仍不足故兩曰獨何與

【總序】合參此二節是明其不忍之心有恩可用而王不用可以保民而王不為
說他不為全是教他為處

【講】孟子固欲告王以擴充之功乃先設詞以詰之曰有白于王者曰吾力足以舉百鈞之重而不足以舉一羽之輕吾明足以察秋毫之末而不足以見輿薪之大則王許以為然乎王曰否力能舉重者未有不能舉輕明能見小者未有不能見大吾不許也孟子曰王如知此則夫愛物之事緩而且難猶舉百鈞而察秋毫也愛民之事切而且易猶舉一羽而見輿薪也今王不忍一牛之死恩足以及禽獸而愛親新民之德功不至于百姓是能其緩且難者而不能其切且易者獨何與此其故我知之矣然則一羽之不舉非力不足也為不用力焉輿薪之不見非明不足也為不用明焉百姓之不見保非恩不足也為不用恩焉說

不用恩於百姓何以致王于天下故王之不王乃能之而不為也非欲為而不能也而擴充之功豈可已乎

曰句不為者與不能者之形讀何以異句曰句挾太山讀以超北海句語人曰讀我不能句是誠不能也句為長者折枝句長語人曰讀我不能句是不為也句非不能也句故王之不王讀非挾太山以超北海之類也句王之不王讀是折枝之類也句

形狀也挾以腋持物也超躍而過也為長者折枝以長者之命折草木之枝言不難也是心固有不待外求擴而充之在我而已何難之有

趙注泰山北海皆近齊故以為喻

彙參大全蔡氏曰此節只完得不為也非不能也二句之意

纂序註不待外求數句前透下節勿入講

心訣齊王心裡豈不欣慕王業原看得這大不敢擔當因孟子說他是不為非不能便自諉了故問个不能與不為的模樣孟子亦先空空說兩人形狀與

但說王之不王以下方着王說不王之[illegible]不對于彼而類于此可見[illegible]

證耳不王由于不用恩則王之欲王亦在推恩而已故下節教以推恩[illegible]

心所以合于王之問。不爲不能直不爲兩邊須有頓挫。此節雖是泛論然不

爲不能兩相形處全要得鼓舞王語氣

〔挾〕挾超不能與不爲之形何以異分明疑不爲者必其不能者而有以異也

孟子設兩个形以形出那不能不爲之形極快極醒。

翁按挾泰山超北海

折枝總不可認真說

〔講〕王問人之不爲必其不能也夫子謂我不爲非不能敢問不爲與不能者之形

狀何以異對曰有人于此欲挾持泰山之至大以超越北海之至廣此異常之

事以此語人曰我不能是誠不能無妄也至于奉長者之命而爲之折一枝之

微細無難事乃以此語人曰我不能是不爲之折也非不能折明矣二者相異

之形雖此今用吾心推有之恩以及同類之百姓亦何難之有故王之不保民

而王非挾泰山以超北海而不能之類也王之不保民而王是爲長者折枝而

不爲之類也。

老吾老讀。吾老之老連以及人之老句。人之老連幼吾幼讀以及人之幼句天下可運於掌句。運於掌連詩云句刑于寡妻句至于兄弟句以御于家邦句言頓舉斯心讀加諸彼頓而已句故推恩讀足以保四海句不推恩讀無以保妻子句古之人讀所以大過人者讀。過人連無他焉句善推其所爲讀而已矣句。所爲連今恩足以及禽獸讀而功不至於百姓者讀獨何與句

老吾老，尊事之也。吾老，謂我之父兄。人之老，謂人之父兄。幼吾幼，以幼畜之也。吾幼，謂我之子弟。人之幼，謂人之子弟。運於掌，言易也。詩大雅思齊之篇。刑，法也。寡妻，寡德之妻，謙辭也。御，治也。不能推恩，則衆叛親離，故無以保妻子。蓋骨肉之親，本同一氣，又非但若人之同類而已。故古人必由親親推之，然後及於仁民；又推其餘，然後及於愛物，皆由近以及遠，自易以及難。今王反之，則必有故矣。故復推本而再問之。

南軒張氏曰：孟子非使之以其愛物者及人，蓋爲之因愛物以觸其不忍之實

皆反其所謂一本者以親親而仁民仁民而愛物此所謂王道也此物意要在

慶源輔氏曰人之骨肉本同一氣而生又非但耆人之同類而已故于心為至親至切而行仁必自孝弟始然後可以推而及民與物也勢有遠近當由近以及遠事有難易當自易以及難老吾老幼吾幼以及人之老幼刑寡妻至兄弟以御于家邦此皆自然之序而人所不自已者若或反此則必有其故矣是不可不致其克復之功使之循序而進不然則倒行而逆施之如無源之水無根之木不旋踵而乾涸枯瘁矣

雙峯饒氏曰因愛牛之心說到此欲其因愛物之心反而見得仁民因愛人之心反而見得親親又因親親推而至于仁民仁民推而至于愛物運於掌言其近而易天下雖大只由一家老老幼幼推去又何難且遠之有運於掌與視諸掌不同運屬行視屬知那个是易知這个是易行玩運於掌於字謂以天下運於掌上也非但謂如掌之運

西山眞氏曰由親以及民由民以及物此古人之善推也能及物而不能及民此宣王之不善推也

饒雙峯氏曰善推其所爲一句是孟子平生功夫受用只在此○

雲峯胡氏曰須要看集註三節議論貫穿處始言愛物則曰人之於禽獸同生而異類故推言仁民則曰天地之性人爲貴故人之與人又爲同類而相親此言老老幼幼則曰骨肉之親本同一氣又非但若人之同類而已曰同生曰同類曰同氣是爲理一分殊雖推之有序然皆不過自吾本心而推之是爲分殊而理一也○大抵此章凡千餘言大要只二句欲其察識此心於方發之初故曰是心足以王矣欲其擴充此心于已發之後故曰善推其所爲而已矣

新安陳氏曰末二句問難以結之十分精神文法亦有照應收拾

蒙引 及人之老自吾老而推之老吾老則自何地而推之曰舉斯心加諸彼而已惟其反其序則是○天下可運于掌言四海可得而保也天下對上人字天下則盡下人矣對下文則老吾老幼吾幼以及人之老幼是推恩天下可運于掌是保四海然又必曰推恩足以保四海者故字承衆斯心說來而與下面不推恩無以保妻子反對說○大註運于掌言易也蓋附上文莫之能禦也及足以

之意○引詩重在序上解詩就揭一心字出以應前是心字是心也所以老幼吾老幼者此也所以及人之老幼者此也如此則天下可運于掌是心足以王矣此之謂也○以心對彼而言則寡妻兄弟家邦盡是彼也此一章心字是骨子○詩之所云舉斯心加諸彼也然則老幼吾老幼以及人之老幼者獨非是心所推乎心字最重○大過人是以保四海之功業言所以能保四海者推能推恩而已古之人指二帝三王言○心之所加者即恩也以其見于行事故又謂之所爲○復推本而再問之此推本與前面反其本而推之之本字不同蓋前是上文故字也推字亦不同此易見

〔存疑〕天下可運于掌言保天下如運掌之易也○推恩意思在老吾老以及人之老幼吾幼以及人之幼上天下可運于掌則其效也引詩只是解此意要斷心加諸彼本兼看老吾老以及人之老幼吾幼以及人之幼與舉斯心加諸彼是一般看之○詩云刑于寡妻至于兄弟以御于家邦言舉斯心加諸彼而已推恩足以保四海是結上意古之人所以大過人三句是引古人以證之意

正答此心之所以合于王意，恩已盡了。又把他功不至百姓處重繳之，意究到他那病痛根源處。老吾老以及人之老，意當爲上文百姓之不見保爲不用恩句方語脉相貫，謂百姓之不見保，爲不用恩。欲保百姓，惟在乎用恩，而其序則自近以及遠，自易以及難爾。老吾老以及人之老云云，即其序也。老吾老以及人之老者，推此心以老吾老，然後以及人之老也。幼幼亦然。然其所以及人之老幼者，則從面五畝之宅樹之以桑一條是也。此說大意分明

【集說】以老事之，以幼畜之，俱是用力字。有事於在內，及人之老幼，乃推此心而行之政事。凡吾之所老人之老，幼人之幼，及人人之俱得以老其老，幼其幼，都在內。○【發說】其恩之及于天下也，特運諸掌耳，何難之有。極是此是就推恩說，不是保民而王莫之能禦之意。○斯心即是心，只是王之心也，猶言不過于此心而已。○加字內有二義，一是不難，一是有序，看二而已二字便見。○是以保無以保俱作所致說，是於上接下之意。○古之人便皆是古之行仁政而王天下者。大過人言其功業之超出于人，畢竟權文不是與之較過與否也。○爲字即承爲也

之爲也蓋親親仁民愛物皆此心之所爲也推者而日善只是不倒行逆施
心而循其序擴充之以極于四海便是○今用心是以及禽獸二句與上發若
同上是詰問他于難者反及之而易者反未之及却是何故故繫援之曰然則
一羽之不舉云云代爲之原其故也故王之不王故字正應此故字此是說王
政之行皆由近以及遠自易以及難如此而王獨不然者想是別有个原故故
日復推本而再問之此故字便含下王請度之及興兵危士求大欲一段意思
【剩語】推恩不是推全牛之恩以及民如此則逆施了蓋因全牛一事認出民心
本體却從本體上推出先親親後仁民也如因樹之一葉而認取樹根本在却
培其根以達于幹莖花葉耳○天下運掌且只重運掌見推恩之易意便不與
保四海相犯蓋推其所爲却重善字見推恩之序意方不與擧斯加彼犯重意
掌有守約施博意即寓心字詩不過證之耳彼字通指寡妻兄弟家邦而家邦
較重王者以天下爲家故曰家邦統指國言○故推恩二字言恩之當推不重
效上○今王恩及二句與前民辭同意異前段承有復于王來是說易其所難

而反難其所易此段承善推其所爲來是說先其所後而反後其所先前得

與是□下不能不爲此獨何與是起下興兵構怨

〔體〕已矣分上是詳言推恩之有序下是責王之失其序也此節正教以推恩

以□是心足以保民而王之實也老吾老二句言推恩之易引詩而深言之言

推恩自心始正見推恩之所以易故推恩二句則承上明恩之當推也此一段

重心字言之人以下則述推恩之有序者而詰王推恩之失序也此一段言推恩

字推恩以下方着人君說以勉齊王故推恩緊承擧斯心來曰保四海便是發

王意此正見得是心之所以足王及保民之所以王莫能禦也不推恩二句亦

過反言以見恩之當推而曰保妻子若擧至近以該其遠也○大過人須合九

族傳庶民物身安各得其所意方與善推恩句照應○自王說曰至此作第四

段因王不能擴充而啓其擴充以加恩于百姓也

〔正意〕所以老老幼幼以及人之老幼者皆本于一心之推也即擧斯心加諸彼

也故承之曰詩云刑于云云而以擧斯加彼實之然心字至引詩方揭出來可

之爲也盡親親仁民愛物皆此心之所爲也推字而曰善只是不倒行逆施心而循其序擴充之以極于四海便是○今日足以及禽獸二句與上欲若同上是詰問他于難者反及之而易者反未之及却是何故○故字緊接之曰然則王羽之不舉云云代爲之原其故也故王之不王故字正應此故字此是說王政之行皆由近以及遠自易以及難如此而王獨不然者想是别有个原故故曰復推本而再問之此故字便含下王請度之及興兵危士求大欲一段意思

〔剔註〕推恩不是推全牛之恩以及民如此則逆施了盖因全牛一事認出良心本體却從本體上推出先親親後仁民也如因樹之一葉而認取樹根本在却培其根以達于幹枝花葉耳○天下運掌且只重運掌見推恩之易意便不與保四海相犯盖推其所爲却重善字見推恩之序意方不與舉斯加彼犯重複掌有守約意○傳意○即寫心字詩不過證之耳彼字通指寡妻兄弟家邦而家邦較重王者以天下爲家故曰家邦總指國言○故推恩二字言恩之當推不宜放上○今王恩及二句與前段辭同意異前段承有復于王來是說易其所難

長

而反難其所易此段承善推其所為來是說先其所後而反後其所先前得
與是起下不能不為此獨何與是起下興兵構怨

【體】已矣分上是詳言推恩之有序下是責王之失其序也此節正教以推恩
以是心足以保民而王之實也老吾老二句言推恩之易引詩而深言之言
推恩自心始正見推恩之所以易故推恩二句則承上明恩之當推也此一段
重心字言之人以下則述推恩之有序者而詰其推恩之失序也此一段重序
字推恩以下方着人君說以勉齊王故推恩緊承舉斯心來曰保四海便是說
王意此正見得是心之所以足王及保民之所以王莫能禦也不推恩二句不
過反言以見恩之當推而曰保妻子若舉吾近以該其遠也○大過人須合充
禽獸民物身安各得其所意方與善推恩何照應○自王說曰至此作第四
段因王不能擴充而啟其擴充以加恩于百姓也

【正】所以老老幼幼以及人之老幼者皆不于一心之推也即舉斯心加諸彼
推故承之曰詩云刑于云云而以舉斯加彼實之然心字至引詩方揭出未可

逕露及人老幼即衣帛食肉不饑不寒便是○保四海句正黏上文爲字
即與前保民而王句相應○所爲是以心見諸行事與王不爲爲字相照曰老
稚曰而已矣是欣動齊宣語
【心談】老老幼幼都是點綴公案其精神全在以及二字若在老幼上起論覓爲
貫在以及上謝叢論便虛○恩出于心恩者因心也因心之謂恩以恩覆天下
則天下取足于我之恩而自然各足其欲其事易簡其施不難○恩從心爲發
事必無不顧爲有倒行故恩曰推而爲則曰善推○是必所以合于王只一善
推其所爲便盡了王却不善推及把他恩及禽獸功不至于百姓處盡詰之爾
詞何與是篇中緊要提醒語○及禽獸曰恩至百姓曰功見保民者覺有責參
作用非只恩及禽獸一舉念而已 功是功德之功 非功效之效
【諸家辨】老吾老四句說無功夫不得以及二字又不可說得太難○上曰折枝下
曰運掌須照上下語意○善推所爲當先就親親要起頭說仁民而以愛物當
言之即此是推恩有序

附訂　老吾老幼吾幼二句不得徑架過然又不得重講重則犯下善推所為之故字纔有次第工夫然須說得自然要像隨手做去說語意一語截斷不得着斟量則不見及之之易非以啟動王矣（務皇）○言舉斯心二句言字頭語已說運掌（蒼士）○按上以及中已有舉斯加彼意但未露心字茲特揭出以彰其所以運掌舉斯彼二字分屬妻邦等未嘗不是但言外尚須找補四不若字虛指彼字舉指而神情直趨而已二字更得指點大意也○保四海直是保民若從指便非○恩從斯心來在愛者則謂之恩須痛發是以及又須從上文領故字（與公）○古之人二句推恩上已說盡此只就古人無他而已矣等字着神是語語引王處（務皇）

寡妻兄弟家邦各自有道絕不相同却只是此理更無兩般其自刑而至而御却又自有序○舉斯斯字指不忍之心所以老老幼幼者老吾老幼吾幼處便是舉加非謂舉吾老吾幼者而加之人老人幼也親踈遠近總在加字內看其親乃盡○舉斯加彼即起下文推字○總說簡舉加便有實事在有

實事須有次第等級在引之許多絡索收來只是這些子此所謂仁也○鋪面
已語勢是從寡妻兄弟家邦反指轉斯心來見其極易極近以歆動其舉加茲
是鋪張推廣○入但曉御於家邦是加諸彼境界不解刑寡妻至兄弟便是加
也須根煞上三句板板下老實註脚○加字輕推字重加字籠統說得盡推字
漸次說不盡故下又添箇善字善字從彼字生來益吾老幼人老幼寡妻兄弟
家邦百姓禽獸皆一彼字包之則其中等級次第已具足以及三字中有親親
仁民愛物層級實際在不是一念圓覺普度衆生也○推恩有等級所謂善推
○齊王恩足以及禽獸不是不能推而功不至於百姓此倒行逆施正坐不善
耳善字從本達末中間節節有本分實際須於此理精熟力能發揮盡致

附錄 詩思齊大任文王之母思媚周姜京室之婦大姒嗣徽音則百斯男○詩
稱此詩亦歌文王之德而推本言之○惠于宗公神罔時怨神罔時恫刑于寡
妻至于兄弟以御于家邦

講 王之不王由不用恩則王之足王惟在于用恩而已○人君能先盡孝弟以事吾

之老而卽以及人之老使人皆得事其老焉先施慈以撫吾之幼而卽以及人之幼使人皆得撫其幼焉如是則所以及天下之老幼者不越此吾老吾幼之恩推恩及天下也猶運諸掌上耳何難之有夫老幼在一家而天下可運諸掌者何也蓋以人同此心心同此恩也詩大雅思齊之篇云文王之德爲法于寡妻施及于兄弟以撫御乎家邦其所以刑之至之御之者不待外求也言舉此心而加之寡妻則寡妻以正舉此心而加之兄弟則兄弟以和舉此心而加之家邦而家邦亦隨以治矣夫自寡妻而兄弟而家邦不外乎一心之加如此然則老吾之老幼吾之幼以及人之老幼者獨非是心之所加乎故能推此一心之恩老吾老幼吾幼以及人之老幼將見蒙恩者向化感德者歸心足以保四海之大而有之苟或不能推恩當親者不親當仁者不仁則衆叛親離雖妻子不可得而保矣嘗觀之古人乎自古帝王其保四海之功業所以大過乎人而非後世之所能及者豈有他哉亦惟親親而仁民仁民而愛物善推其所爲之恩而不失其當然之序而已矣今王恩足以及禽獸當後者先之而功不至于百姓

當先者後之倒行逆施也與古人之善推大相反者獨何與蓋必有故矣

權讀 然後知輕重句 度讀 然後知長短句 物皆然句 心為甚句 王讀 請度之句

權稱錘也度丈尺也度之讀謂稱量之也言物之輕重長短人所難齊必以權度度之而後可見若心之應物則其輕重長短之難齊而不可不度以本然之權度又有甚於物者今王恩及禽獸而功不至於百姓是其愛物之心重且長而仁民之心輕且短失其當然之序而不自知也故上文既發其端而於此請王度之也

朱子曰物易見心無形度物之輕重長短易度心之輕重長短難度物差了只是一事心差了萬事差所以心為甚又曰愛物宜輕仁民宜重此是權度以此去度纂引有讀存發○本然之權度亦只是此心此心本然萬理皆具應物之時須是仔細看今顛倒便是本然之權度也如齊王見牛而不忍之心見眞是合權度處及至興甲兵危士臣結怨于諸侯又却恐為之便是不合權度失其本心

新安陳氏曰發其端指恩足以及禽獸而功不至于百姓二句

〔纂引〕權雖解作稱錘度雖解作丈量然實當作活字看或曰如此則度字當從

入聲因還作去聲不害爲活字若心之應物則其輕重長短之難齊槩言長短不在心亦不在物在心之應物上蓋民與物皆物也仁民愛物則是應物也然道物有輕重長短又難道心有輕重長短○本然之權度謂當然之理也不然人爲者也蓋人之一心萬理具焉孰爲重孰爲輕莫不各有本然一定之權度○上文既發其端只今恩足以及禽獸而功不至于百姓者獨何與分別是否說个輕重長短之當度在權而蓋齊王不是輕重長短之失度者○上文未曾是詰其所以恩及禽獸而功不至百姓之故此則承之而言禽獸與百姓孰爲當重孰爲當輕請比度之一定是百姓重百姓既重王乃恩及禽獸而功不至于百姓其故何哉是豈以三事爲快耶然三事實非人心之所快有甚于殺觫之牛若于此亦可以度矣此又是一重度了要看集註愛民之心所以輕且短者之所以二字此三者既是言其所以比上文度字豈不又是一重下條亦言此其愛民之心所以輕且短而功不至于百姓也○果何以見心之當度尤甚乎物處曰試論今有一匹布不用丈尺只以二丈爲一丈只是這一匹布長矣

且若人君於民物之間失所權度至于恩及禽獸而功不至百姓則將有所闕廏有肥肉廄有肥馬民有饑色野有餓莩者其差觀以五丈爲一丈者相去何如看是甚乎不甚乎〇朱子語曰物易見心無形度物之輕重長短易度心之輕重長短難此是心爲甚一說了又曰度物差了只是一事心差了無事不差爲以心爲甚此又是爲甚之一說今定只依大註此二說俱小異看來其看不可不從上看甚用〇曰度心之輕重長短難必要有輕重長短須應物時說上方有不當重而長底或有當輕而短底〇今思是以恩及禽獸而功不至于百姓對言之度心則王興甲兵危士臣構怨于諸侯然後快于心與單言一事之度也下節以兵與臣危構怨諸侯對廢釁之牛看則孰爲當重且長耶亦指以爲王之意也

〔存疑〕物之輕重長短若不度不過一物之失耳心之應物若不加度則重其所輕輕其所重長其所短短其所長其失非但一物而已故曰心爲甚〇齊王處民之與物孰重孰輕孰長孰短也若加度焉則知民當重且長物當輕且短皆

親而及乎民自民而及乎物不至恩及禽獸而功不至於百姓矣

【集說】二度字不同上度字是丈尺下度字是義度量也故註又解下度之語爲量之也蓋量則又兼上權度二字故下文又云必以權度度之○註中數物字亦不同言物之輕重長短及又有甚乎物二物字是指斤兩丈尺之物言○此物之物字是指禽獸言也心之應物所該甚廣不止兩物字義而兩物字義亦包之矣○蓋權度雖亦用心然只在物上說謂知此一物之輕重長短也

【心訣】心爲甚者謂心之當度甚乎物非謂心之難度甚乎物也○王請度之意從前獨何與發勝叫他自猜自忖其故安在下節正孟子替他度處其實是替自家度也○

【諸家辨】度字正善推所爲○不是懸空說輕重長短上忖度於牛不忍觳觫於百姓則忍其危以只從此較量自知輕重長短之所在

【[illegible]】夫有稱錘之權然後知其孰輕而孰重有丈尺之度然後知其孰長而孰短凡天下之物其不可無權度者皆有然也若心之應物其輕重長短自有本然之

者之權度則不可不知用之若此也今王恩及禽獸而功不至於百姓
是之愛物之心反重且長而仁民之心反輕且短王請自家權量之民與物孰
重而孰輕仁民與愛物孰長而孰短無害心之權度不差而施恩必有序矣請
何民之不可保哉

抑王興甲兵危士臣構怨於諸侯然後快於心與
抑發語辭士戰士也構結也孟子以王愛民之心所以輕且短者必由以是三者
為快也然三事實非人心之所快有甚于殺觳觫之牛者故指以問王欲其以此
而度之也

雙源輔氏曰孟子恐王不知所以籌量之要故舉興甲兵危士臣構怨于諸侯
三者使王度之蓋宣王愛民之心所以輕且短者實以是三者之為快蔽之也
夫此三事乃人心之所不然有甚于殺觳觫之牛者若以是為快則宜乎愛
民之心輕且短也

雲峯胡氏曰此上一節一心字亦指本心而言蓋謂本心之中有自然之權度其

自外來也此節一心字與後數个發字作對看本然之善心蘊于中者推而發之心勞

于蔽錮此王道所以不行也

【蒙引】雖正是請王度之處其實又更深一節○蓋是言其仁民之心所以輕且短

處耳集註分明○王之所以功不至百姓與興兵構怨累之也王之所以興兵構

怨者將以求吾所大欲故之也抑王興甲兵危士臣構怨于諸侯然後快于心

與意謂此比觳觫之牛如何

【存疑】上既以恩及禽獸功不至百姓詰王請度之抑王興甲兵係是說齊王功

不至于百姓乃以興兵構怨之故上註所謂今王反之則必有故正指此也蓋

此是齊王病痛根源他那發民之心所以輕且短者皆由于此惻隱之心人皆

有之齊王何不忍于一牛乃獨忍于百姓正由欲心一動欲心遂熾争地爭城

糜爛其民有不暇顧耳此發民所以輕且短恩及禽獸而功不至百姓者寔是

故也故孟子前面反覆辨論至此方發之使之將此殺人與救牛二事彼此權

量自知輕重長短之所在者意思過顯欲速悟于以推恩而保民也

〔蒙引〕此節正與前異。前節乃承上文王請度之說來，言物自是輕且短，而百物[illegible]重且長，一度之而自見。然其所以視民之輕且短而反忍于其死者，或王以此三事爲快，故視民之死而不顧乎。注云欲其以此而度之，乃是教王從此而度之，思其所以輕且短之故也。○注雖云三事，其實一串事，不必泥定三件。有興甲兵殺戮之串句，要看見得與兵構怨，自必暴民以逞，有甚于殺牛也。

〔依朱〕此節與上節相承，說上權度已審之事，此指其所當度之事，要應前抑王興甲兵。

〔淺說〕此節正與上文徒何與相應，是愛民所以輕且短的病根，與于心三字正應。緣不忍字來，於牛不忍，而其殺戮於百姓則忍，置之鋒鏑之下，而反以爲快，是其所以不度。○興甲兵三句，宜謂興甲兵以危士臣，構怨於諸侯，構怨畫在危士臣上，而正見其不察民而功不至于百姓處。○此等事說與子心猶殺人言，豈覺發乎說動心字。

〔[illegible]〕夫王仁民之心，所以輕且短者，是本心有所蔽，而未盡本然之權度也。王不自度言猶爲王屢之殺主陷欲興其事用其兵驅士臣于危亡之地以構怨于鄰國諸侯然後快足于心豈不悖於不忍一牛之死如是其宣且長反戕萬民之命如此其甚且短也

王曰否吾何快於是將以求吾所大欲也 句○吾所大欲連

不快於此者心之正也而必爲此者欲誘之也欲之所誘者獨在於是是以其心尚明於他而獨暗於此此其愛民之心所以輕短而功不至於百姓也

慶源輔氏曰辟土地朝秦楚蒞中國撫四夷是其本志也興甲兵危士臣構怨于諸侯則未流之禍耳有是志謂之萌有是禍謂之末流之禍則以爲不快于此者心之明也而卒溺于初志之失而不知反者欲誘之也其心能明于他者謂不忍一牛之觳觫也而獨暗于此者謂功不至于百姓也 此釋明暗對言引爲要在於暗處

字諸書無訓然觳與此字同

蒙引 不快于此者心之正也而必爲此者欲誘之也 此字同都指三事而言于心亦指三事之不快與暗于此則又指欲土之隱與上文此字不同 能于此指上二事之不

【存疑】齊宣王因孟子之詰後快于心之言亦知此三者非可快故曰吾何快于是將以求吾所大欲也意以不得已爲此耳○孟子因闗其大欲之所在而極言其不可得○以今王發政施仁一條易之蓋[力]求所欲則大欲亦不可得能行仁政則大欲不求而自至此反本之論闢王之畧也○

【集說】求吾所大欲者[云]三事豈吾所快但我有[一]個大欲將以求之不得不爲此三事耳○原非視民之輕且賤也○

【蒙引】此節須看詳此其愛民之心數語正與上文對應處○

【說統】欲之一字正是齊王受病處○

【講】王曰否此三者非可快之事也吾何快于是吾所以不得已而爲之者將用以戰勝攻取求吾心中所大欲也

曰敢問王之所大欲【講】可得聞與句王笑而不言句曰句爲肥甘不足於口與句輕煖不足於體與句抑爲采色不足視於目與句聲音不足聽於耳與句便嬖不足

[illegible]

便嬖不足使令於前與句王之諸臣皆足以供之句而王豈為是哉句曰句否句吾不為是
也句曰句然則王之所大欲讀可知已句欲辟土地讀朝秦楚讀蒞中國讀而撫四
夷也句以若所為讀求若所欲句猶緣木而求魚也句○緣木而求魚
便嬖近習嬖幸之人也。已，語助辭。辟，開廣也。朝，致其來朝也。秦楚皆大國。蒞，臨也。
若，如此也。所為，謂興兵搆怨之事。緣木求魚，言必不可得。

〔講述〕魚不可得，卻緣喬木而求魚也。○
新安陳氏曰：所大欲在此，所以初發問便欲聞桓文圖伯事。

〔蒙引〕必闢土地，然後朝得秦楚。既闢了土地，朝了秦楚，然後中國為吾所蒞，而四夷于我乎撫矣。○蒞中國而撫四夷，此何文要看。一而字似不苟。○緣，攀附而上也。○木在山，魚在水，求水物而于山，非其地矣。○

〔集說〕肥甘餘，孟子自答。王不為此，故先設言以起下大欲云耳。故曰：而王豈為是哉。○辟，開廣也，不是開墾使廣，乃天下土地盡入版圖，而皆吾之所有者。蒞朝秦楚，中國撫四夷，此等志願，齊君無之。○但齊王所欲只從齊桓晉文

事上起見說興兵構怨之事所不必究也○二若字雖俱剩如此但所指
兵構怨之事則二若字亦不同

【體朱】四夷也分上是歷問而知其大欲之所在下是因示以大欲之難得也矣
而不言以所欲之大難以語人也肥甘五者亦人之所欲但王之欲不在是而
孟子亦始以此試言之正以明其必非為是而因發其所欲也辟土地以下還
作四件看

【纂序合參】首字不兼諸臣指肥甘五者

【必訣】孟子亦知王之大欲不在肥甘五者只借此以形出他喜大好功之心辟
土地三句正是王天下事但以興兵構怨求之爲無可得之理故有緣木求魚
之喻○王之諸臣二句假令實是輕齊王口氣蓋在廷之臣不適足以指供使與
耳目口體之人耳可謂齊無人焉○古人善推其所爲今以若所爲分明相反

發肥甘五句專是形開一轉字一轉文法甚活○辟
土地等與此相反[illegible]是相反之一套

【講】孟子曰王之大欲如何可得聞歟齊王有難于自言者但笑而不言蓋

子詰之曰王之大欲意者爲肥甘之味不足于口與輕煖之衣不足于體與抑爲彩采之色不足觀覽于目與聲音之美不足聽聞于耳與便嬖幸之人不足使令于前與凡此數者王之諸臣皆足以供應之而不缺而王之大欲豈爲是汲汲以求與王曰否吾何是爲大欲吾所以快心于是而求之也孟子曰然則王之所大欲斷可得而知之矣蓋欲辟我之土地以朝彼之秦楚而爲臨蒞中國外而安撫四夷儼然一統真大欲也但所欲既大則所以求者亦大以若此興兵搆怨之所爲而求若此一統無外之大欲猶因緣木而求魚決無可得之理也

王曰句若是其甚與句曰句殆有甚焉句緣木求魚句雖不得魚讀無後災句以若所爲讀求若所欲句盡心力頓而爲之句後頓必有災句曰句可得聞與句曰句鄒人與楚人戰句則王以爲孰勝句曰句楚人勝句曰然則小頓固不可以敵大句寡頓固不可以敵衆句弱頓固不可以敵彊句海內之地句方千里者讀九里連句○千齊集頓有其一句以一服八讀何以異於鄒敵楚哉句○鄒敵楚連蓋亦反其本矣句○其本

鄒註皆比辭鄒小國楚大國齊集有其一言集合齊地其方千里是有天下九分之一也以一服八必不能勝所謂後災也反本說見下文

新安陳氏曰千里者九齊楚燕秦趙魏韓宋中山也

蒙引 此與前註反其本而推之又不同○反本說見下文只是發政施仁其曰使天下仕者節發政施仁有以使之也故只發政施仁所以王天下之本也然則盡心力以興兵搆怨以求王天下抑末矣本字當如此照應大欲還作伯功與王天下有別

集說 曰然則曰固俱自勢之自然王之已知者言小大國土也衆寡人民也強弱兵勢也○集合齊地猶云截長補短通長等之之謂服八服字正是要與兵搆怨務必敵人而使之服乎我也何以異于鄒敵楚不止不勝蓋必有敗辱覆亡之禍也應後必有災

體註 楚說分上是言以求所欲之難下是善以求所欲之本○九一以地分數言一邊有小寡弱意九邊有大衆強意可見勢之不敵而必不能勝也不能勝即是鄒所謂後災而爲殆有甚焉者也

【心訣】若是其甚此一語有歷而揣之之意孟子却又設殆有甚三字且又把發
災兩字去警動恐嚇他令他向來一點雄心不怕不覬覦下來後乃要天下去
興戎之見得將力以遏戎安能如其所願則王侈志大欲安得不另尋一路以
圖與王之策故又說个反本以啓發他○孟子各處俱用挑逗之說到大欲便
極力攔截原有深意○後必有災跟盡心力而為之甚有祟○鄒敵與楚戰便
見鄒有不自量之意分明道着齊王倒轉便不是○反本反字當玩謂反其所
謂興兵構怨者倒轉在根本上用功也○然則三句因鄒楚而概論之○固字
言固然之理　下節註明言王天下之本而俗講皆云求大欲之本宜王大欲只是慕伯功求是求王此云另尋一路以圖與王之業甚謬

【講】王聞孟子之言而詰之曰大欲難求若是其甚與對曰殆有甚于此焉緣木求
魚雖不得魚却無後來災禍以若此興兵構怨之所為求若此一統無外之大
欲且必內盡圖謀之心外盡全齊之力而強為之非獨後來無功且自召災禍
有必不能免者矣王曰可聞後災之說與曰此事理甚明但王未加察耳且如
鄒人與楚人戰則王以為孰勝王曰楚人必勝曰王既知此可見戰之勝敗雖

總是勢有可願者矣。蓋國土地之小者，國不可以敵土地之大者；人民之寡者，國不可以敵人民之衆者；甲兵之弱者，國不可以敵甲兵之強者。此理勢所必然也。今總計海內之地，大約方千里者有九區焉，齊國集合其地，其方千里者只有九分之一耳。今王欲以齊千里之一分，而臣服海內千里之八分，勢不相當，何以異于鄒敵楚哉？必不能勝，以至于敗，臣所謂有後災也。大欲不可力求如此。然但能王天下，則大欲可兼而有之。蓋自有其根本之圖，王亦反而求之可矣。

今王發政施仁句使天下仕者頓皆欲立於王之朝句耕者頓皆欲耕於王之野句商賈頓皆欲藏於王之市句行旅頓皆欲出於王之塗句天下之欲疾其君者讀皆欲赴愬於王句其如是讀孰能禦之句

行貨曰商，居貨曰賈。發政施仁，所以王天下之本也。近者悅，遠者來，則大小強弱非所論矣。蓋力求所欲，則所欲者反不可得；能反其本，則所欲者不求而至。與首章意同。

南軒張氏曰行王政者心非欲傾他國以自利也惟以民困爲己任爲吾所當爲而天下自歸心焉夫欲朝秦楚莅中國自世俗言則以爲有志自聖賢觀之皆不本乎公理特出于伎求矜伐之私耳齊王惟汲汲於齊其私非惟不克濟而禍患隨之蹈私欲冒危道也孟子所言以發政施仁則公理之所存可大之業自可馴致此天理人欲之分也

慶源輔氏曰力求所欲則徇欲也有爲而爲之也計獲求得雖勞而所欲者反不如所期能反其本則循理者也無所爲而爲之也先難後獲先事後得而可大之業自爾循至此天理人欲之分

【蒙引】使天下仕者皆欲立于王之朝云云所謂朝秦楚莅中國就在其中矣以一服八何以異于鄒敵楚哉所謂霸必有大國也今王發政施仁至其如是孰能禦之所謂王不待大也

【淺說】發政施仁自是一樣看亦有發政而未必能施仁者亦有施仁而未必能發政者發政不能施仁則所發之政皆苛令也施仁而不能發政則所施之

仁。亦小惠耳政便是王者之政仁卽此心之仁發則無廢弛壅湮之弊有其實無蹴等倒逆之爲。使字通管至赴愬于王皆發政施仁而有以使之如此也。曰天下盡乎人矣曰皆欲盡乎人之心矣。行旅謂一凡出遊外國之人雖商賈亦在內然微有別。皆欲是方有是心其若是正指使天下皆欲而言孰能禦之則漸次來歸矣

【體朱】首句畧分上是能反致王之本下是因成致王之勢也。發政施仁不平恭政本乎仁而仁寓于政猶言發諸政事而一皆仁恩之施也此卽是用恩推恩而功至百姓矣。使天下以下皆是遠者來而葢兼近者悅言葢發政施仁而近者必先被也仕者謂仕宦之人兼已仕未仕言欲赴愬者望其弔伐之仁也以上只是欲歸猶未歸也人心既欲歸如是則其歸也孰能禦之

【說統】此節承上反本來發政所以施仁串說四欲字正與大欲欲字相應要見得合天下之欲爲欲方是大欲此只就士農商旅心上說至孰能禦方說他歸附傺卽從上文數欲字上見得無兩意。發政施仁卽從愛牛不忍之心發出

士農商旅皆來歸者卽運掌保四海之意。

【心訣】政字說得廣下文制産特其中之大者。今王二字宜提起孰能禦之正應章首御字是文字完密處。

【正解】此節卽是保民而王莫之能禦意說一个發政施仁凡下士農商旅皆有仁政及他了使字是鼓舞感動之意欲字有心悅誠服之意

今王節近人多張大天下挑剔使欲以取王莫能禦句而已不知須步步縮向裏來蓋發政施仁止是齊國中事必齊國有其實而天下嚮風而發施之本又必在齊宣擧心加彼老老幼幼推恩有序方見上文指歸實際到此一收結下文另起到盍反其本處又一總收結也。

按齊王之欲乃一人之私欲士農商旅皆欲乃天下之公欲其若是總承孰能禦之孰能禦其立其耕其藏其出其赴也○欲疾其君疾字僅作疾怨覺欲字說不出當有不堪其暴虐而圖報之意

編按發政施仁四字有兩平說者有一串說者兩平似板且於白文字難体貼串說爲優

【講】王天下之本亦在仁政而已今王以不忍之心而發之爲政以施士農商旅之仁

發見仁恩所感不但本國之人、被澤而心悅也能使天下之仕者皆欲爲王之臣立于王之朝以行其道耕者、皆欲爲王之農耕于王之野以安其業商賈欲王之市廛無征皆欲藏于其市、行旅知王之關譏不暴皆欲出于其途天下之欲疾其君之虐者望王之弔民伐罪皆欲來而赴愬于王其心之向慕如是則四海來歸孰能禦之使弗歸乎此所謂保民而王莫之能禦也王之大欲不求而自得矣何興兵構怨之爲哉

王曰句吾惛讀不能進於是矣句願夫子頓輔吾志句明以教我句我雖不敏句請嘗試之句嘗連請

存疑觀齊王吾惛不能進于是願夫子輔吾志等語其感于孟子之言者深矣然非孟子善于開道、何以得此行仁政大綱令王發政施仁條[redacted]了行仁政之實不外于教養則未及也孟子因齊王懇于求教又覆詳言之無恒產而有恒心者以下四條是反覆而言以起下文五畝之宅一條意

說統孟子畧道幾句便能使王笑又能使王悅又道幾句王翻笑而不言又道

幾句王卽云吾惛不能進是皆精神鼓舞處亦一篇中之機關也

按惛字讀斷謂質貧惛昧也是字指仁政說

○明教卽所以輔志○試是行嘗是虛字

講 王曰求大欲不外乎仁政但吾資質昏昧未能得其所爲仁政而進而施行之矣願夫子開其惛心以輔導吾之志政何如而發仁何如而施條貫指陳而明以教我我雖不敏請嘗試驗而爲之以不負夫子之教可乎

曰句無恒產頓產連○恒而有恒心者讀心連○惟士爲能句若民讀則無恒產讀因無恒心句苟頓無恒心讀放辟邪侈頓無不爲已句不爲連○無及陷於罪讀然後從而刑之句是罔民也句民連○罔焉有頓仁人在位讀罔民而可爲也句爲連○可

恒常也產生業也恒產可常生之業也恒心人所常有之善心也士嘗學問知義理故雖無常產而有常心民則不能然矣罔猶羅網欺其不見而取之也

嘅源輔氏曰恒產常生之業則下文所言五畝之宅百畝之田是也恒心常有之善心則下文所言善與禮義是也善又禮義之總名緣民無常產所以無常心故不知禮義而陷于放辟邪侈也君遂從而刑之是誠無異于以羅網罔民

蓋真不見而取之也

雲峯胡氏曰此心字亦指本心而言但指其在士民者言之

集說　惟士爲能只見得民不能如此耳只起下民意不重在士上且亦只是說獨學問禮義之士爲能非以概之凡爲士者○陷於罪從放辟邪侈無不爲來放辟邪侈從無恒心來而無恒心却又從無恒産來通章只在恒産上

體味　此節只疊疊推無恒産之弊見恒産所係之大也此下二節皆推論恒産之當制末節方以制産之法告之言士所以起民不重民無恒産由君不制産也放辟邪侈違于道辟則漫溢矣邪則成其惡矣侈則益肆矣致民于罪而刑之曰罔民不制産遂至罔民甚言不可不制産也

說統　此節雖有士與民兩樣只重民上下言無恒産之弊至于罔民可見士既不可多得而民又至于易犯刑此恒産所以不可不制也罔民二字又打動他不忍之心○恒心只是一个虚而言之則曰善實而言之則曰禮義

諸家辨　惟士爲能能字須推出有體有用學問達則救寧天下窮則康濟一身

方見能字分量。

講孟子曰。仁政莫先于養民。養民莫先于制產。故人有常生之產。斯有常存之心。倘無恒產而有恒心者。惟嘗學問知禮義之士爲能之。若尋常小民。則無恒產而爲饑寒所迫。因自失其恒心矣。苟無恒心。必將恣情縱欲。凡一切放縱淫辟傾邪侈肆之事。無所不爲。而犯法者衆矣。爲人君者。乎時不制恒產以養民。及民陷于有罪之地。然後從而加之以刑。是欺民無知而張羅網以取之也。焉有保民之仁人在于上位。而肯爲此罔民之事也。則恒產洵不容緩矣。

是故頓明君制民之產句必使頓仰頓足以事父母句俯頓足以畜妻子句樂歲頓終身飽句凶年頓免於死亡句然後驅而之善讀故民之從之也頓輕句○民之從之速

輕猶易也。此言民有常產而有常心也。

集說明君即是仁人。但自其仁民愛物而言。則謂之仁。自其仁民愛物。法制周詳處言。則謂之明。○蒙引云。明君制民之產。與今也制民之產。都虛說。蓋因上節必使二字。故如此耳。亦說得是淺說。云明君有見于此。度民分地。計口授田至於下節云今也制民之產經畫不詳分授無法是爲當日亦未嘗不爲民制產但非仁政耳蒙引於上節意合滋說於下節意實俱好○度用必足民之用而又無横征以擾之故曰足○終身只以一身對父母妻子言猶云儘一身之飽也不是一生之終身死是餓餓而死亡是逃散○驅而之善從之也輕且在方教他爲善處說益此處只重制產也

體朱死亡分上是能制民之恒產下是因有以全民之恒心也是故字承上恒產所係之大來制民之產且只就度民分地計口授田空空說必使字貫下四句有經畫分授之周詳意仰俯二句是制產周于老幼樂歲二句是制產裕于豊荒驅而之善含下謹庠序二句意驅即教字從之者輕有賴藉而爲善也

心訣必使字貫下四句合看總見制產之妙○此是泛論其理

明字與吾惛句機鋒相值又與仁人體用相通知周萬物乃足以成仁此至理也要在明字中發出仁人許大神用○然後二字不僅照上文有未節在驅善不是民自善有庠序之教在

按兩足以即及人之老及人之幼精神善即所謂恒心而乃禮義孝弟之總名輕字對不暇看驅只是使民由之之意非驅迫也之猶從也從善上去也

【講】恒產所係之重如是是故保民之明君其制民之產也必度地居民計口授田使一歲所入仰足以奉事其父母俯足以畜養其妻子豐樂之歲則一家終身飽煖即凶荒之年亦有其備而得免于死亡民遂其生如此然後設教驅而之于善故民有所資而無所累其從善自然容易不費力矣所謂民有恒產而有恒心惟明君之世爲然也

今也制民之產句仰頓不足以事父母句俯頓不足以畜妻子句樂歲頓終身苦句凶年頓不免於死亡句此惟救死而恐不贍句奚暇治禮義哉句

贍足也此所謂無常產而無常心者也

【心訣】今也亦云制民之產者非不制產也但從救死不贍看來此井百畝之田之制也因其所制之產而亦爲厚斂之法耳名爲制產民且爲產所累矣安得謂之恒產所以俯仰無賴豐歉俱困而禮義不顧所謂無恒產則無恒心也與上節反看此亦泛言當時之君禮義要對放辟邪侈說

【今也】制民之産不遵古法使民仰不足以事父母俯不足以畜妻子雖樂歲亦終身苦一遇凶年便不免轉死溝壑遷徙流亡當此之時民有救死而恐不足耳奚暇治禮義以爲善哉所謂民無恒産而無恒心也

王（頓）欲行之（句）則盍反其本矣（句）

盍何不也使民有常産一句又是發政施仁之本也說見下文

新安陳氏曰則盍反其本矣與前蓋亦反其本矣當對觀發政施仁是所以王天下之本使民有常産又是發政施仁之本也

【蒙引】此反其本又與前反本不同註曰使民有常産者又發政施仁之本也是指發政施仁中之大者以爲之本也如孝弟爲仁之本一般都只是仁中事

【熟註】前反本據註說發政施仁是求大欲之本制恒産又發政施仁之本新說兩本字俱以不忍良心言謂王之心原是王天下之本當反求之下發政施仁之仁是也此說備之（求大欲之本是俗說而以心爲本又是另一說）

【指南合參】王欲行之指發政施仁蓋王所云請嘗試之欲行其所謂政與仁也

王欲行之節是迺下文不是結前文

王欲發政施仁而行保民之道則盍不反其本以制民恒產矣

五畝之宅讀樹之以桑句五十者讀可以衣帛矣句雞豚狗彘之畜讀無失其時句

七十者讀可以食肉矣句百畝之田讀勿奪其時句八口之家讀可以無饑矣句謹

庠序之教句○庠序連申之以孝悌之義句頒白者讀不負戴於道路矣句○負戴連道路連老者

讀衣帛食肉讀黎民讀不饑不寒讀然而不王者讀未之有也句

此言制民之產之法也趙氏曰八口之家次上農夫也此王政之本常生之道故

孟子為齊梁之君各陳之也楊氏曰為天下者舉斯心加諸彼而已然雖有仁心

仁聞而民不被其澤者不行先王之道故也故以制民之產告之

此節制民之產之法也保民之實事也所謂及人之老幼而運天下于掌

者也○謹庠序之教序於制田里教樹畜之後分明是先使民有常產然後繼

有恆心所謂然後驅而之善故民之從之也輕意不是教養平說故譬之曰此

言制民之產之法也

【說約】此節雖趙注云爲齊梁各陳不嫌其重然前對小惠爲王者之大道此對伯功爲王者之正道亦各有頭項也蓋篇中曰興兵搆怨曰求大欲曰辟土地朝秦楚云云依書是齊桓晉文一則詰此節即了無以則王意爲一章大照應結局耳又不可不知

【集說】然而不王者未之有也要說出遠至邇安效驗正應保民而王莫之能禦之意見得一定能王天下非虛語也則今日亦惟有王道之可言耳區區七霸術何足道哉

【翼註】五畝之宅重制産邊而謹庠序之教特帶言以應上恒心耳與告梁王不同○衣帛食肉正是及人之老不饑不寒正是及人之幼分應上老幼字確

【說統】老者黎民二句就本國說天下都來歸我而以爲君信乎保民而王莫之能禦矣何有桓文之事

【廣炬訂】五畝雞豚百畝等句與制産應可以衣帛食肉與仰足以事應可無飢與餓是以畜應庠序一段與驅善從輕應不王未有與是心足王保民莫禦應

辟土○按間此數語在此章則自有此章之指不然須照前盡心章集白中矣

凡題皆然不獨此也

序一段即上驅而之善二句意耳　篛按分貼上文講甚確

盡看五畝之宅百畝之田正明君之制也恒產制則民可以有恒心故有謹庠

指南合參此節正是發政施仁以及人之老幼者也五畝三段是使人有恒產制民恒產之法何如每夫受五畝之宅而墻下樹之以桑則帛有所出而五十者可以衣之而煖矣雞豚狗彘之畜無失其孕字之時則肉有所出而七十者可以食之而飽矣每夫受百畝之田勿奪其農時則穀有所出而八口之家可以無飢餒矣恒產既制恒心以生於是設庠序以教之而又加謹以屏邪說五倫皆教又于其中取孝悌之義而申明之使民知所尤重則民皆愛親敬長而頒白者不負戴于道路矣人君定制立法使老者衣帛食肉黎民不飢不寒而教養兼舉四海歸心於以辟土地朝秦楚成一統之業不難矣然而不王者未之有也所謂無已則王者此耳所謂保民而王莫之能禦者此耳區區佐霸何

是道哉

此章言人君當興功行王道而王道之要不過推其不忍之心以行不忍之政而已齊王非無此心而奪於功利之私不能擴充以行仁政雖以孟子反覆曉告精切如此而蔽固已深終不能悟是可歎也

雲峯胡氏曰此章甚詳集註斷之甚約蓋欲興伯功則心之所向者近能行王道則心之所充者大先王有不忍人之心斯有不忍人之政今雖有不忍之心而不能推之以行不忍之政無他奪于功利之私也功利二字依舊是向伯功上去入于彼必出于此世安有不能興伯功而能行王道者哉此孟子所以答然以為仲尼之徒所不道也

新安陳氏曰孟子如對齊宣王之問及對好樂好色好貨皆徐引之當道何其答氣之不迫也至于利國之問則應以何必曰利桓文之問則對以無道無傳論答辭則曰嘗仲會西之所不爲言兵之不利則曰號則不可又何其嚴也自後世觀之後數說比之前數者宜若未至甚害而攻之反甚切何歟蓋前數者一

爲爲一事耳，故細繹其性之端以示之，使之曉然知反躬之要，則天理可明而人欲可遏矣。至于霸者功利之說，易以惑人，人或趨之，則大體一差，雖有嘉言善道亦何由入。戰國諸侯其失正在乎此，故闢之不可不嚴也。

〔[illegible]〕此章當疊疊看。勞初出一王字，見其所以王者無他，保民而王也。又見其所以保民者無他，是心足以王矣。是心足王如何？及其所以及禽獸者而以亨存之，老吾老，幼吾幼，以及人之老幼，天下可運于掌也。老幼運掌者如何？五畝之宅一節是也。蓋其胸中王道素具，特隨時酬應而覓路以開導之耳。○此一章通是說王道之易。蓋因齊王謂德何如則可以王矣，又曰若寡人者可以保民乎哉，又曰何由知吾可也，皆是難之之詞，故孟子答之，一則曰保民而王莫之能禦也，又引觳觫之言而曰是心[illegible]王矣，及明足以察秋毫之末以至天下可運于掌，言舉斯心加諸彼[illegible]易得其恩思，至于百畝田、五畝宅，然而不王者未之有，則所謂保民而王莫之能禦者無不信哉。自若寡人者可以保民乎哉至是心足以王矣，則是言齊王之可以保民而王者，以其有不忍之心也。○

○自百姓皆以王爲愛也至是以君子遠庖廚也則于皆辭之文以令開發之餘
欲王反求而得其不忍之心以爲保民而王之本也○自王說曰詩云他人有
心至折枝之類皆以明其決可以保民而王而自不爲也○老吾老一條則正
言是心以保民而王之實而惟宣王不能推之以保民也○權然後知輕重一
條請王度愛物與仁民孰爲當重且長孰爲當輕且短也○抑王興甲兵以下
又明知宣王之興兵構怨以致仁民之心輕且短者由于求所大欲其勢之不
得不重此也故下文反之而示以得所大欲之本在于制民之產乃是心足以
王矣之實事也○梁惠所問在利孟子不言利而言仁義然仁義自無不利也
齊宣所問在霸孟子不言霸而言王道然其功效更萬萬於霸也故始也假借
其志終則實有出于其意外之望者此孟子之所以爲命世亞聖之大才而其
辨謂之權辯與○梁惠王問利國孟子言利之害而進以仁義之效梁惠王留
上之樂孟子言獨樂之患而進以與民同樂之效宣王問桓文則黜桓文之無
足道而進以行王道齊宣王有不忍一牛之心則反復言之而使推此心保四

海及教齊梁以王道又皆歸之耕桑孝弟之實無非因其機而引進之藥庵集
註已各發其旨趣之歸辭意瞭然熟誦足矣鑰按講大意最詳明
【存疑】此章論說雖繁要看他精神命脉所在通章主意在是心足以王矣一句
是就齊王見牛一事而許之也此心之所以合于王者何也是齊王不知是心
足以王底道理老吾老一條是答他所謂是心足以王者在舉斯心加諸彼而
已即註所謂擴而充之也五畝之宅一條乃舉斯心加諸彼之實事今恩足以
及禽獸至然後快于心是發其不能王之故與兵結怨以求大欲即是其故遂
言大欲不可得反而歸之于王直是與他辨難到事勢不可爲處然後以數語
斡旋之看他開合變化許多意思許多氣力
【體注】全章只是保民而王一句便了而保民只在不忍二字然不忍之心不察
識則不能知不能擴充則不能推若所謂擴充者只是發政施仁發政施仁又在
制民之產制產而使老幼得其所此便是保民而王乎至不忍一牛而獨恐于
民此便是不能推以保民何以致王數孟子反覆與曲爲剖晰辨難無非欲其以

不忍之心、行不忍之政、以保民而王、王道行則霸者不足道也、欲之求個
發已深、崇王之說、闢闢汲汲、雖以孟子之答言無浩妄。
【註】首段至是心足以王矣、是黜伯崇王而許齊王之足王、而重保民二字、乃
一章之大指、不忍二字乃是保民之源頭、次段至遠庖廚也、是啓王以察識、次
段至善推其所爲而已、是啓王以擴充、次段至孰能禦之、是據王不能擴充者
病在求大欲、發其病而藥之、言大欲不可力求、祇當保民而王也、末段說到
制民恒產、而保民之實效方盡矣。
按盡心章已舉王道綱領、是對小惠言、此章因問桓文而及王道、是崇王書
苟八調嗇統權、更錄著則。○全章大旨蒙引盡之矣、更從而約之、無以則王乎
說趣制發王道、斷發民而王也、新何保民而王、是心足以王矣、是心如何合於
一說老與錫齊宣是王矣、如何推恩制民恒產盡之矣。○齊王先有大欲方爾
桓文之闢霸暢長欲、是爲闢桓文乘叢、孟子言王道、言不忍之心、言推恩直爾
末斷說道處是王道盡矣。○點霸頭發揮、是激起、是孟子學問闊深。○王問有
以保民言、孟子是王、是王答齊宣、然要說不忍、着一愛字、陡生波瀾、而中羊一節
點說牛未說羊、還是自難自解。○王對此心何以合於王、孟子用恩推恩是王
答然要當不竭致看、一不識是爾、便又添出層折。○大欲本是辟土地朝秦楚
節危發興起一段說話、提不盡遂。○中間逐節發揮、有極令人難盡處、亦有令
人大笑處、是講論學數處。○兩稱何矣
是中間得色處、兩反其本是末段收整處。

辭闢邪衛功自仲尼詔著言王道從心源說起定
羽翼聖經正大光明雖斷類萬千言實學不厭

梁惠王章句下 凡十六章

莊暴見孟子曰暴見於王王語暴以好樂暴未有以對也曰好樂何如孟子曰王之好樂甚則齊國其庶幾乎 何○齊國[illegible]

莊暴齊臣也庶幾近辭也言近於治

東陽許氏曰王語暴以好樂蓋論及所好之俗樂暴未有以對蓋暴亦知俗樂之不足好欲諫而未得其說故以告孟子

[蒙引]莊暴見孟子見如字孟子見於王見[illegible]得見也○王語暴以好樂語去聲[illegible]已而樂也曰好樂何如是問王[illegible]

病於治也○暴未有以對也意歸在好樂何如上○庶幾言可以[illegible]

能治其國孟子之凡說到與民同樂處便是到王天下今有以前只言其[illegible]

後乃言可王爲疑者非是○

[存疑]暴有以對不得所以對也好樂何如問有害於治否也○

[illegible]貽玉氏[illegible]馬樓[illegible]藏書印

集說 [illegible]暴以好樂不能說哉要好樂之事欲與暴窮究言論一番未有以對謂未思得所以對之者與之盡言恐其導君之欲不與之盡言又恐其拂君之心也故以之褎於孟子而曰好樂亦無害於道也只甚字中便是與民同樂之意所在此且空說

蒙引 好樂甚要見滿其量意含下文與百姓同樂

大全 新安陳氏說個齊國庶幾便有讚心王止獨好孟子却說好樂[illegible]道也處只含與民同意到然太和洋溢便是萬物一體氣象豈[illegible]之好樂[illegible]而齊國二字不可忽

闡[illegible]孟子[illegible]引之與民同樂也齊[illegible]見孟子曰[illegible]曾進見[illegible]之所好[illegible]於樂暴被問不[illegible]未有以對也[illegible]曰人君好樂何[illegible]有病於治[illegible]其特甚其未甚[illegible]其庶幾於治[illegible]

[illegible]

非能好先王之樂也句○先王之樂連 直好世俗之樂耳句○世俗之樂連

變色者慚其好之不正也。

東陽許氏曰王變色是慚前與暴論者不已可聞於孟子故其下直言之○

蒙引寡人非能好先王之樂二句意謂不足以瀆賢者之聽也○

體朱見於王重欲發其與衆樂之意引君以公樂於民齊王慚其好之不正亦是天資朴實處○

講孟子之心欲待暴再問以發其意而暴不能然故他日見於王曰王嘗語莊子以好樂有諸王自慚而勃然變乎色曰寡人非能好古先王之樂也直好如今世俗之樂耳新聲俚曲恥飾一時之聽聞而已何可使聞於夫子耶○

曰句王之好樂甚讀則齊其庶幾乎句今之樂讀由古之樂也句○古之樂連

今樂世俗之樂古樂先王之樂

蒙引今之樂猶古之樂也言世俗之樂何傷○言但好樂之甚則齊其庶幾不必計樂之今古也○今之樂猶古之樂此皆實理蓋古樂好之甚固是以王今

樂好之甚亦足以王分明今之樂猶古之樂也豈過爲是無據之旌辯而已哉
范氏曰其實今樂古樂何可同也但與民同樂之意則無古今之異耳而揚氏
亦曰使人聞鐘鼓管籥之音而舉首蹙頞則雖奏以咸英韶濩無補於治也苟
咸英韶濩古樂也夫不與民同樂雖古樂而無補則知與民同樂雖今樂亦何
害二氏之言得孟子之旨矣○范氏曰其實今樂古樂何可同也但與民同樂
之意則無古今之異耳[illegible]不要人同樂意思同樂意思[illegible]入在甚字內只謂
今樂也是這鐘鼓管籥古樂也是這鐘鼓管籥今樂也可以爲樂古樂亦可以
爲樂今之樂何異於古之樂哉讀者不以辭害意可也
【纂疏】范楊說是但大過下此處且虛
【存疑】今之樂猶古之樂是無其非能好先王之樂直好世俗之樂句樂無古今
適治已耳
【集說】今之樂猶古之樂緊與王之好樂甚來方說得這趁王果能好樂而推之
無所不至則齊可以王矣是今之樂也 小猶古之樂也古之人常感而作樂不過

樂情之和諧神人之願云耳君能到好樂之甚處則亦可以幾於治矣亦與古之樂一般○

心訣 好樂甚二句通章關竅在此前只論理之詞此方是激切告君之詞要得他歆動齊王處○說着於甚字須不徒適一己之情甚之而其情無不遂譜不免太着至於庶幾二字謂漸近於治不免太湯了但玩獨樂不若與人與少不若與衆則甚之意可識也但玩民之欣欣喜色相告景象則庶幾之意可會也

指南合參 齊王以先王世俗為言是謂樂有今古之殊此只就聲容制度上論樂也故孟子復以好樂甚之說進而謂今樂猶古樂則就樂情上論樂也今之樂二句須緊連好樂二句說蓋樂以宣暢其和心古今原不相背今人但存先王之心極盡其好樂之情至於欣喜浹洽洋溢宇宙而齊國庶幾則古樂此宣暢之極今樂亦此宣暢之極其為情一也更何有世俗先王之殊○

廣炳訂 今之樂二句只發先王世俗一語耳講如何由古便㸔人說夢矣○史星

蔡孫疏對莊子稱國對王不必稱國看來亦只隨意說由與猶有微意○由字作猶字或云節作由字不可從

【闡】孟子迎其機而導之，曰王果好樂而至其極，則齊其庶幾於治乎。○不必計樂之今古也。古先王之樂好之能甚，固足以治；今世俗之樂好之能甚，亦足以治。○今之樂亦由古之樂，非有異也，但患好之不甚耳。○

曰：句「可得聞與？」句曰：句「獨樂樂，讀與人樂樂，讀孰樂？」句曰：句「不若與人。」句曰：句「與少樂樂，讀與衆樂樂，讀孰樂？」句曰：句「不若與衆。」句

獨樂不若與人，與少不若與衆，亦人之常情也。

【蒙引】是欲聞其所以好樂甚而齊庶幾者。○不無今樂由古樂，不重在此。○獨樂不若與人之爲甚，與少樂不若與衆之爲甚，此是開導出齊王之善心處，不消吾爲之開說，蓋天理之權衡在彼之心所自有者，吾特導之使自見耳。○獨樂不若與人，與少樂不若與衆，所謂甚也，就不若字熖見得，即所謂與百姓同樂者也。○

【存疑】可得聞與，言好樂如何爲甚。○如何齊其庶幾。○欲聞之也。○獨樂樂，上樂字如[illegible]樂字音洛。○獨樂不若與人，是與人之樂甚，獨樂未甚也；與少樂不若與

是與衆之樂甚與少之樂未甚也與人與衆何如爲好樂甚今使滿堂飲酒有一人向隅而泣滿堂之人必爲之慘然不樂矣其樂能甚乎使人君鼓樂田獵爲樂忽聞百姓疾首蹙頞愁嘆之聲君心必爲之慼然不樂矣其樂能甚乎故滿堂飲酒而無向隅之泣然後滿堂之樂甚百姓皆樂而無疾首蹙頞愁嘆之聲然後人君之樂甚

蒙註 獨樂不若與人則與人爲甚與少不若與衆則與衆爲甚由此推之可見所好愈甚所與愈廣則甚字之義只在與百姓同樂明矣故接云臣請爲王言樂然此節且只就常情言未說到人君上與衆衆字亦不指百姓只是多人也

纂序合參 此以人之常情發其本心之明也與人與衆只就人之常情言未說到治上去蓋先以常情探之而王既明於與人與衆之爲樂則亦不遠於人情而好樂其前道理此易識而可與言矣

集成 爲下文爲王言樂發端全要引出不若與人與衆見好樂在同不在獨耳

【廣疏訂】各曰不若是王必自有个甚字在。正不患不好樂甚耳。與公

【講】王曰所謂好樂甚而齊其庶幾者可得聞其說與。孟子曰獨自作樂以爲樂與人作樂以爲樂二者果孰樂乎。王曰獨樂而人不預情何以舒不若與人之爲甚。孟子曰與少之數人作樂以爲樂與衆之多人作樂以爲樂二者又孰樂。王曰與少而衆不預情亦未暢不若與衆之爲甚。

臣願請爲王言樂何〇爲王速

此以下皆孟子之言也。

【存疑】孟子以獨樂與人與少與衆孰樂詰齊王。齊王能知獨樂不若與人與少不若與衆。是孟子所謂好樂甚庶道理齊王已知之。其本心已明可與言矣。故孟子承之曰臣請爲王言樂。蓋所謂好樂甚不過是與民同樂。與民同樂則民歡樂之而可王。所謂齊其庶幾不過如此。是因其所明而導之也。下文三節是此意。

【體注】此承上節來以起下三節意。

【心法】看一請字全從兩不若轉來蓋不知其不若與言無益也旣知其不若則
已得樂之情正好對王徹底撈糊從頭細說

【註】孟子曰王如知此則所謂好樂甚而齊其庶幾者臣請爲王言之矣

今王頓鼓樂於此句百姓聞王鐘鼓之聲句管籥之音句舉疾首蹙頞而相告曰句
疾首蹙頞連 吾王之好鼓樂讀夫何使我至於此極也讀父子頓不相見句兄弟妻子頓
離散句今王頓田獵於此句百姓聞王車馬之音句見羽旄之美句舉疾首蹙頞而
相告曰句吾王之好田獵讀夫何使我至於此極也讀父子不相見句兄弟妻子離
散句此無他句不與民同樂也句

鐘鼓、管籥皆樂器也疾首頭痛也蹙聚也頞額也人憂戚則蹙其頞極窮也羽旄
旌屬不與民同樂謂獨樂其身而不恤其民使之窮困也

趙氏德曰樂以鼓爲節周禮鼓人掌教六鼓以節聲樂又曰春秋傳范宣子假
羽旄於齊晉人假羽旄於鄭註析羽爲旌王者游車所建也周禮司常九旗之
數有全羽析羽𤁋云全羽析羽直有羽而無帛

新安陳氏曰管笙也籥如笛而六孔或曰箫也○因好樂而及田獵以王亦好田獵故也○

【蒙引】鐘鼓之聲管籥之音猶郊社之禮禘嘗之義互文耳下文車馬之音可見不必拘聲成文者謂之音天子諸侯無事歲行蒐苗獮狩之禮○獵逐獸之名也旄與旗不同旄有毛羽旗只是畫帛但旄有旗竿羽毛集註曰旄屬旌總名旄特其屬之一也按詩經出車篇有旐有旟有旌有旄周禮有九旗之類以牛尾注於旗竿之首曰旄析羽設於旗竿之首曰旌○疾首蹙頞者甚飢者弗食旁若弗息之情狀也然疾首蹙頞對欣欣然有喜色看亦是臨聽然也七帶聞字益其心原有憂樂之異故聞王之樂而憂樂之容亦隨之

【蒙說】今王鼓樂於此與今王田獵於此兩節俱是設言如是之意只與此兩此無他而已不可實講○兩節聞字見字其根原積漸俱在平日故一聞之一見之便自如此不是在鼓樂田獵上計較也○與民同樂不與民同樂綮甚明不是與民同鼓樂田獵與否然須知俱在平日說方與此無他三字有味

【彙辯】舉鐘鼓管籥以該八音，舉羽旄以該旌旗之屬。王於此極連父子二句一氣讀。

【體朱】此節是言好樂不甚之弊。○此與下節未便告以樂之甚，先以作樂所應之民而推其獨樂公樂之意，以見甚與不甚，正欲其觀民之應而教之以甚也。鼓樂一邊重用，儼特帶言之。○車馬亦有音者，鳴和鸞亦有節奏也。羽旄析翟羽旄牛尾，皆注於旌竿之首爲飾，故見其美。

【心訣】此兩節但是設兩個情景如此，非齊王實事。玩中間兩使字是不堪之詞，兩疾幾字欣幸之詞。○二節波瀾雖大，却是急急只要滚到末節與民同樂上去。○一不與民同樂，便是好樂未甚，民便疾首蹙頞，則雖好先王之樂何稗於治。一與民同樂，便是好樂甚，民便喜色相告，則雖好世俗之樂何妨于齊。○四個舉字極妙，謂不聞其爲今樂古樂，但得所之民聞見皆增慶，失所之民聞見皆增怨，樂之入於憂喜者同，憂喜者之感於樂自不同，總之係於君之公不公耳。

[illegible]鼓樂二節俱從今王說起將獨樂同樂兩路相形使齊王自尋趨向與

[illegible]引文王夏樂意同二節雖平却是感動王不要獨樂要與民同樂意

[illegible]籥自有管非笙也書云舞干[illegible]設旄則羽自爲羽旄自爲旄

講今王蔵鼓樂於此王之百姓聞王所奏鍾鼓之聲與夫管籥之音舉皆疾首蹙頞而私相告語曰吾王之好鼓樂固然已夫何使我等不得其所至於此極處也以父子則不得相見以兄弟妻子則皆離散窮苦如此獨不一動念乎今王蒐田獵於此百姓聞王所馳車馬之音見羽旄飛揚之美舉皆疾首蹙頞而私相告語曰吾王之好田獵夫何使我等不得其所至於此極也父子不得相見兄弟妻子離散顛連如此獨不一廑念乎夫民不樂王之樂如此此無他故由平日獨樂其身而民之窮困有所不恤不與民同樂也此好樂之不甚也

今王頓鼓樂於此句百姓聞王鐘鼓之聲句管籥之音句舉欣欣然有喜色而相告曰句○欣欣然有喜色連吾王頓庶幾無疾病與句何以能鼓樂也句今王頓田獵於此句百姓聞王車馬之音句見羽旄之美句舉欣欣然有喜色而相告曰句吾王庶幾無疾

病與句何以能田獵也句此無他句與民同樂也句

與民同樂者推好樂之心以行仁政使民各得其所也

雙峯饒氏曰庶幾無疾病民惟恐君不安樂有愛之欲其生之意若曰庶幾無疾

則惡之欲其死矣田獵雖非樂推類言之也

【蒙引】民愛其君惟恐其有疾病故曰庶幾無疾病與庶幾猶云希也○吾王庶幾

無疾病與何以能鼓樂也夫子聖者與何其多能也中間都着不然二字助說

○夫何使我至於此極也言其但恣己之欲而不念民之瘼也吾王庶幾無疾

病與何以能鼓樂也惟見其有疾病見其能鼓樂而喜也所謂民亦樂其樂也

不與民同樂則民咨怨之與民同樂則民歡樂之○本文此字兼鼓樂田獵而言

猶云與民同樂者推好樂之心以行仁政使民各得其所也蓋田獵亦好樂之

類也故槩以好樂○與民同樂者非同鼓樂也推好樂之心以行仁政云云也

下文言好樂而能與百姓同之即是推好樂之心以行仁政也

【存疑】吾王庶幾無疾病與云者猶何以能鼓樂也如此則是因鼓樂而知其無恙

不見欣喜之意

【集說】無疾病三字不必泥只言是事其精神強固更望其福壽康寧之意

謹案此節是言好樂甚之善

【指南合參】憂勤之主鍾鼓之樂舉歲有幾憂勤太過而疾病生焉小民之所望也故聞而慶幾其無疾病

【好辯】與民同下與民同雖若政治之仁不仁說却不必明填出但只隱隱言之而意味自長

【講】若今王為鼓樂之樂於此百姓聞王鍾鼓之聲管籥之音舉欣欣然有喜悅之色而相告曰吾王迩來庶幾無疾病與何以能鼓樂也今王田獵於此百姓聞王車馬之音見羽旄之美舉欣欣然有喜悅之色而相告曰吾王迩來庶幾無疾病與何以能田獵也夫民樂王之樂如此無他故由王平日能行仁政推其樂以及民使民自得其欲也此好樂之甚也王與百姓同樂讀則王矣句

好樂而能與百姓同之則天下之民歸之矣所謂齊其庶幾者如此

【蒙引】此用說好樂且應上文王之好樂甚則齊其庶幾

【存疑】好樂不與民同則百姓疾首蹙頞而相告好樂而與民同則百姓欣然有喜色而相告齊王好樂能與民同則百姓舉欣喜相告不至疾首蹙頞由是近悅遠來天下之民皆歸之而可王矣所謂齊其庶幾者如此

【集說】上與民同樂不與民同樂俱是虛說光景教王知民情如此至今王與百姓同樂方實歸王身上說集註於上則云推好樂之心以行仁政使民各得其所是正訓與民同樂字不得不如此說者須於上節且虛虛說个光景至今王與百姓同樂方實實說推好樂以行仁政使民各得其所之意纔好○則王矣三字即上文齊其庶幾之意註云天下之民歸之矣歸之云者正是爲天下所歸往者謂之王非王於天下之說也是歆動齊王不妨廓大言之

【蒙引】與百姓同樂正是好樂甚則今樂由古樂意也包在其中

【正解】此節終是啓勉齊王正與王好樂甚二句則王矣便是齊其庶幾未須補不

必謂今樂非古樂意方完。與百姓同樂謂不論其今樂古樂但不忍獨樂於己而必推不若與人與衆之心以行仁政使民心和樂各得其所則不特吾國之民無疾首蹙頞之容而有欣欣喜色之告即天下之民亦皆聞風歸往矣如此說方與好樂意有關照

【諸家辨】前言庶幾則擬議之詞此言則王便是寔際益甚字義得盡畫詳發處兩處言之與百姓同樂說得寔故言王處亦確詞決之

按今王與百姓同樂是着力語

【講】夫好樂之公私不同而民之憂喜因之可見君當與民同樂矣今王好樂而即推好樂之心以行仁政能與百姓同之使得安生樂業則近者悅遠者來而可以王矣好樂甚而齊庶幾又何疑乎安見今樂之不如古樂也

范氏曰戰國之時民窮財盡人君獨以南面之樂自奉其身孟子切於救民故因齊王之好樂開導其善心深勸其與民同樂而謂今樂由古樂其實今樂古樂何可同也但與民同樂之意則無古今之異耳若必欲以禮樂治天下當如孔子之

[illegible]鄭聲[illegible]孟子之言為邦之正道孟子之言救時之急務所以不
同於民[illegible]以和為[illegible]使人聞鐘鼓管籥之音而疾首蹙頞則雖奏以咸英韶濩
無補於治也故孟子告齊王以此姑正其本而已

[通考]禮樂志曰黃帝作咸池顓頊作六莖帝嚳作五英堯作大章舜作招禹作
夏湯作濩武王作武周公作勺以上并樂名勺言能勺先祖之道也武言以功
定天下也濩言救民也夏大承二帝也招繼堯也大章章之也五英英華茂也
六莖及根莖也咸池備矣

朱子曰孟子開導時君故曰今之樂猶古之樂至於言百姓聞樂音欣欣然有
喜色一節則關閉得甚密如好色好貨亦此類也

南軒張氏曰與民同樂者固樂之本也好世俗之樂者私欲也與民同樂者公
理也孟子不遽詆其所好而獨擴之以公理可謂善啓君者

新安陳氏曰不鄉民而自好世俗之樂以縱其荒樂人欲之縱肆也因賢者之
問而自愧所好之不正天理之萌動也齊王愧之孟子不詆而開導之成其縱

獨樂之私而勉其充同樂之公遏人欲而擴天理也王道在遏人欲而擴天理而已。

慶源輔氏曰范氏辨孔子孟子之說可謂平正明白無餘蘊矣而楊氏論樂以和爲主及與民同樂爲樂之本又可以足范氏之說。

［蒙引］姑正其本反已求誠即所謂樂以和爲主也主亦本也

［集成］倪潛菴曰論古樂本旨當主夫子韶舞之說論救時急務則孟子今樂猶古樂之說雖屬權詞亦是理也。

［旨］［指南合參］此章見人主當公樂以卹民通章只一个與民同樂甚字重看不節同樂即此也王能亦樂也

說統甚之爲言非謂古樂之甚於今樂正謂同樂之甚於獨樂也樂論公私不論今古

［蒙引］王之好樂甚則齊國其庶幾乎富齊之意已具而暴不能可對也故他日見於王云云

按此章當以王之好樂甚一句爲總領，以今王與百姓同樂一句爲究竟歸。好樂甚則齊其庶幾，通今同樂則王意說同樂則王，仍是完好樂甚則庶幾意。

齊宣王問曰：句文王之囿方七十里，句有諸？句孟子對曰：句於傳有之。句

囿者，蕃育鳥獸之所。古者四時之田，皆於農隙以講武事，然不欲馳騖於稼穡場圃之中，故度閒曠之地以爲囿。然文王七十里之囿，其亦三分天下有其二之後也與。

左傳隱公五年春，公將如棠觀魚者，臧僖伯諫曰：凡物不足以講大事，其材不足以備器用，則君不舉焉。君將納民於軌物者也。故講事以度軌量謂之軌，取材以章物采謂之物。不軌不物謂之亂政。亂政亟行，所以敗也。故春蒐夏苗秋獮冬狩，皆於農隙以講事也。

南軒張氏曰：意齊王欲廣其囿，諛佞之徒必有假文王事以逢之者。文王豈嘗囿如此哉？蓋其蒐田所及，民以爲王之囿耳。以芻雉得往，知其然也。

仁山金氏曰：孟子言事多因其語意以開導之，不辨其事之虛寔有無。

蒙引：文王之囿方四十里，蓋宣王時已有侈心矣，故有四十里之囿。當時愛君者，或規以其制過大，而諛佞之臣必有引文王七十里之囿以爲之辭者。宣王

蓋言其言之便於己也故質諸孟子云○蓋囿鳥獸之所如籠中之雞笠中之豕此只可謂之囿不可謂之藩囿藩囿者度閒曠荒野草木自生禽獸自居之地使得以生聚長養而吾時獵取之非能以爲遊豫之資而祭祀賓客之需亦於是乎取焉○文王不縱意於田者且雖曰三分有二然當時靈囿亦豈至七十里之廣信然文王亦非制節謹度者矣况文王三分天下有其二以服事殷既曰以服事殷則疑不敢安於七十里之囿矣使其有七十里之囿則似已僭於桀矣縱曰桀壞宮室以爲苑囿文王之囿七十里亦爲五十步之於百步者矣集註曰其亦三分天下有二之後也然則固亦致其疑矣

纂疏種曰稼斂曰穡俱指在地言場圃則其收斂之所及果木蔬菜之處皆是○度閒曠之地以爲囿自是擇山澤林麓不堪畊種之地爲之當時太王遷岐至文王甫再傳耳閒曠之地必多故文王度之以爲囿七十里或有之也集註以爲三分有二之後不特論語分別九州爲太拘即所云有二亦以人情所歸大勢較之云然爾豈眞盡有其土地而度其中以爲囿哉存疑駁之良是然云

設亦當時諸侯欲便己私者爲之恐亦非孟子所謂傳有之之說。要知此囿是另一個非臺下有囿亡中有沼之囿。

傳謂古事

慶源輔氏曰孟子時有之今不復存孟子所謂於傳有之亦言據古書有此說然未必其然否也。

蒙引看來孟子都不肯辨折他只要大處合正便罷。

心說齊王有四十里之囿當時民怨其大想臣下諂諛必有假文王之囿爲王解者故王問之亦欲托以自解也孟子不辨其有無只要引他使同於民此引君之諂說故云於傳有之言據古書或有此說耳不必認爲作三分有二之後也。孟子只就囿上借了一个文王來寫一段與民同樂的光景切莫看得癡了。以古書解傳字極妙見非經也。

講此章孟子因齊王之問囿而引之與民同也。齊宣王問曰嘗聞文王之囿其地方七十里有諸孟子對曰於古傳亦有之曰句若是其大乎句曰句民頓猶以爲小也句曰句寡人之囿讀方四十里句民猶以爲大句何也句曰句文王之囿讀方七十里句芻蕘者讀往焉句雉兔者讀往焉句與民同之句民頓以爲小讀不亦宜乎句

芻草也蕘薪也

【語類】孟子言文王由百里興，亦未必然。問孟子謂文王之囿方七十里，先生以爲三分天下有其二以後事，若只百里，如何有七十里之囿？然孟子謂傳有之，如何？曰：想他須有據，但孟子此說，其意亦只主在風齊宣王耳。若文王之囿果然縱一切人往，則雖七十里之大，不過幾時亦爲赤地矣，又焉得有林木鳥獸之長茂乎？周之盛時，山林猶有厲禁，豈有君之苑囿反縱獵恣往而不禁乎？亦無是理。漢武帝規上林苑，只有二三十里，當時諸臣皆以爲言，豈有文王之囿反如是之大？

【蒙引】文王之囿，既與民共其利，則囿之所出有限，民之所取無窮，宜乎猶以爲小也。文王之囿既與民同，吾見囿愈大則草木愈盛，禽獸愈蕃，芻蕘雉兔之利愈無窮矣民以爲小不亦宜乎。

[存疑]若是其大乎便有自解之意孟子曰民猶以爲小也此句亦不苟便有下文意思了。民以爲小不亦宜乎君云囿之所出有限民之所取無窮七十里之囿有不足以供民之所求宜民以爲小似切但依此似民只是見利不見義了若謂與民同之民愛上而忘其大又以七十里劚之爲大似皆未得正意以愚見意思全在芻蕘者往焉雉兎者往焉與民同之上蓋與民同之則君之囿即民之囿以一國之民共七十里之囿安見其大祗見其小矣故曰民以爲小不亦宜乎蓋一國之民盡往七十里之囿七十里之地寧有許多是非囿小也往者之多見其小也。

[纂說]齊王之問便已先有民以爲大之意了故假文王七十里之說自爲寬說及孟子說於傳有之他便說若是其大乎本意已將露矣而孟子又說民猶以爲小竟出意外故不得不吐露真情矣。芻草也如求牧與芻之芻是飼養牛羊之類之物蕘薪也則芟之析之以爨者蕘亦可以爲薪不必以芻爲草薪止

屬亦二者字但指其民言謂取此等物之人也。民以爲小大抵只是觀君之囿即己之囿凡人於人每見多而於己每見少亦常情也况芻蕘雉兔亦不一人而止乎還在忘其文王之囿上說爲長但非云愛其上而忘其大也曰愛其上而忘其大則似文王之囿仍爲文王所自有特愛之而忘之耳

【彙解】南軒謂齊王欲廣其囿竊以爲未然還是因四十里之囿而民怨其大故引文王以自解耳存疑說是

【心訣】若是其大乎蓋驚異之詞以寓自解之意孟子却把民猶以爲小打動他其意全在引他公樂於民耳民以爲小在與民同之上見得芻蕘是民之爲樵者雉兔是民之爲獵者俱是活字。二徃字見妙眞是邑人不戒的光景民以爲小不是嫌他小只是不覺得大蓋若己有之併其大亦忘之也若說別之所出有限民之所取無窮文覺私而有意

【天全錄】非當時之民果以爲小也就與民同上看出來雖詞之小亦冝是孟子口中忖度語味不亦冝乎自見

【好議】若是其大乎，齊王語意分明見嫌[illegible]，如此之大，則民不當大其囿可知。乃為已解嘲地，時作驚文囿之大非是。○與民同之，便不是文王之囿，是一國之人之囿了，故宜以為小。

【廣炬訂】文非有心公利於民，只是聽其往而不加罪耳。○焉得樂此利此，君民同在一囿中，方得應頌景象。君前

【講】王曰：文王之囿，乃若是其大乎？孟子對曰：王以為大，當時之民猶嫌以為小也。王曰：寡人之囿不過方四十里耳，比於文王之囿為甚小矣，乃民猶嫌以為大，何也？孟子曰：文王之囿雖方七十里，而未嘗以為己私，民之欲芻以牧養與蕘以採薪者，皆往其中以取焉；民之欲雉以逐禽與兔以逐獸者，皆往其中以取焉。以七十里之囿而與一國之民同之，民之以為小，不亦宜乎？

臣頓始至於境，句問頓國之大禁，讀然後敢入。句臣聞頓郊關之內讀有囿頓方四十里，句殺其麋鹿者讀如殺人之罪，句入聲○殺則是頓方四十里讀為阱於國中，句民頓以為大，讀不亦宜乎？句

禮入國而問禁國外百里爲郊郊外有關阱陿地以陷獸者蓋言陷民於死地

禮記曲禮入境而問禁入國而問俗入門而問諱

趙注設陷阱者不過丈尺之間今王陷阱乃方四十里

新安陳氏曰前篇罔民與此爲阱皆是借網罟陷阱取獸以譏切時君之貪讒其民苑囿一也設禁阱民者人欲之私與民同利者天理之公無非欲遏人欲擴天理而已

蒙引夫殺其麋鹿其罪本不至於殺人者等也但齊王有殺其麋鹿者輒以殺人之罪加之故云○民利其麋鹿也而乃因以殺是以囿爲阱麋鹿爲餌也○可惜以四十里生物養人之地而設險以供一人之逸樂此外全爲荒棄無用之地矣民以爲大不亦宜乎

集說爲阱註云陷民於死訓蒙首明蒙引存疑俱謂以囿爲阱以麋鹿爲餌當時齊王亦只嚴禁自己之囿而未嘗以麋鹿爲餌而有心以誘民而必致之死哉大約只是說設此一塊險地令民犯之耳如阱然亦只渾說云一人專之而衆

人避之。一人以之爲樂地，而衆民以之爲必死所。教誨說得極好，益謂爲阱而嬉。

人易犯而死，非必誘人之死也。

【體朱】此是指言民大其囿之故。

【心訣】入國問禁，自是常法。國之大禁，不止於囿亡之禁；民亦不止於麋鹿。此以一物見其餘也。設阱者未必欲出之入，設禁者未必民之犯。爲之亡，心同也。觀此已得罪於民了。○四十里爲囿，大不爲大；以四十里爲阱，便見其大了，況又當國中而爲之乎？○「爲阱於國中」句最重，正與「亡民同之」句對看。○「爲阱」字從麋鹿字生出。

【注疏直解】齊囿之麋鹿，亦即周囿之雉兔。乃周囿雉兔可殺，齊囿之麋鹿不可殺，故不曰囿而曰阱。

按：問字聞字相對。問是已問入也，聞是因問而聞之也。

【講】若王之囿有不然者。臣始至於王之境，不敢遽入，先問國之大禁，使知所避忌，然後敢入境內，因而聞郊關之內有囿方四十里，不許百姓出入其中，苦有擅於其郊而殺其麋鹿者如殺人之罪以首雖抵死矣百姓或無知而犯禁覓甚之多地則是方四十里不可謂之囿直是爲阱於國中掩取無知之民矣民猶以爲大不亦宜乎王亦法文王可也

【旨】察亭合參此章見人君當公利以䘏民只重與民同之上孟子因王之問就寡論學一引之一警之無非欲王之同民情也大小只在公私上辨

【諸家總論】一囿耳齊王就地形較小大孟子就民情論小大重與民同一句不與阱則是阱非囿也只將阱字換他囿字是是孟子諷刺齊王處

【讀本】首節至民猶以爲大何也作一頭曰文王之囿至不亦宜乎作一腳承民猶以爲小句來末節作一腳承民猶以爲大來全重兩個宜字要上下節相形歸重下節方是不可兩平對看此重下節與常說少異

【集成】曾微之曰文囿齊囿兩匕相形敘文囿便覺生氣藹前述齊囿便覺愁慘

【講】曰仁暴景象宛然如睹民以爲小民以爲大不煩言而自見矣

齊宣王問曰句交鄰國讀有道乎句孟子對曰句有句惟仁者讀爲能以大事小句

是故湯事葛句文王事昆夷句冠二句○是故惟智者讀爲能以小事大句故大王

事獯鬻句句踐事吳句

仁人之心寬洪惻怛而無較計大小強弱之私故小國雖或不恭而吾所以字之

之心自不能已智者明義理識時勢故大國雖見侵陵而吾所以事之之禮尤不

敢廢

慶源輔氏曰寬洪仁者之量惻怛仁者之意

新安陳氏曰惟仁者能忘己之大而事鄰國之小寔只字之若事之耳○惟智

者爲能安己之小而事鄰國之大朱子云知者不特是見得利害明道理自合

恁地小之事大弱之事強皆是道理合恁地

潛室陳氏曰仁者無計較之私忘其孰大而孰小知者有度量之明自知小不

能敵大

雲峯胡氏曰本文大事小〻事大註則曰大字小〻事大一字〻尤見仁人之

心然大之字小猶未足以見其仁心小國雖或不恭而字之〻心自不能已乃

見大者之仁小之事大猶未足以見其知必大國雖見侵陵而事之之禮尤不敢廢乃足以見小者之知

蒙引 仁者以大事小知者以小事大之栗都是怨小忿而已○仁人之心寬洪惻怛寬洪故能含容人之不恭惻怛故能矜人之惡而不較○知者明義理識時勢小之事大一則義理之當然二則時勢之不得不然也此正所謂天者理勢之當然也知者明理勢仁者惟見理而不見勢○勢在己則當忘勢在人則當順知者之識時勢顧其勢之在人也仁人之無計較大小強弱之私忘其勢之在己者也樂天畏天之分正在此

集說 寬洪惻怛而無計較大小強弱之私此俱是說仁者之心此訓仁者二字○強大仍是指仁者說弱小則指隣國說此自仁者言之如此小國雖或不恭還只是些小不恭如葛伯放而不祀是已若大爲不道則亦自有處置故不曰字之之事而曰字之之心仍以心言若事到不可行處亦自有酌量若心則自不能已也○義是臨時處事所宜然者理是大端道理所當然者時謂古今盛衰

之時勢謂大小強弱之勢與時勢又在明義理之內○看事之七禮一禮字中便有不卑不亢而有以服大國之心之意侵陵亦只輕七說○寬洪惻怛而無計較大小強弱之私及明義理識時勢俱在仁知者心裏說小國雖至不恭大國雖見侵陵正是說事字若各安居無事則亦無事之可言矣不可以上段屬本君說下段屬一且有事說爲作轉語口氣大小皆敵國也故俱可以言事余子恐人不省故易以字七耳其實便說事不妨

篤亭合參　事小以心言事大以禮言

易事見後篇文王事見詩大雅太王事見後章所謂狄人郎獯鬻也句踐越王名事見國語史記

詩緜八章肆不殄厥慍亦不隕厥問柞棫拔矣行道兌矣混夷駾矣維其喙矣言太王雖不能殄絕混夷之慍怒亦不能隕墜已之聲聞蓋雖聖賢不能必人之不怒已但不廢其自修之實耳然太王始至此岐下之時林木深阻人物鮮少至於其後生齒漸繁歸附日衆則木拔道通混夷畏之而奔突竄伏惟喙息

而已言德盛而昆夷自服也蓋已爲文王之時矣○趙氏德曰緜詩一章言古公亶父來朝走馬之事八章言肆不殄厥愠亦不隕厥問朱子傳云言太王雖不殄絶昆夷之愠怒亦不隕墜已之聲聞是皆指太王而言集註引詩似不合此章言虞芮質厥成文王蹶厥生■昆夷既服虞芮來質其訟之成又非專昆夷之謂也故注疏以八章爲文王事蓋孟子亦云肆不殄厥愠亦不隕厥問文王也如此則集註所引方合文王事見昆夷之言又曰唐虞以上有獫狁獯鬻居於北邊夏道衰公劉變於西戎邑於豳其後三百餘戎狄攻太王太王走於岐山後至六國遂爲匈奴

國語吴語史記越王句踐世家同云越王興兵伐吴亡王聞之悉發精兵擊越敗之夫椒越王乃以餘兵五千人保棲於會稽吴王追而圍之越王乃令大夫種行成於吴求平也膝行頓首曰君王亡臣句踐使亡臣種敢告於執事句踐請爲臣妻爲妾吴王將許之子胥言於吴王曰天以越賜吴勿許也種還以報句踐欲殺妻子燔寶器觸戰而死種止句踐曰夫吴太宰嚭貪可誘以利請閒

行言之於是勾踐乃以美女寶器令種間行以獻吳太宰嚭嚭受乃見大夫種於
吳王種頓首言曰願大王赦勾踐之罪盡入其寶器不幸不赦勾踐將盡殺其
妻子燔其寶器悉五千人觸戰必有當也嚭因說吳王曰越以服爲臣若將赦
之此國之利也吳王赦越罷兵歸

趙氏德曰國語圖諸吳自泰伯至夫差二十六世始見春秋越之先夏少康之庶
子封會稽以奉禹祀至勾踐始見春秋魯哀公元年大夫種行成於吳哀公五
年越王歸國與范蠡謀吳魯哀公二十年冬十一月伐吳居軍三年吳使大夫
王孫雒行成王弗忍將許之范蠡諫不可遂滅吳

集成紀滄柱曰勾踐亦無此深謀秘計轉敗爲存全由種蠡諸臣合謀并圖但
能力信其言治吳伯越亦可以知自之○當日治吳秘計出自種蠡諸臣在勾
踐全以能忍爲知若太說向險處險謀恐非孟子本意

朱子曰仁者自然合理知者知理之當然而敬以循之其大槩是如此若劉今
之則太王勾踐意思自不同也

纂引詩綿八章曰肆不殄厥慍亦不隕厥問本謂太王事然孟子後篇猶大一本
理於八章只文王也豈孟子時是以此詩爲文王事與不然何故朱子於此亦
曰文王事見詩大雅大雅有無他詩言及文王事昆夷事者獯鬻即狄人也狄
人與昆夷不同太王初居邠狄人侵之乃去而國于岐山之下文爲昆夷所慍
而侵之綿詩肆不殄厥慍亦不損厥問下文曰柞棫拔矣行道兌矣昆夷駾矣
維其喙矣文王蓋以爲文王之時昆夷想文王初年亦須字之也若係肆不殄厥
慍則是小事大矣此須重講明之文王事見詩大雅大抵亦非以肆不殄厥慍不
隕厥問二句爲文王事定也蓋亦以見昆夷事在大雅綿篇而因可見文王事之
之大畧而已○若後篇所謂文王也乃是謂文王足以當之如上文憂心悄悄
慍於羣小孔子也孟子亦非以孔子爲事實是也○宣王之時諸侯失睦今日東
國來侵明日西國來伐以兵則或不敵以盟則或不信以禮則又或適以示弱
而已宣王所以有交隣之問也其先交隣講好亦先王之令也此一問亦好意思
○惟仁者爲能以大事小必曰湯事葛文王事昆夷說知者爲能以小事大必

曰太王事獯鬻句幾事只見得太王事小亡事大古之人皆有行之者而今當去

而行之也如言有故事然○見孟子之於隣國其大者則當以知者之道處之

其小者則當以仁者之道處之○一端之外無餘法矣○孟子胷中是先有个智

者爲文王事昆夷四句然後說出惟仁者以大事小惟知者爲能以小事大見

仁者知者已有所指了

【說約】交隣之問雖似講信修睦意然湯征葛引處伐昆夷文王一怒生而昆夷遠遁

惟大王乃避狄遷岐卒之子孫亦至於王如擇而取皆是變之以有爲意大抵

交隣亦是借揩不甚重其所謂者也如言好樂好貨好色而皆引之同民意然

故後一怒安民等亦不甚是分外話

【集說】事小事大只以方事之上時言之劍踐事只亦參大約只要仁智二字交隣之

道且未說到樂天畏天上

【注】大小皆以隣事大事小皆先文後武意○勿遽不得已而征伐之及今無務要

治以期自立意

【正解】兩惟字亦有意見得隣以避施我以逆報此和好之所以不修而在不仁不知者則爲之也

按說約云交字只是交接之交不必與交友同意但未是鄰交隣自是交好意不必避下皆際暴將交字作別解前後文義各有攸當也

【講】此孟子告齊宣王以交鄰之道也齊宣王問曰鄰國甚多交好其亦有道乎孟子對曰講信修睦鄰國之大事誠有道也惟仁者之人寬弘而能容惻怛而不忍爲能以己之大國而撫字鄰之小國雖小國或有不恭而仁者撫字之心自不能已是故湯爲大國而事葛伯之小國文王爲大國而事昆夷之小國惟智者之人明於義理之當然識乎時勢之不得不然爲能以己之小國而恭順鄰之大國雖大國或見侵陵而智者恭順之禮有不敢廢是故太王爲小國而事獯鬻之大國勾踐爲小國而事吳之大國交鄰之道當以此爲法矣

以大事小者讀樂天者也何以小事大者讀畏天者也何樂天者讀保天下何畏天者讀保其國何

天者理而已

小。小之事大皆理之當然也自然合理故曰樂天不敢違理

也仁者天包含徧覆無不周徧保天下之氣象也制節謹度不敢縱逸保一國之
規模也編覆與周徧似複然細玩語氣徧覆是大概說周徧又是就中形容說
問樂天畏天不同以仁者而居小國豈不免爲知者之事使知者而居大國則
未必能爲仁者之擧何者知者分豈直未必能容忍而不與之較如仁者之
爲也朱子曰得之○仁者與天爲一知者聽天所命與天爲一者嘉人之善矜
人之惡無所擇於利害故能以大事小聽天所命者循理而行順時而動不敢
用其私心故能以小事大
何叔京曰仁者以天下爲度一視同仁惟欲人各得其所不復計彼此強弱
之勢故以大事小而不以爲難如特與昆夷之無道湯文懃懃而厚恤之及終
不可化而禍及於人然後不得已而征伐之仁之至也知者達於事變而知理
之當然故以小事大而不敢忽而必自強於政治期於有以自立如德壽與
異之方強太王句踐外卑辭而下之內則治其國家和其民人終焉或興王業
或覆其讐此知之明也使湯文養夷葛惡極而不能太公是不仁而縱亂也太

王每畏懦敵之畏而終不能自是無恥而苟安也又何取於仁知哉○纂序
此已適從大勇一截矣然在當仁知時此等俱不得透露一毫露則王無好勇
之疑而傳孟子一怒安民之旨矣○
慶源輔氏曰天者理而已即孟子所謂大天專言之即道也以道理言則大者
自當字小此天之所以覆地也小者自當事大此坤之所以承乾也又保天下
保其國言仁知者之氣象規模有此效也非謂仁者知者之心欲其如此也
○雲峯胡氏曰字之匕心自文能已即是自然合理事之之體充不敢廢即是不
敢違理包含徧覆無不周即其字之匕心而其氣象愈充拓愈恢宏制節謹
度不敢縱逸即其事之體而其規模愈收斂愈嚴謹集並措辭之精微如此
蒙引樂天者無所爲而然○畏天者有所爲而然○真是會保天下會保其國或
謂只是論其氣象規模而已非也其曰保天下之氣象保一國之規模者蓋謂
樂天者如何屬以保天下畏天者如何屬以保其國蓋樂天者包含徧覆無不
周徧便是保天下之氣象也故屬以保天下也○且氣象無[illegible]

行限矣此又朱子用字之意○制節謹度制字與謹字相對制猶守也節限也節字與度字相對都陽孝經註制節制財用之節謹度謹守法度也愚謂不止財用當有節況此章資就以小事大上論

【存疑】天者理而已大之事小七之事大皆理之當然天也○上解知者兼理勢此解天只說理看理字兼勢在內○以大事小者謂之樂天這樂是出於自然人逼勒其心樂為意思彼以小事大者或逼於勢之不得不然有所畏而為不出於自然非樂天也以大事小者那小者之勢全不足畏初無人逼勒我去事他是出於自然其心樂爲非有所畏而爲故謂之樂天註謂自然合理故曰樂天是也○以小事大是畏得大小之勢不得不然分明是有所畏故曰畏天○樂天者保天下只是他那無計較大小強弱處這度量大天下之人大小好反何所不容直猶天地之無不覆幬無不持載註謂包含徧覆無不周徧是也故足以保天下包含徧覆無不周徧還在樂天內以下句制節謹度不敢縱逸見得○畏天則可以免人之畏則免人之侵陵故足以保其國註保天下之氣

○象這箇在保天下上保一
【集說】自然合理不敢逆理似
道理如此更有何大小強弱
而行事亦莫不然○故曰樂天知
如此我豈敢違了這當然底道理
○言天下其間則盡有民字在內○
節謹度不敢縱逸亦然制猶守也
度謂法度之可遵者謹而循之○則
本文都是說保天下保一國之氣象
之心之事上見其氣象規模如此○
○驗說到天下歸心上似未是若論
明有氣象規模四字矣氣象又大
之保也保其國保定之保也離日

之規模亦然○
在事上自然不敢則俱以心言也○仁者只見義
二皆是吾一體皆是所可愛故其心自然合理
有不無計較大小強弱之意然亦是道理合當
明亂亡之徵故曰畏天○大小單指諸侯之國
包含徧覆在做上說無不周徧在用上說制
品節也在一身行事俱有一定之節上說
文包含徧覆云云　雖俱在仁知身心上然
規模切要知○保猶容保之保是就仁知
未說到天下一國之見保上蒙引以為效
效驗則畏天者似終亦不止保一國也註
規模○二保字亦微有不同保天下容保
一國之規模有一其字乃指自己之國言

之〇以其莫可測量故謂之氣象以其有所持守故謂之規模只言仁智者之
所至如此不是分他低昂

【□□】樂天畏天七字還是上天但究言之則是理而已大之事小理在勢之然
小之事大理在勢之中〇須還他天字不然樂理畏理底甚話說但不可作臉上天然論以致辭那理字

【蒙引】保天下言氣象者以交鄰是諸侯事與王者大一統不同也然大邦畏其
力小邦懷其德亦定有保天下處保國自是定事

【廣炬訂】上天生人無非使之相生相養樂天直是萬物一體真念審保天下又
何符言要即合交鄰又要是以大事小的保天下 輿公 〇保天下只是言其氣
象即如文王未嘗有天下而保之氣象已具矣他文必說到大一統未免反涉
權畧於樂天者亦不合 剎斗

【正解】樂天畏天上文事小事大內已含此處只點出天字以顯仁智之妙耳不
是推原所以事大事小之故也天字兼理勢更要無所勉強之謂樂有所嚴憚
之謂畏言天不但不敢侮大難兼有危亡自治意〇以大事小註云字之亡

心自不能已便見樂天意了以小事大註云事之乜亂猶不敢廢便見畏天意

節有保天下在只畏天節有保國在此處不可看作幾層

纂序合參其重二天字上看這等包容是樂其厶乃樂天者也這等敬謹是畏其

厶乃畏天者也天者理而已矣我為大理當含容我為小理當敬謹保天下保

其國是論其理卻帶發驗以歆動時君味前節註并此節註兩自字見樂天意

兩不敢字見畏天意

正解保天下保天下之人也保其國保一己之國也○保天下緊承樂天來樂

天緊承以大事小來以大事小又須緊貼交鄰畏天亦然

說統兩天字略下畏天之威看來正指上天之天說不必以理代之○

集成孫若士曰保天下之說雖承上湯文事其實對當指大諸侯而言用以為

教也況宜切交鄰說則湯文事小亦是諸侯之事若說作綏萬邦撫六字盡天

下與樣豈不失書旨乎至或討尋天字謂同天之量至言天下皆將天字看作

義畏之天尤屬悖謬○倪滄祖曰天字屬理言註中明以自然合理訓樂天將

總要說到彼蒼上去便與上文仁字不相照應矣○樂天認得真方不泛濫無
天保天下看得確方不混淺得天下總之就仁者看出樂天者三字就在愛都看
出保天下二字盡自便確○陳介眉曰保天下是樂天者定有此事兵爭不作大
小相安天下皆受其能保之福非謂無其事而但有其心也註中氣象一段是
形容保天下語非以此作正解時說在上說氣象二字反使保字落空其實註
意不知此○陳說與蒙引意同看保天下甚定○要知是實能保天下不可認作有天下須切保字
按此節只是論理已將上文湯文太王句踐徹開不必牽纏然以餘意補影射亦可

【講】事小事大莫非天理之當然仁知惟各盡其道而已○以大事小者忘其勢之在
己而誠心愛人是能自然合理樂天者也以小事大者順其勢之在人而安分
自守是能不敢違理畏天者也仁者惟其樂天故其心與天爲一而包含徧覆
無物不容四海雖大皆在吾度量之中矣豈非容保天下之氣象乎知者惟其
畏天故能聽天所命而制節謹度無一時之敢忽敵國雖強在我無可乘之釁
矣豈非保守其國之規模乎仁知之效蓋如此

詩云畏天之威于時保之句

詩周頌我將之篇時是也

朱子曰此知者畏天而保其國之事

新安陳氏曰引詩不及樂天亦偶然耳

雙峯饒氏曰天理當然違之則有禍此便是天威

存疑只證畏天者保其國節遺下保天下此古人文字也

諸家並謂詩所謂保指天命不謂指保國孟子引詩都不脫上節二保字意

集說謂詩在日樂天畏天兩天字指理畏天之威却指上天言須於理上通過於元方見條理不得朦朧作引証混過

附詩我其夙夜畏天之威于時保之〇首節詩柄此宗祀文王於明堂以配上帝之樂歌

證詩周頌我將之篇有云人能畏上天之嚴威不敢違逆於是可保守天命而不失矣此畏天者保其國之謂也而保天下從可知矣王欲交鄰而以仁智之道

自處則事大恤小、保國保天下、何一之不謹也、

王曰何大哉言矣何寡人有疾何寡人好勇韵

言以好勇故不能事大而卹小也

新安陳氏曰大之事小、善待之而已、非拳拳事之也。集註於大事小、亦曰字小[illegible]

曰恤小、而於事大、不易事字、蓋欲發明孟子意、不可不略易此字也。

【集說】大哉言矣、通承上文。蒙引云寡人好勇、猶言不能忍氣相似、說是不能[illegible]

氣、則小國或不恭我、大國或侵陵我、必不能甘、以致相爭、故曰不能事大而卹小也。

【講】王曰、仁者交鄰之道、有以保國保天下、大哉夫子之斯言矣、然寡人有疾、所好

惟在剛勇、故大不能事、而小不能恤也。

對曰何王請無好小勇何夫撫劍疾視曰何彼惡敢當我哉何此匹

夫之勇、敵一人者也何王請大之何

疾視、惡目而視也。小勇血氣所爲、大勇義理所發、

趙氏曰血氣所爲之勇如講習之水果集蓬瀛故謂之小義理所發之勇是
他鬭且不能已故謂之大○

存疑撫劍疾視云云是卽小勇在宣王所好也○王請大之下言文王武王之勇
乃大勇也

集說匹夫之勇敵一人要知血氣所爲不出於義理雖與在危士千軍萬馬究
其不止是撫劍疾視之類而已○血氣用事則自內至外自始至終總是一團
血氣故曰所爲義理存心則義理爲主而勇從此發之合義理則發不合義理
則不發矣故曰所發○

集解大勇且虛講註義理字勿露○

集序合發此段輕叙過王請大之句與起下三節意非是大勇在安天下○乃卽
安天下上以見勇之大也○

講孟子對曰好勇何傷但勇有小有大王請無好小勇夫有激於一時之氣便發
劍在手怒目而視人曰彼惡敢當我哉此匹夫之勇僅足以敵一人者也何足

齊王好小，王如好勇，請大之，君乎無敵之勇可也。

詩云：句王赫斯怒，句爰整其旅，句以遏徂莒，句以篤周祜，句以對于天下。句此文王之勇也。句文王一怒而安天下之民。句

詩大雅皇矣篇。赫赫，然怒貌。爰，於也。旅，眾也。遏，詩作按，止也。徂，往也。莒，詩作旅。徂莒，謂密人侵阮徂共之眾也。篤，厚也。祜，福也。對，答也，以答天下仰望之心也。此文王之大勇也。

【詩】皇矣帝謂文王，無然畔援，無然歆羨，誕先登於岸。密人不恭，敢距大邦，侵阮徂共，王赫斯怒，爰整其旅，以按徂莒，以篤周祜，以對於天下。密，乜須氏姞姓之國，在今寧州。阮，國名，在今涇州。共，阮國之地名，今涇州之共池是也。此言文王征伐之始也。無所畔援歆羨，大能先造道之極，因密人不恭，是以如此。

新安陳氏曰：怒者勇之發也。因王赫斯怒一怒字，發出一怒安民之說。蓋自斯怒舉其以對於天下而生出此意。

【蒙引】莒，詩作旅。徂旅，謂密人侵阮徂共之眾。下句不用莒字，則此一字疑[illegible]

詩作旅矣蓋衆與旅也。密人不是來侵周，乃侵阮也。但文王是方伯，而密人乃敢擅興師以侵阮，是無文王矣。故曰密人不恭，敢距大邦。○侵阮徂共，密人侵阮已至於共矣。

【存疑】文王一怒而安天下之民，只就上文看出。

【集說】為周祜者，周家積功累仁，本是有福，今則治亂持危，作此等至公愛民事，則其福愈厚矣。答天下仰望之心者，天下原望保全仁愛，若有事不去護救，他便負了他心了。要知此者詩人之辭如此，不是文王說要篤周祜以對於天下也。所謂安天下之民者，只一遏徂莒，而阮國之民得以安全，使強暴者不得肆其殘虐之心，而小弱者俱得以享安靜之福，便是安天下之民。只在一怒上說盡安天下。蓋阮人之民，亦天下之民也。於密阮如此，於他國亦自如此，不待言矣。不必說到懲一警百而天下諸侯畢皆效順上。須知文王當時是方伯，於其王所處之時方好。

【按】以篤二句俱承王赫二句說，蓋文王為方伯，而密人敢違其命以侵阮周

謂令不行非國家之福并論不舉天民心之望故遲遲以對而答之也

[忍論]詳主亦審言文王大而事人小小文王嘗事小矣審人慾不可化而長既往

其國非惟思祐不篤而天下之民强者生心弱者自危不安從此始矣豈但既

民不安已哉特文王爲西伯天下皆望其正之也王赫怒云云不止安既人見

天下之爲寇者不是爲既者無虞直一怒安天下之民了勇何等大豈與匹夫

之小勇同哉篤周祜二句串與自君世濟仁厚德在生民其慶澤長矣今茲

伐莒藉兹救災卹患正以篤周祜使從德澤之及民者愈厚而以對天下之望也

篤祜猶言積陰隲耳非利天下也此方入王之勇對上匹夫之勇看言彼乃匹夫

之勇此勇是文王之勇安天下即所謂對天下也○文武之勇全從計安天下

發出即樂天畏天之心故可以安天下安字正與保字應

[纂序合參]此文王之勇只點透勇字下句方見其大○以遏三句一串下

[廣炬訂]從以大事小樂天保天下看出文王一怒安民意恉甚合作此數節題

不圖仁知不關樂天不關安鄰救災之意雖巍江茹蘇之才猶無與耳求備○

此文王之勇也氣豚從寡人好勇來言王以好勇爲疾如詩所云這豈不是文王之勇所謂王請大之如此。霍林　○文王何嘗要天下要發出一怒而天下之爲寧者獨爲阮莒安又須像个一怒七可一不可再七則嗜殺人矣未嘗恭殺好勇正未嘗導以好殺乃爲得之。與公　○按此似將一字看作死字吾謂一怒要義得鄭重尤要說得轉動且此一字亦非再字之對

【諸家總】文王於昆夷則事之於密則伐之蓋嘗無事也安天下以和平之福卽昆夷可以事全用仁而不用勇可也當有事時示天下以震肅之威卽密人不可容是勇以行其仁也總之是爲天下

【講】大勇之當好者何如蓋嘗觀於文王之事矣時密國恃強侵阮直至阮之共地文王因發兵徂伐之故大雅皇矣之詩有云王赫斯怒於是整頓其師旅以止遏密人徂共之衆使我周威德振揚以篤厚其福而天下大畏小懷以答其仰望之心詩言如此。文王之所以爲勇也文王赫然一怒除密人之亂由是强不敢侵弱衆不敢欺寡而天下之民俱賴以安焉文王之勇何如其大也

書曰：天降下民，作之君，作之師，惟曰其助上帝，寵之四方。有罪無罪，惟我在，天下曷敢有越厥志？○越厥志連一人衡行於天下，武王恥之。此武王之勇也。而武王亦一怒而安天下之民。

書，周書泰誓之篇也。然所引與今書文小異，今且依此解之。寵之四方，寵異之於四方也。有罪者我得而誅之，無罪者我得而安之。我既在此，則天下何敢有過越其心志而作亂者乎？衡行，謂作亂也。孟子釋書意如此，而言武王亦大勇也。

慶源輔氏曰：寵異，謂天寵異武王於天下也。亶聰明，是以天德寵異之也；作元后，是以天位寵異之也。心志，謂天下之心志也。人之作亂，皆過越其心志之故耳。若守其心志，無所過越，則何至有作亂之事乎？此武王以天下之重自任也。○

蒙引 按書泰誓篇述武王之言曰：天佑下民，作之君，作之師，惟其克助上帝，寵綏四方。有罪無罪，予曷敢有越厥志。○惟曰其助上帝，蓋天能生民而不能使遂其生，天能賦民以性而不能使盡其性，今作之君師，正賴其能治民使遂其生，教民使復其性，為有助於上帝。既曰天，又曰上帝者，帝以主宰言也。○

○寵之四方四君師有以助乎上帝故上帝寵異之於四方使之高位乎九重之上臨蒞乎萬方之衆而富莫與敵貴莫與並矣○饒氏曰書言寵綏四方指君言孟子言寵之四方指天而言書言有罪無罪指紂而言孟子之有罪無罪指諸侯而言此語皆是但下文云書之越厥志指君而言孟子之越厥志指民而言此節本文蓋孟子之越厥志亦不但指民即凡諸侯卿大夫亦有稱亂者耳○且書言予曷敢越厥志是武王自謂我非敢越厥志而僥倖非望也一聽天命以除暴安民耳○味有罪無罪惟我在天下曷敢有越厥志之詞甚氣象嚴毅公大凜上有不可犯而天下倚以立其命之意信乎一怒而安天下也○一人衡行言天下設有一人作亂而暴民者武王恥之必除之以安民也○或曰一人衡行於天下謂紂也如此則集註當有頭謂方是衡行不循道而行也○文王武王一怒而安天下之民處只從上文看出不須說出外來○正解謂一人兼上下言紂亦在其中

【存疑】有罪無罪惟我在言已得誅之也天下曷敢有越厥志言已不能容之

此便是一人衡行於天下，武王恥之。故曰武王之勇也。武王恥之，必除之以安民也。故曰武王一怒而安天下之民。

[蒙引]此處釋書只泛說，嘗時諸侯說。○寵之四方，註云寵異之於四方，乃是天特寵異之，而昭示四方，非以四方寵異之也。四方字便兼有衆諸侯在內。○此是武王自言，迺且只泛說天作君師之意如此。至有罪無罪以下，方是指自己身上說方好。○自天下曷敢有越厥志以上，是書辭，武王之言也。一人衡行於天下一句，又是孟子推其意如是。

[翼註]朱君以養言，師以教言。天下，亦要把小國大國無不奉天率服，無尤越。○亦字從文王來。怒指除越志者而言。安天下之民，天下免衡行之禍便是。

[心圖]天降七五句，提上天立君師之意。有罪三句，言已必盡君師之道。一人二句，則孟子引書詞而什之。○一怒安天下之民，救正好勇全在一字。必如武王纔可一怒，無劍疾視之勇，時亡輕發，所以為小丈夫之一怒，與知俱流，與仁俱徹。勇處都是仁知，所以為大。○

【說約】逸說講云立我爲之君師我能助上帝而我宇俱昭下倒我盜也 君師其取爲諺
說爲是、
【圖】文嘗徵大勇於武王矣書有曰天降生下民立之君以治之立之師以教之亦惟曰其能輔助上帝所不及以安全斯民故以君師之位而寵異之於四方也上天立君師之意如此今我既受天命作民君師則天下之有罪者我得而誅之無罪者我得而安之天下豈敢有過越其心志而作亂以害民者乎以此書言觀之則當時紂有一人衡行僭亂於天下武王必以爲己之耻而舉兵誅之矣此武王之勇也武王亦一怒而安天下之民勇何大也
今王頗亦一怒而安天下之民句民頗惟恐王之不好勇也句
王若能如文武之爲則天下之民望其一怒以除暴亂而拯己於水火之中惟恐王之不好勇耳
【蒙引】承上文文王武王之一怒安天下而言也故註以王者能如文武之爲釋之是乃設詞也 民惟恐王之不好勇言要他如此也

【集說】王若能如文武之爲仁字要看須是如文武之行事方是大勇今王亦一怒而安天下之民見得存心行事都在安民特其所發者在一怒耳此安天下之民都說出外些不妨如除殘去暴以綏靖四方皆是

【心述】上二節輕只歸重此節以終上文請大之意亦字承上文武來末須把交鄰總繳與不能事大怕小意相應方有情不然則截然兩段矣說仁智就能保國保天下說勇又就能安天下之民此是聖賢大議論○一怒安民非即併爲國而有之哉鄰人懼禍可與更新則元向既尊依舊相好如初吾不殺彼之民便是仁吾可國吾之民便是智小民哉獲其所安便是天下之民舉安以此言一怒之爲勇亦是交鄰之道也此是串合意看來卻說到有天下亦不妨

【存疑】吾其文王節此字也字武王而字亦字見孟子只在文武眼在今王故今王須只可一轉語決之

【演連】一怒安民字面只說得大勇耳節一怒亦激發之詞非節制之詞乎

然

大全辯 一怒一字不是數目字是要辯認即一戎衣而有天下之一乃是仁智鬱勃文之赫武之耻樂天畏天事大恤小激昂奮發而然不可並看邊故曰王請大之 ○ 今王一怒只辯文武皇皇安民意思毅然奮發出來保國保天下俱在此

諸家辯 恐王不好勇亦自當時民心言耳若論民之本心豈有喜君好勇須知此理是孟子鼓舞齊王見不忍以好勇爲疾意 此諸家盡須知李標亦是實理

集成 仇滄柱曰齊宣意在交鄰孟子勸其行文武之事亦是足用爲善之王齊宣手之意須說得激昂震迅方可鼓動聽聞

辯 夫當今之世爲暴者亦多矣王誠能效文武之所爲舉大義以征有罪奮然一怒而安天下之生民將見天下之民如水火望救惟恐王之不好勇也何以勇爲疾哉至此則將臣天下之諸侯而交鄰不足言矣

此章言人君能懲小忿則能卹小事大以交鄰國能養大勇則能除暴救民以安天下張敬夫曰小勇者血氣之怒也大勇者理義之怒也血氣之怒不可有理義

之怒不可無知此則可以見性情之正而識天理人欲之分矣

新安陳氏曰章首能懲小忿四字是包寡人好勇 齊王所好之勇小忿也孟子所言之勇大勇也

龜山楊氏曰人君固不可無勇而齊王以是爲有疾故孟子告以文武之事使廓而大之則安天下無足爲者矣

雲峯胡氏曰夫子嘗以仁智勇三者並言此勇字亦當連前仁智並言仁智中之勇是謂大勇小勇者不仁不智者也不仁者徒是血氣而於義理之勇必無之不智者不明義理而於血氣之勇必有之

〔問〕蒙引問孟子既截以一怒而安天下之民又安在其能事大恤小而交鄰國乎曰此又是一意了此章當作兩截看益自宣王言寡人好勇則是已不能事大恤小矣故孟子又從他好勇處引將去不復拘其恤小事大矣故總註曰此章言人君能懲小忿云云安天下前段假未有懲小忿意然小國雖或不恭而吾所以字之仁心自不能已大國雖見侵陵而吾所以事之仁禮尤不敢廢此非

四書玩注詳說　上孟卷之二　梁惠王　嘉會堂

忿小忿而何○問既是一怒安天下矣又安得爲恤小事大以交鄰國耶彼小國之不恭大國之見侵陵也若皆在所誅耳或應曰小國之不恭大國之侵陵尙未至於暴亂也且如此齊人不恭則文王何以必誅齊人侵阮文王何以發怒亦非也大抵只說到大勇處便不復顧得事大恤小以交鄰國矣蓋恤小事大者只爲交鄰國言也故總平提曰能懲小忿則能恤小事大以交鄰國此節劃於時保之住自此以下則說能用大勇則能除暴救民以安天下又是一截意思了然亦必能懲小忿然後能用大勇則自無小忿矣如齊人不恭而文王忿之者亦非爲私也爲其害民也既爲其害民而忿便屬大勇矣故湯雖嘗事葛而不免爲匹夫匹婦復仇當時非不忿也但其名謂之大勇耳

【集說】原是兩段話說然其理則自相通耳如齊王無好勇一段話說則孟子語意只完故說仁智交鄰止就交鄰上說非即埋伏下大勇一段此所以爲兩段話說也然仁智交鄰亦只盡其在己雖或不恭雖或侵陵而所以事之者亦不容已然與其相安無事些小之不恭侵陵耳若夫作亂害民仁智者亦無坐視

之理矣此所以爲理自有適一也諸家開口便以仁智勇牽合固不是蒙引以勇
宣王言好勇則是已不能事大恤小矣故孟子又從他好勇引將去不復拘其
事大恤小矣亦未是難道說明交鄰則告以事大恤小他說不能事大恤小即
便告以不必事大恤小而惟好大勇恐孟子必不若是交鄰亦此章正主意大
勇者交之不可則怒之而已只是無妨於仁智而更有以濟其不及之意前半
不可華後半後半盡可收繳前半此說可補蒙引所不及

【麟宗】通要串合互發爲妙時乎處常而交鄰於大國則用智於小國則用仁而
勇之用以藏時乎處變而救民遏密則如文誅紂則如武而仁智之用以顯
分二項亦須串合爲妙蓋必能懲小忿然後能養大勇能養大勇以救民則交
鄰之道自無不善矣

【心訣】此章見交鄰伐暴之義二者可並行而不悖通以安民爲重蓋鄰可交則
爲仁之事小智之事大皆不廢民以遂欲與民相安於無事然或鄰不可交小
國虐民則爲文王伐密之師以安之不失爲仁者之勇而奉天討者亦樂天者

矣。即不事小無傷也大國虐民則爲武王伐紂之師以安之不失爲智者之勇
而舉天討者亦畏天者矣即不事大無傷也故睦鄰以息民小忿固不可逞除
暴以救民大勇尤不可無總之智仁勇無二理仁者智者亦不是兩樣人隨所
處之地而名之耳即勇亦不在仁智之外其所謂養大勇以仁智養之耳要在
相時而用當仁而仁當智而智當勇而勇須說得上下一意相關爲妙

當時講交鄰原不是好意直力不能并吞而又畏人吞食故爲此商
量權術耳孟子以樂天畏天答之已欲以安天下之民不從鄰國爾我起見矣
故宣王大其言而以好勇爲詞則已直露其貪殘攻取之心故孟子又借大勇
而引歸於本旨曰安天下之民則仍是樂天者保天下之說宣王之好勇與問
交鄰始終原只一意孟子答安天下之民與保天下亦始終原只一意故仍是
講交鄰者固非謂別是一項事者亦非也（此指安天下之民亦是一說）
前後兩截一意只以文王事該之自當明專昆夷以交鄰伐
密以安天下仁勇何嘗相妨乎可知仁智勇之相爲用矣
總按此章意可相通倂寔兩截當以白文逐催爲是自章首至於時保之爲一
截言仁智交鄰之有道自寡人至末爲一截言當法大勇以安天下之民爲止

截不可頂使勇字以勇字是因問而及也說下截可上接知仁字以知仁勇並行不悖也

齊宣王見孟子於雪宮（句）王曰（句）賢者亦有此樂乎（句）孟子對曰（句）有（句）人不得（讀）則非其上矣（句○非其上連）

雪宮離宮名。言人君能與民同樂，則人皆有此樂；不然，則下之不得此樂者，必有非其君上之心。明人君當與民同樂，不可使人有不得者，非但當與賢者共之而已也。

慶源輔氏曰：離猶別也，別在其所居宮室之外，故曰離宮。

雲峯胡氏曰：觀集註非但當與賢者共之一句，便見得梁惠王問賢者亦樂此與齊宣王問賢者亦有此樂，兩賢字似同而實有不同。孟子答以賢者而後樂此，不賢者雖有此不樂，所謂賢者皆指君而言。此則答以有之二字者，謂賢者有此樂固然，非特賢者有此樂，凡人皆欲有此樂，人有不得此樂，則必有非其上之心矣。是知此樂當與凡人共之，不但當與賢者共之也。如此則兩處賢字不同。又按饒氏謂朱子云：賢者亦樂此，其詞遜；賢者亦有此樂，其詞驕。以此觀

之語録謂沼上之對其詞遜雪宫之對其詞夸傳録之誤明矣蓋語之驕者當然

問字言不當以對字言也此說分曉

蒙引齊王館孟子於雪宫而就見之也若說王在雪宫而見孟子則當云孟子見齊宣王於雪宫齊宣王對曰有此有字正答齊宣王亦有之問是說賢者固有之也賢者亦安得有此孟子意只爲當得也集註言人君當與民同樂不可使人有不得者以下盡屬在人不得則非其上矣何内與有字無干輔氏之說不是

言人君能與民同樂云云 此樂謂皆有得此宫室安居之樂也非謂以雪宫與民共之乃爲人皆有此樂也

存疑賢者亦有此樂焉自賢其能得賢也故其詞夸孟子答之意謂君既以是待賢者而不爲過則賢者宜受之而不爲泰雪宫之樂賢者固宜也雖然君能以是與民共之則人皆有此樂若使人不得此樂則非其君上矣尚當推以及民非但與賢者共之也集註言人君能與民同樂則人皆有此樂鮮在人不得則非其上之何内有不是解有字

集說賢者亦有此樂乎存疑云雪宮寡人時遊以爲樂也賢者至於是邪亦有此樂乎似只平〻說个孟子亦有此樂耳不似問語口氣若云賢者家下有此樂恐宜王所不至此此字自還是指雪宮爲人君之樂賢者亦能有此乎否間中有誇耀戲謔之意〔〕對曰有有字作或有亦有之有不作固有當有之有觀覺好

體註樂乎分上宣王誇待賢之隆下孟子亦以當公樂之意

按賢者意指孟子而語氣仍當虛說爲是

講意此章孟子因齊王之問而引之以憂樂同民也齊宣館孟子於雪宮而就見之王因誇其禮遇之隆曰宮室之樂人君固宜有之凡爲賢士者亦有此宮室之樂乎孟子對曰人君尊賢禮士則賢者得有此樂矣然非獨賢者有此樂凡民皆欲得其所而有此樂若人不能得其樂則必有怨其上之心矣是卽非獨當與凡民共之不但當與賢者共之也

不得（頓）而非其上者（讀）非也（句）爲民上（頓）而不與民同樂者（讀）亦非也（句）

下不安分上不䘏民皆非理也

慶源輔氏曰下不得而非其上者不知命也故謂之不安分爲民上而不與民同樂者不知義也故謂之不䘏民

存疑不得則非上二句重在下句上句特以起之耳

集說下不安分不是該安不得之分乃以非上非其分也○曰亦非語似婉緩而意則責之切矣百姓無知陷於非猶之不可餒然人上而亦陷於非乎

心說承上不得二字說下二非字不同非上之非是非謗非也之非是非理說民的非處變說君的非處更以見君不可不與民同樂也

辨疑全在爲民上三字看精神

講夫爲下當安爲下之分不得其樂而非非怨其君上者是不安爲下之分固非也若爲上尤當盡爲上之道爲民上而獨享其樂不恤民之失所者是不盡爲君之道亦非也所以人君當推己之樂以公之於民也

樂民之樂者（讀）民（頓）亦樂其樂（句）憂民之憂者（讀）民（頓）亦憂其憂（句）樂以天下

樂以天下句然而不王者讀未之有也句

樂民之樂而民樂其樂則樂以天下矣憂民之憂而民亦憂其憂則憂以天下矣

慶源輔氏曰君以民之樂爲樂則民亦以君之樂爲樂如是則君以民爲體民以君爲心天下雖大兆民雖多其惟忻愉怡癢疴疾痛舉切於吾之身矣君能推仁如此則天下之民其將何往雖欲無王不可得也

南軒張氏曰憂樂不以己而以天下天理之公也於是舉景公事益道其國政典以告之

蒙引得安居者民之樂也推己及民使民必得安居者君之樂民之樂也不得安居者民之憂也惟恐民之不得安居而爲之防制其憂者憂民之憂也樂民之樂而民樂其樂則樂以天下者益樂民之樂固見得是樂以天下至於民亦樂其樂此非其樂民之樂不足以致之愈見得樂以天下也憂以天下之義亦然

集成仇滄柱曰樂以天下其樂不爲一己也憂以天下其憂不爲一己也歸重在人君身上說於本文兩以字較有着落蒙引之說可從

【存疑】民之樂自是民之樂其樂自是君之樂君民各有其樂如臺池鳥獸君之樂也宮君粒食民之樂也樂民之樂民亦樂其樂者報施之理也所欲與聚此書樂民之樂也見臺池鳥獸而惟樂聞鍾鼓管籥而喜色此民樂君之樂也所惡勿施此君憂民之憂也有事爲之趨有難爲之赴此民憂君之憂也只是已有樂推與民共之便是樂民之樂不必說以民之樂爲樂依此必民得遂其樂前後君得遂其樂也太窄狹○樂以天下只就樂民之樂上見得民亦樂其樂則其效也只歸重上句言樂民之樂而民樂其樂是樂以天下也憂以天下亦然樂以天下憂以天下言憂樂皆不以己也

【說約】至此問答已完以下是客

【蒙說】上憂樂二字乃是我公憂樂之包心與事俱在內下民亦憂樂亦然其樂其憂則凡人君可喜可憂之事也者字指那樣君言○諸家以樂民之樂爲所欲與聚是也憂民之憂爲所惡勿施此何耶似復並憂民之憂不止所惡勿施而已凡暑雨祁寒與其備慮之類皆須憂之而務決去也○樂以天下主一句說

上四句說承註謂自謂鬱鬱只存最俱只歸重上樂民之樂句憂亦然顧其皆不以己也說極是然又恐人遺却下二句愚意必以兩層意發之而但歸重於上二句方好淺說云樂民之樂是樂不以己而以民固爲樂以天下了於民亦樂其樂則是吾一人之所獨樂者亦衆人之所共樂也豈非樂以天下乎憂以天下做此便明白

【蒙註】樂以天下二句兼君民言而以君作主言人君以己情通於民因使民情通於己是人君樂不以己而以天下憂不以己而以天下也或欲單承樂民之樂憂民之憂二句以民亦樂其樂民亦憂其憂入在然而不王內殊不知民之樂君憂君亦君使之則亦君以之也

【心訣】此節緊上與民同樂來憂樂俱就說樂民之樂四句是言憂樂之相通要說得憂樂相關意出樂以天下二句言憂樂之大同要尋寫一段渾融浹洽的光景出二句不是另一層就在上四句看出○樂以天下二句要看以字天下正對己說憂樂不分低昂似覺尤雅

諸家辯　高麗林曰說與民同樂文兼憂言蓋去民憂乃所以遂民樂民樂君樂
而必憂君憂已樂原自同情上下相感只是一心

正辯　君視民之樂如己之樂而必欲遂之則民亦視君之樂如己之樂而相與
樂之矣憂民之憂二句倣此樂以二句承上起下之詞憂樂通乎天下則民莫
遂其樂而公其憂者皆歸之故可以決其王

有上之憂樂有民之憂樂有上憂樂民之憂樂有民憂樂上之憂樂
必上先憂樂民而後民憂樂上究竟只一事上以民爲憂樂　四樂字各有義民
之樂指富養其樂指遊觀樂民樂有仁政在樂其樂是媚茲之應況寓同樂登
臺便離題遠矣　人止汎說憂樂同民者謬也樂民樂憂民憂是所有王政樂其
樂憂其憂是王化之應其實民之憂樂與其憂樂各不同也故上四句是分說
樂以天下憂以天下謂政成化洽上下各得其憂樂便是王者氣象此是一總
說亦非混一憂樂也大意只責重樂民憂民耳　樂以天下兩句是過脉語總
承上四句以起下文故以天下三字中襯君民相憂樂必上感而下應

故以字又側重君言總之其義已盡上文四句不是別增意思亦不是上文氣象衍小而此又推極天下之大也○是過接語以天下卽是上四句非於字外又推進一層說天下謂說到天下方與下五字相關反支離矣○過脉語也又與孟上急遽者不類有天下兩字須分明也天下便煞下王字却只是上民字分兩層說不得又不可做成樂天下憂天下徹一以字則上下咸在其中而語意仍攝在上○以字文從君云不以一身而以天下耳樂民之樂憂民之憂只一字包兩層○此就上文推想以起王字不得別作爐竈固然矣又須知上文是上下交說樂以天下句却此就上一邊看何何要從君心流出

圖說 樂以天下二句語脉不難承上而難起下不難起下而難於奔注之中安頓得住大率何何辭合語脉極難議論恐不可廢

餘按樂以憂以二句歸重在上者一邊固定在可從卽作承上起下歷出王字於文氣亦合

講 夫不與民同樂則有非之之心能與民同樂豈無感之之效如安居粒食民之樂也人君能看得加自己底樂事一般務爲經畫區處以聚其所欲則民之得

有其樂若莫不懽感將必見君之臺池鳥獸而歡悅聞君之鐘鼓管籥而色喜而爲君樂之亦如樂之在己也飢寒困苦民之憂也人君能若得加自己之憂事一般務爲之維持保護以勿施所惡則民之得各其憂者莫不懽感將必君有事則爲之趨君有難則爲之赴而爲君憂之亦如憂之在己也夫樂民之樂以致民亦樂其樂是樂不以一人而以天下矣憂民之憂以致民亦憂其憂是憂不以一人而以天下矣天下之民莫不歸附於我則王業成矣然而不王天下者未之有也

昔者頓齊景公頓問於晏子曰何吾欲頓觀於轉附朝儛何遵海而南讀放於琅邪何吾何脩頓而可以比於先王觀也何○先王觀連

晏子齊臣名嬰轉附朝儛皆山名也遵循也放至也琅邪齊東南境上邑名觀遊也

趙氏惪曰轉附作轉鮒屬莘州

〔蒙引〕轉附朝儛蓋在西北近齊國都海在其南故曰遵海而南琅邪則齊東

南覽上邑名也海皆在東南地方○吾何修句蓋嘗聞有省方觀民之說矣不然無此問也然至於大戒於齊出舍於郊始興發補不足則所謂欲觀轉附朝儛放琅邪者皆不果矣以省方观民言之則遵海當非泛海也

存疑 上文意已盡昔者齊景公問於晏子以下舉齊之典故以告齊王

集說 景公所問先王是泛說凡古之先王一不止是齊之先王一 遊觀之間便是追述先王之意其問固善也

體朱 琅邪分上是叙其遊觀之志下是究其稽古之方山海邑總是觀也或云海只是經由處○轉附太公墓琅邪桓公墓小題以思二公功動之意亦可

蒙引 合參此下四節只重先王二字景公原志比先王故晏子歷述先王觀而及今齊之弊隨結以先王無流連之行繁唱惟君所行正進以稽先王也何修二字正與下行字相應○只是引他稽古不是要發景公

心說 不可說與民同樂先齊已有行之者恐景公任之不起也吾欲觀之二句山海邑三項登下以欲觀字貫

按欲觀是景公所欲爲然
意先王當更有舊典故問

【圖】孟子勸王同樂欲其聽而行之也○因舉齊故事引之曰昔者齊景公問於其臣晏子曰吾省方觀民國之大事吾意欲觀於轉附朝儛之二山遵海而南至於琅邪之邑但不知吾何修爲而得比於先王之遊觀使當時後世皆以爲盛事也○

晏子對曰句善哉問也句天子適諸侯讀曰巡狩句巡狩者讀巡所守也句守連○所諸侯朝於天子讀曰述職句述職者讀述所職也句職連○所無非事者句春省耕讀而補不足句秋省斂讀而助不給句夏諺曰句吾王不遊讀吾句何以休句吾王不豫讀吾何以助句一遊一豫讀爲諸侯度句諸侯度連

遊豫也省視也斂收穫也給亦足也夏諺夏時之俗語也豫樂也巡所守巡行諸侯所守之土述所職陳其所受之職也皆無有無事而空行者而又春秋循行郊野察民之所不足而補助之○故夏諺以爲王者一遊一豫皆有恩惠以及民而諸侯皆取法焉○不敢無事慢遊以病其民也○

趙氏曰述所守者自上察下也述所職者自下達上也王十二年一巡狩諸侯

大全 新安按巡狩之制虞舜五載周家十二年魏說始備或云晏子時猶是周之天下即當承十二年亦非

【蒙引】曰巡狩也曰述職也便見是非無事者只非訓辭之詞省耕省斂天子諸侯皆然夏諺獨言王者蓋畿內之諺也孟子引以爲證則不拘於諸侯耳○夏諺只帶省耕省斂不必通管巡狩述職○上言巡狩述職只說得非無事而空行說恩惠及民不得恩惠及民須是補助不足故夏諺只可帶省耕省斂說不可通帶上文○省耕省斂天子諸侯都有此法都是先王之制也此又在巡狩述職之外不是巡狩述職就便省民以補不足也天子只是省其畿內於天下則但巡狩以考其田野之治否老幼之得養與否而爲賞罰耳○省耕省斂每年春秋一行至於巡狩述職三代則王十二年方一巡狩諸侯六年方一朝○夏諺曰吾王不遊云云蓋王畿之諺也○問遊與豫如何分曰無分曰何以重言之曰此詩歌體也

【存疑】無非事者非字當無字說○春耕之時舊穀既沒新穀未升民乏之絕正

在此時也若有不足則不能盡力於耕一年之計俱失矣故察民之不足而補
補之秋省之時民之所收或有或無或勻或不勻一歲之用皆在此
時若不察知其有無操處以周助之則民將必有狼狽失所者矣故察民之不
給而周助之○遊與豫當分合看分看則遊是巡遊豫是逸豫合看則巡遊即
所以為樂也

【集說】皆無着無事而空行者言巡狩則行述職則行斷無空行之者除此之外
則又有省耕省斂補助之行耳集註加而又二字見省耕省斂另是一事不是
於巡狩述職時就便即省耕省斂也且省耕省斂天子於其畿內諸侯各於其
國亦自不同○省耕或恐有不能耕者省斂則察其所斂之有無也自前年到
今費用已盡故曰不足補者如物之缺而補之也自今年算到明年竟得不勾
故曰不給助者如人之未能而助之也○不敢無事慢遊以病其民不敢一事
緊跟皆非法焉是指當時之諸侯不敢如此也皆非法者一法其遊之有度二
法其息之及民也故上云皆有恩惠以及民而下即緊帶云不敢無事慢遊以

遊民

纂解須味註不敢無事慢遊以病其民何嘗見先王之[illegible]若大典所係與民[illegible]所存此外並無遊觀處也

說統此節語意重在省耕省斂上巡狩述職是先王遊觀之最大者故統言之耳若曰先王遊觀除是巡狩述職各有大事方行未有無事而空行者其餘非春省耕則秋省斂耳不可分無非事者以上爲匕事省耕二句爲匕民遊豫乃是一意自巡省而行謂之遊自暇豫而出謂之豫休助亦是一意自上所與曰助自下被惠曰休

心訣巡狩述職只是引先王大典以起下文耳晏子此此典已不行了○爲諸侯度則與諸侯皆然矣二一字有味言無論宵旰之憂勤廟廊之謨謀是以君是下國即一遊豫間亦使諸侯見一人之德意而欽承之耳○省耕二句以天子爲主諸侯亦遵上制者○補助發倉廪以賑貧也

正解天子二段是爲事而遊春省以下是爲民而遊然爲事亦以爲民總是先

王遊觀之善也遊是遊觀豫是豫樂然豫樂不出於遊而其休息定由於助爲

言之者詠謌之辭也六句皆夏諺

集成 仇滄柱曰先王巡狩等事本非遊觀晏子善於引君即援古制以對大意

謂君舉必書非事則不行耳時解究定遊觀上說則是古先王宸車所歷竟爲

娛目騁懷起見矣豈晏子畜君之意乎○勤事恤民虞夏商周皆然偶舉夏諺

耳以印証上文耳須看得有分曉○先王恤民之典已在制差樹畜非止春秋

觀省即不足不給亦不過偶有其事非如後世荒饑荒色也○春秋補助意在

遍問民情勸積助穫而已然其憫恤田農鼓舞勸作以及杜絕僥倖之念不

具備於此此見先王立法之善也呂晚邨曰因論遊觀及此見王者一舉動亦

無不勤恤民隱如是非謂仁政全主乎此也若仁政則自有經制富教大法深

宮大 逕至治固不止春秋區區矣

省耕斂是恐其失時補助不足不給又是耕斂中一節有兩層義人

只貪發得下一層不道照公而字一折○皆是字對斜觀字固已然晏子畜君之

意正是諫止景公使其無事不得遊觀，非昭之以觀遊而誤引之於民事也。後世如相如奏賦、曼倩詼諧，出終奏雅，終爲諂臣媚于所爲，徒令人主聽之者心蕩神移，亦安望其能引君於當道也。省補作兩暨與常說異然却有理。

圖晏子對曰：以遊觀之行爲不苟而有志於先王，善哉此問也。今以先王言之，天子十二年而適乎諸侯之國，其名曰巡狩。謂之巡狩者，巡行諸侯所守之土而察其政事之治與否也。諸侯六年而朝於天子之邦，其名曰述職。謂之述職者，自陳其所受之職而試其功績於王廷也。二一以巡狩，一以述職，是皆無有無事而空行者。而又每年當春秋之時，循行郊野，春則省民之耕，其間播種有不足者，則發倉廩以補之；秋則省民之斂，其間收獲有不給者，則發倉廩以助之。天子省其畿内，諸侯省其國中，其惓惓爲民之心又如此。故夏時畿内之諺曰：吾王若不行遊，則誰知吾之不給不足，而吾何以蒙上之休美？吾王若不豫樂，則誰知吾之不足不給，而何以蒙上之省助？是吾王之一遊一豫，皆有恩惠以及民，而爲四方諸侯之法度焉。此先王之觀也。

今也不然（句）師行（讀）而糧食（句）飢者（頓）弗食（句）勞者（頓）弗息（句）睊睊胥讒（句）民（頓）乃作慝（讀）方命虐民（句）飲食若流（句）流連荒亡（句）為諸侯憂（句）

今謂晏子時也。師衆也。二千五百人為師。春秋傳曰君行師從。糧謂糗糒之屬。睊睊側目貌。胥相也。讒謗也。慝怨惡也。言民不勝其勞而起謗怨也。方逆也。命王命也。若流如水之流無窮極也。流連荒亡解見下文。諸侯謂附庸之國縣邑之長焉。

【左傳】定公四年劉文公合諸侯於召陵謀伐楚衛侯令祝鮀從曰君以軍行祓社釁鼓祝奉以從於是乎出竟若嘉好之事君行師從卿行旅從臣無事焉

新安陳氏曰以上晏子言先王之法此下言當時之弊

慶源輔氏曰晏子主言齊事而云為諸侯憂故知為附庸之國縣邑之長也

雙峯饒氏曰師行而糧食若之行也以師其食也以糧一而字在中間見得是兩事方命之命是好底命天子之命必是教他撫一國之民今也如此則是逆了命了又曰為諸侯度指先王言為諸侯憂指時君言

[illegible]師行則師從師從且糧食非惟供億之費民甚出之而夫征之[illegible]役之故饑者弗得食勞者弗得息○糧謂糗糒之屬糗熬米麥也糒乾飯也睊睊胥讒就是民乃作慝也○睊側也其也胥讒非交相怨謗也謂相與怨謗也○按書經方命圮族傳曰方命者逆命而不行也王氏曰員則行方則止方命猶言廢格詔令也○若流如水之流無所底極也此與從流下而忘反謂之流不同從流下分明是放舟隨水以遨遊也乃宴樂事也○若流之流水流也流連之流舟流也

存疑師行則夫役之擾皆民應之糧食即供億之費皆民供之故饑者弗食勞者弗息○方命虐民兩句只是上面意命是王者之命王者之命諸侯本欲使之安民也今也師行糧食使饑者弗食勞者弗息睊睊胥讒民乃作慝則是方逆王命而虐民矣飲食若流是韻糧食一句說又只是虐民裏事不說師行者舉此該彼流連荒亡承上文說自師行糧食以下至於流連荒亡也○看此節意思要與上文相反方見一是先王之法一是今時之弊

說約白雲許氏曰師行而糧食謂師衆從君行者皆裹乾糧而往故有飢而弗得食者與大全蒸米麥乾飯語較合○二千五百人爲師言師行即斥其衆多亦非問何也○

集說師行只是衛從之人其從衆盛不必拘二千五百人爲師之說君行則師從師從則糧食從蒙引供億之費民出之夫征之擾民實供之供億以財物言夫征以力役言但是供運糧食之類以給其師者不是師行爲夫征之擾也○諸家以師行爲亦是擾民遂未是此節只重在民間之苦上觀下飲食若流單就糧食說便見○飢者弗食二句極言其供億繁難不堪之狀耳二句連說○從說以有供給之費而民飢者不得食有夫征之擾而民勞者不得息分說未是飢者弗食都不是民窮財盡之說○胥是口裏說不是隱是心裏怨惡其君胥讒若細與讒上作隱若中懷忌心看一乃字則作隱似是更深一層看方命虐民句則今並節通指當時諸侯說故集註以爲諸侯更爲附庸之國縣邑之長飲食若流自其備億之不給處言之一以言其流連一以言其無窮也○適節要

[illegible]平豫遊，與上文省耕省斂意別，爲諸侯蓋言供給之繁也。

【說】貌此節須是不爲民不爲事的樣子，正與上文反看，宜隨文散之，說去爲妙。

【圖】案：師行句與省耕斂異，弗食弗息與助異，睊胥讒與詠歌異，方命虐民爲諸侯憂，王憂當憂民，式臣異。

【講】今也諸侯之遊觀則不然，君行而師從，師從而糧食，於是供億之繁，民窮出之。夫征之擾民，是供之使民之饑者弗得食，勞者弗得息，睊睊側目而視，相與讒謗其君，而民乃作慝，不勝其怨惡焉。蓋天子分封諸侯，原命以撫安一國之民也，今乃方逆王命以恣虐小民，其飲食之侈靡，若水之流而無窮無極，凡如此者，或流或連或荒或亡，無所不至，而爲所屬諸侯之憂焉。此所謂無事慢遊以病其民者也，豈若先王之觀爲可法乎。

從流下句而忘反讀謂之流句從流上讀而忘反讀謂之連句從獸無厭讀謂之荒句樂酒無厭讀謂之亡句

此釋上文之義也。從流下，謂放舟隨水而下；從流上，謂挽舟逆水而上；從獸，田獵

也荒廢也樂酒以飲酒爲樂也亡猶失也言廢時失事也○

雙峯饒氏曰荒是廢時亡是失事○

【蒙引】此釋上文之義也是晏子自釋也直至惟君所行也皆述晏子之言至吾公說以下則兼述其事○從流下而忘反謂之流謂水而下者謂之從流逆水而上無所亦謂從流蓋從不訓順乃訓逐也從流下自上逐流而下也從流上自下逐流而上也下句從獸之從亦是逐也○

【集說】從流下四句但是寔事非譬語也○從流下是順流而下故曰流從流上是逆流而上到一處又到一處相連而及無有止息故曰連○無事慢遊田獵把正經時日都荒廢了故曰廢時飲酒爲樂自然把當做底事都不曾了故曰失事○

【翼註】言獵者蒐苗獮狩各有其時○飲酒者祭祀賓客各有其事○故以廢時屬荒失事屬亡○

【[illegible]】未有廢時而不失事者亦互文也○

【說】統上三句是借行舟之事以發流連，下二句是指從獸樂酒之事以發荒亡，非謂行舟之樂與從獸樂酒一般。兩忘字及兩無厭字最重。流是流蕩而無節，連是連續而不絕，荒是荒廢時日，亡是亡失政事。流連二字不當指行舟說，蓋是然訓字義，且就行舟說。

【講】流連荒亡之義何如？放舟隨水而下，遊蕩而忘反，謂之流；挽舟逆水而上，留戀而忘反，謂之連；從獸而無厭，至於廢時，謂之荒；樂酒而無厭，至於失事，謂之亡。此今時之弊也。

先王無流連之樂，荒亡之行，惟君所行也。

言先王之法，今時之弊，二者惟在君所行耳。

【家引】言先王之遊，非若今時，則省耕省斂也，是無流連荒亡也；若今時則遊觀荒亡。

【存疑】惟君所行，猶史云帝王顧所行何如耳，意正言先王之法，今時之弊，豈二者推在君之所行，不干別人事。君若行先王之法，是亦先王矣；若不行先王之法，則為今時矣。一古一今，皆不在人而在乎君，可見當自勉也。

【體朱】惟君所行，抑揚重先王邊。

【蒙註】惟君所行不是聽他自擇分明要決意從古

【蒙引】近講惟君所行單指先王之法較是蓋本文語意單指先王以應頭先王意

先王一段惟君所行與君語樓於斯一若原不同蓋文有不必泥者此是新說

【講疑訂】上云吾何修而比於先王此云先王無流連云云正示以修而比先王處惟君所行猶言惟君力行之耳是極從惥景公語責父

【講意】若先王之觀非巡狩述職則省耕省斂豈無流連之樂荒亡之行哉今齊者二一

若惟在君之所行也晏子之言如此

景公說句大戒於國句出舍於郊句於是頓始興發補不足句○召太師曰句太師○連為我頓作君臣相說之樂句○相說連君臣蓋頓徵招角招是也句其詩曰句畜君何尤句畜君者句好君也句

戒告命也出舍自責以省民也興發發倉廩也太師樂官也君臣己與晏子也樂有五聲三曰角為民四曰徵為事招舜樂也其詩徵招角招之詩也尤過也言晏子能畜止其君之欲宜為君之所尤然其心則何過哉孟子釋之以為臣能畜止

畜君之欲乃是愛其君者也　畜字泛作遡字看倒裝則出　爲君所尤一皆甚方有味也

〔禮記樂記〕宮爲君商爲臣角爲民徵爲事羽爲物

趙氏惠曰景公所作角徵樂以其爲民爲事也

新安陳氏曰上文引援景公晏子事實只末一句是孟子說。舜之韶遺音遂有在齊者孔子在齊聞韶景公樂亦名招可見

西山真氏曰易之大小畜皆以止爲義凡止君之欲者乃所以爲愛君也縱君之欲者其得爲愛君乎忠臣之心惟恐其君之有欲奸臣之心惟恐其君之無欲

〔蒙引〕大戒於國謂布告境內以圖回政治也如今政令凡一切勞民傷財之事悉皆停免凡一切奸宄情弊之事盡行禁革凡諸利於民利於國之事盡許陳納無隱之類蓋人君但有志於圖回政治便須有一番告命以彰境內之耳目也。出舍於郊自責以省民也蓋以示不敢安居深宮之意且於省民之不給爲便也省民者省民之耕斂也故出郊但不知出舍之時爲春爲秋耳此則不

四書玩注詳說　孟子　四三

必求者也。君之悅臣只用上文景公悅七字是了然景公之悅晏子亦悉以其言見之於事如此則晏子之悅景公又當何如耶此可以想見矣是晏子之悅其君當在大戒出舍之後不必就以上文蓋畿問也以下爲臣悅其君也況使非景公悅大戒於國云云則臣之悅其君者亦不成矣。每一音之樂皆須具宮商角徵羽如徵招之內固有宮商角徵羽角招之內亦須有宮商角徵羽也此之徵招角招者又是个大角徵也蓋五音旋相爲宮。蓋徵招角招是也此一句是孟子述事之言當孟子時此樂蓋猶在也故孟子舉以實之。其曰韶者舜樂也當時韶在齊七景公蓋用之而被以新詩故其樂亦謂之韶也若說蓋是舜樂則當君者何尤之詩又說不來。或曰徵招角招固爲取其切者矣然君臣相悅宮爲君商爲臣獨不切乎曰君臣之所以相悅者以民及事也孟子當時说告齊王之意則止重在民與事也。畜君者好君也又是孟子解此詩此解極有意。既出於好君夫何尤哉如此說方見是釋詩意

【存疑】景公説大戒於國至與發補不足是叙景公之事一篇我作君臣相説之樂

是引景公之言蓋徵招角招是也是說其所作之樂其詩曰畜君何尤是說其樂章皆是孟子之言畜君者好君也又是孟子解詩意

「說約」引景晏事大段是望其納誨意多然主意亦幷在同民也○前日無非事者事也省耕省斂民也此曰徵招角招為事角招為民是篇中眼目照應處○細留編云景公有感於晏子之言轉附朝儛之觀不復行而大戒於國出舍於郊始與發補不足行晏子之言也出舍自責以省民是一意○

【集說】大戒不止是出示與發補不足而已○自責以省民訓出舍二字則自責亦只在出舍上說若夫罪己之言則大戒內已有了所謂示以不敢安居深宮之意見得乎自躬徹民隱也晏奏故曰自責省民亦不止省民之耕斂凡問民疾苦興利除害皆是興發補不足特其一事耳即興發者亦是舉此一端以見景公翻然圖治之意亦不必深求此時是春是秋○看於是始三字不特是說先王之法久不行而今始行之為始如今著為令以後每年遵而行之亦是於是始也興發者舉倉廩而發之○作者仍是將此一段意思制為詩歌以被之於

四書玩注詳說 上孟卷之二 莊暴

樂之意君說原來有君臣相悅之樂而今特奏之以爲作無甚意味畜君何尤乃徵招角招樂章內底一句非以此盡徵招角招之詩也曰徵招角招是也者言其事之可據曰其詩曰畜君何尤者又单摘此一句以見其止君之欲者出於愛君也言外便有戚及宣王之意了○自昔者齊景公問於晏子至篇末總只節遊觀之樂援引古事如此以見其與民同樂之意不必以求節君臣相悅爲應前賢者亦有此樂乎句也然曰其樂爲事爲民則雪宮之不足誇耀也亦自明甚

【纂註】畜君以言言好君以心言

【心訣】景公悅悅字極重大戒出舍與發補不足之政君臣相悅之樂皆自悅中來○始興發始字見昔無今有意○此是景公春遊故止說補不足不必將省斂來之在內時對省斂說則景公終年出舍在郊外矣可咲○詩是樂章所謂歌以永言者也依徵聲歌出便謂徵招依角聲歌出便謂角招總是一章詩○好君要說出心來君心之欲最難畜止若非真有一念懇切好愛之心以先王

畜其君而不以觸君也主於其君雖有拂君意而止之猶懼其以此階孔之
欲不畜之不可得也此比擬若相拂而情則相親又何尤之有孟子此言只借此
予以發己意見其留宣王聖宮之樂而欲與民同者無非忠愛之情欲其發于
於王道耳正感動宣王與其如景公悅而行之而無尤之也故講將君處宜隱
隱影到孟子身上來

【備旨】徵招角招何只是指出樂章徵云其樂即今之徵招角招是也一見美
而可傳一見憤而有緣耳若單從為民為事上意備於是也一二字之意未完
其詩曰三句不能表晏子之意正借晏子以自表己意也元陸

【附錄】韶舜樂韶舜之後封於陳自陳敬仲奔齊而韶樂在齊

【圖】景公聞晏子之言心中感悅欣然以先王之法為必可行今時之弊盡當革
轉將剝削之弊遂不復行乃大申命令曉告國人以示更化圖新之意且不盡
安居於宮而出舍於郊外一以自責一以省民於是始興發君廩以補民之不
足義盡發晏子之言一一見諸行事矣既乃召太師樂官而命之曰君臣宜得

當吾若爲難晏今吾得晏子而聞其言晏子之告景公[illegible]能行其言[illegible]

而晏子以此觀之晏子之賢[illegible]於晏景以節一皆明其之[illegible]可[illegible]其[illegible]作之[illegible]

所[illegible]是[illegible]景公晏子[illegible]已[illegible]矣故[illegible]之[illegible]

首[illegible]民[illegible]晏子[illegible]民[illegible]已安[illegible]故被之[illegible]

耻其音以美其君[illegible]之詩有曰畜君何尤[illegible]晏子[illegible]其[illegible]之[illegible]今致

招九而耻非也乃今即此詩而觀之忠君之心亦有[illegible]者也乎

逆在而定愛其君也既出於愛君矣何尤哉[illegible]晏子之相

與有成則能與民同樂而王天下不難矣

尹氏曰君之與民貴賤雖不同然其心未始有異也孟子之言可謂深切矣齊王

不能推而用之惜哉

南軒張氏曰孟子[illegible]晏子之言[illegible]乃[illegible]晏子之[illegible]其[illegible]

事有可見亦不可[illegible]亦見[illegible]公[illegible]之心也

慶源輔氏曰齊景公能從晏子之[illegible]而不能[illegible]孟子之說兒可惜也

〔匯〕新安陳氏曰此章與沼上之對略相似大意主於不自樂而與民同樂耳樂民之樂憂民之憂雖平說然憂樂相反而實相關憂民之憂者必不能樂巳之樂樂巳之樂者必不知憂民之憂惟先憂以天下而後樂以天下也前一截巳盡之後不過引一段故實耳不與民同樂人欲也憂樂以天下天理也

〔纂〕序合參此章只重與民同樂上雪宮三節是以與民同樂之效廣其志後引補助以恤其民正欲齊王納諫以與民同樂也樂民之樂一句是主景公六節是客

〔史記田齊世家〕陳完者陳厲公佗之子也完主周太史過陳陳厲公使卜完卦得觀之否是爲觀國之光利用賓於王此其代陳有國乎不在此而在異國乎非此其身也在其子孫若在異國必姜姓姜姓四嶽之後物莫能兩大陳衰此其昌乎厲公者陳文公少子也其母蔡女文公卒厲公兄鮑立是爲桓公桓公與佗異母及桓公病蔡人爲佗殺桓公鮑及太子免而立佗爲厲公厲公旣立娶蔡女蔡女淫於蔡人數歸厲公亦數如蔡桓公之少子林怨厲公殺其父與

兄乃令蔡人誘厲公而殺之林自立是爲莊公故陳完不得立爲陳大夫莊公卒立弟杵臼是爲宣公宣公十一年殺其太子禦寇禦寇與完相愛恐禍及己完故奔齊桓公使爲工正齊懿仲欲妻完卜之占曰是謂鳳凰于蜚和鳴鏘鏘有嬀之後將育于姜五世其昌並于正卿八世之後莫之與京卒妻完完卒謚爲敬仲仲生穉孟夷敬仲之如齊以陳字爲田氏田穉孟夷生湣孟莊田湣孟莊生文子須無文子生桓子無宇無宇生武子開與釐子乞田釐子乞事齊景公爲大夫其收賦税於民以小斗受之其粟與民以大斗行陰德於民而景公弗禁由此田氏得齊衆心宗族益彊民思田氏晏子數諫景公景公弗聽已而使於晉與叔向私語曰齊國之政其卒歸於田氏矣田乞卒子常代立是爲田成子田常卒襄子盤代立襄子卒子莊子白立莊子卒子太公和立太公與魏文侯會濁澤求爲諸侯魏文侯乃使使言周天子及諸侯請立齊相田和爲諸侯周天子許之康公之十九年田和立爲齊侯列於周室紀元年齊侯太公和立二年和卒子桓公午立桓公午卒子威王因齊立是歲故齊康公卒絕無後奉

陳氏曰田氏威王至十宣王辟彊立，敬仲奔齊而齊乃有韶樂，觀此可以知舜樂
仲奔齊之由○又齊景公姜姓太公之後
宣王田姓，敬仲之後，田和篡齊，三傳而至宣王。孟子向宣王述景公，只可當先
齊故事，不可說用法，祖語頭，故備述世家一段，令人易曉。
按此章從樂之一邊說起，而下面以憂字作說，是兼從承文法也。憂樂同民自
是通章大旨，齊景是予一段問答，但是引證語，然歸到末節景公悅晏子之言
及明晏子好君之意，以見齊王當如景公，而孟子之意同于晏子，固是正意收
綰處，但若事不相照，便亦無味，須於中間將景公遊觀意將樂看，晏子補助
之言將憂樂同民看，方見其事有相賴，非以無下諸作證也○晏子未嘗有憂
樂同民話，只可意會。時文以憂樂同民入下段，為得賓客，須安頓在言外方妙。

齊宣王問曰：句人皆謂我毀明堂，句○明毀諸，已乎？句

趙氏曰：明堂，太山明堂，周天子東巡守朝諸侯之處，漢時遺址尚在，人欲毀之者，
蓋以天子不復巡守，諸侯又不當居之也。王問當毀之乎，且止乎。
【孫疏】魯封內有泰山，後皆為齊所伐，故齊南有泰山。禮器云：魯人將有事於上帝，
必先有事於頖宮；齊人將有事於泰山，必先有事於配林。則泰山在齊明矣。
周制明堂云：周人明堂度九尺之筵，東西九筵，南北七筵，堂崇一筵，五室，凡室
二筵。賈釋云：明堂者，明政教之堂。又夏度以步，殷度以尋，周度以筵。○說約云：
考工記賈疏云：五尺曰几，六尺曰步，七尺曰軌，八尺曰尋，九尺曰筵。東西九筵

則是八丈一尺南北七筵則是六丈三尺矣餘倣是○東西九筵可容九筵也南北七筵可容七筵也恐仍以丈尺度之但堂上用筵故度以筵猶室用几故度以几耳用車之軌亦必不是以軌度之以軌之長短之量度之也

仁山金氏曰周世明堂見於冬官大小戴禮記蓋天子朝諸侯布政之宮如一殿而爲九宮四方各三門門旁夾窗其內九室戶牖相通天子巡狩四岳朝諸侯於方岳之下故泰山之下有明堂

慶源輔氏曰漢書郊祀志武帝元封元年封泰山泰山東北址古有明堂處云

欲毀明堂正與子貢欲去告朔餼羊之意同以其無用故欲去之也

白雲許氏曰人皆謂我毀明堂舉衆人之言也毀諸自問果當毀之乎已乎又以己意問止而勿毀乎見得宣王之意止是欲不毀爾蓋已稱王即欲行天子之制也孟子則不禁他不毀只是教之行王政蓋行王政即是副王之名雖行天子之制可也○

〔蒙引〕天子巡狩隨方之鎮山各設明堂此之明堂趙氏何以知其爲泰山明堂

[illegible]亦在齊境內也。巡狩至泰山時當舉所舍諸侯處。二月東巡狩至於岱宗，柴望秩
於山川者也。○明堂泰山明堂，周天子東巡狩朝諸侯之處，只此二句是趙氏
之言，下云漢時遺址尚在，卻不是趙氏說了。蓋趙氏漢人也，不應自說漢時遺
址尚存。

【集說】明堂者，南方之正中，故雖有青陽、總章、玄堂、太室之各異其名，而可以總
該之曰明堂也。○但要知此是周天子東巡狩泰山之上，所以柴望秩山川及同
律度量衡之處，想四方皆有此，則其在齊者。○

【指南】【合參】舊說重毀，○過新說重已過，○新說爲是。○

【講】此孟子欲齊王存明堂而以王政引之也。○昔天子巡狩方岳，則有明堂以朝見
諸侯。○東巡狩，明堂在泰山下。周室既衰，地爲齊有，人以天子既不巡狩，○則當毀
之。齊宣王疑而問孟子曰：人皆謂我毀明堂，果當毀乎？○抑且止而勿毀乎？○

孟子對曰：句夫明堂者，讀王者之堂也。句王頓欲行王政，讀則勿毀之矣。句

明堂，王者所居以出政令之所也。○能行王政，則亦可以王矣，○何必毀哉。○

朱子明堂說曰論明堂制者非一竊意當有九室如井田之制東之中爲青陽太廟東之南爲青陽右个東之北爲青陽左个南之中爲明堂太廟南之東即東之南爲明堂左个南之西即西之南爲明堂右个西之中爲總章太廟西之南即南之西爲總章左个西之北即北之西爲總章右个北之中爲玄堂太廟北之東即東之北爲玄堂右个北之西即西之北爲玄堂左个中爲太廟太室凡四方之太廟異方所其左个右个則青陽之左个乃玄堂之右个明堂之右个乃總章之左个也總章之右个乃玄堂之左个玄堂之左个乃青陽之右个也但隨其時之方位開門耳太廟太室則每季十八日天子居焉古人制事多用井田遺意此恐然也新安倪氏曰此朱子按禮記月令爲說

纂引文獻通考曰孟春之月天子居青陽左个仲春之月天子居青陽太廟季春之月天子居青陽右个孟夏之月天子居明堂左个仲夏之月天子居明堂太廟季夏之月天子居明堂右个中央土天子居太廟太室孟秋之月天子居總章左个仲秋之月天子居總章太廟季秋之月天子居總章右个孟冬之月

天子居玄堂左个。仲冬之月天子居玄堂太廟。季冬之月天子居玄堂右个。

愚按以玄堂對明堂觀之，則知明堂者向明之義，不如先儒所謂彼此異形之說也。

【說約】夏世室以宗廟言，則王宮及宗廟之制同；殷重屋以王宮言，則宗廟明堂之制同；周明堂以朝會之所言，則宗廟王宮之制同也。○又按諸圖標備考四角方處俱有一斜線，蓋東南角作一斜線自內而出，卽傍東斜半爲青陽左个，傍北斜半爲玄堂右个也；西南角作一斜線自內而出，卽傍東斜半爲青陽右个，傍南斜半爲明堂左个也；東北西北兩角亦然。雖朱子說似角處皆一室兩名，然皆旁斜半爲之，每向一方除中室正方外，左右各半室皆中狹外濶，狀如个字，固有左个右个之稱。此說雖無所本，亦自信不易矣。○連中室及兩斜室，每面似一个字，則左个左之个字之半也，右个右之个字之半也，故云奇絶。

【纂解】明堂出政令，只是陳詩納價、協時日、同律度之類，行王政就平日言，非豈指巡狩方岳時明堂所出之政也。觀下文說治岐之政可見。此節要歆動齊王

意

【體朱】地陰負陽而法象效乎天地，辨方正位而規制作於四時，明堂之制也。但此處不重制上，只重出政令之所，意政令且空說，如云昭六典、敷六號、振王綱、肅侯度，便是空說，則礙王政之問。

【心訣】明堂之制久矣，宣王豈不知是周家朝諸侯之處，未必無歆慕之意，故孟子便以立明堂本意告他，從他歆慕處引他行王政上去。

【諸家辯】孟子不詳言明堂當毀不當毀，與王可毀不可毀，但說能行王政便不必毀，是誘進之詞。明堂王者之堂，不說存之以繼周天子，便就宣王身上預他行王政。後儒言王政，引古率今，費許多考證，孟子只治岐數語盡之。援新論謂提出王者之堂，有令齊王顧名思義之意，所以譏其無王也，此說雖巧，殊失誘進語氣，不可從。

【講】孟子對曰：夫明堂者，王者所居以出政令之堂也。王誠欲行王政，則可以坐明堂而王天下矣，何必毀哉。

王曰句王政讀可得聞與句對曰句昔者讀文王之治岐也句治岐連讀耕者讀九一句仕

者讀世祿句關市讀譏而不征句澤梁讀無禁句罪人讀不孥句老頓而無妻讀曰

鰥句老而無夫讀曰寡句老而無子讀曰獨句幼頓而無父讀曰孤句此四者讀天

下之窮民頓而無告者句〇告連無文王發政施仁讀必先斯四者句詩云句哿矣富人句

哀此煢獨句

岐周之舊國也九一者井田之制也方一里為一井其田九百畝中畫井字界為九區一區之中為田百畝中百畝為公田外八百畝為私田八家各授私田百畝而同養公田是九分而稅其一也世祿者先王之世仕者之子孫皆教之教之而成材則官之如不足用亦使之不失其祿蓋其先世嘗有功德於民故報之如此忠厚之至也關謂道路之關市謂都邑之市譏察也征稅也關市之吏察異服異言之人而不征商賈之稅也澤謂瀦水梁謂魚梁與民同利不設禁也孥妻子也惡惡止其身不及妻子也先王養民之政導其妻子使之養其老而卹其幼不幸而有鰥寡孤獨之人無父母妻子之養則尤宜憐卹故必以為先也詩小雅正月之篇哿可也煢困悴貌

趙氏曰按岐州在漢右扶風美陽縣西北唐屬岐州岐山縣山之南有周原蓋
周之舊國

通考　東陽許氏曰文王未嘗稱王而所行都是王政

問文王治岐關市不征澤梁無禁成周門關市廛皆有限守山林川澤爲有厲
禁何也潛室陳氏曰文王因民所利而利之乃王道之始成周經制大備乃王
道之成

新安陳氏曰世祿善善長也不孥惡惡短也○正月末章之意云亂至於此富
人猶或可勝煢獨甚矣其可哀哉

雙峯饒氏曰都鄙用助法鄉遂用貢法此周所以兼二代之法井田之法埋乎
處可行江南想從古行貢法關是道路欄籬處市是市井澤是水所都處梁是
水所過處耕者九一仕者世祿是士農工商皆有所養鰥寡孤獨無所告故
發政施仁必先斯四者

錢氏德曰鰥愁悒不能寐目常鰥鰥然其字從魚魚目恒不閉者也寡果也舉

單獨也孤顧也顧苦無所睹見也獨匕鹿也鹿匕無所依也此不緊要

蒙引 或謂發政施仁指上文耕者九一至罪人不孥非也發政施仁是虛字先者重之也亦非先恤窮民而後行九一世祿之法也人君不發政施仁則已一行仁政便是此數者一時出令但此數窮民尤在所宜留意耳故曰尤宜憐恤必以爲先也此先字亦如後義先利之先字不可拘以時之先後爲言也○凡民之老幼文王則導其妻子使養其老而恤其幼鰥寡孤獨之人則無父母妻子之養而官養之者也○煢詩作惸音相同大夫憂亂而作首章正月正陽之月四月也言霜降失節不以其時此第十三章曰佌佌彼有屋蔌蔌方有穀今民之無祿天夭是椓哿矣富人哀此惸獨

存疑 殷人七十而助看來文王治岐之時尚當遵殷制所謂耕者九一想勇夫受田只七十畝註謂百畝豈偶然不及思耶○文王發政施仁是通管到鰥寡孤獨處不止罪人不孥以上兼其發政施仁無所不及其中鰥寡孤獨則尤加之意也必先斯四者不是先施此而後及其他只是尤加意耳

【說約】徵因爲類則公劉當已有此制矣似不必拘且集註百畝亦本漢注○又王制少而無父者謂之孤老而無子者謂之獨老而無妻者謂之矜老而無夫者謂之寡此四者天民之窮而無告者皆有常餼註又養之說盖本此也

【集說】先王之世先王二字泛言不特太王王季爲先王此政自文王制之壹於後世者則文王亦先王也世祿曰仕者與世爵不同世爵如卿大夫之類猶當以世而降世祿但有其祿以報其功德而已大抵只在其材之不足用若競若其教之而其材足用又在仕者之條矣或者其中亦有因世而教之之法今且就仕者之子孫言之耳○關謂道路之關凡關隘之處皆是不止郊外與鄰國相界之關也市謂都邑之市邑謂下邑都則王城以及邑有先王之廟者皆是也○澤謂瀦水凡水之滙聚者皆爲澤梁則其隘而可遏者也正韻有石絕水爲梁故曰魚梁無禁當如胡雲峯所謂澤梁無禁者不禁民之取而有厲禁者禁民之不以時取也陳潛室王道之始王道之成之說蒙引以爲不如雲峯之說良然○孫曰只言其老人無所扶助以爲養如集註之釋亦然非必謂不能

鰥也寡亦只是無依附之意獨則謂無子之人猶獨立然雖他人千百不足當之也孤亦是孤立無所托以成人而已趙氏所謂四字之義不必從天下字亦虛字備云以天下人較之則此其更苦者耳窮民不止無財貨難處即稍足亦是愁苦處難以語人無告者有心事不盡所言也○先王養民之政一段非謂是文王全無養法只臨時處置爲然蓋其平日已自有養民善政老幼皆在所恤特於中又不幸而有此等之人則尤所當先耳

【體注】文王亦是諸侯故引其事以爲法治岐作一頭下分兩段看九一五何是行其所當務下是重其所先務

【纂序合參】耕者九一取乎農者薄也仕者世祿報乎士者重也關市譏而不征禦暴而不爲暴也澤梁無禁同利而不獨利也罪人不孥惡惡短也

【□□】泛陳王道多不切治岐切治岐則又嫌嫌不得王者氣象孟子開口便喝出王者之堂行王政下面却止說治岐文王未嘗坐明堂然所行却即是王政此正孟子鼓舞齊君意岐邑與有天下境界不同兩邊氣象有分有合處

却一邊不得只要識得仁字則隨大隨小橫豎說來都是○發政施仁所該甚廣將此何分清則先字躍然透露引詩止証四者宜先與文王無與也○須知文王不是單惆恤此四者而獨加厚也爲此四者尤窮不及待仁政之行仁政制度周詳一時亦未能遂及四者故曰必先○說到此等處似乎與七小恩不知這邊是王者仁政盡頭盡頭宜乎在後却爲此四種後不得稍後便無及矣緣他是分內也　蓋養老慈幼之政所不能遂也施仁必先方見王者用心必使天地間無一物不得其所至此直是以天自居

集成　仇滄柱曰三代之民豢於君後世之民豢於天以王政不修而民無儲蓄一遇水旱捐身溝壑而已况乎重歛橫征以竭民膏血豈止鰥寡孤獨不得其所哉○發政施仁是一体擧行所謂必先者憂視民如傷獨此更爲沉痛耳漢文帝示有司曰方春和時草木羣生皆有以自樂而吾百姓鰥寡孤獨莫之省憂其眞得孔通之遺意者乎

正誤　五者王政大端矣必說先斯四者更要打動齊王也凡人情見有父母

窮民無告或不肯垂恤足也　見鰥寡孤獨未有不恤倚者一則曰老而無妻
一則曰老而無夫一則曰老而無子一則曰幼而無父此窮此狀何等可憐齊王
聞之於心能不戚戚乎自其所不忍遺之於其所忍將無往而非仁政矣○引
詩意不可言文王所以必先斯四者正以其可哀耳○所言文王之政乃欲齊
乎齊之大政不必拘泥是明堂所出者
王曰王政之詳可得而聞之與對曰王政莫備於文王昔者文王之治岐周也
民之耕者則行井田之制九分之中取其一分而歛從其薄士之仕者則念其
功德世予子孫以祿而報從其厚商賈之行於關譏於市者則但譏察其異言
異服之人而不征其稅聚水之澤遏水之梁則與民共利而不禁止至于有犯
罪之人則止及其身不及其妻子文王之愛民至矣乃其中則尤有加意者乎
老而無妻曰鰥夫年老而無夫曰寡婦年老而無子曰獨夫年幼而無父曰孤
子凡此四者天下至窮困之民而無可告愬者文王發政以施仁雖於人無所
不濟然斯四者尤急急在所當恤務使之各得其所焉詩小雅正月之篇有云

富足之人猶可矣哀哉此煢獨羸弱之人也文王必先斯四者以其可哀也○

聞王政蓋如此

王曰句善哉言乎句曰句王如善之則何爲不行句王曰句寡人有疾句寡人好貨句對曰句昔者公劉好貨句詩云句乃積乃倉句乃裹餱糧讀于橐于囊句思戢用光句弓矢斯張句干戈戚揚句爰方啓行句故居者有積倉讀行者有裹糧也讀然後可以爰方啓行句王如好貨讀與百姓同之句於王何有句

王自以爲好貨故取民無制而不能行此王政○公劉后稷之曾孫也詩大雅公劉之篇積露積也餱乾糧也無底曰橐有底曰囊皆所以盛餱糧也戢安集也言思安集其人民以光大其國家也戚斧也揚鉞也爰於也啓行言往遷於豳也何有言不難也孟子言公劉之民富足如是是公劉好貨而能推己之心以及民也今王好貨亦能如此則其於王天下也何難之有○

仁山金氏曰積當作子賜反露堆也

西山真氏曰人君豈不事儲峙之富惟能循此亦使斯民亦有積糧之富

【蒙引】乃積乃倉三句，言公劉之民富足如此，以此推之，非公劉好貨而能推己之心以及民，不能甚是。不見得公劉好貨處。○積，無屋而露積也。倉，屋以貯之者。餱，乾糧也。詩傳與此不同，曰：餱，食；糧，糗也。又分作二字看。大抵或合看或分看，總是乾糧也。○橐囊皆袋也，不用竹木器，因行輕便也。○囊為袋，則橐合是兩頭有口以繩束結而藏之者也，今北方常用之。○詩篤公劉，匪居匪康，言遷於戎狄不遑安居也。乃埸乃疆，言勤事農畝也。繼曰乃積乃倉，言由是有秋成，露而積之，或倉而貯之也。於焉裹餱糧於橐囊之中，言有行者之具矣。於是思安集其人民，以光大其國家，而有弓矢干戈戚揚之器，爰方啟行，往遷於豳。蓋公劉之居邠，被西戎之侵擾，民不得安著，而國亦以弗振，故曰思戢用光，安其人民以光大其國家也。○

【存疑】好貨，必自先厚民，以遂其好。賦民必重待土，必薄關市，必征斂寡，必禁奢民常養，故不能行此王政與民同。必不致其貨財以及人，使人亦有其貨財之心，王之政未易舉行矣。

【集說】善哉言乎。孟子言王政，而於心亦有歉乜之意，故曰善，何爲不行。不是善其
他不行其言，蓋方才說了，如何見他不行？「不行」云者，只是說王何不從此見之
於行之意。乃勸其爲方來，非咎其既往也。○君者行者，不是兩項人，一个是君，一
个是行。只是說以言其君之詩，則是有積倉之言；以言其行之詩，則有裹糧之
囊。不足處總自百姓言。講之君者行者耳。此一句以下皆孟子之言，然後可推
便見得公劉推己之心以及民了。○王如好貨，此好貨只是乜義說最不疑蓋言
其同之，與齊王所言好貨不同。下王如好色亦然。
【蒙引】此引詩豈民富不重遷耶。
【心說】齊王見孟子陳王道，每見其善言之有味，故曰善哉言乎。若謂善哉其可毀明
堂以行王政之言，則爲登堂矣。但既稱善之，則當撫明堂之遺制以尋岐下之
遺蹟，歸求齊之餘風，直追周家之勝事可也。奈何以好貨好色之疾自諉乎？不
知好貨好色之君，固不足與行王政，而能公好貨好色之心以四海積露積以
與民共□□□□□□□之矣，以天下爲□□以上公爲一□使民皆

欣然有室家之樂便得民之心而無不歸往矣於王何有信乎有公劉太王之心則亦可行文王之政何以辭爲。公劉太王但周之先君先文王而發耳以肇王迹者引喻但切須於居者及無怨女上點公劉太王好貨色與民同之意故行驗天下點公劉遷邠遂開王業太王遷岐遂興王業方與下面有根據處應。

【發註】公劉宜是非好貨太王宜是非好色孟子只借以引君耳而與百姓同之亦不是發容蘊借須鄉以同民

【正解】此兩節孟子只重在與民同上二君未必因已有是好而始推之與民同也在孟子曲誘齊王故因其所好而曲引以告之耳。好貨與民同是制恒產薄稅斂意好色與民同是保全其室家各遂其嫁娶意

【諸家】齊王知善之一二句追得緊逼是擾醒齊王處善與行無甚等待裁轉念便當干但欣然羨慕而齊王竟有力去行底亂招何爲不行是攔當他必行非詰詞

按此說最切王通屬說故字與齊後字相叫應

附錄 詩篤公劉匪居匪康迺埸迺疆迺積迺倉迺裹餱糧于槖于囊思輯用光弓矢斯張干戈戚揚爰方啓行○毛萇說召康公以成王將涖政當戒以民事故詠公劉之事以告之

【語】齊宣王聞之而嘆美曰善哉夫子王政之言乎真致王之道也且聞善言能行王道善言之則何爲不見之行事王曰寡人有氣稟之疾寡人好貨未免取民無制不能行此王政孟子曰好貨何妨於王政乎昔者公劉能行王政之君也亦嘗好貨詩有云公劉處西戎之間乃行富民之政其民乃出有露積乃家有倉庾乃裹其餱糧于槖于囊之中爲遷都計思以戢和其人民而用以光顯其國家而弓矢斯張也干戈戚揚皆備也于是方以啓行而遷都於豳焉由詩言觀之故公劉當遷之時必使居公之居者皆有積倉行者皆有裹糧而富足如此也然後可以爰方啓行而立國開業焉豈非公劉好貨而推己以及民也王如好貨亦如公劉與百姓同之俾民皆遂其富足之願焉於王天下也何難之有是好貨固不足爲王病也

王曰（句）寡人有疾（句）寡人好色（句）對曰（讀）昔者大王好色（句）愛厥妃（句）詩云（句）古公亶父（句）來朝走馬（句）率（頓）西水滸（句）至于岐下（句）爰及姜女（句）聿來胥宇（句）當是時也（讀）內（頓）無怨女（句）外（頓）無曠夫（句）王（頓）如好色（讀）與百姓同之（句）於王何有（句）

王又言此者，好色則心志蠱惑，用度奢侈，而不能行王政也。大王，公劉九世孫。詩大雅緜之篇也。古公，大王之本號，後乃追尊為大王也。亶父，大王名也。來朝走馬，避狄人之難也。率，循也。滸，水涯也。岐下，岐山之下也。姜女，大王之妃也。胥，相也。宇，居也。曠，空也。無怨曠者，是大王好色而能推己之心以及民也。

南軒張氏曰：齊王好貨好色，孟子以公劉、太王對，公劉好貨，太王好色，而不知是未嘗好也。二者處心不和，無一毫物我之私。如曰居者有積倉，行者有裹糧也，豈欲其國富而亦欲其民富也。如曰內無怨女，外無曠夫，不難君有室家而民亦欲其有室家也。好字雖同，而所以為好則異，故孟子曰：王如好貨好色，與百姓同之，於王何有。

新安陳氏曰：孟子之言，有因其近似而發揮之以足己意者，如公劉好貨本無事寔只乃積乃倉一句太王好色亦無事寔只爰及姜女一句而已然欲問遵時君意正辭辨○來朝其來以朝也古人紀事益有此例如書曰王朝步自周周公朝至於洛

【蒙引】來朝走馬奔走狄人之難而來急也○爰及姜女聿來胥宇蓋同時奔爲水滸而至於岐下也蓋太王是避狄人之難而去不忍委其民而與之偕豈使其妃獨後乎不可因上句古公亶父來朝走馬爲句只太王獨來而不察爰及姜女之一句爲偕至而共居也詁胥相也宇居也爲來相共居也○內無怨女外無曠夫亦無事寔據証然以太王之德必能如此無疑也○王如好貨與百姓同之有好貨而推己之心以及民推己之心以及民便是耕者九一仕者世祿云云矣好色與民同亦然○究公劉之好貨止於乃積乃倉裹餱糧而已他無所謂好貨也究太王之好色亦止於爰及姜女聿來胥宇而已他無所謂好色也然則亦所謂其爭也君子雖然乃積乃倉民之貨非公劉之貨也爰及姜女乃天理人情之當然太王豈可委其妃而獨行哉然則亦何好色之有孟子之

詳說

存疑好色則心志蠱惑用度奢侈必至於取諸民以足用故不能行王政惟與民同必使民均有室家之樂又必節用裕民使民有以遂其樂文王之政矣第恐行矣蓋但好色必定心志蠱惑用度奢侈便至多取但與民同便心志不至蠱惑用度不至奢侈便不多取於民相因之勢必然也○按公劉好貨太王好色本詩初無此意孟子特就其中看出一个意思來引導其君爾公劉詩只用幾居者有積倉行者有裹糧也然後可以爰方啟行兩句點出民富足意而公劉好貨能與民同之意就在其中故承之曰王如好貨與民同之於王何有太王詩只說當是時也內無怨女外無曠夫兩句而太王好色能與民同之意就在其中故承之曰王如好色與民同之於王何有聖賢說道理有借古人之言發自家意思者此類是也程子多如此○行王政就在兩句與民同之內○孟子於齊王好貨好色都不禁他但勸他與民同蓋與民同則好貨不自私必委于民而好貨之念衰矣好色必有節不至荒淫奢侈節用裕民好色之心亦衰矣

此孟子之大才其變化人主之術最爲妙巧也不禁他也不縱他中間有斡旋底方法使他都不知覺入將去

【集說】心志蠱惑以其爲女色所蔽而言用度奢侈以其凡所爲寵泰女色者而言心志蠱惑則無以爲仁政之本用度奢侈則有妨于仁政之事用度奢侈又根心志蠱惑來○兩於王何有王字卽應前王者王政之王字言王但能行王政則此二者亦自有王政之事固無害也不是丟了王政只在好貨好色上求王於天下之道

【脉水】來朝走馬時何急乎水滸至于岐下事何紛乎然而所與來者僅曰姜女詩人之意著矣無怨曠不止婚姻以時而凡使室家無以傚離亦是無怨曠之意眞自雖同之亦要盡行治岐之政意蓋法公劉太王之政是卽法文王治岐之政

【心訣】公劉平日以農事立國治其田疇是其倉廩既實且欲行徙遷於豳居有積倉之富行有裹糧之貲分明是好貨以推及之也公劉□□有財亦無適易

公劉迺疆百姓亦始迺疆今公劉不好貨能有此乎王之好貨亦如是不以齎
藏爲富而以閭閻之家給人足爲富便是與百姓同之則於王何有太王避狄
人之難及姜女以走不與狄人爭地故百姓皆胥相以居內無有怨之女外無
有曠之夫分明是太王愛姜女以推推及之也太王愛及百姓亦始愛及太王胥
宇百姓亦始胥宇今太王不好色能有此乎王之好色亦如是其恤鰥寡而憫
仳離不令寡人之妻孤人之子便是與百姓同之則於王何有是公劉之遷豳
在乎褒安定之後故以完積聚爲先太王之遷岐在仳離播遷之際故以完室家
爲務各有攸當非泛泛也○居者有積倉行者有裹糧要看兩个有字內無怨
女外無曠夫要看兩个無字貨能遂其有色能憫其無是所欲與聚所惡勿施
念頭文王發政施仁不外于此○當是時三字不可輕易看過太王豈能人人
爲之室家但當此仳離播遷之際而內外俱無怨曠則太王之政能宜其人民
可知

【集成】仇滄柱曰公劉本非好貨太王本非好色特因詩詞有積倉及姜女遂借誣

貨。但本意重在居行有資怨曠無嘆仍是與民同欲而不私於己權詞告王正是轉移妙用也。○得迎机善道意便斷章說詩總歸到與民同樂上不然則當言疏利有乘輿他出之憐溺志後宮有繼嗣未屬之憂好色好貨未有不中其疾者矣○兩節引君意俱在與百姓同之句蓋能推己及人舉行王政制田里教樹畜使民仰事俯畜內外無怨必不厚殖荒淫有好貨好色之患也。

〔　〕飲食男女人之大欲存焉得民心者全在乎此只一好貨好色私之即為殘賊同之則王者治天下之道不外是焉。孟子此兩段正是危言莊論辯别人心道心危微治怨處若徒作造辭詭辭諷諫悟王点鐵成金則貪財好色無所不可非拾儀秦之牙慧即墮釋老之机鋒全非孟夫子泰山巖巖氣象矣

揆音葵相平声
共也非願也

附錄詩緜緜瓜瓞民之初生自土沮漆古公亶父陶復陶穴未有家室○此亦周公戒成王之詩追述太王始遷岐周以開王業而文王因之以受天命也

論王曰寡人非特好貨也寡人又有疾而好好色未免心惑用倭而不能行此王政。

劉氏曰：好色亦何妨。昔者太王能行王政之君，亦曾好色而鍾愛厥妃。詩云：古公亶父，因狄之侵，不得已而遷國避難，乃率□朝走馬，率西河之水滸，以至於岐山之下。於是及其妃姜女，聿來相與擇宇而居。當是時也，太王之民，内無怨而無家之女，外無曠而無室之夫。莫非太王好色，推己以及民也。王如好色，亦如太王與百姓同之，使皆無怨曠之嗟焉，於王天下何難之有？是好色亦不足爲累也。在王力行王政可耳。王政行，則可坐明堂而朝諸侯矣，何以毀爲哉？

楊氏曰：孟子與人君言，皆所以擴充其善心而格其非心，不止就事論事。若使爲人臣者論事每如此，豈不能堯舜其君乎？愚謂此篇自首章至此，大意皆同。蓋鍾鼓、苑囿、遊觀之樂，與夫好勇、好貨、好色之心，皆天理之所有，而人情之所不能無者。然天理人欲，同行異情。循理而公於天下者，聖人之所以盡其性也；縱欲而私於一己者，衆人之所以滅其天也。二者之間，不能以髮，而其是非得失之歸，相去遠矣。故孟子因時君之問，而剖析於幾微之際，皆所以遏人欲而存天理。其法似疏而實密，其事似易而實難。學者以身體之，則有以識其非曲學阿世之言，而知所以克己復禮之端矣。

慶源輔氏曰泛似疎而實密事似易而實難不直禁其好貨好色則彼若豫且易矣然必使爲公劉太王之事推己之心以及民循理而不縱欲公天下而不私一己則其實又甚密而且難矣。若指孟子之說事指公劉太王之事非孟子擴理之極知言之要何能辯析其精微如此也哉

雲峯胡氏曰天理人欲同行異情五峯胡氏之言朱子平日深取之今引以釋此章者如齊王好色太王亦好色是同行也齊王是行從人欲上去太王是行歸天理上來是異情也同行則天理人欲之幾若不能以髮異情則天理人欲之判不啻霄壤矣凡曲學阿世者非逢君之惡則長君之惡孟子之言無非止君之惡而誘君於善無非遏人欲而存天理也。按曲學阿世是轅固告公孫弘之言見漢儒林傳

【直解】此章總見王政當行之意首一節因其欲毀明堂而使以行王政第三節因其欲聞王政而舉文王之政以告之末二節因其謝不能行王政而舉古人之事以引之見能若公劉太王同民之意則文王之政可舉矣

〔註疏直解〕通章無非欲其得民心以行王政也。若此一段是正說公劉大王兩段是權說

〔集成〕仇滄柱曰周室至七國天命已去人心已離而天下生民塗炭已極施行王政便可坐明堂而朝諸侯此時勢必然而亦天理當然者必謂從文王公劉古公皆非出諸侯爲眼目非勸齊坐明堂亦是爲齊宣孟子作周旋語其實至公無私者亦然反不如是爲折耳。孟子時去古未遠周初遺制猶可盡復故井田封建一一講究詳明得時行道皆將見之行事其明堂廵狩之舉彈壓諸侯收天權於一人亦當時可行之事也

孟子頓謂齊宣王曰句王之臣讀有託其妻子於其友讀託其妻子連。而之楚遊者句之楚

〔還〕比其反也讀則凍餒其妻子句餒連。凍則如之何句王曰句棄之句

〔記〕寄也比及也棄絕也之楚遊之之字往也

〔蒙引〕比其反也則凍餒其妻子非是自楚反彼乃凍餒其妻子蓋反之日乃知彼之凍餒其妻子也。則如之何託以妻子者當如何處也。棄之絕交也

【正經】託妻子、只是望他照管衣食、非寄於其家也。

【餘案】如之何、分上設爲不友之事、下明於絕交之義。○棄之是絕交之意、之字指友言。

【心訣】凍餒其妻子、非故意凍餒之、只是不看顧他衣食便是。

【講】此孟子設問以諷齊王之不能治國也。齊宣王不治其國、孟子設一事以發之、曰、王之臣有寄託其妻子之衣食於其友、而之楚遊者、及其自楚反也、則其友凍餒其妻子、而不之恤、王之臣將何以處其友耶、王曰、受託而負之、非可交之友也、以義裁之、當棄絕之、而不與友焉。

曰、士師句不能治士句、則如之何句、王曰、已之句。

士師、獄官也、其屬有鄉士遂士之官、士師皆當治之、已、罷去也。

【周禮】秋官司寇、刑官之屬、士師、鄉士、遂士、縣士、注鄉士掌六鄉之獄、遂士掌六遂之獄、縣士掌縣獄、

【蒙引】言當何以處之也。已之、廢之也。

【說約】周禮秋官士師下大夫四人，鄉士上士八人，遂士中士十有二人，縣士中士三十有二人。士師之職，掌官中之政令，察獄訟之詞，以詔司寇斷獄弊訟，致邦令。掌士之八成。注曰：官中之政令，刑官之屬所行政令也。羣士上其獄訟之不決者，致于士師，士師上其辭之前，宜以告司寇，於是從而斷之弊之，及令之施於邦國者，士師則從而致之。何氏曰：獄訟既審，合於邦令，則以法報。羣士掌士之八成者，士，刑官也，鄉士、遂士、縣士皆士師之屬。八成，謂正亂之成法也。三禮辨誤云：鄉遂皆王畿，掌刑，然獨鄉士與大小司寇士師同衙門，敘官可見。若外署，則遂士以下，縣士、方士、訝士、朝士，皆其屬也。鄉士掌六鄉之刑獄，遂士掌六遂之刑獄，縣士掌四野公邑之刑獄，方士主都家之刑獄，朝士掌外朝之法，爲大詢衆庶、王聽獄之朝。

【體注】上設爲不臣之事，下明於治臣之法。

【心說】不能治士，就刑罰失宜說。

【圖】士師爲獄官之長，其下有鄉士、遂士之官者，士師之所當治也。設若士師不[illegible]

治其所屬之士。使刑罰不當。則爲君者當何如以處士師耶。王曰。有官守一不能

盡其職。是爲曠職之官。以法論之。當罷去之而勿用焉。

曰四境之內不治則如之何。王顧左右而言他。

孟子將問此。而先設上二事以發之。及此而王不能答。並其體於自責恥於下問。

故顧不足與有爲可知矣。

慶源輔氏曰。顧左右以釋其愧。言他事以亂其辭。有諱疾忌醫之心。無責己受

言之意。

雙峯饒氏曰。自責下問。集註自爲他開兩條路。當言此則寡人之罪也。這便是

自責。又當言如何可以治人。這便是下問。齊王亦無服善之心。故顧左右而言

他。發來因孔距心之辭。則不惕於自責矣。然亦恥于下問。

蒙引　受人之託妻子而不免凍餒之者。固不得辭其責矣。爲官長而不能治其

屬者。亦不得辭其責矣。四境之內不治。人君獨得以辭其責乎。一則曰棄之。二

則曰已之。固矣。四境不治。己獨其奈何哉。此孟子懇切齊王之意也。四境之

則不治或治道乖方而邑里之蕭條教化陵夷而風俗之薄惡

【集說】左右或以地或以人俱不必拘只是無聊旁顧之意耳

【心訣】四境之内不治則如之何亦只大槩冷冷諷他不着宣王身上若云王之四境便無味王顧左右而言他若不解問意一般此正齊王天資朴寔是用爲善處也記者形容一時自愧光景如此不是飾非拒諫

【補】孟子因問王曰然則爲一國之君政事廢弛人民困苦而四境之内不治此與負託之友驕戢之臣何異則將如之何以自處也齊王乃顧左右以釋其慚言他事以亂其辭此豈足與有爲哉

趙氏曰言君臣上下各勤其任無墮其職乃安其身

【大全】小註兼王與士師言

【蒙引】須兼友之受託者言蓋受人之託便亦有一職任在身職者分内事者也必無墮其職然後不爲友人所棄而身安矣蓋上二事皆是設言以發之不是只重在士師一節也○各勤其職乃爲不墮其職也不墮其職然後友不爲友

所棄士不爲君所黜人君亦得安於民上而保其社稷矣○趙氏總註頗失輕重○

【旨】【心說】此章當爲四境不治發前二節全要摹寫他有心之問無心之答一段情景出來○不盡友道則棄是原情不盡臣道則已是議法即此便足四境不治斷案○

【體案】二節分上設罰不友不臣之事而齊王明於責人下切罰不君之事而齊王昧於處已上二節暫意重末節以上意形講○

【好題】須知逐發三个如之何須看他着〻緊一步趕一步處又要知上二節處處是頑假其民刑罰不中的影子照在左右只就題還他不必立論上二節便寓意是前說此亦只是借形

孟子見齊宣王（讀）曰（句）所謂故國者（讀）非謂有喬木之謂也（句○喬木連）有世臣之謂也（句○世臣連）王（頓）無親臣矣（句○親臣連）昔者所進（讀）今日不知其亡也（句）

世臣是累世勳舊之臣與國同休戚者也親臣是君所親信之臣與君同休戚者也此

言喬木世臣皆故國所宜有然所以爲故國者則在此而不在彼也○大全小註[illegible]

喬木昨日所進用之人今日有亡去而不知者則無親臣矣況世臣乎

蒙引喬木世臣皆故國所宜有蓋古人立國凡朝廟壇壝宮府及衆衢之所皆必植之名木如三槐九棘之類歲數既久則成喬木或千尋之高或百圍之大是亦故國之一證也若新造之邦安得有此○國有故國亦有新造之國今人槩指喬木之類以爲故國之證殊不知故國所重在人不在物也○昔者昨日也凡語千百年之遠槩謂之昔者而此乃釋爲昨日何與曰此對下文今日言也○此進字不是泛泛進用蓋是其所親幸而將倚以爲腹心者故以不知其亡爲無親臣也若是百僚庶官之中有今日進而明日亡去亦何怪得王之不及知○世臣累世勳舊之臣蓋自先世有大勳伐於國家而又代有聞人世其祿位與國同休戚者也在商則有伊陟巫賢在周則有召穆公虎爲康公奭之十六世孫也○

存疑此孟子因齊王輕于進退人才故爲此語以警之○昔者所進今日不知

四書蒙引存疑[illegible]卷之三　十三　[illegible]

其亡以見其無親臣也只看其無親臣則世臣可知矣

說約 非日今日見其亡易之意

蒙引 麟士文云一國之內百官進退皆王所知是則此不知其亡亡云者亦言王忽易之甚若罔知若非真不知也

集說 首節只是以世臣引起王無親臣矣重親臣上蓋雖今日之親臣節可為他日之世臣然却不重在以親臣為世臣乃謂當有親臣以托心膂保國家也觀註只以況世臣乎同字輕點便見但斷不是任用世臣之說○親信之臣與君同休戚乃指賢人可倚以為心腹者說若左右便嬖之類恐王之親信者多矣○昔者今日只共言其用舍黜陟無定之意不必求其時日之深淺

蒙經 王無親臣三句乃孟子發論本旨

醉朱 三句分上示以世臣之重下責其待臣之疏此節要發故國係于世臣而今日常豢養世臣意臣有世臣則國亦賴以世守也此是常說歟不如集說更親臣為客

心訣 故國非止謂舊邦是國祚綿遠由歷世至今矣世祿多於世臣非止是世將

如歷朝元勳舊臣也即出自世家亦是賢者而官之如伊陟之相太甲之類皆[illegible]
借以彩世臣盛國故則喬木世臣二者皆有但喬木可以莊國之觀不足為國
重惟世臣經歷多年熟知國事且受國厚恩則視國如家必能竭力輔導以綿
國祚於苞桑而故國起藉以保護不是空負此名便可以故其國也此全自國
脈所係極重上論非徒論故國之得名耳世臣必自親臣始親臣不是親倖之
臣謂帷幄肺腑之臣也如湯之伊桓之仲是也或此人歷事數世或其後世篤
忠貞便皆可謂世臣齊王昔進而今亡親臣且亡況世臣耶[illegible]按此說一節詞意詳明

正解今昔二字描寫之詞要活看不知其亡指宜王輕棄大臣言全在不知其
亡上見無親臣非定以亡者為親臣也昔者有二句是亡無親臣一句〇有世臣
有字宜着力此字只全在着心上培養得來

講此孟子告齊王當求親臣而慎于用賢也昔孟子見齊宣王曰世之言故國者
類以喬木世臣並稱不知喬木不過為故國之徵驗其有無不足為國之輕重
惟世臣則忠貞世篤休戚與同人之有無足為國之輕重故所謂故國者非謂

有喬木之謂也以其有世臣之謂也然世臣之始則爲親臣今王無親臣矣前日所進用而將倚以爲腹心之人今日有亡去而不知者是親臣且無也況世臣乎然則安在其爲故國也

王曰吾何以識其不才而舍之

王意以爲此亡去者皆不才之人我初不知而誤用之故今不以其去爲意耳因問何以先識其不才而舍之耶

存疑不但自解其昔日者所進今日不知其亡之失蓋欲得其才而用之以免向日之弊也○

蒙引王曰此亡去者皆不才之人我初不知而誤用之故不以其去爲意從今以後吾何以預識其人之不才而舍之使所用者皆有其才乎○

曰國君進賢如不得已○不得已將使卑踰尊疏踰戚可不慎與

如不得已言進之至也蓋尊尊親親禮之常也然或尊者親者未必賢則必進疏遠之賢而用之是使卑者踰尊疏者踰戚非禮之常故不可不慎也

天全小註 卑踰尊非尊尊之當然疏踰戚非親親之常

慶源輔氏曰先儒皆以如不得已一句連下文說言不得已則將使卑踰尊疏

踰戚故不可不謹雖若可通然如此則國君用人惟不得已之際方致其謹非

孟子意也故集註直以如不得已一句連上文說言如不得已是至謹之意人

君於進賢之際皆不可不謹故下段繼之云所謂進賢如不得已者如此至於

尊者親者未必賢則又將進其疏遠之賢者而用之至使卑者踰尊疏者踰戚

則又非禮之常尤不可不謹也

蒙引 國君進賢致謹之意審而又審若有不能得已焉者如何以下文觀之蓋

皆曰賢若可矣猶未也諸大夫皆曰賢可矣又未也至於國人皆曰賢可矣又

必自察之然後進而用之其審之又審詳略不苟如此直若意不欲進而不得

不進者○所謂如不得已非真有不得已者以其審了又審二番三番五覆審之而

後始從而取之有似乎不得已而進之者如不得已最形容得真切若輕苟而

遽用之有如不得已意乎○不得已如今人言無奈何相似○如不得已言其

審之又審謹之又謹似有吝惜之意然者○蓋尊尊親親禮之常也小註以爲用世臣是尊尊親親者非也○將使卑踰尊疏踰戚其可苟哉是恐今日所進者苟不賢後來又舍更賢而親疏尊卑有易位者耳此是懲前而戒後也故曰將使又註曰故不可不愼也○進賢如不得已如此有不識其不才而誤用之者乎進賢如不得已者如不得已於未用之先也不然則將實有不得已於既用之後者矣故曰將使卑踰尊疏踰戚

【存疑】如不得已須看得明白先看不得已三字有着落然後看如字則明白矣如有个人已本欲不用他此欲已也却有人要用他我不能主張得不得不用此不得已也凡不得已者皆猶豫留難遲慢不急向前只如不得已則非眞不得已特如之耳蓋這人本是已要用的初非已不欲用但他人要用我不得已而用他如此遲慢留難也特以欲得眞才審之又審至再至三至四遲遲慢慢留之難之有似於已本欲已不用遲於人不得已而用之也○左右皆曰賢可矣猶不可至於國人皆曰賢猶可矣猶不可而必自察其賢便是至再至三至

國遲々慢々留々難々意思故曰卽如不得已意〇將使卑踰尊疏踰戚是說所以如不得已處葢進賢不謹之於始至有不容已將求疏遠之賢而用之是使卑者踰尊疏者踰戚也如此則非禮之常矣此所以當如不得已也故曰可不愼與新按蒙存二書足此節正講、

〔集說〕國君進賢以下只承王曰何以識其不才而舍之來說進賢之法如此與所用皆賢而不才者自不得倖進俱自初用時說親臣尚在後一層矣更不必牽合故國世臣等義〇如不得已便是愼字故註云言謹之至也後又云不可不謹也看來只一意一氣說下輔氏加一又字一尤字以爲上故所當謹而此尤不可不謹還未是卑踰尊疏踰戚正是說如不得已者之心〇尊戚正以所用之人言賢不賢皆在內用者賢而尊之親之則禮之常所用不賢而不免於踰尊踰戚焉則不特後日亦未必賢爲非禮之常卽後日所用果賢卽云是禮而要亦非禮之常也非禮之常不是失禮只是說禮之變數耶將使卽合禮而此時之先已不可追矣踰尊踰戚皆目專歟抑是自進賢時已慮到這个時

候了。按齊使二句是說所以如不得已處，乃推言其甚也。集說就如不得已心裡說，稍別，然亦有味。

【體注】上甚言始進之當慎，下推言當慎之故。待以不次之位曰尊，寄以心膂之託曰戚。

【講】如不得已只形容一个慎字。其所以慎者，正爲難識也。知人帝且難之，賢否試可，無非是慎，乜便是識之之道，此外別無知人之法也。累提識字立論，方是當時對副道理。備旨按以慎字對識字更當。

【集成】仇滄柱曰：如不得已之意，可見是慎於用賢。踰尊踰戚，則舉之不慎之弊言之。下面察賢後用，於公聽中參以獨斷，正所謂如不得已而慎於進賢也。所以不得已在踰尊踰戚二句內，下節用未可字、然後字，方是如不得已註腳。以卑疏爲今日之賢而進之，則將踰乎昔日之尊戚。此一節，京山說，雖較註解爲徑捷，然與上不得已、下可不慎語脈不合，不如從註爲安。樹人者於始進而始進之加慎，全在虛心咨訪，參輿論而得其當。淳于一日而薦七士，宜乎齊王之側多姦佞而倏來也。孟子此論，直是爲後世用賢龜鑑。

【□□註】據夏二句原有兩解所以今之所進踰昔之尊戚是一解謂今雖[illegible]
之一不當從且易以卑疏踰之是一解吾宗後一解以其合註
【纂序】踰是踰越而居尊戚之位
犄按一說國君進賢自初用時說進賢七字包下賢未可兩項人在內此固是
煩顧下文立說說亦不必太拘即常親臣爲說亦不妨如不得已下節朝有
証據雖不可太說明亦
不可止在如字上虛摹
【□□】對曰於其悔之於後莫若謹之於始故國君進賢本不可已之事也但當將用
未用之際其難其慎審之又審有如王之初心本不欲爾而勢之所廹不得不
用他一般所以如此其謹者何也蓋尊卑有等親疎有序乃朝廷体統之常自
用之而待以不次之位也則謂之尊苟尊非其人則必又易以賢之卑者是使
卑者踰尊矣自用之而寄以心膂之托也則謂之戚苟戚非其人則必又易以
賢之疎者是使疎者踰戚矣如此則尊卑越等親疎失序而体統亂矣可不自
今日尊之戚之之時聊慮其或有以踰之而存如不得已之心以加愼歟
左右頓皆曰賢讀未可也句諸大夫頓皆曰賢讀未可也句國人頓皆曰賢讀然後

察之句見賢焉讀然後用之句左右皆曰不可讀勿聽句諸大夫皆曰不可讀勿聽句國人皆曰不可讀然後察之句見不可焉讀然後去之句

左右近臣其言固未可信諸大夫之言宜可信矣然猶恐其蔽於私也至於國人則其論公矣然猶必察之者蓋人有同俗而爲衆所悅者亦有特立而爲俗所憎者故必自察之而親見其賢否之實然後從而用舍之則於賢者知之深任之重而不才者不得以幸進矣所謂進賢如不得已者如此

新安陳氏曰如此方見進賢謹之之至如必不得已而然者要之用舍之道蓋之於衆而察之於獨不賢者固去之勿疑矣賢者必任之勿貳是即君所親信之臣也此非親信之以己之私而是親信之以國人之公所謂民之所好好之也今日爲王之親臣他日託孤寄命即爲國家之世臣矣○同俗而爲衆所悅者若孟子所論鄉愿一鄉皆稱原人是也特立而爲俗所憎者若韓子所論伯夷特立獨行而舉世非之是也

慶源輔氏曰所謂察之則必因言以察其心考跡以察其用如孔子之觀所以

觀所由察所安然後能親見其賢否之實從而用舍之則於賢者非徒知之知之必深而無所疑非徒任之任之必重而不可易至於不才亦不容於倖進矣

【蒙引】見賢焉然後用之則後日自不至於卑踰尊疏踰戚矣見不賢焉然後去之則今日亦無倖進之失後日亦無踰等之患矣○左右皆曰不可勿聽勿聽者誠恐其失賢也恐其失賢者正欲其得真賢也故二條總歸於進賢如不得已進不賢進則在退列矣進退相形非因增一个退人說也

【存疑】左右皆曰不可勿聽一條退人之不輕恐賢者之誤退而亦歸於進賢也不是進賢之外又有退不肖一節觀總註則於賢者知之深任之重不才不得以幸進意可見饒撥蒙存皆以下段總歸於進賢極是

【集說】兩未可不是全然不理只是要必合國人而皆賢之之意耳○國人皆曰賢不止是公論乃利病之切於己者○察不是空察乃詢事考言之事皆曰賢不過都說他是个好人我都必要親其所賢者何在或考之素履或驗之言語或衡其才品之高下或量其行事之始終皆是○而然後字較兩未可更難益

不至國人皆賢亦不必察之之而見有不賢焉亦未必用也○見亦不是漫之
見之而已當察之時亦必屏去一己之私心而求其果可以託國治民者安在
實之落之見其爲賢而有益於我也○通節俱以方進之人言不是已在位者
體朱 此節正詳如不得已之實以進退二邊相形退之如不得已者正所以進
之如不得已也○察之察其行事之實與其心術之微總不外內外之人言中
而求其實跡也用之是用之於尊親之列去之即是不進之意
纂序 合參左右諸大夫之言至國人而始與吾之察亦因國人而後施重國人
上節中未可字勿聽字然後字察見字全是兢兢謹慎意不可忽也
心訣 國欲進一賢其時儘有許多議論有一番說可的又有一番說不可的當
揀擇欲進之時慎於去不可正其不輕以爲可用舍兩擇正是進賢一事不是
去已在位者 此說兩限合着與當說異 ○未可與勿聽有別左右近習每多私譽但不輕信
是矣至於妒賢嫉能中傷善類讒害忠良古今炯戒故于所賢者但曰未可曰
不可曰可殺則斷然勿聽一毫猶豫不得正是父母好生惡殺的念頭之慎於

[illegible]見之朝豈左右大夫皆懷私附上者兩曰未可只是非其不輕用之意耳○察字即於左右大夫國人之中咨詢得當而已非任己意而私察之也見字是參求公是而決之於己方謂真見若不參衆見而自斷之亦任己意矣

【彙解】左右諸大夫之言非盡不足信但不可遽信耳使盡不足信則即詢之國人可矣何必使左右諸大夫得參其意乎若其人果賢則國人與左右諸大夫之言亦相合矣惟要見進賢極其慎故如此說 ○竊按不採個左右諸大夫是

【實炬訂】然後二字當醒出獨重國人意○至國人皆賢然後察之又須見採聽在人真識原在我必如此發縱見不得已 羽皇 幾个見字正對識字發藥 維策

【[illegible]】章末結到國人殺之則可知左右皆曰賢一段亦惟國人用之也語意似當重在國人但國人之稱賢雖無党同作好之疑而其人之得衆或有違道干譽之寔故又須察而後用之乃是致慎之意非疑國人而爲是也兩个然後字接連叠用俱從國人言自可出且見其慎之至耳又分貼公聽獨斷二意便失此神解矣○左右不是全不是只是歸重國人耳未可亦非槩不聽止爲

國人也未可。中有多少權衡作用在。

[好辯]要看几个然後字。至再至三。方見如不得已之意。不進即是去之。去即是舍字。非左右諸大夫不如國人。以左右諸大夫之爲君。必不如國人之自爲。故可不可總以國人爲定。了國人用察。又必待見後用。是何等慎。相遞說下。形容一个慎字。

[集成]仇滄柱曰。古今用人一途。惟左右最易惑聽。以漢文之於季布。猶始以左右之譽而召之。復以左右之毀而置之。何况其他。此烹阿封即墨。齊威所以傾服鄰國也。後世寵嬖近倖之君。非特輿論不聞。并諸大夫議論。亦不肯聽信矣。又其甚者。諸大夫且陰結权貴。內外交通。因是煽惑爲奸。徵薦寵應。而人主益孤立矣。爲社稷計者。可不公聽並觀。開導以求賢。而鞏國祚於苞桑也哉。

翼按。左右諸大夫曰賢。不可執定以爲不賢。而未可只是要慎。亦還要走出國人來。國人二字。上照前國。下照民字。見不可忽。然後察。非輕國人。正是重國人。必到國人皆曰賢。然後察之。語氣仍頂左右諸大夫來。

講慎之當如何。蓋人才之用。會不可徇一已之私情。當參以衆人之公論。有人焉此左右皆曰賢恐有昵比未可信也諸大夫皆曰賢恐涉朋黨未可信也至於國人之公論皆曰賢然後從而察之因言以察其心考迹以察其實其人果賢見其爲賢焉知之深而無所疑然後從而用之舉之尊親之列任之重而無可易焉不果進則在退列矣若左右皆曰不可用恐或巧於排擠勿聽諸大夫皆曰不可用恐或出於私毀勿聽至國人皆曰不可用然後從而察之果真見其不賢焉然後從而舍之所謂如不得已如此

左右皆曰可殺讀勿聽句諸大夫皆曰可殺讀勿聽句國人皆曰可殺讀然後察之句見可殺焉讀然後殺之句故曰讀國人殺之也句

此言非獨以此進退人才至於用刑亦以此道蓋所謂天命天討皆非人君之所得私也

南軒張氏曰既言進退人才之道復及於可殺者蓋如舜之於四凶孔之於少正卯天討之施有不可已者也曰國人殺之言非已殺之因國人之公心耳然則其用是人去是人亦非吾用之去之國人用之去之也

新安陳氏曰：因用舍而及刑殺，亦是孟子敷演以明其意。不才者舍之，有罪而甚焉者殺之也。

【蒙引】天命指進退人才言，天討指刑殺言。卿何以退人才亦爲天命有德耶？曰：有進便有退，以此帮形言耳，意重進賢，退只是不用，不可謂之天討。○此節不可依南軒、新安帶連上文進退人才言，不可而甚者則殺之，如舜之於四凶，非也。蓋不可而去之者，正是所進之人才，論察其不可進而退之者，亦何至有可殺之罪耶？若四凶自是積惡犯罪，非是因人薦進之際知其不可而殺之也。《集註》明曰：此言非獨以此進退人才，至於用刑，亦以此道，分明果斷了。

【存疑】因說用人帶說刑殺，蓋用舍、刑殺，人君大事也。鐫按：此節大意以此爲正。

【必訣】緣何便說到可殺？豈齊王視臣如土芥，有未免乎好殺耶？

【集成】仇滄柱曰：殺人一項，原只帶言，以見好惡皆同於民耳。《大全》張南軒謂新安之說，皆連上文而言，曰不可之甚者則殺之，亦自有此，但恐開殺士之端，不如開說爲妥。

【講】亦是不得已之心。不惟用賢當如是也，雖用刑亦然。左右皆曰可殺，恐其有私
忿也；勿聽。諸大夫皆曰可殺，恐其有私怨也；勿聽。至於國人皆曰可殺，則或當
於罪矣。然後察之，必真見其可殺焉，然後從而殺之，則其殺之也，不出於一己
之私意，而出於衆國人之公論，故曰非君殺之，而國人殺之也。用刑猶如此，其
慎而用人，不益可知乎？

【[illegible]】頓　然後可以爲民父母句

【傳】曰：民之所好好之，民之所惡惡之，此之謂民之父母。

新安陳氏曰：總結上文用之去之殺之三節意。

【存疑】總結左右皆曰賢以下兩節意。

【說約】前說退不賢亦是足進賢意，故只云命討兩節。新安云三節，便使人搖惑
不定。

【集說】末節雖總上三節之意，然用刑一邊亦只帶言，大意只是用賢退不肖，合
乎民心之好惡，方可以爲民父母耳。大學此之謂民之父母，從樂只之詩意而

言須之也。此云如此然後可以云云。見不如此則非矣，責之也。集註全引傳文，乃解爲民父母四字，說亦須要分別。

心訣　此與大學絜矩不同。彼重在同民心上，此要得他親親業業體卹百姓意息，經與上愼字相關。○如此二字雖總承上二節來，須把用刑帶在進賢裏面說。爭云不以天寵私其非人，而必與衆共；猶不以天討加其非罪，而必與衆其，如此方能辭民之心，無愧于天地父母之心，而後可以爲民之父母也。民字與國人應，要知上面諭尊諭戚，孟子只就進賢關係淺淺處說，直到然後可以爲民父母，方是進賢如不得已私意。須看然後可以四字是難詞，非許詞，正孟子吃緊規諷齊王者血脈，亦可不愼與求。○此句總收一章，須捶入世臣親臣如昔故國。○此句與國君進賢如不得已緊相呼應。

如此句若泛泛說尊親，須辯得不落，失愼重語意，并不是此章父母二字。須接上文三段推出父母之義，方合。陳氏總結三節意，亦是論進賢而及父母，不混作論父母而以進賢言之也。

【正解】如此承上二節意側重進賢一邊當云如此則人之所進所退推而至於人之可殺可不殺皆体民心以行之豈非好惡同民者乎故曰可以為民父母

【集成】仇滄柱曰如此二字總頂上兩節來服生殺是賓用舍是主仍互側重到用賢上也。

翁按如此二字是通章結穴處最要着意為民父母與大學不同此是因論進賢而及此父母字不可倒挐在前

【講】夫人君自用舍至刑殺一惟決於衆論之公如此然後民之所好好之所惡惡之直如父母之於赤子求中其欲而不拂其情豈不可以為民父母乎用人公而民心得民心得而邦本固此故國之所以可保也親臣世臣係於國豈淺鮮哉。

【旨】【正解】孟子因齊宣王輕於進退人才故發此論見故國係於世臣今日當豫養親臣為世臣也豫養親臣只在慎於用舍如不得已四字通章精神正所謂慎也下數然後字正其不得已處首說到為民父母則世臣得人民心固結而邦本不搖故國可以長保矣。

按此章只是要齊王慎于用賢意人皆重故國世臣愚謂故國世臣只是閑要語引起下意耳觀下面許多說話未有臣如何世臣如何故意也○親臣較要緊有賢人爲親臣亦可姑不問其爲世不世也下面尊賢是與親臣應○要看親臣須慎于進賢如不得已四字約言之只是一慎字耳國人皆曰云云正是慎處正見如不得已處○兩含總是進賢一件事至于刑殺與用舍開說尙大雜默以仁人放流觀之作誅小人之尤者亦覔縮合有情○末節歸到爲民父母不寬言國蓋民爲國本人君進賢從民起見便公從國起見便私而其害盡得爲民父母之道而國未有不治安者矣○治安之久便成故國賢才繼起便有世臣作昭之後人看爲是若目下要存世臣要成故國豈可苟求○田和爲諸侯至宣王纔三世耳不可誤用齊亦喬木故國語題

講按此章故國用賢字人皆知重民爲國本用賢總是爲民故末節以爲民父母結之此意亦要知

齊宣王問曰句湯頓放桀句武王頓伐紂句有諸句孟子對曰句於傳有之句

放置也書云成湯放桀於南巢

集說宣王亦豈不知其果有此事但有臣弒其君可乎一段議論在他心裏故先以此問之耳○

指南合參齊王此問想亦卽事論事耳謂有滅周之意似太刻○

講此孟子因齊王之問而答之也宣王問曰吾聞湯放桀於南巢武王伐紂於牧野果有此事乎孟子對曰一載湯誓一載武成於書傳有之

曰句臣讀弒其君讀可乎句
桀紂天子湯武諸侯
【講】王曰桀紂天子也君也湯武諸侯也臣也乃以臣而弒其君於理可乎
曰句賊仁者讀謂之賊句賊義者讀謂之殘句殘賊之人讀謂之一夫句聞誅一夫紂矣句〇一夫紂逆未聞弒君也句

賊害也殘傷也害仁者凶暴淫虐滅絕天理故謂之賊害義者顛倒錯亂傷敗彝倫故謂之殘一夫言衆叛親離不復以為君也書曰獨夫紂蓋四海歸之則為天子天下叛之則為獨夫所以深警齊王垂戒後世也

朱子曰傷敗彝倫只是小小傷敗常理如不以禮食不親迎之類若是紾兄臂踰東家牆便是滅絕天理〇賊義是就一事上說賊仁是就心上說其實賊義便是賊那仁底但分而言之則如此〇仁是天理根本處賊仁則大倫大法虧滅了便是殺人底人一般義是就一節一事上言一事上不合宜便是傷義似手足上損傷一般所傷者小

慶源輔氏曰賊之爲害淺殘之爲害深凶暴淫虐指發於中者言顛倒錯謬指見於事者言然發於中者必見於外見於事者寔生於心絕滅天理則是殘賊其根本傷敗彝倫則是損害其枝葉衆叛親離不復君之此賊仁賊義衆惡皆歸之證驗也

新安陳氏曰紂罪浮於桀故下文專說紂

【蒙引】滅絕天理言其心已亡也凡大倫大節皆敗了傷敗彝倫言事不循道則於彝倫有虧殘破也故曰傷敗戕害人之名不仁也天之所以立君民之所以戴君爲能爲天下守此仁義也今也仁義乃自彼而喪則是喪其所以爲君者矣不爲獨夫而何孟子是以誅字換了弒字一夫字換了君字

【集說】賊仁賊義俱自爲君者說單言紂者舉紂以見桀不必拘紂罪浮於桀及桀止於放之而紂則誅之之說

【翼註】殘字却不是殘忍之殘乃是殘敗之殘

【講意】對曰天生民而立之君者謂其能盡仁義之道以爲斯民主也惟害仁之人其

心而暴淫虐焉，絕天理，則謂之賊。害義之人，其事顛倒錯亂，傷敗彝倫，則謂之殘。此等殘賊之人，天命去而人心離，謂之孑肰一夫而已，不得謂之天下之君也。嘗聞武王與師，聞誅一夫紂矣，未聞弒君也。觀于武王，則湯之放桀亦猶是矣。所以為人君者，不可不以桀紂為鑒，而盡仁義之道也。

王勉曰：斯言也，惟在下者有湯武之仁，而在上者有桀紂之暴則可；不然，是未免於簒弒之罪也。

雲峯胡氏曰：無孟子之說，無以警後世之為人君者；無王氏之說，無以警後世之為人臣者。然孟子曰：有伊尹之志則可，無伊尹之志則簒。王氏之說未嘗不自孟子中來。

慶源輔氏曰：此事自君言之，則理所當肰；自臣下言之，則不得已之大變故。集註下文舉王勉之語，所以著萬世為臣者之大戒。

〔旨〕孫疏：此章欲以儆悟宣王，垂戒後世也。

〔蒙引〕湯放桀、武王伐紂，此一問亦可以窺見齊王之志矣。蓋齊宣王素以辟土豈朝秦楚蒞中國撫四夷爲心寔是有滅東周而自帝之意故發此問耶孟子之言其所以警齊王自省君德之意又有出於其意外者○孟子此言儘可以警戒人君矣但恐未可以語人臣似欠一段攔截意思故須補以惟在下者有湯武之仁在上者有桀紂之暴則可○集說攔截之說即滅東周之說也若朕頭孟子長君之惡矣寧我戰栗一對孔子德責之豈孟子而尚不知此只當開口評論宣王以爲臣不可以弒君孟子則以爲君若不正亦不妨於誅之爲警戒之意則弒君君字不必指爲天子爲諸侯宣王之意倘是泛論孟子斷切而警之也戒後世意都是朱子添上當時說話處尚無此意

【諸家辨】殘賊之人二句是孟子儆詞儆戒齊王意朱註明說深儆齊王蒙廬齋而外無一語管及此者惟將一夫二字暗點在齊王身上理會不分何周天子耶一邊公方與孟子旨意相合

【纂序】此泛論湯武之事非欲宣王爲湯武也

孟子見齊宣王讀曰句爲巨室讀則必使頭工師求大木句工師得大木讀則王喜

句以爲頭能勝其任也句○勝匠人頭斲而小之讀則王怒句以爲頭不勝其任矣其任連

句夫人頭幼讀而學之句壯讀而欲行之句王曰讀姑舍女所學而從我句○女則所學連

何如句

巨室大宮也工師匠人之長匠人衆工人也○姑且也言賢人所學者大而王欲小之也

東嘉史氏曰言大木則可以勝大屋之任猶人所學者大而可以勝治國之大任斲而小之則不可以勝大屋之任猶毁其人舍其所學則不可以勝國家之大任也

蒙引謂大木勝巨室之任也不謂工師勝任○先儒謂任賢不如任匠非是不如任匠乃是不如任木也○幼而學者仁義也○故壯則欲行夫仁義今王曰姑舍女所學而從我是欲令舍其所學之仁義而徇吾所欲之功利也○所學者大道之大者不外於仁義也○夫人幼而學之此孟子之所謂學也故曰所學者大也亦緣上文來大木字而出

某說要知姑舍女所學而從我甚正何嘗有這言但以所學者日學於前而不
聽或從焉而不敢强必舍所學而從我乃可並曰姑舍云云何作孟子設問正
氣至則曰姑舍云云者言氣令姑舍女所學而從我下則何如二字亦補且上
下文譏呼應
勝宋任矣今上是任不欲其大下督其任賢欲其小
心說爲巨室三字便隱匕影出爲國家意爲巨室不可不求大木乃正鄉見爲
國家不可不任賢人也下節愛國意已含不勝其任四字愈重益來推大說後
能勝巨室之任賢人小用便不勝國家之任又何由而竊其楨幹蒙其廕庇乎
故愛國不如愛玉是此節之反不任賢則必不能治國是下節之骨須知前後
一脈貫通夫人是孟子自寫幼學壯行一氣說不可說幼學而欲壯行此字在
先欲字在後乃壯而欲行所學也幼而學須見大字意壯而欲行有不肯自壞而
小之意舍女所學仁義之抱也從吾所好功利之謀也隱意不必說出仁義功
利只云賢人所學之大而王欲小用之見於上文襯貼則何如亦有疏脫意是

與醒句語不是詰問其節故

按巨室比國大木比賢人重木不重工節集說

謂工師比賢者大木比賢者所學之大節朱要

節按夫人二字固要鄭重然玩白文夫字之字

文法是一氣呼起下文之詞節不可實下泥講

講 此孟子設喻以諷齊宣王當任賢以治其國也孟子以齊宣王不能任賢圖治見而諷之曰治室必以木王如爲高大之室則必使工人之爲師者求大木工師採得大木則王必悅然而喜以爲可任其事工木而能勝此巨室之任也倘或匠人加以斧斤將此木斲削短小則王必艴然而怒以爲不能勝此巨室之任也任木則欲其大如此夫賢人者幼而學夫仁義之大道及其壯而欲以其所學者見之施行以致君澤民王不思大用以盡其才乃曰姑舍女所學之仁義而從我所謀之功利是夫人之學甚大而王顧欲小之也則何如其明於任木而不明於任人也

今有璞玉於此句雖萬鎰讀必使玉人彫琢之句至於治國家讀則曰讀姑舍女所學而從我句則何以異於教玉人彫琢玉哉句○教玉人彫琢玉連

璞玉之在石中者。鎰，二十兩也。玉人，玉工也。不敢自治而付之能者，愛之甚也。治國家則徇私欲而不任賢，是愛國家不如愛玉也。

【語】題正意只是說玉人自會琢玉，何消教他；賢者自有所學，何用教他舍其所學。

趙氏曰國語云二十四兩為鎰，趙岐漢註，集註因之。

東陽許氏曰萬鎰，謂璞玉之價值萬鎰之金也。

【蒙引】萬鎰言其價值之小也，謂萬鎰子鎰以為小乎，曰自我觀言則何題者也。

自齊王有國家者言，則萬鎰所值凡何，孟子此語為齊王言也，方說得下句玉於治國家字面，合愛國不如愛玉意。○說玉人自有琢玉之法，不待人教之，猶賢人自有治國家之法，不用人君教之。饒氏云云，則何以異於教玉人雕琢玉哉。此雖說得教字穩，於王愛國不如愛玉意斷了。蓋此教字是命字之義，言玉則教玉人琢之，而國家則不能使賢者得行其志以治之，豈非愛國不如愛玉哉。○教字識不必盡觀大註，頁二至是愛國家不如愛玉也，此何止是大文則何丹興於教玉人雕琢玉哉一句。若教字有如許重大話，亦不應如此畧過了他。
【講新】雖萬鎰，其作必之之詞，然作反之之詞自佳。鎰物輕重則不得輕于人也。蓋
玉人教字即使玉人使字。何以異，猶云為甚麼緣故。如此怪嘆之詞。○教字
或作平声讀，亦常語耳。作教誨教字講，語類亦主此說，顧譜離不可從。
【講朱】琢之分上明其重於愛玉，下怪其輕於愛國。此節根上節來，只在不任賢
上見他不愛國，非是推其不任賢之由也。
【合參】姑舍女所學而從我，亦以此節而小之狀，又有委任一不專意，故又有琢玉之
喻。是遞遲說來看，則只一轉，上下節只一意。○何以異三字是怪異的声口，不
是諸開的口氣，乃極言不愛國意者。以任玉人不任賢人兩相較量便差。○前
曰則何如，挑之也；後曰則何以異於教玉人雕琢玉，故繳之也。明挑竊獄駁問
急進，自是一意，勿作兩平。
【指南合參】雖字必使字耕斟應。○萬鎰不是說價少，是說價重，方形容覺
節意愈出。

謂璞玉比國
玉人比賢人

【通】王不任賢是不愛國家矣今有在石中之璞玉於此雖其價值萬鎰金之多寶

物之重則不得輕以予人也必使工於治玉之玉人雕琢之使成器物是愛玉

必求良工也至於治國家何止萬鎰之玉王得賢人而用之即舉國而聽之可

也今乃不得之賢者則曰姑舍女之所學而從我之所爲則何以獨異於教玉

人雕琢玉哉是愛國不如愛玉也士能委任賢人其廢幾乎

范氏曰古之賢者常患人君不能行其所學而世之闇君亦常患賢者不能從其

所好是以君臣相遇自古以爲難孔孟終身而不遇　以此耳

雙峯饒氏曰兩个譬喻是兩意前譬是說任賢不如任匠後譬是說愛國不如

愛玉　蒙引

新安陳氏曰前譬王欲小用賢者後譬王不當用賢者

【蒙引】前段是說其不任賢下段是言愛國者必任賢王不任賢則其視國家爲

何如是愛國不如愛玉兩段意自相呼應饒說雖不得孟子兩節相貫之意

我猶未甚失至新安陳氏則全不識孟子意矣

【翼】教賢人之能治國家猶大木可爲巨室也曰姑舍女所學而從我則大木而小用之賢人而不賢期之矣治國當付賢人猶萬鎰之玉必付玉人也曰姑舍女所學而從我則玉以付玉人而國不付賢人矣兩節反覆而中皆有姑舍二句雖在賢愛國者分二意寔聯貫如此

【集說】前段只爲巨室三字似治國家譬喻然未明明說出大底只是說不任賢人下段便說不任賢人便不能治國家故又以治玉之事譬之爲巨室治璞玉俱是借來譬諭原無實事

【同】【正解】通章見人君當任賢以治國意兩節相承看前節喻任賢不如任木後節喻愛國不如愛玉然任賢不如任木即是愛國不如愛玉矣兩意自相呼應言不愛國正傷其任賢益深其所必愛者以傷之兩必使字何等珍重兩姑舍從我何等輕忽提醒精神全在則何如何以異二句上

【翼】按此章大旨大全兩節作兩意說蒙引兩節作一意說二說俱可而蒙引爲優故人多從之

齊人伐燕讀勝之句

按史記燕王噲讓國於其相子之，而國大亂，齊因伐之，燕士卒不戰，城門不閉，遂大勝燕。

史記燕世家：燕王噲用其相子之。蘇代爲齊使于燕，以事激燕王，以尊子之。於是燕王大信子之。鹿毛壽謂燕王不如以國讓相子之，人謂堯賢者，以其讓天下於許由，許由不受，有讓天下之名而實不失天下。今王以國讓於子之，子之必不敢受，是王與堯同行也。燕王因屬國於子之，子之南面行王事，而噲老不聽政，顧爲臣，國事皆决于子之。三年，國大乱，百姓恫恐。將軍市被與太子平謀將攻子之。諸將謂湣王曰：因而赴之，破燕必矣。齊王令人告燕太子平。太子因與而被圍公宮，攻子之不克。將軍市被及百姓反攻太子平，市被死以徇。因搆難數月，死者數萬，衆人恫恐，百姓離怨。孟軻謂王曰：今伐燕，此文武之時，不可失也。王因令章子將五都之兵，因北地之衆以伐燕。士卒不戰，城門不閉，燕王噲死，齊大勝燕，子之亡。二年，而燕人共立太子平，是爲燕昭王。

【說約】按蘇秦弟代厲亦以遊說顯於諸侯燕相子之與蘇代婚欲得燕權蘇代使於齊還燕王噲問曰齊王其霸乎對曰不能王曰何故對曰不信其臣於是屬國於子之燕國大亂齊王取之醢子之殺燕王噲○大全所載史記語與燕策畧同如此則是真有勸齊伐燕事矣殆不足據且下文明謂宣王問曰或謂書類云湣王事紹聞編辯析甚詳闕疑可也○風俗通云召公奭與周同姓武王滅紂封召公於燕成王時入據三公出為二伯壽九十餘卒九世稱侯八世稱公十世稱王○燕稱王始噲父易王噲子平為昭王用樂毅復七十餘城懿子惠王立卒子孝王立卒子喜立為秦所滅古史云燕國於蠻貊之間春秋之際未嘗出與會盟至於戰國亦以耕戰自守安樂無事文公二十八年蘇秦入燕始以縱橫之事說之自是與交中國無復寧歲六世而亡其文公則易王父也

【心訣】彼齊人見其伐燕之人爲勝見乘燕國之亂者是春秋書法

【講】此孟子因齊王取燕之問即民心而明其不可取也齊人乘燕亂伐燕而勝之

宣王問曰句或謂寡人勿取句或謂寡人取之句以萬乘之國讀伐萬乘之國句五旬而舉之句人力頓不至於此句不取讀必有天殃句取之讀何如句

以伐燕爲宣王事與史記諸書不同已見序說

何氏曰萬乘之國非諸侯之制也今燕齊互相侵奪而皆有之故以萬乘之國伐萬乘之燕勢均力敵但以五旬而舉之若以人力論之不能至於如此之易意者其天乎不取必有天殃齊王本有利燕之心特託天而遂其私耳孟子之對則不歸之天而歸之人

集說雖有兩或謂之說要皆宣王自爲其說其主意只在於取○蓋有天殃者意以天意如此違之不祥也

林氏曰首二句分上是述人言有勿取可取之計下是託天意見不容不取之理取之兼土地人民言或謂二句述衆論一如此萬乘以下則以己見言之也

心說齊乃乘燕之亂以倖勝且不可歸之人又安可謂之天

集說呂晚邨曰人力不至句齊王滿腹貪心偏從正論中退一步倒歎出這乎

古庸君飾非寵佞如書○仇滄柱曰此篇爲決意取燕故詳其說內中允許會謀

蓄已逗漏於此○

齊宣王因問計於孟子曰燕國既破土地人民當有所屬矣或謂寡人利不可貪而勿取或謂寡人機不可失而取之以我一國之齊與燕皆萬乘之國也以齊萬乘之國伐燕萬乘之國勢均力敵宜乎難勝矣今不待曠日持久僅五十日而遂收戰勝之全功倘以人力言之未必成功之速遽至於此殆天意有在陰助而默相之欲以燕與齊也天與弗取是逆天也逆天者必有天殃今欲取之夫子以爲何如

孟子對曰句取之頓而燕民悅讀則取之句古之人頓有行之者讀武王是也句取之頓而燕民不悅讀則勿取句古之人頓有行之者讀文王是也句

商紂之逆文王三分天下有其二以服事殷至武王十三年乃伐紂而有天下張子曰此事間不容髮一日之間天命未絕則是君臣當日命絕則爲獨夫然命之絕否何以知之人情而已諸侯不期而會者八百武王安得而止之哉

朱子曰此亦是齊王欲取燕故引之於文武之道非謂文王欲取商以商人不悅而止武王見商人悅已遂取之也直是論其理如此耳

慶源輔氏曰文王武王豈有一毫利天下之心哉亦順天命而不敢違蓋至論張子之說爲尤嚴所謂間不容髮之際非理明義精德至聖人者孰能處之而無愧哉蓋有一毫利心則失之矣然其命之絕否則亦不過察於人情又與孟子之言是相表裏也

纂引不可謂文王欲取商以商人不悅而止文王初何心哉時可未至文王自然不取也初無希覬之心也蓋三分有二商民猶有未歸心者○後一條分明是說齊未能得燕民之悅而未便有可取之理其自如水益深如火益熱益已竊見其有將殺其父兄係累其子弟毀其宗廟遷其重器之意矣然當時猶未有其事方是旣勝之日也

一存疑天意不可知然其視聽皆在於民即民可以知天矣取之而燕民悅是天與我也則從而取之古之人有行之者武王是也取之而燕民不悅是天不與我

也則勿取古之人有行之者文王是也

【集説】不是已取了方看他悅不悅乃度之於已度之於民預料之而然此兩節俱另講下古之人有行之者武王是也文王亦是也只説古人有取之者亦有不取之者須各有道理不拘是一定勝則必取也

【體朱】此告以當順民心蓋即民心以卜天心也兩段雖平意重不取一邊文王事勿滯只言不取商便是蓋文王未嘗取商而商民不悅也文王終守臣節非力不能取商也不悅而勿取自宜活看爲是

【心訣】孟子之對耑以民之悅不悅爲據正所以矯其托天之説也不宜又把民心纏到天意上謂民悅則當如武王不悅則當如文王管甚麽天殃難逭已乎說然須抑揚發出一段勿取意方得旨悅不悅非是既取之後纔去觀之乃在先度定也引文武只做个証驗輕輕点過不必深爲别白不然武王固非希冀收民心之悅而急於必取文王何嘗有意于取商而商民亦未嘗見其不悅也孟子特假以覘齊王耳

【指南合參】本文兩民字正對天。

【講】孟子曰：觀民心向背，可以見天意之從違。王欲取燕，亦惟決之民心而已。使取之而燕民喜悅，欣然歸附，則順民心以取之，古之人有行此事者，武王之伐紂是也。倘取之而燕民不悅，猶思故主，則順民心以勿取，古之人有行此事者，文王之事商是也。燕之當取與否，決之民心足矣，何必徇衆論乎。

以萬乘之國（讀）伐萬乘之國（句）簞食壺漿（讀）以迎王師（句）豈有他哉（句）避水火也。（句）

不火如水益深（讀頓）如火益熱（句）亦運而已矣（句）

運、簞，笥器。食，飯也。運，轉也。言齊若更爲暴虐，則民將轉而望救於他人矣。

【釋號】簞，曲禮：圓曰簞，方曰笥，飯器也。何休云：壺，禮器，腹方口圓曰壺。釋名曰：壺，[illegible]也。或云漿酒也。

【蒙引】如水益深，如火益熱，此如字是假如之如也，非如彼之如也。節集註若更爲暴虐之若字。○蓋此處只是叫他反燕與以慰民望耳，如沛公入關，與秦民約法三章，餘悉除去秦苛法，則善矣。

【講約】楊龜山孟子解云運者反覆運轉之謂也

【集說】簞壺二字皆作活字用王師王字指齊王非云王者之師也水火曰避便有不必擗地而蹈之之意說至此則齊王五句而舉之興頭儘可錯去

【心訣】上節已微示不可取之意了此節又明示以勿取過處宜云今燕民之於王何如哉以萬乘云云見非出於勢力不敵而有他避水火也是推燕民望齊之意欲以仁政拯已於水火之中也暗見不是天意如水益深三句則宛今日失燕民之望民之望救于齊者轉而望救於他人矣是今日之民心尚未有定也如是而取未必其悅也○二如字只是不好直斥其失語氣宛轉活潑處耳○即一運字可見民心之轉机甚速而已矣三字謂民情無可奈何只得遲也

【正意】夫燕之人心何如乎今以齊萬乘之國伐燕萬乘之國燕之民乃簞食壺漿以迎犒王之師者豈有他哉避燕水火之虐而望救于齊也王此時正宜發政施仁以慰燕民之望可也若更爲暴虐而水益加深火益加熱則民又將轉而望救於他人矣取之豈易言哉

趙氏曰征役之道當順民心民心悅則天意得矣

新安陳氏曰齊王言天命孟子欲其以人心觀天命欲知天命當觀人心欲得人心當施仁政燕之可取不可取決之以此足矣惟仁可以易暴燕人避燕之虐望齊之仁而歸之齊苟不施仁而益暴得非以暴易暴而益甚乎差譬之也

【存疑】以萬乘之國伐萬乘之國五旬而舉之亦是燕國自乱非齊真能勝之也齊王本有利燕之心特托天以自文耳孟子也不教他取也不教他勿取只待教之決諸人心之從違又有如水益深如火益熱之說當時必是知燕人不歸心於齊而齊王之所爲亦未能有以得人心也

【旨】纂序合參此章見取國當順民心宜王意在取故先言勿取而後言取孟子意在勿取故先言取之而後言勿取宜王托之大意幽而難知孟子決之人心顯而可據文武二段是應他兩个或謂末節是答他取之何如或云二節只是一意不拘分應亦可

齊人伐燕句讀取之句諸侯讀將謀救燕句宣王曰句諸侯多謀伐寡人者讀何以待之句孟子對曰句臣聞讀七十里爲政於天下者讀○七十里湯也湯讀是也句未聞以千里

畏人[illegible][illegible]也句

下畏畏人指齊王也

【蒙引】彼燕耻之不用孟子上章之言也○何以待之謂何以備之也

【存疑】七十里二句是一章大旨

【集說】諸侯將謀救燕不是真心救燕乃借救燕爲名不忿齊之併有其國耳下文圖畏齊之強云云便是○七十里爲政於天下且漫說王於天下只下節東南西北之征誅君而民之事而已說王亦不妨但須帶下

【體朱】待之分上齊王究寢兵之策下孟子引古人以勵之也

【纂序合參】先自失其服人之机會故不免有畏人之私憂臣聞二句且虛說下二節詳言之

【心說】將謀者謀已定而兵尚未興也○齊王稱兵原非義舉諸侯倡義救燕其名甚正齊王謀所策于頃待主應敵說然其中情寔怯矣爲政還就區宇混一上說

【集成】曰不說諸侯之謀救燕而曰之謀伐寡人是齊王膽落語意中無限諸侯都沒處埋怨極悔前舉都自已崛強專已決裂詞俱支吾正是齊王膽落聲色已態狀也○若說諸侯謀救燕則齊王意中亦思及置君反燕之齊王只是諸侯私心言此只與寡人爲難耳仍是恐惜燕國不舍在○舊周卓曰爾何以待諸侯不問何以待燕但思支持目前竟無存亡繼絶之心恰與王速出令節中上意相反

【說】此孟子教齊王以止兵之策也○齊人伐燕乘其兵勝遂將燕土地人民而盡取之爲齊有列國諸侯不平將謀起兵以救燕宣王恐懼而問計於孟子曰諸侯以齊取燕爲過之謀起兵以伐寡人者事勢至此我將何以設備而預待之乎孟子對曰臣聞古之王者有以七十里之小國能伐暴救民政令遂加天下而無與敵者成湯是也未聞以千里全齊之大國而畏人伐已者也王何不以之自反乎

書曰句湯讀一征讀自葛始句天下信之句東面而征讀西夷怨句南面而征讀北

狄怨句曰句奚爲後我句民望之讀若大旱之望雲霓也句○大旱連歸市者讀不
止句耕者讀不變句誅其君讀弔其民句若時雨降句○時雨連民大悅句書曰徯
頭我后讀后來其蘇句
兩引書皆商書仲虺之誥文也與今書文亦小異一征初征也天下信之信其志
在救民不爲暴也奚爲後我言湯何爲不先來征我之國也霓虹也雲合則雨虹
見則止變動也徯待也后君也蘇復生也他國之民皆以湯爲我君而待其來使
已得蘇息也此言湯之所以七十里而爲政於天下也

【蒙引】只曰東征西怨南征北怨可也必曰西夷北狄何與舉其遠者言則近者
可知也○若望雲若仰其來也若望霓者又疑其不來也望霓處不好說不要
說是見霓而知其不雨也須要說是望看是雲是霓不是霓猶未實只是願其雨
而猶恐其不雨故只管望看是雲是霓耳○霓虹也單言則同對言則分○趙
氏惪曰雄謂之虹雌謂之霓見後孔氏註愚每疑霓安得有雌雄及考正韻霓
字註曰霓所虹也方知虹是長虹所謂蝃蝀者霓只是雲端之白者故謂之屈

虹也○又趙氏惠曰雲出天之正氣霓出地之正氣此亦可疑天降時雨山川出雲何謂雲爲天氣蝃蝀之詩傳曰虹者日與雨交倏然成質似有血氣之類乃陰陽之氣不當交而交者蓋天地之淫氣也何謂霓爲地氣詩孔氏註曰雙出色鮮盛者爲雄曰虹暗者爲雌曰霓○書之言至要爲後我止民望之以下孟子申言也謂當湯未至時則民望之若大旱之望雲霓及湯既至則歸市者不止耕者不變誅其君而吊其民若時雨降民大悅矣故又提書曰徯我后后來其蘇見得以上是孟子之言也下篇亦然

存疑民望之若大旱之望雲霓也民大悅是孟子解書意徯我后后兩句又引書語以證之○民望之若大旱之望雲霓是未至而民望之歸市者不止至民大悅是既至而慰民之望

說約附錄仲虺之誥乃葛伯仇餉初征自葛東征西夷怨南征北狄怨曰奚獨後予攸徂之民室家相慶曰徯予后后來其蘇民之戴商厥惟舊哉○蔡傳湯師之未加者則怨望其來曰何獨後予其所往伐者則妻孥相慶曰待我后久

夫有來我其蘇[illegible]於書傳行一節上已畢書文而此
言之下將與書文而先稱之也已而來就在書內又引經一證說謂後我
二句總說民望民悅是也二句言民悅文實其大悅之言也
心[讀] 得分段竟上先引書而後自說言湯師未至而望之切下先自說而後引
書言湯師既至而悅之深看來不宜平對下段自上段生來重既至行仁一邊
○歸市者不止二句重湯師之不擾民有以使之各安其所耳○然此其言只
意稱湯全未入下信之信字極要此信不在臨時須是此心正大光明為天下
所共見無一毫有利之心天下信得我過乃稱湯師之師是信正自成○蘇
書乃所以弔其民不平
後[illegible]前所正與望霓應○消霓
弔是撫卹[illegible]則非[illegible]之意
[講]以湯爲政於天下言之書經傳爲之語者曰湯與葛爲鄰葛伯無道湯征之非
自葛始而天下已信其志在救民而非爲暴矣由是東面而征則西夷之人皆
怨望南面而征則北狄之人皆怨望曰何爲不先來征我也之蘇[illegible]書言觀之

可見湯所未征之國民之望之，思其來文惟恐其不來，若大旱之望雲合而
雨，又急覓見而止也。是湯師未至而望之切如此。及湯師既至，則兵毫不擾，而
民之歸於市而者不停止也，不停止民之耕於野而者不變也。湯但誅其君
有罪之君，而救其無辜之民，若大旱之後甘雨應時而降下焉，於是民心大
悅。故書又述其室家相慶之言曰：待我后久矣，后今來我其得蘇生乎。是湯師既
至而慰之深又如此，所以七十里而為政於天下也。

今燕（頓）虐其民（句）王（頓）往而征之（句）民以為（頓）將拯己於水火之中也（讀）○水火喻虐政之甚　簞食壺漿（讀）以迎王師（句）若（頓）殺其父兄（句）係累其子弟（句）毀其宗廟（句）遷其重器（句）如之何其可也（句）天下（頓）固畏齊之彊也（句）○齊之疆　今又倍地（讀）而不行仁政（句）是動天下之兵也（句）

逐捉也。係累，繫縛也。重器，寶器也。畏，忌也。倍地，并燕而增一倍之地也。齊之取燕○
若能如湯之征葛，則燕人悅之，而齊可為政於天下矣。今乃不行仁政，而肆為殘
虐，則無以慰燕民之望，而服諸侯之心，是以不免乎以千里而畏人也。

【蒙引】若殺其父兄云云，則是殘燕以自利而已，安在其為拯民於水火之中也。故曰如之何其可也。

【存疑】今燕虐其民節，要見得與上文湯所行相反方是。今燕虐其民，與湯之征葛無以異也。民以爲將拯己於水火之中，簞食壺漿以迎王師，與齊民之東征西怨、南征北怨，曰奚爲後我，民之望之若大旱之望雲霓無以異也。殺其父兄，繫累其子弟，毀其宗廟，遷其重器，則與誅其君弔其民若時雨降者異矣。故曰如之何其可也。畏猶忌也。齊之強，天下固畏之，第無釁可乘耳。今又倍地而不行仁政，則在我有釁，而人得執以爲辭，天下之兵從此起矣。故曰是動天下之兵也。

【集說】若殺其父兄，若字如云若像這等之若，非未然之言也。則殺其父兄係累其子弟，當作實事。毀其宗廟，遷其重器，亦是已出令要如此做，皆已然也。故曰如之何其可。又曰不行仁政，蒙引以爲殺者當時猶未殺也，下做此。故下云止其重器，獨不曰反其旄倪乎？當時一番吞併，殺者係累者自不勝數，不必如此詢七〇倍地不行仁政一章說下以今又二字承上句來以見其動兵之由非謂其地之可倍但倍地之後要行仁政也倍地指取燕說不行仁政指殺其父兄等句說〇動者自我動之天下之兵本欲加齊但無隙可乘則尚未動今旣有倍以爲口實者則天下之兵自我自已招起也

【體朱】可也今上言其無以慰燕民之望下指其有以招諸侯之兵〇殺其父兄蒙引謂當時猶未殺戮由謂恐當直作已殺看來有殺者亦有未殺而擄係者

【心純】如之何其可猶言怎使得之謂天下固畏齊之彊以平日言今又倍地何以役燕時言齊之强天下固畏此畏不是好畏乃伺隙之心也是與湯爲天下所信不同了

【說統】畏字不可直訓作忌字但畏之之中有忌之之意正與千里畏人畏字相應意謂天下固畏齊之强也齊何至於反畏天下耶〇不曰天下之兵動而曰動天下之兵者言兵在天下而動之者我也畏强已有乘我之心倍地則益起人之忌不行仁政又令人得執之以爲辭故曰是動天下之兵

講齊之伐燕則不然今燕王無道暴虐其民王往而正其罪民皆以爲將拯己於水火之中也所以簞食壺漿以迎王師亦不異大旱之望雲霓矣若此殺其父兄係縛其子弟毁燕之宗廟則毁之以絶其祭祀遷燕之寶器則遷之以歸齊所有所謂如水益深如火益熱與誅其君弔民之意相去遠矣如之何其可也夫齊千里之彊天下固畏忌之已久矣第無可乘之釁耳今又加燕千里以倍其地而不行仁政以慰燕民之望而服諸侯之心則在我有釁而人得執以爲詞天下之兵因從此起是齊寔挑動天下之兵也能不以千里而畏人乎

王速出令句反其旄倪句止其重器句謀於燕衆讀置君句而後去之句則猶可及止也何○及止連

反還也旄老人也倪小兒也謂所虜略之老小也猶尚也及止及其未發而止之也

雙峯饒氏曰當時只是子噲子之爲亂燕民自無罪齊王只當誅子噲子之別立君而去不當取他國這時只當定亂定亂者取其亂者而誅之如湯十一征

不是全滅其國既之則是殄田而奪之乎齊王殺其父兄係累其子弟毀其宗廟遷其重器是滅其國了

新安陳氏曰此是爲齊畫一策如此置處畧無所利於燕庶幾湯誅君吊民非富天下之爲則可避止諸侯之兵矣

蒙引既動天下之兵了而爲之計則須是置君而去若曰施仁政亦無及益廢失君初欲倍地而行仁政則燕民戴之諸侯亦無釁可乘○反其旄倪旄耄曰九十曰耄

存疑王速出令條是爲齊王畫策正答其何以待之之問○置君而去之之策孟子當時雖是爲齊王止諸侯之兵而書其寔是道理亦只是如此

蒙說止字正應待字待在兵已動之後止在兵未動之先

心訣天大下之兵既自我而動則亦當自我而止既往之失無庸論也王須速下一海過存燕之令反旄倪明不齊不利燕一民而若生如故止重器則不齊不利燕一物而復置君如故謀燕衆置君而後去之則示以不敢久據燕土而以燕還燕家

之宗社待盟燕家之子孫如故一面出令一面就行如此則雖無以慰燕人之
心於先而尚得以安燕民之衆於後雖無以服諸侯之心於取燕之時而猶得
以釋諸侯之恨於去燕之日上固不能如湯之爲政于天下猶可及天下未動
之先而止之也蓋我不爲暴誰得挑伐暴之名我不危人誰能倡扶危之義師
有素忌之志不得逞矣所以待之者不過如此失此不圖齊其危哉猶字重與
速字相應及後則無及矣

翼註 有說又見已毀宗廟已遷重器二者不可追改故但反其旄倪止其重器此蓋
似是而非蓋旄是老人且燕國亦無不立宗廟之理但不必言耳

集成 饒雙峯曰首反其旄倪何可見齊于當日全是縱兵擄掠荼毒生民諸侯
之謀師以義舉口非速反何以退兵

一反其旄倪等直孟子此策原是正着卽天下之兵亦不動亦義當如此
只是大非齊王之所欲故就利害上發論耳講此須從功利引到正論方是孟
子方略不然與策士何異且其陋儒退反出策士之下矣

按旄倪之說見魏子第○置君而後去後以爲義故去行其爲詞也

【通】天下之兵已動矣爲今之計當何如亦王速出號令反其所虜之旄倪係累

止其重器之未遷者謀於燕臣民之衆擇其賢而當立者置爲燕君而後引

去之則燕無怨而諸侯不謀可以救燕爲名猶可及其兵之未動而止之也齊

王其如彼何哉

范氏曰：孟子事齊梁之君，論道德則必稱堯舜，論征伐則必稱湯武。蓋治民不法

堯舜則是爲暴，行師不法湯武則是爲亂。豈可謂吾君不能而舍所學以徇之哉。

【旨】新安陳氏曰：七十里爲政於天下畏人，在兩句爲權衡，下文分兩節應之。

【纂疏】今按：此章見伐國當以仁，齊已與孟子謀伐燕，後欲得燕，無孟子爲齊王謀

燕民只望去暴，燕既動天下以兵，齊王所以召兵之由，王速出令以下是代

爲燕畫止兵之策

【集說】孟子於燕無所待之市，代燕畫其待之之策，亦只有置君而後去之一着

鄒與魯鬨 鬨[illegible] 穆公問曰 [illegible] 吾有司死者 [illegible] 三十三人 而民 [illegible] 莫之死也 [illegible]

誅之讀則不可勝誅句不誅讀則疾視其長上之死讀而不救句覷視○疾如之何則可也句

鬨鬭聲也穆公鄒君也不可勝誅言人衆不可盡誅也長上謂有司也民怨其上故疾視其死而不救也

【存疑】如之何則可問處置其民之策也○言治其前日之罪使而今而後遷善必○趣不復敢疾視長上之死不救而酬前日之失如何施設而後可也此一說今多不從

【講說】約莫之莫爲之也疾視何言今日無以謝有司不爲後日計如之何則可也蓋問誅之乎且止乎○纂序鄒本邾國穆公封其苗裔爲附庸近魯而小國不戒戰也○莫爲之救言民莫有救有司而爲之救非無一人救於戰也欲其之饋則可言如何處之爲當也○注民怨其上意在下節

【心法】鄒與魯鬨是害由歸咎於邾以小敵大便見不恤民而輕用之鄒之於敵有司必死處有司死者爲君死敵也民莫之死莫爲有司死也此死字活看○疾視者怨恨以視之故意不救也便見不能親上死長處是洩尤之詞穆公設

誅與不誅兩端重在誅一邊如之何則可是問所以處置其民之策不必作怨
懟後來說

[講]此孟子因穆公之尤民而勉以行仁政以恤民也鄒與魯鬨哄交兵而戰爲魯
所敗鄒穆公問曰今茲之敗吾有司赴敵而死者三十三人而民莫肯爲之死
者也將誅之則人衆而不可勝誅若一不誅則有司民之長上也例此疾視以
其死而不救恃逞甚矣不正其罪無以謝有司誅之乎且止乎如之何則可也

孟子對曰句凶年饑歲句君之民讀老弱頓轉乎溝壑讀壯者頓散而之四方者讀
蒙學趨至之圖方
幾千人矣句而君之倉廩實句府庫充句有司莫以告句是頓上慢讀而
殘下也句曾子曰句戒之戒之句出乎爾者讀反乎爾者也句夫民讀今而後頓得
反之也句君頓無尤焉句

轉饑餓輾轉而死也充滿也上謂君及有司也尤過也

南軒張氏曰有司視民之死而不救故民亦視有司之死而莫之救所以爲得
反之也君行仁政而以民爲心民亦將以君爲心而親其上死其長矣此感應

之理也曾子戒之戒之之語非特爲人上者不可須臾忘檢身者亦當深體之

【存疑】有司莫以告不告君發倉廩府庫以賑民也上慢而殘下上慢事而殘害下民也上無君有司說君之倉廩是府庫充君之慢也有司莫以告有司之慢也出乎爾者反乎爾報施之理必然也上慢殘下民心已恨于平時但未有以得反耳及今戰鬬之時而後得反之也此固報施之理無足怪矣故曰君無尤焉

【說約】有司莫以告一句最重是說與莫之死之故〇兩莫字正對故曰出乎爾反乎爾

【集說】君與有司之不恤其民不止在凶年饑歲爲然但凶年饑歲則其尤屬更慘者耳且殘民正在此時與長上之死字相對故孟子只從凶年饑歲說起〇倉廩以粟言府庫以財言此時原不待有司之告然各盡其職則告者盡其職也〇曾子之言本非爲民報復其上之說乃泛論報應之理耳既孟子藉以言其民之得反耳亦要知〇無尤之言不必責民之疾視長上之死而不救其中自有暴故知其故方自責之不暇矣

【心訣】凶年丸兵凶荒疲之類皆是饑歲是歲不熟上慢殘下殘是君與有司倒置有司上蔽君與民隔所藉以上達其情者全在有司耳今君既棄府庫倉廩以自封民瘼全不關心而有司復坐視而不告則上之慢有司致之也下之殘有司成之也民之深怨積怒已非一日今特借戰鬭之事以快其忿此報應之理又何足怪○君之民三字要看公只曉得有司是自家的不知民也是君的○民轉于溝壑矣散於四方矣即其驅之以鬭戰者特未填溝壑者之餘骨也猶未去四方者之遺黎也穆公又欲誅之則民半死於凶荒又半死於殺戮請問穆公將何所與以立國也○兩節照看即見出爾反爾之意穆公方說死者三十三人孟子便說民死于饑荒者不知幾千人穆公方說疾視長上而不救孟子便說有司莫以告正是出爾反爾處

體朱子倉廩實府庫充君不知賑發有司亦莫以死亡之困苦告君而行賑發之政是君及有司皆慢事而殘虐其下也曾子曰戒之戒之出乎爾者如此則反乎爾者亦如此七可見無怨不佚情之常也

[錯綜]通章長上皆指有司，惟上慢上字，君與有司。

[集成]倪滄柱曰：斂怨者身必傷，害民者禍亦惟出爾反爾之間，天道報施如此。當亦佯若不及知耳。只爲保安一官，便把百姓飢寒疾苦視如秦越，此俗吏常情，亦俗吏秘訣也。後世郡縣災荒，不敢上報，只緣踏勘有需索，部覆有規例，有司不能供當事之求，何怪乎匿不以聞。孟子時尚無此弊，只是言亦無補耳。

[講]孟子對曰：夫民之疾視其上者，有由然也。蓋凶年饑歲，君之民老弱困於飢餓之故，輾轉于溝壑之中；壯者離散而之四方以就食者，幾千人矣。民之窮苦如此，豈非君與有司所當共恤哉？而君之倉廩之粟自實，府庫之財自充，有司竟無一人陳救荒之謀于君，而散財發粟以賑䘏之。是君與有司在上者慢不理，而殘虐在下之民也。曾子有言曰：凡人於其當戒之，戒之。出乎爾者如此，反乎爾者即如此也。蓋不其民有司乎？其疾視其之數一朝不救，民因以疾視有司之死而亦不救，今而後得以報其之有司者，反之也。二一處一段。

憂之常也。君無歸罪於民焉。

君行仁政，斯民親其上，死其長矣。

君不仁而求富，是以有司知重斂而不知卹民。故君行仁政，則有司皆愛其民，而民亦愛之矣。註民事上之之字，緣承有司皆愛其民來，則長上俱指有司為是。

新安陳氏曰：有司所以慢者，皆君不行仁政之故。孟子對鄒君言，故畧有司而尚勉君正本之論也。○死其長，如回何敢死之死，謂忘身救上，死且不避[illegible]時親其上，當危難則死其長。

[蒙引]上字仍止註謂君及有司，但長字尚指有司。死其長，言不疾視其死而不救也。○一說此條長上二字皆指有司，謂合大註。愚謂如此，則民無事時只親戴有司，都不親戴其君耶？○又或以長字亦兼人君，此又非也。不知死其長是接上文疾視長上之死而不救說來。○有司之所以不恤民者，以君之所愛在於財而不在民也。是不恤民者，固有司之罪，而所以致有司之不卹民者，則君之罪也。君若以愛民之心而行仁政以卹之，則有司體君心而各愛其民矣。吾

見民於無事之日，則皆親其上。有事之日，則各效其長矣。何至疾視長上之危而不救者。

說約　淺說云：親上死長，此長上俱指有司。親之、效之，俱在危難之時。親以心言，效以身言。平時非不親也，但此句是應疾視其長上之死而不救一句，語意各有所指也。○注君行仁政，則有司皆愛其民，而民亦愛之矣，亦無此說。

集說　君行仁政，兼平日與凶年饑歲說。無事之時，制田里，教樹畜，戒敕有司，使養其民。一遇凶荒，便即開發賑貸，無使一民之失所也。○集註有司皆愛其民，何要看有司之愛民，固本君行仁政來，而有司於民，則又其號令之下與民最切近者耳。○親上以其情義言，效長以其效力言，亦未必都分了，然後謂之效。只是盡力擁戴其長，所謂士有必效之心也。淺說只就危難之時言，於疾視其長上之效，何固恪應然，不如新安之說，理長而味永。

心訣　上文定有司罪案，全在莫以告，見得然君無愛民之心，雖告何益？故此處把君行仁政說起，斯字承從有司長上二字，蒙上文疾視長上來，斷指有司。曰

或云欲長又妨於親上平時不知親上臨難時豈肯從長耶此說亦可從

[講]疾民心疾怨睚有司不恤其民亦由君之不行仁政也君若以愛民為心而行仁政務薄其稅斂恤其凶飢則有司皆體君之心為心而無敢不愛其民將見上以此施下必以此應斯民平日則親其上愛戴而不忘有事則效其長捐軀而不顧矣豈有疾視其死而不救哉此君所以當反諸己而不可歸過於民也

范氏曰書曰民惟邦本本固邦寧有倉廪府庫所以為民也豐年則斂之凶年則散之恤其飢寒救其疾苦是以民親愛其上有危難則赴救之如子弟之衛父兄手足之捍頭目也穆公不能反己猶欲歸罪於民豈不誤哉

新安陳氏曰上之愛民如父母之於子則民之衛上如子弟之衛父兄鄒君欲罪民而不知反己孟子雖以行仁政勉之而詠不諱亡言焉得反之之意凜然可謂真深切之論

[蒙引]穆公之問惟知罪民孟子之答則罪有司然上以是施下以是報理之常也且孟子之罪有司者非惟得其情理之宜亦所以警動穆公使知所以恤民

也

【刪要】首節分上是穆公以不救有司咎乎民下是孟子先原疾視不救之故後信救民必救之道也看几個君字全歸重穆公身上

【諸家辨疑】重君行仁政句穆公只咎民不咎有司孟子却就有司推到君不行仁政無君若行仁政以風有司有司必欽承君心以恤百姓君無尤一句正望穆公反己自責此便是行仁政之本

滕文公問曰句滕讀小國也句間於齊楚句事齊乎句事楚乎句

滕國名

【蒙引】是欲擇一避者而事之僥倖苟免之計也

【鄒京山】解滕侯爵文王子錯叔繡武王封之於滕七國時楚地蓋彭城而齊在濟鄒以南至楚則滕西南迫於楚東北迫於齊故曰間也○按史滕無世家蔵於何國不可考据國策宋偃王滅滕是猶免於齊楚也

【心訣】養事不能不事不可因其事以自結而修好則得免於事之者之伐因其

強以自庇而求援則得免於不事者之役文公之謀也而待人也故孟子教以自守之策

【集成】仇滄柱曰弱國難存依人乞庇不濟強大莫制左支右絀之狀意中多少息量多少恇怯都向一國字兩乎字中傳出

【講】此孟子因滕文事大之問而告以自強之策也滕文公問曰滕小國也間于齊楚而居乎二大國之間兩不事則勢孤而難以自立並事又力疲而有所不能今欲擇一允從者而專事之以為自全之策將事齊乎抑事楚乎夫子為我策之

孟子對曰句是謀讀非吾所能及也句所達○去聲無已讀則有一焉句鑿斯池也句池逗○鑿築斯城也句與民守之句效死讀而民弗去句則是可為也句

無已見前篇一讀一說也效猶致也國君死社稷故致死以守國至於民亦為之死守而不去則非有以深得其心者不能也則是之是作此字讀

【禮記曲禮】國君死社稷大夫死衆士死制衆謂師衆大夫率師敗則死之制謂命令士受命或迫以死亦死而不可棄君命也

【蒙引】效死者君之守義也。民弗去者由愛民而然也。故云非有以深得其心者不能也。

【存疑】立國者有事大國亦不可廢，但不能自立而徒恃此特末耳。故孟子拒之曰是謀非吾所能及也。無已則有一焉，乃自立之道也。鑿池築城守之具也，與民守之本，其民以守也。此猶未嘗着力，效死而民弗去方着力。

【說約】與民守之與字內有君字，效死則但言君自效死以守國也。即後效死勿去，效死二字而民弗去方是指民亦效死守說。○與民守之大槩說，效死而民弗去作兩層說。○【纂序】民弗去是現成說，所以得其心處未及言，亦觀註語可見。○

【東論說】鑿池築城舉二者以見自固之義，凡所以興起圖維以爲國計者皆在內。與民守之與民二字內便有爲結民心昭示信義之意。

【心誠】是謀非吾所能及也，豈其以厥大難繁事乎？又豈其以擇一不事起釁乎？○蓋謂外不去招傷于人，而內只修自立之策耳。若倚人則謀非吾所能及，無也二字是轉變語頭猶云不然則别有一說也若在上言之不止此然似好說一般矣一節下自立之道鑿池築城特帶言之故用也字叫過只是補修非新創也要緊看與民守之言雖其民效死守之也此節帶在上城池說是未有事時雖不是空守猶未着力效死而民弗去方是遇變着力去守也然守最難平日須着固結之仁撫綏已久民心方不散到臨難必須以忠義相激發加張許率民勵要有背城一戰之決縱有轉危爲安發禍爲福之理可爲者只此而已正應前是謀非吾所能及句○無已非不得已之詞蓋只有這條路可行一定之詞也

【蒙引】是謀非吾所能及也是說乃僥倖苟免之策不足言耳非自謙辭于策也

【諸家辨】與民二字寓生聚存恤教訓意非當重守險說○則是可爲句說得激壯教他此處着力下手做正是轉弱爲强處不是束手待斃說話

【集成】倪滄洲曰若說以事齊事楚之資爲鑿池築城之費是閉關絶使嘗爲承守之計恐齊楚外交亦一時頓却不得孟子所言大約思前慮幣常行自不能免而自固之策決不可忘耳否則聖賢皆迂闊之議矣○城池在滕亦未便當

只須重與民固守處

講孟子對曰依於人以苟安總非可恃是事齊事楚之謀非吾智慮所能及也必欲言之無已則有一道焉滕國雖小有斯池在加鑿之使深也有斯城在加築之使高也地利已可恃矣于是率其民而與同守之設或変故之臨君必效死守國以盡其義而民心固結雖危难不棄君去則此尚可爲乃自强以圖存之策也事齊事楚吾豈能必哉

此章言有國者當守義而愛民不可僥倖而苟免

南軒張氏曰與其望二國矜已以求安不若思所以自強而立國鑿池築城與民效死以守之是在我所當爲之事爲我所當爲而已肰固國以得民爲本民心不附雖有金城湯池誰與守之使民效死而不忍去非得之有素不能肰也

雲峯胡氏曰不守義不能效死而不去不愛民不能使民亦效死而不去

新安陳氏曰守義守死社稷之義以倡其民也愛民當在平時○城池地利也民弗去人和也復效死而守義以倡之此守國之正法也

慶源輔氏曰棄城與民致死以守者守義也使民亦爲之死守而不去則非愛民者不能也若夫間于二大而徒欲擇強者而事之以覬一日之安則是僥倖苟免而已

纂箋此數章意實相承初因文公問而告以死守後因其問又告以太王之遷及其又問也則合死守遷都而請其自擇蓋理之可爲者不過如此○嘗疑智者爲能以小事大而保其國今滕文公欲事齊楚而孟子乃曰是謀非吾所能及何與蓋以小事大文公自能之不待教也但文公全欲免大國之侵以僥倖旦夕無事而特不知有自固之義故孟子獨以所欲者箴之南軒曰與其望二國矜已以求安不若思所以自強而立國雖曰自強立國然論到道理十全處齊楚深當事他當以鄭子產爲法

附正解此章見立國者貴乎自強首節文公欲事強以保國係勢之在人下節孟子欲其自強以保國理之在己與民守之二句最重

蒙解鑿池築城與民守全是勵精自強不敢苟安之意內自強而外盡事大之

惕然後能保其國而可以有爲。不然，臨此焉寄命於大國，終啓釁而爲所乘，非

謀國之長策也。謀字、爲字着力看。

滕文公問曰句齊人頓將築薛句吾甚恐句如之何頓則可句

薛，國名，近滕。齊取其地而城之，故文公以其偪己而恐也。

【通注】齊人併得薛，築其城以偪於滕。

仁山金氏曰：薛，任姓之國，奚仲、仲虺之後。

【講】此孟子因滕文之問而告以爲善也。滕文公問於孟子曰：滕與薛爲鄰，齊人將取薛之地而城之，其勢益偪於滕矣，吾甚恐其將及己，不知如之何可以自免也。

孟子對曰句昔者頓大王居邠句狄人侵之句去之岐山之下讀居焉句非擇而取之讀不得已也句

邠，地名。言大王非以岐下爲善，擇取而居之也。詳見下篇。邠與豳同。

趙氏惠曰：周自后稷生於邰，邰，姜嫄之國，后稷妣家。夏后氏衰，失其官而奔戎

狄公劉后稷曾孫也復遷豳詩篤公劉卽遷豳之事又九世而太王去邠遷岐緜詩所言是也漆沮在豳地二水東流亦過周岐山東入渭邠在岐山之北則自邠踰梁山至岐下當率岐水之滸耳猶公劉皇澗夾澗言都邑之水也緜之自土漆沮槩境內之水也以此觀之則不得以率西水滸爲漆沮也明矣皇矣詩曰度其鮮原居岐之陽太王已遷岐山南文王又遷岐山之南後又遷豐邑在豐水之西武王又遷鎬在豐水東故周自后稷居邰不窋奔戎狄公劉居豳太王邑岐文王邑豐又遷豐武王居鎬故集書備考有自稷至武七遷之圖

〔經序〕不得已三字便見遷非有國者之常法

〔蒙解〕據後來太王遷岐以開王業便似擇而取之其實是不得已○蒙引引太王事重在要他如太王爲善不重在要他遷國與避難無可避之地也且此節只序事正意仍在下節

〔心訣〕太王非擇取卽是不必其成功之意太王不得已是卽如彼何哉之意從去之岐山之下去之之字虛猶云其到岐山之下不作往字解

【講】孟子對曰敝國外患古來有之昔者太王居邠狄人務侵擾之而力不
去之岐山之下建都邑而居焉斯其非謂邠地不如岐山之美擇而取之也
乃迫於狄人之難不得已而遷國以圖存耳○
苟爲善讀後世子孫頓必有王者矣句君子頓創業垂統讀爲可繼也句若夫成功
讀則天也句君頓如彼何哉句彼何逃○加彊爲善而已矣句
創造統緒也言能爲善則如太王雖失其地而其後世遂有天下乃天理也然君
子造基業於前而垂統緒於後但能不失其正令後世可繼續而行耳若夫成功
則豈可必乎彼齊也君之力既無如之何則但彊於爲善使其可繼而俟命於天
耳○
朱子曰孟子言若夫成功則天也君如彼何哉彊爲善而已矣初無覬報之心
也苟爲善後世子孫必有王者矣乃指太王避狄而言
南軒張氏曰所謂爲善循天理而不爲己私也爲善者初不期後世之有王而
必有王者理則然也蓋以太王之事爲其可繼者而已而不必其成功也若有期

於成功之遲則欲速而且有忿意一生無復可繼之實矣

〔蒙引〕一則曰非擇而取之不得已也二則曰君如彼何哉彊爲善當時滕勢危於累卵保民而王非旦夕可期者故只教以遷國圖存○當時齊人將築薛文公已甚恐矣孟子乃始教以爲善不知是教他倉忙無措爲善且不能紓其目前之憂但教他爲善以爲子孫興起之地而又言其不可必但當强爲善夫人令其强爲善亦難矣但不知其甚急亦解得他否且甚恐之間○蒙引太王之爲善避狄遷都以存其宗社保其人民不忍殘民以與敵爭而積功累仁以有待於後此是太王之爲善處孟子令文公效爲善者意蓋亦欲其如此方續得上文太王遷岐云云斷是如此要非君子創業垂統爲可繼意似是亦就遷國圖存上說況君如彼何哉一句尤明言彼今方築薛勢已迫矣吾力既莫如之何只得效太王之爲善自爲可繼以俟命于天耳所以下章之答亦一邊是遷國圖存一邊是守正俟死○或謂引太王去邠事只是言其不得已也言古人亦有處此變者非必令其遷國也且文公當時如何得去又將遷之何地曰不是下章分明言

以太王之遷邠。又曰苟爲善後世子孫必有王集註
分明入太王在內但今其辭則必耳。強爲善而已矣味已矣二字又見得是
不可能倖於其所難必者如彼何哉此一句足見遷國是不得已也。蒙引說苟
爲善至爲可繼也是說君如彼何哉乃蒙指文公說
存疑苟爲善至爲可繼是泛說道理卓太王事在內君如彼何哉方入事蒸上
引太王之事教以遷國解曰前之急迫則以後來事寬慰之也
翼註苟爲善必有王二句雖爲太王避狄而言而玩苟爲必有等意却是與說觀
註言能爲善則如太王云云可見太王王業之端非擇而取乃已有之。強
爲善而已矣玩而已矣今之策非教以遷國也滕不比太王時有可遷之地明矣
孟子屢言及此正以斷文公僥倖則命引他一心爲善以自守耳蒙引理亦是但孟子日中難
以自說出不可遷國小鄰強爲善有許多難處故下一強字不但言其不用力也
集說苟爲善二句是說必然之理君子創業垂統三句是說爲善者之心理有
必然而心則無妄也。創業垂統雖亦爲善中事然只在國祚上說不厭於若

夫成功則天也不願亦刻記是若說。但能不失其正句要看即後註語尤於其所當爲之意只一味守正盡其在我使子孫可以繼而行之足矣若夫僥倖難必之事後世如何可繼則天也三字內有成功不成功兩義。雖然爲善須是以強爲奈何之待却尋个自立之道但修德施仁以愛百姓盡我自已道理以俟其命于天也而已矣若只此一路可走再無別法

【小註】此節轉折極要緊重只在強爲善一句上苟爲善句承太王說下只是論其理見得爲善自有可王之理天自然不負但君子創業垂統只要可繼世固有爲善而不必王者若取必於王非爲善之心亦不純矣故又点出一天字來以見善不可不爲耳

【新增訂】旣爲可繼即繼其緒也如將可繼一高抬便把太王說壞便將孟夫子說得汪隘惟與本節末句照看始見聖賢正道明誼心事。爲善不止遷岐太王有許多事即勝亦有許多該爲的事但要爲其可繼者若理之所宜也豈爲一時利害得其爲之之心故又曰強 大公

【指南合參】創業即創此爲善之業也以此善之於後嗣之統爲可繼也若夫成功正對王字說言君子創業垂統貴爲子孫可繼而行耳非有期乎必王之效也此二句正與上節非擇而取之照君如彼何哉正與上節不得已也照應此節以強爲善與創爲善緊相照應

【集說】說約曰創業垂統與爲善相對爲可繼與子孫必王相對將上文作一轉開語另呼下成功則天耳○上文說太王遷岐事此節斷須照定遷國爲是泛言創垂俱無着落諸說中惟蒙引分曉宜玩

【講】惟太王能修德行仁故周家王業自太王始由是觀之可見人君誠能修德行仁如太王爲善即不王於其身後世子孫必有王者若周家矣此君子創基業於前而垂統緒于後但能不失其正令後世可繼續而行耳若夫成與王之功則天命也豈可必乎今齊強滕弱勢不相敵君將奈彼何哉只宜勉強爲善使德可繼而聽其在天而已矣

此章言人君但當竭力於其所當爲不可徼幸於其所難必

雲峯胡氏曰集註兩章皆言不可僥倖大凡僥倖者道不爲天理之所當爲而徼覬夫意外之得者也前章是守義愛民當盡其在我者而不可僥倖其在人者此章是勉强爲善當盡其在我者而不可僥倖其在天者

【蒙引】此章斷作遷國說方見所謂非擇而取之不得已也有着落不然孟子特提太王事何爲且下文如何接○此章言人君但當竭力於其所當爲創業垂統爲可繼也不可僥倖於其所難必若夫成功則天也

【存疑】齊人將築薛滕之禍急在旦夕孟子乃舉太王遷國之事告之不知教之遷將安之又教以爲善後世子孫將有王者不知何補於目前其謀不亦迂乎大抵滕當時勢已難爲爲之計只是遷國守死二者而已守死之策已陳於前到此只得以遷國告之也雖是遷無所之然春秋諸侯大夫失國亦是僑於强國而去無已無亦出于此耳其曰苟爲善後世子孫必有王者亦是以後來事慰解他固不敢謂有濟於目前又曰成功則天亦非敢必然於是也總計無所出爲此不得已之謀耳故曰無可奈何之辭

【發說】爲善只作修德行政說。上章教以效死，亦無愛民之意。此章教以遷國，亦無爲善之意。爲善即所以愛民也。得民則守亦可也，遷亦可也；不得民則守不可也，遷亦不可也。故曰民者邦之本。

【說約】上章教以效死，必兼民弗去一意。此章教以遷國，必兼強爲善一意。後章總注云：戒無大王之德而去，則民或不從而遂至於亡。大王之德，所謂爲善也。○總注所當爲所該者廣，如修其政事，齒其民人，當遷而遷，當守而守，皆是也。竭吾之力，所謂强爲善也。力所不能則天也，豈可徼幸於其所難必哉。

【體注】首節分上是文公慮患而究乎保國之道，下是孟子教以遷國爲善之方。至遷國止。

按此章對上章看，自當以遷國爲存爲主意。孟子亦知滕文當日難于遷徙，本未嘗與言遷，而總歸之于強爲善，是通章着重處也。爲善，蒙引指遷說，謂彼人侵逼，不與之較智力以斃民，乃遠避以圖存，便是爲善。翼註兼兩意說，謂不爲善人若人之勝，而廣爲積累仁之圖，俱皆未妥。不如依蒙說所云苟爲善而得民之從，則可遷國以避之，適勝爲善者作未遷時事，極好。蓋勢僅得已，則爲善而可不遷也；勢不得已，則爲善而後可遷也。或云遷後爲善，亦隔一層。或云此章與上章一意，見得遷非易事，以堅文公效守之心，則與請擇斯二者有悖，不可從。

滕文公問曰句滕讀小國也句竭力以事大國句則不得免焉句如之何頓則可句

孟子對曰句昔者頓大王居邠句狄人侵之句事之以皮幣讀不得免焉句事之以

犬馬讀不得免焉句事之以珠玉讀不得免焉句乃屬其耆老頓而告之曰句狄人

之所欲者讀吾土地也句土地連○吾聞之也讀君子頓不以其所以養人者頓害人句

所以養人連二三子讀何患乎無君句我頓將去之句去邠句踰梁山句邑于岐山之下

頓居焉句邠人曰句仁人也句不可失也句從之者頓如歸市句

皮謂虎豹麋鹿之皮也幣帛也屬會集也土地本生物以養人今爭地而殺人是以其所以養人者害人也邑作邑也歸市人衆而爭先也

南軒張氏曰太王之言忠厚之不迫其遷本以全民不敢必民之歸而強之從也曰二三子何患乎無君此天地生物之心真保民之主也民心自不容舍乎太王藏其仁有素矣然太王之事非德盛而達權不足以語此

東陽許氏曰太王自邠遷岐民從之如歸市史所謂居三月成城郭一年成邑三年成都而民五倍其初蓋非獨邠民近於岐周之民皆歸之也當時西方地

近戎狄皆荒僻之地非封國之疆界故太王得復遊遷徙若滕在中國久介大
國之間無可遷之地民雖死守無所往孟子特舉太王之得民以答文公
爾故下文言效死乃其正也
蒙引狄人之所欲者吾土地也言吾以其志在財幣故事之以皮幣又事之以犬馬
玉帛今皆不得免焉然而狄人之所欲者非皮幣也非玉帛也非犬馬也是欲
吾土地也今吾欲與之爭則勢力不敵徒使吾民膏血于鋒鏑之下云云○使
韓文公岐山操曰伊岐有阻我徒獨處爾莫余追嗟思我悲云云觀之則是以
二三子何患乎無君爲自有人來君之不是命以從己之詞也而南軒註亦與
韓文公同愚以爲非也民非后何戴后非衆罔與守邦而曰我徒獨處爾莫余
追何哉故曰無太王之德而去則民或不從而遂至於亡可見矣其又忍以積
世之赤子而委之狄人豈如此乃屬其父老而告之何爲與之訣別乎夫邠人
之不能釋乎太王太王亦自知之矣而乃諄諄焉是辭以動之乎古者君民一心
況太王之於邠人直似父子親戚肰明告以去邠圖存之意何嫌乎但亦非蘊

之也此須以太王公亶之心看之況前此公劉之遷則曰迺裹餱糧于槖于囊思戢用光弓矢斯張干戈戚揚爰方啟行都是帥民而去太王乃欲棄其民而獨往耶揆情理俱礙○然則所謂二三子何患乎無君此言何謂耶曰下句不云乎我將去之便是有君也當是時君若不遷去則勢力不敵反成無君矣○當時若不避之則無國無君無民矣去之則民存國存君存宗祀存○邠人曰仁人也不可失也此是邠人相告勉以急于從遷之詞故曰從之者如歸示非謂太王不欲其從民以其仁而相率以從之也○仁人也不可失也以至音有德于民言非惟一時所謂不以其所養人者害人數語而感得民之樂從也

【纂序】舊說何患乎無君似委之狄人一般驅吾赤子以餧虎狼豈仁人之心乎猶云二三子莫謂君居此土有君離此土便無君以爲憂患我將去之夫家共圖安樂處也太王寔如剪商是何如王切勿講作亡國借別之象

【集說】不得免者不得免其侵凌併吞之患也○邠人曰仁人也以下一段乃在屬耆老之後去邠踰梁邑於岐山之下之前但太王之言與其事如此邠人之

言題其事如此文法不得不爾非必至邑於岐山而邠人始謀所以歸之也

【心訣】及此不免以犬馬犬馬不免以珠玉從輕至重正是太王竭力處○上言說太王避狄事甚略此却甚詳以安畬存竭力事大之語故也屬耆老非與民訣別之言乃率其民而去之之詞○看來自君國之至去之是君不忍棄民自去邠至歸市是民不忍棄君當時君民一心所以可遷雖去而國自存不失舊保業之善策固一道也

【節解合參】仁人也就平日言方見感人有素意不必兼今日言矣體會盡

【□□】丟邠前如何營畫躊躇如何料來邑岐後如何經營區畫全有是太王之遷耳滕之遷得遷不得只要此際自酌何如太王若聽盡孟子教旨盡難要滕國效死又不是

【集成】孔滄柱曰戰國時別無尺土可移滕文着數只有守死一路此借以竭力不得免處情事與太王相同因而引及非教他遷國也須說邠民依依不舍觀倚悲戀攀轅倒中時見戴鼎騰躍遷從是興朝氣象若一味作氣弄離別之感几與

水碧山青閣斷腸者同一衰颯矣〇讀雖去國而憂君之念在民戀戀

嗚咽此所以爲仁人也仁人當不如此

【講】此孟子無陳遷守二策令文公自擇也滕文公問曰滕小國也竭力以事齊楚之大國則不得免其侵伐焉如之何則可是文公欲於遷守之外求所以自全之策也孟子對曰昔者太王居邠狄人時侵陵之初事之以皮幣而不得免焉再事之以犬馬不得免焉又事之以珠玉不得免焉太王乃號屬國之耆老而告之曰狄人之所欲者非皮幣犬馬珠玉也乃吾土地也夫土地本生物以養人君爭地以戰殺人盈野是反以害人吾聞之也君子愛民爲心不忍以其所以養人者害人而吾豈獨忍之乎二三子何患乎無君我將去之而不死於難則汝輩皆有君矣於是去邠踰梁山名作邑於岐山之下居焉但見邠人皆曰吾君平日愛養吾民恩德及人深矣乃仁人也不可失也於是從之者如歸市之于岐山之下如歸市焉古人避于難而遷國以圖存如此

【講】曰句世守也句非身之所能爲也句效死勿去句

又言或謂土地乃先人所受而世守之者，非己所能專，但當效死守之，不可舍去。此國君死社稷之常法，傳所謂國滅君死之正也，正謂此也。

【公羊傳】襄公六年十有二月，齊侯滅萊。曷爲不言萊君出奔？國滅君死之，正也。不書殺萊君者，舉滅國爲重。

【蒙引】既告以太王遷邠之事矣，乃又曰或曰世守也，非身之所能爲也，效死勿去，蓋其不能遷都也。故又曰君請擇於斯二者。蓋能遷國以圖存者，惟賢君能忍；一不能如遷國，則當守義而已矣。彼偷生苟免之計，誠非吾所能及也。

【集說】蓋先人所受，謂受之先王，而世世守者，乃祖宗以來所世世守之，非身之所能爲，不是說這土地不是我所能開創，只云非我所可輕自易置之而已。蓋謂云非己所能。

【四書翼註】論世守云：先人所受而世守之，受字歸指天子，而以先人作主。此宜一氣讀開。或曰二字是孟子設言，非邠人直有是語，而把太王遷國一段另說話也。蓋此論到此，乃是孟子本旨，觀其敘上兩事多少委曲，有不忍去之意。

〔註〕至致死之說直恁斬截可見請擇者要他專自守一邊也只因國君死社稷之語

而言說不得故下个請擇於斯二者甚是不是兩端兼陳此說是請

〔講〕或者又曰土地乃先人所受而世守之者非吾身所能專也但當效死守之

不可舍之而他徙也此守正以徇國者又如此

君請擇於斯二者

能爲大王則遷之不能則謹守常法蓋遷國以圖存者權也守正而俟死者義也

審己量力擇而處之可也

〔記禮運〕故國有患君死社稷謂之義大夫死宗廟謂之變

問集註義字當改作經字朱子曰此之誠是蓋義便近權或可如此或可如彼

皆是義也經則一定而不易既對權字須著用經字

慶源輔氏曰遷國以圖存者太王是也守正而俟命者國君死社稷是也在文

公雖有此二法使其擇以告之然權非大賢以上不能爲經則人皆當勉也故

遠文公審己量力擇而取其一焉夫太王之事非文公所能爲然則孟子之意

耶。滕文公勉守其常法耶。

【體味】詳審己量力，正是解但本意，還重守一邊。滕文公既無太王之力量，而因而大國逼我，無所之故，爲滕計，有守而已。

【心訣】孟子首與文公謀，則有一焉。焉者，守是一定之策，對遷而言，則有二。二者之中，都以守爲之說爲正，須細揣識。

【〇〇】君字與遷字應，擇字放着方得。凌意結末幾斷，惟能爲太王，不能爲太王，兩條中自見歸逃，言遷者非但歸乎太王之可遷地也，歸重在仁人也。三句耳。

【講】合前觀之，遷國者難也，效死者義也，君請審己之力，觀勢之便，擇于斯二者。能如太王則遷之，不能則謹守常法可也，如此非吾所能及也。

楊氏曰：孟子之於文公，始告之以效死而已，禮之正也。至其甚恐，則以太王之事告之，非得已也。然無太王之德而去，則民或不從，而遂至於亡，則又不若效死之爲愈。故又請擇於斯二者。又曰：孟子所論，自世俗觀之，則可謂無謀矣。然理之可爲者，不過如此。舍此則必爲儀秦之爲矣。凡事求可，功求成，取必於智謀之末而

一不循天理之正者非聖賢之道也○

問孟子對滕文公三段皆無可奈何只得勉之為善之詞想見滕國至弱都立不起故如此朱子曰滕是必亡無可疑者况王政不是一日行得底事他又界在齊楚之間二國視之如泰山之壓鷄卵耳若教他粗成次第此二國亦必不見容也若湯文之興皆在空閒之地無人來覷他故日漸盛大若滕則實是難保也

纂序合參　此章文公三章意於遷守外別求一策孟子則合遷守二策使之擇一而意重守効遷

按遷守二策自是並守一邊然側重者其意也平列者其詞也中庸寓偏意則可若直說不可遷只可守孫子自文不合故此三章一重守一重遷一遷守並讀原自明只成謂三章總歸一守未免体意而不休開述○人但知守之不可可遷而不知滕之不可求若齊秦兵一臨則城破身俘所不免矣遷非得已是當然不能則任其所之此情勢之顯然者也何疑焉○守便于遷也不能守不能遷者勢也非謂遷則無拖守尚可支而重守也此亦

魯平公將出句嬖人臧倉者請曰句他日君出讀則必命有司所之句今乘輿已駕矣句有司未知所之句敢請句公曰句將見孟子句曰句何哉君

所為輕身以先於匹夫者句○輕身以先於匹夫連以為賢乎句禮義頓由賢者出句○賢者出連而孟子之後喪稍頓踰前喪句君頓無見焉句公曰句諾句

乘輿，君車也。駕，駕馬也。孟子前喪父，後喪母。踰，過也。言其厚母薄父也。諾，應辭也。

新安陳氏曰：平公將見孟子，必得之於樂克。所以沮於臧倉者，後克入見，蓋問不見之故。○◎倉欲沮君，故設為有司未知[illegible]問，只是借口為說，非倉自謂為有司[illegible]。◎後喪踰前喪，是倉毀孟子[illegible]柄。禮義由賢者出，又只借說話未頭[illegible]。

〔蒙引〕本是樂正子仕於魯，孟子至魯，樂正子乃以其賢而告於平公，平公將為樂正子行，乃為臧倉所沮。○君所為，為如字，言君為此輕身匹夫之事。

〔集說〕人君出入，未有不昭示於其下者。乘輿已駕而未明告有司，此蓋因樂正子稱孟子之賢，故不謀於左右而往見之，亦是平公一段好處，但好賢之念未決，不勝便嬖之私耳。○臧倉明知其為見孟子，特假敬謹之說，婉言以沮之。○禮義只是說禮法一般，臧倉原不曉得甚麼是禮義，故只從亡說。由賢者出，皆言他曉得禮義，他身上行出來，便該都是禮義。○喪字平聲，即指其所行之禮而言。集註喪字却是去聲，後喪踰前喪只厚母薄父，便不是賢者了，便當不得禮身而先之矣。

【心訣】平公將出處須点出感樂正子称道之言以爲後面張本。臧倉欲沮其見以好言投之。有司郎掌嬖者何哉二句一氣帶落。言君何爲輕身先匹夫事也。以爲字正與何字相應。賢以德言。禮義所指。若庸臧倉認礼義只是品節人事裁制人情使豊儉厚薄一致。非隨時因分中正之禮義也。厚毋薄父是一不知礼義不得爲賢。此臧倉沮君之意。玩一諾字可見庸君之於嬖臣其投合捷于影响矣。小人之諛君子必先探人主之意而爲說以眩惑之。平公之欲見孟子以其有禮義也。臧倉覘知其意乃以後喪踰前喪毀之。謂其厚毋薄父於礼義爲有忝也。平公果惑其言矣。小人之能轉移人主之意類如此。

【　】說得賢者一無足取。只有禮義礼義已極迂腐不堪。但賢者尚賴有此耳。不是認真講禮義。只是借端責備賢者。不是詞嚴義正責備賢者。是輕侮訕咲責備賢者。須在口角得神。○須知平公本無好賢之誠。故倉言得入。只諾字何等快捷。○諾字有声音無話。何有神情無擬議。能將語句擬議活畫出一字聲音神情來、便是頰毫須敍之之披。

【指南合參】只將出二字。便開倖人窺伺之門。輕身匹夫、自是嬖主所推、臧倉一言便已合拍。按文選云、平公與宣王會於兔褌山下、樂克備道孟子於平公曰、孟子私淑孔子、思願學孔子、其德輔世長民、其道發政施仁、公何爲不見乎、公門許之見、此是後人簡會

【講】此見孟子於嬖人之沮、而以天自信也。樂正子仕于魯。稱孟子之賢於平公。一日孟子至魯、平公將往見之、嬖人臧倉者知之、而故請曰、人君一出甚不輕也。然日凡君出、則必命有司以所之、今乘輿已駕矣、有司尚未知所之、敢請。公曰、將往見孟子、倉沮之曰、君千乘之主也。孟子一匹夫而已。何哉君所爲輕身之貴以先施禮於匹夫之賤者。無乃以孟子爲賢乎。使其誠賢、則會聞賢者之人、其所以爲節人事、裁制人情、使處置一一致者、皆禮義也。則禮義由賢者出。而孟子之後喪母、厚過于前喪父之禮、厚母薄父、是不知所謂禮義、則不得爲賢者。君無輕身往見焉。公曰諾、遂不往見也。

樂正子入見(讀)曰(句)君奚爲不見孟軻也(句)曰(句)或告寡人曰(讀)孟子之後喪踰前喪(句)是以不往見也(句)曰(句)何哉(頓)君所謂踰者(句)前以士(讀)後以大夫(句)前以三鼎(頓)而後以五鼎與(句)曰(句)否(句)謂棺椁衣衾之美也(句)曰(句)非所謂踰也(句)貧富不同也(句)

樂正子，孟子弟子也，仕於魯。三鼎，士祭禮。五鼎，大夫祭禮。

孫疏 衾，今之被也。案喪大記小歛君錦衾，大夫縞衾，士緇衾，皆五幅。鄭注云衾單被也。

雙峯饒氏曰：樂正是樂官之長，恐其先世曾作樂官，來子孫遂以爲姓。樂正裘亦是一人，以此見樂正是姓，如司馬亦是因官以爲姓。○五鼎是大夫之禮，羊豕魚腊膚。三鼎是士之禮，特豕魚腊。○

東陽許氏曰：儀禮特牲饋食禮，士祭禮。特用豕，陳鼎三，豕右肩臂臑膊胳正脊横脊長脅短脅九體，膚三，離肺一，刌肺三，爲一鼎。魚十有五爲一鼎。腊數之如牲骨，用兔，爲一鼎。少牢饋食禮，大夫祭禮，牲用少牢，陳鼎五，羊右肩臂臑膊胳正

者挺脊橫脊短脅正脅代脅十一體三鼎三膚一羊膚三實于一鼎豕十
一體如羊舉肺一祭肺三實于一鼎魚用鮒十有五而鼎腊用
麋一純而鼎腊肩臂臑者肱骨也膊胳股骨也正脊脊之前也挺脊次正脊橫脊
在後者膚脅革肉也離肺者舉肺離之不絕中央少許刌肺者切肺也舉肺尸食所
先舉也祭肺者尸主人主婦用以祭也舉肺即離肺祭肺即刌肺也凡牲取右
胖腊合升左右胖故曰腊一純純猶全也然此諸侯之禮大夫士若天子之大夫
用祭牛士用少牢

【參補】樂正子亦善説詞意謂其厚於母者皆爲大夫也非因爵祿致其厚於親
其不得厚於父者皆爲士也其用儉於其父也所以致後喪踰前喪之議故
平公聽曰否謂棺槨衣衾之美也美字應論字蓋以棺槨衣衾人人可以自盡
時時皆得以自致爲一不同其爲士爲大夫也而孟子之後喪寔美於前喪貧
寔之不如後喪也故樂正子又釋之曰貧富不同也言時乎喪父棺槨衣衾豐有
以自盡歟而猶貧也則亦稱家之有無而已及時乎喪母則所稱得之爲自財

晉惠嚴不以天下儉其親而得以自盡其心○饒齋牧崇孟子集證曰儀禮
云三鼎豚魚腊用特豚而以魚腊配之○五鼎羊豕魚腊膚用羊豕而以魚腊
膚配之○樂正子只用說前以三鼎後以五鼎差而乃先之日前以士後以大夫
者只是要發出士大夫數字以除新之故平公問曰吾云云也且祭不必喪後
方有祭自初喪未喪之前皆有祭古禮可考○前以士後以大夫不即是三鼎
五鼎○前以士後以大夫前以三鼎而後以五鼎與此非問詞乃因問而解也
【通說】前以士後以大夫且虛說下文三鼎五鼎乃其實也三鼎五鼎亦是舉士大夫祿之大槩
【集說】何哉君所謂踰者前云君說他後喪踰前喪者是為那一件○論衣衾
之美非真說後喪說言此非名分可拘無時不可以自盡而後喪獨美此其所以
謂之踰也○非所謂踰猶言這个踰不得是踰貧富不同在依像上說
【心說】臧倉無忌憚之言樂正子必已聞知矣為不見何離是究所以不見之由
蓋意是欲破其說庶乎公終見之耳○前以士四句非問詞蓋即其所謂踰者
亦指喪言之總說祭禮說勿以上二句指喪下二句指祭

【圖】家讒孟子少孤葬父薄孟子仕不知後喪母之厚而訕其葬父之薄

實極如此

樂正子已知為臧倉所沮故入見欲破其說乎公卻不肯說出臧倉只說或告寡人

大抵為可咲三鼎五鼎依衆引當作喪問之祭言君見泛論則與喪似無謗、

【圖】樂正子入見乎公曰君奚為中止而不見孟軻也曰或告寡人曰孟子之後喪

母其禮踰于前喪父是以不往見也曰何哉君之所指以謂踰者豈謂其前以

父以士之禮後喪母以大夫之禮前士之禮祭以三鼎後大夫之禮祭以五鼎

與曰否士與大夫為分所限不謂此也謂其喪母之棺槨衣衾其美過於其父

此所得有盡者且不有厚薄所以為踰也曰非可以此之故謂之踰而訕之也前

喪父之時為士無祿則其家貧而無財不可以為悅後喪母之時為大夫有祿

則其家富而不忌天下儉其親貧富不同雖棺槨衣衾之美不得以之為踰也

君何疑之焉

樂正子見孟子曰句克告於君句君為來見也句嬖人有臧倉者讀沮君句君

是以不果來也句曰句行讀或使之句止讀或尼之句行止讀非人所能也句吾

之不遇魯侯天也何臧氏之子焉能使予不遇哉何

克樂正子名沮尼皆止之之意也言人之行必有人使之者其止必有人尼之者然其所以行所以止則固有天命而非此人所能使亦非此人所能尼也然則我之不遇魯侯豈臧倉之所能爲哉

范氏曰在孟子可以言天在魯侯不可以言天賢者在己者有義在天者有命修其在己而聽其在天至于人君則當修身用賢德奉行天命一不當諉之天意

纂引此天字以氣數言○謂氣數未亨吾道當窮故平公將行而有臧倉之沮也沮之言雖出臧倉之口然要其所以然者亦適爲有是沮也蓋皆氣數之爲不但孟子之出處制于天而臧倉之一沮亦受命於天者也彼何能爲哉○蓋之不遇魯侯天也以其爲治亂興衰之所係也不偶然也○當時孟子若得遇於平公則吾道之行生民以之泰天下以之治且不遇吾道終不行生民終不泰天下終不治矣以吾道之興廢關生民之休戚天下之治亂乃尼制于臧倉一豎子之三寸舌有是理乎蓋實天下氣數之會其故生此讒慝及庸君而聽其言者

遇何與焉。縱使當時齊王入秦見孟子，終亦何能爲哉。氣運既衰，上下不交，孟子亦留不得。遇字要看得重。若但以爲乘一見爲孟子之遇，舜佚則孟子平日所遇亦多矣。

【集說】宋註必有人使之，必有人尼之。必字不妨，或字活。蔡云：不知何人爲備，須有人使之尼之者。此看言人之行人之止，人字則兼行止且泛。此就行與尼動上說，不可謂以行爲道之行，止爲道之不行。此方是與言理數。

【彙解】一說兩或字言若或有止之尼之者，即暗含天字意，不必添出人字。遂失人所能何一直說下，似可從。想恐背注

【心說】小人一言，即說其見賢之蔽。君子受言，不足釋先入之疑。此正是天意所在，未可盡歸之人者。而樂正子又見之言，未免有尤人之意，故孟子總而歸之天。行止主道言，兩或字就人看。然二句不平重，止一邊。

【正解】旋行或句對兒告于君二句，就止或句對嬖人二句說。使字含誘道意，尼字含毀謗意。行止即當遇處。字看在賢者身上說。此只可會意，不宜太著跡。

講　無如乎公之終不見孟子也樂正子因見孟子曰克前以夫子之賢告于君君爲
已爲此就見夫子也嬖人有臧倉者毀言以沮君君是以不果來也小人之害
正如此孟子曰這也不必先人凡人之行此事也或有人使之者人之止而不
行也或有人尼之者然其所以行所以止寔非人所能爲使能爲尼也吾之不
遇魯侯乃時數使然天也彼臧氏之子焉能使予不遇哉吾與子安之而已

此章言聖賢之出處時運之盛衰乃天命之所爲非人力之可及

慶源輔氏曰章旨之說發得盡聖賢出處之道樂正子亦未免以世俗之心窺孟
子故孟子以此發之

朱氏公遷曰此章論出處而以天命決之聖賢每以天命曉人封人則以天意
觀聖人者也此一類皆以窮達言眞氏以伯寮之愬臧倉之沮夫子莫我知之
歎孟子何爲不豫之語皆爲安義命之事天以分定言此亦在天之天辭以理
言命以氣言也故與命以理言者相貫餘凡所謂不怨天與此類同

正經　此章見君子出處在天不尤人故孟子以天命自信正是不怨亦領

[illegible]孟子將有所遇而沮於人。末節只有可告而無可[illegible]者[illegible]

孟子行老之氣也。孟子用則與舍看其既以喻[illegible]要之[illegible]

[illegible]之人[illegible]進然樂見之不能[illegible]則大也。[illegible]

[illegible]

[illegible]伯寮愬子路章，同聖賢於此，不[illegible]所

[illegible]人[illegible]能[illegible]也正是[illegible]之意。[illegible]之[illegible]已[illegible]之[illegible]

[illegible]不[illegible]可兄人而樂正子又[illegible]

[illegible]至矣

孟子集註詳說卷之三

公孫丑章句上

凡九章

公孫丑問曰句夫子頓當路於齊句管仲晏子之功讀可復許乎許連何〇復

公孫丑孟子弟子齊人也當路居要地也管仲齊大夫名夷吾相桓公霸諸侯許猶期也孟子未嘗得政丑蓋設辭以問也

慶源輔氏曰此必丑初見孟子時事觀其羨慕〔孟子〕不敢以管晏自許是全未知孟子也〇

西山真氏曰齊人既慕桓文〇丑復慕管晏〇蓋霸者功利之說深入人心已久故不特齊君慕之學者亦慕之也〇

〔蒙引〕許、猶期也、謂自許也、自期也、問孟子敢自許否〇觀公孫丑此問、尚未敢信孟子之能爲管晏〇而不知孟子之不屑爲管晏也〇

〔集說〕當路、居要地、還是得君而左右之、凡政事〔一出〕入其必由之〇自下言加

卿相之意。蒙引以兵刑錢穀爲當路，還不是。○既曰管仲晏子之功，則止就伯主寧國蕭然人耳，自至今尚未泯沒上説，復字對管晏而言，管晏既能之於前，而孟子亦可復許于今，否言外還有孟子未必敢自許之意。

以誠身登樞要，事權在握，舉國之机務，靡不經而由焉，如當路然。功字，含下伯顯意，且勿露。○宣王曰可得聞，公孫丑曰可復，聞，皆屬望而不敢必之之詞。

[illegible]此見伯功不足爲，而王道有可致也。公孫丑問曰：夫子固有志於用世矣，設使今日得當要路於齊，而秉齊國之政，如當日管仲晏子之功業，可復自期許乎。

孟子曰：子(何頻)誠齊人也，(何人連)○齊知管仲晏子而已矣。

齊人但知其國有二子而已，不復知有聖賢之事。

慶源輔氏曰：世衰道微，聖學不明，人不知有學問，則亦不復知有聖賢之事業。[illegible]羨貲，不覺溺于時俗之見聞而已。此齊人之所以但知其國之有二賢也。

[illegible]聖賢之事，謂正心修德而致主于王道也。

心說丑雖齊人然既受學門墻宜其不囿于俗今郤云然誠哉是个齊人了誠字下得極妙下句正見此意而已矣三字口氣宜玩見管晏而外皆所不知也

○二句用謔語掉過妙

注蓋直解此下三節勿直露伯王字○

解孟子曰齊人之所知惟管仲晏子耳今子真齊人也亦惟知有管仲晏子而已矣此外學術事功有高出管晏焉者皆所不知也

或問乎曾西曰句吾子頓與子路讀孰賢句曾西蹵然讀曰句吾先子之所畏也句○吾先子曾子曰句然則吾子與管仲讀孰賢句曾西艴然不悅讀曰句爾何頓曾比予於管仲句管仲得君讀如彼其專也句行乎國政讀如彼其久也句功烈讀如彼其卑也句爾何頓曾比予於是句

孟子引曾西與或人問答如此曾西曾子之孫蹵不安貌先子曾子也艴怒色也曾之言則也烈猶光也桓公獨任管仲四十餘年是專且久也管仲不知王道而行伯術故言功烈之卑也

趙注曾西答或人言管仲得遇桓公使之專國政如彼行政于國其久如彼功烈卑陋如彼謂不率齊桓公行王道而行伯道故言卑也重言何曾比我耻見比之甚也

蒙引烈猶光也指功業之著見者言也謂古之聖賢間有功烈不至于大就者則以不得君之專任或在位之不久耳今管仲云云此其所以不足多功烈其實甚卑只到富強住了視伊周如何曾之言則也乃也謂曾之所以謂曾者則也如爲學之言效也大意同上言尔何曾比予於管仲下云尔何曾比予于是是承得君專任政久而功烈卑言也謂尔何乃比我于此等之得君專行政久而功烈卑者耶或人初擬曾西子子路因其不敢當乃始以管仲擬之然則或人之權衡殆亦審矣第猶未知曾西耳此人見識優于公孫丑若丑必不以子路爲優于管仲

案說先子所畏便見子路高明之概勇義之行在曾子且猶敬之况我後人敢與之比而論乎畏自訓敬然較敬字更嚴些有欽服不敢輕視之意註得任

二字是說專字。四十餘年是說久字。君或任之不專。猶曰未竟其所學。又或行政未久。容有未逞之處。既如彼其專且久。則其終始底裏成就。端可見矣。○功烈之卑。只說他始終不是王者大道。總然一匡九合。究竟不出伯者圈子。所以結果處亦只如彼而已。若問正心修德。致主王道。奏天下于治平之極處。則藐乎小矣。

〔心談〕兩孰賢論人品。不論事功。管仲得君三句。把專與久兩路相形。見得無解于功烈之卑耳。重功業。卑句是字指上三項言。○此便是曾西不爲管仲處。故下遂承言之。○先把不敢當子路。引其不屑爲管仲。而得君如彼專。便含个勢在。行政如彼久。便含个時在。卽種後面時勢根脚。特人不知耳。○玩然則二字。或人亦知管仲不及子路也。

〔翼註〕蹵只是不敢。忽他非謂曾子不及子路也。

〔补朱〕蹵也。分上擬以人品之高者。不敢爲。下擬以人品之卑者。不屑爲。雖分兩段。但所引意重下段。見管晏不足爲也。○蹵然者。以擬之太高也。艴然不悅者

以擬之太平也

楊氏曰孔子言子路之才曰千乘之國可使治其賦也使其見於施爲如是而已其于九合諸侯一匡天下固有所不逮也然則曾西推尊子路如此而羞比管仲者何哉譬之御者子路則範我馳驅而不獲者也管仲之功詭遇而獲禽耳曾西仲尼之徒也故不道管仲之事

問聖人分明是大管仲之功而孟子硬以爲卑如何朱子曰孟子是不肯做他底是見他做得規模來低

慶源輔氏曰楊氏斷置得極分明子路之才視管仲誠爲不及然子路之所學則聖人之道其於管仲之事蓋有所不屑爲者

［蒙引］夫子大管仲之功而曾西乃卑管仲之功烈何也大管仲之功者據其所就之事業言者卑管仲之功烈者本其心術之不正而要其所就則亦終不得與於王者之徒也。楊氏一條以範我馳驅比子路以聖門規矩作爲也不獲以比子路僅可治千乘之賦而九合一匡有所不逮也以詭遇比管仲之行伯

所以獲禽比管仲之九合一匡之功業也。此意讀者了了分明，不待辨說。輔氏乃云謂子路是範我馳驅而不遇王者，故不獲；管仲則詭遇以逢桓公之爲，故得禽多矣。饒氏亦云。然皆不可曉，是拖以射御之兩人也，太拖亦太鑿矣。

【存疑】天子大管仲之功，曾子則卑之。卑之者，律以聖賢之法；大之者，取其救時之功。

按曾之言則也。今俗言有用曾字者，只是竟字意，或讀作層，甚可笑。何曾便是不曾也。三如彼，只是極力形容之詞，以上兩如彼形出下一如彼，非三平。

【講】子亦知管仲、晏子乃聖門弟子所羞稱者乎？昔者或問乎曾西曰：聖門有子路者，吾子自度與他孰爲高下？曾西蹵然不然曰：子路聞過則喜，見義必行，已造乎正大高明之域，乃吾先子之所敬畏而推讓之者也，我何敢與之比方乎？或又問曰：吾子既不敢比于子路，然則吾子與管仲孰爲高下？曾西艴然不悅曰：爾何乃比予于管仲？夫管仲得遇桓公，使秉國政，桓公一心委任，志同意合，如彼其專也；獨操國柄，以行其政，至四十餘年，如彼其久也，就該做出許大功烈，乃其功烈不過是假仁假義以富強其國，如彼其卑也。此子之深鄙者也。爾何

曾比予于是○

曰、句管仲、頓曾西之所不爲也句而子頓爲我願之乎句

曰孟子言也願望也

新安陳氏曰丑並論管晏孟子只及管仲而不及晏蓋晏之事功又在管之下不必言也晏事景公政在陳氏晏未嘗當齊政也晏才不及管而其人稍正於管其人無可訕其事無可言此孟子所以置晏不言而專及管歟○董氏彝曰公孫丑問管晏孟子以曾西之言推尊聖門高弟淳于髡問子柳子思孟子以百里奚之功答之蓋尊王賤伯者聖賢之本心賢才進退者興亡之大事一則責霸者之臣不能致君子王道一則美霸國之君能用賢者與邪

【蒙引】願望也此與可復許乎相應一從孟子說故許爲自許一從丑說故願爲相願○孟子只說管仲者以或問曾西只及管仲云云故只承之曰管仲曾西之所不爲也而子爲我願之乎初非以晏子之事功不及管且未嘗當齊政又以其人稍正而無可議也○

【集說】不可以孟子先與曾西較量人品但說曾西乃仲尼之徒其不爲也自昔人皆然而子顧爲我願之乎爲我願猶云代我期望之意

【心訣】不必抑了曾西亦不必說與曾西同只以不爲字與願字緊相呼喚凡人願則爲不爲則不願管晏既爲曾西所不爲則我亦必不爲以我所不爲者而子爲我願之乎是子願我爲曾西所不爲矣

【講】孟子曰由此言觀之則管仲之功烈曾西之所不屑爲也曾西與我同爲聖門之徒曾西不爲而子爲我願望之乎

【句】管仲頓以其君霸句晏子頓以其君顯句管仲晏子讀猶不足爲與句

【讀】顯顯名也

【彙】引夫管仲以君霸有可言者矣晏子以其君顯處何如曰當晏子時五霸俱沒中夏諸侯惟齊最強大景公在位且五十八年諸侯莫侵侮之者其在晏子或用其省耕省斂之言而興發或用履賤踊貴之言而寬刑或增其室或更其宅此皆賢君所爲如夾谷之會能歸侵疆亦庶幾知強仁義者在當時宜其視

他諸侯爲獨顯也。蓋有所謂彼善於此者歟、其晚年失政、使陳氏得厚施于國、

又多内嬖、而不立太子、則自其失矣、

【心訣】伯以業言、顯以名言。○前可復許乎、是疑其不能、此猶不足爲、是謂其不

屑。

【保朱】此丑極稱管晏之功、以申可復許之意。蓋上言其難許、此申明其可許也。

兩以字有力、言能輔相之以致君圖治、以其君霸、如申五禁以明王法、責包茅

以尊周室、使其君九合諸侯、一匡天下是也。以其君顯、如陳德政以答天譴、述

古法以勤民事、使其君聞于當時、傳于後世、是也。猶不足爲、只是認管晏之功

盛大而有足爲意。

【蒙引】丑曰管仲相桓公九合諸侯、一匡天下、以其君成伯、晏子相景公、布德緩刑、

以其君顯名于諸侯、功亦盛矣。而夫子猶以爲不足爲與。

【正音】以齊王讀由反手也何○反乎遂

反手言易也山逆作猶

〔釋〕此是孟子自負也以言能輔之也○以字正承上文以其君伯顯二以字說來皆謂能致其君者也○

〔訣〕以字就頂上二以字說來王字對上伯顯字說○言管晏以其君伯顯未能反其君而致王我則以齊王甚易不特君伯君顯而已此正見其不足爲也○句便含下時勢意○反手猶運掌

按反手只是喻言或謂反伯爲王反暴爲仁反亂爲治皆非正意也

〔講〕按以齊王是一章之綱薄管晏處正在此

〔解〕孟子曰若我當路于齊而輔齊君以成王業其易猶反手也豈特伯顯之功而已哉○

曰句　若是讀　則弟子之惑滋甚句○弟子之惑連　且以文王之德讀　百年而後崩讀　猶未洽於天下句　武王周公繼之讀　然後大行句　今言王若易然句　則文王不足法與句

滋益也文王九十七而崩言百年舉成數也文王三分天下才有其二武王克商

乃有天下周公相成王制禮作樂然後教化大行

【禮記文王世子】文王九十七而終

東陽許氏曰武王周公繼之然後大行此言周公制禮作樂之後雖殷之頑民莫不率化遷善之時也○

【蒙引】德爲指治岐之政九一世祿不征不孥之類下文德行速亦指仁政也且與未洽及大行字意相符不只就文王一身上說○在位無百年只言壽之長以見其在位之久也○然後大行兼武王周公說集註云文王三分天下有其二武王克商乃有天下周公相成王制禮作樂然後教化大行此大行只就周公一邊說與本文大同小異○今言王若易然一說承上齊王反手言齊王之易若此也一說謂似無難然者據下文今時則易然則當從無難然之說不必拘拘于猶反手之說亦無大妨

【□序】且以二字重舉之詞言無論其他在下者且以聖如文王云云

【集說】惑字兼上管晏不足爲滋甚則單指齊王反手之言前已是惑而今更甚

之。如今人言越發闊了相似。○以文王之德之盛而在位又久宜其洽于天下矣。而猶未洽也。未洽只照下大行來說只是不能遍王于天下之意。○不是武王周公一時來繼。乃武周遞相及之教化大行。雖是周公之時却從未洽天下來。觀然後二字可見文王有所行。而尚未大行于天下。至武王有了天下。又繼之以周公之制作。然後大行也。只就公孫丑口中淺淺說個王乎天下之難便了。○丑之意只教化未遍及于天下。便是未洽。教化遍及于天下便是大行而已。難道說武王總無教化。亦難說道克商有天下。不是大行也。○今言王若易然口氣是說似無難。難然者其實便指以齊王猶反手何如云。今言以齊王猶反手似無難然者。蒙引過爲之辨。○不足法是說以文王之德之至而尚難王若彼豈是他德尚有未至而不足取法與丑所謂亦滋甚也。不是實話。不足法與上不足爲相應見得管晏固不足爲而文王亦不足法乎之意。

心訣 若是指以齊王猶反手言。○大行玩註意武王周公當合說而大行二字實提箬武周之後不直有兩番大行也。大行即上洽字意。○文王之德既盛而德之衰。又歷之百年之久，猶止三分有二，而教化未盡洽于天下，必又武王、周公繼之，然後教化大行，文王之德始洽于天下，而王業以成。正見興王之難也。只重文王一不重武、周。今言王若易然，則非爲管晏不足爲，即文王之德，夫子猶遺過之而不足法，與弟子之惑所以滋甚也。丑此段話說止在德上論，而不知時勢有不同者，又不盡係于德也。饒接休時上下最明白

【蒙引】猶未洽于天下，重天下字，大行大字，正與天下字相應。

【林朱】不足法，就德言，與下何可當相應看。

【經】丑曰：夫子以管晏爲不足爲，弟子既已惑矣，今又謂以齊王猶反手，若是則弟子之惑益甚也。夫德之未至者，勿論矣。且以文王言之，其德可謂極盛矣。文享壽百年而後崩，則其德之施亦不爲不久矣。然三分有二，其德猶未徧洽于天下。及武王克商，永清大定，周公相成王，制禮作樂，得此兩聖人繼之，然後教化大行，洋溢四海。是文王尚不能及身而王，其難如此。今言王若反手之易然，則文王之德猶不足法與。

曰句文王頓何可當也句由湯至于武丁讀賢聖之君讀六七作句天下歸殷讀久

矣句久讀則難變也句○難變連武丁頓朝諸侯讀有天下讀猶運之掌也句○運之掌連紂之

去武丁讀未久也句其頓故家遺俗讀流風善政讀猶有存者句又有微子讀微仲

讀王子比干讀箕子讀膠鬲讀皆賢人也句相與輔相之句故久而後失之也句○久而後失連

尺地讀莫非其有也句一民讀莫非其臣也句然而文王頓猶方百里起讀○方百里連

是以難也句

當猶敵也、商自成湯至于武丁、中間太甲、太戊、祖乙、盤庚、皆賢聖之君。○作、起也、自武丁至紂、凡七世、故家、舊臣之家也。猶方百里起、猶通作由、

○雙峰饒氏曰、故家、舊臣、遺俗、舊民、是說在下、底流風之化、善政之事、是說在上、底。○

蒙引 當猶敵也、以其德不可當也。孰謂文王不是法哉。但文王所遭之時勢難耳。○由湯至於武丁、至故久而後失之也、此言其時之難。以下條註云自文武至此七百餘年、與于商之賢聖繼作、至與于紂之猶有善政、可見尺地莫非其有、

民莫非其臣至是以難也是言勢之難○太甲顛覆湯典刑處仁遷義既復辟而保惠庶民不敢侮于鰥寡號爲太宗○太甲五世至太戊修德而祥桑死商道復興○太戊三世至祖乙以河決之害去亳遷耿○祖乙六世至盤庚又以河決之害遷于殷有盤庚三篇行湯之政商道復興○盤庚三世至武丁得良弼殷雉雊伐鬼方商中興焉又八世而爲紂凡一百單八年云○賢聖之君六七作則其教化之陶習民俗者厚惠澤之固結民心者深故繼之曰天下歸殷久矣久則難變也○商自盤庚之後小辛小乙二王繼立商道又衰諸侯多不來朝矣天下多非其有矣而武丁能用人修政於是諸侯無敢不來庭者商道遂赫然中興故曰武丁朝諸侯有天下猶運之掌也言其中興之盛也惟有鬼方負遠不服于是有三年之師亦可想見其中興之盛○流風以修身齊家之化言善政以綱紀法度言此全是在上者曰故曰遺曰流皆自商之先王身上來也○微子等作五人看微子名啓故知微仲又是一人○久而後失之也失之于武王時言不在文王之手頭失也○是以難也此句只帶然而文王猶方百里起

不□□承上文上文自有故久而後失之一句在了○問周自太王之時商道寖衰而周日強大矣何文王猶方百里起也邪曰是時太王王季雖益商運雖衰微然王制猶未改故只是仍舊百里之國太王王季又非併吞鄰國以自封殖者其所謂強大者只是國勢內實而有可畏不易敵之勢耳文王猶方百里起之言固自無可疑

〔說約〕鄭玄禮記注微子嫡子死立其弟衍是爲微仲○膠鬲殷賢人也遭殷末之亂隱遯魚鹽文王舉之于殷○五人惟鬲異姓○時之難勢之難時之易勢之易前後俱未明言只借齊人語一點出耳作者似只會大意不必板立尢妙

〔集說〕何可當言其德豈敢與之爲敵況云不足法哉但所處有不同也故以下說時勢○六七作亦只言其遞興之意不必拘六爲誰七爲誰也○歸殷久而難變不止是說歷年之久乃有成湯作之于前而六七君繼之于後民心固結非一朝夕也武丁朝諸侯有天下但一奮然有爲便足以統率諸侯而王于天下故曰猶運之掌正見其時勢之在商不勞而治之之意○故家遺俗三句只

觀武丁中興來說武丁所爲難道非由成湯來但玩紂之去武丁未久也且亦
不必遠引〇猶有存者非全在只是尚未盡失而已舊臣之家與國俱戚舊民
之俗忠義于上修身齊家之化訓勅其民綱紀法度之施統馭其下總見先王
遺澤尚在紂未能一日便蕩滅盡了雖至無道而賴先王之遺尚撐持幾年也
〇輔相不是得行其道左右厥辟只是在下邊暗中維持幾分而已此在未奴
未去未死時說〇自故家遺俗至猶有存者是一段自又有微子微仲至輔相
之是一段一是在先有可恃之澤一是當時又有可恃之人故久而後失之久
字乃必待紂蕩盡先王之法失盡在庭之賢然後失之故曰久〇通節只應文
王不足法與何言文王之德自不可當但其時值如此故未洽于天下至武王
周公繼之然後大行以此耳究之文王何嘗有取商之心但以其難而遂止耶
【彙辨】時勢二字自在下節此處且宜渾講況文勢一氣說下不拘拘分對爲是
〇武丁至受辛凡八世合武丁爲九世故集註云凡九世也
【彙註】朝諸侯即是有天下非既失而復有也只是振起之耳

【說統】由湯至於武丁一段見人心戴商之確。武丁至猶有存者一段見商家澤之深之遠。微子至輔相一段見衆賢維持之力。故久而後失。總承上三段是言時之難。只地至百里起是言勢之難。是以難句總承上時勢言所以致王之難。揔承是另一說。○微子微仲比干箕子是貴戚之卿。膠鬲是異姓之卿。只地止句言商統之盛。兩其字指紂說。

【注疏直解】文王何可當一句提開。下皆言其難王。

【正解】此節歷言文王興起之難。以發明文王何可當也一句。

【崇道堂大全】何可當言當時之德不是以當文王。而文王之時之勢則甚難乎今。曰只地以上是言世澤之久。時不可爲。只地以下是言世業之大。勢不可乘下。難字正應上易字。

【好鑽】由湯至猶有存者只言商家世澤之善。又有微子五句只是言商家世臣之輔。只地一民二句只是言商家世業之大。

【廣炬訂】武丁朝諸侯二句運掌言其德盛。不承歸久。故下有紂去武丁云云。不

然紂徑好直接六七作何必又插此段豈之

【心訣】上言天下歸殷久矣下言紂去武丁未久言其盛久而衰未久上曰久則難變下曰久而後失之亦言盛久而未易衰上未久故久而後失之故久而後失故字承餘澤多賢來文王猶方百里起此百里亦是商辛之地與民也起字如起家之起

按此節諸書多有不同有分貼時勢者有不分貼時勢者有于時內分三段者有只分兩段者末句是以難有单承勢之難者有双綰時勢之難者今于諸餘並存之而分貼時勢爲正也時內分三段較明也末句单跟勢邊較顺也然存疑于時內分三段又于諸書不同存疑不可從也按久則難变當通包商家一代已包至紂矣武丁朝諸侯有天下又是抽出其近者言之非謂由湯至武丁已是久而難变故武丁得以朝諸侯有天下也纂序于武丁朝諸侯上加故當二字似覺未妥不如淺說用且以二字轉去爲是及看正解斷于予意合

翁按此節自文不會露時勢字說約彙解滙言會大意爲妙愚謂存明說不惟本文無着落且下文出時勢字亦覺少力

【講】孟子曰文王之德何可當也其所以不及致王者非其德有不足所值之時勢然也商業始于成湯由湯而太甲太戊祖乙盤庚以至于武丁賢聖之君凡六七作其累世德澤浹洽于民心天下歸殷久矣久則人心固結難以変而之他

由其世德在人如此且以武丁之賢能用人修政雖當國運中衰之時而一變

振作赫然中興遂能朝諸侯有天下以復湯之故業猶運之掌也紂之去武丁

相去七世尚未久也其在下則累世勳臣之故家與舊民淳厖之遺俗其在上

則流風之化善政之事猶有存者其餘澤未泯如此又有同姓之微子微仲王

子比干箕子異姓之膠鬲五臣皆賢人也相與同心匡救以輔相之其多士維

持又如此故紂雖不道國不遽亡必待日久而後亡之也況當紂之時尺地莫

非商之有也一民莫非商之臣也依然一統之勢脉而文王由方百里興起是

以致王亦難也若其德則何敢當哉

齊人有言頓曰句雖有智慧讀不如乘勢句雖有鎡基讀不如待時句今時頓則易然也句

鎡基田器也時謂耕種之時

【餘疏】大而類之之謂智小而察之之謂慧

【蒙引】正韻註鎡基鉏之別名○雖有智慧不如乘勢以作事言雖有鎡基不如

待時以種田言蓋以待時譬乘勢也此待[illegible]之易文不同今時則易然也此時字又該時勢

〔說約〕今時只如言今日後惟此[illegible]此節文勢似地脉之有過峽

〔集說〕齊人之言未嘗有譬字只平平說下而譬之之意自見齊人有言節要提出今時則易然句爲下二節張本不然兩本鎡文王齊人節大意最是按說約集覽解

〔翼註〕智慧泛以作事言不指四家說作文以智慧鎡基平對

〔心訣〕乘勢乘事机便利之際不指富貴權力說今字對文王說此以下正發明齊王反手之意

〔備旨〕道堂大全齊人中亦知時勢而爲言者不若丑之囿于習俗也此節承上起下

按丑謂齊人故引齊人之言齊人原以種時譬乘勢孟子引之只取点出時勢二字耳

〔講〕而文王所以難則知今日所以易矣夫子齊人也抑聞齊人有言曰作事者以智

慧然雖有智慧不如乘事勢之便乃可以有爲而建功不則智慧無所施也

者以鎡基然雖有鎡基不如待天時之至乃可以力作而有獲不則鎡基無所

用可見時勢爲王天下之藉也若今日之時勢于與王則易然也吾故曰猶反

手也

夏后殷周之盛讀地頓未有過千里者也句千里適○過而齊頓有其地矣句雞鳴狗吠

相聞頓而達乎四境句而齊頓有其民矣句地頓不改闢矣句民頓不改聚矣句行

仁政頓而王讀○莫之能禦也句

此言其勢之易也三代盛時王畿不過千里今齊已有之異于文王之百里又雞

犬之聲相聞自國都以至于四境言民居稠密也

詹氏道南曰王制四海之內爲九州州方千里而王畿居其一是亦井田之制也

雙峰饒氏曰勢是指事力而言有地則有財有民則有兵地廣則財富民聚則

兵強既富且庶所以舉事易文王百里地狹民少所以難

蒙引盛字重看言其盛時王畿猶不過于千里則齊之千里之地所以爲資也

夏后殷周之時普天皆王土率土皆王臣之日也。人之所居必有雞犬故云
則是人煙接連無間斷處也不既廣矣哉。言地已闢而不待再辟矣凡曰者
皆是更闢之詞。此言其勢之易也易是甚事謂齊王易也
〔存疑〕地不改闢二句言土地儘開闢了不待再開闢人民儘聚集了不待再聚
集言勢足以有為也故曰行仁政而王莫之能禦也或云不改讀斷謂不改而已辟倘未是
〔集說〕齊有其地註補云異于文王之百里則有其民亦當補異于一民莫非其
臣矣。相聞是人居稠密達乎四境則自國都以至于四境無一處不稠密
〔蒙引合參〕此節只重勢上行仁政意亦本勢說蓋乘強大之勢利用思也
〔心說〕行仁政輕帶過
〔正疏直解〕文王何可當以後時勢兩平中間插齊人有言節點出而前後却隱
藏不露此文字縱橫錯出處
〔[illegible]〕何以見齊勢之易彼夏后氏殷周之盛時雖普天皆土率土皆臣然其王畿之
地未有過于千里者也而齊方千里是有其地矣且民居稠密雞鳴狗吠之聲處

處相聞自國都而達乎四境而齊有其民矣地不廣則須再辟今齊已有其地而不待改辟矣民不聚則須再聚今齊已有其民而不待改聚矣地廣民衆舉可遠施以視尺地一民皆商之有而文猶方百里起者不侔矣秉此之勢行仁政而王天下莫之能禦也

且須王者之不作讀未有疏於此時者也句○民之憔悴於虐政讀未有甚於此時者也句此時連

飢者讀易爲食句渴者讀易爲飲句

此言其時之易也自文王至此七百餘年與于商之賢聖繼作民苦虐政之甚莫于紂之猶有善政易爲飲食言飢渴之甚不待甘美也

蒙引 飢者二句以況憔悴之民易爲德也此之飢渴猶下文之倒懸也皆是譬

○問勢易時易如何分曰勢易以齊力量而言時易以天下機會而言有其時而無其勢固不足以致王齋文公是也有其勢而無其時亦不可以致王太王王季雖周日強大然商命未絕至文王亦只三分有二是也

存疑 未有疏于此時未有甚于此時兩時字是時勢之時此時而施仁政不待

澱仁厚澤而民快于心猶飢渴之久易爲飲食而人適于口也

【集說】且字承上言不但勢易而時且易又如此也兩未有字要看見古今亦有疏者亦有甚者總未有疏且甚于此時者也武丁至紂凡八世雖云疏然去商未久紂虐政已極然尚有故家遺俗流風善政之存者至此時並那等光景也不能勾了飢渴二者字乃飢渴之甚者又要說出甚飢甚渴之時以此節言時之易也倒懸較飢渴又甚此此二句就見德上說下解倒懸在歸心上說亦微有別

【纂序合參】末二句要補仁政在飢者上要補致王在爲飲下

【諸家辨疑】易爲食易爲飲須看兩爲字屬與飲食的身上說

【講意】不但此也且周自文武至今七百餘年是王者之不作三代以來未有疏濶于此時也王者一不作故諸侯分爭而干戈賦歛無時休息民之憔悴于暴虐之政三代以來未有甚于此時者也于此仁政一行不待澱仁厚澤而民即感德歸心辟如飢者得食即以爲美而易爲之食渴者得飲即以爲美而易爲之飲其

王何難之有哉。蓋齊將之易又如此。

孔子曰句德之流行讀速於置郵而傳命句。置郵而傳命連。

置驛也，郵馹也，所以傳命也。孟子引孔子之言如此。

新安陳氏曰：如漢五里一置，左傳楚子乘馹會師。

東陽許氏曰：字書馬遞曰置，步遞曰郵。漢西域傳因騎置以聞，師古曰即今驛馬也。黃霸傳郵亭，師古曰書舍，謂傳送文書所止處，如今驛館。

雙峰饒氏曰：德之流行，即是應前面文王之德，底德字。蓋德是本，全靠時勢，不得有智慧而後可以乘勢，有鎡基而後可以待時。若無德，雖有時勢，何以行之。

〔崇引〕大抵置長而郵短，故置用馬遞而郵用步遞也，即今官文書常者遞鋪遞急皆驛馬遞。○孔子此言未必就時勢之易說，然孟子引意則疑主此，蓋爲其綴在時易勢易之末也。且子勢易則曰地辟民聚，行仁政而王莫之能禦也；於時易則曰飢者易爲食，渴者易爲飲，此非即是德行速意乎。於下條又曰當今之時，萬乘之國行仁政，民之悅之云云，或以德行速對上文勢易時易作三段平看非也只是孔子此言以申上意耳故本文只曰今時則易然也又曰惟此時爲然而集註曰由時勢易而德行速也德行速只附在時勢易上觀集註孟子引孔子之言如此不着他語旁其止是引證上文意無他意也一說孔子此言不必在時勢易上來蓋德之感人自是速也德之流行一條不必言時勢既易則德行自速蓋自爲一條若以德之流行無帶上文時勢易說則下文所云當今之時萬乘之國行仁政民之悅之猶解倒懸者不必用矣故須各自爲一項說而下方總云云德行雖不遇于置郵之傳遞而乃以爲更速前也曰此亦甚言其速耳如云捷于影響豈有捷過影響之理

【存疑】本時勢易上說孔子未必有此意孟子引之則然耳

【說約】古人馬必駕車馬遞驛首之說恐亦是漢以下事殆不足據問曰則文王不是法與答曰文王何可當也皆指其德而言大段謂此須兼時勢故難易別耳但如此則似看德較輕設引孔子語文周旋說纔亦自好起下仁政得時勢動反手可必之意仁政與德畢竟急着乘時借勢而在今日也

【集説】此節只依蒙引後兩條爲另是一段未必照上時勢來回互言時勢之易固如此况乎德之流行又甚速乎蒙引前段乃未定之見鏞按此辨甚正當從

【正解】引孔子言不必説時勢在内○置郵傳命雖速猶有斷而至若德之流行舉心加彼不介而孚比那置郵爲尤速也

【説統】德字對命字看流行字對傳字看蓋置郵所傳者命耳感人以言者不若感人以心者爲尤速也似亦有理○德之流行粘上文説謂德澤本易流行况復乘此時勢乎如此看方于文王分上無碍

【　】上文言時勢之易王孔子曰節言德本易王兩兩平列到下文當今之時時也萬乘之國勢也行仁政德也此三句方合德與時勢言故此節要照時勢又要離時勢不照時勢則呆既無關會不知孟子何故忽插此閒話不離時勢若云有時勢必須德卽侵下節疆域矣○孔子此言自不關時勢説單説德之行速如此孟子前既言時勢之易此引孔子之言又見德行本易故下文總結謂事半功倍方兼時勢説見不必有文王之德而王可反手也作文必須

撤開時勢不粘爲是

黄炬訂 孔子曰三字正不得撇過時勢齊人能言孔子則言德孔子豈不知百里難與百年難洽者 與公 ○綰帶時勢非獨顧毋也孟子之言德於當時意調如此 子子 ○按時勢二字非聖言所有必要綰帶豈尼父豫爲援引地耶尤須說來不與文王相悖方好○彼此相入始謂之洽爾比流行較深 木公

鑄按孔子曰三字不可忽過不惟見言出於大聖人可以折服衆家亦正於上文王字相對待耳

講 時勢固易于行仁而况仁政之行又本自速孔子有言曰人君德政出乎身而加乎民其流行之机更速于置郵而傳命蓋置郵傳命雖速然尚計程而後至若德之流行則沛然旁達此感而彼即應不待疾之而自速也仁政不待時勢而自速如此

當今之時 讀 萬乘之國 讀 行仁政 句 民之悦之 讀 猶解倒懸也 句 ○解倒懸 連 故 頓 事半古之人 讀 ○古之人 連 功 頓 必倍之 句 ○故字至倍之 提 惟此時 頓 爲然 句

倒懸喻困苦也所施之事半于古人而功倍于古人由時勢易而德行速也

蒙引當今之時時易也萬乘之國勢易也行仁政民之悅之猶解倒懸[illegible]
意也此處方帶連德行速然亦不是時勢易方德行速也只是此節意重在德
行速耳○時兼時勢時勢易則德行之速者愈遠矣故連德行速說在內
存疑當今之時指上兩時字說易王之時也萬乘之國指夏后殷周之盛說
易王之勢也○古之人指文王功必倍之亦指文王惟此時爲然此時包時勢
在內即上今時則易然時字
集說萬乘之國即根上千里來地方千里出車萬乘孟子只就地論之耳不拘
天子諸侯○事即行仁政之事○行仁政內要見得任賢圖治之意方與上文
以齊王相應却不是專專責齊行仁政一般話說故事半古之人故字雖承解
懸說却亦即前以齊王猶反手之意○惟此時爲然不對後日天下說乃對古
之人說
翼註事半古人不必百年繼世功必倍可反手王齊
「
事半古之人句應結文王百年後興功必倍之句應結齊王反手○是

總結齊王反手之易與文王百年之難古人指文王也泛論便不醒

【正解】當今之時時易也應王者不作一節萬乘勢易也應夏后一節仁政應德行速一節上三節只平叙此遂總承而申斷之也

【合訣】當今之時易於爲之時也萬乘之國施仁政民悅之國也此時此國而行仁政則德之流行當何如吾見民之悅之猶解倒懸也◎惟此時爲然有千載一時意

【集成】何屺瞻曰他處故字不過承上語耳此故字則緊與惟字呼應於語脉又緊醒下

【[illegible]】矣時勢之至易如此德行之本速又如此誠能于當今至易之時萬乘之國之勢行王道之仁政將見民之悅之猶如有倒懸之苦而思解之也彼所行之事不必如文王之百年繼世只消半于古人而其成王天下之功必軼古人而加倍不止如文王三分有二而已也雖此曰之時勢易而德行之速爲然齊王反手豈虛語哉

問孟子既卑管仲使孟子當管仲之時則如之何雙峰饒氏曰亦只是合諸侯以尊周室但孟子則直能使王室尊安而諸侯各循王度管仲不過假尊周之名以盡其摟諸侯之實其所謂實文武之罪人也王伯之分只在誠僞孔子作春秋亦不過欲諸侯尊周室循周制而已

旨正解 此章以齊王反手爲王見爲治當以王道而不當以伯功反手也以上是卑管晏而言致王之易下言致王之易由于齊之時勢可乘究竟德是根本必有德方可論時勢

心訣 此以齊王反手爲主功德二字是眼目然德必借時勢而後行故又刱時勢以見王之易〇德是致王之本時勢是致王之資孟子以齊王反手自是實話其氣魄大源頭正如論貴德尊士論發政施仁制產非田學校皆是性善一氣作用處七篇仁義沛然於王何難

按 此章前面對管晏言嘗重在德後面對文王言嘗重在時勢然前後本是一意德與時勢合看則時勢尤爲重也蓋德在我者也時勢在人者也在我者可爲在人者難據此孟子所以惓惓于齊之時勢之易也〇朱註平列時之易勢之易或謂只重一時字勢在時內背註不可用

輯按通章言齊王言文王言德言時言勢文法參差不一而總歸於末節收拾無遺不惟見其胸中有主亦見其文法周密處○時勢字固重德字亦不可輕看若無德時勢亦徒然耳故言勢即繼之以行仁政而王言時即繼以飢食渴飲言時勢之後即引述孔子之言德言當今之時萬乘之國之後即言行仁政而民之悅之細玩自文中語時勢寔寬脫離不了德字

公孫丑問曰句夫子頓加齊之卿相讀○齊之卿相連得行道焉句○行道連雖由此霸王不異矣句○由此連如此讀則動心否乎句○動心連孟子曰句否句我頓四十不動心句

此承上章文設問孟子若得位而行道則雖由此而成霸王之業亦不足怪任大責重如此亦有所恐懼疑惑而動其心乎四十彊仕君子道明德立之時孔子四十而不惑亦不動心之謂

朱子曰盡心知性無所疑惑動皆合宜無所畏怯雖當盛位行大道亦沛然行其所無事而已何心動之有易所謂不疑其所行者蓋如此而孔子之不惑亦其事也公孫丑非謂孟子以卿相富貴動其心謂伯王事大恐孟子擔當不過有所疑懼而動其心耳不知伯王當甚閑事

雙峰饒氏曰集註恐懼疑惑四字雖是說心之所以動然恐懼字是爲下文養

氣張本疑惑字是爲下文知言張本要之不疑惑然後能不恐懼故集註論心之動則以恐懼居先論心之所以不動則又以無所惑疑居先。道明屬知言德立屬養氣不必分先後說

陵陽李氏曰明則不疑立則不懼然未有不明而能立者故知言養氣雖二事並進而其序必以知言爲先孔子不惑則自不動矣

東陽許氏曰疑懼即是動心處集註却言有所恐懼疑惑而動其心似疑懼又在動心之外者蓋心本虛靈靜一能明天下之理者此也足以應天下之事亦此也今理有所不能明而疑事有所不能應而懼然疑懼乃動心之目心因疑懼而動而疑懼非心之所動也。此章當作五節看疑懼二字包一章大意而直字貫乎其中

〔蒙引〕由此伯王指得位行道。公孫丑以管仲晏子期孟子既爲孟子所斥於此又渾舉伯王爲言足見當時功利入人之深。四十強仕禮記曲禮上大全第九板曰人生十歲曰幼學二十曰弱冠三十曰壯有室四十曰強而仕五十

曰艾服官政六十曰耆指使七十曰老而傳傳家事于子也八十九十曰耄七十曰悼耄與悼雖有罪而不加刑百年曰期頤○理在事物爲道故曰明屬無所疑理得于已爲德故曰立屬無所惧○孔子不惑亦兼道明德立非專是明也○

【存疑】註恐惧疑惑就是動心處○舍恐惧疑惑又何處討動心○饒氏謂是心之所以動固不是○許氏似疑惧又在動心之外亦不是○其云疑惧即是動心處疑惧乃動心之目是矣○又云心因疑惧而動而疑惧非心之所動又說得騎墻

【纂序】動心固不出恐惧疑惑四字○然淺說講四十不動心下方云觀此言則知孟子道明而無所疑德立而無所惧似不欲將四字入正講○蓋因註是照下養氣預下个恐惧字○照下知言預下个疑惑字也亦有見○知言養氣是孟子意中事○恐惧疑惑在我四十不動心會意入講可○若丑意中那得知則動心否乎內恐惧疑惑果不宜呆按硬入○

【彙解】集註恐惧疑惑道明德立等語○俱是照知言養氣立解○然此處只宜渾講○

須下面逐節闡明爲是。

【集說】任大責重貼卿相二字，不貼伯王二字。既爲卿相，則君國擔子便在身上，故曰任大。凡一國事体無不由之以行，故曰責重。任大以己之所擔言，責重以人之所托言。既然任大責重，則于國家之事稍有承當不起處，此心便恐懼；稍有剖判不到處，此心便疑惑。人情大抵如此。丑恐孟子雖功業有餘，而當其做此功業之時，此中或不能無所安排計較，臨時周章費力也。○四十者，大約于四十之年固已如此也。○李陵陽以爲能知言然後能養氣，不知所謂知言者只據見成說其所以知言，得力工夫處尚在知言前一層，非即以知言便爲工夫也。○觀知言節大文自見。朱註于惡乎長節，先言盡心知性，而後方言于凡天下之言云云，亦未嘗無本末之分。且究極其理而曰無不有以，這有以是甚麽？知言節註亦先云心通乎道，而後云無疑于天下之理，則知言之工夫不在知言也。○此學問悞人毫釐千里處，不可不辨。

【[illegible]】四十以前有工夫，四十以後亦有工夫。四十以前規模基址已定，四

十以往打磨煅煉愈精○失声破銳見色豆羨固動也許由之玩世子方之驕人亦動也古人謂被酒而狂與醉而益矜慎者均爲酒所動耳

〔心訣〕加字有味人心處無事時寂然不動也有所加則易動矣

〔說統〕當大任只是平常應酬一般方是不動心○按孟子一生得力處全在知言養氣而本之願學孔子孔子四十不惑孟子四十不動心其致一也

〔講〕此章見孟子不以卿相動其心而由其學於孔子也公孫丑又設問曰夫子若加以齊卿相之位得行其所學之道焉雖由此位而小則伯大則王亦其能事無足怪異矣然任大責重成功不易夫子亦因而動其心否乎孟子曰否不動心也盖我年四十此心已不動矣雖居高位行大道從容運量而有餘何動心之有

曰句若是讀則夫子過孟賁遠矣句○過孟賁適曰句是不難句告子讀先我不動心句

孟賁勇士告子名不害孟賁血氣之勇丑蓋借之以贊孟子不動心之難孟子言告子未爲知道乃能先我不動心則此亦未是爲難也朱註於上面先提一難字最好

〔大全小註〕賁齊人能拔生牛角。秦武好多力士，賁往歸之。○說約仁山金氏曰史記范雎傳及淮南子注皆云賁衛人，文選注引史記亦賁齊人歸秦武王。說苑曰賁水行不避蛟龍，陸行不避虎狼，發怒吐氣，聲響動天。○衛敘呂覽云賁過于河，先其伍，船人怒而以楫摗其頭，顧不知其孟賁也。中河，孟賁瞋目而視船人，髮植目裂鬢指，舟之人盡揚播入于河。使船人知其孟賁，弗敢直視，涉無先者，又況于辱之乎？此以不知故也。

朱子曰孟子是義精理明，天下之物不足以動其心。○告子之不動心，硬把定。是麄法強制，而能不動，非若孟子酬酢萬變而不動也。○

〔語類〕孟施舍、北宮黝是不畏死而不動心。○告子是不認義理而不動心。○告子恠恐動着他心。○

慶源輔氏曰告子外義，未爲知道，然未四十時已能不動心。○其不動心又先于孟子。○以此觀之，則不動心未足爲難，可知也。（未四十最分辨不是同時較先後）

新安陳氏曰告子強制其心而能不動，孟子有定見有定力，自然心不動。此處孟子亦姑借告子以發說耳。

【蒙引】朱子下一借字好。蓋孟賁以力，孟子以心。丑非全不曉，而以孟子之不動心爲孟賁類也，故曰借。而丑亦自言過孟賁矣。若全以爲一類，亦不得爲過之遠。

【存疑】不動心甚難。孟子曰不難者，姑借此以抑告子耳。抑告子者，欲見得己之不動心異于告子處。集說有辨

【集說】告子亦是欲說理，明道之入與勇士原非一類，但學術不正而強制其心，則亦倖倖者流。故孟子因丑孟賁之論引上告子來。是不難者，非是說不動心之學不難也。蓋云不動心亦不是一樣，但只說個不動心這都亦不難，告子且先我而不動心矣。還來說告子何故，劈空便抑告子。先我者，早似我也。這不動心談何容易。說個先我，則告子之強制其心，全無集義致知之功，固已可見矣。但此義且不可說出，只虛虛說。

【彙辨】集註勇字與告子未嘗知道何，但宜勿露。

正解 先我，是不待四十，先字內已涵强制意了。

好辯過孟賁遠，亦是形容語，不可認眞。

蒙引 當大任而不動心，若是則夫子之心足以負荷一世，較之孟賁之力能舉一器一物之重者，相去遠矣。孟子曰，若不問其所以不動心者何如，而但欲固守其心，使之不動，是亦不難，即如告子之爲人矣，乃能未至四十，先我而不動心，何難也。

曰何不動心有道乎句曰句有道

程子曰，心有主，則能不動矣。

新安陳氏曰，有主二字，包得下文黝、舍、曾子，皆有主，但有精粗之分。○北宮黝之不動心，以必勝爲主；孟施舍之不動心，以無懼爲主；孟子之不動心，以守約爲主。

存疑 不動心有道乎，是通承上文孟子四十不動心與告子先我不動心而問。故孟子舉北宮黝、孟施舍、曾子以答之。北宮黝之養勇，是北宮黝之不動心，有

道也孟施舍之養勇是孟施舍之不動心有道也曾子之大勇是曾子之不動
心有道也北宫黝之道以必勝爲主孟施舍之道以無懼爲主曾子之道以理
直爲主即北宫黝孟施舍之不動心曾子之不動心大略可見矣卻曾子之不
動心孟子之不動心大略可見矣此孟子答問之意（饒按此說大意甚明）

集說　丑問不動心有道乎道道字空說只是有个法子使之不動也曰有有字
却包孟賁曾子及下黝舍俱在内亦只空說程子云心有主則不動矣此心有
主主字亦只淺淺在不動時說不可便說學問功夫此心有主也恐礙下文

心訣　有字虛說註中有主二字是會後條大勇之意來且未可露出（饒謂註中有主不可露最是）

與註　有道兼精粗言不但出於養盛者爲有道即其出於強制者亦有道愚意
強制之道究竟非道還當暗重養盛邊改不露二意只備說亦妙

一講　丑又曰敢問心之不動固有道乎曰惟其有主乃能不動是有道也

北宫黝（頓）之養勇也（句　勇連）不膚橈（句）不目逃（句）思（頓）以一毫挫於人（讀　毫連）若撻

之於市朝（句）不受於褐寬博（句）亦不受於萬乘之君（句）視刺萬乘之君讀若

刺褐夫（句）無嚴諸侯（句）惡聲至必反之（句）

北宮姓，黝名。膚撓，肌膚被刺而撓屈也。目逃，目被刺而轉睛逃避也。挫，猶辱也。褐，毛布。寬博，寬大之衣，賤者之服也。不受者，不受也。其挫也。刺，殺也。嚴，畏憚也。言無可畏憚之諸侯也。黝蓋刺客之流，以必勝為主，而不動心者也。大全小註謂以毛毳織布。

慶源輔氏曰：集註云黝蓋刺客之流，以其言所謂視刺萬乘之君若刺褐夫而知之也。以必勝為主，亦以其言而知之。推其心以必勝人為主，故無有尊貴視之一如匹夫，不受其挫，必反報之。

雙峰饒氏曰：惡聲必反，不專謂諸侯，於褐寬博、萬乘皆然。

東陽許氏曰：一毫挫于人，謂所辱者至小也。不受者，必報之也。不雖必報于萬若雖貴者，亦必報之。惡聲至必反之，謂不惟辱來必報，雖言小不善亦必報也。

【存疑】思以一毫挫于人，意思管到亦不受于萬乘之君止。視刺萬乘之君至無嚴諸侯，又是一意。惡聲至必反，通管上面寬博、萬乘、諸侯。○一毫挫于人至小也。撻于市朝至大也。覩至外若至矣。見其不肯受辱于人也。
【說約】不膚撓言膚不至被刺而撓屈也。不目逃言目不至被刺而轉睛逃避也。
便見必勝意。不當如存疑謂自恩以一毫下方皆見其必勝。且存疑云不膚撓目
逃是不怕痛不怕死之意。則依舊是無懼非必勝矣。但不可從又大段自不膚
撓至不受于萬乘之君。是彼不可加于我之意。覩刺萬乘至反之是我必可加
于彼之意。以總蓋出必勝亦不必段落看看。膚目已被刺而僅不撓不逃是
已敗矣。須云必勝。故斷當如愚說。
【集說】愚是北宮黝愚然却是孟子就他勇悍強項處代他說心裏自存如此覩
字亦然。○萬乘之君即諸侯之大國者。如上章萬乘之國是也。不是天子。○褐
寬博想當時有此名號。如今稱秀才爲窮措大相似。不是一定着毛布寬大之
衣。只是個賤者而已。寬大之衣亦只是說無有上衣下裳尺度之服。但一味寬
大。故爾蒙引以爲賤身衣云云。是貧者非賤者矣。又以褐寬博爲是兩般人
又。必從若刺褐夫。不止言目中無萬乘。且有刺之之難之意。方于必勝合義

[illegible]言[illegible]士惟之諸侯易氣動心焉可畏嚴之君不是說當時之諸侯也不必
畏憚也○惡声至必反之包上褐寬博及萬乘之君饒氏以為不専指諸侯說
是但再說萬乘是與諸侯爲兩樣都未狀○反字只在語言不避上来便行刺
【正解】此節及下節兩養字皆從心有主而生○思以下相承說下去一節深一
節總見其必勝人也不受二句承必報人之辱意說下觀刺萬乘亦不受萬乘
之[illegible]惡声二句又是即小以見大意
【心說】黝舍二節不是實叙當時行事總是極其形容話頭看○思字視字正摹
寫他意在必勝光景即會之言亦是想像他無懼爲主而代爲之詞耳要知黝
舍不重只借黝舍引曾子上去○丑問不動心有道孟子既答之目有何不替
知言養氣備盛託出而又勸得養勇不無似是而實非者故先借黝舍之以實
子于夏而後及孔子自反而縮者以闡大勇之源○從來說者以孟子称黝舍
爲例告子所黝舍守氣告子則勿求于氣大不相類其称黝舍者不過顯出孟
貴之語來言而且以逓形出曾子之不動心處以朙巳四十所得之源流[illegible]

人有勝人而不能必。膚之不撓，目之不逃。有威伸于匹而屈于尊，雖行于天下而
懲子小皆不可言。必勝是段斷進，皆模寫其必勝意。
[說說]不撓不逃，孟子畫出北宮黝的像，言其膚提然而不撓，目疑厥而不逃。或
云膚被刺而不撓，目被刺而不逃，則無此理。或云其勇不可犯，不至于被刺。無
撓且逃，則又多一膚，不似孟子語氣。
[廣炬]訂此題如散錢，以思覩二字作索子，遂不費散錢。纂要
鑑按此節不過形容黝必勝意，諸家之說不必過泥。
[講]所謂不動心有道者，先就勇士觀黝之。嘗聞北宮黝之養其勇也，其膚不至被刺
而撓，其目不至被刺而轉睛。雖其心亦不必大有勝人思。以一毫之微受挫于
人，若撻之于市朝一般，若不勝其恥辱之甚者。不論人之貴賤，一概要勝人，故
不受挫于褐寬博之賤者，不受挫于萬乘之君之貴。是凡在彼者，皆不可加乎
我也。而我之視刺萬乘之君，若刺褐夫之賤，一般無可畏憚之諸侯焉。
如人有惡声至己，己必以惡声報之，[illegible]必可勝于彼，總之以必勝爲主。

而不動心者也。

孟施舍(頓)之所養勇也(句)曰(句)視不勝(讀)猶勝也(句)量敵(讀)而後進(句)慮勝(讀)而後會(句)是畏三軍者也(句)○畏三軍連舍(頓)豈能為必勝哉(句)○必勝連能無懼而已矣(句)○無懼連

孟施發語聲。舍名也。會合戰也。舍自言其戰雖不勝亦無所懼，若量敵慮勝而後進戰，則是無勇而畏三軍矣。舍蓋力戰之士，以無懼為主，而不動心者也。畏三軍是說畏人家三軍之衆，或云應三軍而畏，不如作畏人爲明。

朱子曰：量敵慮勝，是畏三軍者。此舍譏別人。舍自云我則能無懼而已。○問：施發語聲。曰：此古註說，後面只稱舍可見。問：有何例可援？曰：如孟之反、舟之僑、尹公之他之類。○

慶源輔氏曰：註云舍蓋力戰之士。○亦以其言而知之也。○惟其必以無懼為主，故不問其徒之衆寡、我之勝否，遇敵則戰也。○

新安陳氏曰：黝舍皆以心有主而能不動。○一則主于必勝。○一則主于無懼。○蓋黝舍之不動心，孟子此處且數演粗說。○

東陽許氏曰黝舍不動心本又在告子之下公孫丑又以孟賁比孟子歎孟子亦以勇士之類言之○鑄按此意要知

【蒙引】或進而攻之或進而拒之不專進戰也○慮勝而後會則專為戰焉○舍豈能為二句此舍自言不是孟子言詳云舍蓋力戰之士以無懼為主此言在本文之外○舍黝二節皆以明不動心之有道所謂心有主者也但精粗得失不同耳告子亦是有主者

【存疑】戰勝則無懼視不勝猶勝言無懼也○量敵而後進慮勝而後會此亦夫子所與行三軍者皆他都以為無勇有他意思只是以無懼敢往直前為勇耶勝敗義都不計此正夫子所謂暴虎馮河之人也

【集說】不勝猶勝舍自言所視如此不勝如云衆寡強弱之不敵猶勝是看得與勝過他一樣只是要向前不是已不勝而視之猶勝○舍豈能為必勝哉不是持重之言乃是勇夫之言如云我豈必得一定勝但我只一個能不懼死畢竟要去勝了他若說然不能必勝即此已轉念心已動矣○二子之勇俱云養亦

緣他自始至終成就這一家。不肯因別個念頭壞了他得勇氣。鏞按集說□□辨別字義□□

當玩

心訣 視不勝只是逆料的話說。北宮猶未戰也。亦尚未嘗不勝。量敵慮勝正與視不勝猶勝相反。末二句又是自解其視不勝猶勝意。然心生無懼便儘力向前。雖不勝亦無悔也。○如二所守以別于黝耳。

鏞按此節總是要形容出無懼來

講 又問孟施舍之所以養其勇也。嘗自負曰。戰勝非難。敢戰為難。莫論我能勝人。就使有時不勝。而以我敢戰之心視之。猶其勝也。如必度量敵人之可勝而後進兵。謀慮在己之能勝而後會戰。是畏三軍之衆者也。一有畏心。雖勝不足以為勇矣。舍豈能為有戰而必勝哉。只是膽氣素定能無懼而已矣。此以無懼為主而不動心者也。

孟施舍（頓）似曾子（句）北宮黝（頓）似子夏（句）夫二子之勇（讀○二子字連）未知其孰賢（句）然而孟施舍（頓）守約也（句）

黝務敵人舍專守己子夏篤信聖人曾子反求諸己故二子之與曾子子夏雖非等倫然論其氣象則各有所似賢猶勝也約要也言論二子之勇則未知誰勝論其所守則舍比於黝爲得其要也

問如何是孟施舍守約處朱子曰北宮黝便勝人孟施舍却只是能無懼而已矣如曰視不勝猶勝也此是孟施舍自言其勇如此孟子言此二子之勇未知其孰勝但孟施舍所守得其要也蓋不論其勇之孰勝但論其守之孰約且立子之似曾子子夏直以其守氣養勇之分量淺深爲有所似耳豈以其德哉

慶源輔氏曰黝務敵人謂專以必勝于人爲主也舍專守己謂專以我無懼爲主也

雙峰饒氏曰曾子反求諸己便是聖人與他說話他也未敢便以爲然必要求諸己以審于理而後信子夏篤信聖人則以聖人之言爲必可信不問識得是與未是便信了○孟施舍取必于己其氣象似曾子之反求諸己北宮黝取必于人其氣象似子夏之篤信聖人此論二子之勇有所似非論其是非等級也

然將二子所守來比量則孟施舍守其在我者爲得其所守之要耳○是言[illegible]約不是守這約約要也言所守者得其要也守得其約則守字活言守定這約則守字死了

【蒙引】黝務敵人所務在外舍專守己所務在內也子夏篤信聖人所務亦在外曾子反求諸己所務亦在內也故論其大略氣象曰孟施舍似曾子北宮黝似子夏○或問上既云孟施舍似曾子北宮黝似子夏便是舍賢於黝矣乃又曰夫二子之勇未知其孰賢何與曰舍似曾子黝似子夏此只是言二子之所以爲勇者其不同有如此未說到優劣也○然而孟施舍守約也要之北宮黝亦有守均是心有主也心有主便亦是其所守但所守不如舍之約也故註云論其所守則舍比于黝爲得其要也○只優劣亦不足深辨守己二字亦輕看大抵是漸次說上去

【集說】今言專守己與曾子反求諸己相類好說黝務敵人與子夏篤信聖人不好說篤信聖人難道要敵聖人只是黝全不在自身上忖量專一味在世人身上

襲者其氣象有似。註氣象二字要看，只是氣象相似而已，非真相似也。

【彙解】此節亦如地脈之過峽，只是借似曾子似子夏引起曾子所聞于夫子之大勇，以明己之所以不動心也。

【諸家辨】孟施舍似曾子節不重較二子優劣上，特藉此起曾子大勇耳。似曾子似子夏只在人己二字彷彿近似，實說便差。○似字所謂似是而非也，只緣告子似孟子，悲人錯認了，故曰告子先我不動心，正欲辨這似是處。

【心訣】似是不同道而相比之詞，若曰二子俠客之雄耳，假令準之吾儒，一似曾子一似子夏，大槩如此，不堪細論。此節起下曾子，過脉不在斬輕二子。○未知之字有味，因非吾徒，故不知之。

【四】孟施舍二句論語句似應立舍黝為主而提下曾儗之。蓋孟子原爲論己之不動心，因公孫丑借孟賁為言，故孟子亦借黝舍之養勇以引入養氣之說，一步步打到自身上。養勇亦以守約為上，故二子中已是北宮陪舍，借黝舍陪出曾子子夏，却又是子夏陪曾子。孟子之學源本曾子，故說曾子正陪。

皆自己一路麗歸到曾子一在此二句。總是評黝舍都正爲過渡出曾子處
夏空中形影聲響。是孟子文章神化處。纂按此論大意極是。

一
闕合而論之、舍以無懼爲主。專于守已。其氣象有似聖門之曾子。凡事反求諸已
一般。黝以必勝爲主。務在敵人。其氣象似聖門之子夏。凡事專信聖人一般矣、
二子之勇、不足深論、固未知其孰賢。卽二子所守較之。則黝之心主于必勝、
取必于人。人或以力勝之、未免爲之動矣。舍之心取必于己、雖戰而不勝、我之
無懼自在。其心初不爲之動也。是舍之不動心之道比之于黝之所守爲得其要
也。

昔者頓 曾子謂子襄曰句 子好勇乎句勇連 ○好 吾頓 嘗聞大勇於夫子矣句 自反讀 而
不縮句 雖褐寬博讀 吾不惴焉句 自反讀 而縮句 雖千萬人讀萬人連 ○千 吾往矣句

此言曾子之勇也。子襄、曾子弟子也。夫子、孔子也。縮、直也。檀弓曰古者冠縮縫、今
也衡縫。又曰棺束縮二衡三。惴、恐懼之也。往、往而敵之也。大全小註衡與横同引二說正縮爲直、
朱子曰儀禮禮記多有縮字。每與衡字作對。下文直養之說蓋本于此。乃一章

大指所繫不可失也

語類引曾子謂子襄之言以明不動心之由在於自反而縮下文詳之

雙峯饒氏曰縮不縮指理言不惴吾往指氣言理者氣之主理直則氣壯理曲則氣餒吾之理一不直雖一夫之賤亦爲之屈吾之理直雖千萬人之衆在所必往孟子因丑有過孟賁之語所以先說黝舍然後說歸曾子來

魯齋王氏曰朱子云孟子養氣之論孔子已道了曰內省不疚夫何憂何懼愚謂與此正相表裏自反則內省也直則不疚矣雖千萬人吾往不憂不懼也

新安陳氏曰此曾子之大勇以義理之直爲主而不動心者也孟子之論至此精細下文至大至剛以直養而無害之說蓋自此自反而縮發之也

蒙引便見得子襄所好亦是好勇曾子云云　自反而不縮雖褐寬博吾不惴焉者非怕褐寬博也怕理也自反而縮雖千萬人吾往者非輕千萬人也恃吾理之勝不見千萬人之爲衆也　自反而不縮要點趕下要之自反而縮吾不惴焉猶云吾得不怕他不受了褐寬博者不知此義也能無懼而已者亦

不知此義也。正可以相形看。吾不惴焉。焉猶乎也。

說約此節已出孔子。惴懼之。敵之二之字俱指人也。

集說往而敵之。不是說上陣厮殺。聖賢口中不輕言戰鬪之事。只是直往向前作事。無所屈撓之意。千萬人甚言其多。看自反二字。平日周無事不處于理。反求諸心無所愧怍。即臨此一事。亦必有一番內省審處。不是我平日能自反了。到臨時便可任性去做也。乃知孟子所云不動心。正此心洪甚云四十不動心者。乃平時學問功深。而臨事各以理付之。無恐懼疑惑之私念得以撓亂其心耳。豈是一總全不思量之爲不動也。正與告子相反處。要知自反兼平日臨時二意妳。

蒙解自反而縮二句。只以理直爲大勇。且勿露氣字。

脈旨此曾子以理爲主而不動心也。述曾子所聞之大勇。見得所謂大勇者。非徒勇而不惧也。能勇而能惧也。亦非以氣而勝人也。以理而勝人也。

纂序合參此從上說。見得孟施舍雖似曾子。特以氣勝耳。未聞聖賢之大勇也。故此以大勇言之。勇而曰大。隱隱露出浩然之氣來了。自反二段形容出理隨氣轉的模樣而自反甚重曾子大勇最得力處自反而縮內已寓养字意自反工夫在平時不在臨時一吾字着力吾往凡以一是矯衆非一正抗衆邪皆是自反而縮便含下集義等意千萬人吾往便有塞天地氣象矯按照上下大意立說甚明。

心訣大勇只在末二句上見言不縮正見不可不縮意或以吾惴爲能怯吾往爲能勇乎說非是又或以吾惴爲善藏其勇吾往爲善用其勇乎說亦非是。

二吾字雖字俱要体貼

講要之黝舍之不動心皆氣血之勇非吾儒義理之勇也昔者曾子謂子襄曰子好勇乎則必好其大勇而後可吾嘗聞大勇于吾夫子矣夫子有言曰

諸已而不縮理曲則氣不伸雖一褐寬博之賤亦爲之屈吾得不惴焉惧之乎

自反諸已而縮理直則氣自壯雖千萬人之衆在所必伸吾亦往而敵之矣此所謂大勇而子所當好者也觀此則曾子之不動心以理義之直爲主可知矣

孟施舍之守讀氣句又不如曾子之守讀約也句

言孟施舍雖似曾子然其所守乃一身之氣又不如曾子之反身循理所守尤得

其要也孟子之不動心其原蓋出於此下文詳之
朱子曰孟子說曾子謂子襄一段已自盡了只爲公孫丑問得無了期故後面有許多說話此一段爲被他轉渦問所以答得亦周匝然就前段看語脉氣象雖無後截亦自可見前一截已自具得後面許多意思足○守約只是所守之約言北宮黝之守氣不似孟施舍守氣之約孟施舍之守氣又不如曾子所守之約也孟施舍就氣上做工夫曾子就理上做工夫

或問孟子既以孟施舍爲守約矣又曰舍之守氣不如曾子之守約何也曰守約云者言其所守之得其要耳非以約爲一物而可守也蓋黝舍皆守氣以養勇然以黝比舍則舍之守爲得其要以舍而比於曾子則曾子之守尤爲得其要也今謂約爲一物而可守而遂以守氣不如守約爲言則是約者孟子既以與孟施舍矣而可又奪而歸之曾子耶

慶源輔氏曰論舍之氣象雖大略有似于曾子然舍之所守不過是一身之血氣固未嘗反之于心以自顧其直不直也視曾子之自反以縮不縮爲勇怯則

其所守之要非舍之所能知所可比也。反身謂自反循理謂直。
雙峰饒氏曰或問孟子之不動心如何原于曾子曰浩然之氣便是大勇以直
養便是自反而縮。行有不慊于心則餒便是自反而不縮。

東陽許氏曰章首至守約爲第一節

【纂引】不是以氣字對約字言舍所守雖約猶是氣耳。其守約又不如曾子也。
以舍視黝則舍爲守約。以曾子視舍則曾子爲守約故皆謂之守約。孟子之
不動心其原葢出于此下文詳之葢謂孟子之不動心在集義以養浩然之氣
而孔子此言正以直養氣之說也是孟子得之于曾子曾子得之于孔子者也。
故曰其原葢出于此然孟子之不動心實兼知言養氣而養氣中許多節目皆
未及也故又曰下文詳之此詳字與下文又詳告之以其故者同饒氏之說亦
異孟子之不動心其原葢出于此承上句反身循理說

【說約】此節又出氣字前是己與人之辨此是理與氣之辨。此氣字又與浩然
之氣不同或後加浩然之三字要與此處相別耳。紐闇編曰援孟子歷言黝

他之養勇，都不露氣字。蓋氣在其中。直到說曾子處，後曰孟施舍之守氣，只三氣字斷盡了。其引曾子告子襄一段，自反而不縮，自反而縮，此兩言乃一章血脈，包括管攝處，後面以直養而無害，是從這個縮字來。此人所知，而不知配義與道，集義所生，都管攝在這個縮字裏。朱子識其意，故于此條註曰：又不如曾子之反身循理，所守尤得其要也。始露出一理字，斷舍之所以不能識者在此。孟子告子之所以得失者在此。

【[illegible]】上文說許多般養勇，到此乃以一氣字斷之。以斷視舍，則舍爲守約，以舍比曾子，則舍之所恃以無懼者，只是一身之氣，非有理直之壯而可以常伸也。正是不得其要處。惟若曾子之自反，乃得其要耳。守字下，各當一住。守約云者，言守得其要，非以約爲一物而可守也。時作多以守約守氣各占二字連言，既失孟子本意，又於曾子守約處，發不出義理。求伸

【　】須知氣字是實字，約字是虛字。惟是虛字，故將舍與黝較，則約在舍；將曾子與舍較，則約又在曾子。若作實字看，則曾子與孟舍是類不同焉，得同

㭊守約。且一人之身、而忽子忽舍、亦有不可通者矣。

【正解】知言、是明其理。養氣、是配乎理。故集註曰、其原蓋出于此。然孟子得之曾子、曾子得之孔子。衆知言與嘗謂稍異

【會纂大全】蔡氏曰、曾子之大勇、未嘗遺氣。只是從裏之源頭上做工夫、正與孟子持志相合。

竊按此段歷言養氣、而以曾子敘繇、見孟子之學有原本處

【講】論舍之氣象、雖似曾子、而守約于勳。然舍之所守者、不過一身之血氣、固未嘗反之于心、以自省其直與不直也。其視曾子之自反以縮爲義、與其所守之要、非舍之所可比也。反身循理、此曾子不動心之道也。

曰句敢問讀夫子之不動心讀與告子之不動心讀可得聞與句告子曰句不得於言讀勿求於心句不得於心讀勿求於氣句不得於心讀勿求於氣讀可句不得於言讀勿求於心讀不可句夫志讀氣之帥也句氣讀體之充也句夫志讀至焉句氣讀次焉句故曰句持其志讀無暴其氣句

此一節公孫丑之問孟子論告子之言又斷以己意而告之也告子謂於言有所不達則當舍置其言而不必反求其理於心於心有所不安則當力制其心而不必更求其助於氣此所以固守其心而不動之速也大全小註速謂年未四十

朱子曰告子之意以爲言語之失當直求之于言而不足以動吾之心念慮之失當直求之于心而不必更求之于氣蓋其天資剛勁有過人者力能堅忍固執以守其一偏之見所以學雖不正而能先孟子不動心也觀其論性數章理屈詞窮則屢變其說以取勝終不能從容反覆審思明辨因其所言之失而反之于心以求至當之歸此其不得于言而不求諸心之驗也○告子只去守个心得定都不管外面是亦得不是亦得孟子之意謂是心有所失則見于言如所病見于目相似

【語類】不得于言勿求于心不得於心勿求于氣此告子不動心之法告子只就心上理會堅持其心言與氣皆不理會不得謂失也有失於其言則曰無害于心但心不動言雖失不必問也惟失之于心則就心上整理不復更求于氣○

問告子謂不得於言勿求於心是自己之言耶是他人之言耶若要得後面知言處相貫則是他人之言自這一段前後都相貫即是一樣言語告子於此不達則不復反求其理于心嘗見陸子靜說這一段大段稱告子所見高另說一○告子固是高亦是陸子之學與告子相似故主張他然陸氏之學更鶻突似告子。○至云陸氏之學不甚教人讀書看文字與告子相似否先生曰便是

或問曰如子之言則告子之所不得者已之言也孟子之所知者他人之言二者亦不同矣而以一說貫之何耶曰是亦嘗欲一之矣然以告子之所不得爲人之言則與其下文心若氣者爲不類而所謂勿求諸心者與後所謂生於其心者亦復不同。以孟子之所知爲己之言則不應無一辭之合理而常有處於詖淫邪遁之間也。是以反復推之而無得其說如此此主知人之言說

蒙引此承孟子我四十不動心及告子先我不動心之言而問也。問原兩平孟子只述告子之不動心者而論斷之亦就見得己之所以不動心也。○此問是問孟子告子所以不動心之道處正求不動心有道乎曰有而云也如數之不

動心、其道在必勝舍之不動心、其道在無懼曾子之不動心、其道在反身循理
下文曾子之不動心、其道在不得於言、勿求於心、不得於心、勿求於氣孟子之
不動心、其道在知言養氣雖有得失精粗之不同然要皆心有主而能不動者
也○不得于言、所病在心也而乃勿求于心、不得于心、所失由氣也而乃勿求
諸氣謂何視而耳聽手持而足行之類、○于言有所不達言是己之言也言
之所以不達、其病本由乎心今乃不求其理于心、恭以求其理于心、則心爲
之擾亂矣告子只要制得心定以論性數章觀之可見○不得于言勿求于心、
此其所謂不動心則置之念慮之外在者不去求處心便不動矣、不得于心勿求
于氣如失禮尊長心有不安也理當去補禮依非我左右任伊失了此亦得心
不動處其理也識精知理若然不安矣○不得于心而不求助于氣者如何曰
如一事之失心既不安也則力制其心既往不咎不必復用力追改前事之失
也徒以爲累要用方趣改前失則心爲之動矣只是撥把心頭任當是自然蓋
不動論理則直言可取無論貴賤修心始得告子只是硬不動耳○不得于

心亦須求之于氣若與乎答亦要審疑審亦要互觀亦要明聽亦要聽◎如學
者于心中理有不明是不得于心也則當著精乎經處質于師友以求其要
此皆日觀耳聽手持足行之事便是求助于氣處〇告子不得于言勿求于心
者直恐動其心也不得于心勿求于氣又恐氣反動其心也此所以固守其心
而不動之道也如此不動心是誠亦不難〇愚謂告子重在表常不動心者何以
言之不得于言不得於心便是動心了也故自覆藏無窮燃不覺而已獨其
心終必有不安者

存疑不得于言者口欲言而不得所以言如言性則不達性之理言事則不達
事之理是也不得於言由心中義理不明也正當反求其理于心審思明辨使
義精理明而達之于言可也告子以為如此則心為之動矣遂寧舍置其言不
必反求其理于心〇言如何舍置也隨他不達隨他錯矣都不去尋思明辨使義
理通明而可達之言便是舍置也〇不得于心如應一事差失或接一人差失
於心有所不安也由氣之應接失其道也正當更求其功于氣悔過謝諭而

直至失可也。告子以爲如此則心爲之動矣，故力制其心，不必更求其助

聽他差失，更不悔過謝愆以補其差失也。鑑按此說不得勿求明白

集說：告子曰三字善看。雖是孟子誦告子之言，然却是說告子之意。蓋謂如此也不然，不得勿求四句，雖少知道理，尚不肯如此說。告子言性自闢一說，亦邪說之雄者，未便至此。○于言有所不達，乃自已說話到說不去了，非不達他人之言也。勿求于心者，說話到窮處，再不消向前去說，便罷。此不過一半句差錯，且自放却，何必又再將此心去求甚義理，反反覆覆，反把[illegible]擾動了。于心有所不安，亦是自已行事有差錯處，心裏不安。勿求于氣者，氣如手持足行貌恭色溫之類。心有不安，亦不過此一事之差，何必又在禮文度數上去求其助以文飾其過也。纔覺不安，便且自罷休，不消再求周旋。反是此心有動矣。此告子一生偏拗倔強處。嘗引不得于言以某何書不曉，譬之似說他人之言了，又以求于氣爲追改前失，又說俺後日去還未是其觀覽經史質問師友之說，亦不消求助于氣。

【心讀】丑不能即斷舍悟得告子即曾子悟得孟子故有告子不動心與夫子不動心之問而孟子獨先舉告子以斷之知彼強制不動之失便見己自然不動之得耳○看他二勿字全是強制

孟子既誦其言而斷之曰彼謂不得於心而勿求諸氣者急於本而緩其末猶之可也謂不得於言而不求諸心則既失於外而遂遺其內其不可也必矣

朱子曰以下文觀之氣亦能反動其心則勿求于氣之說亦未爲盡善但心動氣之時多氣動心之時少故孟子取其彼善于此而已至于言則雖發乎口而實出于心內有蔽陷離窮之病則外有詖淫邪遁之失不得于言而每求諸心則其察理已益精矣孟子所以知言養氣以爲不動心之本者用此道也而告子反之是徒見言之發于外而不知其出于中不知言便不知義所以外義也其害理深矣故斷然以爲不可於此可見告子之不動心所以異于孟子而亦豈能終不動哉

慶源輔氏曰不得于心勿求于氣可氣固有時而能動其心然心之不正則未

蓋指氣使之大抵心是本氣是末故程子亦曰人必有仁義之心然後有仁義之氣睟然達于外此不得于心勿求諸氣所以爲急于本而緩其末猶之可也猶言尚爲可也

【蒙引】不得于言勿求于心之所以不可者誠以言之病不病出于心也然則其勿求于心之不可斷矣○不得于心勿求于氣所以爲可者蓋心爲氣主本非氣所能助今心既違理而不安矣求助于氣何益此所以爲急於本而緩其末其實亦不是能急于本但以所緩者末爲急于本耳然學問之道苟心不安亦可求助于氣本末不可相無但要從根本正起故曰持其志無暴其氣○不得于心勿求于氣如何爲急於本而緩其末曰心者氣之主也方制其心而不爲氣所動是亦知心之爲重也此直就方制其心上說但急于本若正論急于本則須是持其志方是此特據告子所病而取其彼善于此云耳

【存疑】不得于心勿求于氣所以爲可者蓋心本也氣末也氣之失固能使心不安心若把捉得定氣亦不能爲之害舍氣不求而直求之于心心得而氣得矣

此不得于心勿求于氣所以爲可集註謂急於本緩于末猶爲可也蓋氣固有時而動其心然心之不正未必皆氣之爲。不得于言勿求于心不可總是說心是個本是緊要處勿不得于言由心上義理不明正當就心上理會到明白也乃却勿求于心則心上一發鶻突憫懂根本一亂萬事都從此錯亂了如何做得所以不可集註謂既失于外遂遺其內是也矯揉說可不可明白

【集】說猶之可也不是說他不差只據他四句話內這兩句比那兩句較少近些理耳其實不可也。既失于外而遂遺其內着一遂字說着于心勿求于心病痛急着心內也言外也言爲心之聲則自內而達外者也有所不得止當反求此心之義理使得明白了然方是乃既失于外已是根本處不明致有此失覓目一概放下不復明辨將內邊道理遂從此盡情丟却了一言如此日任之而已言言如此亦且任之究之義理一總不求不知所謂不動心者之心爲何物也故曰其不可也必矣。猶之可也與其不可也必矣二句相應說猶之可也如云這似乎可而其實亦不可也若不求于心這斷然不可不待言而自明

【大全】蔡氏曰孟子斷之以爲不得於心勿求於氣緣他平日沒有反身循理工夫不善養氣以致心因氣而不得既到不得於心時候卒然要去卽心以調氣氣未必驟調則求氣亦未見其得力只索從氣强制按定不動不必更求其得於氣這也罷了故曰可言所失不專在此不必說他不易之意至心與言通言之疑蔽卽心之疑蔽處必言達而心始定乃宜然不求則言終無時達心終無時定制者而滋擾其不可明矣

然先曰可者亦僅可而有所未盡之辭耳若論其極則志固心之所之而爲氣之將帥然氣亦人之所以充滿於身而爲志之卒徒者也故志固爲至極而氣卽次之人固當敬守其志然亦不可不致養其氣蓋其內外本末交相培養此則孟子之心所以未嘗必其不動而自然不動之大略也大全附纂若論其極以理之極言

【語類】問血氣之氣與浩然之氣不同曰氣便只是這个氣所謂體之充也便是

○李問志至焉氣次焉此是說志氣之大小抑志氣之先後曰也不是先後也不是大小只是一个緩急底意思志雖爲主然氣亦次那志所爭亦不多蓋爲

告子將氣忒放低說了故說出此話。竊按說至欠明白、
慶源輔氏曰心有知而氣無知雖云氣一則能動志然大抵是氣隨心動故以
志爲氣之將帥氣從志所使猶卒徒之聽命于將帥也不言心而言志者志者
心之動而有所之處也但志則就其動處言故尤切耳下文又言是氣也而反
動其心亦可見矣心無形而氣有質雖云心爲本氣爲末然人之所以充滿其
身而不至餒乏者實賴氣爲之卒徒也志而無氣則志無所使亦猶將帥而無
卒徒則亦虛名而已。竊按說志帥体充明白、
新安陳氏曰呂與叔克巳銘云志以爲帥氣爲卒徒此蓋就帥字上生出卒徒
字。卒徒二字雖似添說然对帥字看却明白。下文知言養氣具根巳安于此不得于言卽不求其
理于心是不知言也不得于心卽不求其助于氣是不養氣也孟子告子其不
動心之名雖同而其所以不動心之本則相反而全不同者在此。竊按說前後貫通處好
潛室陳氏曰集註謂致養其氣卽無暴氣發得暴失養故也必言致者見養氣
之難須以集義爲本又無正忘助長之弊方爲能致養也

雲峰胡氏曰集註於持志謂守其志可也必曰敬守其志添入一敬字最有意蓋孟子養氣之功在集義而所以集義者在敬敬義夾持方爲成德之事或疑兩言字不同告子不得于言己之言也孟子知言天下之言也愚嘗聽之曰理一而已告子于己之言且不能反求其理如何能于天下之言而求其理孟子于天下之言能究極其理則于己之言可知也竊按說前後兩言字明白

黄氏洵饒曰告子勿求于心與孟子持其志相反告子勿求于氣與孟子無暴其氣相反此告子不動心之速與孟子自然不動者相反故曰持其志養氣不可分先後持志便要養氣

【蒙引】如目視而耳聽手持而足行等皆一氣之寓也一惟心所役運非志爲氣帥乎目之視人但知其爲目之視而不知其所以視者心實使之也耳之聽人但知其耳之聽而不知其所以聽者心實使之也云云氣即体之充則凡目之視耳之聽皆氣之所在体之所充也　氣体之充氣貫乎一身之間而主于一心上既曰志氣之帥則氣非志之卒徒而何所以朱子直出卒徒字亦本呂氏

克己銘○氣自是氣体自是体自首至足都是体氣則行乎体之中体無氣則餒而不能運動矣故曰氣体之充也○至字與次字對猶云第一件也○氣固氣也毋暴其氣則亦有志在焉下文善養浩然之氣自有持志在○此無暴字無冝養而無害○夫志氣之帥也至無暴其氣全是破他不得于心勿求于氣之説以見内外本末交相培養而不可以力制其心而不求助于氣也其不得于言勿求于心一句已斷以爲不可了故不復論然此處雖不多斥破他至下文詳知言處自是不破之破矣○註謂急于本心而緩其末氣失于外言而遂遺于內心○內心外氣本心末氣交相培養○兩本末字皆同兩內外字則惟內同而外不同失於外之外指言內外交相培養之外指氣○持志養氣正孟子所以不動心者而乃只曰不動心之大略何也蓋其所以不動心还有兩端一端是知言今此所云只是養氣一端故下條詳云孟子又詳會之以其故也○此處孟子未嘗正言己之心所以不動處只是節告子之言而以己意詳斷之然亦可以概見其所以異乎告子者矣至丑問夫子惡乎長然後止告之曰

云○是詳告之以其故也○ 按此條解存注辨上下大意甚明

云○○○【翼註】夫志氣之帥也以下但說得氣不備輕之意以正其勿求于心之非抑揚

重氣邊者○持其志兼靜存與動察工夫暴字有與善暴字反置而不暴固暴也

暴而不善亦暴也皆暗合此二意方不偏○不可說告子能持志但不免于暴

氣益勿求則氣暴矣氣暴則害于持志之全功故其所存者亦未盡可

【蒙引】平從字益就帥字上生出講体充何嘗從二字不當硬講為要

【集說】帥雖訓主字然都在帥之一以行處言要切主宰心所為氣之主見心之所

之氣便隨之如手持足行耳聽目視以及周旋應對之間心要甚麼處氣都

從得心所要不是氣之帥氣体之充体即耳目手足通身皆是充者滿于其中而流

動鼓舞之意凡百做其事体都是此身之所為而所以身能者氣之所流動

則一些事做不得故曰体之充○兩夫字要看與起語相上夫字論氣志之都

關下夫字論氣志之俱要雖相承說却各有義當子細體會一一放字寫作推

上二句之意說來於下故曰有礙○敬守二字說持字極有心當有所之時抑

之一不可縱之亦一不可須是要敬以守之。凡當庸義理亦要立志想算但一不可出了規矩然此志却又是極易放縱底故必用持持字內有撐得甚定持之以行二義暴戾也橫決之意暴雖亦氣之所自爲厭却由無致養工夫始離志在義理到了行事處却橫決莫制一竟做得過差遽氣亦非本然之正了故曰暴其氣譬如與人接見不可不敬也立心去敬此是持志然到接見時却無平日涵養工夫坐立進退手足耳目粗疎放蕩連耳目手足也不成个耳目手足便是暴也暴卽下文害字蒙引云兼直養而無害說亦是。凡個固字亦字俱要看志自要緊而此段口氣却重在氣。集註內外本末交相培養是總承一節以與下此則孟子之心云云一氣之文耳內卽上遺其內內字外卽上失于外外字本末亦然蓋不可不致養其氣何巳完了志氣一段此是說孟子不動心之大略也蒙引以內同而外不同及心爲內氣爲外之說非是按內外本末當就持志無暴其氣說仍以蒙引爲正而他論桂吉集說當俟再質。

【正解】師與充言其用也至與次定其分也惟帥故爲至惟充故爲次惟至故當

持惟次故亦當併暴意自一串亞須開開說去不然丑不必再開

【心訣】非持志固無以馭氣而不調此氣亦非所以善持此志也功雖一貫機則交持。志是心之動而有所向也氣則隨心之所向而能運用處。本體惟志

能是存心殊欠體認存是寂然不動涵養本原工夫持是心有所之閑邪存誠工夫總是一個心工夫亦總是一個敬但用功時候不同耳

【說統】变心言志者单說心便是渾然在中者說不得氣之帥帥有能操縱權有獨運之意充字要見得能輔志意若使卒徒单弱則主帥無作矣

【翻朱】上因門人之問下述告子之言而斷以已意也述處見告子不動心之速斷處見已不動心之大略丑兼問孟子告子之不動心而孟子獨與告子斷之者蓋知強制不動心之失便略見已自然不動之得

【　　】氣之帥六句自翻斷上文可字意側在氣邊然許語與志字並下不但側重不得并互發不得若側重互發則公孫不必疑問孟子不須重答矣故六句不嫌其不明語意正嫌其太明耳須只兩匕平下用註中几个虚字斡旋

其間便見每上一句是承上不可是實每下一句是最上可字是主而側重過發之意自無不透現。夫志以下六句平列無疑七開在至次二字孟子輕下原平公孫重讀覺仄耳孟子平中之仄在氣而公孫之仄却在志其錯綜處在此郄預爲清疏不得但從不得于心勿求于氣掀落至次則平仄都見恰好是辨駁可不可本旨。

【集成】仇滄柱曰夫志六句似乎平列。而意皆側重在氣一邊蓋辨告子勿求于氣之非須用側注以傳神玩註中固字亦字及節字語氣皆帶抑揚何等斟酌。志至氣次二句乃承上以起下惟一至一次相因而見故持與無暴亦相濟爲功。又文徵評云通意重前後四句中間二句乃承上起下之詞六比立格者以此爲過腰。按此番輕重固是然中二句亦不可太略

緒按夫志以下六句居主平列仇主側注愚謂平列傷意側注傷体於平還白文之中微寓側注留下節地步爲是

【講】丑又問曰敢問夫子之四十不動心與告子之先夫子不動心其道可得聞與。

孟子曰告子嘗有言曰凡言有不達也若因而反求諸心則心爲之擾矣。故但當舍置其言而勿求于心焉凡心有不安也苟因而求助于氣則心爲之役矣。

故但當力制其心而勿求于氣焉告子之言如此自我觀之心本也氣末也既有本末之分其差自有緩急之敎彼謂不得於心勿求于氣者急于本而緩其末猶之可也若言外也心内也外之不能達其詞皆由内之不能明其理也彼謂不得于言勿求于心者則既失于外而遂遺其内其不可也必矣然要其極而論之則不可者固不可而可者亦未可也何則夫志也者運于一心而氣之張弛隨之所以御乎氣而爲氣之帥也氣也者充于百体而志之運用由之所以輔乎志也夫志而曰帥則所以立此氣之体固爲至極焉氣而曰充則所以達此志之用亦即其次焉雖有本末而緩急非相懸也雖有内外而輕重非相遠也故曰人之于志固當敬以持之而不失吾鎮定之体其于氣也亦當順以养之而不爲其充塞之用重乎内也而亦不輕乎外急于本也而亦不緩于末然後爲不偏之學爲盡善之道彼告子謂不得于心勿求于氣者夫豈可哉

既曰頓志至焉讀氣次焉句又曰頓持其志讀無暴其氣者讀何也句曰句志壹讀則動氣句氣壹讀則動志也句今夫蹶者讀趨者讀是氣也句而反動其心句○動其心運

公孫丑見孟子言志至而氣次故問如此則專持其志可矣又言無暴其氣何也
壹專一也蹶顛躓也趨走也孟子言志之所向專一則氣固從之然氣之所在專
一則志亦反爲之動如人顛躓趨走則氣專在是而反動其心焉所以旣持其志
而又必無暴其氣也程子曰志動氣者什九氣動志者什一
程子曰告子不得于言勿求于心蓋不知義在內也志帥氣也持定其志勿暴
亂其氣兩專也志專一則動氣氣專一則動志然志動氣爲多且若志專在淫
辟豈不動氣氣專在喜怒豈不動志故蹶者趨者反動其心
朱子曰爲告子將氣說得太低了故說志最緊要氣亦不可緩故曰志至氣次
持其志無暴其氣是兩邊做工夫志卽是心之所向而今欲做一件事這便是
志持其志便是養心不是持志外別有个養心 如喜怒當喜也須喜當怒也須
怒便是持志若喜得過分一向喜怒得過分一向怒則氣便暴了志卽反爲所
動蹶趨是氣也他心本不會動只忽然嗅一跌氣打一暴則其心便動了○問
蹶趨反動其心若是志養得堅定莫須蹶趨亦不能動否曰人之奔走如何心

不動曰蹶趮多遇下卒肰不處之際所以易得動心曰是○問在車聞鸞和行鳴佩玉皆所以無暴其氣今既無此不知如何爲無暴曰凡人多動作多語笑做力所不及底事且如只行得五十里却便要行百里皆是暴其氣學者須事事節約莫教過當便是養氣之道志動氣是源頭濁者故下流亦濁也氣動志者却是下流壅而不泄反濁了上面也○問持志养氣之爲交养何也曰持志所以直其內無暴所以防于外兩者各致其功而無所偏廢則志正而氣自完氣完而志益正其於存養之功且將無一息之不存矣○問養氣次第功夫內外是交盡不可靠自已守其志便謂無事氣纔不得其平志亦不得其安故孟子以蹶趨形容之告子所謂不得于心勿求于氣是不爲全論程子所以言氣動志者什一正謂是尔曰肰

雙峰饒氏曰志帥也氣卒徒也如周亞夫軍中夜驚亞夫堅卧不起不起固是帥之定處肰設或被他驚不已自家如何睡得安於此見持其志又不可不養其氣○君子所以足容重手容恭声容静氣容肅行中鸞和步中采齊皆是要

無暴其氣照後面集義有事處方見無暴實義爲和柔齊只是旁証非正意也

新安陳氏曰前言心與氣忽又變心言志者蓋心以全體言志以心之動而有所向處言欲致持之之功則就其動而有所以向處用力若心則不可言持矣故志字尤切後云氣壹則動志卽以是氣也而反動其心證之可見動其心卽是動志矣程子什九什一之說蓋言志動氣之時多方中常有九氣動志之時少十中亦有一所以氣亦次焉也

慶源輔氏曰志者心之所之故可言向氣則做出來底便是不可以向言只得下在字下文云氣專在是兩在字相照應察理精矣

東陽許氏曰敢問夫子之不動心至反動其心爲第二節○蹶卽跌仆趨走問疾奔

黃氏紹曰持志工夫簡而易知養氣工夫密而難明故孟子因公孫之問獨詳于養氣而不復更言持志鐍按補持志亦要知

蒙引孟子言氣次焉次者卽亞之謂也依丑之問則是認次字爲後字義矣○

志一動氣則志固不可以不持氣一動志則氣亦不可以暴○志一則動氣匕
一則動志兼善惡說不可專說惡邊說志向于善則氣亦從而善亦見得志當養
氣故此○氣一則動志人多主不好者說蓋以蹶者趨者之反動其心爲證是
未然也孟子舉其易見者以曉公孫丑云耳○此氣之不出于志者也蹶固是
忽然喫一跌若趨走則是着意者如何以爲氣動志曰趨走雖着意然亦非預
擬之者○人之趨走則氣喘而心怏爲之怕匕不寧靜矣但要反動其心意也○
便是○按此說蹶趨便是暴其氣○氣動志不止于蹶趨凡視聽言動氣用事
到勝處皆能動志○今夫蹶者趨者是氣也此氣之不出于志者也若持志工
夫到則亦不至有蹶躓及妄奔趨○然則不得于心亦安得遂勿求于氣耶正
所以破告子之非也○問持志與無暴其氣孰重曰論理持其志爲重論孟子
此節之意則無暴其氣爲重蓋自夫志氣之帥也至無暴其氣俱是以破告子
勿求于氣之說言云云豈可以勿求於氣哉下節志一則動氣七一則動志亦
重在氣一邊

【續】說氣即次之看一節字原自不輕丑竟以次爲後一層矣然其意却亦不是說氣不必養乃謂志既爲至氣既爲次則氣之主張全在志了但持志則氣自然隨之何必又另加這一段工夫曰勿暴其氣也○此養氣之道在臨時事上上說與下集義勿忘正助微別此方是論志氣故且只在臨時說不消下文因丑之問而言養氣之功又從工夫根源處說也○志專一是主意一定要怎麽去做氣專一乃正做時專在于一不復有所囘轉到了不復有所囘轉一任做去此心初志原未思量到此到此時却由不得自己也一向隨氣做去了故曰動志看來志一動氣兼善惡說氣壹動志還止在不好一邊說聖賢斷未有任其氣一動志者蒙引以兩句俱兼善惡說非是○此節正說勿暴其氣底緣故亦重氣一邊說玩註亦與因字亦字可見○蹶者之氣與趨者之氣亦不同蹶無心趨有意大抵只借來作箇氣一動志樣子不是盡得氣一動志道理也反動其心心字亦只淺看蓋觀此志氣之相關心亦反爲所動則學者既持其志又不可不致養其氣其本領工夫俱可因此而悟矣○趨字還只就倉卒急遽氣

端心跳上淺七說爲要。

【蒙引】近又志壹句多講好似志帥氣一般甚是。蓋一字動字俱是不好底話說。未有一樣兩句爲兩解之理，但兩句不平，上句輕帶起說下句而然。一也字也。註因字亦字貼此意。○註從之猶云因之。翻因之而動，非順當聽命于志之謂。卽朱子源頭濁下流濁可拔也。○又蔡虛齋謂志壹動氣則志固不可以不持，氣壹動志卽氣亦不可以不養。可見志固不待教壹而則動氣爲不當動而動之明矣。○壹有兩意：志二三無主，是一不堅持則不能運氣，如主帥不操權則不能指揮卒徒，此志壹動氣當好講；然志若一往偏任，是一不謹持則亂從氣，如主帥恣權則妄使卒徒，此志一動氣難好講。

【翼解】大註云志之所向專一則氣從之，猶上言志氣之帥一般，既謂從之，卽如徒卒之從將師矣。○小註又云志一動氣是源頭濁者下流亦濁，是志亦不當一以動氣矣，此朱子未定之解，仍從大註爲是。○志可壹而氣不可壹，此理自當不易。

【蒙引】此節是申用氣之不可不養丑之發問只以無暴其氣一句爲主故答之亦重氣上形容蓋皆破告子勿求于氣之說也

【心訣】丑非不喻即交之義而欲養志遺氣也蓋謂志氣既不相離則持志即是養氣不消兩頭費說故孟子把志氣相關處指點○志壹一句或兼行不好說或專就不好邊說不知志可壹也氣不可壹也氣亦可動也志不可動也志本是心之動的不一則渙散無其帥氣本是周流的不動則枯竊無其充志一便是帥爲主卒徒聽命念念都向天理上生便能動氣許多發越充滿得來氣雖動心却不隨之而動氣壹便是帥不能爲主杈柄下移只是任氣須發便至動志向往遂差且心体亦爲之許多不寧據下文塞天地配道義許多般揚功用都是氣做來的氣悪可不動且下文云蹶者趨者而反動其心孟子只把此論氣一動志之不好處則志一動氣之爲好也可反照矣○蹶趨二句不過舉易見者爲例耳○反字要看心之動氣是其常也而心反爲氣動失其常矣氣可暴乎哉

講義辨 此問云既曰志至氣次是氣未有不聽命于志者一持志足矣又云無暴氣何也孟子說志之專壹則能動氣帥之謂也若氣之專壹亦能動志則暴之失其所以充矣即如蹶者趨者是氣也而反動其心非氣壹動志之明驗乎。蹶趨是借常人氣壹動志者以見氣不可暴亦非就持志君子說蓋君子不能不使氣動志亦决無蹶趨之時此二句只就凡人言看二者字甚明

四書講義 志一則動氣兩句論道理本位畢竟氣輕論答問語意却側重氣說。兩句若不平講則語意不盡平講而不側重下句猶未盡語意也。以道理正解言之上句自重下句稍輕以此處語勢言之則輕置上句重卸下句極難措手。惟從上句側卸出下句來体貼得註中固字亦字語氣則輕重之勢俱妥。二句節意如此斟酌方爲盡善

按此節丑問氣次有二說當以看作緩說爲正也志壹二句有多說當以志一主好氣一主不好爲正也蹶趨是以淺處作証其實亦是氣動志事不可徒作警語看

蕭按志壹二句有兩平講者有一串側重下句者二說俱是然味白文一也字則串說爲優。志壹句就好一邊說氣壹句就不好一邊說本之彭山李氏與

上文志帥氣字合，且便作文人多從之，近講又謂此與志帥氣不同，斷無一樣兩句為兩解之理，是主朱子。源濁流濁都好說也，其說亦是，似不可一槩樣都若兩何都兼好，不好其說，本之蔡虛齋，則雜而不可從矣。

丑未達其解，又問曰：夫子既曰志為極至焉，氣在即次焉，則志重氣輕，專持其志可矣。乃必兼言曰持其志而又要無暴其氣者，何也？曰：志與氣本相關，志之所向者專一，固是以動夫氣而隨其運用。然氣之所在專一，亦足以動夫志而不得安寧也。今夫人意料之外忽然蹶仆者，忽然有事而奔趨者，是氣所在也，而反以動其心，使不得安寧，此氣壹動志之一驗也。故志必當持，而氣又當無暴也。

敢問頓夫子惡乎長何曰何我頓知言何我頓善養吾浩然之氣句字連下吾

公孫丑復問孟子之不動心所以異於告子如此者，有何所長而能然，而孟子又詳告之以其故也。知言者，盡心知性，於凡天下之言無不有以究極其理，而識其是非得失之所以然也。浩然，盛大流行之貌。氣即所以充體之充者，本自浩然，失養故餒，惟孟子為善養之以復其初也。蓋惟知言，則有以明夫道義，而於天下之事無所疑

則有以配夫道義而於天下之事無所懼此其所以當大任而不動心也告
子之學與此正相反其不動心殆亦冥然無覺悍然不顧而已爾
問知言養氣之說朱子曰孟子之不動心知言以開其前故無所疑養氣以培
其後故無所懼如智勇之將勝敗之形得失之算判然于胸中而能虎豹貔百
萬之衆又皆望其旌旗聽其金鼓爲之赴湯蹈火有死無二是以千里轉戰所
向無前其視告子之不動心正猶勇夫得卒然而無制勝料敵之謀又無蚍蜉蟻
子之援徒恃其勇而挺身以赴敵也其不爲人所擒者特幸而已告子之學他
雖無所考證然以孟子此章之言反復求之亦曉然可見矣先引告子之言以
張本于前後言己之所長以著明于後令以其人同者而比之則告子所不得之
言即孟子所知之言告子所勿求之氣即孟子所養之氣也以其異者而反之
則告子之所以失即孟子之所以得孟子之所以得即告子之所以失也是其
敍此之相形前後之相應固有不待安排而不可移易者○浩然之氣乃指本
來体段而言○知言養氣雖是兩事其實相關正如致知格物正心誠意之類

若知言便見得是非邪正義理昭然此浩然之氣自生纂按重知言是另一說、
慶源輔氏曰盛大言其体流行言其用才怯小則便非氣之本体才歉則便非氣之大用氣即天地之氣而人之所以充滿其身者其本然之体用自是浩然由失其養故餒乏而不充乎体。集註疑懼二字以應此章第一節註文疑惑恐懼四字道体也義用也言道義以該体用也知言則于道義究極無餘一事來則以一理應之夫復何疑之有養氣則于道義覷貼得起勇猛果决而不畏行夫復何懼之有。孟子能知人言之是非十分自以其言爲外而不復考孟子善養其氣而告子乃以氣爲末而不知求此所謂正相反也其不動心者不過只是硬把定其心冥已然都無知覺於一切事皆漠然與之扞格而不顧耳亦豈能終不動哉然其所以能不動者亦幸而已
雙峰饒氏曰孟子言善養氣是以成德言非是說做工夫下文必有事焉而勿正以下却是說養氣做工夫處。纂按知言養氣以下此說是正意
雲峰胡氏曰章首公孫丑問動心集註以爲有所恐懼疑惑先懼而後疑者懼

牽心之動疑者心之所由以動也恐懼二字于動字最切而疑惑二字已該矣

知言之意此則釋知言養氣故先疑而後懼

東陽許氏曰知言則盡心知性萬理洞然何所疑惑養氣則動皆合義遇事卽行何有畏怯二者既全何能動心

黃氏洵饒曰盡心是知至知性是物格盛大是体流行是用体之充者從言入復其初行之事○無所疑卽道明無所懼卽德立○冥然無覺不得于言勿求于心不能知言是也悍然不顧不得于心勿求于氣不能養氣是也

新安陳氏曰冥然無覺則不能無疑悍然不顧非真能無懼也

蒙引上文孟子總是言告子之不動心出于強制我則異于是于是丑問孟子不動心不待強制而自然不動者是果何所長而能然孟子乃言我知言我善養吾浩然之氣蓋惟知言則于天下之理無所疑養氣則于天下之事無所懼此其所以不待強制其心而自然能不動者也○上文所說已見孟子不動心之大略然孟子只是卽告子所以不動心者而論斷其得失而孟子之所以不

動心者亦因之可以見其大略矣。其實孟子未嘗正告以我之所以不動心處如何然丑因孟子之言便知得孟子之不動心異于告子矣故復問曰告子之不動心如此而夫子之不動心所以異于告子如此者有何所長而能然能然者能不動心也非謂其所以異也。上文誦告子之言而以己意斷之但見其不合而有異耳未見其所以異處何在此則明說出知言養氣則所以異者在是矣蓋據孟子之知言便見得與不得于言勿求于心者異據孟子之養氣便見得與不得於心勿求於氣者異。知言知也養氣行也知言浩然舉成功言其用功則在精義集義上。是非以義理而言得失以利害而言。謂之浩然之氣則是氣本浩然也善養者亦順而不害之謂耳非謂必善養然後浩然也。氣所謂体之充者則謂氣体之充也爲浩然之氣可乎曰且未可也何也彼只承告子勿求于氣之氣說來未正名其爲浩然之氣也此于浩然之氣亦析而釋之曰浩然盛大流行之貌氣浩所謂体之充者蓋恐人以浩然之氣爲非體之充之氣故如此解耳其實体之充之氣本自浩然也。我知言此是盡心

知性時事。我善養吾浩然之氣此以養成之時言即存心養性所以成就也

。以志對氣則持志與無暴其氣爲二事相交養以知言對養氣則養氣内自

有被以持志者在

【存疑】告子不得于言勿求于心孟子則知言告子不得于心勿求于氣孟子則

善養浩然之氣知言則有以明夫道義而于天下之事無所疑而心自然不動

視告子不得于言勿求于心强制其心不動者異矣養氣則有以配夫道義而

于天下之事無所懼視告子不得于心勿求于氣心爲所動方制其心勿求于

氣而不動者異矣

【說約】此節以不動心爲綱知言養氣爲目若顧子而失母即非。知言然後能

養氣亦是大概理若此處云然則多一折不見語氣矣蓋此是明不動心之故

非又明能養氣之故也。【纂箋】註中明道義配道義又須透意宜渾鏞按此二條俱當從

【集證】愚乎長長字雖對告子說然非是問孟子有甚別底本領以致其不動心之

道異于告子也故註云有何長而能然然字則正指孟子之不動心異于告子

矣

耳長字丙丑益兼資真學問俱問。盡心知性是知言前一層工夫即言上亦有盡之知之處然其始未便即在言上也盡心者此心虛靈原具衆理我必推極而盡其体使格致之功無所不到知性者于理之當然而見于事與理之所以然而出于天者無不了然于中也盡心猶致知知性猶知至性在心中亦一串工夫究極其理匕字與所以然三字皆根性來惟盡心知性則天下之言皆有以究析其理或是或非或得或失其所以然之故都曉得了不特是與得之所以然曉[illegible] 非與失之所以然亦曉底既都曉底則天下之言舉不足疑我一層便知立刻即見更有何動心。養曰善養養之得其道也即以下四節義參照看正有許多工夫。集註氣即所謂体之充者則浩然只在耳目口体充滿流動擔當天下事体上說下註兩其体有所不充正俱應此切忌不可說就浩然之志了。無所疑懼便是不動心非無疑懼了又有个不動心也是一時無先後故曰此其所以云云但當大任則後一層說惟知言則有以明夫義理而于天下之事無所疑惟養氣則道以配夫道義而于天下之事無所懼知言養

氣在已天下之事在天下此有先後故曰惟知此則如此也所自之所以知氣之所以得其養又有前一層工夫俱要細看

【備註】長字是長于告子處二我字正對告子反看。知言是擴以此心之理養氣亦是养以此心之理但意俱在下多露

【心訣】說个長便見告子之短知言養氣孟子自有註脚當逐乚逐他皆工夫到後極明極剛非有先後。告子只在不動心上着功孟子在此心原不動處分曉。孟子不動心而本于知言养氣可見言與心無二休心與氣非二物先知言而後能养氣是工夫入手處养成氣自然知言是工夫得手處其實养氣自是知言蓄集義功深則权度在我而天下之輕重長短舉莫能欺非養氣之外別有一種知言學問故下文知言一問不須更說工夫如何互看意不緊要

【曉卿語錄】到不得而後求已是補救未着也勿求乎知言养氣是不得前一步工夫與告子所謂求本自不同告子只強制於臨時孟子惟培養於平日此自然不至於不得而心之所由不動也。前言告子先我不動心特據告子自以

爲不動耳究之未嘗不動也疑懼二字應非告子所受然告子能強制其心不能強制其疑懼縱云我不疑懼便是疑懼之甚縱有疑懼便是動心知言養氣能拔除疑懼之根方是真不動心說者謂我字與告子對故作說爲是不知此下何句不對告子那浩然之形容善養之方法俱在下文空摹則無理實做則侵位故借告子反襯出來如畫家繪雲以點染空地法耳此正做浩然善養非敘我字也立說一誤便開人走油腔挑弄我字之弊故辨之先講浩然之氣次出善養先講氣次出浩然先講養次出善步驟方清 矯按此條較人鄙進一層

集成 仇滄柱曰知言養氣俱詳在下文然因知言而心無所疑因養氣而心無所懼却是本文正位知言知他人之言也不得於言自己之言不得也集註本分明說約概作他人之言便混固知此節雖與告子對針亦須活看

彙解 盛大流行四字且宜含意渾講勿太分疏以侵下文

矯按凡書自有天然照應天然位次忽略不得侵犯不得如此節我字對針告子正含道異學之辨此忽略不得者也知言養氣功夫俱在下文且有子問曰分作兩段後人必欲入功夫交互語則將下文許多話說於何施乎此侵犯不得者也至若言與氣原與心相關講知言養氣而綰合不動心自是主腦

講丑又問曰告子之不動心出于強制如此矣敢問夫子之不動心果何所長焉
能然曰我知天下之言而明其是非得失之所以然我善養吾浩然之氣而合
其本然盛大之体流行之用知言則彼之不能惑乎我養氣則我無所懼乎外此
我之異于告子而不動心者也

敢問頓何謂浩然之氣句曰句難言也句

孟子先言知言而丑先問氣者承上文方論志氣而言也難言者蓋其心所獨
得而無形聲之驗有未易以言語形容者故程子曰觀此一言則孟子之實有是
氣可知矣

問浩然之氣與血氣如何朱子曰只是一氣義理附于其中則為浩然之氣不
由義理而發則只為血氣孟子先說知言後說養氣而公孫丑先問氣者何
來只為他承上文先論志氣而言也今看來不然乃是公孫丑會問處留得知
言在後面問者蓋知言是末後合尖上事如大學說正心誠意只合殺在致知
在格物一句蓋是用工夫起頭處只宜照註為正

蒙引孟子先言知言而丑先問氣集註以為承上文先論志氣而言語錄則以為乃是五善問如大學正心誠意只合殺在致知在格物一句愚謂公孫丑意只是以知言為稍易耳浩然之氣獨為難曉故先問浩然之氣而後及知言也

達說此節問答俱就孟子身上說難言非終不言也只是道這個微妙話頭如此說耳故下遂備言之非為難言下文只胡乱苟且說几句也

集說知言人所易曉浩然之氣不特難曉且亦前聖所未發故丑先問之蒙引較集註說好○難言只照註說獨得于中難以言語形容非不言也蒙引以為言不得非是

會纂大全蔡氏曰丑置善養不問而問浩然之氣是問浩然的体段光景難言是難以言語形容之意非不可言也至大二節正說出所謂浩然之氣至集義二節方說所以善養浩然之氣

駁采上丑問浩然之氣下孟子亦只難言之故難言說難為詞說以形容之也

如微言則入乎晦而妙或不彰顯言則涉于粗而義或不逮故難言

心訣 難言非真不可言也只是將言之先贊其妙猶談何容易之謂蓋浩然之氣乃孟子養成之後所獨得學者須工夫實体到頭方能此氣充滿方能識得此氣非漫然無工夫者可遽為辭說以形容之也見不容輕覷當實体而自得之意

好講 難言蓋慎重其辭要孔細心体味見與不難者殊耳非徒贊其妙而謂言之莫措也特作估煞難言下面兩節一味要虛摹可謂窺極說到浩然處孟子亦不覺神往故兩兩其為氣也何等淋漓

緊接此節只當照註講而他說皆可包括其中

講 丑又問曰人皆有氣而夫子獨浩然敢問浩然之氣其狀何如曰凡物之有形聲者可指而言之浩然之氣無形可見無聲可聞未易以言語形容蓋難言也

其為氣也讀至大至剛句以直養讀而無害讀則塞于天地之間句

至大初無限量至剛不可屈撓蓋天地之正氣而人得以生者其體段本如是也

惟其自反而縮，則得其所養；而又無所作爲以害之，則其本體不虧而充塞無間矣。

朱子曰：至大至剛，氣之本體。以直養而無害，是用功處。塞于天地之間，乃是效也。○問：他書不說養氣，只孟子言之，何故？曰：這源流便在那個心廣体胖，內省不疚，夫何憂何懼來，只是一氣。又不是別將個甚底去養他，但集義便是養氣，知言便是知得這義，人能仰不愧，俯不怍時，這氣自是浩然塞乎天地之間。○纔說浩然，便有剛果意思，如長江大河浩浩然而來也。富貴、貧賤、威武不能淫移屈之類，皆低，不可以語此。丑本意只是設問孟子能擔當得此樣大事否，故孟子所答只說許多剛勇，故說出浩然之氣。只就問答本文看之，便見子細。

語類：問：伊川以至大至剛以直爲絕句，如何？曰：此是趙岐說，伊川從之。某觀之，只將至大至剛爲絕句，亦自意義分明。煇曰：如此却不費力。曰：本可亦此說，更宜將伊川之說思之。○遺書以李端伯所錄最精，故冠之篇首，然[illegible]備載楊遵道所言以至大至剛爲句，以直養二字屬下句，及楊遵道錄伊川之言，則曰[illegible]

生無此說斷然以至大至剛以直爲一句二說正相抵牾曰至大至剛以直道景卿如此解直養之說伊川兼其以一物養一物說從趙注皆用之後來反覆推究却是至大至剛作一句以直養而無害作一句爲得孟子之意蓋聖賢立言首尾必相應如云自反而縮便有直養意思集義之說亦然端伯所記明道語未必不親切但恐伊川又自主張得别故有此議論今欲只從明道之說也○今人說養氣皆謂在必有事焉而勿正心勿忘勿助長四句上要緊未必在此藥頭只在那以直養而無害及集義上這四句却是个炮炙煆煉之法○養而無害無所爲又要無害助長是害處○問浩然之氣卽無塞乎天地曰塞乎天地之間是天地之正氣人之血氣有限能養之則與天地正氣亦同又問塞莫是充塞否曰是遍滿之意也

慶源輔氏曰初無限量便是盛大不可屈撓便是剛行卽所謂浩然之氣也○不言用者舉体則足以該之矣

新安陳氏曰照應本章上文釋之以直之直字卽是上文縮字意○充塞猶彌

乎天地之間而無有間斷之者矣。

魯齋王氏曰此所謂其爲氣也氣之体下文所謂其爲氣也氣之用

東陽許氏曰此氣本得于天故至大至剛剛大天之体段也聖人生知安行無非直道不假乎養衆人知不明自害其剛大故須直以養之直即義也塞天地言其效也。塞天地只是應物皆合道義而物莫不從至于祭則格廟則享鳥獸魚鱉咸若而人倫日用不言可知。錯揔補聖人一層亦好

【蒙引】此一節正言浩然之氣是這般樣子氣之体段也直養無害輕說下塞乎天地之間即是至大至剛但必直養無害乃全得此氣之体段耳故云本体不虧而充塞無間。至大初無限量盛大也至剛不可屈撓流行也其体段本如是也輔氏以爲舉体以該用者非也体段猶云形像模樣耳非体用之体。本文以直養而註曰惟其自反而縮則得其所養猶文言曰敬以直內義以方外而程傳曰敬立而內自直義形而外自方皆是先儒剖析精微處蓋養氣工夫只在直上不在養上故曰必有事焉而勿正心勿忘勿助長也。伏直養而無

實則塞乎天地之間此所謂善養之以復其初者也○其爲氣也至大云云天
地之間此段不論氣之本体者非古人善養無害則所謂本体者不可見矣故併言
之○至大至剛即是浩然以直養而無害則塞于天地之間卽是復于浩然者
矣浩然字本都該了因丑問何謂浩然之氣故又爲之狀其体段如此○此處
不可說效下文配義與道方是說效○則塞于天地之間只是至大至剛道理
○至大至剛與塞于天地之間雖只是一理其實者曰其爲氣也塞乎天地之
間以直養而無害則至大至剛便說不覷蓋初間至大至剛是可以塞乎天地
之間然必直養而無害方能塞乎天地之間其實有作爲發揮了但此節本意
只是塞乎天地之間意思出以顯明浩然氣象耳非全不着人說也
【存疑】至大是極盛大他那力量隨甚麽事都做得雖旋乾轉坤事也做得故曰
初無限量至剛是極剛勁他要做便做隨甚麽人都止他不得雖刀鋸在前鼎鑊
在後也止他不得故曰不可屈撓塞乎天地之間只是至大至剛充天地間
無一事不做無一處不到上而天下而地中而人物皆其運用所及無一不塞乎

天地聖人裁成天地之道輔相天地之宜。範圍天地而不過曲成萬物而不遺
其功用至于位天地育萬物皆浩然之氣做出來其充塞天地可見○蓋歎盛
大流行之貌既曰至大至剛又曰塞乎天地之間正以剛其特盛者耳既曰其
為氣也至大至剛又曰以直養而無害則塞乎天地之間者明必得所養然後
復其浩然也雖曰必得所養然此處方欲明浩然處初未重在所養蓋至下文
是集義所生二條方言所養之事○以直養而無害此意本上文自反而縮來
下文是集義所生非義襲而取有事勿正勿忘勿助意思都在其中了○以直
養本文只是一氣說下註却分作二段似不可曉蒙引引程傳解直內方外來
相證未見脗合處

【蒙引】以剛大塞天地明浩然是本意則以直養只現成帶說如何用工以直養
之自在下集義有事方著實言之

【集說】剛大方説氣之体段上説下塞天地配道義方就做事上説塞天地以事
做成充滿言配道義以去做事言此也應至大且只說个無限量這氣之像役不

周張定他出到得那些凡天下之事皆可到得他都充滿得去故曰初無限量
至剛且只說个不可屈撓造氣之体段任甚麽屈撓不得凡天下之事他都擔
當得起故曰不可屈撓○以直養而無害雖輕說下文方是工夫然亦要知以
直養直字即曾子縮字但縮字在臨事自反上說此在始終一直上說即下所
行合義無不慊于心之意常常如此便是以直養也而又無所作爲以害之作
爲即下正助之病但以直養而復其氣之初体順其自然不參造作之意以害
之也雖有一串工夫却有兩節事不可謂直養便是無害只看集義者到半途
容有正助便知○浩然之氣緊要只至大至剛四字蓋其体段本自如此及塞
乎天地則其盛大流行之所至也蓋大不流行是死殺底不能塞流行不盛大
則其流行有幾亦不能塞故惟盛大流行本自如此得其所養便塞天地下本
体不虧体字正應体段体字

【心訣】至大是際天蟠地宇宙内事皆可幹故曰無限量至剛是富貴貧賤死生
利害皆壓不倒故曰不可屈撓此氣之本來能如是也○直養無害只虛七輕

○叙過只重在形容浩然意。則塞于天地之間、須、玩、註、本、体、不、虧、意、天地之氣、舒
等至大、何等至剛。入便是得這氣以生。本自與天地相流通。惟有養之。後不至
消鑠其剛大的本体。則一身之中自養得高乾厚坤之內。惟吾之所運量卷舒
而無處可以限我。無處可以屏我。與天地運行之氣合一無間、即就是塞天地、非
把吾身之氣去塞也。說塞天地、只說合一無間處。○至大至剛四字已盡了浩然之氣。塞天
地之間只復得原初剛大本体耳。此只是描、寫、他、極、剛、大、的意思。非以充塞為
剛大之實也。須辨

【塞字合發】○直養至一句、將塞乎天地之間、來描他至剛大之狀。總是本体。勿涉功
用○則字甚緊。見能直養便是塞天地。此與下節、俱、未、說、到、人、能、養、成、工、夫。而
以其為氣也起之

【總兩節】兩節未說工夫。工夫留在下兩節內。此只形容氣之体段。及養成後力
量如此耳。維斗○要、形、容、浩、然、又、要、微、會。難言。本叔○按本文已明言直養。如
倘家是養成。恐與集義養字[illegible]集義之位耳。[illegible]養直[illegible]犯為[illegible]按此兩

餘說兩節位置甚得、

【集成】仇滄柱曰兩節各提起其爲氣句〻一是言其体段一是言其功用肰上下意寔相承益剛大之氣充塞天地此中必有道義以行之下節特申明上文耳〇至大初無限量至剛不可屈撓此中有寔事在下面充塞天地亦即至大至剛力量所及而言不是懸空說吾氣通乎天地也〇剛大本就人身之氣言氣能作爲萬事故不可限量氣能毅肰獨立故不可屈撓下面塞天地之間皆此氣所運用處就寔事上說不是空言吾氣貫通造化也〇剛大之氣充塞天地之間不是虛空摹狀寔乜有功用在其中下文配義與道正其剛大流行充塞兩間處〇兩節其爲氣一言体段一言功用自宜對列肰須知塞天地之間仍以配道義者流行周遍之又不得截肰分開也〇時講塞天地只作人身之氣合乎天地便是落空語須知剛大之氣無事不能爲無處不可到上天下地而吾氣運用周遍於其中如禹稷之治水教稼孔子六經垂訓直是此浩肰之氣充滿天地之間也〇謝畡公曰此節是正言氣之浩肰處塞天地正是至大至

剛直養一轉無非爲上二句轉脚只須帶過實説工夫自在下文

至大至剛節只説个浩然体段不及工夫只消云至大至剛塞乎天地之間足矣只爲人人有此氣却不能直養無害此个体段不曾見便説與他也信不及故特下以直養而無害句見曾做工夫了纔見得這个体段直養無害四字也是現成話不是説工夫然須上承自反而縮下攝集義有事不得別説野語也○氣之本來與究竟一天地耳而其所塞處却在天地之間若離却之間泛説氣盈天地直是寬皮大話樂記云一動一靜者天地之間也看世間許多事物道理皆聖賢之氣爲之貞幹充周上蟠下際故能參贊而立爲三也○至大至剛亦是虛空擬議即塞乎天地亦是虛空氣象須工夫到得此地纔得此个消息節未能身造其境也須相去一二級見得聖人体段便知此語不虛不然便活畫出一个浩然模樣畢竟影響難信故孟子曰難言也此節止説本來体段何須説到直養工夫豈不直養人原無此氣乎非也人人有此氣因不能善養則日就銷縮自不得見故信不及必借直養無害者身上纔信得此

事眞實正孟子善言難言之法

程子曰天人一也更不分別浩然之氣乃吾氣也養而無害則塞乎天地一爲私意所蔽則欿然而餒知其小也謝氏曰浩然之氣須於心得其正時識取又曰浩然是無虧欠時（程子報論天人不甚緊要謝氏二條俱是旁論之詞非本文語氣所有）

黄氏洵饒　曰欿然不足之意

朱子曰天地之氣無處不到無處不透是他氣剛雖金石也透過去人便是稟得這個氣無欠闕所以程子有曰天人一也更不分別浩然之氣乃吾氣也。問孟子說浩然之氣却不分稟賦清濁說曰此章孟子之意不是說氣稟只因不動心滚說到這處似今人說氣魄相似有這氣魄便做得這事無氣魄便做不得。信州刊李復滴水集有一段說浩然之氣只是要仰不愧俯不怍便自然無怯懼其言雖粗却盡此章之意

慶源輔氏曰浩然之氣本是天地之正氣然天人一理故孟子更不分別而直以爲己之氣也養而無害則全其本体而塞乎天地若不務集義而所爲一有

私意遮隔了則便不流行而欿然餒乏不足以充乎身而失其正大之体也。

雙峯饒氏曰人得天地之氣以生天地之氣如此剛大人之氣亦合如此剛大其所以不能如此者不善養之故也

雲峰胡氏曰此氣是天地之正氣心得其正便是不失其所得於天地之正者

按直養句或云直養便是無害不作兩層然照下集義七襲殊欠分曉作兩層自無妨也或又以直養照下有事無害照正助忘亦覺未是蓋下文勿忘與有事是一類直養當照集義有事勿忘無害當照義襲正助也直養二字連讀不可云以直去養蓋能直便是養也

鑰按塞天地非無道義但此節只要形容浩然之氣之体段出不可遽侵入功用

〔講〕試以難言者爲子言之其所爲浩然之氣也是極盛大的他那力量隨甚麼事都做得而初無限量又是極剛勁的他要這等做隨甚麼都止他不得而不可屈撓人但自反常縮順其自然以直養之而無所作爲以爲之害則其剛大者上而天下而地中而人物皆其運用所及而充塞乎天地之間豈是尋常可擬者

其爲氣也讀配頓義與道句無是讀餒也句

配者合而有助之意

[語類]問配義之配何謂合而有助之意曰此語已精如有正將又立个副將以配他乃所以助他○配字是將一物合一物義與道得此浩然之氣來貼助配合自然充實主張若無此氣便是餒了○

慶源輔氏曰此意本于李先生曰配是襯貼起來朱子謂襯貼二字說配字極親切蓋道義是虛底物本自孤單得這氣襯貼起來便張大無所不達今人做事亦有合于道義者若無此氣則只是一箇衰颯底人李先生又曰氣與道義一滚出來朱子謂一滚出來說得道理好蓋子分明說配義與道不是兩物相補貼只是一滚發出來朱子用此意而就配字說出此句蓋已極于精切矣○

雙峰饒氏曰合而有配譬如妻之配夫以此合彼而有助于彼者也蓋理氣不相離氣以理爲主理以氣爲輔大凡人不能爲善爲是無那氣來襯貼有那氣來襯貼起做得定是有力○

雲峯胡氏曰所謂合即延平一滚出來之意所謂助即延平襯貼起來之意○

【纂引】雲峰胡氏曰：延平之旨，蓋襯貼實兼合而有助二意。凡物之襯貼者，皆是有合，然後相襯貼，若方底而員蓋，其能襯貼乎？又延平恐人謂氣與道義相配，爲是兩物相湊補，故曰一滚出來，以見理氣之相依耳，亦非以迎合言也。

【存疑】配，註解合而有助之意極好。兩物相合，然後有助，若不相合，安能助？如今合下夫，然後助夫，故曰配匹。李延平襯貼出來之說甚好，蔡子發揮最詳。今人謂襯衣，蓋上衣孤單，須用裏衣以襯之，便是合而有助也。即此可味配義與道之意。

【集說】合是合一。理氣雖若兩般，然自其具乎中而可以應萬事者，理也；其流行事而做出此理，使之顯然于天地之間者，即氣也。原是合一底，有理有氣，都分不得那一處是理，那一處是氣，蓋理之所在，皆氣之所在也，故曰合。有助是輔也，理爲主，氣爲輔，似氣稍輕，然主都離輔不得。只看忠孝節義之理，若無此氣去做，則理自理耳，與我毫不相干，恰似那理是箇死殼了一般，須得此氣從背來，故曰有助。雙峰以夫妻譬之，夫妻終是兩箇，不如李延平一滚出來及襯

[illegible]氣之說爲精

義者人心之裁制道者天理之自然餒饑之而氣不充體也言人能養成此氣則其氣合乎道義而爲之助使其行之勇決無所疑憚若無此氣則其一時所爲雖未必不出於道義然其體有所不充則亦不免於疑懼而不足以有爲矣此疑懼俱就行上說

朱子曰道義別而言則道是物我公共自然之理義是吾心之能斷制者所用以處此理者也○道是舉體統而言義是就此一事所處而言如父當慈子當孝君當仁臣當敬此義也所以孝慈所以仁敬則道也故後面只說集義○道義是公共無形影底物事氣是自家身上底自家若無這氣則道義自道義氣自氣如何勤得他○兩箇其爲氣也至大至剛是說此氣之体段配義與道是說此氣將如此用是說氣之功用○或問何以言氣之配義與道也曰道体也義用也二者理也形而上者也氣也者器也形而下者也以本体言之則有是理而後有是氣而理之所以行又因氣以爲質也以人言之則必明道集義然後能生浩然之氣而義與道又因是氣而後得以行焉蓋三者雖有上下

與体用之殊，然其渾合而無間也。乃如此，苟不知所以養而有以害之，則理自理，氣自氣，其浩然而充者，且將爲慊然之餒矣。或略知道義之爲貴，而欲恃之有爲，亦且散漫蕭索而不能以自振矣。

語類　上文既說浩然如此，又言其爲氣也，配義與道，謂養成浩然之氣以配道義，方襯貼得起。不然，雖有道義，其氣懾怯，安能有爲？無是餒也，謂無浩氣，如飢人不飲食而餒者也。○畢竟道義是本，道義是形而上者，氣是形而下者。○方集義以生此氣，則須要勉強到氣上，配義與道，則道義之行愈覺剛果，更無疑礙，何恐懼之有。○集義是平時工夫，配義與道是卒然臨事，氣配道義，行將去。此兩項各自有頓放處。○問配義與道，曰此爲理會得道理底也，若得氣，方助得它。○若無氣以配之，則道義無助。○天下莫強於義理，當然是義，總名是道，以道義爲主，有此浩然之氣去助他，方勇敢果決以進。如事合當恁地做，是義也。自家勇敢果決去做，便是有道浩然之氣去助他。有人分明知得合當恁地做，又恧縮不敢去做，便是餒了，無此浩然之氣。如君有過，臣諫之，是義也。有到

得死而不顧者便是浩然之氣去助此義如今說此話却恐人緰不對便是氣餒
便是歉然之氣只是一箇氣餒了便成欿然之氣不調和便成忿厲之氣○配道
義有此氣道義便做得有力○道義與氣不可偏廢雖有此道義苟氣不足以
充其體則歉然自餒道義亦不可行矣如人能勇於有爲莫非此氣苟非道義
則亦强猛悍戾而已道義而非此氣以行之又如人要舉事而終於委靡不振
者皆氣之餒也○氣自氣道義自道義若無此氣則道義亦不可見世之理直
而不能自明者正爲無其氣耳譬如利刀不可斬割須有力者乃能用之若自
無力利刀何爲○李問無是餒也是指義是指氣曰這是說氣曰下面如何便
說集義所生曰上截說須養這氣下再起說所以生此氣
雙峰饒氏曰浩然之氣全靠道義在裏面做骨子無這道義氣便歉弱蓋緣有
是理而後有是氣理是氣之主
新安陳氏曰是集義與四字仍應前註文義或恐與字意輕即恐其也前註分說此不分說
蒙引不是以直養而無害塞乎天地之間之後方能配義與道此本是一時事

上節只言浩氣，下節以氣對道義而言。配道義，所以能無疑懼而不動心也。○無是餒也，謂氣是人之所以充滿于身者也，若無此氣，則無以充其體而餒矣。餒則道義無所配而不免于疑懼矣，安能不動心？此說較明。○餒字對充字，無是謂無此氣也，餒然不充也。是者指謂有道義而無氣，已不足爲理之輔也。蓋理亦靠氣而行，衰落而不振也。所以大註云：若無此氣，則其一時所爲雖未必不出於道義，然其體有不充，則亦不免于疑懼而不足以有爲矣。不免于疑懼而不足以有爲，字皆在餒字下。○曰其爲氣也配義與道，則是氣自氣，道義自道義，氣只是體之充者，本自浩然，無須不濟，故謂之浩然之氣耳。不可不分曉。朱子所謂義理附于其中者，只是無私欲以拗折之耳。○其爲氣也配義與道，正言氣之功用也；無是餒也，特反言以明之耳，非並舉之詞也。

【存疑】上曰以直養而無害則塞乎天地之間，下曰其爲氣也配義與道，是就承直養無害說來，故註曰：人能養成此氣。

【集說】配義與道，雖說不得那是配義、那是配道，然道是天理之自然而[illegible]所

其曰看義是人心之裁制凡一行此理處中正合宜無過差抗謬之弊皆此心之
義也道字大義字精道字實義字虛○義字雖就一事所處而言然却是尊也
都如此只是零碎不如道是体統說耳非只指一事也緊要記人心之裁制句
切勿說向外義了○若無此氣是解無是二字然其体有所不充以下是解餒
字一時所為雖未必不出于道義是說無氣之道義非道義有餒仍是氣餒故
曰不免于疑懼而不足以有為蓋此是說未養成之氣下節之氣餒與此一樣
但此在行事上統說下節就一事上細說此仍在行事好底上說下節則就行
有一不得上說

【集成】杭滄莊曰配字須實体貼到日用事業上方見是氣配義道如今人也養
得是義道而不能行或得半而中間消沮或雖行而意象衰颯皆不能養成此
氣故也故朱子此節氣字指功用而上節氣字指体段截然分明○義道都在
身心內事為上看則配字自精下文餒字亦有分曉矣○無此氣以作用無為
則道義為虛理故行道義處皆賴剛大之氣論配字本面以道義為主而氣輔

之論配字來歷還是氣爲主而道義從之此先儒李氏所以說作一滾出來其

意綺備 說字合兩意始備

一至大至剛節是氣之本來体段配義與道節是氣之養成功用界限

元自不同人因首句文法無異是用與言覆恐不特無此語氣是看得兩氣字

原無分別也

【心訣】其爲氣也又重呼醒耳無二意道與義即塞天地中事不可講塞天地之後方能配道義亦不可云即其充塞者配之也○配字仍以氣爲主是說氣與道義是一非二配則不容分也

【翼註】配義與道在作事上看事理當然爲義自然爲道皆根心而發也配者合而有助之意氣因道義而發憤道義得氣而益奮成如爲臣死忠是道義之當然[illegible]敎與鑊不避是氣之合于道義而爲之助

【備旨訂】配道義不是虛論事理只就吾人踐當道義一段精神上實見出發[illegible]字自透○義與道間一與字須有辨別 不可合呈 ○氣與道義總綰於心七字要發得[illegible]

【體】○一說義與道言体用之分是兩个名目故中間着个與字非有深意晚邨却創學說
云會却義氣無出配道未免太鑿然將氣說註云体有所不充甚明則語類大
个多是就氣說晚邨乃謂指道
義說且備試袁黃亦所不必
論按配道義亦塞天地之實際但此節須要
說得浩然之氣之功用出不可仍泥本体

【解】浩然既如此若果直養無害吾見其爲氣也足以配義與道盖道義雖具于人心而不能自行惟養成浩然之氣則見夫道義所當爲者便奮然必爲無所疑憚兩相配而兩相成矣若無是浩然之氣則体有不充如飢人之不得食索然自餒而遇事多惧何以配道義而有爲哉以此觀之其所以浩然者可見矣

是頓集義所生者句非頓義襲而取之也句○襲而取連行頓有不慊於心讀則餒矣句我頓故曰讀告子未嘗知義讀以其外之也句

集義猶言積善蓋欲事事皆合於義也襲掩取也如齊侯襲莒之襲言氣雖可以配乎道義而其養之之始乃由事皆合義自反常直是以無所愧怍而此氣自然發生於中非由只行一事偶合于義便可掩襲於外而得之也慊快也足也言所

行一有不合于義而自反不直則不足於心○而其體有所不充矣然則義豈在外哉○告子不知此理乃曰仁內義外而不復以義爲事則必不能集義以生浩然之氣矣○上文不得於言勿求於心即外義之意詳見告子上篇

春秋襄公二十三年秋齊侯伐晉冬齊侯襲莒註輕行掩其不備曰襲因伐晉還襲莒

朱子曰直只是無私曲集義只是事事上看直無愧于天俯不怍于人便是浩然之氣而今只將自已心体驗到那無私曲處自然有此氣象○以直養是自反而縮集義是以直養然此工夫須積漸集義自然生此浩然之氣不是行一二件合義底事能掩取浩然之氣也集是歲月積久之功襲取是一朝一夕之事從而掩取終非已有也○此上三句本是說氣下兩句是字與非字應襲字與生字對其意曰此氣乃集義而自生于中非行義而襲取之于外云尔○生字正與取字對生是自裡面生出取是自外面取來○義襲是于一事之義勇而爲之以壯吾氣然無生底道理只是些客氣暫時不久則消了○孟子節要

論氣只在集義所生一句上只是件件合宜無一事不求箇是自然集得多則胷中仰不愧俯不怍纔有些子不合道理心下便不足○問配義與道是氣助道義而行又曰集義所生是氣又自集義而生朱子曰初下功夫時集義然後生浩然之氣氣已養成又却助他道義而行○告子之病蓋不知心之慊處即是義之所安其不慊處即是不合于義故直以義爲外而不求鐫拔求于數條甚真切他說皆不由其饒對

語類問集義曰集猶聚也處物爲義須是事事要合義且如初一件合義了第二件第三件都要合義此謂之集義○集義謂如十事有一事不合義則便有愧須是集聚衆義然後是氣乃生非義襲而取之非是於外求得是義而搏出此氣也○問此氣是當初稟得天地底來便自浩然抑是後來集義方生曰本是浩然被人自少時壞了今當集義方能生曰有人不因集義合下來便恁地剛勇如何曰此只是麄氣便是北宮黝孟施舍之勇底亦終有餒時此章須從頭節節看來看去首尾貫通見得活方是不可只畧說得去便是了○集

義故能生浩然之氣問何以不言仁曰浩然之氣無他只是仰不愧俯不怍無一毫不快於心自生浩然之氣只合說得義義便事事合宜○問一之者浩然之氣處如何曰見集義意思是要得安穩如講究書中道理便也要見得安穩曰此又是窮理不是集義集義是行底工夫只是事事都要合義窮理則在知言之前窮理是做知言工夫能窮理然後能知言○問浩然之氣集義是用工夫處否曰須是先知言知言則義精而理明所以能養浩然之氣知言正是格物致知苟不知言則不能辨天下許多淫邪詖遁將以為仁不知其非仁將以為義不知其非義則將何以集義而生此浩然之氣○問浩然之氣是集義所生非義襲而取之也如何曰此是反覆說正如所謂仁義禮智非由外鑠我也我固有之也是積集衆義所生非是行一事偶然合義便可掩襲於外而得之浩然之氣我所固有者也○正淳問非義襲而取之如何曰所謂義襲而取之者襲如用兵之襲有襲奪之意如掩人不備而攻襲之謂如才得行一件事合義便將來壯吾氣以為浩然之氣可以攫拏而來是之謂襲○問集註云告子

外義蓋外之而不求非欲求之於外也曰告子直是將義屏除去只就心上理
會○因說陸子靜云讀書講求義理正是告子義外工夫某以爲不然如子靜不讀
書不求義理只靜坐澄心却似告子外義
或問孟子深闢義外之說矣而其言曰集義又似有取乎彼而集之於此者何
也曰義者心之所以制事而合宜之謂也事物之來無不以義裁之而必合其
宜焉是則所謂集義者也豈曰取於彼而集於此哉
雙峰饒氏曰先說氣配義與道後說集義而不及道者蓋道是体義是用浩然
之氣有体有用其体配道其用配義故曰配義與道其觧用一也言用則体在
其中体上無做工夫處故只說集義○二餒字之分無是餒也是無氣則道義
餒行有不慊則餒是無道義則氣餒所指不同蓋二者相資論其用則道義非
氣無以行論其体則氣非道義無以生蒙引有辨
新安陳氏曰二是字亦不同無是餒也此是字指浩然之氣言是集義所生此
是字正與下句非字相呼應猶言是如此非如彼耳○集義則浩然之氣生行

有一不合義而心不慊則此氣餒可見義在內非由外矣○

雲峰胡氏曰集義卽是以直養義襲而取之卽是有所作爲以害之○集註訓慊字與大學音義同自慊則心廣体胖不慊則餒匕字正與廣字胖字相反集註訓以直養則曰自反而縮此則言自反常直自反不直説得孟子養氣之論正自曾子所謂自反而縮來也○

黄氏紹曰道者事之理義者理之宜合乎道者容有不適其宜合乎宜者未有不中夫道此孟子所以言氣配義與道而其下文詳言集義而不及道也○

〔蒙引〕同一義也謂之集義則是事匕皆合義謂之義襲則見只是一二事合義而已盖養氣者只要在義上做工夫不要於氣上着力所謂必有事焉云云正以此○集義可爲浩然不可爲也故必有事焉而勿正心勿忘勿助長也○是集義所生一不兼言道饒氏曰道体義用体上無做工夫處故只說集義是也但其上云浩然之氣其体配道其用配義此說似矣盖配義與道皆是就行處說故曰使其行之勇決無所疑憚也饒氏又云無是餒也是無氣則道義餒行有

不慊于心則餒是無道義則氣餒此說尤謬一餒字本同也皆謂歉不充○
氣體可以配道義而其養之之始云云　此始字正對上條註養成此氣之成字
蓋氣之始養也則氣實資理以生而氣之養成也則理又資氣以行○行有不
慊于心則餒矣故曰非義襲而取之也兩句相發明蓋只行一事偶合于義則
其不合于義者多矣行有不合于義而慊于心則餒如何可義襲而取之哉○
是集義所生者非義襲而取之也行有不慊于心則餒矣如何見得義之在內
蓋心之慊否一係于義之得失此見義之屬于心處而告子以義爲外則必不
能集義以求慊于心而是浩然之氣無自生矣○合于義則慊于心其心慊則
氣充夫心之慊否係于義之得失則義之非外也昭昭矣告子既外義則必不
能集義矣不能集義而能先孟子不動心者豈真不動心之謂哉○既曰告子
未嘗知義以其外之也然則亦安能不動心哉則是始者所謂是不難告子先
我不動心者亦是口頭之辭聊答公孫丑孟賁之言耳非固許其不動心也○
告子未嘗知義以其外之也不可謂指不得于言勿求于心說大註只是因舉

以證之耳故曰即外義之意又曰見告子上篇○外義故不能集義何也以其不知其為吾性所固有而不復以為事也○上文不得于言勿求于心即外義之意蓋不得于言言中自有義也註云不求其理于心義即理也其理即言中之義也○集義所生這一句裏面也有不正也有不忘也有不助長才得他生生字與取字正反對生是自然來底取是計較得來底

存疑 生是發生之生氣候到自然生不由人力安排得此豈旦夕可能所以說个集義集義工夫不是小可須是無量工夫只管累集自一而十自十而百自百千而萬以至于無一欠缺遺漏方是所以說必有事焉而勿正心勿忘勿助長有事而正正之不得而忘或助長皆非集義也助長是義襲而取也故曰集義工夫甚大○集義如何生浩然之氣蓋無集義則自反常直而心無愧怍人所以餒事而氣餒只緣自家心中有愧耳心苟無愧則氣自壯隨他甚様大事都不怕這便是浩然處故曰自反而縮千萬人吾往內省不疚夫何憂何懼此處無是出乎自然不待勉強得集義後自然有此若一不集義夫不能生故總之曰非義

襲而取義襲而取不集義○集義則自反常直而心無愧怍是行慊于心也
行有不慊于心是行不合義自反不直心有愧怍也知氣生由于心慊則不慊
于心而氣餒其理可見矣○是集義所生理直而氣壯也行有不慊于心則餒
理曲而氣歉也氣之壯歉由于理之曲直可見理氣二者同体而同用○是集
義所生三句要見義之非外處蓋浩然之氣皆生于心是氣之生從心生也必
集義而氣方生亦緣義與氣本是一体故集義而氣始生如培其根以達其枝
一般義若在外則與氣不相干義集于外而氣何由生可見義之在內也○蒙引以心
之慊否係義之得失見義非外存疑以集義而氣方生義與氣爲一体見義非外二說微有不同而從蒙引者多蓋蒙引是從心看出義存疑是從心生氣又
從氣看出義爲添一折也集說節駁此二說直以外面襲取易至於餒見義非外欲求提而反欠明悉意仍當從蒙引
說約饒氏道義餒氣餒之說亦舉世通行之解且其理實然無可疑也但因蒙
引而玩兩條注一曰雖未必不出于道義然其体有所不充一曰則不足于心
一而其体有所不充則雖前節依舊餒在人不在道義矣氣体之充也充是飽滿
之意則餒是飢虛之意道義必不受此名色尊朱者且尊集註餘雖未全倘可

然卻無論其他矣○氣体之充也即氣不充亦体之餒也故連後節亦不可曰氣
餒只是体餒耳而体必繫之人故餒皆在人不在道義與氣也○其体有所不
充言無以充乎其体也譬如人不曾喫飯相似餒不在人之腹乃在飯耶
【蒙解】此節餒字亦是氣不能充体但前節体有不充則無以配道義此節浩然
之氣不生則無以充其体意各有所指耳○勿求于心勿求于氣都是外義處
集註奉上二句便可該下二句非不得於心勿求于氣不是外義也細思當自
得之 補勿求于氣處字未妥
【纂序】合考告子之不得于言不得于心政不得于義也究竟所以暴氣而不能
持志說告子外義不重說他只借他印證自己所長
【集說】集義離帶工夫說然卻自工夫之已到而氣所發生處言之孟子于此處
加是非二字教人仔細認取註事皆合義自反常直是說集義是以無所愧怍
而氣自然發生于中是說所生者字猶言是這樣底也如今日行一事要合義
明日行一事也要合義初行時未必即無不合之處但我必要事事如此久之

事体漸多漸熟都是義理自然於心無不直之處則浩然之氣自然發生于功
發生于中云者乃浩然之氣漸漸盛大流行處非謂至此始有也只看今人行
事到無所愧怍處自然心廣体胖手足耳目言語動静之間都自展舒暢大便
是此氣發生于中要說得實落不可說是從何處纔生如萌芽生長之生流于
道家之說生字只以充字照看充是已充滿流行生是方纔充滿流行也○襲
取者掩其不備而取之凡師無鐘鼓曰襲乃暗暗底去把他取來作我底義襲
而取之原一聯義朱子恐人不醒以只行一事偶合于義解義字其實只一事
偶合于義遽襲字有了以便可掩襲于外解襲字其實掩襲于外連取字也有
了故下不曰取之也而曰得之也只是偶行一二件事体偶合義理就那一二
事上也自反而直也無所愧怍勇往直前便以爲是我正大之氣認真在了以
前既無集義之功以後亦再無集義之事只把外面一二事体合宜便可假將
來當作自已浩然之氣也○襲字原對不得集字蓋襲而取之都是說氣只以
義字對集義二字襲取二字都對生字說以集義有積累之功故集字生字對

先後義襲而取之只一時事又不是集義又不是所生只一二事上捏合作浩
然之氣無先後也○集義二句論是非如云是這樣不是那樣那樣斷行不得
故又曰行有不慊于心則餒矣不是說可不可○緊要看掩取于外七字便含
以其外之也外字了不特一事合義不合義者尚多即事多合義然不是心上
集義工夫故行亦多有不慊于心集義者事事都要義制得宜心上工夫也義
襲者只在事上硬作總數件合義而一件有所不合亦便自不慊亦便自餒了
集義者初下手亦難道便事事合義即有不合他心裡一定去求合此亦難道
說是餒義襲者雖所云合義縱有不慊于心亦或強制便做然亦難道說是不
餒集義事事能論內外不論多寡此正是非之分觀行有不慊于心一有字可見
○只集義便是內邊工夫義襲而取便是外了本論氣而養氣工夫全在集
義只從集義事事處講明內外是非之分于告子之外義自然明白○蒙引云
心之慊否一繫于義之得失此見義之屬于心處又曰如何不合義便心不慊
豈非以義[illegible]根株相連耶只在行有不慊于心何說義內固覺費力矣了然

存疑又以生字言内而生可見義是在内之物亦以氣而明義皆由末溯本之說畢竟不直捷了當不如云此氣乃由内涵養集義而生不是以義外襲取而得只看行有不慊于心則餒矣緣他是外面襲取不是根心上工夫所以此事或合義彼事未必合義一時合義未必時時合義故易至于餒如此耳我故說告子不知義以其外之也他以義爲外則全不在心上用集義工夫是根本已差矣義且不知又安望其能生浩然之氣哉說似簡當○註上文不得于言勿求于心即外義之意七字要看乃云此亦是他外義之一端非正說外義之旨也

註以皆合義與一事偶合義對照說集說分作義屬内義襲屬外意在露下以其外之未免涉新說矣其云掩襲于外便含外之也外字掩襲于外指氣說

〔心〕試集義雖註就行事上說然必有心之制而後有事之宜須是把義存在心内無時或間不然襲如襲衣之襲綢襲于外只觀飾那衣好看的非是在内衣等衣服也義襲則凡事只從外面苟且鋪張以掩襲之耳不必其盡合于心也生如生苗之生對餒字看如苗有根柢自然滋生不已也取如以手攜取之取原無根抵只憑舉手強拿起來即下文揠苗助長之說也行有不慊于心只是

三省書室

發明義襲二字註云一事偶合于義看來若屬矯飾即不止一事偶合亦襲也
不必盡泥外字對心字有義以慊心便見非外，外之則不顧義之安否而但求
心之慊無是理也。氣無消歇故對生言餒不言滅。説養氣曰慊心説知言
曰此都閉不動心之旨。心訣是新説

「是集義所生者何，何對定襲字洗發方是於集義，義襲只分得內外
不分得久暫是義襲不必定是虛僞只一二事偶合直義而不能積久則他行必
多不慊于心浩然之氣無從生而餒矣看下行有不慊句註云所行一有不合
於義則不慊乃指他事非即指合義之事也如此看乃見下文必有事焉三句
工夫正在積久處上云分得內外不分久暫下面仍説積久似覺騎牆看來照下文必有事處自當以積久爲説
集成仇滄柱曰集義工夫在有事焉數句。此處尚虛但既説集義便有真實理
解註中事皆合宜自反常直二語正須体認也。雖説每事上言集然斷以裁
制得宜處畢竟在心。遂事細分爲義統言之則皆道耳故言義而道在其中
○上文配道義是説養之之成者言此處集義是説養之之方始者言。◎義襲而

最正是告子與孟子背反處。下文助長是義襲之証，即是告子之病。蓋義襲即所謂勿求，勿求即所謂不善養，原非有兩層。○呂晚村曰：未嘗知義，此是推究告子勿求氣病根，非辨義內外也。玩我故曰三字，知其胸中別有告子一篇書在。○滄柱又曰：告子之不求氣，是本章之意；告子不知義，是平日事。然本節言氣由集義而生，則知不求氣者其病正坐在不知義，所云義襲而取，正是義外之意也。○氣餒從不慊來，不慊又從義襲來。告子以義爲外，徒守其空虛無用之心，卒至事來而輒動也。抉發異端病根，正在於此。

按義襲而取，註云只行一事偶合于義。諸書中有謂即在行此一事上襲取，有謂在行一二事後襲取者，亦即在行此一事上爲捷也。蓋謂平日不能行義，偶因一事名目正大，便奮然直前，做个浩然模樣，如此只是襲取。襲取相連說，或以義襲連，殊欠分曉。○註云詳見告子上篇。告子上篇所云仁內義外，正是外義之証據也。至云不得于言勿求于心，即外義之意，似謂不得于言勿求于心，勿求處即是外義。然亦只是旁証，非以不得于言勿求于心實外義也。○本文以其外之，不僅是謂告子曾說義外，當兼註不以義爲事說，方合集義語脈。○或云告子外義，不知集義以慊心，只強制其心，如何能生浩然之氣，亦通。

縮按：集義是養氣實功，集義上承直養，下包必有事四句，最是着緊處。故孟子既明其是，又嚴其非，因痛斥告子病根，正以明己之所長在此耳。

講　夫浩然之氣，其体段功用固如是矣。若直養無害之功，其詳何如？蓋氣之養底也則理固養氣以行而氣之始養也則氣實養理以生是所爲浩然之氣乃歲月積累集聚理義自十百而千萬以至件件合宜無一事不合于義功候到時則自反常直俯仰不愧俯不怍此氣自然發生于中而至大至剛者卻非旦夕之間只一二件外面偶合于義便掩襲爲是而做个浩然壯往底模樣說道我能擔當事隨他死生禍福皆不怕而強取得來者也何也蓋所行偶合于義則其不合于義者多矣不合于義者多則反之于心有愧怍而不慊足此氣必然消沮一不能充休而餒矣如何可以襲而取之哉夫集義而心慊則浩然之氣生行有不合義而心慊則氣餒是心之慊否一係于義之得失此可見義爲吾心固有之理在內而不在外而告子以義爲外我故曰告子未嘗知義以其謂義爲在外也外義則必不能集義而浩然之氣何由生哉

必有事焉讀○有事連而勿正句心勿忘讀勿助長也句無若宋人然句宋人頓有閔其苗之不長讀而揠之者句芒芒然頓歸句謂其人曰句人連○其今日病矣句予頓助苗長矣句其子頓趨而往視之句○趨而往視連苗頓則槁矣句天下之不助苗長者讀寡矣

以爲無益（頓）而舍之者（讀）不耘苗者也（句）助之長者（讀）揠苗者也（句）非徒無益（頓）而又害之（句）

必有事焉而勿正，趙氏程子以七字爲句，近世或并下文心字讀之者，亦通。必有事焉，有所事也，如有事於顓臾之有事。正，預期也，春秋傳曰戰不正勝是也。如作正心，義亦同。此與大學之所謂正心者，語意自不同也。此言養氣者必以集義爲事，而勿預期其效，其或未充，則但當勿忘其所有事，而不可作爲以助其長，乃集義養氣之節度也。閔，憂也。揠，拔也。芒芒，無知之貌。其人，家人也。病，疲倦也。舍之而不耘者，忘其所有事。揠而助之長者，正之不得而妄有作爲者也。然不耘則失養而已，揠則反以害之。無是二者，則氣得其養而無所害矣。如告子不能集義而欲彊制其心，則必不能免於正助之病，其於所謂浩然者，蓋不惟不善養，而又反害之矣。

【公羊傳】僖公三十六年，夏，齊人伐我北鄙，公子遂如楚乞師。乞者何？卑辭也。曷以爲外內同若辭？重師也。曷爲重師？師出不正反，戰不正勝也。

朱子曰集義是養氣之丹頭必有事是集義之火法必有事焉言養氣者必以集義爲事須要把做事去做○勿正勿待也勿忘勿忘以集義爲事也助長待之不至而拔之使長也正者等待期望之意如一邊集義一邊在此等待那氣生等來等去却便去助長氣未至于浩然便作起令張主謂巳剛毅無所屈撓便要發揮去做事便是助長必有事焉勿忘是論集義工夫勿正勿助長是論氣之本体上添一件物事不得不要等待不要催促○論集義所生則義爲主論配義與道則氣爲主一向都欲以義爲主故失之○人能集義以養其浩然之氣故事物之來自有以應之不可萌一期待之心少間待之不得則必出于私意有所作爲而逆其天理矣是助之長也今人之於物苟施種植之功至于日至之時則自然成熟若方種而待其必長不長則從而拔之其逆天害物也甚矣

〔語類〕問必有事焉而勿正之義曰正猶等待之意趙岐解亦不可望其效雖說意麄了其文義却不錯○必有事是集義正是期望忘是不把做事助長是作

弄意思世自有此等人孟子之意只是如此粗言之要之四者初無與養氣事只是立此界至如東至某西至某其中間一段方是浩然處也○集義於此自生浩然之氣不必期待他如種木焉自是生長不必日日看覷他若助長直是拔起令長○或問必有事焉而勿正曰正便是期必集義多則浩然之氣自生若着一个意在這裡等待他生便爲害今日集得多少義等他氣生明日集得多少義又等他氣生都是私意只成得一个助長恁地則不惟氣終不會生這所集之義已不得爲是了○事正忘助相因無所事必忘正必助長○下兩句非是覆解上兩句此自有淺深勿正是勿期必其如此勿助長是不到那地位了不可硬要充去如未能集義不可硬要浩然絕助長在我便有那欺僞之心施於事末稍必不勝任譬如十鈞之力而負千鈞故助長之害最大○養得這氣在此便見得這个自重那个自輕如公孫丑言加齊卿相得行道焉以爲孟子動心于此不知孟子所養在此見于外者皆由這裏做出來

南軒張氏曰勿助長者待其自充不可强使之充也此爲循天理之當然而不

以人爲加之朕欲不忘則近于助長欲不助長則或忘之二者之間守之爲難

學者多知忘之爲害不知助長之爲害尤甚故引揠苗爲喻閔苗之不長猶憂

氣之未充也揠苗助長猶作其氣而使之充也

雙峰饒氏曰有事勿忘是說以直養勿正勿助是說養而無害必有事焉而勿

忘是集義工夫正而助長是要義襲而取集義與義襲兩句乃是一段骨子以集

義爲無益而忘之者不耘苗者也以義襲爲心預期其效而助長者揠苗者也

惟其是集義所生者故當必有事焉心勿忘惟其非義襲而取之故當勿正勿

助長以直養而無害是養之之正道集義所生是養之之成功有事勿忘是做

工夫處○前說持志勿暴氣是兩事後說養氣不及持志言集義則持志在其

中今日集義明日又集義則此志全在義上有事勿忘念念在集義上忘便是

不能持其志助長便是暴其氣○問天下之不助苗長者寡矣其意何謂曰此

是說天下之人平時不能養其氣者皆是臨時助長以暴其氣也似浩然卻不

是自家集義所生底故乍長乍消易盈易縮適足以戕賊其氣而已不特養氣

不可助長先事皆不可助長如看書未通不能潛心玩索而強探力索之類皆
是助長。鏑按雙峰講必有事數句甚正，補出持志亦好
雲峰胡氏曰必有事焉是念念必合乎義而無一念之不義也事事必合乎義
而無一事之不義也謂之有事是集義外無他事謂之必有事是此事外無他
念也但必于此者毋有所期于彼必而勿正則先事後得集義之心始無間斷
助之不得者又易忘其所有事勿正而不忘則集義之心愈無間斷正忘助三
字相因皆是爲害助之害愈甚大抵必有事是集義是以直養正忘助是義襲
是害所以孟子始曰無害終曰害之前後相應學者當字字体認按雲峰正助忘三字相因
之說爲時講所遵然于朱註甚或未究意殊不合蓋朱註明是兩截說而雲峰
是一頭三尾說也今于此不敢用濃圈密点以混後學之目○雲峰又有論正
反發語亦不甚
合故不具錄
慶源輔氏曰集義而不忘其所事則氣得其養勿正而不妄作爲則氣無所害
如此則日引月長而充塞天地之体流然施行之用將不期然而然矣又曰所
謂揠而反害之者正指告子而言

東陽許氏曰揠苗一段八十五字專言私意害氣之大

黃氏四如曰孟子工夫全在養氣上以集義爲主勿忘是工夫不可緩勿助長是又不可急如煉丹有文武火火冷則灰死火猛則丹走惟慢火常在爐中可使二三十年伏火然後養得成丹孟子下工夫有節度如此

［蒙引］有事勿正不是兩意故註曰趙氏程子以七字爲句集義者今日行義明日又行義行之又行々々而不已此所謂集也若有預期之心則非集矣只看大註但當以集義爲事字而亦見得所以下文亦只以不耘譬忘者揠苗譬助長者○言養氣者但當以集義爲事而勿預期其效久之當自然有效設或久之不見效則恐是集義之功猶有所未至故但當勿忘其所有事只管益集其義切不可作爲以助其長也助長之害視之忘其有事者尤甚也○助長多見于窮蹙之際蓋由平日不能養其氣也○養氣者只當于義上著功夫不要于氣上着工夫正與助長者正是于氣上着工夫其忘者又不能于義上着工夫到底○雲峰分忘々合義與事々合義不是只當以事言忘則隨之○節度猶言

決則也不是節次度數○朱註勿忘勿助長詞雖兩平意則歸重下句也○養氣工夫以一言該之曰集義以二言該之曰直養而無害以四言該之曰必有事焉而勿正心勿忘勿助長也其實一而已有事固是集義勿正勿忘勿助長也皆不出一集字之外也蓋養氣工夫只當在集義上着力不消于氣上着力也氣上着力便是助長矣○宋人一段似莊子其事之有無不可知然觀之宋人何也○只說勿助長可矣而必以宋人揠苗爲言者顯其害也必有事焉一條引宋人亦是訛告子註又云如告子不能集義而欲強制其心則必不能免于正助之病其於所謂浩然者蓋不惟不善養而又反害之矣要之不能集義以生浩然之氣者正是不善養而又反害之也本文必有事焉一條亦只是申詳集義所生一條意耳故文意皆自相會通○今天下何言天下之養氣不似那宋人之助苗長者寡矣彼以爲氣無益而舍之不養者猶似不耘苗者耳未爲害也至于助氣之長者正如揠苗者也非徒無益于氣而又反害于氣矣重在助長之害不可以無益而舍之者對看不可以分賓主不可以集註無是二者

云云爲正解本文○氣之在人多不知養間有知養之者又往乜有助長之病
謂之天下之不助苗長者寡明指所告子○或疑註謂肰不芸則失養而已揠
則反以害之爲專說苗以證本文非徒無益而又害之亦只是說苗不肰也天
下之不助苗長者寡矣豈天下治苗者皆助長乎亦借說耳此一句註亦是借
說養氣者故下即承之曰無是二者則氣得其養而無所害矣○大註則必不
能免于正助之病觀此句見得有事勿忘是直養之目勿正勿助長是無害之目
○是集義所生至非徒無益而又害之大抵語意從上敢問天子惡乎長說來○
故往乜得着告子○

[存疑]助長之害甚于忘故無若宋人以下專言助長之害○以爲無益而舍之是
以氣不能充舍之而忘其所有事也此如宋人之不芸苗也助之長者是以氣
未能充助之而使之充也此如宋人之助苗長也夫忘其所有事者但不能生
氣無益而已於浩肰之氣固未害也助之長者非但不能生氣而已其于浩肰
之氣反爲所害無是二者則氣得其養而無所害浩肰之氣于此乎生矣○問

爭【此處字跡漫漶】無益而又害之。模樣如何曰無益者，但是氣不能生，遇事不敢向前做者。
能養起來，尚能生浩然之氣，尚可向前去做事，故曰未害也。助長者，自以爲剛
強，要向前去做事，一經摧折，索然沮喪，一敗塗地，再不能培養使氣復充，向前
去做事矣，故曰而又害之也。假如二人各爲大將，領兵殺敵，皆無膽略，一人畏
怯，斂兵不敢進，此是忘其所有事者；一人自稱有膽略，不怕敵，領兵徃禦，及見
敵驚懼，望風奔竄，此是助之長者。見敵不進者，但無果敢，無壯志，是無益也。於
浩然之氣，猶未害，若能培養，猶能奮振。望風奔竄者，稗奪膽破，平生之氣沮喪
盡矣，要培養不得，是又害之也。

【說約】必有事焉而勿正，養氣之始之事；心勿忘勿助長，養氣之既之事。觀註其
或未充四字，可見大段四下作兩對，不必以有事爲一頭，而正忘助相因也。余
近有一文，主此然亦本先輩。○語類云：但當從事於此，而勿便等待其效，或問
此便是助長否？曰：正未是助長，待其效而不得，則漸漸助之長矣。又云：必有事
而勿正，心勿忘，勿助長也。下兩句非是覆解上兩句，此自有淺深，亦大槪可見。

金鐸按說約以始終二字作兩對甚妙

集說必有事焉而勿正必字直貫到勿助長言養氣者必當云云也○有事實勿忘較虛正字虛助長又較實有事勿忘屬集義正助又兼屬氣言有事勿正雖亦是在心上工夫然却在事上說心忘助全在心上忘是心裡忘助亦是心裡助故于忘助上由一心字先儒有以心字連正字讀者不順當○但當勿忘其所有事不止記着要集義而已乃以集義爲事至未充時仍不許忘其所有事耳蓋爲集義也此句只跟有事來說跌重下勿助長句耳諸說以正之不已必忘忘之不可必助忘助俱從正字生着不是蒙引亦欲益助長乃正之甚者忘乃有事之不終者○還只兩路相承說爲當緊要在其或未充句○助長是氣未至于充他却硬作鼓起一促便要塞天地配道義去○有事是積累法勿忘是接續法有事如日新勿忘如日日新又日新勿正是專其志勿助長是去其私有事勿忘如先難勿正勿助如後獲也○天下之不助苗長者寡矣言天下之養氣者其不似宋人之助長者少矣此只在賢知之流惟欲未充而強

欲作事者上說彼勇士之血氣及小人之逞其私者尚當不得助長二字○此爲無益而舍之亦是集義人但不終其事耳不可說他一總舍了苗特不耘耳尚知耕種也○以爲無益而舍之者及助之長者非徒無益而又害之俱指養氣者說不耘苗與揠苗二者也字如云如此之類也

【纂序合參】上四句言集義養氣之節度下即宋人以戒助長之害而兼不耘苗說者是節忘以對助長之弊非忘與助長並言也有事勿正勿忘勿助本是四件放有事勿正是一串意而歸重勿正上勿忘勿助是一串意而歸重勿助上

【備旨】何勿忘勿助總完得有事勿正語氣原一直說下作者或三段或一頭兩脚無論題面倒裂且將工夫分作三件矣 永仲 ○助長是告子病根故節旨又重在助長蓋正則未有不助長者勿忘不過是勿助句反跌語耳 君常 ○愚謂此題蘊乎以兩截爲當而下截之兩句又一氣直下歸重助長始爲得之蓋註中其或未充四字最妙于此着想則上下各二句意義自別無處生葛藤○洗有出乎上截串說即接云如是而氣之充者其常也固當聽其自生如是而氣

之未充者亦其常也安可聞于持久云乜此正遵諸作者此下又不妨人心字

問

必有事焉四句前輩亦殊混過勿字作三平看參看下文諸云舍之
不耘忘其所有事揠而助長之不得而妄有作為則勿忘即對有事勿助對勿正
勿就上句串入一步耳若作三平說則勿正與勿助不幾復疊乎或又作三者
相因反覆之說朱子云不可萌一期待之心待之不得則必出于私意有所作
為又云有事勿忘是論集義工夫勿正勿助是論氣之本体上添一件物事不
得由是觀之即有相因意亦是有事與忘相因正與助長相因者正與忘乜與
助未嘗有相因之說也故予終以截做對勘為是先輩有三平之文未敢以為
然○首四字是三句總綱勿正緊根有事說而字一轉是我足語非平與也故
而字中雖有層次而無轉折心勿忘二句又從首句中說如此而猶未也則又
但嘗如此看詰中其或未充四字則二句上確有一轉折俗眼迷離輙將三勿字
排頭平看不第階限糊塗即心字無安頓處提在前偏既部位倒亂失故勿忘
上則三句既平何故此句獨多心字須於勿正下頓斷分清題眇心字自有个

下節只要体認註義甚精細〇孟子正意謂告子強制其心不能免正助之病故下
文每言助長有事勿忘是前之直養勿正勿助是前之無害故節末非徒無益
而又害之害字前後相關

〔兔成〕沈饒桂曰有事勿正純乎集義而不計較于氣生只此一語已足又着勿
忘勿助者蓋因氣猶未充始終只是集義始終不求氣生也〇舊解作一頭三
尾看得正忘助相因而至終覺支離據彼之說謂有事必正一不正便忘一不忘便
助長講得集義養氣恍惚難定故屬謬說也斷以照註兩截爲定法〇馬孟堂
曰有事句作轉落語中間有一而字人所易知下二句亦平列不得人所不覺
也蓋有事勿忘俱貼義上勿正勿助俱貼氣上且也字一煞語意略貫注齊助
長正振起下文宋人一段議論耳〇氣或未充自欲勇于心上加集義工夫一
心字原非突地插入即上文不慊于心七字也俗解便云不動心尤須重勿忘
勿助頗覺支離

〔心訣〕宋人事有無不可知然不云別國而云宋人者告子是宋人亦是譏告子

也引宋人揠苗，犒意下而又害之，與此正應。惧節正字，揠即助字，助便該正忘
之不得，故助也。長與犒字、害字應上節生字、餒字。天下之不助苗者寡，指養氣
言。以爲無益二句只是起下語，不重。○芒芒然字、趨字亦殊有意。○不助苗是
耆糞須善會，只氣不得說。助長者多也。○害與餒有別，餒是天理上退去，害是
人爲上損壞。餒尚可充，害則無可餒矣。

論家辨非徒無益而又害之作一句讀，者言助長之不可耳，非謂不耘苗者雖
無益而尚不害。語意只是以上句形容下句，非以下句寬釋上句，中間不宜斷
一轉語。

按必有事四句，當以說約爲是。然在大全中雙峰之說分首尾無害甚明，雲峰
正忘助三字相因，皆是爲害，甚未免欠分晰。楚春蒙引云忘與助皆生于正之不得，
皆爲時說所從，今則置之不錄。○事與心相須，有事勿正，豈能遽心勿忘勿助
長，豈全無事，必究實至助長。心字亦是虛說。○此處回應告子對針處，須看證
告子不能集義而欲強制其心，則必不能免于正助之病云云。蓋告子之病只
是強制其心，不能免云云，是從強制此心看出。告子原將氣看得低，不肯知有
所謂集義者。若謂告子襲取偶助長，則是做浩然之氣做樣，便前差。告子只強制
其心而尋然不動，便是襲取，便是助長，其病正心不在氣也。○無害浩氣尚
不動心之精要，當大任而不動，是有一段浩然光景，此於不動心之聞，故要
詳之。知言集義闕署○不耘苗揠苗只是意助兩樣說，不明此來人一以助爲不耘苗

語已說勿忘勿助則不甚二層亦不
可少注不知此說則道理不全似
愚按詳玩白文朱註必有事數句都是作兩截意故先輩文多從之間有支離
截為兩對者更奇而仍不離乎正亦可人不曾詳玩反目為怪異猶之至著也一曝
三節及又覆相因之說雖
有所本終於未安可删

講夫氣由集義而生非由義襲而取故養氣者但當以集義為事而勿預期其效之效久之當自充也其或未充則是集義功之未至但當勿忘其有事只管上心集義而不可作為以助其氣之長此集義養氣之節度也夫有事勿忘皆集義也所謂直養者此也勿正勿助皆非義襲也所謂無害者此也然人多知忘之為害而不知正助之害視忘其有事者為尤甚也養氣者甚無若宋人然宋人有閔其苗之不長而揠之使長者芒芒然歸謂其家人曰今日病矣苗之不長予助之使長矣其子趨而往視之苗則已槁矣由宋人觀之天下之養氣不如宋人之助苗長者寡矣彼以集義為無益于氣而舍之不事者猶不芸苗者也未甚害也至于氣之不充而妄有作為以助之長者正如揠苗者也非徒無益于氣而反害于氣矣知助長之害則知非義襲而取之矣知非義襲而取則知

當以集義爲事矣以集義爲事而勿正久而勿忘勿助所謂善養浩然之氣者

以此彼告子之不得于心勿求于氣則亦悍然不顧而已何足以語此哉

何謂知言句曰句詖辭讀知其所蔽句淫辭讀知其所陷句邪辭讀知其所離句遁辭讀知其所窮句生於其心讀害於其政句發於其政讀害於其事句聖人復起讀必從吾言矣句

此公孫丑復問而孟子答之也詖偏陂也淫放蕩也邪邪僻也遁逃避也四者相因言之病也蔽遮隔也陷沉溺也離叛去也窮困屈也四者亦相因則心之失也人之有言皆出于心其心明乎正理而無蔽然後其言平正通達而無病苟爲不然則必有是四者之病矣即其言之病而知其心之失又知其害于政事之決然而不可易者如此非心通於道而無疑於天下之理其孰能之彼告子者不得於言而不肯求之於心至爲義外之說則自不免于四者之病其何以知天下之言而無所疑哉

蔡氏曰詖淫邪遁蔽陷離窮四者相因心有所蔽只見一邊不見一邊如楊氏

為我墨氏兼愛各只見一邊故其辭詖詖是偏陂此理本平正他只說得一邊

守見從古皆是一邊意如跛是脚一長一短坡是山一邊斜詖則偏了淫人之

義也是身陷在那裏如陷溺于水只見水不見岸了故其辭放蕩而過說得過

癡滑癡纏怎地陷入深了于是一向背却正路開去愈遠遂與正路相離了故

其辭邪既離去了正路他那物事不成物事專竟用不得遂至于窮窮是詞窮不

去了故其辭遁匕是既離後走脚底話如楊子本是不拔一毛以利天下却說

天下非一毛所能利墨子本說愛無差等却說施由親始佛氏本無父母却說

父母經皆是遁辭○問楊墨似詖莊列似淫儀秦似邪佛似遁曰不必如此分

別有則四者俱有其序自如此○只說知詖淫邪遁四者蔽天下事只有一个

是與不是而已若辨得那不是底則便識得那是底了然非見得道理十分分

明則不能辨得親切問孟子知言處曰生于其心害于其政先政而後事闢楊

墨處說作于其心害于其事先事而後政朱子曰先事而後政是自微而至著

先政而後事是自大綱而至節目

蔡氏曰知言則善惡邪正皆當知之此之所知獨詖淫邪遁之辭何也蓋孟子之時楊墨之言盈天下正人心息邪說莫此爲急故曰楊墨之道不息孔子之道不著此其意也

新安陳氏曰言形于外故以病言心存于中故以失言○孟子之所以能知言者因其言之病而知其心之失是即其用而知其體也又知其害于政事之必然而不可易者如此是據其始而知其終也非心與理一其於天下之事知所以然洞然所照無所疑者何能知是哉不然則知其用者或不知其體見其始者或不見其終者有矣

雙峰饒氏曰當看四个所字如看病的相似詖淫邪遁是病詖蔽陷離窮是病源所蔽所陷所離所窮是病源之所在墨氏之蔽在于見仁而不見義楊氏之蔽在于見義而不見仁其蔽雖同而所以蔽則異孟子知言如明醫然纔見病證便知病源在何處欲去而蔽陷離窮之病在先去其所蔽無所蔽便無下面三樣病源不一有爲氣質所蔽有爲物欲所蔽有爲學術所蔽有爲習俗所蔽

蔽之道當如何曰孔子嘗謂六言六蔽皆生於不好學欲去蔽者當自好
學之始○政者事之大綱事者政之條目心術不正則處有害政事心之
所發於小事輕者有害則小者可知故曰發於其政害於其事後章說作於其事
害於其政是條目上既有害則大者亦可知

雲峰胡氏曰集註釋我知言曰識其是非得失之所以然此所謂識者其
然也所謂心之失者即所以然也特上文泛指天下之言故兼是非得失而知
之此則似指告子之言故當于其失者而知之也○所謂害者皆指異端之害
而言詖淫邪遁之言即異端之言也其害或先政而後事或先事而後政但言
無大無小無一不有害不必拘先後也

新安倪氏曰集註既釋蔽陷離窮四者並而下文則曰其心明乎正理而無蔽然
後其言平正通達而無病又提出蔽之一字者蓋四者之失心起于蔽饒氏謂
無所蔽便無下面三件亦真深得集註之意者歟

新安陳氏曰集註于養氣知言兩節皆解上告子身上以終前不得于言至勿

求于心不可之說

纂疏 據孟子所言非知言乃知心也不知其心不足爲知言因言以知心此總是言之源頭處故曰詖辭知其所蔽淫盡所知其所陷重在知其蔽陷離窮上○即其辭之詖若此則知其心之所蔽者自有在淫邪遁皆然要看四个所字護屋

邪遁蔽陷離窮皆是大綱字其實詖有許多樣詖蔽有許多樣蔽○詖辭知其所蔽是自其辭知何樣詖便知其心之所蔽者何在非泛然知其有蔽而已○得蔽陷離窮之先既生于心不但發于其言者有蔽淫邪遁之病而已必見害于政而所設施之間大綱皆不是了大綱既不是則根本壞而枝葉隨於是衆目俱差了故事亦不必十分分先後故註云又知其害于政事之决然不得或生心害政之先後矣或生于心而害于政或生于心而害于事未無先後言則一時作害此亦是言一時之不同耳○生之端微發之迹著或云發于其心生于其政、其不適○所謂知言則只是到知其蔽陷離窮而已然詖陷離窮不止爲言辭之害又爲政事之害故兼及之然來已大詳於下文却總之曰非心過于是而無疑於天下之理其孰能之則又似皆爲知言之事竟以詖淫邪遁之辭害于心必害于政與事邪曰此說則是詖淫邪遁之辭害于政事矣以爲辭之害政事不如說心害政事並心之病一路發于言一路發于政事言病則政事亦病孟子知言之極所以知其蔽陷離窮之害于政事者亦不過是因辭之詖淫邪遁而知其心之蔽陷離窮即就此而并知其蔽陷離窮之害于政事之必然耳豈不亦是知言之事乎如此說則理意昭然矣○末二句只帶生于其心四句不連帶上四知說大註云又知其害于政事之决然而不可易○所以明其爲理之必然也非固自矜其言之必信也○註中明乎正理明字與蔽字相對無蔽則亦無陷離窮矣平正通達與詖淫邪遁相反○平正對偏陂而言正則不偏平則不陂通達則不窮而離遁矣言有詖淫邪遁之四病反之者獨言平正通達何也曰平正原其始通達要其終而淫邪之反者在其中矣○大註又知其害于政事之决然不消着心字者承知其心之失言○知言獨就詖淫邪遁不好邊說者亦是從告子說來○自此以上大概都是與告子反者

蔡氏以爲是指楊墨，以好辯章照起，固是告子、楊墨槩皆邪説也。

存疑：詖辭是只説得一邊，不説得全，緣他心中有所蔽，故如此。如楊氏只説義，不説仁，緣他爲爲我所蔽；墨氏只説仁，不説義，緣他爲兼愛所蔽。詖是蔽之淺，所謂蔽錮已深，終莫能悟是也。既陷溺之深，必務辯博以濟其説，故其辭淫。亡放蕩不根也，遇遮浩瀚而無畔崖也。今觀莊、列、楊、墨、佛、老等書，直可謂放蕩矣。其辭既淫，則一發爲邪僻之論，不可復律之以理，此邪辭也。緣他陷溺既深，於是一向背却正路，離去愈遠，不能復回，故其辭如此。既叛去正理而離矣，則事物更説不去，是其理已屈，心中于是乎窮矣。窮則必變其説以求通，如墨氏兼愛，困于孟子一本之辨，則變言施由親始；告子性猶杞柳之喻，困于孟子戕賊人性爲仁義之辨，則變爲湍水之論，皆遁辭以求通也。

説約：虚齋云：政字不必是有位之政，有位無位皆有政也，只是大綱。如有子言小事大事，弟未必然。章首明言加齊卿相，霸王不異，故非有[illegible]耳。或問：聖人復起二句只承生于其心四句，何以知之？曰：此亦無據，但以文勢意斷之。

自是一流語想當然也。○知言養氣兩處結語已俱要面面不動心處方見本旨。

○集注彼告子者至無所疑哉一段補對我，故曰告子二句。○彼告子者不得於言不得他人之言也至爲義外之說則自不免于四者之病補言告子自身也，其何以知天下之言而無所疑哉又是言不知他人之言也。蓋一面是說我知言以見告子不知言，一面亦說我知言使知告子所言之病，須得兩路周匝。

○所言之病正指義外等說，杞柳散章問答在前耳。然告子不知他人之言以反對我知言意似較重。○上云我故曰告子未嘗知義以其外之也，外之二字重蓋外說，則不能集義以生浩然之氣而至於不動心，是與善養相反，此就行處說也，故集注曰不復以集義爲事。此補注云至爲義外之說則自不免四者之病，其何以知天下之言而無所疑，就言處說也，又與知言相反，意各不同。○讀集注於彼告子者不得于言而不肯求之于心一斷，至爲義外之說則自不免于四者之病一斷，其何以知天下之言而無所疑哉一段，不要滚連讀去。內云不得於言不得他人之言也，不可從蓋麟士於前面不得於言便欲作他人之言說，故此云然。

【集說】四者相因，乃遁因于邪，邪因于淫，淫因于詖，蔽陷離窮亦然。【蒙引】未有詖而不淫邪且遁者，若未然，天下之言亦有詖而尚未至于淫邪，而尚未至于遁者。○四者雖相因，却是逐節都知透他，不是一知俱知。若然，則一詖辭知其所蔽足矣。○四者蓋主邪說之雄者，著書立說以惑天下後世，而人亦皆從他那一路上去，所謂人心世道不小者，上說若凡平常言語，似不必說。○知言不是空空知之而已，凡為學時折衷群言而求其至當之歸，教人時闢邪解誣而論以道義之正，皆是。一旦當大任，則天下之言舉不足以疑我而動其心矣。

【翼註】詖詞四句是因言以知其心，固知言也；生心六句因心而知其害，亦知言也。○生于其心，是蔽陷離窮四者之病生于其心也，然亦是因言而知之。

【心訣】上四句是知其所由來，下是知其所究竟。○詖者猶在正路上，只是說得這邊，不顧那邊。所以然者，緣他心上見一邊，不見一邊，說出話來便自詖，故知其心之所蔽。如楊氏只說得義少仁一邊，以為我蔽之也；墨氏只說得仁少義一邊，以兼愛蔽之也。既詖，必誇慢以濟其說，而至于淫，放蕩不根，洸瀁無際矣。

所以然者緣他心中有所蔽而遂陷溺不可復出故不覺其辭之淫也既至于淫必爲邪辟之論不可律之以理矣所以然者緣他心中有所陷而遂蔽錮已深一向背叛正路離去愈遠不可復回故不覺其辭之邪也既至于邪必逃遁而變其說以求通彼此躲閃恐人得其踪跡如告子變杞柳爲湍水墨者變愛無差等爲施由親始是也到此則正理已屈心中窮困如旅人離其鄉里親戚飄泊終身而無所歸矣惟其窮故其辭遁也詖淫邪遁相因以至于極一句深一句蔽陷離窮亦然○此與存疑說大同小異但存疑於下三句倒說此是順說故並錄之○以此心而議政事無不舛錯把世間大綱萬目都被他壞了如爲我兼愛者楊墨之言也便有無父無君之害縱橫開闔者蘇張之言也便有率土地而食人肉之害即生之爲性者告子之言也便有同人類于犬牛之害處士橫議關係世道人心不小是又因言推到政事上去在彼也一害而百害在我也一知而百知必須到此處方究盡底裡方爲知言耳○政事就生心時便害與謨訓誥之文炳于日星乃登三咸五之上理堅白同異之辨盈于天下成春秋戰國之頹風則議論關于

政事之大較也。四言皆詖道之言。四病皆見道之病。詖淫固有相因之理

然孟子所云却不重在此。或一人皆備。或衆人錯見。或各見一端。或相爲旋轉。

非先言者皆四端遍至。凡聽言皆以四端歷求之也。要看得活。

【諸家辨】如金陵三不足畏之説。因有新法之行。此亦害政之一驗也。

程子曰。心通乎道。然後能辨是非。如持權衡以較輕重。孟子所謂知言是也。又曰

孟子知言。正如人在堂上。方能辨堂下人曲直。若猶未免雜於堂下衆人之中。則

不能辨決矣。

問程子之説。莫直是論心通于道者否。朱子曰。此只是言見識高似他。方能辨

他是非得失。若見識與他一般。如何解辨得他。

雙峰饒氏曰。知言當如何用功。程子心通乎道之説。循是發明知言之要。亦須

格物上做來。道便是个權衡。以道觀人。如持權衡以較輕重。無有能逃者。知言

便是知道。孟子不欲以知道自謂。所以只説知言。告子以義爲外。所以只取必

於口。全不反求諸心。如杞柳之説。孟子闢之。則又移爲湍水之説。第一説用不

得。又換第二說。是之謂通辭。

新安陳氏曰：此章甚長，頭緒頗多，其要旨未易窺也。知言養氣下集註標出綱領，未及所以能知言養氣之本。朱子與郭冲晦書云：孟子之學以窮理集義爲始，不動心爲效。蓋惟窮理爲能知言，惟集義爲能養氣。理明而無所疑，氣充而無所懼，故能當大任而不動心。考本章次第可見矣。此章要旨惟此節盡之而無餘蘊。集義故能養氣，孟子所已言；窮理故能知言，孟子所未言。必通乎道而無疑于天下之理，程子固言之，而提綱挈領以示後學，未有如朱子此帖之明白簡着也。明理以知言，知之之事；集義以養氣，行之之事。不出乎知行二者而已。此章雖未終于此，而立意止于此。

東陽許氏曰：敢問夫子惡乎長，至必從吾言，爲三節。許氏段落當玩。

[案說]前惡乎長節，知言養氣俱自見成說。知言，知也；養氣，行也。雖行由于知，然聖賢未有不知行並進者。卽云窮理在先，然謂知言之工夫在養氣之先可也，謂養氣由于知言，愚斷然以爲不可。

【說統】宋儒謂能知言，則先辨別得道義之是非，而後可以集義以養氣。今書言能集義以養于心，則無不得于心之事，斯無不得於言之理矣。工夫一時俱到，不必分疏。

【心談】知言文得自養氣來，故叙養氣工夫極詳，而知言更無工夫之可指，只直說知之而已。姑備一說

【廣莊證】按知言養氣，前兩以我字冠之，明是兩件，近見有盡上養氣者，甚覺無謂。即闢距衛道，亦非此章語。本公

接養氣工夫在集義固已，知言不說工夫，故註引程子心通乎道以補之。心通乎道，即是明理二字。○或以集義七字貫知言，謂有精義工夫，方可以集義，則知言亦自精義來，固說得通，然與註不合。○知言養氣並行不悖，若分知行，則知猶在前，或謂養氣後自能知言，故不說工夫，未免倒置。○註文引告子義外之說，見告子有詖淫邪遁之病，然只是旁意。孟子知言，與告子不得於言勿求於心，實針芥與告子，詖淫邪遁之可知爲對針也。辭按知言養氣，公孫兩問，孟子兩答，自文甚是分曉，今人於此節仍躐養氣，亦屬多事。

【講】丑又問曰：何謂知言？曰：言爲心之聲，心明乎理而後言無病。若言詞偏陂，只說得一邊，是謂詖辭，吾知其心有所遮隔于理，只見得一邊故也。詖之不已，至于

波蕩而過是爲淫辭吾知其心之蔽愈入愈深有所陷溺如身沈于水只見水
不見岸了淫之一不已全無正說還其詖辭之談是爲邪辭吾知其心之陷惑于
他岐全離正路了邪之一不已先本這樣忽變那樣是爲遁辭吾知其心離正路
至于困窮不通這樣[illegible]不得了只得避之那樣故也然蔽陷離窮之失既生于其心
不但發于言者有詖淫邪遁之病而已必且害于其政而所設施之間大綱皆
不是了既發於其政大綱一不是了則根本壞而枝葉隨于是節目都差了而害
于其事矣然相因而至雖聖人復起亦必從吾生心害政事之說而不易矣我
所謂知言者如此若告子不得於言勿求于心何足以語此哉此吾之不動心
所以異于告子也

宰我讀 子貢讀 善爲說辭句 冉牛讀 閔子讀 顏淵讀 善言德行句 孔子兼之句 曰句
我於辭命句讀 則不能也句 然則讀 夫子既聖矣乎句

此一節林氏以爲皆公孫丑之問是也說辭言語也德行得於心而見於行事者
也三子善言德行者身有之故言之親切而有味也公孫丑言數子各有所長而

甚。孔子兼之，然猶自謂我於辭命則不能也。今孟子乃自謂我能知言，又善養氣，則是兼言
語、德行而有之，然則豈不既聖矣乎。此夫子，指孟子也。
辭善爲說辭，則於德行或有所未至；善言德行，則所言皆其自己分上事也。朱
子曰：得之。
慶源輔氏曰：知言則在我在人一也，知其如此，則于言語辭命何患不能養氣？
自集義生，豈非德行乎。
【蒙引】善言德行，善言字輕，德行字重。○丑乎冉牛閔子顏淵，不曰有德行而曰
善言德行者，承上文善爲說辭言，見得三子不但善爲說辭而已，其所說辭又
皆得于躬行心得之餘者也。或曰丑之見恐不及此。○孔之學識粗淺，謹以爲
只是善言德行而已，不能善說辭也，以此當孟子之養氣。此說恐是，不可將顏閔看作善養二者方合。
孔子是何等盛德，乃獨短于言，那其謙已者，所以勉人耳。○我於辭命四字是爲
命辭非真拙之命。
【集說】善爲說辭，只是於言語間有條理可聽；若善言德行，則其身已具有德行，發

言此等道理甚是親切如他能孝故說得孝之理出他能弟故說得弟之理出
也善言字輕德行字重丑原是兩路說上聲須知言德行應養氣○辭命依受
引說是爲命裨諶草創之命乃國家適鄰國不臣民之命孔子辭命亦不能之言
必有所爲而發而丑引之以爲孔子之自謙云耳不然孔子固自言文莫吾猶
人矣○

【正解】宰我子貢長于言語冉牛閔顏優于德行要見各不相兼以起下孔子兼
之何善爲說辭者言根于理而發然有文秩此所以有章也善言德行者德行有于
身不期于言而其言皆本于躬行心德之餘也

【[illegible]】公孫丑之意只借諸子分貞孟子知言養氣兩意原不是品諸子勿太分析○
丑謂夫子既聖意不必說太深只就兼言語德行說便是只是推尊之詞不必
如從前說疑孟子過于自任觀下節引言意可見作推尊說勝作疑詞

【[illegible]】玩既聖曰氣不是實話如云據夫子說起來夫子乃既聖了丑只因孟子
勇于自任故借聖字翻局特驚疑之詞註兩自謂字當着眼○

程子曰孔子自謂不能於辭命者欲使學者務本而已。

黃氏洵饒曰欲使學者務本務本就德行上做工夫

雲峰胡氏曰此以後因公孫丑提出一聖字為問遂專發明一聖字

按直解說辭匕命俱是言語者來辭命當稱別謂言之有尊者也或曰說辭以辭說人也辭命以辭命人也覺太細碎

〔通〕孔門孟子卻言養氣之說乃以聖擬之曰昔孔門弟子若宰我子貢以言語稱者也吾見其善為說辭以其理而敷之于言有以足人之聽聞若冉牛閔子顏淵以德行稱者也吾見其善言德行以其理而体之于身而有味乎其言之矣惟孔子兼數子之長而且自謂曰我於言辭命令則不能也今夫子自謂能知言既有是言語矣又善養氣又有是德行矣此惟聖者能兼之夫子豈不既聖矣乎

曰何惡何是何言也何昔者頓子貢問於孔子曰何夫子頓聖矣乎何孔子曰何聖讀則吾不能何我頓學不厭讀而教不倦也何子貢曰何學不厭讀智也何教不倦讀仁也何仁頓且智讀夫子既聖矣何夫聖頓孔子不居何是何言也何

惡[illegible]辭[illegible]者以下孟子不敢當丑之言而引孔子子貢問答之辭以告之也
此夫子指孔子也學不厭者智之所以自明教不倦者仁之所以及物再言是何
言也以深拒之

【[illegible]引】選注惡者不安事之歎辭也孟子答丑言往者子貢孔子相答如此孔子不[illegible]
我安居於聖我何敢自謂為聖故再言是何言也

朱子曰中庸成己仁也是体成物智也是用此學不厭智也是体教不倦仁也
是用

雙峰饒氏曰不厭不倦須帖上聖字說言學聖人之道而不厭又以聖人之道
教人而不倦〇子貢此言與中庸不同詳見中庸第二十五章乜句或問轉尋
論之

【蒙引】明孔子雖既聖而猶不自聖以見己之尤不敢當也

存疑這知就是自明者故曰知之所以自明這仁就是及物者故曰仁之所以
及物曰自明曰及物是就解知仁見學不厭誨不倦所以為知仁意蒙引曰學

不厭者求以自明故曰知也教不倦者推以及物故曰仁也似倘觸矣○

【集說】非明見其理便易得厭了故不厭爲智非萬物一体亦易得倦故不倦爲仁○仁且智夫子旣聖矣還是子貢語夫聖云云　云云以下是孟子說孔子已聖而猶不自聖如此則聖豈我之所敢當也○

【問】不厭智之事不倦仁之事非即以不厭不倦盡仁智也以其不厭知其智以其不倦知其仁也字語氣當如此看又須知不厭不倦是夫子之言智仁兩字乃自子貢點出則下文旣聖不居兩意俱起矣○學不厭三字在孔子

【講說】淺淺易從淺易追求其所以然到盡頭纔見不智字正得子貢知是知聖之妙若先喝破孔子是智而以學不厭裝褁之便索然矣○只不厭倦便是智仁只智仁便是聖乃一層推究一層非已一層拍高一層也○語是由不厭倦得智仁聖都是由智仁有不厭倦

【心訣】此以一聖字作案借孔子不自聖來相形語意只到領學住○即學不厭見聖心之明通即教不倦見聖心之公溥不是由不厭不倦而造于仁智亦不

是由仁智而發不厭不倦仁且智玩一但字則仁智亦已歸於一路矣錯接不厭智

二句玩係語氣為係○既聖已優入聖域也首末兩是何言相應

【正解】仁且智且字要玩蓋仁熟智精便是聖人地位若使一于仁止謂之仁人一于智但謂之智士惟仁智兼備方謂之聖人曰既聖矣者見夫子有其實不得辭其名也

【講】孟子曰惡子以我為既聖是何言也昔者子貢問于孔子曰夫子其聖矣乎孔子曰聖則吾不能我但以聖人之道學之于己而不厭以聖人之道教之于人而不倦則可謂云爾已矣子貢曰凡人見道之不明者斯厭心乘之學而不厭是深見道体無窮乃自明之智也凡人待物之不公者斯倦心継之教而不倦是不忍以道自私其身乃及物之仁也仁且智夫子既聖矣何云聖則吾不能也由問答之詞觀之可見孔子實既聖而猶不敢以聖自居子乃以孔子之不敢居者而加之於我是何言也

昔者讀竊聞之讀子夏讀子游讀子張讀皆有聖人之一體句冉牛讀閔子讀顏淵

則具體而微句○具体蓮　敢問所安句
此一節林氏以爲皆公孫丑之問是也一體猶一肢也具體而微謂有其全體但
未廣大耳安處也公孫丑復問孟子既不敢比孔子則於此數子欲何所處也
【趙注】体者四肢股肱也一体者得一肢也具体者四肢皆具微小也比聖人之
体微小耳
朱子曰聖人道大而能博如游夏得其文學子張得其威儀皆一体也惟顏淵
冉閔氣質不偏理義完具獨能具有聖人之全体但未若聖人之大而化之無
限量之可言故以爲具体而微耳
【語類】問顏子具体而微已是微小或隱微之微曰微只是小然文意不在小字
上只是說体全與不全
【蒙引】具体而微謂有其全体此体字是身体之体故曰一体謂一肢
【集說】二体得聖人之一節好處具体則已得聖人体段完具了微者持其規
模尚小而未至耳○聖人俱指孔子言

【說統】一體具體是猶身體已完講聖人之道渾然全體子張得其威儀所以得其文學已不是小可了具體是全有聖人體段但未能變化無方耳微字只輕帶說

【講】丑見孟子不敢以聖自居故又問曰昔者竊聞之孔子之徒若子夏子游子張等有聖人之一體若冉牛閔子顏淵則具有聖人之全體但未若聖人大而化之而猶微焉耳夫子既言不敢比孔子敢問于數子何所處也

曰姑舍是

孟子言且置是者不欲以數子所至者自處也

饒陽李氏曰問如集註之說則孟子猶有不足于顏子歟天台潘氏曰孟子之志願學孔子是誠有不足于顏子者蓋非不足于顏子以顏子不幸短命而未至于聖人之域前輩云絕邊第一等事與別人做便是自棄古人之志大率如此就立志之後須要力行以酬其志不可徒有此志也

【蒙引】孟子所就雖猶不及顏子然其所志已在孔子則雖顏子亦在所舍矣

〔集說〕猶云且置此莫論一般。

〔旁注〕姑舍是七字立志貴高取法貴上意不可畏了論語

〔講意〕孟子曰敖子雖賢亦姑舍之吾未肯以之自處也

曰伯夷伊尹何如曰不同道非其君不事非其民不使治則進亂則退伯夷也何事非君何使非民治亦進亂亦進伊尹也可以仕則仕可以止則止可以久則久可以速則速孔子也皆古聖人也吾未能有行焉乃所願則學孔子也

伯夷孤竹君之長子兄弟遜國避紂隱居聞文王之德而歸之及武王伐紂去之餓死伊尹有莘之處士湯聘而用之使之就桀桀不能用復歸于湯如是者五乃相湯而伐桀也三聖人事詳見此篇之末及萬章下篇

〔纂疏〕王氏曰乃所願則學孔子後四段蓋在此句

〔雲峰〕胡氏曰孟子以顏子具聖人之體而未敢至夫敢欲學其大者以伯夷伊尹有聖人之德而未極其全故欲學其全者故與其下輔之而言夫子之聖

東陽許氏曰：宰我子貢至所願學孔子，為四節。願學孔子，是答知言以後之意。

【蒙引】言與己不同道，蓋己之志願學孔子，則伯夷伊尹亦為不同道矣。下云乃所願則學孔子也，然則伯夷伊尹雖皆古聖人，亦未免為不同道。曰不同道，就是姑舍是之意。如此說方答得何如之問。何如者，言夫子肯處之否。曰不同道，則亦在所不處矣。○己之道便是孔子之道。○伯夷無治則進之寔事，此只是併說。蓋論亂則退，則治而進必然矣。○仕止以出處言，久速以去就言。危邦不入，亂邦不居，去就也；有道則見，無道則隱，出處也。

【集說】治則進，此何輕帶言之。○何事四句俱自三聘之後言其就桀，仍是湯使之也。○孔子之道大，固不止于仕止久速，而仕止久速乃其時中之道所可見者，又與上二聖相形，故一例說來。○所願則學孔子，亦即孔子不居于聖而自居于不厭不倦之意。問夷尹而連孔子說出，是孟子自露本領處。

【心訣】何如亦是問孟子以之自處否。不同道，不要見外之之詞，亦不可岀言與己不同，亦不當指孔子。只渾說二子之道與吾道各自一種，我所願學者孔子可見與二子不同道然亦只說自家之所志如此且未要露孔子勝二子意若直說出清任和之道與時中不同便與下文再問意有礙 ○進退二句俱承上二句說 ○可以仕四句妙在則字可如此便如此與時偕行毫無芥蒂便是不動心源頭要說得相關三聖之事只是借個進退仕止等大端以形容道之偏全耳與下孟集大成一個主意非爲其道當在是也故下文俱宜推開說不必當承進退仕止久速貫入皆古二句要把孔子提起作主 ○以知言養氣插入知言以學孔子之知而爲智養氣以學孔子之行而爲仁與勇總一直養無害之心所以不厭不倦者在是所以仕止久速亦在是知言養氣貼知仁未確蓋知言養氣與學無意無子也前面雖有大勇字然與知仁未在一處亦難牽合

〔正解〕孟子之道便是孔子之道尚非其君不事至孔子也三段總未可露出孔子勝于夷尹之意只言夷尹各自一道是那樣的孔子亦自一道是這等的渾渾說夷爲然皆古聖人三句須以孔子爲主言孔子固聖人而夷尹亦聖人也孔子吾固未能行而夷尹吾亦未能行也學孔子不必說學仕止久速只是說

學其道把知言養氣來發揮願學之意亦可○乃所願則學孔子要與不動心相關下數節盡在此句內。

〔廣炬記〕夷尹雖皆聖人然於仕止久速各見得一邊畢竟有動心處若孔子無可不可何等坦然其當大任不動心也宜矣孟子願學主腦在此不求其故而徒爲豈足讚領着何當豈旨求仲○要包自在本章首節發問意丑以任大責任爲論孟以因應爲法即此了通章血脉以知言養氣配擬者支解也子當○按可以四句并因應也四則字叅是典狀之意正是孔子不動心處與下孟四而字形容出个將字者不同○木公○直指不動心亦最甚捷

〔集成〕仇滄柱曰願學尚就出處進退上講不必插入知言養氣蓋知言養氣是推原不動心之由乃四十以前事此處丑問伯夷伊尹而孟子舉仕止久速爲言本就行藏出處上論聖若只管推深到心學工夫便與節旨不合矣

〔參補〕以心印心故不曰學而曰願學

〔翼家講〕願學不是虛願正實地用工夫合着孔子心源須說得細密

按孔子任止久速因乎時、孟子當大任而不動心、此是家世相承處、若以知言養氣學孔子、則孔子之知言養氣無據、或曰孔子兼之、豈不能知言養氣、既孔子兼之、在本段中、原非莊語也、難以重拈、或以知言養氣、孝孔子之智仁、然前節智仁、原是引子貢以見孔子之聖、而猶不肯自居、豈亦非可以智仁推孔子。惟此節有孔子也三字、自當認爲孔子正面、顧學宗旨、豈能外此、○知言養氣、智仁大勇意作亦觀意亦無妨

錢按此節圖以孔子爲主、延要緒下文璣(?)不可挨倒二子、

〔講〕丑又問曰夫子既不以救予自處若伯夷伊尹其可處之否乎曰二子所行之事與我不同道試以其與處之大節言之彼非其可事之君則不事非其可使之民則不使世治則進仕世亂則退隱以潔為其道者伯夷也得行君則事何所事而非吾君得民則使何所使而非吾民世治以進仕世亂亦進仕以任為其道者伊尹也若夫可以仕則進仕可以止則退止可以久留則久留可以速去則速去得時中之道者孔子也此皆造乎其極為古之聖人也我未能有所行焉乃言我心之所願則惟學孔子不進退不拘與與時藏宥也故我與孔子同道而與夷尹不同也○

伯夷伊尹於孔子讀若是班乎句曰句否句自有生民以來讀民連○生未有孔子也句

[illegible]蔡等之貌公孫丑問而孟子答之以不同也○

蒙引以出處言之則仕止久速各以其時既爲伯夷伊尹所未有以事功言之則删述六經垂功萬世又爲堯舜等群聖人所未有信乎自生民以來未有孔子也○

集說自生民以來未有孔子且只空說見自古未有孔子而況伯夷伊尹乎程子事功之說當說在宰我節蒙引于此節便說還發些但不可拘承仕止久速

心訣伯夷伊尹孔子以下皆推尊孔子以明願學意丑只泥皆聖人一句而不理會不同道之意故有若是班乎之問是就均爲聖人處說豈知夫子非但堯尹不能班自有生民以來聖人不知多少無論道之同與不同皆未有如孔子者也此句亦孟子素聞宰我等之說故先直爲與斷如此生民二字不關天生斯民而獨厚于聖凡以爲斯民耳目自有生民以來未類無極者惟孔子一人再未有也未有兼道德事功言且含蓄勿明指出直待下文問所以異處方當三子之言闡發之耳○若是班乎與然則有同與俱從皆古聖人來敢問其所

以異是從願學孔子來（生民字似不必作意）

【正解】否字言非夷尹之所能班自生民一句又推開說見孔子超于千聖之表

合來三節意

【講】丑問曰伯夷伊尹於孔子既曰皆古聖人則其人品若是齊等而無高下之分乎孟子曰否不可得而班不但伯夷伊尹蓋自生民以來聖人雖多求其道德事功之極致未有我孔子也

曰（句）然則有同與（句）曰（句）有（句）得百里之地（頓）而君之（句）皆能以朝諸侯（讀）有天下（句）行一不義（讀）殺一不辜（讀）而得天下（句）皆不為也（句）是則同（句）

有言有同也以百里而王天下德之盛也行一不義殺一不辜而得天下有所不為心之正也聖人之所以為聖人其根本節目之大者惟在於此於此不同則亦未足以為聖人矣

觀伯夷伊尹之行一不義殺一不辜而得天下有所不為何以言之也孔子曰以其遜國而逃諫伐而餓非道義一介不取與觀之則可見矣

[illegible]王氏曰此亦是自反而不縮所以不爲也○

○[illegible]慶氏曰德之盛根本之大也心之正節目之大也○大根本節目同而小處

不同皆可以言聖人若大處不同則大本已非吾何以觀之哉

蒙引 不以土地甲兵之力也德何盛哉其處心之正雖使行一不義殺一不辜

而可以得天下亦不肯爲則其心之正爲何如此無是事不如此説無以表其

德之盛心之正處此孟子之所以爲善辨○苟非其德之盛安能以百里而王

天下耶○行一不義殺一不辜而得天下不爲也況于枉尺直尋乎○聖人之

所以得爲聖人者根本全在德上故德之盛爲根本之大然取與之際最是大

節目處假使行一不義殺一不辜所失者如此其小而可以得天下所得又如

此其大彼亦不屑爲之其存心之正如此故曰心之正爲節目之大也

集說 録本節目之大不對小説乃對時中説蓋未論其德心之安勉偏全處但

論其大者則聖人當無不同也

心訣 然則有同之間仍以上文皆古聖人之説孟子之答亦就皆古聖人而指

其可以同者有此耳有學活看是有一二三之可同非謂皆同也下正詳其同

百里可王以其德之盛也天下不苟得以其心之正也兩段要相承說蓋論聖

人之盛德則百里之地皆可以有天下若論聖人之心術則一不義之行一不

辜之殺亦得天下皆不為之兩天下相應言不難于得却又不苟于得○兩皆

字俱以孔子為主亦說一聖亦皆能然方見夷尹與孔子同也是則同言字事

則同他不能同盡也此是說他異中之同重在下面異上○得百里一句見其

不動心于功烈行不義一句見其不動心于富貴說到有天下得天下處亦可爵以與術王不動心相對

〔指南合參〕此節雖有德盛心正兩項而意則相承當稍輕重心術上蓋論聖

人之力量則雖以百里之上地彼皆可以與王業然論聖人之心假如行一不

義之事殺一無辜之人而得天下所失者小所得者大聖人必不為之此正是

其同處夷尹孔子無以異也○還當兩意並重

〔問〕得百里節兩段合來總看得聖人身分盡自俗眼觀之難在上半段

不信也在上半段自智者觀之却難在下半段彼信得上半段過也在下半段

【蒙引】說仁論在口今舂偶與俞子清只談及此書清只云行一不義殺一不辜而
得天下聖人不爲若行一不義殺一不辜而有濟于天下聖人必爲乎請勿此
立說豈思心術非淺此朱子所以力闢同甫功利之說也如漢何羅關中十六
萬者勵以動兵陳平出彭城二千婦女以解楚其意亦謂棄一將千萬人有生
術除激國民定數百年天下所全活甚多究竟殺人命以濟己私叢之聖人并
爲天開闢學者猶存此念不惟無濟于世而先壞其心吾嘗曰存不行不義
之心論事術恐雜用機詐乃先蔽此心苟可以爲身家計蘇秦儀者將無所不
至耶○此段關係人品心術學者不可不知

【講】丑問曰孔子雖爲生民未有之聖然與夷尹既皆謂之聖人然亦有所同之處
與孟子曰有相同之處假如得百里之地而君臨之皆能以朝諸侯而一統其
有天下蓋其德之盛自然天與人歸推其雖有莅天下之德而初無私天下之
心使行一不義之事殺一不辜之人而便可以得天下三聖皆不肯爲是蓋其
心既正則內重而外輕不可以富貴動也此乃其根本節目之大而凡聖人之

以為聖人者疑與其謙辭遜之也

曰敢問其所以異曰宰我子貢有若智足以知聖人汙不至

阿其所好

汙下也三子智足以知夫子之道假使汙下必不阿私所好而空譽之明其言之

可信也

朱子曰汙是汙下不平處或是當時方言[illegible]讀

慶源輔氏曰智足以知聖人則其知識高明必無阿私所好而空譽之之則其識趣

汙下矣高明與汙下正相反高明則不至汙下矣况從而譽之言以明三子之

言必可信耳

【存疑】汙對上文知字說言假使汙下必不阿私所好而空譽之況智足以知聖

人其肯阿私所好而空譽之乎故曰明其言之可信

鄒註其重智足以知聖人下何反音[illegible]

【經】公孫丑又以孔子之與[illegible]故敢問其所以異而為生民未有者何也

異乃特異之異所以字不是推開○層是欲問其異之說曰宰我云云者有問下文所引三子之言推尊孔子太甚與生民未有相符恐五駭而不信故先說三子能知聖人其言非溢美也○汙不至句乃假設之言以决其言之可信也下三節正是智足以知聖人之言正見其所以異處○孔子與三聖異處直是難言故止引三子極稱夫子之語使人大思得之

正解宰我三節正發明孔子之所以異○宰我主事功言子貢主德政言有若主踐形盡性言各要照出知字異字方得章脉○段段要映顧學意

講丑曰敢問夫子之所以異曰聖人不易知即宰我子貢有若之言而可見矣彼宰我子貢有若知識高明足以知聖人假使其知識汙下而亦必不至阿私所好而空譽之則其言之可信也明矣

宰我曰以予觀於夫子賢於堯舜遠矣

程子曰語聖則不異事功則有異夫子賢於堯舜語事功也蓋堯舜治天下夫子又推其道以垂教萬世堯舜之道非得孔子則後世亦何所據哉

同夫子賢于堯舜有論此言之失者南軒張氏曰殊不思孟子引宰我此言爲甚
○語曰遺書謂語聖則不異事功則有異曰便是這個意思孟子蒙云成一時之勳業有限開萬世之道學無窮亦是此意
○慶源輔氏曰語聖則不異以其德言也事功則有異就其所爲事與成功而言也堯舜治天下夫子又推其道以垂教萬世此言事功久遠之不同也○集說勉齋黃氏堯舜治天下以下解證兩截意出
新安陳氏曰後世聖賢之君不作異端漸熾苟非得孔子祖述堯舜以詔後世則無所據依以入堯舜之道矣輔氏有言當時若無孔子令人連堯舜也不識由此言之則孔子爲天地立心爲生民立命爲往聖繼絕學爲萬世開太平其功業豈不賢於堯舜遠哉宰予此言可謂深知孔子其得在言語之科宜矣此孟子所以表而出之于子貢有若之言之先也歟
蒙引程子之言最爲有理但亦未審宰我本意果是如此否姑下條子貢云自生民以來未有夫子也有若曰自生民以來未有盛于孔子也亦盡以事功言

乎。抑又是宰我、子貢、有若自見夫子之聖，而不及見羲皇、堯舜之聖，故以爲前此所未有乎。

【心訣】亦是生民未有意，下二節同。以于二字乃獨得之見。人之觀夫子者，皆以夫子不遇，功業莫就爲惜，乃以于云云，賢堯舜，莫說壞堯舜。昔人云：天不生堯舜，一時無治功；天不生孔子，萬古如長夜。信哉！即宰我之言，而其所以異者可知矣。還要知堯舜之功以有位而致治，乃甚易者；夫子之功以匹夫而訓世，則甚難者。兼此意說，方見得他賢之遠處。○堯舜未易言也，然而門人觀於孔子，比之所傳聞先代者，似若有間，故不覺稱誦至于如此，若將堯舜事功貶抑，漫以删述掩之，豈是知言。

【講】宰我有言曰：自古聖人首稱堯舜，以予觀于夫子，賢過于堯舜遠矣。堯舜以道治天下，成一時之勳業，有限；夫子删述六經，推其道以垂教，明萬世之道學，無窮。賢何如之？以堯舜之聖，而孔子且賢之，即宰我之言，而孔子之異見矣。

子貢曰句見其禮讀而知其政句聞其樂讀而知其德句由頓百世之後讀等頓百

世之王讀莫之能違也句自生民以來讀未有夫子也句

言大凡見人之禮則可以知其政聞人之樂則可以知其德是以我從百世之後差等百世之王無有能遁其情者而見其皆莫若夫子之盛也

問見其禮而知其政聞其樂而知其德是謂夫子是謂他人朱子曰只是大概如此說子貢之意蓋言見人之禮便可知其政聞人之樂便可知其德所謂由百世之後等百世之王莫有能違我之見者所以斷然謂自生民以來未有孔子也子貢以其所見而知夫子之聖如此也

新安陳氏曰差等猶言品第情實也以見禮知政聞樂知德鑒之皆不能逃子洞察之下

〔蒙引〕此正是子貢由百世之後等百世之王的訣子言今日見其所遺之禮而可以知其當日之政今日聞其所遺之樂而可以知其當日之德在當日者既與其人俱往矣而禮樂之遺于後者尚未與之俱亡固可即此而推之○如舜之德性之也武王之德反之也皆于其樂見之政乃其施于外者德乃其得于

中者○○見其禮而知其政云云孔子亦在其其中子貢所以知夫子盛也民以來
所未有亦以此耳如夫子溫良恭儉讓在鄉黨而恂恂入公門而鞠躬之類此
皆夫子之禮也禮之行于身者無過不及周旋中度如此此見于設施者順天
理合人情無偏無陂有綱有紀可知矣故曰見其禮而知其政蓋必有所謂立
斯立道斯行綏斯來動斯和者○心和則氣和氣和則声和夫子之樂雖無所
考然必其声氣之中和節奏之克諧有所謂始作翕如縱之純如皦如繹如者
于此味則其德之盛中正和樂粹然無偏倚駁雜之弊亦可知矣凡人皆然不
但王者今人但于禮度之間從容中節是必有設施措置者矣此理可必○然
則夫子亦有樂乎曰有子與人歌擊磬于衛絃誦于陳皆樂也不必謂只和便
是樂爲聞字說不去○此是舊說今人多不從此
存疑見禮知政自王者言之政是紀綱法度所以爲治者禮是文爲制度所以
文飾治道者如体國經野設官分職馭臣馭民皆帝王之設施以爲治者也尊
卑上下之等車旗服色之辨賓祭婚喪之儀皆帝王之制作以飾治者也禮與

政皆出一心之經畫其脩治者如此則其爲治者可知矣後觀汙樽抔飲之習
上古朴略之政可知矣觀籩豆簠簋之美後世尚文之政可知矣皆以帝王言
之若在人其見之身者動容禮度之可觀則設施之合天理當人心亦可知也
但此語本意是指王者言○這禮是夏禮殷禮吾能言之禮○聞樂知德德須
兼功說蓋樂以崇德象功也以韶武來看最明蓋舜之德性之也又以揖遜而
得天下故其樂盡善武王之德反之也又以征誅而得天下故其樂未盡善觀
韶之盡善則舜之德可知矣觀武之未盡善武之德可知矣○帝王禮樂可以
知德政固然矣夫子之禮樂則何如觀其答顏淵爲邦之問斟酌四代之禮樂
以立萬世常行之道作春秋以寓王法則其政之所設施功德之所成就固可
見矣寧不獨盛于古帝王哉依蒙引說夫子之禮樂亦是但不見得獨盛于古
帝王處

[說約]愚按紹聞徧夫子分上不復更說禮樂蓋夫子不得位未嘗制禮作樂況
子貢親炙夫子又豈待見禮聞樂而後知其德與政哉

【蒙解】若不先羞等百王何以見夫子爲生民未有之聖故從禮樂德政說起原
不複夫子在內因禮樂而知德政可以見百王之畢之實而以之比量夫子則
夫子又爲生民未有之聖非百王之所能及都在爲聖人處說不必強說夫子
之禮樂高于百王也
【集說】四句一氣讀下總見百世莫若夫子耳未有夫子只在道德上說一不越以
禮樂德政字挿入
【集成】饒氏曰此見概論百王故須從禮樂推求子貢親受業于夫子亦何俟
以禮樂知聖故斷不容以禮樂影射夫子○身生聖王之世親承德政不專藉
禮樂而知只因後人尙論往古不得不借禮樂爲考據耳要之過五句不過爲
末句知夫子提子原不必呆看也
【晚邨語錄】四箇其字明七虛指百王與孔子分賓主如何道人反說包有孔子
在內孔子安得有禮樂與政且子貢與孔子又何籍禮樂而知耶此種俗解胡
鑿謬旨反攏荒正義惑亂後學不小

〔虞姬〕訂其学即指先王直出大妙齡十。拔以禮樂知政德終以政德爲主禮樂待其所以知之者耳勿似評儀禮樂方妙李公

〔心〕談子貢以德政知夫子言夫子之德政吾國知其處默未知百王猶謂有與之前者也。今我云云政是所以爲治者有頻有節禮是所以節治者有質有文見其禮之或質或文則當時所行之政或頻或節可知矣樂有盡善盡美之不同。德有性反之不同聞其樂之或美善與否則當時所具之德或性或反可知矣要重德政不重禮樂百世二句只重發上所知字意等百世之王以禮樂品等百王之德政莫之能違謂德政之善否莫能遁其情也自生民二句緊接上意謂因此而見自生民以來至于今其間有德政之善者未有如夫子定禮以寓政萬世之章程斯立正樂以昭德蕩世之和平使聞其聲容動和聖知兼備之妙自生民以來未有矣豈百王之所可及哉伸子貢之言而其所以異者可知矣子貢前意只是見夫子德政亘古莫及故言我從禮樂中見百王德政都莫能及蓋千聖讓德百王讓政邁生民而未有也若說謂由夫子之禮樂見矣

于之德政則不似親炙門墻者聲口矣。

圈子貢有言曰、古聖之政遠矣、然禮所以節政、今日見其所遺之禮、而可以知其當日之政。觀禮有煩簡、而政之質文可知也。古聖之德遠矣、然樂所以象德、今日聞其所遺之樂、而可以知其當日之德。觀樂有美善、而德之性反可知也。我特此法以論前代、由百世之後、差等百世以前歷傳之王者、其德政之善否、皆莫能遁其情也。但見自生民以來、百王多矣、未有如我夫子一身而備帝王之政、一心而兼神聖之德者也。夫以百王之聖、而孔子且過之、觀子貢之言、而孔子之賢又見矣。

有若曰、句豈惟民哉。句麒麟之於走獸、讀鳳凰之於飛鳥、讀泰山之於丘垤、讀河海之於行潦、讀類也。句聖人之於民、讀亦類也。句出於其類、讀拔乎其萃、讀自生民以來、讀未有盛於孔子也。句

麒麟、毛蟲之長。鳳凰、羽蟲之長。垤、蟻封也。行潦、道上無源之水也。出、高出也。拔、特起也。萃、聚也。言自古聖人、固皆異於衆人、然未有如孔子之尤盛者也。○大全小註特挺然孤

特也萃謂聚人所聚之中

新安陳氏曰此聖人字是泛說從古以來之聖人

雙峰饒氏曰孟子要學聖人故于子游子夏子張冉牛閔子顏淵皆曰姑舍是伯夷伊尹雖是古聖人然伯夷偏于清伊尹偏于任不若孔子之時中故曰乃所願則學孔子解孟子與解論語不同論語章句短孟子章句長須要識他全章大指所在又須看段前後血脉貫通而後可

東陽許氏曰伯夷伊尹于孔子至章終爲第五節 許氏段落當玩

蒙引 有若本意只是就民類言其曰麒麟之於走獸河海之於行潦類也特用以比况耳故下節承之曰聖人之于民亦類也以終首一言之意也而下又繼之曰出乎其類拔乎其萃只承聖人之于民亦類也說不必兼麒麟山海須觀其意之所主蓋既要出聖人之于民亦類也則不必復粘泥着麒鳳山海矣彼皆客辭客意也○出于其類拔乎其萃二句言自古聖人固皆異于衆人也

存疑 豈惟民哉一句喚起下文這裡含个類字○出于其類是承亦類也說拔

此文峯又自其出類處說既出乎其倫類就裝出許多八矣

說新出乎其類拔乎其萃是囑起之語下自生二句正言之從來作三層說者太厰摺。大意言聖人之于民也只是同類然出于其類拔乎其萃則其中未有盛于孔子者亦自三層脉作一滚方佳。聖人之于民亦類也出乎其類只是在類而不囿于類之意也此處原無兩層且出于其類拔乎其萃便是兼孔子與一切聖人言之但其中覺得孔子尤盛與上節有宰未有一例須看得活從來講家自大全以下但欲抹却也玩口氣原是如此

【彙解】聖人之於民以下仍照註三層更明白不一滚說亦可如此作文爲便

【集說】出于其類二句承上聖人之于民句連下自生民以來二句一氣讀言聖人固皆出類拔萃而其出類拔萃之盛者則未有如孔子也則二句兼孔子與從古聖人皆在內却起下盛字義耳

【會參】大全蔡氏曰豈惟民哉句與起下面凡物皆同類之意至聖人之于民亦類也此意方終出乎其類二句自同說到異自生民二句自異說到尤異

正解豈惟民句是唱起凡物皆同類之意出類二句是緊說凡聖皆異於人也須串說未有盛孔子瞿昆湖解云夫子知至行盡自家能踐形盡性又推明衆人所能知能行之理以教天下後世使各得以踐形盡性所以比衆聖人爲尤盛也。

晚邨語錄二節總答所以異之問而引三子之言以証之都對古今聖人比較與凡民無與也有若要說得品級分明故將衆人與群聖先單起一層再出於其類二句條解頗多有謂上句是說群聖人下句是說孔子者甚荒謬固不足辨又有謂兩句俱就孔子講者則是群聖人與凡人如霄壤之隔者反比而同之而群聖人之於孔子未達一間者反謂不可同日語也何不均之甚耶蓋此兩句皆就凡爲聖人者而言聖人之生固有異於凡人耳

集成徐健菴曰兩類也是一層出類拔萃是一層未有盛是一層一層進一層方逼出孔子。仇滄柱曰以堯舜而王較之則孔子無位而功在萬世以伯夷伊尹較之則孔子大成而化其一偏未有盛雖兼此二意然在孟子引述所論蓋此章與前有若曰中只宜就本節渾說了不必牽引上數節更有揷入知言養氣不動心者尤謬矣○翁鐵菴曰在有若形容孔子極盛越說得極至實越見神化方是親切指點一涉矜張便非舊說三子曰字只本章話頭大爲贅疣相沿已久皆不知怪耳得翁者註此可發前之誤

【心訣】有若以類萃卻夫子豈惟民哉一句與盛也下文極有深意民卽下生民之民蓋將旁天際地而言之因物及民因民及聖而聖之中無如孔子者則字實聞從古只一孔子而已極言之也此句內就含不類字與下類也亦類也相呼應言卽以其類而已則天地間豈惟民有民之類哉卽麒麟之於走獸卽鳳凰之瑞而比之于飛鳥卽泰山之高而比之于丘垤卽河海之深而比之于行潦均一飛走流峙之類也聖人句緊承類也句來以終豈惟民哉之意出乎其類又承亦類也來拔乎其萃又在出乎其類上看出類以賦稟言萃以聚會言二句語平而意串來形類斯人而獨能踐之性類斯人而獨能盡之旣高出乎倫類則在一國而超乎一國在天下而超乎天下就拔出許多人矣此

見自古聖人固皆異于衆人然孔子又出乎群聖人之彙拔乎群聖人之萃聖人是同中之異孔子是異中之異蓋麟鳳泰嶽一般何等極盛節有若之言而其所以異者可知矣麒麟數句就同類看若單出當且就異上看形比說來直就同言別微下類字上看孟子稱引未有孔子之不一而是真有揄揚之不能盡此擬之無與倫者願學之意可想然末三節總應前自有生民二句言三贊已如此說則我之言豈爲過哉此所以願學也夫我所願學者事業且出乎二帝三王群聖之上又豈以王伯之業動我心耶○豈惟民哉一語甚奇分明是說聖人之于民亦類也偏不先說類字反把麒麟數句作件說了然後說亦類也應倒何等變幻

【說統】豈惟民哉與起含不同類意然說不類正是言其不類但不類意只在類也內不必添足○三子所言意指各別備引之無非見其異于夷尹而表已願學之不必泥某說事功某說道德

【翼註】有若節不重在群聖上只重在未並一句此推尊孔子○盛字須極發

鳳麟數句倒說不得要見得同類又要見得同中有異方能縮合全節○出類二句就講類爲頭自然以趕下爲正語氣○拔萃就是出類不分兩截

【註】有若有言曰天地間豈惟民而爲人者哉即群如麒麟之于走獸之常類如鳳凰之於飛鳥之羣同如泰山之於丘垤之卑大如河海之於行潦之小雖有不同然麒麟也是走鳳凰也是飛泰山也是峙河海也是流皆類也聖人之于民雖有不同然而聖人也是人亦類也但同是類而聖人能踐形盡性寔高出乎人類之上既出乎其類則自非衆人可及之而超拔乎群萃之表聖人皆異乎衆人如此然聖人異于衆人而孔子則尤異乎群聖自生民以來聖人亦多矣未有聖如孔子爲出類拔萃之尤者也觀有若之言而孔子之異更見矣然則生民未有之言豈予一人之私言哉此我之所以願學也子亦可以明我不動心之有自矣

朱子曰孟子此章擴前聖所未發學者所宜潛心而玩索也

雲峰胡氏曰公孫丑疑孟子動心孟子遂極言養氣知言之功公孫丑疑其知言養氣之旣聖孟子遂極言夫子之聖之盛要之夫子之聖不假乎養氣知言

孟子之養氣知言乃學而至聖者也前則深斥告子闢異端也後則推尊孔子承聖道也前後之言若不相貫而實相貫學者味之

〔訂心訣〕通章以不動心爲主知言養氣爲目願學孔子爲宗○在必從吾言矣上是言已不動心之最異于告子者在知言養氣二者下是願學孔子而推尊之以見不動心之所自來前段吾嘗聞大勇於夫子一語便已埋願學根脚後段堯舜百王等語亦與大任相應

〔會纂〕大全蔡氏曰此章以不動心爲主首節言已當大任而不動心一節至曾子之守約也只大概言不動心之有道自敢問夫子之不動心至而反動其心言告子不動心之失自敢問夫子惡乎長至必從吾言言已不動心之異乎告子者以知言養氣自宰我至孔子也言已不敢當孔子而實願學孔子見不動心之學所自來自伯夷至末則言孔子尤異乎群聖以見其所以願學此條詳要

按此章從不動心說起而以告子相形下遂分列几个不動心提出曾子大勇做自己樣子此是一段結束處因丑問告子與夫子云已提出告子之言而辨駁之見得告子不動心之所以失而即以寓自己不動心之異乎告子意及丑問惡乎長遂提出知言養氣以見不動心之所以然處據前云四十不動心則

知言養氣當是四十歲以前工夫到後來已是自然境界矣因丑有所舉之辭方退而願學孔子一段語說者謂曾子子夏已伏孔子之脈論文法亦是過筆必孟子當日預有此意也因願學孔子又極力發揮孔子之異於群聖以見所以願學少不得知言養氣不動心一齊收結在願學孔子內是學問淵源處○鄉相霸王本文後面不復回顧然亦須略爲關照不致忘却來路孟子言霸王孟子口中斷不宜混用霸王字只拈卿相字可也

憂惟謙按此章正宗一二語可盡只是知言養氣能當大任而不動心也前因丑說孟賁忽插入告子層層比勘波瀾横生後因一聖字引歸孔子說同說異有開無闔是極放筆處前面繳合後面游夏顏冉夷尹柴又皆客中之客闘筆烘染烟雲繚繞須知此書是絕大道理亦是絕妙文章○知言養氣詳略不同讀前聖未發處大抵尤在養氣

孟子曰以力假仁者霸霸必有大國以德行仁者王王不待大湯以七十里文王以百里

力謂土地甲兵之力假仁者本無是心而借其事以爲功者也霸若齊桓晉文是也以德行仁則自吾之得於心者推之無適而非仁也

朱子曰以德行仁德非止謂有救民於水火之誠心這德字說得來濶是自已身上事都做得來是無一不備所以行出來便是仁且如湯不邇声色不殖貨利至彰信兆民是先有前面底方能彰信兆民救民水火之中若無前面底雖

欲救民、不可得也。武王亶聰明作元后、是亶聰明方能作元后救民於水火之中、若無這亶聰明、雖欲救民、其道何由。○行仁便自仁中行出、皆仁之德、若假仁便是恃其甲兵之强、財賦之多、須有如是貨力方可服人、是假仁之名以欺其衆、非有仁之實也。○以力假仁、仁與力是兩個、以德行仁、仁便是德、德便是仁。

雙峰饒氏曰、或引包茅不入、昭王不復、是假仁、曰此是假義、不是假仁。請問假仁、曰救民、仁也、尊君、義也。湯放桀、武王伐紂、以救民爲主、其事爲仁、齊桓問罪于楚、以尊周爲主、其事屬義。孟子不說假義、卻說假仁、蓋仁包五常、言仁則義在其中。如伐原示信、大蒐示禮、此是假仁處。○【彙解】仁字所包甚廣、既曰假仁、則一生所爲、如伐楚、伐原、救邢、救衛等、皆假仁矣、不必又分某事爲假仁、某事爲假義也。○此辨極是

楊氏無曰、三代之前、功爲德之輔、三代之後、功爲德之賊、求速效者必入于伯、伯者始强而終弱也。

【蒙引】仁字宜以天理之公言。○土字宜讀如字、亦可謂以力假仁者是覇也、以

德行仁者是王也〇按假借其事以爲功如救邢存衛定襄王定王世子之類
方是假仁之功狀此非以其力亦不能糾合一時諸侯以爲此事蓋其心不當
于人心故須以力驅之耳如湯一征自葛始天下信之則不同矣
【存疑】德是行道有得于心者指平素蘊蓄言行仁所該亦廣救民亦是仁教民
亦是仁伐罪弔民亦是仁據註曰無適而非仁皆是自德而推之也〇湯以七
十里文王以百里是證不待大意

【紹聞編】德即仁而曰以德行仁者此章仁以事言德以心言德按以事言也而合此章之仁
【集說】土地猶土地之廣甲兵之彊財賦之饒是也力是有餘處〇蒙引云此章仁
字宜以天理之公言朱子主于救民言[illegible]看[illegible]無所爲而爲之意是矣
利物者皆仁也〇本無是心本無仁心遂假其事借行仁者之事以爲功是爲
爲己之功蓋他所行亦公道事但非出乎身行心得之誠耳〇若齊桓晉文是
也一若字則不止是說桓文〇吾之得于心者爲德自此心而推之無適非仁
仁與德非二也在心爲德在事爲仁德所以自存仁則有以及物亦若言者[illegible]則

仁自仁，心自心，兩不相干。○大字是力之所自來，霸者無大國則仁之寧自假
不起來。雖能自己假仁，而無甲兵土地之資以資之，則此假是心亦未肯學，亦未嘗
如何假得仁者。王者原不借乎力，更何待乎大乎。○湯七十里，文王百里，二以
字且未說到此處，王乎天下，只說德足以行仁。七十里百里儘無一不足，竟
七十里百里便能以之行仁，不待大也。

【心訣】以德行仁者王，王者有分量意，德仁不得謝意，行仁以德，不待假，而王者以德
行仁亦不得，所謂以不忍人之心，行不忍人之政。

【指南合參】仁以及人之謂言，而德則仁之所從本也。以力假仁，內無此德，亦是霸。
謂仁者特假之以濟其私。以德行仁，內有此德，以此德而措之事，是實實政有實。
心中流出也。王伯二字是從其人論，謂此其所存著言，是王者霸者所行於天下主天
下也。

【[illegible]】以德行仁，是一家出來，有不忍之心，斷著不忍之政，次第見達，原非
兩層兩層看，便看假矣。而德字仁字各有實際，亦儘渾不得。○王字是霸別認

不是張大功效語，一張大功效便是他處處發秘訶，卽不屑粃定後學後文矣。

只就辨別意空際廻旋，使下湯文不待大與七十心悅而誠服義無不圓動矣。要

避他處冒一句乃得法。○大亦何害，只是待字不好耳。待字只是力量不齊貴

見王者所以不待根由自然正大光明。

按以德行仁就一事言，只是實心行實政耳。然人所以心服者，須由乎日義暴

於朱子云德說得濶，蓋兼平日德無不備而臨時又以實心行實致也。

【講】此見王伯之辨在誠僞也。孟子曰：王伯之稱其來久矣，然其實不可以不辨也。以土地甲兵之力而假托于救世安民之仁，此是伯者。伯者必有大國，然後足以制人而成其事。以躬行心得之德而實行其濟物利民之仁，此是王者。王者則不待大國，蓋所爲全在于德，雖無大國，自足有爲。如湯王者亳其土不過七十里，文王王者也，其興也以百里，則不待大可知矣。

以力服人者，讀 非心服也，句 ○心服連 力不贍也。句 以德服人者，讀 中心悅而誠服也，句 ○誠服連 如七十子之服孔子也。句 ○七十子連 詩云：句 自西自東，讀 自南自北，讀 無思不服。句 此之謂也。句

瞻是也詩大雅文王有聲之篇王霸之心誠僞不同故人所以應之者其不同亦如此

慶源輔氏曰以力假仁者僞也假而行之終非己有非僞而何以德行仁者誠也所謂誠者成己成物者也己以僞感人以僞應己以誠感人以誠應如影響影响之相隨蓋不容于有異也

蒙引以力服人者謂以力得人之服也非謂用這力去服那人也○下條虛空突出以力服人以德服人字蓋上文已藏得有以力服人以德服人意了○七十子之服孔子也自古帝王得人之心悦誠服如成湯之東征西怨文王之虞芮質成武王之八百諸侯不期而會與夫諸侯朝覲訟獄謳歌者不之堯舜之子而之舜禹孰非心悦誠服乎而必以七十子服孔子爲譬者蓋孔子帝王異初無勢力位號又當時亦極流離困苦而七十子咸心服之而無所強此尤可見其心悦誠服處○無思不服言無一不心服也故詩傳云無思不服心服也蓋本孟子與中庸神之格思不可度思之思不同○王伯之辨誠僞之分只是德

節二字。

序疑伯者以力假仁而人亦服之是其服人乃以力也故直承之曰以力服人王者以德行仁而人服之是其服人以德也故直承之曰以德服人七十子之服孔子非有勢力以驅動之可見其服以德與力不贍而後服不同○上只說以力假仁以德行仁下突說出个以力服人以德服人蓋以力假仁中已含个以力服人意以德行仁中已含个以德服人意也○以力假仁者人亦服之然非服其仁也服其力也是其服人非以德也力也故曰以力服人以德行仁者人亦服之然非服其力也服其德也是其服人非以力也德也故曰以德服人

鼇按蒙存俱明白

纂序詩云鎬京辟雍自西云云不服皇王烝哉註云武王遷居鎬京講學行禮而天下自服也○西自字就鎬京言言自鎬京而東而西云

集說力不贍者兩下俱非仁者但伯者又是有力又以力來假仁那小國既不能行仁又無力量可以勝之雖明知他不是真心行仁然亦只得俛首聽命而

已○德之所積既有以信乎天下之心而仁之所行又有以合乎四海之意故中心悅而誠服悅字屬內誠字合內外而言之服猶在先誠字有實○力不贍及中心悅而誠服似兼當時諸侯及天下之民言○如字是說那悅而誠服底樣子

〔纂序〕合參引孔子是狀心悅誠服之事引詩是證心悅誠服之義

〔心訣〕中心悅至孔子也二句緊已說只是形容其服之誠○引詩謂武王正王者以德服人也重一思字無一人的心思不服節心悅而誠服之謂亦是言服之真非言服之廣朕不必泥定武王上言爲秘○服至子思一不容有異處而民情然直德入乎思不容有勉強而王道始粹此其異乎伯也○引詩另講勿以聖教王化平對

〔廣炬訂〕按孔子是誠悅的形容武王是以德使人誠悅的証據各不相蒙人只爲於此兩處攏脫不開都似湯文外又引一武一孔紛紛葛藤極矣○又有辟雍上生情謂武亦自盡作師之責者實外又實并旨未公

〔舒驊〕如七十子之服孔子引來正說不以勢力驅之尤見以德之意

【晚邨講錄】但云說心服猶覺籠統加一悅字文加而字一轉方見王者服人有莫知其然而然之妙。服字氣象便不同。○說王說霸忽然挿入孔子作比方甚是不倫此正是孟子文章妙處只要發明王不待大之理行仁之德至孔子而極力之不大亦至孔子而極百里七十之里尚有力可待孔子則併無待矣以此看王者悅服之理何等親切分明○此之謂也總以德服人並不指服孔子何並不粘湯文至武王更閒客矣○孔子不必說只是空說德

集

【集成】仇滄柱曰解此節舊近有三謬悅服泛指民心不切列國諸侯便與服人人字不合一也推尊孔子無位而人服反貶抑王者有位而服人動以師道君道糾纏一似孔子更勝於王者全不斷此節意二也詩辭本說武王事武誤認文王武將文武並列三也去此三謬方是的解○

【講】以力假仁以德行仁王伯均有以服人矣然以力而得人之服者人非真心愛戴而服之也迫于強大力不足以與之敵不得已而服也以德而得人之服者其服不徒在外乃出于中心愛悅而至誠以相服也就如七十子之與孔子一

殺初無勢力位號以驅率之而流離困苦相從不一其誠服如此詩大雅文王
有聲之篇有云武王徙居鎬京講學行禮于是自鎬之西自鎬之東自鎬之南
自鎬之北無有一人的心思不願服者夫無思不服心服也此即以德服人心
悅誠服之謂也伯者何足以語此

鄒氏曰以力服人者有意於服人而人不敢不服以德服人者無意於服人而人
不能不服從古以來論王霸者多矣未有若此章之深切而著明者也

問王伯之別朱子曰以力假仁者不知仁之在己而假之也以德行仁則其仁
在我而惟所行矣以執蘇濤塗侵曹伐衛之事而觀夫東征西怨虞芮質成者
則人心之服與不服可見若七十子之從孔子至于流離飢餓而不去此又非
有名位勢力以驅之也孟子真可謂長于譬喻也

慶源輔氏曰鄒氏以有意無意釋力與德字最爲簡要然其所謂無意者非如
木石之無意者無期必之私意耳若夫正心修身之道則自有不可已者至論
自古論王伯未有如是之深切著明者亦爲得之其視董子美玉碔砆之喻有

子降禮尊賢重法愛民與天曰粹曰駁諸說皆爲傍矣

黃氏洵饒曰以善服人以善養人重在服養二字此章重在力德二字

存疑此章大意是辨王伯之所爲及其所應欲人之慎所處也○上節是說王伯之心誠僞不同下節是說人應之其誠僞亦不同蒙引以下節作解上文伯必有大國王不待大意此說似新看來还不是爲伯必有大國王不待大裏自有意義不待此解也○鎬按照註立旨極正大他說只可參看

集說霸者又必有大國又不足以得人之心服王者又不待大又得人之誠服又有湯文及詩言可証行仁而王孰能禦之則伯之一字真可抹倒○只兩々相形說而霸功之可鄙王道之當行自了然矣

諸家辨孟子借伯辨王明王道不可僞爲非平論王伯通章重以德行仁王不待大二句下節只發明此意此側重王一邊

說統王伯之分只在誠僞二字然兩節只是一意反復以力假仁即是以力服人以德行仁即是以德服人非是上節說感下節說應

錡按賤伯崇王七篇中屢言之此章以德力辨王伯是王伯並判案

孟子曰句仁讀則榮句不仁讀則辱句今頓惡辱而居不仁讀是猶頓惡濕而居下也句○居下連

好榮惡辱人之常情然徒惡之而不去其得之之道不能免也○

朱子曰此亦只是爲下等人言若是上等人他豈以榮辱之故而後存仁哉

存疑是猶惡濕而居下只是不能免意○下地定是卑濕如何免濕

集說惡濕居下朱註云不去其得之之道不能免也不去其得之之道分明便說自取了諸說只說不能免一路義倘未足

纂序合參上是論其理下是致其戒仁就本諸心而見諸事者言即下舉賢能明政刑之類是也榮即大國必畏也不仁即般樂怠敖也辱即自求禍也兩則字便含自求意○今惡辱二句只是起次節意

心訣仁不仁以行事言榮辱就國勢上看榮即人畏辱即人侮一則字最緊

講此章勉諸侯以爲仁也孟子曰好榮惡辱人之常情殊不知其相懸之故有由

狀也。惟人君修德行善而仁，則身尊國顯，不期榮而自榮矣。若驕奢淫佚而不
仁，則身危國亂，不期辱而自辱矣。夫不仁爲辱之所由得，今既惡辱而反居不
仁，必不能免辱，是猶惡濕而反居下，必不能免于濕也。

如惡之，莫如貴德而尊士，賢者在位，能者在職，國家閒暇，及是
時，明其政刑，雖大國，必畏之矣。

此因其惡辱之情而進之以彊仁之事也。貴德猶尚德也。士則指其人而言之。賢
有德者，使之在位，則足以正君而善俗；能，有才者，使之在職，則足以脩政而立事。
國家閒暇，可以有爲之時也。詳味及字，則惟日不足之意可見矣。

新安倪氏曰：禮記表記云"畏罪者強仁"，謂勉強行仁也。貴德以下，皆彊仁之事
目。

或謂賢者在位，能者在職，謂賢者有德，但使之在位而不任事；能者有才，所以
使之在職而任事。雙峰饒氏曰：如此說，則賢者是个無能底人。蓋凡是賢者皆
當使之在位，然賢者有所能，却不同，就其間使能教者在教之位，能治獄者

在治獄之位既有其位便有其職天下豈有無職之位豈有無能之賢

新安陳氏曰春秋傳云及猶汲汲也及是時而明政刑即書所謂吉人爲善惟日不足之意此一節應仁則榮也

【通】預牧賢能以實吾國一旦國家可以有爲則遂及時而使賢者能者各效其力以明其政刑則吾已仁矣如是則雖大國必畏之矣仁則榮理固然也○或謂明其政刑處不要入賢能然則人君自理會乎且上言賢者在位能者在職欲何爲曰集註言之矣賢者在位則足以正君而善俗能者在職則足以修政而立事是也曰既是正君善俗修政立事矣又何爲至此方曰及是時明其政刑且上並兩足以字好看是未見于修政立事既有其人則已足以修政立事正君善俗亦然且正君善俗亦不是空坐無爲者政刑二字盡之矣○士則精其人指其有德之人也德字單言則兼才才亦是德之用如才雖不甚然乎才亦兼德下句賢者能者皆士也五命中有三尊賢育才以彰有德○當以下文及是時般樂怠傲相對看問何以必及國家閒暇乃明其政刑也曰戰國之

時七雄虎視無日而不干戈之遲無歲而不城野之爭國家多事常是危急存亡之秋故孟子有此云彼般樂怠敖者方其未閒暇時亦不得以般樂怠敖故云及是時

[存疑]德是人之所具士則指其人德字兼下文賢能猶孔子曰才難兼才德也○賢者未嘗無才而德其所長曰賢者自其所長言也能者未嘗無德而才其所長曰能自其所長言也嘗引曰賢者在位尊賢也能者在職使能也

[纂定]丁丑會墨但講從用賢能得閒暇者皆非是看到今國家閒暇自說不去矣○必先賢能在職位者用人爲士國家先有了人乃可與乘時乃有以修政刑

[集說]正君德足以格君之心善俗德足以厚民之俗修政立事才之大者修政之綱才之小者立事之目○國家閒暇只作外無干戈之擾內無吉凶之事便是若以無事爲暇自古無一日無事之國也○明政刑要看明字一不閒暇政刑亦一不容苟且輕忽然大抵國家多事雖所行亦要合宜然畢竟或待其大綱而

藏細密之處多有未盡講求曲盡但稍有瑕疵便爲賢人君子取而脩明潤
飾自張而無或有所遺制擬法立而無或有所弊此是細心講求治道工夫也
○政刑二字不對刑又其政中之最大條件明之之道大抵主于當理無私而
爲斯民興利除害而已○惟日不足四字要看不止趂稍暇聊以明之而已中
含逐時之來又恐時之往二義則凡前來不暇之後與後不暇之前皆是也○大
國必畏適承一節仁者之榮尚自有許多般而大國之畏乃其甚而大者
【心訣】而字緊承上惡辱句來言處辱而不知惡則已矣如其惡之必須要仁莫
如字貫至刑政爲仁一而已轉之者賢能逮之者刑政而時則其會也須要承
過說下義在及時一句上德兼賢能士指賢能之人賢有德能有才摠是
有德之士在位輔弼之位在職庶司之職摠是貴而無異之此二句乃强仁大頭
腦不宜以治人治法作兩平豫收賢能止爲修政明刑計故當外患少息而國
家稍有閒暇正可以有爲之時則及是時與賢者能者明其政刑及有是已然
思不及慮若不及此時而明則後將無及矣蓋戰國分爭無寧日也明有明求

於無不使一毫昏亂意使政舉而形清也如是則仁人畢用而國權以固仁政修而國紀以張德威脅制有不期畏而畏者畏則無侵侮之加有興隆之勢矣豈不足榮○如惡之三字極有力正借他這点着惡之心去棟動他○國家如何得閒暇蓋指無敵國外患而言無事的時須存有事的心○閒暇二字重看矛好處在此極不好處亦在此正所謂寸陰時節不可坐空閒過了鐘按集註心訣講此節詳而盡

【廣訂】莫如者比量之詞亦策勵之詞接上閑探在此時士○及字要得急不能待意乃画出仁字廸切精神與公○明字根仁字來二味用考政刑處語不得求伸

【說統】任治人明治法正是仁之作用

【存疑】戰國時仁義之道混于功利流宕之意亂于刑名故此時之政刑必須明

鐘按及是時三字最要着意谦卦于文云斯時也可憂可幸之年非久安長治之日又云机會易失而事變復來此等語極得神情

【講】夫人君誠知惡辱則莫若貴德而尊顯有德之士士之賢者德成乎內者也則

使之在輔弼之位。士之能者德運乎才者也，則使之在百司之職。斯則治人爲
而治道可圖矣。二曰外患少息，而國家閒暇，此正可有爲之時也。則遂及是時
而與賢者能者修明其政，凡大綱小紀，秩然不亂。修明其刑，凡五刑五罰，咸得
其平。如此以處仁，則邦本以固，國勢以張，雖強大之國，亦必畏服之矣，何柰也。此

詩云：「迨天之未陰雨，徹彼桑土，綢繆牖戶。今此下民，或敢侮予？」孔
子曰：「爲此詩者，其知道乎！能治其國家，誰敢侮之？」

詩豳風鴟鴞之篇，周公之所作也。迨，及也。徹，取也。桑土，桑根之皮也。綢繆，纏綿補
葺也。牖戶，巢之通氣出入處也。予，鳥自謂也。言我之備患詳密如此，今此在下之
人，或敢有侮予者乎。周公以鳥之爲巢如此，比君之爲國，亦當思患而預防之。孔
子讀而贊之，以爲知道也。

雲峰胡氏曰：爲此詩者其知道乎，孟子凡兩引之。彼則爲詩者知率性之道，此
則爲詩者知治國平天下之道也。

蒙引 此章亦爲鳥言，我及天未陰雨之時，而徃取桑根以纏綿巢之穴隙，使之

豫圖以備陰雨之患則此下土之民誰敢有侮予者亦以比己深愛王室而預
防其患難之意故孔子贊之曰爲此詩者其知道乎能治其國家誰敢侮之韓
氏曰是當時流言必以爲周公不自勤勞皆是自爲己謀故今攝政而欲不利
于孺子耳故周公言此以喻成王也○此出鴟鴞之詩然所謂鳥非指鴟鴞
鴟爲鳥之害也以迨天之未陰雨此及時以徹彼桑土綢繆牖户比明政刑以
今此下民或敢侮予也雖大國必畏之○今此下民註曰在下之人詩傳曰下
土之民一也蓋鳥之巢在巳人居之上故曰下民○知道只是知道這他不要說
是治國平天下之道蓋率性之道亦道治國平天下之道亦道也但不宜先說
出下文能治其國家誰敢侮之道在斯矣知道云云者只知此而已
○【存疑】引詩及孔子之言是証上節之意知道不是知治國之道只是愛他知道
理知治國之道意在言表○【正解】知道本是知治國之道但意實在下且混講
【說約】能治二句亦孔子語○能治者豈云御治於未亂保邦於未危也
【心訣】此條辨上節看都重盖不特上迨字正應及字最重未陰應是時徹桑土應

使賢能綢繆牖户應明政刑誰敢侮予應大國必畏周公計國憂勞其識慮其慮明敢以詩言爲知道勿二云治國家之道當留在末一句發之爲要能治要見未然之防意方與詩應○章內及是時三字儘可玩味在天爲陰晴之候在國爲榮辱之間在人主爲危微之介在人世爲治亂之原詩曰迨孟曰及時乎時乎聖人慎之賢人赴之衆人玩之○及是時三字已有預備意迨天節不過一證○天下事無不從閒暇時失之未雨之詩令人深省○孔子贊詩處只可就詩詞點綴闡發思患預防道理不可入賢能政刑必畏等語○能治其國家節迨天二句意誰敢侮之節即今此二句意

【諸家辨】引詩是借周公爲強仁者榜樣當與上文爲一節言及時修業能加周公之未雨綢繆則大國之畏可不勞而致無敢侮即大國必畏意正發明上文見不可不貴德尊士云及時明刑政也○迨天節正榮辱分界處能治國家誰敢侮之不能治則侮之必矣講此節不可硬說無從侮須得恍惚難定安危呼吸之意方與章首二一則字合

廣炬訂 或字有惴惴不敢自必之意下誰敢一正所以決之 木公 ○知道二字正
贊一迫字 端甫 ○能治其國家二句推開泛論闡治道即漸推進言終於題情不背惟就詩贊詩為得 雜斗

好辨 詩不曰不敢侮而曰或敢侮倘寬亡乎直冒其侮也侮之情倏于其敢侮之情甚于侮曰誰敢侮直收攝其心矣○玩為此詩者何懷其人若不知其人知其人遂沒有味乎其人此孔子感時懷古兩心相質處

集成 王玠右曰孔子與周公皆思患預防人也知道一語係咏情詞不勝搔首感懷非揚眉作贊語也○注履久曰此引詩以証上節及是時之意帶引孔子贊詞足之估乎未雨綢繆為治國要道耳○時解插入孔子褒嘆周公欲與周道立說非孟子引來勉勵諸侯王圖樂本旨矣○仇滄柱曰從來看鴟鴞一詩屬周公東征時事不知鴟鴞乃居東所作此時尚未東征也居東乃避位歸魯在前二年東征乃奉王討叛在後三年自孔氏書傳於金滕篇文所謂周公居東二年罪人斯得者誤解作東征以殺管叔而詩傳亦仍其說自蔡傳以居東為

避居東都，以罪人斯得為如流言之為管蔡，而周公心迹始白。茅鹿門謂居東是反而居魯，如漢之龍州歸國發肇。敬謂罪人斯得，至此得其主名，非謂伏辜就戮也。○據此則知詩傳謂既誅管叔始作鴟鴞者誤無疑矣。至此詩所云既取我子者，蓋言三監為武庚煽惑而入其械中，若云因流言廢蹶遂推及同氣，何異六月四日喋血禁門者乎。○及成王感風雷之變，悔悟迎公，既復命之東征以討三叔、武庚，則是後來奉命而征，非流言初起時急誅管叔以滅口止謗也。

愚按引詩及孔子，雖客中之客，然孔子與他人不同，亦不可苟略。迨烝民詩亦然。

附錄詩：鴟鴞鴟鴞，既取我子，無毀我室。恩斯勤斯，鬻子之閔斯。○詩屬武王克商，使弟管叔鮮、蔡叔度監于紂子武庚之國。武王崩，成王立，周公相之，而二叔以武庚叛，且流言於國曰：周公將不利於孺子。故周公東征二年，乃得管叔、武庚而誅之，而成王猶未知周公之意也，公乃作此詩以貽王，託為鳥之愛巢者呼鴟鴞而謂之曰：鴟鴞鴟鴞，爾既取我之子矣，無更毀我之室也。以我情愛之心、篤厚之意，鬻養此子，誠可憐憫。今既取之，其毒甚矣，況又毀我室乎？以比武

爽既毀管蔡不可更毀我王室也

【講】詩之托鳥言也有云及天未陰雨之時而往取桑根之皮以補葺巢之戶牖使之堅固以避不測之患今此在下之民其敢有擊射而侮予者乎此周公借鳥以明及時圖治之意也孔子讀而讚之曰爲此詩者其知思患預防之道乎夫人君能及時而任治人謹治法以治其國家如鳥及時而爲巢則無隙可乘而誰敢侮之觀詩及孔子之言則吾所謂仁則榮豈不信哉

今國家閒暇句及是時讀般樂怠敖句是自求禍也句自求禍連

言其縱欲偷安亦惟日不足也

雙峰饒氏曰般樂則不暇明其政刑怠敖則不暇貴德尊士

新安陳氏曰及是時而縱欲偷安亦書所謂凶人爲不善惟日不足之意此一節應不仁則辱也

【蒙引】正韻般旋也逐也般樂蓋樂而又樂之而忘返故有般旋之意此所謂縱欲也怠惰也敖恣慢也此所謂偷安也般樂以動言怠敖以靜言○般樂怠敖

不恤政刑也。不恤政刑，無求于賢才，而惟姦諛是崇是用矣。自與本文相反對，不必如饒氏所分。

【存疑】如齊之兩節是說仁則榮，今國家閒暇一節是說不仁則辱。

【集說】般樂怠敖，仍在不惜政刑、不求賢才前一層，更有許多聲色狗馬之類底事，不止一不恤政刑、不求賢才而已。○不曰致禍而曰自求禍，蓋般樂怠敖之人，他亦惟日不足，百法尋他快活，却不知一總都是禍胎，故曰自求。

【心訣】此與上節事正相反看。國家閒暇，幸有其時，及是時而般樂怠敖，亦惟恐不及。○此及是時三字，更形容得妙，有惟恐錯過好快活時意。

【晚邨語錄】上閒暇是明盛之閒暇，其閒暇可幸；下閒暇是叢脞之閒暇，其閒暇可危。字樣雖同，景象自別。

【講】當今之爲國者，不能預收人才以實其國，俟國家閒暇，則及其時而般樂以縱欲，怠敖以偷安，政荒而不之問，刑虐而不之恤，其不仁如此，則國事日非，國勢日蹙，人而侮之者至矣。是自求禍也，又何辱如之乎。

禍福無不自己求之者

結上文之意

新安陳氏曰仁榮福也不仁之辱禍也皆自己求之

集說禍之自求卽般樂怠敖而自求禍所謂不仁則辱也福之自求卽貴德尊士明其政刑而大國必畏所謂仁則榮也故曰結上文之意此爲結上文則此之謂也此註禍福無不自己求之者何矣註意自明

心訣莫福於榮而得于仁莫禍于辱而得于不仁是禍福皆自己求也禍之時而能强仁則可轉爲福比之時而必怠于仁則又轉爲禍莫非已也此節要看求字已字無不字世主把禍福歸于天所以把好時節都錯過了今不推福是自家求底禍也是自家求的所以人主貴及時强仁自從也與上下自字異已字卽上下自字也上下只重不自字是令人自反意無不二字兼言之有倚伏之机在

正經上節自字卽此節已字此節自字當作由字看下節自字與上節同

【講】仁榮福也以己之及時圖治者致之不仁之辱禍也以己之般樂怠敖者取之
可見禍福無不自己求之者

詩云六句 永言配命句 自求多福句 太甲曰句 天作孽句 猶可違句 自作孽句 不可活
句 此之謂也句

詩大雅文王之篇永長也言猶念也配合也命天命也此言福之自己求者太甲
商書篇名孽禍也違避也活生也書作逭逭猶緩也此言禍之自己求者

蔡氏曰及時明政刑自求福也仁榮者如此及時而般樂怠敖自作孽也不仁之辱
如此

【蒙引】詩大雅文王之篇第六章曰無念爾祖聿修厥德永言配命自求多福殷
之未喪師克配上帝宜鑒於殷駿命不易○傳云聿發語詞言欲念爾祖在于
自修其德而又常自省察使其所行無不合于天理則盛大之福自我致之有
不求而自得矣○言猶念也大抵言者心之形念之所在也故解之爲念凡人
所存所念往往于言語間見之也存于是則其言亦不覺出于是一不曰永念配

静而曰永言配命，亦見古人心口如一之意。○命，天命。詩作天理。○天作孼，以
水火盜賊之災，猶可避；至於放僻邪侈，以陷乎罪，刑僇以加身者，其
罪所逃乎天地之間，而舉天地之間皆爲牢獄也。按書字孽，字書孽作念，以孼爲孽，孼義實責。
〔集說〕天作孼，如水火盜賊之類，此乃天數使乎，不可以避，然修德以回之，或先
執以避之，縱然難避，而輕重緩急之間，舉豈無有可避者。若夫自作之惡，一步
一步只管做去，已墮乎其中，而不自知其爲禍，一旦禍發，那更有生路，所以說不
可活。○此言禍之自己求者，皆本言配命，此言福之自己求者，猶自作孼。
〔兩說〕引詩證福自己求，引書證禍自己求，此之謂，此字指禍福自己求之說言。
欲見禍福無不自己求，猶可違，今自求之，就禍者有所謂，此可不戒哉，主者
說永言詩書之所稱引，咸周孔之所承，養于以乘時，爲仁，而去不仁，則國不亡，鄉榮
而自棄尋不務，而自取矣。○引詩說到配命，引書說到自作孼，皆是說書言
注部。
〔剛說〕太甲，王拜手稽首曰：予小子不明于德，自底不類，欲敗度，縱敗禮，以速

決于厥躬天作孽猶可違自作孽不可逭既往背師保之訓弗克于厥初尚賴匡救之德圖惟厥終

【附】許云人能長念合乎天理而盛大之福自我致也太甲曰已無罪而天降之災猶可修救以挽回自爲不善而陷于禍則決不可得生詩之言即福自己求之謂也書之言即禍自己求之謂也人君可不省哉

新安陳氏曰凡言仁者安仁知者利仁畏罪者強仁此因戰國諸侯惡辱而強以行仁政畏罪強仁之事勉之存天理而尊仁之樂戒之狥人欲以遠不仁之辱亦遏人欲擴天理也

【[illegible]】首二句是綱三三節詳仁則榮之實四節詳不仁則辱之實五節締上三節意末節兩言以明禍福句意

【心識】通章只重及是時三字榮辱分頭處在仁不仁仁不仁轉關處在及是時引詩見及時之免侮也若及時而般樂怠敖則榮轉爲辱故曰自求又引詩書言自求者爲証無非勉世主及時行仁意也不可以禍福平看

孟子曰：尊賢使能，俊傑在位，則天下之士皆悅而願立於其朝矣。

題貫下

俊傑才德之異於衆者。

雙峰饒氏曰：俊傑謂人中之俊傑者，即指賢能而言。尊賢使能，便是俊傑在位。尊非禮貌之虛文，與共天位，治天職，以至去讒遠色，賤貨貴德，皆尊賢之道。

蒙引 賢者尊之，能者使之，便是俊傑在位處。俊傑在位，言在位皆非指克耕者之徒也。○天下之士，民中俊秀。在市曰商，在途曰旅，以耕曰農，以居曰民。

衆說 尊賢使能，方是上大如此行。至俊傑在位，則滿朝皆是好人矣。此最鼓動人心處。狀當云尊賢使能，以致俊傑在位，不是俊傑自己便在位了。○立其字俱指行政者之國而言。悅是中心悅願者，有已至而安之，未至而慕之之意。天下二字，便把鄰國都在內了。

心款 首節是行王之政。人主所以撫綏斯民，經營王業，在先得天下士，故首及之。賢有德者，能有才者，秀出等夷，故曰俊傑。尊之使之，使令俊傑在位矣。一句一直講勿于俊傑上添則字把下句看得不着力如此〇正賢路清明多士叢處之日天下未策名之士孰不悅而與效用之思願立尊使之朝乎玩一則字有不待招徠延訪旁及天下之意下四則字皆然待士之政行而天下之士盡天下之士歸而天下之人心舉係于斯矣〇五悅字與願字相應悅則願也

［停案］願藏身未歸而心先歸

［　］所謂賢能固非當時憑軾結靷之流也所謂尊使固非當時黃金百鎰錦繡千純之謂也孟子此言亦正指當日厚幣招賢者一面言耳今日代孟子作文而其所目者猶然憑軾結靷之流其所注意不過百鎰千純之實而已烏乎不亦難乎亦須得其胸中所謂賢能者無世俗模樣所謂尊使者無此見識如何揣摹時平地生得此模樣見識出來〇着眼在下文信能行之句五節只說箇王政感應如此引動能行感者未有實事旣着亦止在人情向慕邊看

［集成］仇滄柱曰春秋人才已不如周初到戰國而縱横相尚士多權譎角尊求用賢才斷須區別八品觀孟子喜樂正子爲政正此意也〇曰賢能俊傑可

巨室之善異矣。曰尊，使在位，則非獨掌而授，舉國者矣。所衡天下大勢者，不槩戰國時立論，徒作浮夸濶大之詞，此皆直舉無學之見耳。

【緊序合參】此節言王政待士之盛。

節按尊賢五節近文多從提末句，只是語氣類於作勢耳，寔非正体。正德首節題

程文依白文其落解去之，不復不從後來，未少之及今，可毋以爲齒。

【講】此章槩諸侯以行王政也。孟子曰：王政在得人心，而賢能之士，國所賴以輔治也。必尊禮其賢而有德者，器使其能而有才者，俾凡才德出衆之俊傑，莫不在位，不但吾國之士悅之也，則天下之士，皆悅吾用人有道，而願立于其朝矣。

市讀廛句而不征句法讀而不廛句，則天下之商讀皆悅而願藏於其市矣句。

廛，市宅也。張子曰：或賦其市地之廛，而不征其貨；或治之以市官之法，而不賦其廛。蓋逐末者多則廛以抑之，少則不必廛也。

【禮記】王制：古者公田藉而不税，市廛而不税，關譏而不征。

趙氏惠曰：廛，市者貨財所藏物邸舍也。税，所謂列肆之之税。王制疏：市物空地曰廛，藏內空地曰肆。

【周禮】地官司徒司市上官掌市之治教政刑量度禁令以次序分地而經市以陳肆辨物而平市以政令禁物靡而均市以商賈阜貨而行市以量度成賈而徵價以質劑結信而止訟

朱子曰市廛而不征謂使居市之廛者各出廛賦若干如今人賃鋪面相似更不征稅其所貨之物法而不廛則但治之以市官之法而已雖廛賦亦不取之也問古之爲市者以其所有易其所無者有司者治之耳此是周禮市官之法在日狀如漢之獄市之類皆是古之遺制○問市廛此市在何處曰此都邑之市國都如井田樣畫爲九區面朝背市左祖右社中一區君之宮室宮室前一區爲外朝亡會藏庫之屬皆在焉後一區爲市市四面有門每日市門開則商賈百物皆入惟民得入公卿大夫士不得入入則有罰市官之法如周禮司市平物價治爭訟譏察異服異言之類左右各三區皆民所居外朝一區左則宗廟右則社稷此國君都邑規模之概也

【蒙引】市字徵讀不與廛字相連○市與廛亦不同市是大槪言廛是市中有舉

故曰市宅也官爲之○逐末者多則廛以抑之者爲其厚于利也○必則不
必廛若官爲廛以居之亦不取其廛之税也○多少以貨言○在否各二層看
民所居此是廛無夫里之布之廛○廛而不征法而不廛 又廛是死字廛無夫
布之廛是死字

存疑 市廛市宅也本是死字今都作活字用蓋取其税也言商人在市逐末者
多則廛之而不征其貨逐末者少則但治以市官之法而不廛之觀孟子此言
想戰國時商人逐末多者廛與貨並征逐末雖少亦或不免也

集說 或廛或不廛總無征其貨者之理亦總無不治以法之理但戰國時想廛者
貨並取之故孟子言此○逐末者多人皆趨于末也趨于末則妨于本矣廛是
抑商是末不得不抑之故賦其市宅之廛使不至于太多而有妨于本○若夫
逐末者少或天災流行人窮于財或道路不通物變其價再廛之將無市矣
且無易有亦國家之事不可廢者故此時但治以市官之法廛也又無也了
此雖先王定制然都是活法也

【纂註】法是常行的。廛是市宅，或報罷的。征是決其賦。

【纂序合參】此節言王政待商之寬。

【好辨】制商賈者，惡其旅盛，則人去本者衆；又惡其衰少，則貨不通。故制法以權之。積盛則廛而不征，已衰則法而不廛。

【註疏直解】參必有以人言者，有以貨言者。以貨言更覺暢，以人言則合註人字。

蒙引以貨言，集說以人言。

【講】由士而下通財用者，商也。于市則有待商之政，或逐末者多，則賦其市地之廛稅以抑之，爲其厚于利也，而不更征其所貨之物；若逐末者少，則但治之以市官之法而已，亦不取其廛稅。不但吾國之商悅之也，則天下之商皆悅吾厚商之仁，而願藏于其市矣。

關譏頓而不征句，則天下之旅讀皆悅而願出於其路矣句。

【集解】見前篇。

【集解】饒氏曰：關譏之制，凡衆途所會之地，則立關以限之，行旅有節傳方可度

關以此稽考其來歷以防姦宄質是證者所持之節璽如今縣引及州縣之文或用節或用傳周禮所謂以節傳出納之者是也

纂序合參 此節言王政待旅之厚

講 往來者旅也凡衆途所會之地則立關以限之但以此訊察異言異服之人而不征往來之貨稅不但吾國之旅悅之也則天下之旅皆悅吾家遠有道而願出于其路矣

耕者讀助頓而不稅句則天下之農讀皆悅而願耕於其野矣

但使出力以助耕公田而不稅其私田也

趙注 助者井田什一助佐公家治公田不横稅賦若履畝之類

集說 助即助法稅者履畝而稅此時戰國亦不是又助又稅蓋助法不行亦已久矣只是按畝向民加賦故孟子言但當行助法而勿行此稅法也

纂序合參 此節言王政待農之仁

講 以耕爲業者農也其于耕者則井田什一但使出力以助耕公田而不征其私

田之税不但吾國之農悦之也則天下之農皆悦吾薄斂之仁而願耕于其野
矣

廛讀無夫頓里之布句則天下之民讀皆悦而願爲之氓矣句

周禮宅不毛者有里布民無職事者出夫家之征鄭氏謂宅不種桑麻者罰之使
出一里二十五家之布民無常業者罰之使出一夫百畝之稅一家力役之征也
今戰國時一切取之市宅之民已賦其廛又令出此夫里之布非先王之法也氓
民也

周禮地官司徒載師職凡宅不毛者有里布凡田不耕者出屋粟民無職事者出
夫家之征鄭司農云宅不毛者謂不樹桑麻也里布者布參印書廣二寸長二
尺以爲幣貿易物詩云抱布貿絲抱此布也或曰布帛鄭玄曰宅不毛者罰以
一里二十五家之布空田者罰以三家之稅粟以共吉凶二服及喪器也民雖
有閒無職事者猶出夫稅家稅也夫稅者百畝之稅家稅者出士徒車輦給繇
役

周井田二十五家之布。朱子曰：亦不可考。又周禮民無常產者罰之，如何然也。宜

且後世之法，與此正相反，及農民賦税丁錢却重，而游手浮浪之民泰然遨遊，不管

他也。

慶源輔氏曰：先王之政，宅不種桑麻，與閒民無職事者，上之人皆有法以濟之。

此所以當其盛時，民皆著業而無游手與貧窮者。所謂窮民，不過鰥寡孤獨者

而已。戰國時如夫里之布，一切取之，豈末流之害，縱人欲滅天理者也。

雙峯饒氏曰：家征是力役之征，如今差役。夫征是粟米之征，即百畝之税，如今

秋租。里布是布縷之征，即五畝之税，如今納絹。

蒙引：廛無夫里之布，夫字內附有家字，布字內附有征字，征字內又附有税字。

○宅不種桑麻者，此主宅內言，謂荒其地也。○民無常業者，此主游手游食言。

常業謂工之作、商賈之貿遷貨財也，不兼士之學言，只指市宅之民，亦無不兼

農言。○夫里之布，先王設此，本以罰游惰之民，非常賦之斂也。然市宅之民已

賦其廛，猶爲常制；今既廛之，又令出夫里之布，不以爲罰，乃以爲賦，戰國之苛

蓋亦不復知夫里之布之所自來矣○今戰国時一切取之謂一切取者謂其
不問其宅之毛不毛與常業之有無而一切取其夫里之税也○前廛而不毛
之廛就市上廛之故曰廛市宅也此是前朝後市之市廛無夫里之布之廛字
顯受一廛而爲民之廛也蓋在田與在邑之宅也○一説廛均爲市宅但彼是
商之市宅此是民市宅似較明白○一説市爲都邑之市兼在國在邑皆係是
存疑宅不毛者有里布但本受有五畝之宅都抛荒而不種桑麻故從而罰之
使出一里二十五家之布也民無常業者出夫家之征是不工不商遊手遊食
無所事亡之民故從而罰之使出一夫百畝之税一家力役之征也前宅之民
是爲商者其所居之廛乃積貨之所原非可種桑麻以貿易爲業又非無常業
而遊手遊食者不可以不種桑麻無常業罰之乃蔽貴之法莫逐末者多但
賦其廛斯已矣戰国之時於其所自來剏見錯發前有宅不毛與無常業之罰
謂市之民是宅不毛無常業者概使出夫里之布則重併矣民焉得不病哉按舊
廛無夫里之布何立説者甚多總不如存疑無説疏解之爲是離但白文只有
夫字無家字愚意不添出一家力役之征與夫之征並言還他似爲直捷

【說約】都邑之制既如井田而獨後一區爲市則一廛爲市宅偏指其在市者言
也左右俱各三區俱爲民廛似在二半爲宅在邑之宅之外不成春夏在田
俱空無人何各規制邪但既官爲則無論其商與非商亦必有賦錢故大注曰
已賦其廛如許行曰願受一廛而爲氓文公與之處便是處之于此左右之廛
也○或市中之廛是其貿易處而左右各三區之廛是其居停遊貯處亦不可
知耳○周禮旅師凡新甿之治皆聽之使無征役甿必即氓也注新甿新來徙
者故許行曰願受一廛而爲氓陳相曰願爲聖人氓則天下之民皆悅而願爲
之氓者氓下在鄰國則曰天下之民在本國則曰願爲之氓也且謂使無征役
者亦卽無夫里之布之說辯舊王此謂竟來附之民似亦可從○據載師之文
亦不專爲來附者而設然以此節屬來附則近于周矣無夫無里之布只將夫
支作二項不依諸家補一家力役之征爲簡捷○備考楊升庵云氓之爲字從
亡從民流亡之民也去其本土而占籍他國者也
【集說】一里二十五家之布與一家力役之征俱是常法有續數韵至一夫百畝

之稅卽是從一夫百畝之田之所出上折準莽來定此稅非一夫一定有百畝
之稅也周初所行底是貢法鄉遂用貢都鄙用助又何得有此百畝之稅惣只
按鄉遂之貢法而覈之但鄉遂之貢皆有地而此則無常業之人不論他地之
有無以是罰之也○二十五家廛自有布鄉遂一夫百畝亦原自有稅一家力
役亦原自有征想皆種桑麻皆有蠶桑則夫里之布只是照常不用說但此
不毛無業之人則另立此重法以罰之不使代一里出錢布並夫亦然○廛字
皆市宅也但上節就商言之此只以民廛而言兩節分在兩地講須從市之廛商
廛也願受一廛而爲氓民廛也○市宅之民已賦其廛謂已載之矣况市宅
又难概責以桑麻市民亦難概責以常業乎故既賦其廛則自無此征也幾回
時想已賦其廛而又不論常業與否但見有此等名色一概取之耳○此廛字
卽是民廛耿邦是以王城之內而言蒙以爲在國在邑之宅還不是在田在
邑此自是五畝之宅百畝之田二路事那宅自有分田畝間之分且又但可種桑
麻而有常業者先王無一概厯之之理也

【彙纂】經存疑仍以此條作商說，但上文云法而不廛，則與此節註既賦其廛難通，豈逐末者不論多少一概賦其廛耶？當然從麟士作新徙之民說。然注謂之市宅之民者，想市宅以居商賈，餘以處新徙之民，營作力食其中，而取其廛賦也。市宅不可種桑麻營作，又非無恒業，故當無夫征里布之罰。居廛者若與作游來之民，亦覺難通。愚意無商賈及手藝之人言，然商賈手藝內固有外來之人在其中，待之從厚，所以遠方聞風而願為之氓。直作廛以處氓，倒提向不是。

【禮考】後市之廛是廛而不征之廛，乃商之市宅，官府所為者。市四面皆有門，每日市門開，則商賈百貨俱入，所謂日中為市也。左右各三巨，皆民所居，其廛無夫里之布之廛，乃氓之所居，所謂願受一廛而為氓也。二廛字不同。○周禮宅不毛者，鄉之宅，非市宅也。市宅本不當種桑，市宅之民非無職事者，故先王在市宅上止取絕租，無夫之貌家之征，亦無一里之布。

【心訣】周禮民無職事者出夫家之征，蓋謂游惰之民無常業者，毋一夫，罰令他出一家力役之征，即今夫差人丁是也。鄭氏註添出一夫百畝之稅，豈近人情？周禮宅不毛者有里布，蓋以里為二十五家之里，亦謂民不種桑麻者，令照一

墨二十五家凡種桑麻者各出布一疋之例而罰之使出耳非謂合一家皆出

二十五家之布也市上民則所業者商既非游惰而地又不可種桑麻便免此

二項註又云纔賦其廛藉以廛字仍作市廛看了或民廛仍有買賣者耶夫字兼夫

家園多一㳂並指一家力役凡不可本文有夫字無家字只以一夫百畝之說

爲征二十五家各有應出之布罰之只照一家之數非並出二十五家之數矣

此則罰不嫌太重○民廛當聽民自租賃不當賦其廛若謂民廛外另有市廛

不知何處安頓豈民廛而商居之便有賦耶抑左右三匯中尚有宮地基耶

說統謂市中交易言故曰商就廛中居處言故曰民註夫字附有家字是因周禮者

由孟子原只說夫里不必又添出家字○夫字對里之布

正解無夫里之布只依本文看作一項說不依諸家補出一家力役之征爲直

捷○居廛之民不專以爲商者言即百工營作等亦在其內此說較妥

彙參合參此節言王政之學流民○夫是粟米之征布是布縷之征二者專屬

假游惰而設廛居之民盡去其本土而占籍于他國者是新來安插與久居游

惰者不同故不從此例此與說約彙解同一說

參考沈滄柱曰註引周禮以證夫里之布其實周禮亦不足信蓋宅不種桑麻

而使出一里二十五家之布民無常業而使出一夫百畝之税一家力役之征以游手失業之貧民而重征并集之身不徒罰之適以斃之矣解周禮者又謂先王惡游惰故重懲之是何視吾先王之嚴刻急苛暴一至此乎故知周禮一書斷爲後世僞托者必不足信若孟子所云無夫里者大抵因戰國時既取廛又取夫里之布横征已甚故欲悉蠲而去之原不必援引周禮作證也即欲援證周禮亦當據載師閭師夫布里布並言閭師謂凡無職事者出夫布載師謂宅不毛者有里布夫布即後世口率之税里布即後世門攤之税布乃泉布之布即錢也如此說則夫布里布不過口率門攤等税所取猶輕所應亦易且以寓懲戒游民之意答或有之朱子引及里布而以夫税對言亦一時偶未之檢耳此說全別不敢遽從存以備考

【講】以廛爲居者據也市宅之民以商賈爲業非無常業而游手游食者也則不在罰例無令出一夫百畝之税其所居之廛乃積貨之所原非可種桑麻者也則不在罰例無令出一里二十五家之布則天下之民皆悦吾厚民之政而願爲

之民矣。

信能頓行此五者句則頓鄰國之民讀仰之頓若父母矣句率其子弟讀攻其父母

句自生民以來讀未有能濟者也句如此讀則無敵於天下句敵連。無無敵於天下者

讀天吏也句然而不王者讀未之有也句

吕氏曰奉行天命謂之天吏。廢興存亡惟天所命不敢不從若湯武是也、

雙峰饒氏曰吏君所命天吏天所命。君所命者可以刑人殺人。凡有罪者得而

刑殺之天所命者可以征人伐人。凡暴亂之國皆得而征伐之。

蒙引上五條且舉王道而言其理如此此則言當時人君誠能云云。吾爲其

父母則彼爲吾子弟矣率其子弟以攻父母其誰能舉之。

淺說上五條只是條條舉王道到末一節方說民歸之此說尚疑看來尾節只是

緣五條之意申繳之以致乎寧王之意耳。

集說上五條只條舉王道而言其理如此。末節信能行此五者則說到人君身

上信能行之以先王之法爲必可行而內外始終之如一也然亦在己能行之

總說節○上方說天下歸心此則我可以爲政於天下矣天吏者爲天之吏是
奉行官事者也天吏奉行天事者也註廢興存亡四字是說去廢之興之存之
亡之俱屬天意所在奉而行之不敢不從也天意何以視之亦自天視自我民
視天聽自我民聽而已○信能行此五者在人君身上說鄰國之民仰若父母
自天下歸心上說率子弟攻父母未有能濟自鄰國不能與我爲敵上說無敵
于天下說又竟說不論從來敵不來敵方且從而征之矣天吏言其德王言其
效○

翼註　天吏後註兼廢興存亡說而側重廢亡邊知云其有所扶而與存之者固
所以奉天命德之意其有所伐而廢亡之者亦所以奉天討罪之意

總說　談王道于富強之日多以爲迂故孟子曰信能讀真見真方一洗舊習也○
鄰國之民卽天下之士農商旅仰若父母卽悅而願意無敵謂人心皆向我無
與我爲敵者天吏存天心行天道以贊造化所不及兼廢興存亡之權而用兵伐
暴奉天吏一事也○無敵不待率攻不濟處見之要曉得天下止有此人數爲

立廟藏市出路耕野爲民種種皆爲我有則鄰國之率而攻者早已爲我窺覘

中人矣何待率而後知其不濟也

【說統】信能二字重看謂實實落落能行不徒虛文粉飾民字包士農商旅仰之

若父母從上五願字生來天吏專以征伐言張萱王曰對民而言則曰父母對

天而言則曰天吏民之父母天之吏也

【廣炬訂】天吏在天心仁愛上發論故通章轉脉俱合若但鋪張無敵便非□□

【翼註】天吏五者之政得天下之人心如此今之君信能于此五者一一見諸施行則□

國之民若士農若商旅皆仰而愛戴之若父母矣仰爲父母則民即其子弟使

鄰國之君率民以攻我是率其子弟攻其父母也自生民以來未有能濟其事

者也如此則無敵於天下無敵于天下者乃奉行天命之吏也凡暴亂之國皆

得奉天命而征之然而不王者未之有也

此章言能行王政則寇戎爲父子不行王政則赤子爲仇讎

雙峰饒氏曰無敵于天下一句乃是此章之大旨蓋能行王者之政則可以與

王者之治當時諸侯不得民心惟務侵人土地故孟子教之但行王政以懷其民使吾國之民仰之若父母則天下之民亦仰之若父母矣如此則東征西怨何向不服不服吾國之民亦仇敵也況鄰國乎

【正經】通章總見仁政足以王天下急望世主信能行之耳上五節槪言王政可以得天下之心便含當行意下是勉當時行王政而決其必王上上五節但重上有以致民心之悅上末節重信能行一句○五个天下字最重五願字從五悅字生來王道以得人心為本曰悅曰願皆是得其心也

【心訣】上五條言行王政可以得民要得欣動世主無意末節據上五節之意申繳之而惹其可以致王精神全在信能行此一句○五段用則字矣字見悅而願者之必然總承云云 見悅而願者如慕父母之至苟率子弟以下見[illegible]無敵于天下而可至于王○五節各用天下字正與末節無敵于天下相應○連用七則字遞到王字上如破竹然所以深明與王之易也

【集成】徐與亭曰玩信能行此五者有則上五節重政不重效全須在各節上字

截看出眞實經濟。○

按此章前臚列五者，未覩時君以能行，則無敵于天下，大意不過如此。○前款節苦無把柄，少不得指王政宗或王道宗歟。末提說到匹夫須能王天下之語王，則王政王道云云，亦非無據。

孟子曰：人類皆有不忍人之心，句。○不差人謹

天地以生物爲心，而所生之物因各得夫天地生物之心以爲心，所以人皆有不忍人之心也。○

朱子曰：無天地生物之心，則沒這身。纔有這血氣之身，便具天地生物之心矣。○

○天地以生物爲心，天包着地，別無所作爲，只是生物而已。譬如甑蒸飯，從裏面蒸上，到上面又下來，只管在裏面衮，便蒸得熟。天地便是包得許多氣在這裏，無出處，衮一番便生一番物。所謂心者，豈切切然做？似君子樣，似只會生出這物事。

匯類 人物皆得此理，只緣他上面一箇母子如此，所以生物無不肖他。○天地生物，自是溫暖和煦，這箇便是仁，所以人物得之無不有慈愛惻怛之心。○

雙峰饒氏曰人心慈愛惻怛纔見人便發將出來更忍不住所以謂之不忍人

仁之爲德在天地則爲生物之心在人則爲不忍人之心天地能生物人不能

生物人不能生物但是愛人之心卽是生物之心程子云惻隱之心人之生道

也正此之謂

西山眞氏曰天地造化無他作爲惟以生物爲事觀夫春夏秋冬往古來今生

意周流何嘗一息間斷天地之心可見萬物從天地生意中出故物物皆具此

理何況人爲最靈宜乎皆有不忍人之心也

新安陳氏曰不忍卽是仁不忍則非仁體中有此仁發出來便是不忍人之心所

以後面提起所以謂人皆有不忍人之心者便指出惻隱之心以當之見孺子

將入井而惻隱者何也蓋不忍見此子之如此也若見此而不動心則眞忍非

人矣天地之大德曰生人得天地之德曰好生好生之德卽所謂得天地生物

之心以爲心也

蒙引 不忍人忍字是反字饒氏謂人心慈愛惻怛才見人便發將出來更忍不

住者非是不忍人不忍害人也○天地以生物為心云云之心以為心天地無心而成化此何以云以生物為心耶曰天地別無勾當只是生物而已覇其所主宰者在此此便有心之道畢竟天地之心不得似人心之靈活○而人皆有不忍人之心是說性是說情曰是亦情也故下條解怵惕惻隱云此節所謂不忍人之心也又曰因論惻隱而悉數之即與不忍人之心一類也○此一句兼四端

【集說】天地以生物為心云云。此是說人皆有不忍人之心處原來歷看所以二字便知天地好生而所生之物便都從天地生生處分脫出來故各得其元地生物之心以為心也○不忍人不止不害人且有愛人意在節中虛註只此生理自然便有惻怛慈愛之意也○此人字對先王看所謂皆有者不論甚人固皆有之也○

【翼註】不徒曰不忍之心而必加一人字者同類尤相親也主情說

【心訣】此心字通指四端感情處不是遍舉判異之初玩不忍人人字已自可見照下

文夏明引註本天地生物之心說甚個是但非孟子當日語勿用爲要。曰人皆
無古今齊我同皆則無彼此異同。曰有則非本無加益曰不忍人之心則其推
予一體同胞之至切者自必矜其饑寒念其疾苦而不令其失所而無告也
集成倪滄洲曰不忍二字有兩解以忍爲殘忍而以不忍爲不欲殘忍者陳新
安說也以忍爲忍耐而以不忍爲忍不住慈愛者饒雙峰說也此意注饒說爲
是觀下面乍見入井時正是惻隱慈愛處也
饒說不忍還以不殘忍爲正忍不住似在上一層觀下孟言不忍而以無欲害人說之可見
講此章是人擴充其不忍之心也孟子曰天地以生物爲心而人則各得夫天地之
心以爲心故不忍是專人之心人人皆得而有之無古今聖凡之殊也
先王惟有不忍人之心讀斯有不忍人之政矣句以不忍人之心讀行不忍人之政
句治天下讀可運之掌上句
言衆人雖有不忍人之心然爲物欲害之存焉者寡不能察識而推廣之政事之間
惟聖人全體此心隨感而應故其所行無非不忍人之政也

雙峯饒氏曰斯猶即也聖人之心無物欲之蔽自然有不忍人之心即有不忍人之政不待充廣而後能也若衆人須待充廣。

西山真氏曰人有是心私欲間斷不能達之于用惟聖人全體此心私欲不蔽有此仁心便有此仁政自然流出更無壅遏天下雖大運以此心而有餘。

〔蒙引〕是自然發見者也看斯字最緊。全體字與上文物欲害之一句相反照。本文先王有不忍人之心此一句無全體意。朱子釋之以為先王有不忍人之心何以便有不忍人之政耶先王全體此心無物欲之害故也。此朱子釋經之法。物欲害之三句此是先王上照出惟聖人全體此心隨感而應則自無用于察識而推之矣。以不忍人之心行不忍人之政則老者衣帛食肉黎民不飢不寒然而天下不治未之有也。人皆有不忍人之心此句如云人皆有之先王有不忍人之心此條如云賢者能勿喪耳非為先王詳也故下條即接之云所以謂人皆有不忍人之心者不然是隔着先王一段了。

〔存疑〕說人皆有不忍人之心就說先王有不忍人之心斯有不忍人之政者其

意欲人擴而充之也意謂人雖皆有不忍人之心但衆人失之獨聖人能擴之于政以見當擴而充之不可使良心自我而得自我而失也

【集說】先王二句只重斯有二字雖在聖人自然而然不待着力察識而擴充之上說然正見得不忍之心中循自有此不忍人之政取之自是用之不窮者也亟以不忍人之心行不忍人之政方說行說上實說看註惟聖人皆字及故其所行政字便明○註以聖人二字易先王二字此先王即從古以來生知安行之聖人也全齊此心者人固皆得其全但爲物欲害之則全者虧矣惟聖人自天生來便全匕底是天地生物之心一毫不曾虧損滿腔中充足有餘故曰全體此心也全體此心常在仁上說隨感而應都正在不忍人之心上說故其所行方說到政上然非全體此心不能隨感而應也○不能察識便含末節知字雖之政事之間便含末節擴充字聖人不待察識擴充而自是有者也衆人必待察識擴充者也此節之意一以明政從心出本體自是一以見虧處意不可不推之于政事特將先王來作个榜樣示人

心讀眾人有是心一交于物欲便爲陰蔽惡能發之于政惟先王全存其心私欲不汨有這个心便有這个政如不忍人飢寒之心便有制田里教樹畜之政如不忍人近于禽獸之心便有庠序學校勞來匡直之政凡政皆由心生其實出更無待于外之轉有字斯有字緊乙相接去下三句見其施之無難政字行字治字一氣串下以這樣仁心行這樣仁政治天下而能使人人各得其所無無有不獲自遂者只自此心運之而有餘也有不知運之掌上乎○見人當體究知先王直不重贊美先王上借先王以明心體之大是裕于論全爲下文張文張本運掌節末節是字也○以不忍之心二句只叠上文說下其所云擴之政事之間者在斯字內不在行字內

蒙引訂以不忍人二句不崭着先王身上須推開講言以此心行此政天下真可運掌見得人皆可爲何以獨甘遜美貞之○按大全蔡西山從新先王言斯有云者無待於擴充也推開說未免費轉且微犯末節　李公

說統說人皆有不忍人之心便該觀先王存內便先王有之便當推之以登手

治耳。本文斯字說得緊，求何不能[illegible]說亦不說功用之大，只說先王能推此心

便可以治天下，正所以明人皆有不忍人之心，而推先王能全之，兩節作一節

看。

全章指示性情體用，以人擴充首節不是鋪排事功，正借聖人做箇

箇頭樣子以為擴充之的，將堯舜事業都消納在太虛中來，方見此是上一節

註腳。下五節總見不肰打成兩截矣。因先王之政見凡人之心之盡，肰不是

因凡人之心推出先王之政之妙，步步跌轉，人皆有意方好。以行之二句即是

擴有中事，此意叠語，非層次語。但斯字指聖人過化存神不可知之妙，而以

行之二句即就其中見聖人實[illegible]設處，却正是下面擴充用力之方。問以行

二句根上文說先王乎，另推開說凡人乎？曰看語勢自然根先王說，然已暗得

凡人在內，蓋申言其理也。惟先王亦須擴充乎？曰既竭心思焉，繼之以不忍之

政，竭與繼便是擴充，只是由來較自然耳，總是擴充。聖人以下，分數不同耳。儒

多照定擴充說，以行之二字總有着落。○離心政看，與章意甚遠，合心政體二句

所重却在行政一邊。蓋行政字即從文擴充保四海者是也。人因下文不忍人之政言政，遂謂重宜在心。不知下文四節只申解首節人皆有之意，至末節乃應起節，正指衆人去擴充，則此二句重行政，是無悖于孟言本旨。

【集成】仇滄柱曰：以不忍人之心行不忍人之政，斷當先王言者，蓋欲使人照下面可一不必牽扯今人矣。按：仇說既當先王以下節今人二字，證明最確，宜從，猶未免騎牆之見耳。

按以不忍之心二句屬上說，仍就先王爲是。

【講】人有是心，而私欲間之，故不能達之于用。惟先王全體此心，隨感而應，如不忍人之失養則有以養之，不忍人之失教則有以教之，總有不忍人之心，即有不忍人之政矣。惟以不忍人之心而行不忍人之政，則遂生復性，各得其所，天下雖大，運以一心而有餘，其于治也，猶運之掌上耳，何難之有。此所謂全其皆有之心也。

所以謂人皆有不忍人之心者，今人乍見孺子將入於井，皆有怵惕惻隱之

心句非所以內交於孺子之父母也句○內交連 非所以要譽於鄉黨朋友也句○要譽連
惡其聲而然也句○惡其聲連

乍猶忽也怵惕驚動貌惻傷之切也隱痛之深也此卽所謂不忍人之心也內結要求聲名也言乍見之時便有此心隨見而發非由此三者而然也

朱子曰方乍見孺子將也着手脚不得縱有許多私意也未暇思量到○問心所發處不一便說惻隱如何曰惻隱之心渾身皆是無處不發見如見孺子有惻隱之心見一蟻亦豈無此心○如孺子入井如何不推得其他底出來只推得惻隱之心出來蓋理各有路如做得穿窬底事如何令人不羞惡偶遇一人衣冠而揖我我便揖他如何不恭敬事有是非必辨別其是非試看是甚麽去感得他何處一般出來○惡其聲是惡被不救人之名

圈外附 問如何是發之人心而不可已曰見孺子將入井惻隱之心便發出來如何已得此樣說話孟子說得極分明世間事若出於人力安排底便已得若已不得底便是自然底

慶源輔氏曰怵惕心驚貌而起念之意緣乍見故心驚貌而動也惻隱由傷切而痛深皆所以名狀不忍人之心可謂善形容矣

蒙引　怵惕惻隱四字不忍人之心之目也其形容也怵惕在先○惡其聲是惡被不救人之名真氏謂不仁之名愚謂今人乍見孺子將入于井皆有怵惕惻隱之心只是乍見時光景未說至救處亦尚無辨也只用不仁之名說狀既怵惕惻隱則隨而救之矣

存疑　即乍見孺子入井而怵惕惻隱之心生非有造作而然見此心是人所固有也蓋非人所固有則乍見之間不能發動如是之速矣故承之曰由是觀之無惻隱之心非人也云云非惡其聲而然其聲乃不仁之聲也蓋亦于人井而不傷便是不仁也乍見孺子將入于井重在乍見上惟乍見而發不待計較商量而後爲所以見其必有也

衆說　看所以謂二字見得說個人皆有之人却未必信今且將一事來驗看是嘗有一不是皆有蓋怵惕惻隱之心就是不忍人之心然孺子入井時可見乃爲要

下人如此說非拘定孺子入井也凡孺子入井之類皆是但入井則其最關切

者耳○怵惕方是驚動惻隱則傷痛深切矣然只是一時事非有先後○未說

到救孺子上則內交要譽惡聲三句俱就仁與不仁上說如我有這樣好心在

他孺子身上其父母必且感之故曰內交譽只是說我是仁人聲只是說我是

個不仁之人而已○勿論賢愚不肖當乍見時便都有此心此正是人皆有之

也若是也有無不忍人之心底緣何此時皆有此即一端之皆有以見全體之

皆有也

【蒙說】乍見乍字最重忽然而感不暇安排非內交等全根此乍字說

【心說】正指點皆有處怵惕惻隱四字不平重在惻隱上見是不忍人之心如怵

惕只是初觸而驚起的意思故下文單以惻隱言之內交等本不是惡但從軀

殼上起念則已雜人欲之私矣此時惻隱之心隨感輒應那有毫髮別意攙入

正所謂第一念也

【說統】曰今人正見不忍之心非先王所獨有

〔通解〕非所以三句，要乍見之心無所爲，以見不忍之心爲人所固有。此節與下三節意相承，此節言惻隱之心出乎自然，二節爲教人然有之心，三節言有心爲性之端以見其必有也。

程子曰：滿腔子是惻隱之心。

朱子曰：腔子猶言軀殼耳。滿腔子只是言充塞周徧，本來如此，是就人身上指出，理充塞處最爲親切。若于此見得，則萬物一齊更無內外之别。若見不得，却去腔子外尋，則莽莽蕩蕩，無交涉矣。○腔子，身裏也。言滿身裏皆惻隱之心。心在腔子裏，亦只云心在身裏。蓋滿這個軀殼，都是惻隱之心。纔觸着便是這个物事出來。大感則大應，小感則小應。○滿腔子是惻隱之心，不特是惻隱之心。滿腔子是羞惡之心，滿腔子是辭遜之心，滿腔子是是非之心。彌滿充塞，都無空缺也。

〔語類〕腔子，乃洛中俗語。

勉齋黄氏曰：廬陵李氏謂腔子指人身言，天地間充塞上下，渾然生物之意無

有空處人得此以爲心則亦四徹百體充塞徧滿無非此惻隱之心觸處即見

無有欠缺此説極是

【蒙引】程子是活套字不指數子也朱子曰猶言軀殼耳

【集説】是就一時一念無交結虛僞上説耳非謂乍見者便能滿腔子是惻隱之心也要善看

謝氏曰人須是識其眞心方乍見孺子入井之時其心怵惕乃眞心也非思而得非勉而中天理之自然也内交要譽惡其聲而然即人欲之私矣

西山眞氏曰孺子未有所知而將入于井乍見之者無問賢愚皆有傷痛之心方此心驟發時非欲以此内交非欲以此干譽非欲以避不仁之名也倉卒之間無安排矯飾而天機自動此所謂眞心也

雲峰胡氏曰集註與謝氏皆看得乍見二字緊蓋惟倉卒忽然而見之時此心便隨所見而發正是本心發見處若既見之後稍涉安排商量便非本心矣

【集説】謝氏眞心二字説最好若不眞何以一見便有若夫内交要譽惡其聲此

便是人欲之私。只見得此心非人欲之私，乃眞心也。不是說此三者是人欲之私，不可如此。亦要善看。

按註中「怵」字，總管三句，亦不必拘。

［講］所以謂人皆有不忍人之心者。何以驗之。吾不驗之常而驗之變，不觀之暇而觀之猝。卽今之人乍見孺子將入于井，無論賢愚，皆有怵惕惻隱之心。方此心驟發時，非欲以此內交于孺子之父母而結其好也，非欲以此干求仁愛之美譽也，非惡彼不救人之名而欲以此避之也。倉卒之間，無安排矯飾，而天机自動，此所謂眞心，此所謂人皆有不忍人之心也。

由是觀之，無惻隱之心，非人也；無羞惡之心，非人也；無辭讓之心，非人也；無是非之心，非人也。

羞，恥己之不善也；惡，憎人之不善也；辭，解使去己也；讓，推以與人也；是，知其善而以爲是也；非，知其惡而以爲非也。人之所以爲心，不外乎是四者，故因論惻隱而悉數之。言人若無此，則不得謂之人，所以明其必有也。

謂上蔡見明道先王舉史文成誦明道謂其玩物喪志上蔡汗流浹背面發赤
色明道云此便是惻隱之心公要道上蔡謂得過失恁地慚惶自是羞惡之心
如何却說道見得惻隱之心久之朱子曰雖是有惻隱之心方會動若無惻隱
之心却不會動惟是先動方始有羞惡方始有恭敬有是非動處便是惻隱若
不會動却不成人若不從動處發出所謂羞惡者非羞惡所謂恭敬者非恭敬
是非者非是非天地生生之理這些動意未嘗止息看如何梏亡亦未嘗盡消
滅自是有時而動學者只怕間斷了○羞惡辭讓是非雖與惻隱並說但此三
者皆是自惻隱中發出來因有惻隱後方有此三者惻隱比三者又較大○或
問專論不忍人之心而後乃及乎四端何也曰不忍之心即惻隱之謂也性之
德爲仁義禮智而一以包三者仁也情之發爲四端而一以貫三者惻隱也然
則其言之安得無先後之別耶
慶源輔氏曰人之所以爲心雖不外乎是四者然仁則又貫乎三者之中故此
因論惻隱而悉數之也至于言人若無此心則非人也者所以明其必有而使

人知反求之于己也。

西山真氏曰孟子始言惻隱之心至此則兼羞惡辭讓是非而言者蓋仁爲衆善之長有惻隱則三者從之矣惻隱一不存三者亦何有哉然賦形爲人孰無此心苟無此心則非人矣所謂無者豈其固然哉私欲閉塞而失其本真耳

莆田黃氏曰由是觀之是字指孺子入井一事說論惻隱便引个羞惡辭讓是非之心出來

【蒙引】是非是活字是其所是非其所非也。

【存疑】曰無惻隱之心非人也可見但爲人便有惻隱之心矣可見此心是人所必有

【集說】通節心字俱在情上說[illegible]非人只合云言其必有而已不是言其爲非人。上只言惻隱而此却兼三者言之者不特說仁統四端有則俱有羞惡辭讓是非之心亦俱從惻隱之心來其中亦俱離惻隱之心不得也

【翼註】由是觀之接上甚緊此處不宜別開過下文講完無惻隱之心非人也其

既轉一說云有惻隱則必有羞惡無羞惡之心非人也餘倣此○非人也不是
名爲禽獸爲人而實無異禽獸意只是決言其必有與可離非避也一例
〔心〕決人字亞應首節人字
〔審〕由孺子入井一事觀之可見無惻隱之心非人類也人則必有惻隱之心矣既
有惻隱之心則羞惡辭讓是非之心觸所不貫如已有不善未有不羞惡者人
有不善未有不恥惡者此心人皆有之無羞惡之心非人也理所當辭則必辭
使我已受所當讓則必讓以與人此心人皆有之無辭讓之心非人也知其爲
善則必以爲是知其爲惡則必以爲非此心人皆有之無是非之心非人也一

惻隱之心仁之端也羞惡之心義之端也辭讓之心禮之端也是非
之心智之端也

惻隱羞惡辭讓是非情也仁義禮智性也心統性情者也端緒也因其情之發而
性之本然可得而見猶有物在中而緒見於外也

朱子曰性者心之理情者心之用心者性情之主○性是未動情是已動

而言統如統兵之統心有以主宰之也動靜皆主宰非是靜時無所主及至動
時方有主宰也○統猶兼也性情皆出于心故心能統之仁義禮智是心統性
惻隱羞惡辭讓是非是心統情○問四端之端集註以爲端緒向見蔡季通說
端乃是尾如何朱子曰以體用言之有體而後有用故端亦可謂之尾若以始
終言之則四端是始發處故亦可以端緒言之二者各有所指自不相礙也○
四端八个字每字是一意惻是方惻然有此念起隱是惻然後隱痛比惻爲深
羞者羞己之惡惡者惡人之惡辭者辭己之物讓者推與他人是非自是兩樣
分明但仁是總名若說仁義便如陰陽若說四端便如四時若分四端八字便
如八節○惻隱自是情仁自是性性即是道道理仁本難說中間却是愛之理
發出來方有惻隱義却是羞惡之理發出來方有羞惡禮却是辭遜之理發出
來方有辭遜智却是是非之理發出來方有是非仁義禮智是未發底道理惻
隱羞惡辭遜是非是已發底端倪如桃仁杏仁是仁到得萌芽却是惻隱又曰
仁義禮智本體自無形影要捉摸不著只得將他發動處看却自見得程子云

以其惻隱知其有仁此八字説得最親切分明也不道惻隱便是仁又不道離了惻隱別取一箇物事説仁○仁字是个生底意思通貫周流于四者之中仁固仁之本体義則仁之斷制禮則仁之節文智則仁之分別也正如春之生氣貫徹四時春則生之生也夏則生之長也秋則生之收也冬則生之藏也

語類問是心統性情孟子於此只是説心○問四端之根於心覺得一者纔動三者亦自次第而見曰這四箇界限自分明然亦有隨事相連而見者如事親孝是愛之理才孝便能敬兄便是義問有節文便是禮知其所以然便是智曰然問據看來多是相連而至者如惻隱於所傷便惡於其所以傷這是仁帶義意思惡於其所以傷便須惜其本來之未嘗傷這是義帶仁意思曰也是如此嘗思之孟子發明四端乃孔子所未發人只道孟子有闢楊墨之功殊不知他就人心上發明大功如此看來此説那時若行楊墨亦不攻而自退闢楊墨是扞邊境之功發明四端是安社稷之功若常体認得來所謂活潑潑地真箇是活潑潑地○問孟子以下諸人言性誰説得最親周云似乎荀子以爲惡却索

性只荀子有意於救世故爲此說先生久之曰韓公之意人都看不出他初便說所以爲性者五曰仁義禮智信所以爲情者七曰喜怒哀懼愛惡欲下方說三品看其初語豈不知得性善他只欠數字說不得出黃嵩老云韓子欠說一箇氣稟不同曰然他道仁義禮智信自是了只說到三品不知是氣稟使然所以說得不盡賀孫因云自孟子說已是欠了下意所以費無限言語先生卽舉程子之言論性不論氣不備論氣不論性不明若如說性惡性善惡混都只說得氣如孟子韓子之言便是不論氣所以不全

新安陳氏曰性情字皆從心心涵養此性心統性也心節制此情心統情也性如在營之軍情如臨陣之軍皆將統之心統性情當以是觀焉此六字橫渠語

潛室陳氏曰端者端倪也物之緒也譬之繭絲外有一條緒便知得內有一條絲若其無絲在內則緒何由而見于外○性是太極渾然之全體本不可以名言孟子時異端蠭起往往以性爲不善孟子苟但曰渾然本體則恐爲無星之秤無寸之尺而終不足以曉天下於是別而言之界爲四端而四端之說於是

乎立。蓋四端之未發也，性雖寂然不動，而其中自有條理，自有間架，不是儱侗
都是一物。所以外邊纔感，中間便應。如赤子之事感，則仁之理便應，而惻隱之
心形；如蹴爾嗟爾之事感，則義之理便應，而羞惡之心形；如過朝廷過宗廟之
事感，則禮之理便應，而恭敬之心形；如妍醜美惡之事感，則智之理便應，而是
非之心形。蓋由其中間衆理渾然，各各分明，故外邊所遇，隨感隨應。析而四之，
以示學者，使知渾然全体之中，粲然有條若此，則性之善可知矣。然四端之未
發也，渾然全体之理，無聲臭之可言，無形象之可見，何以知其粲然有條如此？
蓋言理之可驗，乃依然就他發處驗得。凡物必有本根，而後有枝葉，見其枝葉，
則知其本根。性之理雖無形，而端緒之發則可驗。
蕭山黃氏曰：註謂端首也，疏謂端本也，集註以爲緒也，如繅絲然，先尋其緒，則
千絲萬緒，續續而上。
北溪陳氏曰：四端之說，是就外面可見之處以驗其中之所有，惟是有四者之体，
故四者端緒自然發見于外。

雙峯饒氏曰孟子論性惟是這一章說得最分曉○

【蒙引】承上文言惻隱羞惡辭讓是非者也○仁義禮智性也○心既統性情故惻隱羞惡之屬亦曰心也○必于此發出仁義禮智者見惻隱羞惡辭讓是非之所自出也○

【集說】此節心字亦俱就情上說故註云因其情之發而性之本然可得而見○仁義禮智是在中底○惻隱等是發出來底若無在中之理如何發出來○故即惻隱之心而可見在中之仁○即羞惡之心而可見在中之義○禮智亦然○可得而見不是見于情是說可見其爲本然有底也○端緒也不是緒餘之緒○仁義禮智在中自然發出這樣條緒來○乍見節其心之真由是觀之節言其心之迹○有此節言其心之體用本然如此○非從外得○一步深一步○

【翼註】端字國是緒見于外亦對下文擴字說○蓋仁道甚廣○而惻隱纔見一端也義禮智同○

【正經】此節言四者之情爲仁義禮智端見是人所固有而出于自然者也意○○

在原情爲性之所自出以見情之必善雖如下節性善章因情以著性之本善

而重性也

講此四者之心皆情也而情實本之于性故性中有仁發出來方有惻隱故惻隱之心是仁之端緒外見也性中有義發出來方有羞惡故羞惡之心是義之端緒外見也性中有禮發出來方有辭讓故辭讓之心是禮之端緒外見也性中有智發出來方有是非故是非之心是智之端緒外見也使非有此仁義禮智之性又安有是惻隱羞惡辭讓是非之情哉

人之有是四端也註猶其有四體也句有是四端頓而自謂不能者讀自賊者也句謂其君頓不能者讀賊其君者也句

四體四肢人之所必有者也自謂不能者物欲蔽之耳

蒙引人之有是四端二句是起下剔自賊賊君之意謂之猶其有是四体蓋以見其必有也惡忘充則切○或言人之有是四端也此四端指性謂前言無惻隱之心非人也四句言情爲人所必有此言人之有四端猶其有是四体也二句

言性爲人所必有此說非也端是苗于外者非性也如云仁之端也仁在內而仁之端則在外矣○自謂不能者謂欲蔽之耳此句人皆以賊在自賊者也蓋不欲只推原所以自謂不能之故○謂其君不能者不勉之以不忍人之心行不忍人之政矣○

說約　自謂不能亦指君而言蓋此說亦爲當時諸侯發也○

纂序　不能即下能充不能充之但異其序

集說　四肢人之所必有一以見端之必有一以見四端之必有人無有無四体者亦無有四体而或缺其一者都是顯有底只在端上說見其情之在人是所必有而不能遺者以起下知皆擴充之義耳○自賊是自己害了自己如有手也都說手不能持有足也都說足不能履一任其傷殘斷毀而不顧豈不自賊謂其君不能者與自謂不能俱且在不能惻隱羞惡辭讓是非上說下節不能充之方是說政事以君爲不能惻隱則必導君于忍矣以君爲不能羞惡則必導君于惡矣不止是不理他直是賊其君

【翼注】此節正不重從上只重必有意猶其有四体也不但説其必有正欲見其不可去之意也蓋四体不容一毫虧欠四端亦不容一毫虧欠

【心訣】人之有是四端也猶其有四体也不是泛説人皆有之意實下文不能全賊字看正見四端之皆有其切于人如四体一般

【講】然此四端非本無而暫有者人之心必有是四端也猶人之身必有是四體也天下無四體不備之人則亦豈有四端不具之人乎既有是四端則人皆能全之矣有是四端而自謂不能全者是自陷其身于不善之地自賊者也謂人臣而謂其君不能全者是置其君于不善之地賊其君者也夫自賊已甚而尚忍爲之乎

凡有四端於我者知皆擴而充之矣若火之始然泉之始達苟能充之足以保四海苟不充之不足以事父母

擴推廣之意充滿也四端在我隨處發見知皆即此推廣而充滿其本然之量則其日新又新將有不能自已者矣能由此而遂充之則四海雖遠亦吾度內無難

保四海不能充之則雖事之至近而不能矣。

朱子曰人之一心在外者要收入來如求放心是也在內者又要推出去此章是也。孟子一部書皆是此意大抵一收一放一闔一闢道理森然。問推與充擴曰推是從這裏推將去如老吾老以及人之老幼吾幼以及人之幼到得充則填得來滿了如注水相似推是注水下去充則注得器滿了蓋仁義之性本自可以充塞天地若自不能充廣則無緣得這殼子滿只是空殼子。問知字是虛字還是實字曰不能擴充者正為不知都只是容過了若能知而擴充其勢甚順如乘快馬放下水船相似。問兩說充字未曉曰上只說知皆擴而充之只說知得了便要推廣以充滿此心之量下云苟能充之足保四海是能充滿此心之量上帶知皆擴字說下就能充滿說惟擴而後能充能充則不必說擴矣。此心之量本足以包括天地兼利萬物只是人自不能充滿其量所以推不去或能推之于一家而不能推之于一國或能推之于一國而不足以及天下此皆是未足以盡其本然之量須是充滿其量自然足以保四海。

語類至問此有四端云云莫是知得了方能擴而充之否曰知皆擴而充之若是苟能知去擴充則此道漸漸生長如火之始然泉之始達中間矣字文勢[illegible]斷充是滿其本然之量亦上有擴字則是方知去推擴要充滿他所以如火之始然泉之始達○惻隱之心仁之端也乍見孺子入井此只是一件事仁之端是仁萌芽處如羞惡辭遜是非皆是義禮智之萌芽處要推廣充滿得自家本然之量不特是孺子入井便惻隱其他事皆惻隱如羞惡辭遜是非不特于一件事上惻隱要事事皆然方是充滿慊足無少欠闕也知皆擴而充之矣知方且是知得如此至說到苟能充之足以保四海卻纔說擴字只說充字蓋知字與始然始達字相應充字與保四海相應才知得便自不能已若火之然便不可遏泉才達便涓涓流而不絕

雙峯饒氏曰集註即此推廣是釋擴字滿其本然之量是釋充字自親親而仁民而愛物推至于無一民一物之不愛是充仁之量自一事之得宜推至于無一事之不得宜是充義之量禮智亦然人能盡充廣則四端之流行發達常如火

始然泉始達其勢方張而不可遏便由此而可以燎原赴海若不能充廣則如火始然而即滅泉始達而即塞便只恁地休了所以集註云日新又新七字正發明二個始字之意個四端衆人皆有若擴充似非衆人所能曰知皆擴而充之其緊要在知字皆字衆人之中若有能知所以擴而充之又于四者皆能擴而充之則便是人中之君子但衆人不知不爲耳

張氏彭老曰朱子云若以始終言之則四端是始發處端訓始字尤切如發端履端顓端之類皆始也孟子既言之凡有四端者若火始然泉始達始然便是火之端始達便是泉之端惻隱羞惡便各是仁義之端

纂引 擴推廣之意有所不忍而達之于其所忍也有所不爲而達之于其所爲也○若火始然泉始達所以日新又新有不能自已如此者蓋因其有而充易爲力也若非本性所有安得擴充之而遂沛然焊然之不可禦○苟能充之是仁無所不愛義無所不宜禮無所不敬知無所不知○大註知皆即此而充滿其本然之量○此字指上四端在我隨處發見者言又云能由此而遂充之此

學文指知皆即此推廣而充其本然之量則其日新又新將有不能自已者
二此字所指不同。苟能充之足以保四海是有不忍之心而能察識擴充之
以行不忍人之政者也至于足以保四海則亦治天下可運之掌上矣
【存疑】知皆擴而充之重在知與擴上是方知去推廣欲使其充滿也苟能充之
是承上面知擴說來蓋既知去推廣使其充滿用功久之遂能充滿也知與擴
是用功之始能與充是用功之成朱子小註亦明白可玩。火始然泉始達皆
有莫遏之勢若火始然若泉始達言善端之發動已充長日新月盛其勢不盡
遏也彷彿生則惡可已意。此說始然始達最弱始然始達只是蒙說充盛意或義不充意不合語氣
【說約】凡有四端于我者者字達說作凡有四端于我之人是語氣直至始達盡
一截語類甚明也
【集說】凡有四端于我者乃是說人大凡有四端于我者都該這樣不是說四端
中凡有一端○知字正教人于此察識其心如惻隱之心見則察識此心是為
何心從何處生來又在何處去用亦用力字也但玩註云知皆即充推廣擴充

充其本然之量則其日新又新將有不能自已者矣一氣直趕到終然終達何
則此知字似輕非輕也以知字不外並作見以下四節之意因上面說來說之
義已盡此節只重在擴而充之也○推廣充滿是兩層意推廣方是因此而蓋
廣之充滿則推廣已到極處了如人皆有所不忍達之于其所忍人皆有所不
爲達之于其所爲此推廣也這所忍者亦皆不忍所爲者亦皆不爲則充滿其
本然之量矣推廣訓擴字充滿訓充字朱子曰推是從這裏推將去如老吾老
以及人之老幼吾幼以及人之幼到得充則填得來滿了說箇是廣此處推廣
擴充倘爲入門者說則老吾老幼吾幼中亦自有推廣充滿之意滿々推廣擴
擴充滿也看一之字是如此說下苟充之方是說已充到滿處○日新又新將
有不能自已者矣說若字最好火之然也泉之達也到然達處亦或有止息至
于始然始達之時則正盛而未已擴而充之正如其節也不悖初間擴充如其
節節擴充時步步皆如其始然四端在我体用且足隨處發見義理無窮只管
擴充只管有初負勉強到得理得於心而体備于身之處竟自欲罷不能了曾

以譬之若火之始然泉之始達也不是以二始字爲擴充之始最[illegible]
新又新義道理工夫俱在內道理之發生無窮工夫之推致亦莫禦也○擴充
推廣而充滿之究只完夫本然之量非外有增加也○知皆擴而充之尚在擴
充處說故註以日新又新不能自已只說擴充苟能充之便在已能充之處說
了故註四海雖遠亦吾度內無難保者說到事功上原有漸次淺深○不足
以事父母註云雖事之至近而不能矣至近二字要看不是說事之至易
〔辨參〕火然泉達當有分辨火始然狀其發越之机由微而漸顯不可遏也泉始
達狀其流出之机至此而遍彼不可禦也○〔辨義〕講即六註而發明之夫所謂
隨處發見者仁義禮智無心之呈露也所謂皆有者即本文皆字言四端之發見
不止一事也所謂即着謂無怠忽無忘緩稱此機者也所謂推廣者正釋白文
擴字所謂充滿者正釋白文充字充而不已則必滿也所謂則其日新二句正
釋若火二句然這數句總點醒提重在一知字見得凡人終日昏已利欲一切
勞擾不能求放心雖有好机會也都不知不覺冷過了君子此處有一點靈聰

用心擴充便如乘船馬放下水船相似故此三句要是虛領文勢直貫王亦在下文能充能字矣故大註謂能由此而遂充之此說体貼較深然與常說頗不同

【蒙註】凡字以人言皆字以四端言下一凡字見得不但先王〇能字比知字實故足以保四海折衷云上重知擴二字下重充字大較得之

【正解】此節正勉人以擴充之全功也上三句是著善端擴充之機中二句究其能充之量末二句是決其不可不充也四端雖蔽于物欲而未嘗不息故常隨處發見知皆擴而充之者謂不自諉于不能隨其發見之端而察識其何心皆即此發見之端而悉推廣之以充滿其本然之量也如發而爲惻隱羞惡即由所不忍以推之于所忍使之皆出于不忍由所不爲以推之于所爲使之皆出于不爲是也辭讓是非亦然此方知去推廣未便著事功說若火二句見得是心固有不待外求欲之即至引之即起而善端之充自不能已也始然句其由微而著始達句其足此通彼苟能充之與以不忍人二句應足以保四海與治天下可運句應

□□□□□□擴充亦自知當如此矣然而亦不□□□必要有能□而后□□

是云□□□□行事是也足保四海云者治可運掌是也　維斗

諸家辨之字須四段擴充者推廣惻隱等端倪使滿其全體分量也□□□□□□□

能尋道以知者知此端之可以擴充不自謂不能知此端之必待擴充方□自□□

發後能也四端日有于我者與上人有是四端稍異蓋上泛就人言我則□□於

上自字以我自己言有于我云者謂四端雖人所固有盡人同有而就我自有

者未必實能有之不覺其全將併無其端此能就人同然完我固然爲實有四

端於我者必其知此端之宜充可充而以所不忍達所忍以不爲達所爲則端

但要充廣爲擴而充之之者也并知皆擴而充之之則端作起作感我自有自發

見其實有四端于我也故火然泉達二始字該能充不能充說惟然達既發

端微而勢甚微一星遂是燎原一句遂是放海能充之足以保四海者此也亦

雖然達方發則体具而端尚微不熾矣一撲即滅不盈科一塞即枯不充之不

足以事父母者此也○然達不宜只說自然自達緊根上擴充來火本能然泉

本能達都須人去使他擴達兩箇字俱未盡。擴達分量不到充竟處不可謂充泥着字樣作形容知充後光景者非。此說稍異

【講說】常說上四句重知字下四句重能字便作兩層看。蓋知皆擴之句功夫已盡火然泉達不過說其莫遏之勢就有保四海之意。下數句只說能充與不能充之利害耳非火然泉達之後又有一段擴充功夫也。知皆擴而充之不是充仁端又充禮端義端智端只是有觸便充務要滿此心之量擴充不專在心體上說便有許多政事做出來此說可從

【講】四端皆有而皆能知此但人爲私欲所蔽不能察識而推廣之耳。使凡有四端于我者反而自求知得四端在我隨處發見將此四端由一事而推之十事已無不加以推廣之功而充滿其本然之量矣。將見此理吾所固有一加推廣則日新又新之機自不容已就如火之始然而不可遏泉之始達而不可壅一般。誠能充滿以極其量是仁無所不愛義無所不宜禮無所不敬智無所不明四海之大自足保之無難。若不充之雖父母之在家庭而不足以事之矣甚

存已乎皆有是心者其以先王自勉焉可也

此章所論人之性情心之體用本然全具而各有條理如此學者於此反求默識而擴充之則天之所以與我者可以無不盡矣程子曰人皆有是心惟君子爲能擴而充之不能然者皆自棄也然其充與不充亦在我而已矣

雲峰胡氏曰性者心之体其未發也本然全具情者心之用其初發也各有條理反求默識知之事擴充行之事至于天之與我者無不盡即是盡心而知之無不盡也性而行之無不盡也

又曰四端不言信者既有誠心爲四端則信在其中矣愚按四端之信猶五行之土無定位無成名無專氣而水火金木無不待是以生者故土於四行無不在於四時則寄王焉其理亦猶是也從四端推論到信、本文未說到此、

朱子曰四端不言信如實是惻隱實是羞惡信便在其中○土于四時各寄王十八日或謂王于戊已然季夏乃土之本宫故尤王于夏末月令載中央土者以此

新安陳氏曰此章始專以不忍人之仁言繼因体驗惻隱之心而悉及羞惡辭讓是非之心貫四者一仁也惟聖人能以是心行是政安而行之者也惟君子能知其本有是心而擴充之勉而行之者也若衆人則不能察識不能擴充此心雖發隨發隨泯真自棄也又按人皆有不忍人之心同此天理也物欲害之則天理之存焉者寡矣見孺子而惻隱天理也內交之類卽人欲矣四端能克不能克之分判于擴天理與徇人欲而已此章亦在于遏人欲擴天理也

【通】東陽許氏曰此章七節第一節言人心皆有仁二節言先王全此仁以實人之皆有是心三節就人易曉處指出使人体認四五節言義禮智各有所發皆是本然之性六節言四者人所共得不可自棄七節言因發處察識而推廣之工夫全在此後一節

【蒙引】此一章重擴充此章首一節當做大旨看自所以謂人皆有不忍人之心者以下揔是申說人皆有不忍人之心自凡有四端于我者以下是說人當知先王有以推不忍人之心前只言不忍人之心後兼言四端分明仁統四端前

是其言之仁發是偏言之仁○此章大抵亦如仁則榮孜矢人豈不仁于函人哉二章皆爲當時諸侯發○

[存疑]此章首兩節當做一章大旨看重在擴充上看程子總註人皆有是心惟君子爲能擴而充之句可見自所以謂人皆有不忍人之心以下是申說人皆有不忍人之心自凡有四端于我者以下是申說人當知先王有以推不忍人之心○人之有是四端也一節是結上文起下文之意○

[纂序合參]此章總人君充不忍人之心以行仁政首二節言人心之同具至先王能充之以下言人心之同具而欲人之充其量如先王○

按此章前言不忍人之政後言謂其君不能前後打成一片當以人君爲主爲大旨是欲時君以擴充仁心也○前二節說个大意所以謂以下言其詳首節人皆有不忍人之心分明含个仁字二節先王有不忍人之心斯有不忍人之政分明見得當擴充仁心以行仁政所以謂節正是言皆有不忍人之心由是觀之節又從惻隱推出羞惡辭讓是非之心仁之端節又從惻隱指出仁之端皆推出義禮智之心究竟只完了不忍人之心蓋說个不忍人之心便是惻隱本使見得羞惡辭讓是非也有是四端節與末節相聯提出能字以引下擴充意耳末節說擴充四端足保四海正收結以心行政治天下運掌意如此看方分明。

竊按此章大約爲當時人君言是矣然戰國之失莫大於殘忍不仁故首言不忍以下反覆發明正欲打動其不忍人之心以行仁政

孟子曰句矢人豈不仁於函人哉句仁連○不矢人讀惟恐不傷人句函人讀惟恐傷人句巫匠亦然句故術讀不可不慎也句

巫醫用也棺槨之心人指有之是矢人之心本非不如函人之仁也要看爲人所說利人之生○匠者作爲棺槨利人之死

新安陳氏曰此只借以術之當擇說起引上人當擇仁而處之

[四書引]此術字不只是藝術而已然矢函巫匠所治者亦不可不謂之術也本文惟恐字大味三利字最重皆以心言心以習異也○故術不可不慎此何等鄭重

孟子一生受用亦自善擇術來此節之意非爲矢函巫匠設也

[集說]看試一不字則不仁自當從後來說傷人不傷人與曰惟恐亦自精字其事不得不如此用心上說只借此一等人起術字不必爲矢人函人巫匠開互

○術字雖指八路巫匠然却泛論其術之當慎如此推開此一說兼發矢人等慎術也○慎字在初擇術說不在既習日其事說

翼註 不可不愼。言當就其全吾仁者，去其喪吾仁者。

心訣 莫不仁就不然之心言，惟恐指今日爲術之心言，重不仁一邊矣。不若函之仁，匠不若巫之仁，此無他，術使之然也。故術何承上來推開說。○不可不愼，當擇于仁耳。○治術不愼，則其心便不顧殺天下；學術不愼，則其心便不顧殺後世。

講 此示擇術者當爲仁也。孟子曰：人皆有不忍人之心，矢人之本心豈固不仁于函人哉？乃創其爲矢爲函之心而言之，矢人惟恐其矢之不利而不傷人，函人惟恐其甲之不堅而至于傷人，是矢人之心果不仁于函人矣。然不特矢人函人哉，卽彼巫以利人生，匠利人死，亦有然。是匠者之心果不仁于巫矣。此非其初本心之異也，由其所爲之術有以使之異也。故凡人之術業不可不愼而審之也。

孔子曰句里仁爲美句擇不處仁句焉得智句夫仁讀天之尊爵也句人之安宅也句莫之禦而不仁讀是不智也句

里有仁厚之俗者猶以爲美人擇所以自處而不於仁安得爲智乎此孔子之言也仁義禮智皆天所與之良貴而仁者天地生物之心得之最先而兼統四者所謂元者善之長也故曰尊爵在人則爲本心全體之德有天理自然之安無人欲陷溺之危人當常在其中而不可須臾離者也故曰安宅此又孟子釋孔子之意以爲仁道之大如此而自不爲之豈非不智之甚乎

問仁天之尊爵先生曰仁者天地生物之心得之最先如何見得之最先朱子曰人得那生底道理所謂心生道也有是心斯有是形以生也

新安陳氏曰孔子之意止言擇里孟子引之以證擇術微有不同集註於此只以孟子之意釋孔子之言故與語註小異○元者善之長也此句出易乾卦文言引以爲證元者生意之始爲亨利貞之長

慶源輔氏曰五性皆人心之德而仁則周貫乎四者之中故爲本心全体之德天理有此而不流故有自然之安人欲横流而無止故有陷溺之危克盡人欲純是天理方始是仁此所以有安而無危也人當常處其中而不可須臾離即

所謂依于仁造次必于是顛沛必于是之意○聖門之學者必以求仁爲先者是也

西山眞氏曰仁乃我所自有苟欲爲之誰能止之者乃甘心于不仁豈非不智乎○故仁智二者常相須焉不仁斯不智矣○下文言之不智斯不仁矣此是也

蒙引仁爲天之尊爵人之安宅則仁道關係于人者大矣莫之禦而不仁不智孰甚○得之最先不是得仁在義禮智之先此何當依小註說云有是心皆有是形以生也不然則本註天地生物之心一句可去了只云仁義禮智皆天所與之良貴而仁者得之最先而兼統四者亦俱完了又何必再用天地生物之心且此註是有集註後答問之詞當從○仁兼統四者看來只是兼說義禮智卻何說統四者有仁之德有仁之義有仁之智云云豈不是兼統四者仁兼統四者則仁當性字也○得之最先已有尊爵之義兼統四者亦爲尊爵之義○夫仁天之尊爵也猶云誠者天之道也就人分上指出天說○在人則爲本心全体之德亦爲單言則包四者之義○仁義禮智皆天所與之良貴此何于本

字見。仁者天地生物之心得之最先而兼統四者此何于尊字始見。有天理自然之安無人欲陷溺之危安字較見。人當常在其中而不可須臾離於宅字較見。

存疑論語處仁指仁里言。此處仁指仁道言。夫仁天之尊爵以下是孟子稱孔子擇不處仁焉得智意。天地以生物爲心人生合下就得那生物之心所以說得之最先程子曰心生道也有是心斯具是形以生惻隱人之生道也此所体認得最先意。仁天之尊爵人之安宅是見人之當爲爲仁由己又莫之能禦而乃不爲此所以爲不智也莫之禦言無沮止之見得是自不爲意

集說首節仁字指愛之理上說此節仁字指心之德上說蓋卽一端之仁引說到全體之仁也。得之最先兼統四者如何便是尊爵也如爵位之爵也位是朝廷與我底此道是天之與我底只看人爵原有尊卑之不同便知天之所與我者固無所不具而仁却是第一件道理有此仁然後衆理相因而備是天所以與我者亦無尊過于此底了人若完全此理直可爲聖爲賢參天兩地豈不

尊爵此句以以在天之理言下句指在人言○在人則爲本心全體之德
備專指心說有天理自然之安無人欲陷溺之危此二句兼心與事說本心是
自己底天下之理惟自已底其安全體之德又何處不安有天理自然之安在
心行事安乜天理自然安妥快活若夫人欲陷溺則此心已自搖蕩不寧而所
行之事又皆卑下傾仄處乜都是傾生喪命底了如何得安仁則無此故曰安
宅也人當常在其中而不可須臾離便似人之宅舍一般豈不是安宅然二句雖
泛說人都亦當將諸侯俱在內須照其義發爵說方好尊爵安宅節又照下節人
役說

廣炬訂　上面仁字借說天在二句方正說夫仁曲曲醒換說尊安極力打動譬
術者難外○尊安正與人役相反人役則不尊不安矣又要知此章仁字與他
處不同理學語了無關涉　麥鶴　○有謂尊爵是安宅的源頭則二句不平似亦
不必○又上句人爹指天字不知此天字與下句人字分數正等與天爵章分
天人者不同○　李公

【正解】曰尊爵者見萬善皆出其下　曰安宅者見非人所能撓奪　正與人爵相反
天之尊爵猶云天所與我之尊爵也便見不可褻意人之安宅猶云人所自有
之安宅也便見不可離意二也字是起下語意

【說約】此引孔子之意見得擇術莫先于處仁擇字重根上文愼字來合下文智
字意夫仁至大只是擇孔子擇不處仁焉得智之意不必說開　不智雖在不
仁前却非推原只氣此節只言仁道之大而不可不爲至下節方論到榮辱處
總之爲莫如爲仁張本兩相比較而决其不如爲仁正孟子爲人擇術處

【心訣】曰天之尊爵便見人不得而卑我意曰人之安宅便見人不得而危我意
天仁二句只可空中說道理本來如此着不得人力一句雖下去也

鐫按夫仁二句註解最好近人
多欲以處點了實恐非孔講

【[illegible]】所擇爲何仁而已孔子嘗曰里有仁厚之俗可以盡閭閻居處擇里者猶以爲美如
若人擇所以自處而不處于仁則失其本心之明矣焉得爲智乎孔子之言盖
此夫仁者自其天之所與者而言仁義禮智皆出其天所與之良貴而仁尤天地生物

之心得之最先所以統四端兼萬善而爲衆貴之首乃天所與我至尊之爵也自其在人而言則仁爲本心之全德有天理自然之安無人欲陷溺之危人當常在其中而不可須臾離者乃人所至安之宅也仁之開切于人如此苟欲爲之非他人之所能止而乃擇而不處仁是昧于擇術也豈非不智之甚乎然則人之擇術不可不務求仁矣

不仁不智句無禮無義句人役也句人役頓而恥爲役讀○恥爲役連由頓弓人頓而恥爲弓句○恥爲弓連矢人頓而恥爲矢也句○由字貫二句作猶字看

以不仁故不智以不智故不知禮義之所在

慶源輔氏曰不仁則頑然不覺故不智不智則懵然無知故不知禮義所在

蒙引夫人之所不仁者固由于是非之心不明然既以是非之心不明而不爲仁則其心日益昏頑而自此又不智矣不智則懵然無知又何有于禮義是其身無一善之足貴而自流于污賤之歸矣○以用工之序言則先智而後仁以自然之理言則先仁而後智故上文云莫之禦而不仁是不智也下文不仁不

智○人能仁義禮智則天爵既在我人爵當自至有自然之安無陷溺之危何至爲人役此理也亦勢也○人役而耻爲役以下皆是激而進之之詞

存疑上曰莫之禦而不爲是不智是不仁由于不智下曰不仁不智是不智由于不仁○弓矢人如何耻爲弓矢不能大有爲以服役人祇攻小藝以供民用是亦人役而已故耻不能自強以服役人但爲人役而耻之亦猶是也

集說是不智也在心上說不仁不智則並心與事俱言之上不智在心上一念之不明是源頭上不智下不智則從此一總胡塗無一些明處了○人役爲人所驅役如皁隸苟賤而舉動皆不由我侵凌侮慢而予奪俱聽于人皆是須平說中兼當時諸侯王說○人役而恥爲役一以見恥之必不能免一以見尚有此恥心之可用也

翼序合叅人役而耻爲役只照本文講由弓人二句亦含欲不爲人役不可得過重正意上

必讀不仁不智上不仁由于不智此不智由于不仁然總重不仁上○人役也

勿泥定是大國役小國之說只是卑之之詞如云不免役於人賤役耳總是尚
德不足尊重而居人下也
［好辯］由弓人二句亦有意首節說倘矢人惟恐不傷人分明自已做了不仁事
又怕人說他故就此醒動他言徒恥亦無用須知前後以弓矢喻古文中多有
此体　按恥爲弓矢只是恥其爲賤役意謂恥其不仁是新說
［講］夫不仁固由于不智而不仁則物欲日蔽本心日昏因益以不智矣不智則不
知禮義之所在而動必失中行必失宜又必無禮無義也四者俱無則人道已
喪自置身于卑賤之地而天下之有德者皆得而使役之豈不爲人役乎既爲
人役而乃以人役爲恥徒恥何益就如業弓之人而恥爲弓業矢之人而恥爲
矢雖欲不爲弓矢不可得也彼不仁者雖有羞愧之心豈能免于人役哉
如恥之［讀］莫如爲仁句
此亦因人愧恥之心而引之使志於仁也不言智禮義者仁該全體能爲仁則三
者在其中矣

［蒙引］其初所以致此恥者，由于不仁，故恥之則莫若反其所爲而爲仁。

［心訣］莫如二字有撑衡意，當味。見舍此爲仁一着，再無免恥之法。此節重看，乃一章大綱領。

［講］如果知人役之可恥，而思所以免之，莫如反其不仁而爲仁，全其尊爵，居其安宅，以處于仁可也。

仁者讀如射句。射者讀正己頓而後發句。發頓而不中讀，不怨勝己者句，反求諸己而已矣句。○求諸己連

爲仁由己，而由人乎哉。

［蒙引］承上文如恥之，莫若爲仁說，爲仁便是仁者。○仁者如射一句之下，皆就射上說，而爲仁由己之意在于言外，就有爲者譬若云云。九仞以下，皆就掘井而有爲者，必底于成之意，亦在言外。○愚謂似爲當時諸侯言。諸侯反求諸己，如何貴德而尊士，賢者在位，能者在職，云云。畏之矣，何至爲人役之有？前章亦以此爲仁也。○反求諸己，修德自强也。○反求諸己而已矣。本文屬射者，儀氏

存疑既曰如恥之莫如為仁又曰仁者如射云云　是示以為仁由己之意使自勉也

集說為仁是要去為仁仁者即為仁者之道當如此也此仁者在強仁一邊人說○正己而後發己字中亦有中意在非謂發一定不中也勝己者兩便含人役之意○朱注為仁由己而由人乎哉蓋莫之禦而不仁但反求諸己便自此理且足耳何待外求

正解如射如射者之事也只虛講不可露出反己意須兼正己反己意無云射者未發之先所正者己也于人固無與也既發之後所求者己也于人亦無尤也為仁者始焉慎其術而擇乎仁自己擇之也繼焉求免于心而進于仁自己進之也

說統此節正申明上文為仁二字蓋上言莫如為仁着力處只在莫如二字至其如何而為之者倘未指證實言故復借射以發明為字之意非在為仁外復

發以爲仁由己一段議論要認。通節以正己後發一句爲主下文不怨勝己一反求諸己俱包在正己二字内。重正己是

[顧炬訂]正己後發只對照人役以前不善擇術事即末句反求亦不外正己二字蓋含正己固別無中法也不中不怨一段亦當將諸侯好勝分爭之習耳看呈。按蔣文多云其始其既似反求句數正己句又進矣。余丙午前搖此題從首句一氣滚下一名公許云還以兩截爲正當蓋傚首句半篇發揮射者像去再歸正意也前輩立格不苟如此。

[講]爲仁何如仁者之于仁就如射者之于射一般射者内正己之志外直己之体極其審固而後發矢發而不能中則不怨人之能中而勝己者惟反求諸己内志外体有不正且直而已矣爲仁由己而不由人何以異此蓋仁爲固有一反求而仁無不在夫何患爲人役哉此擇術者所以必處乎仁也

雙峰饒氏曰此上三四章皆是爲當時君大夫言之此章與仁則榮一章之意同皆是教時君因恥辱而勉于仁言不能行仁則既無尊可貴又無安宅

之可居也。當尊榮皆无之，而為人役不免焉，則不當歸怨于人，但當反求諸己。己能為仁，大國安能役之。此役字即小國役大國，楚六千里為讐人役之役。新安陳氏曰：此章以尊爵安宅論仁，其理甚精；欲勉人為仁，其意甚切。至既言莫之禦而不仁，又言反求諸己，皆言為仁由己，其机在我，不在人也。仁固包義禮智，欲人所以不為仁者，由于是非之心不明，與羞惡之心不正耳。故孟子先言是不智也，欲人以是非之智而擇為仁之術；繼言如耻之，欲人以羞惡之義而决為仁之机也。

【方】諸家講：如耻之三句，是通章關鍵，正激發當時諸侯蓋仁處。擇術莫如處仁，為仁全在反己，反己則不怨勝己，不為人役，即一仁便該却智禮義，而尊安在我矣。

【翼註】通章有主諸侯說者，因人役字面故也。然白文大註皆無明証，不必拘。

【集說】此章前後是兩段意思，首二節在初擇術上說，不仁不智以下，却自擇術已是不慎，就位斷轉過頭處說。

孟子曰子路讀人告之以有過讀則喜句

喜其得聞而改之其勇於自脩如此周子曰仲由喜聞過令名無窮焉今人有過不喜人規如護疾而忌醫寧滅其身而無悟也噫程子曰子路人告之以有過則喜亦可謂百世之師矣

南軒張氏曰聞過則喜非能克其驕吝者不能驕則自以爲善而惡人議己吝則安其故常而不能從人子路用力于克己其功深矣

慶源輔氏曰人受天地之中以生本自無過所以有過者非出于氣禀之偏則由乎物欲之誘人能知而改之則可以復于本然之善不知則其過愈深將陷溺焉而失其所以爲人矣是豈可不慎哉人有告我以過我因得而改之以復于善則又豈可不以爲喜乎然非子路之勇于自修則亦不能然也

新安陳氏曰程子深贊子路欲學者師之以修身補過也

【集說】勇于自修看一勇字乃其高明之處無所驕吝者如此耳且在他喜其得聞而改之上說未嘗無過過或亦未嘗自知但人告之則便知己之過之所在

是有幸人之告而改之之意。作要說似舍己從人了。

【纂序】合參此節，只在喜上；喜其得聞而改，正是子路見得己未善而善在人也。

【集成】仇滄柱曰：要知未聞過以前，既聞過之後，他人何以來告子路，何以能喜，有許多意義在；若此處看不透，即周子所云仲由喜聞過，故令名無窮，亦覺徒爲稱詡矣。

【心訣】子路人告之以有過則喜，禹聞善言則拜；兩則字見速應意，若一涉停待私意便起，且以告者爲暴己之短，言者爲掩己長焉；能喜焉能拜。○喜則有踴躍鼓舞之精神，拜則有敬謹謙屈之襟度。

【講】此孟子歷舉聖賢樂善之誠，以示人也。孟子曰：嘗歷觀古昔聖賢，如聖門弟子之賢者，如子路，雖不能無過，但勇於自修，有人告之以有過，則喜於得聞而改之；

【講】禹聞善言則拜。

書曰：禹拜昌言，蓋不待有過而能舍己以受天下之善也。

慶源輔氏曰：子路賢者也，故不能無過，但勇於自修，是以喜於得聞而改之爾。

則聖人也其心純是天理本然之善故不待其有過但一聞善言即至誠感已
拜而受之

說約按書昌言盛德之言

集說不待有過四字從上子路節說來乃一節一節說到善與人同處極其贊
論聖賢之高下也○雖已二字只是拜字善言凡有補于身心有裨家國天下
者皆是聞則拜而受之初無勉強之意然亦出於好善之誠也但猶未免於見
善之在人而可以益於我耳

蒙引序合參此節重在拜上惟其好之是以拜之拜有受善意是見得善在人
而己未善也

翼注大禹不自滿假其心惟恐有過豈不聞故一聞善言即至誠傾服已拜而受之而見
諸行事焉所謂禹拜昌言也

大舜頂有大焉句善頂與人同句己從人句樂取於人以爲善句
言舜之所爲又有大於禹與子者善與人同公天下之善而不爲私也已求善

無所係吝而舍以從人人有善則不待勉强而取之於己此善與人同之目也

同善與人同朱子曰善者天下之公理本無在己在人之別但人有身不能無私於己者故有物我之分焉惟舜之心無一毫有我之私是以能公天下之善以爲善而不知其孰爲在己孰爲在人所謂善與人同也舍己從人言其不先立己而虛心以聽乎天下之公蓋不知善之在己也樂取于人以爲善言其見人之善則至誠樂取而行之於身蓋不知善之在人也此二者善與人同之目也然此二句本一事特交互言之以見聖人之心表裏無間如此耳○大舜樂取諸人以爲善是成己之善是與人爲善也是著人之善

慶源輔氏曰禹聞善言則拜聞之者己也言之者人也以我之聞已彼之善并以受之猶有人己之分也至於舜則善與人同耳善與人同者善乃天下之公非人己所得而私者故曰公天下之善而不爲私也

〔蒙引〕禹聞善言則拜反不若舜之不拜者猶有物我之分也猶是未免見善之在人也既見善之在人則亦若未免無見善在己之痕迹耳故曰大舜有大焉

○善與人同所無累於己外無慾於人○真以天下爲一家○氣象是甚大等規模

善而拜者讓爲有圖矣非孟子一不是以讓此善與人同無彼我之痕迹在胸中

也○舍己二句是一事故下只言無非取諸人者○舍己從人己字重從人即

是樂取諸人也○蓋二句本一事也○舍己之未善而取人之善以爲善也○善與

人同此善字以天下之公善而言不可認作舜之善故曰天下之公理

【存疑】子路人告之以有過則喜是見得己未善而善在人禹聞善言則拜是見得

善在人而己未善○都是把善做人所私有底物不謂人己之所同也○善與人同

是以善爲人己之所同也不是在己底也不是在人底此所以大於禹與子路

也○善與人同是把善與人做公同底物不做在己底也不做在人底故曰公天

下之善而不爲私○不爲私不但爲己私欲在人底亦私○舍己從人二句交互

○說其從人也正欲取諸人以爲善取諸人以爲善即從人也○朱子曰舍己從人

不知善之在己也樂取諸人以爲善不知善之在人也取諸人以爲善是不知善

之在人是也舍己從人不知善之在己何處見得不能舍己從人只是見得己

底善不能舍得便是知善之在己舍己從人都不見得在己底善見人有善便從

舍己從人這便是不知善之在己○或曰聖人亦有未善何也曰聖人之心不

自滿假進善無已或見得己之善未至十分人之善有勝乎己便舍而從之

直欲求到至善地位蓋是聖人自見得未善非若凡人之不善也

【纂序】善固天下之公理然與人同與字却屬舜與字內有己字然此句只說與

人勿交己字下舍己方露出

【集說】大舜有大焉只是先從子路與禹漸漸說到大舜有大只說舜大于子路

與禹是在善之一路上見得聖賢都是樂善而其大者則至舜而極不可於舜

處便說子路禹益學者若欲學聖人之大亦須自從受善始○舜只見得

善爲天下之公理亦只屬於人大家要公做此件事休管在人也罷在己也罷只要

做完此件便了故己未善則從人人有善則取之即取將來仍是做天地間公

共事不是取得別人來作我底也以爲善二字仍是善與人同之善字○汪云

不待勉強解樂字要知○取彼之善而爲之于我善雖在人爲却在我爲是去

做事非私之爲己有也

【翼註】過至大舜有大焉須先贊由焉樂善已不可及了乃大舜有大焉不可先貶出禹○善與人同此善字難空說○上句重舍字下句重樂字而樂字又根于舍字舍非己未善而舍之只是忘己之意註訓舍字云無所係吝樂字不待勉強最得○舍己作忘己添是新說與註異

【彙解】善與人同三句孟子形容其公天下之善如此舜亦不自知也舍己樂取視中庸大智章與後濬山章可見

【纂序】合參善與人同是大之實舍己二句又是善與人同之實

【心訣】舍己樂取亦是旁人看聖人見其如此若見人與善爲一方忘乎其從也安知其舍忘乎其舍也又安知其取○取即從也樂取全本舍己來從字之意尤虛取字之意更實故下止云無非取諸人者不必泥註兩平對常說多從此

【晚村語錄】有大舜有大焉特下斷語一句而禹聞善言上未嘗有較量之詞則禹地位雖別孟子意原平列總處出樂善極處耳有大焉句自應下斷上

與人同舍己從人取善非謂其迹也即忘人己之界亦
忘善我但以遵忘意能統舍空乃二氏之說非孟子遵理也即下文與人爲善
與字乃從取字推出以盡其六之之意究竟大舜只得一箇樂取耳究樂取何爲
有與字意只合先發取字不宜先混入與字也

講 一喜一拜舜善之誠如此矣至於大舜則規模氣象更有大焉益善爲天下之
公理本無人己之別舜之心無一毫有我之私惟以天下之善公之天下之人
而與之渾同於其中若彼此不見有己而舍之以從人亦不知善之在己也人有其
善則不待勉强而取諸人以爲善亦不與善之迹人也人己兩忘形迹俱化斯
謂善與人同者如此

自 耕稼陶漁以至爲帝 讀 無非取於人者 句

陶之 舜耕于歷山陶于河濱漁于雷澤

史記 五帝紀舜耕歷山歷山之人皆讓畔漁雷澤雷澤上人皆讓居陶河濱河濱器
皆不苦窳一年所居成聚二年成邑三年成都

【集說】詩曰在田曰稼，則稼字中自有要停蓄，引以為耕，那稼甚一不通。以至為帝，運一生都說了，不是耕時以後都不取諸人了。耕稼陶漁，匹夫之事也，為帝天子之事，善無處不在，無人不可為，獨舜能盡其極耳。無非取於人者，而舍己義亦在內，原一套事，言取諸人，則舍己不言可知矣。

【心訣】此節只是說他自少至老無一時不取善，只在上節內抽出言之，不可也。旁達云：原自此說，是不必側重天子。

【集成】呂晚邨曰：樂取何在上推論，意在下。此節雖概舉其一生，旁達之境畫之。而其取善處又無實迹可指，只是上下過渡語耳。

【講】且舜之樂取非但一時為然，自耕稼于歷山，陶于河濱，漁于雷澤，以至登庸為為帝，無非取于人者，蓋其生平為人都是如此。

取諸人以為善讀是與人為善者也何為善連。與人讀頓故君子莫大乎與人為善句。

與猶許也，助也。取彼之善而為之於我，則彼益勸於為善矣，是我助其為善也。蓋使天下之人皆勸於為善者，君子之善孰大於此。許助二意串看，歸重助上。

朱子曰禹聞善言則拜猶著意做舜與人同是自然氣象聖人之拜固出於誠意然拜是容貌間未見得行不行若舜行則真見於行事處已未善則舍己之未善而從人之善人有善則取人之善而爲己之善人樂於見取便是許助他爲善也

慶源輔氏曰舜之取人以爲善初未嘗有助人爲善之意也孟子推說其事故以爲取諸人以爲善是乃助人之爲善也因吾取人之善以爲善而使天下之人皆勸於爲善則是聖人成己成物之事故曰君子之善莫大於此

蒙引取諸人以爲善不可謂只是取諸人之善言如好問用中之說耳須善言善行故曰聞一善言見一善行若決江河沛然莫之能禦也○許助同是引之之意○自他人觀之只見得是取人以爲善而已不見得又是與人爲善也惟孟子便見得至此

說約兩大字有大舜之大說取人莫大乎之大說成人

寔應發首于一字則已即舜而析開之以示感嘆勉勵之意○又接後說云則

禹與子路之與人爲善可知亦有見得一善是樂善則皆有與人爲善處但樂善有淺深與人處亦有淺深耳

【纂說】是與人爲善者也是字乃提起說不是取諸人便是與人爲善者也口氣

饒說我取諸人以爲善此善則人之善雖有偏全大小之不同一經聖人之收採便自激發勉勵益勸於善或一事之善而後已不已亦可勉而至於其全或一言之善而反求諸已亦可寶而履諸其身皆聖人取之之所至也○章內數人字皆包天下義在內故註於末云能使天下之人皆勸于善○莫大乎底大字即大舜有大焉底大字但上就由禹以見其大此就君子言其大更無大過去只是爲善之量至此爲極之意上是說舜此君子一不止說舜是泛言君子之善至此爲極稱贊之中寓勉人之意

【[illegible]郎語錄】取諸人以爲善節就道理推論不是事實○舜只是自爲善耳因爲箇有取之之愈廣所及益遠即取爲與是極意形容取善之妙非較量功效爲次序也何也是孟子推論舜胸中着纖毫不得○取字生出與字來與字只在

取字內分清有兩層帰併止一層○取諸句只在舜身上想是與人何益人處

上想便得兩層處上句在舜想到人下句在人想到舜便得一層處

纂序合參 末句似單說舜亦不必拘此當會其意但能取人爲善者都能助人爲善

心訣 此承上文說下與人爲善就取人爲善上看出來二句一氣緊ヒ說取之中便寓與之机括所謂以取之道與之也○上有大指舜說未莫大則緣舜而推開到君子上來其責成于君子有進善無旁之意○由禹亦大而舜莫大君子是合由禹言之如单指舜則止上下文意亦梗前二人爲無謂矣善過舜善亦與人爲善之意

說統 取字正對與字看○與人爲善不是天下有意爲善以求取於舜只是關於孜孜鼓舞之內者陶鎔觀樂不覺意氣踴躍耳始而樂取諸人舜忘人也終而與人爲善則人亦相忘於舜矣人已兩忘樂之至也同之極也

講意 註釋一果字原是孟子推論非取人本意也時文紛說人非 仲孫 ○取之

下與之上學乎爲之未有不嫉勞等處著有此處正宜體認○按莫大乎與人爲善不可
備曲爲樣形容個小家有善不肯看子與爲之辨便非又要知此君子也只從
言不必深說是乎
發註中兩彼字可見所與之人卽是所取之人當就善者說或云不善者或不
見取爲彼亦勸于爲善一說意看方備是○沫又云天下之人皆勉于善
則兼善不善亦爲不足以盡其意○舜大乎何處說眾終
以照舜身分爲正一□□□□只作體對一層以補上可耶
講夫能取人之善而爲之于我則人因我之取善而益勸于爲善矣是人之勸由
我之取也豈非我與人爲善乎蓋成己以成物者君子分內事而獨爲君子則
君子之所恥也故君子莫大乎與人爲善知舜之與人爲善則禹與子路之與
人爲善也亦從可知矣
此章言聖賢樂善之誠初無彼此之間故其在人者有以裕於己在己者有以及
於人
慶源輔氏曰集註所謂聖賢兼子路禹舜言之三人雖淺深大小不同其樂善
之誠皆無彼此之間末一句却單說舜

新安陳氏曰舜事在後於禹已事傳於子路故學者之希賢希聖未有無其序者
常人猶欲護理諱過飾非拒聽子路之心已相背馳何敢言舜禹事必先忘私克
己然後能至公而自然無私敢必如子路之克己私始漸能如聖人之與人為
公耳
新安倪氏曰語錄云三者本意只是取人但有淺深而與人為善乃是孟子再
疊一意以發明之即此條以證集註之說則是三人皆有樂善之誠子路樂於
聞人告之以有過禹樂於聞人之善言而拜舜樂取人以為善雖有淺深是皆
在人者有以資于己也末一句所謂在己者有以及于人乃是申明孟子再疊
之意耳輔氏謂末一句皆單說舜旁恐未然
蒙引子路人告之以有過則喜亦出於謙也禹聞善言則拜亦出於謙也舜之
舍己從人又不待言也子路之喜聞過禹之拜昌言舜之舍己從人同一樂善
也○彼此之間今人以由禹與舜分彼此非也是以人己分彼此○子路聞人
告以過而喜子路樂善之誠不以彼此而聞也禹聞善言則拜是禹樂善之誠

一不以彼此而麗也故下二節俱遍三人說

【集說】此章蓋言聖賢樂善之誠與其量之所極如此特就子路說到禹又就禹說到舜都是借作襯子以勉人大意是由子路之克己自修禹之受善言而濟至大舜之善與人同便到與人爲善地位豈非謂其優劣也且子路之喜也亦在舍己一路禹之受善也亦在取人一路人告之之字內亦有取人意拜字內亦有舍己意特分量大小之不同有心無心之稍異云尔

【旨】諸家辨聖賢樂善愈進愈無窮由子路而進之禹由禹而進之舜只管向上去皆孟子極弘善量引人躋攀之意首二節重喜拜二字大舜節善與人同是主

【彙註】此章勿置優劣總是聖賢樂善之誠只隨文叙去而優劣自見

按此章總註賢聖併言自當平平叙過三人雖叙次有繫關不可誤認作以由禹引起大舜也○此章總看處在於第三節下文皆承取於人說似乎重取然人句原在本節都只重善與人同句須重提善與人同下說得舍己取人合一來一節便好接取於人說去與人爲善是從取人爲善推出此意不可謂是[illegible]人同裡面話說也與大乎以贊語作結語氣緊屬

舜說參而亦須挽到由禹與人舍己大舍方完

彙按此章雖不可貶由禹亦不可貶章說的實舜一般觀白文中說大舜一番可知

孟子曰句伯夷讀非其君不事句非其友頓不友句不立於惡人之朝句不與惡人言句立於惡人之朝讀與惡人言讀如以朝衣朝冠頓坐於塗炭句推頓惡惡之心句思頓與鄉人立讀○鄉人連其冠不正讀望望然去之頓若將浼焉句是故頓諸侯雖有善其辭命而至者讀○善其辭命連不受也句不受也者讀是亦不屑就已句○不屑就連

塗泥也。鄉人，鄉里之常人也。望望，去而不顧之貌。浼，汙也。屑，趙氏曰：潔也。說文曰：動作切切也。不屑就，言不以就之為潔，而切切於是也。已，語助辭。

○朱子曰：世之所謂清者，不就惡人耳。若善辭令而來者，固有時而就之。惟伯夷不然，此其所以為聖之清也。柳下惠不屑去之意亦然。

○程氏復心曰：動作切切，只是不汲汲于就，不汲汲于去，屑字都是重。如此解屑字方盡其義。以聖人視二子，多有欠處，便有弊，所以孟子直說隘與不恭耳。

○新安陳氏曰：此言伯夷之清嚴于惡惡，而不輕與人羣也。

[蒙引]此條是節節說歸去。○塗炭，塗是泥，炭是火，塗炭水火之分，故云民墜塗炭。只就執心浼說分是。○辭命雖善，而其人未善也，故亦不受。若孔子雖交以道接以禮

斯受之矣○不屑只就諸侯說衆人亦可知○解其不受之故由其心之不屑也

○推惡惡之心云云此無實事而孟子本其心而形容之如此耳

存疑 言不但非其君不事其朝亦不立也不但非其友不友亦不與言也○又不但惡人之朝不立惡人不與之言鄉人之冠不正亦少失禮爾要未必惡也亦若將浼焉又不但鄉人少失禮不與言至于諸侯之善其辭命而至者無少失禮矣亦所不受一節淡一節

集說 塗是泥炭是灰不止是汚褻了朝衣朝冠且有一刻不能安于其上之意○以上俱是惡惡之心孟子却又因此推之推即充類至義之盡之意見得伯夷他心裏直是這等○是故二字緊頂推惡惡之心一段來諸侯斯當屬不屑之類其辭雖善其人則非也若西伯善養老且與而歸之矣有何不受不受即不納之意○趙氏以屑爲潔說文以爲動作切切朱子合而用之云言不以就之爲潔而切切于是蒙引惟其不屑之故不切切之也看來只是描寫不屑二字然但覺費力難曉其云潔者趙云以就爲潔也其云動作切切者乃動作間切切

新存顧盼徘徊就之意饒雙峯云不以就爲絜而切切於是也且不以就之爲絜而
切切於是語亦太寬緩大祇只言其不足相就云爾

〔附朱〕此敘伯夷惡惡之嚴以見行之極其清也分四段看有一節緊一節方見
清之極○

〔心訣〕受則就之矣彼其心不屑就也當時無善其辭之事只推其心而言之

〔纂註〕事君交友常也立朝與言暫也進一步意○推是孟子推思是伯夷思厭
伯夷聖人恐無預期人之失容而我則去之之理蓋只是形容其意向如此耳

按不屑乃俗談常用字也只是云不屑于就不
屑于去註中二說當會其意太着解反失之矣

〔講〕此孟子述夷惠之行而斷其不可由也孟子曰古人有伯夷者其生平爲人非
其可事之君則不事非其可交之友則不友不但不仕雖惡人之朝亦不立也
不但不友雖惡人亦不與之言也若使立於惡人之朝與惡人言如以朝衣朝
冠之尊貴而坐于塗炭不能安也其惡惡之心如此今由其惡惡之心而推之
又不但惡人惡之也自思與鄉人並立其冠者不正不過少失禮耳非惡也亦

望望然去之而不顧若將浼浼之焉雖是惡浼之甚又不但鄉人也後天下諸侯雖有善其辭命而來聘者初無少失禮矣亦必不受其聘不受聘者是亦不以就諸侯爲潔而切切然必於就也已

柳下惠讀不羞汙君句不卑小官句進頓不隱賢讀必以其道句遺佚讀而不怨讀阨窮讀而不憫句故曰句爾頓爲爾句我頓爲我句雖袒裼裸裎於我側讀○袒裼裸裎連爾頓焉能浼我哉句故頓由由然與之偕讀而不自失焉句自失連○不援而止之讀而止句援而止之而止者讀是亦不屑去已句

柳下惠魯大夫展禽居柳下而謚惠也不隱賢不枉道也遺佚放棄也阨困也憫憂也爾爲爾至焉能浼我哉惠之言也袒裼露臂也裸裎露身也由由自得之貌偕並處也不自失不失其正也援而止之而止者言欲去而可留也

趙氏悳曰春秋傳言柳下惠氏展名獲字禽柳下所食之邑名諡曰惠展無駭之後

朱子曰進不隱賢便是必以其道人有所見不肯盡出尚有所藏便是枉道○

集註謂不隱賢不枉道也疑與下文必以其道意相重曰兩句相承只作一串句讀文勢然也

雙峯饒氏曰他人不羞汙君不卑小官必至于苟進而柳下惠則不隱賢他人見袒裼裸裎而與之偕則必至于流而柳下惠則不自失此其所以爲聖人之和

新安陳氏曰此言惠之和寬以處衆而不輕與人絕也

【蒙引】柳下惠蓋後人尊之之詞故不姓名字之○不羞汙君不卑小官是進也厥進不隱賢而必以其道則未免于遺佚阨窮矣厥遺佚而不怨阨窮而不憫阨窮猶于遺佚○遺佚與阨窮不同遺佚是去位也阨窮是困也阨窮是遺佚後事○援而止之而止言欲去之際援而止之則亦止也泛說○由由厭意由由然也○與之偕之字指爾爲爾者言不必拘袒裼裸裎○不屑言不以去爲高而必于去也

【說約】此條摠形容其和不形容其介諸家說頗謬○【纂序】此節上節摠形容其清不必言矣但二節案末節斷上節當句乚逼出個隘字意此節當句乚映出

個不恭意不但形容清和已也○夷惠尹錯引多章已各有箇養氣章只明不同
道割章小章只辨一个不要湯集大成章方是說清任和各實章爲趣一一百世之新章
言其興起人此要出得臨與不恭也○不隘必以二句反正相足意
〔集說〕不必以汙君爲可羞處亦事之一不必以小官爲甚卑賤亦爲之擬是心裏
自有道理任天下怎麽我只行我底事他都不能束縛累及于我也不是貪爵
綦藏苟且汙沉之說○賢字自其心之所抱者言道字自其行之可見者言○
憂戚止是不屑之而已阨窮則困頓抑鬱更甚于遺佚怨是怨人憫是自心悲
憂亦緩子怨不怨不憫亦只是其咎在我任他遺佚阨窮何損于我之意且勿
覺到達天知命上去○故曰以下三王爲能浼我哉又述惠之自言如此加一故
字者惟其不羞不卑不隱不怨不憫其存心行事是如此所以他常自說話亦
是如此也一段是惠自言狀其不恭之意已見于此矣故于爾爲爾我爲我焉能浼
我說來○雖字便是這裸裎無禮之甚者且于我無浼況其小者乎與上節雖
容當俟即辭命之善者尚不受況不善者乎一樣○不自失其正亦是我爲我

人意見得我自有全。鄙褻之惜亦箇是也○止之止字屬人止惠而止止字屬
惠自止○而留之去亦不是去之意大凡人之於處有歡愛之者亦有拒絕之者
其歡愛也覩人之可與也其拒絕也亦以人之倘可棄也所以一夫以明其潔
至于不屑于去則甚概天下之人去也不足重我不去也不足輕我連去也不
屑去了真是不恭

【体】條此叙柳下惠之不絕物以見行之極其和也分五段看亦一節深一節方
見和之極不羞二句是和進不隱賢至不憫是和而介也惟其和而介故爾爲
爾至浼我哉自言其所以不去之意如此故由上以下又是孟子形容之不能
浼不自失亦見其介處和此節本旨不重在介上蓋其介正以成其和之極也
○援止說如三黜三仕亦其事也（介字輕不可與和字並恭）
【纂序合參】自首至不憫是述惠之行故曰至浼我哉是述惠之言故由乇字恭
是從惠之心亦一節深一
【心訣】此從亦是節節相從說去不羞不卑是總頭不隱賢必以道正在不羞不

卑處見之歟必以其道即是不隱其賢亦一正一反語遺佚既窮又兼必以其道來爾我爾不相涉正見惠之必以其道處由己與偕數句雖概自處與言厭當時之所不羞不卑不怨不憫正是此意○柳下惠既不羞汙君則汙君所授之小官又何卑焉進不隱賢必以其道若講究教了謂必欲行直道則亦甚矣此處舊云君自汙也吾道自清也官自卑也吾身自賢也有不管人而只自行意不怨不憫亦非安命之意言既窮遺佚于唐虞三代之時則可怨可憫若既窮遺佚于汙君之朝宜也無怪乎默也又何怨憫之有爾爲爾我爲我分明譬君汙官卑皆無與于我故曰袒裼裸裎云云只管與之偕只不自失便罷援而止之而止畫出一個三點不去的形象不屑去亦是推其心而言之剖分甚細

【說統】凡人情事汙君爲小官不滿其志所願却便不肯展發已能若下惠則惟知進不隱賢必以其道而已此在別處是介若此章只見得是和

【翼註】賢是在己之賢○遺佚自人遺我而言易然既窮自我處困而言易厭○爾自爲爾無與于我我自爲我無與于爾○不自失非在和外蓋與偕而自失

其止而以濟而非拒矣　與偕而不自失見得人有矣　而惠不失是承焉能浼說養

【講】古之人若柳下惠者，不以汙君為羞，而亦事之；不以小官為卑，而亦為之。其進而為小官以事汙君也，不隱其賢，且以隱在己之賢能，而必以其道而行，雖道有不合，終至為人遺之佚，而不怨乎人；以至身處阨窮，而不憂諸己。故其言曰：天下之人，爾自為爾，而無與于我；我自為我，而無與于爾。雖袒裼露背，裸裎露身，任爾所為于我之側，爾自無禮耳，焉能浼汙我哉？其言如此，故由由自得，與人同處而不自失其正焉。雖其欲去之際，或有援而止之者，惠即止焉。其援而止之而即止者，是亦不以去為潔，而切切必于去也已。

孟子曰：伯夷句隘，讀柳下惠句不恭。讀隘與不恭，句君子不由也。句

隘，狹窄也。不恭，簡慢也。夷、惠之行，固皆造乎至極之地，然既有所偏，則不能無弊，故不可由也。

【趙注】先言二子之行，孟子乃評之耳。

蒙引曰：伯夷既清，必有隘處；柳下惠既和，必有不恭處。道理自是如此。孟子恐

後人以隘爲清以不恭爲和故曰隘與不恭君子不由也○問如伯夷之清而不念舊惡柳下惠之和而不以三公易其介聖其所以爲聖之清聖之和也但其流弊則有隘與不恭之失曰這也是諸先生恐傷觸二子所以說流弊今以聖人觀二子則二子多有欠闕處纔有欠闕處便有弊所以孟子直說隘與不恭不曾說末流如此如不念舊惡不以三公易其介固是清和好處然十分只救得一分救不得那九分清和之偏處了○問不恭是處己是待人曰是待人如此其心玩世視人如無也○清和皆是一偏學之便有隘不恭處使薄夫學和愈不恭鄙夫學清愈隘矣可爲百世師謂能使薄者寬鄙者敦頑者廉懦者立○君子不由不由其隘與不恭也○夷隘惠不恭不必言效之而不至者其弊如此只二子所爲已有弊矣

雲峰胡氏曰道惟中則無弊夷惠不合中庸之道故君子不由夫子之道大中至正之準故孟子所願學

通勿軒熊氏曰夷是聖之清然既專于清則有當和處亦不能爲和矣此其弊之隘

也。柳下惠雖是聖之和，然既專于和，則有當清處亦不能爲清，而玩視一世，其和光同塵其人，此其弊之不恭也。故君子可由其清而不可由其隘，可由其和而不可由其不恭。

【存疑】孟子既述夷惠之行，遂從而斷之，謂伯夷視當世無一人可與，其弊則狹隘。柳下惠視當世之人皆不足與較，其弊則不恭。惟其隘與不恭，故君子不由其道也。不由其道，是不由其清和。蒙引謂可由其清，不可由其隘；可由其和，不可由其不恭。恐未是。蓋伯夷之清便有隘之弊，柳下惠之和便有不恭之弊，非清和之外又有隘不恭也。此辨亦是，然只述他隘不恭，君子不由，不必便添清和，君子不由也。

【集說】由，即由其道而往之由，是從此一路上去。二子之清和皆各是一路，學者入門，將從此去則入此，從彼去則入彼。清和既有所偏，則不能無弊，是二子且不能無弊，而後之學者奈何仍從此路上去等耶？清和如堂與，隘不恭如路途，二子出堂與則必有路途，後人遵是路途未必能至堂與，而路途已差矣。故曰君子不由也。然則所由當如何？亦曰願學孔子而已。然此意却未明說。○君子

不由只是自有中正之道然卻不是斟酌于清和之間如子莫之執中也亦切要知

【翼註】不由卽是不由其清和不必說由其清和但不由隘不恭也

【心訣】分明是願學孔子之意觀其用旋于齊梁宋薛之間不絕之以爲潔亦不屑就之以爲不足與此可想見其所由也

【指南合參】必伯夷然後可以隘非隘不足以成伯夷必柳下惠然後可以不恭非不恭不足以成柳下惠他用他法我用我法故君子不由此說圓活

【廣炬訂】按願學孔子便使孟子有此意終非其吻也語卽不能盡去萬勿道破○二聖爲百世師正謂其風得頑懦鄙薄聳耳必把君子擡得高則二聖方可不謙○古人無不宜說壞若[illegible]乞斡旋亦不奪之奪矣此題有謂不縣夷惠正君子表章夷惠者有謂夷惠亦不啻人縣它者有謂夷惠但亦非從縣人得來不

【[illegible]】[illegible]無不恭正謂其不屑之神者人謂有見吾只日落參 木公

【[illegible]】仡滄洲曰本文明說夷隘惠不恭俗儒必欲多方曲護或云夷非隘學夷

便不隘惠非不恭學惠便至不恭哉云泄夷不妨隘在上而不妨不恭合隘與不恭
恭則可云不成不成惠故君子不由種匕別解失之全非本文語意

隘與不恭歸之學者流弊朱子已不謂然正伯夷只是清極便帶得
隘來柳下惠只是和極便帶得不恭來隘與不恭正是其清和極處覺有斯意
亦何必為二子諱也但學夷惠者不學得他清先學得隘不學得他和先學得
不恭其隘其不恭或更有甚焉者孟子所以為不可由耳然孟子又嘗說聖人
百世之師不指孔子偏只舉伯夷柳下惠固是其清和足以感激興起人亦其
隘與不恭有以震動天下之心目也若孔子如太和元氣無反着不必嚴者矣合
兩章看來便曉得孟子使人善學夷惠處

【正解】不是貶夷惠正爲學夷惠者說法耳

【講】孟子既述夷惠之行遂從而斷之曰伯夷之行雖高矣然疾人之污已而界
限太嚴無所含容其度量未免狹隘柳下惠雖寬和然輕忽時人皆以為不足
與較其玩世之念未免不恭隘與不恭二者皆君子所不由也學聖人者可不

知所取法乎

新安陳氏曰孟子一書言夷惠不一以百世之師稱之以聖之清和許之此章則謂其隘不恭似若相反盖孟子實欲人法夷惠之得又恐人不知戒夷惠之失其憂學者至矣

呂伯恭曰學伯夷者未必得其清而先得其隘學惠者未必得其和而先得其不恭大抵清之極易至于隘和之極易至于不恭學之者當法其清和之得而戒其隘不恭之失可也

【旨要】此章言清和之聖各有所偏言外見願學孔子意

【体朱】上是述二聖之行下是斷其弊而不可從也首二節叙過重末節叙斷

【說統】叙伯夷則一節緊一節想而想得一隘字叙下惠則一節寬一節便可想得一不恭字　子受病全在二不屑處盖清極必隘和極必不恭

按此章[illegible]不由伯夷當以不由夷惠為正而旁通之是就夷惠論夷惠也孟子但舉孔子之意終非此章正旨不可喧客奪主　○只重拈本

便曰[illegible]不察[illegible]

[illegible]無缺陷[illegible]之短也

翰頼堂四書玩註詳說　孟子卷之四

公孫丑章句下

凡十四章。自第二章以下，記孟子出處行實爲詳。

孟子曰：天時不如地利，地利不如人和。

天時，謂時日支干孤虛王相之屬也。地利，險阻城池之固也。人和，得民心之和也。

大全小註　立兩句爲柱，下文分兩邊自解之。

蔡氏曰：時，四時也。日，[illegible]也。支，謂十二[illegible]。孤虛[illegible]

後五用倣此。如今人以甲子旬無戌亥[illegible]

對辰巳爲虛。王相，如春[illegible]旺相於[illegible]之類。

慶源輔氏曰：時，十二時。日，十干[illegible]

雙峯饒氏曰：此大槩以五行[illegible]

木生丙丁火，便是木旺而火相[illegible]金到這裏[illegible]

孤，孤者無輔助之意[illegible]

時昭王氏在問樓藏書記

虛或謂此說蔣氏曰[illegible]

日亦有天德月德吉凶之意[illegible]又自[illegible]

仁山金氏曰此兵家用[illegible]地支部[illegible]

餘十二辰如木之有枝[illegible]

太歲後二辰爲孤前四辰[illegible]月[illegible]

甲子旬則戌亥爲孤[illegible]

四虛又五行十二宮生旺[illegible]

以之屬二字其用非一兵家八門遁[illegible]

曰分主客勝負又出[illegible]

以支加支范蠡以占歲占兵皆其類也

趙氏惪曰時與疏下支所以配時日而用之[illegible]

丑寅卯辰[illegible]左右酉戌亥子[illegible]

法以一[illegible]孤[illegible]

其數虛實而向背之。卽知吉凶。如周武王犯歲星以伐紂。魏太祖以甲子日破慕容之類是也。又曰戰陣之法。皆孤擊虛。則亦見史記律書以十干十二支配五音十二律而序云六律爲萬事根本。其於兵械尤所重。故云望敵知吉凶。聞聲效勝負。此雖以律言。而不外乎十干十二支。是此見兵書所尚也。集註謂孤虛王相之屬。又當彙類而推之。

蒙引。支干不出於時日。孤虛旺相不出乎支干。時日有支干。而支干有孤虛旺相也。○天時二字兼時日支干。孤虛之屬。時日時字對日字說。孤虛旺相是時日支干之孤虛王相也。支干又是時日之支干。○兵家蓋只就孤虛王相上論吉凶。○蔡氏輔氏二說不同。按以四時恐用不得干支推算。恐是十二時。若作四時只須分作十二月。如正月建寅。二月建卯。方用得干。○時日者。時謂四時。至蔡氏說該十二月。在其中日則該十二時。此猶年有四時。而錯舉春秋二字以該之也。皆以五行生克論。如十干則東方甲乙木。南方丙丁火。中央戊己土。西方庚辛金。北方壬癸水。十二支則東方寅卯木。南方巳午火。西方申酉金。北方亥子水中央辰戌丑未土而又有納音之五行如甲子乙丑海中金甲乙不爲木子不爲水丑不爲土而總謂之金也丙寅丁卯爐中火寅卯不爲木而丙丁仍爲火也此又別是一道其說見於三車一覽云甲己子午數九乙庚丑未數八丙辛寅申數七丁壬卯酉數六戊癸辰戌數五巳亥數四甲子乙丑屬金者甲數九子亦數九乙數八丑亦數八二個九二個八共成三十四除五六三十數零有四數故納音屬金乎如戊辰己巳戊數五辰亦數五己數九巳數四共成二十三除五四二十數零有三數是以納音屬木○孤虛一類然孤自孤虛自虛○王相一類然王自王相自相○孤即空亡三車一覽論空亡曰甲子旬中戌亥是甲戌旬中申酉是甲申旬中午未是甲午旬中辰巳是甲辰旬中寅卯是甲寅旬中子丑是○問何以謂之空亡曰甲子旬中進至酉而十干足以無戌亥爲空亡也空亡即孤也甲戌旬中進至未而十干足以無申酉爲空亡餘倣此○虛者以子實則丑虛如甲乙木實則壬癸水虛丙丁火實則甲乙木虛之類○旺相者如春木旺木生火則火相夏火旺火生土則土相旺者[illegible]

旺者輔之。休乎王者爲相得其助也敵乎王者爲然以相克也生乎王者爲
虛子實則母虛也○兵家論孤虛旺相大槩如看命家所論不出五行而已乘
時者王所生者相生我者休克我者囚我克者死如木畏金剋火能剋金木得
火以制金金畏火剋木能旋火則金得水以制火然亦看地方與天文如何秦
苻堅伐晉秦羣臣曰歲鎮在吳伐之必有天殃是也然亦有不拘者如紂以甲
子亡武王亦以甲子興之類此見人和爲重也如苻堅滅燕亦犯歲而克蓋苻
堅協衆情而伐燕違衆議而伐晉也孟子之言於苻堅一人亦足驗矣○之屬
二字所說者廣其在兵家不止孤虛王相而已○天時地利人和看來兵家天
時一事亦其甚靈者如春秋世歲星在越而吳伐之三十六年越卒滅吳晉時
苻堅犯歲伐晉卒以敗亡當其時伐晉時其臣諫以歲星在晉不可伐堅曰我
昔滅燕亦犯歲而克不知肥水之敗燕慕容垂遂以復興燕業天時亦有如此
不爽者況於地利況於人和乎○然天時終不如人和歲星在越而吳伐之卒
爲所滅者非獨天時之不利遂無罪吳無德吳恃强好大耳故敗讒高入關之

年歲在東井井秦分也而秦見滅何哉秦實無道歲星不能爲福而反爲禍也
又如周武以甲子興師而勝紂亦以甲子興師而敗宋劉裕伐南燕以亡日而
勝故曰天官時日明將不拘闇將拘之
存疑用兵也要天時也要地利也要人和三者不可缺一要緊則在人和孟子
見得當時用兵者只重在天時地利上於其所重反輕忽焉故特第其輕重以
示人欲人知所重不在彼而在此也○以孤虛王相之法觀之當從蔡氏作四
時蓋四時方有王相如春則甲乙木王而火相是也兵家以五行孤虛王相定
吉凶今卦命家亦然八門遁甲以十二時與日辰生剋定吉凶今按十二時只
當附在日字內
纂說天時時字該時日支干孤虛王相皆在內雖有孤虛王相然照下利字却
只在得其王相而倍孤擊虛者說乃是說推算精妙專恃天時者非以天與地
較也註時字斷依蔡氏主四時說四時仍包歲字在內日則日辰却亦包十二
時之時字在內支地支子丑寅卯之類干天干甲乙丙丁之類十干如木之榦

支十二時如木之有枝枝以補幹故支雖屬地而俱謂之天時也支干便是時日之支干蓋時也有支干日也有支干。孤虛王相便是時日支干之孤虛王相也孤虛王相歲月日時皆有如太歲後二辰爲孤前四辰爲虛正月則以子丑爲孤午未爲虛如甲子旬則戌亥爲孤辰巳爲虛天干只有十地支却有十二自甲子至癸酉相配已定則戌亥二字屬空亡空亡則爲孤空亡對宮則爲虛戌亥與辰巳相對則辰巳爲虛兵家必背我之孤而擊彼之虛此所謂孤虛也王相亦歲月日時皆有但月多爲主歲雖屬休囚遇月王相則可救日時雖有王相却不能敵月之休囚死也如春三月木王火相水休金囚土死木生於春則王木生火所生者相木生水木子生則母休故水休猶言無氣也金剋木木既王金不能剋則囚木剋土木既王則所克必重故土死夏秋冬及四季皆然兵家占歲星所在之方及四時生剋之數必乘其王相而用之此所謂王相也先儒多將孤虛字說做休囚字雖其理亦自相通然却不甚明白

【翼註】天時地利總不如人和蓋下重人和上。兩不如俱在用兵時較量天時

以攻者驗之地利，以守者驗之，亦偶舉一邊而言。

〔廣炬訂〕歸重人和，題意也。兩不如，題脂也。若一路總挈人和渾發至末，點題惡俗。時利不如人和矣。所以不如處尚在下文，此節另發不可豫詰，不可惟有將各句上截一斷重，則各下截占位無多，庶可免於犯下矣。至精義中仍可低昂，非高手所難。木公

〔諸家說〕先立二柱，引起下文。語雖兩平，意側重人和上。但兩不如須含蓄說，勿侵下文二三節。正分疏首節意，須看環而攻之而不勝、委而去之二句。天時所該甚廣，如布策灼龜、吹角聽律、觀星候氣、望雲占風等，皆是。註支干孤虛旺相，未盡。

按蒙引納音之說，引三車一覽云：云有說蓋於甲子乙丑為金，尚說得去，至於丙寅丁卯為火，說不去。其法原以大衍之數用四十九為率。甲子乙丑計三十四數，餘十五數，復以五除之，零五數，五屬土，土生金，故甲子乙丑為金也。若丙寅丁卯計二十六數，餘二十三數，以五除之，零三數，三屬木，木生火，故丙寅丁卯為火也。餘倣此。○大全蔡氏分時日為是，其言孤虛亦明。○饒氏說旺相為是。○仁山分干支字義甚明。○空亡為孤，對宮為虛。仁山謂甲子旬戌亥為孤，午未為虛，疑午未乃辰巳之誤也。○蒙引謂孤虛一類，旺相一類，是也。饒氏所云孤虛只是休囚，似與旺相一類看矣。○存疑謂四時方有旺相，極是。○集說

□旺相歲月日時皆有值各一折至某春三月木旺火相水休金囚土死云云却甚明之術學諸書甚繁於此處亦非所急不必詳也

【講】此章見人君當以道而結民心也。孟子曰：守國用兵之要有三，天時、地利、人和是也。而當時用兵者則惟以天時地利為務，自我觀之，得天時之善者雖可以勝敵，不如地利之固為尤足恃也；得地利之固者雖可以取勝，不如人心之和為尤足恃也。

三里之城句七里之郭句環而攻之讀而不勝句○環而攻遶夫環而攻之讀必有得天時者矣句○天時得然而不勝者讀是頂天時不如地利也句○

三里言城之小者郭外城環圍也言四面攻圍曠日持久必有值天時之善者

【蒙疏】古之用兵者莫不布策按龜迎日計月望雲占風觀星候氣以察吉凶以明利害必有得天時者矣○然而城郭為衝亦攻莫勝焉○是不如地利也○

【蒙引】此條串天時不如地利就攻上說○

【說約】集講可以全無天時然不如矣下亦然○集註曠日持久字生值字妙○

[集說]環字內有非一朝一夕之意故註曰四面攻圍曠日持久○必有值天時
之善者不是說無心遇着好日時乃是既已環之非一日其中必有好日時可
以乘之而攻者○然而不勝者非謂全無勝者但此只就不勝者論耳則天時
之未可必也明矣○三里七里雖說小市闠卻已含了城郭完固可恃以守之
意了故曰是天時不如地利也此在天時與地利上較其不如若下節卻只在
人不和上言其不如耳

[講]何以見天時不如地利彼三里之城七里之郭雖云小矣以兵圍而攻之而不
能得勝夫環而攻之之久其間必有值干支王相天時之善者矣然而終不能
勝者以天時猶虛不如城郭之險固足據是天時不如地利也

城頭非不高也何池頭非不深也何兵革頭非不堅利也何米粟頭非不多也
而去之何○委是是頭地利不如人和也何

革甲也委棄也言不得民心民不爲守也

趙氏曰古甲以革爲之故函人爲攻皮之工後世雖用金曰鎧

仁山金氏曰𤰞牛皮者爲犀甲青牛皮者爲兕甲即今水牛也有故曰犀兕甲○

曰米粟飼穀也古人米與穀兼積米切用而易腐穀氣全而可久藏以備

世亂備饑以米故久即不可食

【蒙引】此條中地利不如人和就守上說○兵革米粟皆出于地利故亦為地利○人和得人心之和不離叛也

【集說】地利前註云險阻城池此節大文只云城池而及於兵革米粟乃借此數證之適利以言之其實地利亦尚有許多話說如山林藪澤重地要地之類皆是然大約亦不出險阻二字○堅屬革利屬兵○委而去之乃民心離散不能固守雖有地利何用故地利不如人和

【蒙註】兵革以衛此城池米粟以實此城池故亦屬地利也○

【翼解】必上下同心方可固守假使民心怨叛不肯效死將這城池兵革委棄而去君亦安得而保有之（此解尤明委棄專就民說）○

【翼註】何以見地利不如人和彼其城非不高而難犯也○池非不深而難越也○兵革之

所謂設衛此城池者非不堅利而可以敵人也米粟之所積以保此城池者非不多而可以久持也然不得民心相與委而去之而不爲之守矣是地利不如人和也

故曰句域民頭不以封疆之界句固國頭不以山谿之險句威天下頭不以兵革之利句得道者讀多助句失道者讀寡助句寡助之至讀親戚畔之句多助之至讀天下順之句

域界限也

南軒張氏曰得道者順乎理而已舉措順理則人心悅服矣先王之所以維人和者在此而極夫多助之效至於天下順之其王也孰禦一失道則違拂人心心之所發雖親亦疏也不亦孤且殆哉雖有高城深池誰與爲守

雙峯饒氏曰緊要在得道二字上

新安陳氏曰封疆山谿兵革皆末也不以不全以此也其本在得道而已

【蒙引】此條重在得道多助一句其封疆山谿意不主地利言此節兼[illegible]

得人和之所以在得道此聖賢之兵法也所謂不戰而屈人之兵者也○此□□□
言有國者當務得於人和也○說是謂得人和之本在於得道此□□□□
然得未必其本意也蓋孟子□謂要得人和內便含有得道意不必再贅一層
晉亭一段也看故曰二字可□而其言意又歸在下文以終所言之意也○得
道之大要在於用賢而愛民所謂□貴德而尊士與施仁政於民也親戚者相灌
講得愛民說
【存疑】上言地利不如人和域民不以封疆之界條言得人和處得道正是得人
和之本多助天下順之□得人和也得道言爲國得其道孟子嘗曰王如施仁
政於民省刑罰薄稅斂云云□貴德而尊士是也
【存疑】天下順之順字正□是□□顧歸之來便是歸多助正是人和言衆心歸嚮
而不戰者也
【存疑】天時不如地利地利不如人和兩不如已說明了但人和尚未說勇故曰
然又從地利說到人和上說曰二字只跟地利節來○三不以得道失道俱含

衰兩了得道者並不特此失道者亦不能恃此也○域界限也界限二字作言章
用精云界而限之也固字承丁皷此兵革之利利字內含有堅字○得道者人
君之道要見云大要在於用賢而愛民所謂貴德而尊士與施仁政於民是也
無是多助是人和之發天下歸之是多助之極人和畢亦盡心專一之意多助
則人和中事推廣言之無所不效其力也○寡助向云助之者寡至其極至於
親戚畔之則並無助之者矣又曰至天下順之亦是至處天下順且在歸心上
說未便即來○丙云得人和之道未是
廣標當時諸侯全以山河固塞帶甲百萬謂可得志於天下三不以爲持
却一意緊在下得道多助句○域民等不以彼而以此也多助之至二句又推
極言之是虛論其理耳下節方說到用兵上貞爻○和人須以道前人都已有
一得道故此曰得道者止領故曰神脈多助要反上委去那下順與衆勝
○助就本國之民言寡字○此語譬之脩己章多助猶其要人心天下
其要百姓耳助專指本國反稱公

【翼註】得道者多助重看道不外仁義然須要在得民心上講如云所欲與聚所惡勿施尤切

【心訣】故曰二字是承接之詞不是推原之詞也○助與順無分別總在民心上說助是衆心擁戴意順是衆心願歸意就平日言而在事效力亦在其中多助寡助是槩論其理至副說其極無兩層非先多助寡助而後極其至也天下順之即是多助之意以目得人心說服若非民已歸便轉下文

【□□】封疆正所以域民山谿正所以固國兵革正所以威天下○不以云者正非撤關去險銷兵之謂只要人和得道乃可耳○天時地利人和三者皆兼士之說孟子就其中取人和之說以發明本論但策士所講人和都是五霸假之爲招徠籠絡之術非孟子所意之人和也故孟子特下得道二字見人和之本謂得王者之道實能發政施仁也得道若自多助不是要多助而求得道這些子上便是王覇之分而所爲亦別於此不清楚正墮策士權謀圈襀中此漢唐之所以終不能返於三代也

集成 多助是人和得道是人和之本王者以仁心行仁政蕩蕩乎平平而人自愛戴此得道者所以多助也若解作得人和之道便謬

講 以此觀之惟人和爲重矣限曰域限其民不全以封疆之界固守其國不全以山谿之險威行天下不全以兵革之利只看人心何如耳以仁心行仁政而得爲國之道者則多助不能以仁心行仁政而失爲國之道者則寡助寡助之君既失人心其極必至親戚畔之況其遠者乎多助之君既得人心其極必至天下皆順之況其近者乎

以頂天下之所順讀攻頂親戚所畔句故頂君子有不戰讀戰頂必勝矣句

言不戰則已戰則必勝

趙註曰有道之君何嘗不[illegible]君子之道貴不戰耳如其當戰戰必勝矣諸言

辨據此註則有不戰作實說並不戰則已之謂

蒙引 此以人和言之言其無待於地利更無待於天時也

存疑 是說得人和之可戰以終上文之意

【講】此與率其子弟云云同一妙喻。所然彼是就鄰國而言，此是就我國而言。
【集說】所順所畔二所字俱指其國君而言。有不戰口氣，原是說不戰則已，戰
君子亦自有不戰者。則已二字活看，是不是說一定要戰，亦不是說一定不戰也。
是為戰必勝矣句喚起爾。
【辞朱】戰必勝只是經與兵敵意。若紂殺如林，罔有敵于我師，前徒倒戈是也。
【心訣】戰必勝矣，必之以人心之和也，非必之于臨陣運籌也。
【講】若以天下所順之君攻彼親戚所畔之君，故得道君子有不戰則已，戰則無敵矣。
我故而必勝矣，又何假於天時之善、地利之險哉。
尹氏曰：言得天下者，凡以得民心而已。
【直】新安陳氏曰：此章言用兵在得人心，得人心在得道，得道以得人心，則地利之
險人為之守，天時之善人為之乘，先王之守國家用天下，本末具舉如此。固以
得道得人心為本，而亦不廢天時地利之末。孟子見當時用兵者，惟以天時地
利為務，而不知以得道得人心為本，故發此論。

【纂序合參】此章見人君當以固結民心爲本。首節推用兵之要歸重于人和。二三節明天時地利不如人和。四五節言得人和之可以無敵，而所以致人和者猶以得道爲主，全在得道上。

【說統】全章總欲人君固結民心，意特借用兵之事以明之。世未有不得人而能勝者，未有不得道而得人者。可見欲齊大事，必須以道而結民之心。所謂道即以德行仁是也。

隽按：言兵而歸本於道，不惟可息當時戰爭之禍，直可作萬世兵談之祖。聖賢語語皆是經濟，不徒紙上空談。

孟子將朝王，句 王頓 使人來曰：句 寡人頓 如就見者也，句 有寒疾，讀 不可以風。句 朝頓 將視朝，句 不識頓 可使寡人得見乎？句 對曰：句 不幸頓 而有疾，讀 不能造朝。句

王，齊王也。孟子本將朝王，王不知而託疾以召孟子，故孟子亦以疾辭也。

問：莫是齊王不合託疾否？朱子曰：未論託疾。孟子之意只是說他不合來召我。

其賓師有事則王自來見，或自往見。若王召之則有自尊之意，故不往見在德

國時諸侯無越境之理只得以幣來聘故賢者受其幣而往見之若陳代如不待其招而往何哉此以在他國而言咎萬章天子不召師而況諸侯乎此以在其國而言○孟子於此處賓師之位未嘗受祿非齊王所得臣也王不能見而乃召之旣失禮矣其託疾又不誠若何而可往哉

新安陳氏曰王託疾以召孟子亦託疾以辭欲其稱也與孔子亦瞰陽貨之亡同意

蒙引 朝將視朝上朝字謂來見也朝將視朝不識可使寡人得見乎分明是召○詞孟子本欲朝王雖王託疾以召若可往也曰往則猶可也今既有召命而往則是賓師應召矣孟子所以執而不往

說約 如通解作往謂往而就見然有疑又只作若字說則恐是若將如將之意○

○蔡序 就見內已有往字意存疑是

集說 如字蒙引訓往字存疑以為不如止訓若字說是但如字中有說原想要如此之意○朝王者臣子之分就見者尊賢之禮在齊王則多一召字所以孟

子辭之

［注］朱首句分上是欲見而行其道下是因召而重其道

［說統］不幸二句非欲其稱之說只是示不可召而起王尊德樂道之誠耳正是望王大有爲處

［指南合參］不幸二句要得語意渾然便含有不可召意使王自悟耳

［講］此見孟子以道自重而警齊王召己之非也孟子在齊居賓師之位與受祿而守官者不同在王可就見而不可召見也一日本將朝王王不知而使人來托詞以召之曰寡人如將往而就見者也以有寒疾不可以風來朝將視朝不識夫子肯一來而使寡人得見乎孟子亦托詞以對曰不幸而亦有疾不能造朝也其自重之意默然寓于託疾之中矣

明日讀出弔於東郭氏句○事公孫丑曰句昔者辭以病句今日弔句或者不可乎句曰句昔者疾句今日愈句如之何讀不弔句

東郭氏齊大夫家也昔者昨日也或者疑辭辭疾而出弔與孔子不見孺悲取瑟而歌同意

而歌同意

慶源輔氏曰孔子以疾辭孺悲而不見然又取瑟而歌使之知其非疾所以警教孺悲也孟子以疾辭齊王而不往朝然又出弔東郭而使之知其非疾者所以警教齊王也此皆聖賢至誠應物而得乎時中之義也

存疑 辭疾出弔欲齊王知其非疾求其不趨之故而悟已之不當召也故曰與孔子不見孺悲取瑟而歌同意孟子於景丑則力辨於公孫丑乃不與言者欲因景丑以悟齊王丑為門人久之當自悟也

參說 出弔東郭原亦當去弔底不是故意不宜弔而弔之。註兩家字皆是說氏字猶今云某人家也

講 孟子明日卻出弔於東郭氏使王知其非疾以警悟之公孫丑不知而問曰昔日方辭以病今日便出弔則是明為託疾矣或者不可乎曰昨日有疾今日疾愈如之何不可弔蓋亦未告以本意也

王與使人問疾句醫來句孟仲子對曰句昔者有王命句有采薪之憂句采薪連。采不能

造朝句今病小愈句趨造於朝句我頖不識能至否乎句使數人要於路讀〇人連費曰

句請頖必無歸讀而造於朝句

孟仲子趙氏以為孟子之從昆弟學於孟子者也采薪之憂言病不能采薪讓辭

也仲子權辭以對又使人要孟子令勿歸而造朝以實己言

新安陳氏曰王先託疾以召意本不誠今問疾醫來虛文美觀意亦非誠也仲

子遂權對促朝

【存疑】孟子辭疾出弔是欲使齊王知其非真疾使問醫來正可逆齊王之機也孟

仲子乃權辭以對又使人要請造朝以實己言如此彌縫則孟子一段意思竟

不得達于齊王其心良亦苦矣故不得已而之景丑氏宿焉蓋景子齊臣宿其

家欲使齊王知其非疾即前出弔之意也看來孟仲子全無見識與公孫丑都

是一般人

【集說】王託疾無大不是使人問疾醫來亦只是他好處但不合召見耳先儒並以

問疾亦屬虛文蓋謂召賢則心已不誠餘盡屬虛文而已非謂問疾亦不是處

【纂序合參】昔者有王命至能至否乎是仲子失孟子之意不能達辭矣之情猶夫公孫丑之見也。使數人至造於朝則又甚孟子之行猶夫景丑之見也要者固約之意。

【指南合參】不直召而託疾亦見齊王不自出之處故孟子欲啓其悟問疾醫來都是好意若既然便是不是與有爲的了。採薪之憂是迴診辭非仲子創作也言已當采薪而嘆有病則不能故以爲憂也。曲禮某有負薪之憂註負薪賤役士之所親事者疾則不能矣、

【講】孟子既出吊於東郭氏王不知孟子之非眞疾而使人問疾且以醫來孟仲子不知出吊之意而權詞以對曰昔者有王命來召適夫子有采薪之憂因不能造朝今病小愈已趨造於朝但我不知於今能至於王朝乎抑未曾至乎既對使後又使數人要阻孟子於路曰請必無歸而造於朝欲實已之言也孟子託疾悟君之意愈難明矣。

不得已頓而之景丑氏宿焉句。景丑氏連之人字口氣赶至宿字景子曰句內頓則父子句外頓則君臣句人之大倫也句父子頓主恩句君臣頓主敬句丑頓見王之敬子也句。子之敬子達

未見所以敬王也句曰句惡句是何言也句齊人頓無以仁義與王言者讀豈以仁義爲不美也句○爲不美連其心曰讀是何足與言仁義也讀云爾句○倘則不敬頓莫大乎是句○莫大乎連我頓非堯舜之道讀○堯舜之道連不敢以陳於王前句○陳於王前連故頓齊人莫如我敬王也句○我敬王連

景丑氏齊大夫家也。景子景丑也。惡歎辭也。景丑所言敬之小者也。孟子所言敬之大者也。之景丑氏之字訓往。

慶源輔氏曰丑之說鑿齪曲拳奔走承順之敬。敬君以貌世俗之所知。故曰敬之小。孟子所言陳善閉邪致君堯舜之敬。敬君以心聖賢之所行。故曰敬之大。

西山眞氏曰景子但知趨命奔走爲敬其君。不知以堯舜之道告其君。僕隸之臣唯唯承命。外若敬其君。然心甚薄之。曰是何足與言仁義。此不敬之大者也。

纂引以父子君臣而視夫婦兄弟朋友。則父子君臣爲大倫。以夫婦兄弟朋友而視三族之屬九族之親鄉党故舊之交。則與父子君臣并爲大倫矣。當隨文解義。其實五倫之首父子君臣。○如此推起眞是不敬孟子之言句句是寔實

也□□得其情。堯舜之道仁義也。我非堯舜之道堯舜之道承上文仁義
□□□堯舜字見其以堯舜望其君所以爲敬君也
存疑 惡是何言也言謂我爲不敬王此言是何言也正以已非不敬王也遂言
已之敬王處我非堯舜之道不敢以陳于王前故齊人莫如我敬王所謂責難
於君謂之恭陳善閉邪謂之敬也齊人無以仁義與王言其心曰是何足與言
仁義也云爾則不敬莫大乎是所謂吾君不能謂之賊也
集說 大倫有五景子只舉其切要者言之而以父子引起君臣耳。主者一主
於此恩字兼父子敬字兼君臣父主於恩子亦主於恩君主於敬臣亦主於敬
也然此敬字却只在禮文上說。當時言仁義者誰耶何獨齊人蓋本無仁義
之學即言之亦不親切但孟子此處只說敬不敬以爲不言仁義其心乃鄙薄
其君耳是何足與言中謂如是之王何足與言當是之時亦何足言者二義皆
有但主意重在不敬其君上非齊人不能言仁義而鄙之以爲不足言也商鞅
挾三說以要君畢竟主意在後一說此等心腸自他爲學時已自如此非孟子

不能誅其心也。○言仁義凡仁義之學仁義之事皆是不是諄諄只說仁義二字而已。○堯舜之道即仁義也道統祖於堯舜凡列聖相承以至於今其正心誠意之學治國平天下之理皆堯舜之道也言言總是這道理便是陳堯舜之道亦不是止把堯舜幾件事幾句話說了便爲陳堯舜之道亦要知。○不敢二字正是敬處不敢以世俗之君待其君而必以堯舜期之謂吾君可以爲堯舜也是何等底敬

【心訣】不得已非謂人要之故造朝不可歸家不便進退兩難全是爲託疾本意不得達于王故不得已而宿於景丑氏庶幾因景丑以達其意於王蓋即前日出弔東郭氏之心也丑借父子伴君臣見君尊如父不可忽耳重君臣邊君臣主敬重臣敬君邊是譏孟子本意大倫以自然之尊卑倫類言恩敬以相接之道言二主字要提醒父子非無敬也而所主在恩君臣非無恩也而所主在敬王之敬子泛就平日言表見所以敬以下面說之則謂不應召耳但語[illegible]下文方明言之齊人以下總破表見所以敬王之意是何言也乃[illegible]

之義是須凡與言仁義是說齊人心上致于鄒講其君也云爾另讀書

這等說起來則不敬莫大乎是堯舜之道與仁義之道不敢不以是陳于王前

便是敬君若爲堯爲舜不啻卑視而待何等尊君之大故曰莫如我敬王全在責

難之心上說易仁義用堯舜字正見尊王也此意甚大有爲節方顯不敢二字

正是心上尊敬處宜玩。未見所以敬王孟子亦明知景子是指不應召乃佯

爲不知也者而結以非堯舜不陳應他此其議論吃緊處。此節是望王之大

有爲處此乃以王之前就是堯舜陞而自負于是變陳說之意。非堯舜不

敢陳是下不敢勉強不敢召是上不敢合來是君臣主敬

【齊人】無以仁義與王言齊人固以非堯舜之道陳於王前矣何足正敬字生

面不敢正是敬字與公。按孟子是自道衷腸非自明學術鋪張陳堯舜者總

與題無干本公

【我敬】于我非堯舜一句須見得是敬處亦須還他非堯舜不敢陳不得一語正

說

非道不陳是反激語以起下敬字人皆能之然此辨文法挑剔而已
若實講得除仁義二字外凡爲富强功利一切淫辭邪說生心害政者都是非
字中眷屬都是拂性蔽聰之說如此做非字不敢字方字字着實○敬王不是
說王就是堯舜定做到堯舜看王便當堯舜如此說却是傑桀尊頌乃後世之
敬非孟子之所謂敬也自己實見得君非仁義不可仁義非堯舜不至不敢不
以此陳告陳者陳其道非以堯舜相奉也此方是責難陳善之敬

集成 仇滄柱曰非堯舜不陳固齊人目之爲迂濶無用之言不知不欺其君不
負所學聖賢本領正在此間朱子謂舍却誠意正心別無可告君此孔門家法
也○

闡 開挨齊豢正可悟齊王之機也仲子如此彌縫則孟子本意不明而又無造翻
之禁故不得已而之景丑氏宿焉蓋景子齊臣欲以其意轉聞之王也景子不
知乃曰凡人內而家庭則有父子外而朝廷則有君臣此人之大倫自[illegible]
衆不可廢者也父子情親于於恩父待子固有恩子事父亦[illegible]

莫大於敬君待臣固當敬臣事君尤當致敬今丑見王之致敬於子也未見子
所以敬王也其如君臣之大倫何哉孟子驚嘆曰惡謂我爲不敬王是何言歟
子未知我之所以敬王也彼齊人無以仁義之大道與王言者豈以仁義不足
與王致治而爲不美也其心若曰王但知有功利何足與言仁義也如此說爲
是以凡庸忽其君則不敬莫大乎是我則平日所學之仁義即堯舜治天下之
道今與王言者皆堯舜仁義之道若權謀功利不合堯舜之道者即陳說于王
而不敢以之陳述于王前欲行仁義以致唐虞之盛治故齊人莫如我敬王也
而奈何以我爲不敬乎

景子曰句否句非此之謂也句禮曰句父召讀無諾句君命召讀不俟駕句固將朝
也讀朝遲○將聞王命而遂不果句宜與夫禮讀若不相似然句相似連○不
禮曰父命呼唯而不諾又曰君命召在官不俟屨在外不俟車言孟子本欲朝王
而聞王命中止似與此禮之意不同也大全小註云引禮並出禮記玉藻篇○○官謂朝內
〔蒙引〕非此之謂謂不論其心但以禮貌間論也景子只是俗人聞孟子之言全

無釁意。孟子時在賓師，景子以臣禮律之，誤也。孟子且未暇與明此一節，但

下文云云，亦以賓師論也。

【集說】否，猶云你這說底不是，非此之謂也，猶云我說你不敬，不是在這些之意。

○父召無諾，與前父子主恩俱引起下句之辭，但說到君命句，再不必說父召。

義矣，宜與夫禮只指不俟駕之禮而言。○景子於上節數字，原已在禮貌上說，

尚未明白，至聞孟子之言，則本意露出。

【心訣】引禮亦以父陪君，重不俟駕句，正明未見敬王意。

按宜若亦然，宜若無罪焉，宜若日氣，猶恰云恰像，想此處雖宜

字在上，若字在下，亦只是宜若二字意，謂恰像與亂不合也。

【講】景子曰：否，子言不然，我謂子不敬王，非不與言仁義之謂也。禮有云：父命召子，

則子有速應之唯，無緩應之諾；君命召臣，則臣不俟駕車而先行，是急趨君命，

乃禮之當然也。今子固將朝王也，乃聞王命之召而遂稱疾，不果朝，宜與夫不

俟駕之禮若不相合，然以是爲不敬王也。

【[illegible]】[illegible]講。豈與。句曾子曰。句晉楚之富。讀不可及也。句[illegible]

句彼以其富讀我以吾仁句彼以其爵讀我以吾義句吾何慊乎哉句夫豈不義而曾子言之讀是
或一道也句天下有達尊三讀爵一句齒一句德一句朝廷莫如爵讀鄉黨莫如齒頓
輔世長民頓莫如德句惡得頓有其一以慢其二哉句言惡得有其一以慢其二亦然
頓

慊恨也少也或作嗛字書以為口銜物也然則慊亦但為心有所銜之義其為快
為足為恨為少則因其事而所銜有不同耳孟子言我之意非如景子之所言者
因引曾子之言而云夫此豈是不義而曾子肯以為言是或別有一種道理也達
通也蓋通天下之所尊有此三者曾子之說蓋以德言之也今齊王但有爵耳安
得以此慢於有德乎

朱子曰達尊之說達通也三者不相值則各伸其尊而無所屈一或相值則通
視其重之所在而致隆焉故朝廷之上以伊周之忠聖耆老而猶奔走于左右
天子不敢以其爵德加焉至論輔世長民之任則太甲成王固拜手稽首於伊
周之門矣其所為無辭以致崇極之義不異於孟子之言也故曰達尊其重之人

所在而敬畏焉。雖可與權若知之爵也、齒也、德也。蓋有偶然而得之者，是以貴其尊者
於朝廷者，則不及於鄉黨；施於鄉黨者，則不及於朝廷。而人之敬之，亦或以貌
而不以心。惟德得於心，見於身，刑於家，推於鄉黨，而達於朝廷者也。曾子曰：彼
以其富，其爵；我以吾義，吾仁。子思曰：事之云乎，豈曰友之云乎。孟子曰：惡得有
其一，以慢其二哉。師弟子問意見之相合固如此。

語錄：夫豈不義而曾子言之，文勢似使曾子而悲人也，則可。若是義理不是，則
曾子豈肯恁地說。

雙峰饒氏曰：景子之言，是人臣事君之常；孟子之言，是人君尊賢之道。
東陽許氏曰：仁者循理樂天，安貧守分，故不卹彼之富；義者審度事宜，進退有
節，不羨彼之爵。富只在彼，爵可加我，故用仁義字不同。

纂引：仁則循理樂天而安貧矣，故與富對說；義則不苟受，不以三公易其介矣，
故與爵對說。此自古高人所以藐萬乘而不屑爲者，所謂王公失其貴，晉楚
失其富，他自有浩然之氣在。到他面前都都難爲了。彼以其富，我以吾仁

何憚乎哉其詞只兩平其意則重在仁義上當日爵之與仁義自是抵對不過。矣豈云云本不消如此說只緣景丑俗人恐他未信得到不得不如此提掇所以深明其言之可信也。朝廷莫如爵故盛爵爲一達尊鄉黨莫如齒故齒爲一達尊輔世長民莫如德故德爲一達尊三句所以申上爵齒德所以爲天下之達尊耳非是又添隨在而致隆一意也若說隨所在而致隆則所謂惡得有其一以慢其二哉者孟子於齊又豈有鄉黨之分哉。輔世對御世者言如五百年必有王者與其間必有名世者王者便是御世者名世便是輔世者就人臣之分言故不曰治世而曰輔世。一說輔世只是濟世如云輔之翼之以左右民皆就人臣之分言。長民長治也君長之長自天子至大夫士皆說得長民非長育之長也。惡得句接上文當過文云夫天下有三達尊今齒德二者皆在我而齊王僅有爵耳惡得有其一以慢其二哉只是以一二較多寡而爲層件不復拘於朝廷鄉黨與輔世長民矣尤見得朝廷莫如爵三句只是申明達所以爲天下之達尊而無隨所在而致隆之意孟子亦惡得有其二且鄉黨莫

如齒孟子之於齊王何鄉黨之論乎曰此只要齒字出下以鄉黨也

〔存疑〕豈謂是是字指景子所言說以孟子之不赴召爲不敬景子之所言也豈謂是者言我之意豈說道如子之所言也蓋子之言以我不當不避王之召我之意則以王不當召我也曾子曰以下至惡得有其一以慢其二哉正是說不當召已之意然其意猶未甚顯至故將大有爲之君以下三條則意思明白識出矣至管仲且猶不可召而況不爲管仲乎則圭角盡露矣引曾子之言說曰夫豈不義而曾子言之是或一道也則天下有達尊三以下當是解曾子所言之意蓋曰朝廷莫如爵輔世長民莫如德德便是在義此所以不慊于彼也大意是如此

〔管窺〕長民對輔世言不必連君說較妥當自惡得二句至末竟竟纍纍反反覆覆皆是說不當召我耳然却終不曾明說王不當召我一字詭今齊王二字

自晦翁曰耳仍欲渾之妙

〔纂說〕不義猶云不合於理豈有不合理之言而曾子肯言之者是決不是義

論○是或一道也是或二字暗對孟子覓道本大同而隨處所在謂非一物亦一道也彼亦一道也則皆道也此道字就萬殊之道說是或云者猶云這裡邊或有一個道理非世俗人所知者○天下有達尊三達通也乃天下人所通尊者三者各自為尊而天下人亦莫不尊之故謂之達尊不必以朝廷鄉黨來交互○看莫如二字正是說達字若再有可以等而齊之者非達矣○爵雖有崇卑此只論其貴者齒雖有高下此只論其長者且爵字內意重在君說觀末句可見○莫如德德字雖指有德之人卻只渾說如爵齒亦然因下有有其一句亦難道有爵盡無德者也德即仁義之道有得于身心而可以措之於天下者論到這裡竟在無可與比者非達尊而何○莫如二字雖朝廷鄉黨亦在內然不可相形說只在各一尊上論不然以爵而論至輔世長民爵不如德以德而論至朝廷德又不如爵且亦不為達尊矣非孟子本旨○然則爵與德遇奈何曰各伸其敬而已○看一以字不是說一件慢不得兩件之說乃是說不得以爵來傲人也如召之使見豈不是以貴驕人○雖曰慢其二主意只重在德

字齒字帶言之。註曾子之說蓋以德言之也。此何應夫豈不義云云二句之意至此仍繳了曾子之言末句方是孟子自說如云夫豈不義而曾子言之云云蓋天下原有達尊三者這樣這樣曾子之意正是說有德者之無慊於彼也今齊王但有爵耳安得以慢其二

翼註仁義富爵還主仁不啻富義不啻爵說不僅相當而已仁不屈於利欲故對富義不屈於勢分故對爵。輔世不但翼君兼有扶翼世道之意長民不但字民兼有表正民風之意俱主名世之臣言

正訣仁統萬善無所不有故對富說義最高潔巍然物表故對爵說。輔世謂輔君以經濟世道大都世不常治君不能獨治必有夾其旁而羽翼之者故曰輔世民生有欲無主乃亂必有為之司牧居其上而宰制之者故曰長民此正是致君澤民提挈宇宙的勾當下面大有為之謀湯桓之業正包在此四字中如此說方見賢人之德為斯世斯民之所恃賴而不得慢之也俗以輔字解作扶字謂扶持世教以長字解作表字謂表率斯民却是窮居一世常事與下大有

爲不合而字義亦以爲求安世字民對着朝廷鄉黨說謂此一尊乃尊於輔世

斯民之上而非徒尊於朝廷鄉黨一處已也此下補曾子所謂仁義無歉乎爵

楚正以德言之耳然非一道乎然得二句只據三達尊泛論道理而齊王之不

可召自見於言表不必贅指出上輔世長民就大用說下就

看註與若謂輔君濟世則輔世二字作兩截矣長字作撫馭字看

興我求以傷雅道劣居說輔字要輔之

〔講〕講德字便見鄒國學問源流不似他人但以功效設施作誇大語只說出俗儒一肚皮寒乞相來非孟子之所謂德也

〔纂序合參〕引曾子之意正說不當召之意彼以其富四句有抑富貴伸仁義意非指當之謂吾何慊句是仁義無愧於富爵之意○惡得有二句語意雖極聳峻卻未嘗明指亦爲責師二字在口上道不出故爲此迴漏不盡之意耳說一慢字先破他王之敬子句後說尊樂不如是不足與有爲痛切發明敬王之意

按德字可該仁義字德兼爵而爲達尊故仁義無慊於富爵

〔讀〕孟子曰以我不赴召爲不敬子言如是也而我不應召之故別有在豈亦說到

四書玩注詳說　卷之二　四　天游　　　　堂

如是歟曾子嘗曰晉楚大國之富誠不可及也然彼以其富我以吾至足之仁仁統萬善不啻富也彼以其爵我以吾至貴之義義超萬物不啻貴也吾何不足而慊然乎彼乎哉曾子之言如此世人但知富與爵耳曾子獨偉仁義于其上夫豈不合于義而豈言之乎是或一種道理之所在也其道何在蓋通天下之所尊敬者有三樣人有爵位者一年齒高者一道德全者一在朝廷之上以貴臨賤名分不可或踰所尚莫如爵在鄉黨之中以少事長先後不容或紊所尚莫如齒若夫輔翼一世而致治安長率萬民而成教化惟有德者能之所尚莫如德德便是曾子所言之仁義此所以不慊于彼之富爵也然則在朝廷者其爵雖尊不過達尊之一耳惡得有其爵之一遂以之而慢夫齒與德達尊之二哉我之意謂此耳

故將大有為之君讀○大有為連必有所不召之臣句○所不召連欲有謀焉讀則就之句其尊德樂道不如是讀○尊德樂道連不足與有為也句○與有為連

大有為之君大有作為非常之君也程子曰古之人所以必待人君致敬盡禮而

後往者非欲自爲尊大也爲是故耳

雙峰饒氏曰不如是指謀焉則就之

蒙引不可說做不召乎臣也但要主人君言欲有謀焉則就之正是不召也欲有謀焉則就之帶上文看○尊德樂道不如是謂不如是其尊德樂道也非尊德樂道而又不如是也○德就賢者身上說道就賢者所抱識如仁義忠信樂善不倦其德也如孟子所舉乎治天下之具其道也

存疑必有所不召之臣言有所不可召之臣也不可說不召其臣不召之意亦在其中

淺說必有所不召之臣非有是君則有是臣之說也要主人君言亦不必說君不召乎臣只把必有所不召之臣還他猶言必有所尊禮之臣云其實不召乎臣便是有所不召之臣也其分析細

說約不足與有爲與字實指臣故曰非欲自尊大語氣應在就之處一路

蔡虛齋大有爲之君正是湯桓下節以故字承之

【集說】故將大有爲之君看一將字及下不足與有爲也仍在初起作事之人說不看至後來爲臣者何不可召即賢如舜禹而堯舜以官召之亦無不應者不召之臣只以不字還他說不可召之臣口氣似輕幾猶云道德隆重召不得之人也必有二字與其間必有名世者必有不同必有乃自將大有所爲者說是他自己有底蓋大有爲之君必能識得此人必能敬得此人故一定有之也

【心訣】此節承上言人君不得以一慢二者何哉以其相需之殷而相成之大焉耳故將云云所守在君心上說是君加禮于臣的主意知有所重而不敢慢者正尊德樂道處非謂有是君必有是臣也有謀則就謀即大有爲之謀就即不召也蓋君知天下大事業皆由此臣之道德做出道德即堯舜仁義之道存之則爲德發之則爲道一也尊者崇奉欽承事事遵依不敢忝以己見也樂者欣慕愛樂念念殷勤不至厭煩苦難也尊且樂所謂不敢慢也總於不召而有謀則就上見得不如是則其心信之不篤任之不專或惑於讒邪或移于利勢雖有懷德抱道之士將難效而解體矣何由展布于斯世斯民而與有爲哉

【講】[illegible]將有謀則就就字對前召入[illegible]就見[illegible]就字看箭刺王不當作[illegible]見[illegible]伐尊德樂道意不如是是字緊承上就見來言有謀則就方能大有爲尊德樂道不如是就見便不足與有爲前二句影下湯之于伊尹說後二句影齊王名見說不如是者言不如是其有謀則就也其尊德樂道不如是一句八字須一氣滚下不可截斷亦不宜倒置

【廣炬】【訂】欲有謀焉則就之只了上文不召句耳題眼全在欲有謀三字見其大有爲處 介生

【野辨】故將大有二句須發將字欲有謀焉則要須發欲字

【　】不召之臣乃師傅非翊贊功臣也大有之君其所謀卽王道仁政之事非陰謀秘計也就之乃尊德樂道以師禮事之非脫畧儀節以示褻客爲英雄作用也

【彙宗】其尊二句作與語言賢者欲其如此

【集成】仇滄柱曰不召之臣不可召之臣也非云君不召也此主士身上言 蓋賢

人志大識高氣嚴節勁自待不苟而擇主甚明下文不如是不足與有爲節在不召之臣意中看出（此亦說然與論淺說不同）

講　惟有其一不得慢其二一故從來將大有所作爲之君必屈己下賢有所不可召見之臣如於民社之事欲有謀焉則就而諮之蓋君必如是方見其尊亂仁義有德之人而慕樂其職若堯舜之道可以大有爲於天下若其尊德樂道不如是其有謀則就則重道之心不誠而任賢之心不專不足藉之以大有爲也

故（頓）湯之於伊尹（讀於連）之學焉（讀）而後臣之（句）故（頓）不勞而王（句）桓公之於管仲（讀）學焉（讀）而後臣之（句）故（頓）不勞而霸（句）

先從受學師之也後以爲臣任之也

雙峯饒氏曰何處見得學而後臣蓋學師之臣相之也觀尹之辭無所遜於湯桓之於管一則曰仲父二則曰仲父亦可見師之之意

存疑　湯之於伊尹桓公之於管仲學焉而後臣之尊德樂道也不勞而王霸者足與大有爲也

攷序 按饒說學焉後臣只是尊禮而且委任之非不是先之以爲問然後從其學焉

爲臣也臣字不是卑之之詞是○本文亦無先學焉而後臣之意只是所學

教也○

集說 看一故字將正大有爲之君也○當其學時正是將大有爲之處亦難道不

臣亦難道便以臣禮加之學焉而後臣之兆大有爲之事既得於啓沃之有素

而且資于斡旋之多方故不勞而王下文見特湯於伊尹如此即桓公之於管仲

亦有然者口氣是如此尹仲因有低昂然留來節地步且只平還爲是

心訣 此節正引證上節意湯桓內要先點出能大有爲下節不勞意方發下故

字有肯先學後臣先後一字要玩蓋聘伊尹於野舉仲於士將與共政謀特爲尊

之臣然而非所先也所衡仲父惟言是聽先從受學而後臣之者也重一學字

上節之就謀正所以就學也下節之受教乃賢人教而人主學賢人之教正是

賢人之謀處人主之學正是人主之就處自古聖帝明王相與有成者皆是如

此舉湯桓一王一伯亦自其易見者言之也語雖平對意有抑揚言雖王降而

天時

伯而尊德樂道之風猶有存者觀章末二語自見不勞二字有意君盡其道則臣盡其能言之節行行之節效措之裕如甚不費力七十里而爲致九合諸侯一匡天下與王圖霸非必拘拘籌計見效而後收其小補之功也

貫註學而後臣非截然先後只是所重在學以從學做第一件事而以委任繼之也委任亦不可少而從學尤急

舒辨故湯之於三句中有兩故字前故字應承大有爲節來至不勞而王又掉出故字來須出得是兩个故字

講故古來大有爲之君如湯之于伊尹先以所道事之從受學焉而後任之爲相尊德樂道也故不勞而成王業足以大有爲也桓公之於管仲先以所道事之從受學焉而後任之爲相尊德樂道也故不勞而成伯業足以大有爲也

今天下截地醜德齊讀莫能相尚句無他句好臣其所教句○其所教連而不好臣其所受教句○其所受教連

醜類也尚過也所教謂聽從於己可役使者也所受教謂己之所從學者也

【蒙引】德齊之德以所就功業言 ○好臣其所教之人惟言其違也 ○不好臣其所受教之人好舍女所學而從我也 ○今天下地醜德齊莫能相尚不能大有爲也好臣其所教而不好臣其所受教尊德樂道不如是無不可召之臣也

【存疑】地醜言無一人能將土地德齊言無一人能奮發有爲故曰莫能相尚好臣其所教不好臣其所受教與學焉而後臣者異矣此所以不足與有爲而莫能相尚也

【集說】地醜德齊不兩乎只重德齊說 ○二臣字作活字用蓋臣之也所教謂聽從予已可役使者也禮面便令召之則來麾之則去之意好臣這樣人大抵戰國時皆是如此 ○所教所受教要知一是已實有此事一是並未有此事蓋聽從於已之人甚多好臣之斯有之矣至於所從學之人當時諸侯何嘗有此但只使他去受教他便已不能了故不好臣之非謂果有所從學之人而不臣之也

【必訣】此節與上節一反一正惟其無不召之臣所以不成其大有爲耳

【附錄】今夫天下對湯桓說

【纂疏】今夫天下諸侯以土地則相類以功德則相等莫有能相過越者此無他故只爲不肯用已下士有趨走承順聽我所教詔之人則樂以之爲臣而任用之若有抱道自重我所受教之人則不樂以之爲臣而疏遠之既無不召之臣又安能成大有爲之業所以地醜德齊終莫能相尚也

湯之於伊尹讀桓公之於管仲讀則不敢召句管仲且猶不可召句而況不爲管仲者乎句

不爲管仲孟子自謂也范氏曰孟子之於齊處賓師之位非當仕有官職者故其言如此

趙注孟子自謂不爲管仲故非齊王之召已也是以不往而朝見於齊王也

問賓師如何朱子曰當時有所謂客卿是也大槩尊禮之而不居職任事但召之則不往

慶源輔氏曰不爲管仲孟子到此不得已而直言之不如是則人[illegible]

不足以知此義也

新安陳氏曰若當仕有官職乃可以其官召之耳

集說 不敢召之不是萌召之之心而不敢用乃敬之之至自然不敢○管仲經世伯業之人然當其尊之繫之尚且不可召况君子抱堯舜仁義之道鄙管仲而不屑爲者乎其不可召也明矣

心訣 湯之于伊尹二句輕只預上文來說以叫起下二句意且猶不可召預設桓公說言管仲伯者之臣桓公且不敢召之况不爲管仲者志伊尹之志學曾子之學堯舜仁義之道足以格君心輔世長民之德無歉于晉楚能爲于大有爲之謀王乃不就而謀之是欲臣之不以學也是慢之而不以敬也而子乃律以人臣應召之理不惟不以不召之臣待我而且不以大有爲之君待王矣敬我之不應召者豈不敬王望王之能大有爲耳此乃孟子以道德自尊之本意○一云惡得以其一慢其二哉不露出王字一云况不爲管仲者乎不露出己字此孟子在說中寓渾厚學者須玩味

【纂序合參】管仲且猶不可召，只借來跌起下句耳，重桓公不召管仲上，而況每隱隱說莫露我字。○孟子不說已不當應召，只明齊王不當召已，正好襯其說道德自重處。

【諸家辨】前三句將伊尹管仲平說，後二句隱隱歸到自身上去，見已非管仲之比，以終我非堯舜之道不敢以陳於王前之意，方與平日不爲管仲之說不相矛盾。○並舉伊尹管仲，而未獨言管仲，蓋欲即已所卑之人而形已之不可召也。若伊尹與湯咸有一德，宜不可召，便不須說。

【淺說直解】上以桓公管仲與湯尹並論者，亦爲當時鄙薄霸功而言耳，然未免落了自家地步，故末二句又將管仲掃倒，以決言已之不可召。

【 】管仲且猶不可召，何管仲二字，微讀看，得管仲一文不值，下不可召說得管仲崖岸斬然中開，且猶兩字躍然而出。

【講】湯之於伊尹，桓公之於管仲，則皆學焉後臣，不敢召之來見者，以其不可以召來也。夫伊尹之不可召，固宜至于管仲，且猶不可召，而況其德其道更有出管

仲而不屑爲之者乎奈何以人臣應召之禮律我也

此章見賓師不以趨走承順爲恭而以責難陳善爲敬人君不以崇高富貴爲貴而以貴德尊士爲賢則上下交而德業成矣蒙齋云總註兩段意俱不可少而下段尤重

新安陳氏曰恭見於外貌者故於趨走承順言之敬存於中心者故於責難陳善言之

慶源輔氏曰天地交而後萬物遂上下交而後德業成此自然之理也世衰道微君不知下賢惟知恃勢以驕賢者下不知自重惟知自屈以諂附君上曰驕亢下曰諂上下之情扞格而不接德之與業奚從而成天下日趨于亂而世俗猶以孟子爲迂濶亦可悲矣

南軒張氏曰孔子膰肉不至而去魯不知者以爲爲肉知者以爲爲無禮皆非知孔子者孟子不朝而出弔不知者或以爲要君知者則以爲太甚矣公孫伸子以門人近焉猶不克知何怖于景丑乎將朝禮也聞王託疾之言而不往義也明日出弔欲王深惟其故取惡意也使仲子知孟子之心則告之曰昔者疾

今日愈而出吊矣豈不正大而何必爲是紛紛哉王託疾要賢邪志也孟子方引以當道可御其邪志乎孟子知人皆可爲堯舜故以堯舜事望王君以僕僕其命爲敬則僕妾服役之事耳孟子於公孫仲子告之不詳二子學者也欲其深省而自識於景子陳義著明如此景子大夫也庶幾其有以啓悟于心焉初不可召而後爲興於齊何也王始不能如湯之于伊尹猶望其感悟于終也暨者俯縮變化皆有深意存焉

【直解】此章重君之不可召臣上前三節因齊王召已以疾而敵其非矣後十七節因齊臣議已不應召而明其不可召總是不能違辭疾之情于齊王而詳明不可召之意于齊臣也須知孟子以道自重正是敬王不是傲王欲王尊德樂道正是鼓其君以大有爲處齊王託疾以召正是不好臣其所受教而無不召之臣矣安望其爲堯舜爲湯爲桓而大有爲耶

【諸家辨】重不可召上人意盡於故將大有爲之君一語蓋欲以道德輔君必先以道德自重其所以自重卻是望王大有爲總要見孟子敬王欲堯舜其君不

□□□□說見意告景丑者節，所以告王意在言外。○

按通章以齊王不可召，已爲主。王使人來，分明是召孟子，便以疾辭，（不得其召）明日出弔，示以非真疾，便是徵發不可召之意，因景子以不敬說，便說（□□□□）以激王，欲王亦通章緊關處。孟子不應任，固是自重，實所以激王，覺下文大有爲之君必有所不召之臣，則已爲不召之臣，正以大有爲之君望王也。雖不應召，未爲不敬王，復因景子說與禮不相似，便引曾子之言，揭出仁義吾何慊，齒德惡得慢，正是不富召意，退洗齒舍去，故將三節說出大有爲之君不可召之臣，又引湯桓二君說，則其意愈明，至末節方直露出不可召，總只是不可召，一意反復。

鑄按：不召二字，是一章大旨，前後都是這个意思。孟子學有本原，故能自重如此，觀其說敬君必要於堯舜，言仁義必本於曾子，言輔世長民、言道言德，玩自文其意自見。

陳臻問曰：（句）前日於齊，（讀）王餽兼金一百，（頓）而不受；（句）於宋，（讀）餽七十鎰，（頓）而受；○（句）（七十鎰連）於薛，（讀）餽五十鎰，（頓）而受。（句）○（五十鎰連）前日之不受（頓）是，（讀）則今日之受（頓）非也；（句）今日之受（頓）是，（讀）則前日之不受（頓）非也。（句）夫子必居一於此矣。（句）○（居一連）

陳臻，孟子弟子。兼金，好金也，其價兼倍於常者。一百，百鎰也。

［蒙引］一百鎰，一千兩也。一鎰，二十兩也。七十鎰，一千四百兩。五十鎰，一千兩。○

重在非字上，謂不免於一，不是也。○

【集說】為巨室章趙氏註云國語云二十四兩為鎰趙岐誤註集註因之則一百鎰二千四百兩七十鎰一千六百八十兩五十鎰一千二百兩當蒙引是止蔡宗註一鎰二十兩解之

【正解】今日之受非謂其似近于傷廉前日之不受非謂其似失于過矯總是泥辭受之迹以為疑也

【心訣】却百鎰與辭萬鍾同意

按下文當在宋當在薛諸氣是已不在宋薛矣則今日字宜活看只作後日判前日說○問意重在不受齊上然且平述為是

【講】此見孟子之辭受皆適於義也○陳臻問曰夫子前日于齊王餽以兼金一百鎰而夫子不受于宋餽七十鎰而受于薛餽五十鎰而受夫同一餽也而受不受異焉吾恐前日之不受齊者是則今日之受宋與薛非也若今日之受宋薛者是則前日之不受齊非也夫子必居一于此矣

孟子曰皆是也皆適於義也

慶源輔氏曰陳臻則就事迹校量孟子可以義理斷之

蒙引王子義言故曰皆是不必說出皆是義也惟其皆適于義故辭爲皆是

陳臻之問只有是字無義字

指南合叅皆是也是字據孟子口氣只是對陳臻非字說講中還與△說是字爲受說皆適於義是朱子推出的蓋所以是者則義也宜留下節用出其意亦須歸辭齊爲是上言受固是而辭者亦是也以下俱發明此意

講孟子曰辭受乃君子大節不可或苟吾之不受與受皆是而無非也

當在宋也（讀○宋連在字）予（頓）將有遠行（句）行者（頓）必以贐（句）辭曰饋贐（句）予（頓）何爲不受（句）

贐送行者之禮也

體註此明受宋餽之是

諸家辨宋薛二節當在二字須照下著於齊三字看蓋言在宋薛可受而在齊則不可受也見辭受皆是意

講 當其在宋也，予將之他國，有遠行。禮，遠行者必有贐，以資道費，宋君致辭曰：餽贐。金以禮餽，義可以受矣。予何為不受？此受于宋者是也。

當在薛也，讀 薛遠 ○在予，頓 有戒心。句 辭曰：讀 聞戒，句 故為兵餽之。句 兵遠 ○為予 頓 何為不受？句

時人有欲害孟子者，孟子設兵以戒備之。薛君以金餽為孟子兵備，辭曰：聞子之有戒心也。○大全小註：有其辭，則義可受矣。

蒙引 當時列國各有封疆之界，一出薛之界，則非薛之令所能行矣。故薛君之于孟子，只得以金為之兵備，而選能解其備，亦不能與之兵也。

說約 題註戒有戒備不虞之心也，辭只說聞子有戒備不虞之心，餽金意旣未出，故又自補為兵一句。○上曰餽贐，可接受字；此止曰聞戒，不可接受字，故補曰故為兵餽之。然故為兵餽之，自對行者必以贐句，亦倒裝文法。○心以贐句受也，為兵餽亦可受也。曰餽贐，曰聞戒，辭而已矣，似反不甚重于有戒心。辭曰聞戒，故那時為兵餽此金，予何為不受？語氣是如此。

集說兩所辭曰俱指薛之君來餽金時所致之辭如今人送贐物說將○戒心

者聖賢處變雖不失其常然難說其心無所戒備而目然以行故曰戒心○然

戒是薛君說聞孟子之有戒心只此二字是薛君之辭然或語說亦多孟子說

其要而言之耳與上餽贐同意故爲兵餽之乃孟子言非薛君之辭矣看語自

明○

薛饋此則受薛餽之是○

按通註金可鎔以作兵器當是於遇變時自謀防衛或人

或鑄諸貲用皆須金也集說有招集兵馬之疑似太張皇

講當其在薛也予有戒備不虞之心薛君致詞曰聞戒故爲備兵之資而餽○

義亦可以受矣又何爲不受此受于薛者是也

若於齊讀則未有處也句○未有處是道無處頓而餽之若是貨之也句○之道化貝焉有焉字君子而

可以貨取乎句○貨取連○大全小註未有所處謂無所館而義不可受矣

無遠行戒心之事是未有所處也豈猶致也

朱子曰取是羅致之意餽之便是被他以貨賄籠絡了問處字是處物爲義

之處否曰是存疑亦從處物爲義之說然
未免看處字太深似不可用
南軒張氏曰人於不當受而受其動於物固也當受不受亦是爲物所動何則
以其歉于物而見物之大也聖賢從容不迫惟義之安外物何有焉物有大小
義之所在一耳
【蒙引】處字一說是孟子無所處一說是齊王之餽無所處然以上文予將有遠
行予有戒心照之則是孟子未有處也而齊王乃餽之則無辭矣○上文兩餽
辭曰字重看正與此段未有處相應齊之餽便無辭○貨謂以物餌之也貨餌
以去則爲貨取矣兩貨字皆是活字
【集說】可以貨取乎是說他取不得不是較量是非○只重君子身上說不重貨
者也
【纂序合參】未有處全重自家說不重他人未有處與上遠行戒心對看是貨之
也與上兩辭曰對看焉有君子何與上予何爲不受對看
【心訣】孟子不受齊餽本意尤在道不行之故非專以貨取也貨取即虛擲之蠹

○爲有君子四字，重看。
按處字只以身所値而言，既不遠行，又無兵変，是全無所値也。或謂於所餽之金無所處置，則不應先說無處而後說餽之矣。○此節明不受齊之是。
〔講〕若前日于齊，則于遠行戒心之類，皆未有所處也。無處而餽之，是以財貨交之也。眾人動于利，斯可以貨取焉，有守義之君子，而可以貨財羅致之者乎？此我之所以不受也。受不受，一視夫義之當否，故曰皆是也。
尹氏曰：言君子之辭受取予，惟當於理而已。
慶源輔氏曰：孟子於此無予，尹氏併予言之者，學者觀此，非惟可知辭與取之義，亦可知所予矣。
新安陳氏曰：孟子辭受，從容惟義之安。陳臻欲辭則皆辭，受則皆受，而不知隨事以酌其義，固哉。
〔旨〕正解：此章見君子之辭受一當于理而已。首節陳臻即辭受之迹而疑其非，下是孟子詳辭受之義而明其是。○全章問答，皆爲齊發，特借宋薛以形之，須抑揚宋薛。上蓋宋薛弱小，孟子偶爾經過，原不望其行道，兼之有詞，故受餽以答若于齊則望其大行矣。乃藐不相合，兼金之餽，即有處尚不可受，況無處而皆取乎。此意臻不能知，孟子亦難以顯言。故只就辭受上辨其皆是。

【存疑】或問有云：此章是孟子望齊十分重大，非猶宋薛比，豈肯以一餽結其局不受者，與子思麾問餽之意同。悟君是否？曰：此意自有，但非正意，只就處餽講為是。此辨甚明

孟子頓之平陸，句謂其大夫曰：句○其大夫連「子之持戟之士，讀○持戟之士連一日而三失伍，句○三失伍連則去之頓否乎？」句曰：句「不待三。」句

平陸，齊下邑也。大夫，邑宰也。戟，有枝兵也。士，戰士也。伍，行列也。去之，殺之也。

趙氏德曰：雙枝曰戟，單枝曰戈。

【蒙引】下邑，屬邑也，如云管下。○失伍，不在伍也。

【達說】失伍，就行師之時言。若平時習訓練，即一不在伍，亦未至於殺也。○

【集說】之平陸，自當有事而往，偶遇其大夫，與言如此，非專為此一段話而之平陸也。○不在行伍之列，不是逃去不在，只亂其隊伍，不在他本等汎地，便是。

去之誅殺之。在軍法必如是也。

【餘朱】者乎分此孟子將正距心失職之罪，故先以失伍發之。

【纂序合參】一日二字妙甚。伍不可一日失，官不可一日曠。此孟子懸寓責成意。

【指南合參】一字三字俱緊。閉不待三者，軍法尚嚴，即一失且置之辟，何待三乎。

此見距心之所以待士明矣。

【諸家辨】董仲舒云：軍法五人為伍，而以下士一人為之長。然則持戟之士，伍長也，所以保衛其伍，如大夫保衛其邑也。謂軍卒誤矣。較常說頗有味。

按之平陸之四方之字俱訓往字。

【講】此見孟子善于諷齊君臣也。孟子一日之平陸，見其民不聊生，乃謂其大夫距心曰：凡事各有職守，子之持戟之士，設于行師之時，一日而三次失行伍，則以兵法誅之否乎？曰：失伍離次，法所必誅，是奚待于三失乎。

然則子之失伍也讀**亦多矣**句。子之失伍連 **凶年饑歲**句**子之民**讀**老羸轉於溝壑**讀**壯者**讀**散而之四方者**讀。散趨至之四方**幾千人矣**句**曰**句**此非距心之所得為也**句。所得為連

子之失伍言其失職猶士之失伍也距心大夫名對言此乃王之失政使然非我所得專爲也

雙峰饒氏曰凶年說得濶如水旱疾疫之類飢歲只是五穀不熟

蒙引 溝長壑深皆有水者

存疑 然則子之失伍也亦多矣是借其失伍之言而責其失職也彷彿似以安社稷爲悅意

纂序 注此乃王之失政使然亦勿直出何如

集說 大夫有事於牧民居其位則必供其職如戰士之行列一般故借以言之

多字從一日及三字來猶言亦非特一日而止於三也

聯朱 此正言以責距心而距心委罪於君

崇道堂大全 因距心之明于處士故遂詰之而使其自處距心歸過于君謂非已所得爲而不思有以自盡也故復設喻以責之

心訣 然則句承上失伍來臣以養民爲職猶士以行伍爲職此是影用不必更

[蒙引]喻亦多矣與三失照應展轉流離者衆雖爲大夫司收養而[illegible]
見此非失伍之多而何深罪距心之失職也此非距心之所得爲[illegible]
專權在上便宜未假距心縱有牧民之念勢豈得專爲哉分明歸咎過于君也
此字指民之離散言下二節此字亦同註失政所該者廣此且就與發言
[彙解]發倉廪以救荒言寬賦税以平日言若平日能寬賦税凶饑亦不至可死散矣
[正解]幾千人總承轉溝壑散四方言
[講]孟子因責之曰士之行列士之伍也臣之職守臣之伍也然則子之失伍也亦多矣何也子之職在養民者也今凶年饑歲子之民年老羸病者轉于溝壑而死壯者散而往四方以求食者幾千人矣民失所是子失職也其如國法何距心曰民之死散距心非不知之但倉廪不敢自發賦税不敢自蠲此其事非距心所得專爲也
[經]曰今有受人之牛羊讀爲而爲之牧之者讀則必爲之求牧與芻矣句○牧與芻連求牧與

芻頓而不得讀則反諸其人乎句○反諸其人連 抑亦頓立而視其死與句○立字意自句至視其死

此頓則距心之罪也句

牧之養之也牧牧地也芻草也孟子言若不得自專何不致其事而去○

蒙引牧牧地也蓋草場也就地食草也芻蓋刈去之草○大抵春夏則就牧地

牧秋冬則須用刈草亦隨所居之便今之養牛羊者大抵不出此二端○凡養

者日則飼之以牧夜則飼之以芻

存疑方既不得爲便當致其事而去不當坐視民之流離轉轉也故距心不能

辞其罪而曰此則距心之罪○

説約兩爲之一樣就常言替他也○求牧令就地食草也○芻則又刈而備之以

補其不及故作兩項○

集説牧之牧字與求牧牧字微有不同註云牧之養之也作活字用求牧牧字

則指牧地而已○求牧與芻不必説求之本人只是尋求之意不得是尋求不

來○蓋距心並未曾求更何言求之不得則反諸其人乎此句是正意故註云權

不得自專何不致其事而去○行政雖在于王而爲民請命者則在大夫得盡其職則任其事不得自專則可以去矣豈有日視斯民之死亡而曰非我所得爲者所以距心於此知其罪距心之罪還只認不求之罪不是認不反之罪反字尚在求字之後反乃所以成其求者距心並未曾求

【体朱】此設喻以責距心而距心自知其罪

蔡道堂大全此正言其罪不容諉牛羊之喻見距心不得辭其責以申明失伍亦多之意○

【翼說】此節非專責距心去只是以不去而明其罪不容諉也距心亦不是專以不去爲己罪蓋言我現居此官則民之失所所謂立視其死者此則距心之罪也此字正承立視其死言○須知牛羊一段意思已含在失伍內此特申明之非兩層○

【心訣】求字最可味正應不得爲意將反諸其人還是立視其死此與受牛羊者商確總之不是要他加此○

反之一法。先塞其避罪之路。視字則直抉其隱情罪案也。

【諸家辨】則必爲之四字最重。寓始終卸擔不得意。

【講】孟子乃設喻以曉之曰。子勿以不得爲諉也。今有受人之牛羊而爲之牧之者。則必爲之求牧地與芻草以養之矣。求牧與芻而不得。則以牛羊反諸其人而去乎。抑亦立視其牛羊之死而不顧乎。吾知必當反其人而不當立視其死也。明矣。子之爲王牧民。既不能請于君以賑之。又不去而坐視民之死。此其罪將安歸哉。距心乃悟曰。牧民而不知預求所以養之。而又不去。此則距心之罪哉。有不容辭者也。

他日見於王讀曰句王之爲都者讀都連爲臣頓知五人焉句人連五知其罪者讀惟頓孔距心句爲王誦之句王曰句此頓則寡人之罪也句

爲都。治邑也。邑有先君之廟曰都。孔。大夫姓也。爲王誦其語。欲以風曉王也。

【左傳】莊公二十八年。築郿。非都也。凡邑有宗廟先君之主曰都。無曰邑。邑曰築。都曰城。周禮四縣爲都。四井爲邑。然宗廟所在。雖邑曰都。尊之也。

【蒙引】知識也。○為王誦之此句記述之言非孟子自為王誦之也若曰誦為王誦之則可然下文須費辭。○王曰云云、蓋不得行其牧民之志而不去者罪也之罪使不得伸其牧民之志者寡人之罪也。

【存疑】為王誦之誦已與距心言及距心之答已二段話也。

【說約】為都治邑恐亦是大概謂邑有先君之廟曰都雖都字一解然不應執定以証此處也不然必如大全蒙引語類諸說何得齊先君廟遠有五處而一時治者皆孟子之所識邪。

【集說】知其罪罪字却只空說猶云能認自己過失底意思。○此則寡人之罪也此句還是從此非距心之所得為也悟出蓋不得盡其職者臣之罪而所以使之不得盡其職者則君之罪也說到此處真亦令齊王不認罪不得此孟子所以為善于開導其君也。

【体注】此述言以諷齊君而齊君自知其罪也要知孟子諷距心其意實以諷齊王兩意相生不可以上節對此節平看。

說鏡　此節要得隱諷意精神全在誦之二字上

諸家辨　王之爲都者二句不宜略言臣於五人外已不盡知而所知五人止距心一人知罪則爲都者失伍不少王都之民睽轉離散者甚多而王之四境不治矣此內便含痛責齊王意○見王是孟子本心前二段特因觀風齊邑而警坐視者耳爲王誦之非称距心是代百姓控訴欲王軫念民瘼也誦之內有無限情意

紫道堂大全孟子欲規齊王之失責而引距心以諷之王但知民之失所爲已過而竟不知使民之得所是王之悟而不終悟也

講　孟子因欲警悟齊王他日自平陸之齊見於王曰王之大夫爲都者臣所知有五人焉而能自知其失職之罪者惟孔距心一人而已于是以已所以責距心距心所以自責者一一爲王誦述之王乃自任曰不能發政施仁而使民不得聊生臣不得盡職此則寡人失政之罪也敢不承夫子之教乎

陳氏曰孟子一言而齊之君臣衆知其罪固足以興邦矣然而齊卒不得爲善國

者豈非說而不繹從而不改歟邪

慶源輔氏曰孟子一言而齊之君臣雖知其非者理明辭達長於譬喻而能感發乎人故也。然齊之君臣雖知其非而終不能改繹者志小氣輕志小則易足蓋原不曾有大規模氣輕則多率多率則凡事說過便休都無猛省自責之意如此則何緣會改

雲峰胡氏曰齊之君臣一時聞孟子之言皆知其非。天理之乍明也。終于不改。人欲錮之也。

【吾林朱】三節分上是詳言以責齊臣而終任其罪。下誕言以責齊君而終任其罪。以二一知罪爲主。重諷王上。

【彙解】通章孟子欲齊君臣之䘏民也。蓋不自盡其䘏民之職者齊臣之罪。不使臣不得伸其䘏民之志者君之罪也。

【翼家辨】總是提醒君臣當盡其職。不可使彼此諉罪意。前三節諷距心見其不咎辭非諷之去。後一節諷王行仁政以救民。非僅望其罪己而止。惜齊君臣終

四書玩注詳說 天時 言 存□堂

無改悔之實。先借士失伍以律大夫失職既借牧人失養以責大夫辭讓罪終遂就大夫受責以啓齊王之罪已通章血脉在爲王誦之一句

孟子謂蚳鼃曰句子之辭靈丘而請士師句似也句爲其可以言也句今既數月矣句未可以言與句

蚳鼃齊大夫也靈丘齊下邑似也言所爲近似有理可以言謂士師近王得以諫刑罰之不中者。

趙氏惪曰周禮士以五戒先後刑罰毋使罪麗于民一曰誓用之軍旅二曰誥用之會同三曰禁用諸田役四曰糾用諸國中五曰憲用諸鄉鄙允後犹左右也

存疑似也言其事近似有理爲其可以言乃解其意。今既數月矣未可以言與是激之使言以孟子今既數月矣未可以言與之語觀之可見當時刑罰不中可言處必多

集說辭靈丘請士師是齊王當初與以靈丘之職而蚳鼃辭之請爲士師[illegible]

已爲靈丘之宰，却辭之而請也。○未可以三字兼君與已之進言説。

【心訣】似也，略其迹而論其心也。且虛説爲其可以言也。正解似也之意，未可以言根數月句來。言爲士師既數月，則近君之久，聞刑罰之得失，不爲不熟矣。豈猶知未審而未可以言與。不作豈王無失政而未可以言看。此句只激之使言，未曾諷之使去。○首尾關係官守應辭靈丘言，責應請士師。

【講】此見孟子不可以蚳鼃例論也。孟子謂齊大夫蚳鼃曰：人臣居是官，當盡是職。子之辭靈丘之邑而請爲士師，若其所爲近似有理也。蓋爲士師，司刑而又近王，王之刑罰不中，則可以爲己責而言之也。然則一居士師之位，當即有所言矣。乃今既數月矣，近君既久，聞刑罰之得失不爲不熟矣，豈王之刑罰皆中而未有可以言之者與。其於子之初意謂何也。

蚳鼃諫於王而不用句，致爲臣而去句。

致猶還也。

【匯解】上句見其盡事君之忠，下句見其得守己之義，重孟子有以激之。

按致猶送也蒙引謂推而送之也蓋臣有職事去則將此職事送之於君

【讀】蚳鼃因此感動孟子是以刑罰之不中者進諫於王而王不用遂致其為臣之職事而去雖蚳鼃明孟子進退之義而實孟子一激之力也

齊人曰句所以為蚳鼃讀則善矣句所以自為讀則吾不知也句吾不知速

譏孟子道不行而不能去也

【蒙引】子之辭靈丘云云以言欸只是激之諫及諫於王而不用致為臣而去此乃蚳鼃自行其志也如何是見得孟子為蚳鼃也曰不必如此蓋有言責者必言不得其言則去此自士大夫去就之律令然也孟子使鼃言鼃既言而弗聽便是如此凝斷了用則留不用則去豈復有餘法哉況孟子云今既數月矣未可以言與其意便是謂苟不得言便當去耳亦可見蚳鼃之去亦孟子之為之也

【集說】所以二字不甚重只是說他底自己行事却不解蓋道不行則亦可去也而不去此所以不知

【心訣】則吾不知只是微刺之意要含蓄意重不去邊

[附]蓋齊人此言但知一律孟子以人臣去就之常。而不知孟子之于齊實……

也。

[考]——所以為蚳鼃為字。只是別人事擔在自己身上。見得極關極懈。尚且

加此耳。

[講]齊人。曰當言而使之必言。當去而使之必去。是其所以為蚳鼃而成其去就之

義者則善矣。然在齊而道既不行。去又不決。所以自為者則君子不知進何如于

為人而借于為己也。

公都子以告。句

公都子。孟子弟子也。

[講]公都子以齊人之言告孟子。

曰。句 吾聞之也。讀 有官守者。讀 守連 不得其職則去。句 有言責者。讀 不得其言則去。句 我無官守。讀 我無言責也。句 則吾進退。讀 豈不綽綽然有餘裕哉。句 綽綽連 然連 餘 裕連

官守以官為守者言責以言為責者綽綽寬貌裕寬意也孟子居賓師之位未嘗受祿故其進退之際寬裕如此

南軒張氏曰孟子於齊處然得從容不迫陳善閉邪以致王之敬可謂盡子進退之正也然卒致為臣而歸從容有餘至齊宣王宣王終莫能用則有去之道也然三宿出晝猶庶幾王之改之終從容不迫也豈特者能識之

慶源輔氏曰臣心有官守者有言責雖未自以為辱然道不行能去乎此為卿其異然卿是者此不聞其能去也豈容于臣心矣

雙峯饒氏曰餘裕是寬綽不迫之意賓師從容規諷以漸而入如今朋友相似少為不入亦當去但寬得些子不似那有官守言責者恁地逼迫不得其職不得其言則冝下便著休或疑孔子亦不脫冕而行則孟子之說不同曰正是一義孔子有去志久矣但主斷不欲無故而去遂俟膰肉不至方不脫冕而行且猶要去可謂無過然亦以微罪行孔子故孔子在衛極多時後來靈公問陳因甚行亦是久有去志因此遂行耳

【[illegible]】進退即去就也。進字對退字生。

【集說】不得其職，如職在輔導君德，或職在教養斯民，皆有當盡之職也。然或君之趨向不同，小人之排阻有間，此時不特不能行己之道，爲不得其職，即承上官下，苟且塞責，亦不得其職也。先王建官授職之意果如是乎？不得其言，只是言之不用而已。○齊人所以自爲之訑，原主在孟子之不去上，故孟子亦藉蛙進退上淺淺說，言我之所處，不與蚳鼃同耳。至于王猶足用爲善，及姑待其悟以行其道之意，都不曾說出。

【心訣】孟子闢言，只明己不去之故，主退說，進字帶言之耳。不得其職，爲君所絀，而不得專其職也；不得其言，爲君所拒而不行其言也。二則字甚緊，總不得便去，不可一朝居也。路途極窄，無可寬轉去處，與下綽綽相反。此四句只引起下三句，言不合就去的，非謂居人國者皆然，惟是有官守言責者云云。要補蚳鼃宜去意。蓋二者皆不得也。進退要看得活，不退即進，只就去與不去之間說。既無官守言責，則相繼而自效也可，善藏而俟後也亦可，留不爲濡滯，去不必急遠，豈不寬然有餘裕而得委蛇其間哉。常說謂鼃不得其言，此謂二者皆不得。蓋鼃之言責即其官守，不得則俱不得。

尹氏曰：進退久速，當於理而已。

雲峰胡氏曰：集註前引尹氏言君子之辭受取予，惟當于理而已。此又引其言曰：進退久速，當於理而已。蓋天理人欲之幾，最不可不辨。當辭而辭，是天理；受即非矣。可久而久，是天理；速即非矣。如此則當于理，不如此則涉于欲。故惟聖人能審其幾焉。

【■】孟子曰：彼齊人惡知我哉？吾聞之也：有官守者，君制之而不得專其職，則去；不攝其職也。有言責者，君使之而不得行其言，則去；不任其責也。彼其進其退，有不容苟者，人臣之義當如是也。若我也，雖在三卿之中，而不受萬鍾之祿，無官守也，亦無言責也。進之由我，而無所於拘；退之由我，而不必于激。蓋有非人臣之常法所得而拘者，豈不綽綽然有餘裕哉？是可見其為蚳鼃也，臣道也；其自為也，師道也。君子之進退，豈齊人之所能識哉？

【纂序合參】此章上二節，蚳鼃感孟子之諷，因可以去而去；下二節，孟子因或人

之訊而明可以久而久○因見守官守道之不同守官去就聽命于官守道去就聽命于道○

孟子爲卿於齊句出弔於滕句王使蓋大夫王驩頓○蓋大夫王驩連爲輔行句王驩朝暮見句反齊滕之路讀未嘗與之言行事也句○與之言連

蓋齊下邑也王驩王嬖臣也輔行副使也反往而還也行事使事也

慶源輔氏曰使事謂弔祭之禮○邦交之儀○凡禮文制數皆是○

【蒙引】前章註孟子之於齊處賓師之位下有問賓師如何朱子曰當時有所謂客是也○大概尊禮之而不居職任事召之則不往○今此爲卿於齊雖說全是客卿又後章註曰我前日爲卿嘗辭十萬之祿則是嘗爲卿○但不受其祿○以示齊王非利富貴耳○若全說是客卿○則不居職任事況可使爲我出弔乎○召之且不往況實使之乎不必全說是客卿○但與他卿終是不同爲不受祿也○故又曰仕而不受祿就仕上見得不全是客卿○不受祿上見得不全是齊卿○問既是賓師如何爲之使曰所以使王驩爲輔也○此孟子所以不辭行也○

【存疑】事兼儀文器數升降揖遜往來交際之類儀文也筐篚玉帛之類器數也

【集說】反字包一往一還但在內故註云往而還也不是只在還時說

【心試】王驩小人在大衆前則抗爲鶻驥之觀在途間無人窺見則朝暮見以致其媚蓋欲得孟子之色假以爲重也

【□□】正見孟子之待王驩不惡而嚴也孟子爲客卿於齊遇滕國有喪爲王出吊於滕王使蓋邑大夫王驩爲副輔其行王驩朝暮進見往返齊滕之路相接甚久孟子竟未嘗與之言出吊所行之事也蓋以王驩非可與言之人故耳

公孫丑曰句齊卿之位讀不爲小矣句齊滕之路讀不爲近矣句反之頓而未嘗與言行事讀何也句曰句夫既或治之句治之連或字頓予何言哉句

王驩蓋攝卿以行故曰齊卿夫既或治之言有司已治之矣孟子之待小人不惡而嚴如此

南軒張氏曰孟子雖爲卿而實賓師也則夫禮文制數固可付之於有司是王驩雖曰輔行然齊王之□□□□孟子以爲亦無有司之事不敢以煩而驩則行

之也孟子特統其大綱于上而驩則供其事於下若驩於事上之禮有失邦交之儀有曠則孟子固不免有言以正其事之失也彼既或治之未見有可正之事則亦烏用有言哉此以驩爲有司不可從

慶源輔氏曰夫既或治之正答公孫丑未嘗與之言行事一句孟子言使事有司已治之而得其宜矣則自不須更與王驩言也只此可便見孟子之待小人不惡而嚴之意使有司不能治其事於禮儀制數有曠闕不齊整處而孟子固不於驩言而正之則非所謂不惡矣今有司既已能治辦其事而猶與之言則便有狥之之意而不可謂之嚴矣然自常情觀之孟子之不與驩言不以爲惡之而不欲與之言則以爲易之而不足與之言矣夫惡之而不欲與之言則臨易之而不足與之言則忽臨與忽孟子無是心也但言有司既已能治辦其事而不與之言則亦是順理之事而其中自有不惡而嚴之意耳故愚嘗謂君子之待小人有正己而無屈意有容德而無過禮惡惡之心雖不能無然亦不爲已甚之疾也

新安陳氏曰君子以遠小人不惡而嚴易遯卦大象傳文孟子于王驩不欲與言於弔公行子亦可見今答丑不過平平說所以不與言之意未始及也蓋欲使丑自悟耳○治之朱子以爲有司南軒以爲驩正是治之者當依朱子爲是

蒙引大註有司不指王驩若是驩朱子何故又云有司且驩既號齊卿則又豈以有司目之惟南軒以爲驩是各自爲說非解有司以爲驩也○問大註有司字何處尋來或曰在夫字非也在或字問當時出使既有副使矣又焉用有司途次何容得許多人曰今之出使外國有正使有副使副使之下又有許多名色八等皆有以辦使事者而二使皆只是總大綱挈要領而已此亦古今大略相同○當時驩王嬖臣也亦甚尊重豈於行事一一親理問當時設有司所未治孟子容得無言否曰自不至有不治孟子只是託言耳慶源之說太泥○夫既或治之言自有人理之了不必與驩言也朱子實是於或字生出有司字

存疑以子入太廟每事問觀之使事雖有人治亦不嫌問此云然者託詞耳不是而嚴不必依輔氏說

【說約】按趙注王驩齊之諂人有寵于齊後爲右師則是其官雖尊亦諂媚然不[illegible]
一言不但此行然又各有托辭以謝之各妙。【纂序】按朝暮見亦無不發一言
之理當看行事二字是未嘗與言出使事以示不與小人共事之意也雖道[illegible]
日亦偶相對不成。
【集說】丑之問在出使事已畢之後背地來問。有司自是出乎下邊供用之人或
字正指此等者是驩則于或字不順當一云彼既以治之矣。治字兼料理其事
及料理固已停當二義蓋往則宜商其如何行事還則宜道其行事之善否也
【纂註】路不爲近見時之久
【正解】齊卿二句在見可以與言不爲小見勢分相次而非隔不爲近見相接日
久而非有追總要起下未嘗　言行事句
【講】公孫丑不知而問曰凡人或勢分相隔或周旋不久則言有所不能盡者王驩
大夫今攝齊卿之位不爲小矣自齊至滕之路不爲近矣往而且返之而未嘗
與言出弔所行之事何也孟子有難於顯言者托辭以荅之曰使事不治與之

共議可也。今出弔儀文禮節，天既有從行宮屬各司其事，已治辦而得宜矣，子又何言之有哉。此孟子之待小人不惡而嚴也。

〔旨〕〔纂序合參〕此見君子待小人之法。上節是與嬖臣同使而待之嚴，下節是公孫丑致疑而答之婉，總是待小人不惡而嚴意。

〔集說〕孟子之待小人不惡而嚴如此。二句只管通章。不與之言，嚴也。及丑未能或治之乎何言哉，辭氣雍容，是不惡處。然玩註意，還是於嚴字上較重。

〔說統〕孟子待王驩，與孔子待陽貨是一個家法。○弔公行之不言，不私言也，故謂不當言而斷于禮；弔滕之不言，不公言也，故謂不必言而斷于事。總然都是託詞。

〔心訣〕滕之弔，不與言，託于事之治；公行之弔，不與言，託于禮之嚴。雖是託言，却是大段道理，自足以默消小人結附之心。倘事不治、禮不嚴，孟子還與驩言乎。愚按：有司若不能治事，孟子亦只自命有司，正不必與驩言也。

孟子頓自齊葬於魯句反於齊句止於嬴句充虞請曰句前日頓不知虞之不

□之不使虞敦匠事句嚴句虞頓不敢請句今頓願竊有請也句不頓若以美然〇何以美進

孟子仕於齊，丧母，歸葬於魯，嬴齊南邑。充虞，孟子弟子，嘗董治作棺之事者也。嚴，急也。木，棺木也。以、已通。以美，太美也。

蒙引：充虞，孟子弟子，嘗董治作棺之事也，不是虞平素以治棺爲業。〇董治，董督也，非自治也。〇不曰木棺也，而曰木棺木也，重在木字，棺之美惡只在木之厚薄堅脆，若制作無甚工否。〇

說約：按人物，槩孟子處齊有憂色，擁楹而歎，孟母見曰云云，則時母蓋同在齊。〇既喪而歸葬于魯也。孟子，鄒人，而曰歸葬于魯者，趙岐曰孟子魯公族孟孫之後，故鄒本邾，至孟子時改曰鄒，近魯，後爲魯所并，或又曰爲楚并，非魯也。〇嚴，喪事匆匆也。屬孟子敦治也。詩：王事敦我。注：敦，猶投擲也。似屬我以治之之義。略同。

集說：反於齊者，孟子當時仕於齊，則田宅必皆在齊，葬母事畢，反齊而居之耳。〇

郎仕於齊也。○當時孟子之來必多經營而務求其美之意。虞之欲請只是疑
其大過而已。蒙引以為欲少損之以事急而止，及虞蓋以為觀美之說還覺未
是。

【指南合參】止於嬴，是歸路偶泊此。可問之一間時，謂餘哀未忘，不忍遽前，非也。

【講】此見孟子之厚葬以自盡其心也。孟子為卿於齊，有母之喪，自齊歸葬于魯。既
葬，又自魯而反於齊，止宿於齊之嬴邑。弟子充虞請曰：前日夫子有母之喪，不
知虞之不肖，使虞董治匠作之事。當時夫子喪事急迫，虞雖疑不敢請問。今事
畢從容，願竊有請也。向者所用棺木似過于太美然。

曰句古者頓棺椁無度句中古頓棺七寸句椁稱之句自天子頓達於庶人句非直
為觀美也句為遮○直然後盡於人心句

度，厚薄尺寸也。中古，周公制禮時也。椁稱之，與棺相稱也。欲其堅厚久遠，非特為
人觀視之美而已。直，但也。大全小註

慶源輔氏曰：人子之葬親，所以為之棺槨者，蓋欲其堅厚以歷久遠而已，非是

欲爲人觀視之美也。蓋必欲如此然後於人心爲盡耳。盡于人心此一句須當自體之。若後世之厚葬却只是欲爲人觀美之故也○古者棺槨無度想只是過於厚觀易衰葬取之大過可見至周公制禮時始定爲七寸之制也。棺七寸則槨亦七寸也。

雙峰饒氏曰周尺七寸只如今四寸許

[蒙引]虞蓋以爲觀美○言體有但爲觀美之事者此却非也直字帶下讀先以非爲觀美也然後盡於人心破之乃接之云雖必如是然後盡于人心然使無財或法制所不得亦不得以自盡其心也下文又承之云所以得之爲有財而遂用之者正爲無使土親膚耳。

[存疑]此一條是說先王之制以解木若以美然之疑。

[纂序]下有且比化者節註堅厚久遠意且虛通講。

[體注]此言周公制厚葬之禮正所以盡人子之心處人分上是著其制下是推其義。

纂序合參　古者一句，顧只引起下數句。人心是人子之心，非他人之心。
心訣　非直、然後，煞相呼應，然後二字極有味。
講意　孟子曰：古者夏殷以前，棺槨厚薄無尺寸之度，及至中古，周公制禮，棺始用七寸，而槨亦稱之，自天子以達於庶人，皆得用之，非但為人觀視之美已也，蓋必如是，然後堅厚久遠，而得盡於人子之心耳。
不得讀不可以為悅句無財讀不可以為悅句得之讀為有財讀古之人讀皆用之句吾讀何為獨不然句
不得，謂法制所不當得。得之為有財，言得之而又為有財也。或曰：為當作而。
慶源輔氏曰：不得得之之說，葬禮如重累之數，牆翣之飾，既有定制，則不可得以為悅，非獨指棺槨而言也。
蒙引　悅，快也，所謂盡於人心也。法制所當得，畢竟是棺七寸，槨稱之，自天子達於庶人然，上面自天子達於庶人，只言聖人制禮，棺槨皆令得致其厚者，非為觀美為然，後盡於人心意，垂下來，然後承之云，惟必如是，然後盡於人心

不得不可以爲悅云云。且比化者無使土親膚則又是一意上文然後盡於
人心處亦未得見此意出到此方云云蓋孝子仁人之用心正在此耳天理當
如是勢又得如是而或不如是則是爲天下儉其親矣○然後盡於人心得盡
其心則悅矣下文則又承之曰不得不可以爲悅無財不可以爲悅云云然此
意稍輕下文於心獨無恔乎乃是此意此段尙重在得之爲有財○不得不可
以爲悅一段重在有財上蓋上段自天子達於庶人已是法制得爲了故下斷
之曰且比化者無使土親膚於人心獨無恔乎乃可以爲快也
存疑此條是說已所以羨其木之意得之正指先王之制有財言也何爲蓋制
雖得爲而財不足亦不能如制故并言之
蒙引以爲悅即俗云如意
集說不得不可以爲悅此句是設辭無財不可以爲悅此句是實語二句斷重
無財上言如或有所限制而不得或天子可用士庶不得用便不以爲悅若得
之矣而無財以濟之亦不可以爲悅自天子達于庶人既得之矣而又爲有財

之時古之人皆用之而從其厚者吾何獨不然何爲獨不然者人子于親行得一分便要盡得一分只有欲爲而不能豈有能之而不爲者乎○得之不得雖只指木而言 專指木與輔氏說異然亦可從

【体宗】若制正七寸之制古之人皆用公制禮以後之人皆用之指葬親言

【心訣】何爲二字要分曉言爲無財耶抑爲不得耶

【講】凡君親之喪有限於禮若分所不得爲者不可以盡心而悅若貧乏無財力房不能爲者亦不可以盡心而悅分既得爲而又爲有財古之人皆用之而從厚吾何爲獨不然哉棺槨之美亦猶行古之道也

且比化者讀無使土親膚句於人心讀獨無恔乎句

比猶爲也化者死者也恔快也言爲死者不使土親近其肌膚於人子之心豈不快然無所恨乎 此節還當泛說

【蒙引】生變而爲死故曰化猶逝者○無使土親膚正是堅厚久遠處○其爲□以此爲盡心以此爲悅者其歸在乎無使土親膚而已○一說曰□□□□

心又一則曰爲悅又終之曰于人心獨無恔乎孟子于此只要自盡其心而已豈有一毫外慕之心哉○且比化者一條不是別一段意即上文然後盡于人心也蓋得之爲有財而遂用之者正謂無使土親膚耳尋常說者泥着且字遂爲更端之語非矣且是發語辭其實一意相發故總結之吾聞之也君子不以天下儉其親○此說覺明

〔存疑〕且比化者條是說用之正欲無使土親膚自盡其心也曰於人心獨無恔乎應上文然後盡於人心句曰盡於人心曰悅曰恔都是一意此心必盡然後悅法制所不當得不能盡其心不悅也法制當得而財不足不能盡其心不悅也得之有財而用之無使土親膚然後此心始盡始悅恔自悅也

〔集說〕蒙引以且比化者一條爲不是別一段意未爲不是然著一且字其實只一意而一節一節說愈入情也古者節尚執古今人可以盡心處說不得節是說禮雖如此而或有不能以自盡者我則得之爲有財矣何爲獨不然便說到自己身上了至且比化者節又自人子盡心處說到死者之膚此時至情真有

睿已說更無功矣看承還一節緊接一節說爲是。爾無二字反乎字竟從人子至情懇切處言之

〔心訣〕緊承說去必如此方爲盡人心非另更端之詞無徵不信貴然說終天之根豈有快時只此心無歉然不到處上言悅此言恔總是个盡于人心

〔講〕且棺槨堅厚非無所取爾也爲已死者久遠之計無使土親延其亂膚則死者之體魄安矣父母既安於下其於人子之心獨不快然無遺恨乎

吾聞之也讀君子頓不以天下頓儉其親句

送終之禮所當得爲而不自盡是爲天下愛惜此物而薄於吾親也

〔闡〕不以天下儉其親朱子曰以猶爲也不爲天下惜棺槨之費而儉于其親也王氏中說記太原府君之言一布被二十年不易曰無爲費天下也文意畧與此同

〔蒙引〕大哉送終之禮所當得爲而不自盡是爲天下愛惜此物而薄於吾親也此物二字不專指棺槨是泛說也且曰吾聞之節此一語古語也安知古語者

椎鄙說耶或兼生事葬祭說耶此物二字自虛不可指定椎鄙就此章言則以葬

終之禮○天下猶言世上言無來由爲世上惜此物而薄於吾親爲何

存疑 此是因上文之意而反言以結之言得之又有財若不用之亦有爲不

盡正是爲天下愛惜此物而薄其親君子不爲也

集說 不以天下儉其親中仍含得之有財二義不然則孟子之前喪及喪之

無財者爲儉其親也多矣難道便不是君子

大全 此節述所聞言君子不薄其親正以證己當厚其親而求之美非過也經

意正接上文意宜提掇在吾聞之上君子指仁人孝子言

諸家辨 儉以愛惜物力意非不是故墨子桐棺三寸而無椁節命之曰節用不

知爲天下惜物力遂儉約其親而不求盡心不幾厚所薄薄所厚乎孟子亦曰

墨者夷之治喪以薄爲其道也是其行則非也彼所謂薄其親而悅之者吾未之前聞矣

聞字與古應君子字與夷子應與墨教薄喪對有大關係故足此二語

講 向使得盡其心而不自盡是爲天下惜此椎鄙之費而薄於其親也吾聞之也

君子不以天下財物而儉其親蓋慎終之禮必當盡心也子何疑焉

新安陳氏曰此章當深盡於人心及悅字說見悅字人子事親至葬而無尤附於身者

與棺必誠必信勿之有悔焉蓋不如是無以盡於吾心不爲悅不爲侈也[illegible]

且校然後於心爲盡不得爲而僭爲與可爲而不爲皆非盡於人心也已不得爲

可以爲悅則制不得爲者爽不敢過曰得之有財何益不然則力所能爲者爲

有忍於不及厚所當厚而不儉於親無非天理也盡於人心盡天理而已矣

【貫講】厚合參總是欲盡人子之心先王不禁其厚盡人心也曰悅曰據盡心之謂

也不以天下儉其親則心盡矣

【說統】當時墨氏教與世風趨薄葬親之禮或多不節其制不若以美然是其過

厚而徒爲觀美隱然有惜物儉於親之意不知人子無窮的念頭特借此少伸其

萬一耳古者四節段段破太美分之疑意都重在盡心上

沈同以其私問頓曰句燕可伐與句孟子曰句可句子噲頓不得與人燕句[illegible]

子之頓不得受燕於子噲句有仕於此讀而子悅之句不告於王讀而私與之[illegible]

何〇孜與連五之祿爵連　夫士也讀亦無王命讀而私受之於子何受連何

以異於是句

沈同齊臣以私問非王命也子噲王之名見前篇諸侯土地人民受之天子傳之先君私以與人則與者受者皆有罪也仕爲官也士卽從仕之人也

慶源輔氏曰沈同問燕可伐否孟子固不問以齊伐燕爲如何也若是以王命來問孟子必當詳告之不但曰可而已也〇註云與者受者皆有罪謂不由其道妄取妄予如子噲子之之徒者由其道則三聖之授受乃先天而天弗違之事不可以罪言也

〔蒙引〕初燕王噲讓國於其相子之而國大亂有可乘齊人謀伐之時孟子在齊齊之君臣蓋有利人土地之心而又恐爲賢者所不與沈同蓋齊臣之用事者故以私問于孟子亦或齊王之陰使之也故私以其事問而自行其事〇何以異於是言子噲子之之以國私相授受何以異於以爵祿而私相授受者所以著其罪也若指其罪所以明燕之可伐也

〔體宗〕伐與一分上是齊臣私以伐燕為問下是孟子深明燕罪之可伐以其私問
四字稍有意蓋惟以私問故只答以可伐若以王命問則便有欲伐之意必言
齊之不可伐矣二不得字是以王意律之何以異於是方是著其罪以明其可
伐也

〔實發序合參〕此節提出王字作主腦○子噲二句正明可字之意而不得字說得
斷落是燕君臣罪案○則可並非疑詞言私爵祿之不可也何以異於是據燕
論燕未曾一字及齊

〔說統〕可字亦只據公論說而不得字是斷案內含受之天子傳之先君二意然
照下罪告於王與亦無王命看只重無王為是本文王字指齊王只可意会
鑑按陽明先生文云燕非子噲子之之燕天子之燕也召公之燕也象賢之臣
守之子噲責也惜恭而從臣之子之分也又云自其不當與而言無王命也
先業也自其不當受而言僭王章也
好君分也鄙說可伐處略然明白

〔□〕此見燕可伐而齊非伐燕之人也齊人沈同以其私意來問於孟子曰燕君臣
以國私相授受其罪可伐與孟子據理答之曰可伐矣諸侯之土地人民受之

天子。傳之先君在子噲不得私與人以燕在子之不得私受燕於子噲[illegible]
求仕者於此而子悅之不告于王而私以吾子大夫之祿爵與之夫彼士也亦
無王命而私受大夫之祿爵於子則可乎其不可也必矣彼以土地人民而私
與私受何以異於是以以為爵私授受者乎。此燕之所以可伐也
齊人伐燕句或問曰句勸齊伐燕讀有諸句曰句未也句沈同以其私問燕可伐與句燕可伐也。吾應之曰讀可句彼然讀而伐之也句彼如曰讀孰可以伐之句則將應之曰讀為天吏頓則可以伐之句今有殺人者句或頓問之曰讀人可殺與句則將應之曰讀可句彼如曰讀孰可以殺之句則將應之曰讀為士師頓則可以殺之句今以燕伐燕讀何為勸之哉句
天吏解見上篇言齊無道與燕無異如以燕伐燕也。史記亦謂孟子勸齊伐燕蓋傳聞此語之誤。
【蒙引】或者之問蓋不以伐燕為然也。○殺人人可殺兩人字不同【下】人字是殺人之人也。

【存疑】未也只作未曾說蒙引謂未有其机故曰未也而不曰無之非是

【集說】彼然彼字蠻指沈同然卻兼齊之君臣說彼如曰孰可以伐之彼字則專指沈同○以燕伐燕且就無道上說他無異尚未説到殺其父兄係累其子弟上則天吏亦只泛說謂能行仁政者說蓋此時齊方去伐燕也

【纂序】接上節告不告王命補此節士師則燕逆齊同亂皆以無王命也至乎言仿行仁暴尚未嘗及耳此另一說姑備之○以燕伐燕猶言齊之歌以暴易暴○【合纂】此節當以天字為主燕之私授受是不奉天命齊之擅所伐是不奉天討非堯舜而揖遜故召齊之師非湯武而征誅故致燕之畔

【會纂大全】蔡氏曰彼然而伐之以上正言已未嘗有勸齊伐燕之語天吏以下明言已所以不勸齊伐燕之意

【心訣】孟子辨不勸齊之意即上節以噲燕可伐之言翻案而成是知始而謂燕可伐者豈為齊謀乎揖遜之典天命之公也不得以私燕也終而謂齊不可伐燕者豈為燕謀乎征伐之權天討之公也不得以私齊也

講齊人借孟子之言而伐燕或問曰勸齊伐燕有諸孟子曰未嘗勸齊伐之也但沈同嘗問燕可伐與吾應之曰可彼遂然吾之言而伐之也彼如復問曰孰可以伐之則吾將應之曰必奉君弔民奉行天討而為天吏者則可以伐之若非天吏則不免擅伐之罪矣譬如今有殺人者或問之曰此殺人之人有可殺之罪與則將應之曰有可殺之罪矣彼如復問曰孰可以殺之則將必應之曰奉君執法而為士師者則可以殺之若非士師則不免擅殺之罪矣今燕雖為可伐之國而齊則非伐燕之人齊非誅君弔民奉行天討之天吏則以齊伐燕無異於以燕伐燕也何為勸之哉

楊氏曰燕固可伐矣故孟子曰可使齊王能誅其君弔其民何不可之有乃殺其父兄虜其子弟而後燕人畔之乃以是歸咎孟子之言則誤矣

朱子曰孟子言伐燕處有四燕父子君臣如此固有可伐之理然孟子不曾教齊不伐亦不曾教齊必伐但曰為天吏則可以伐之○或謂孟子於沈同之問君為不盡其辭以告之曰沈同固非能伐燕者且其以私來問又不言齊之將

伐燕也則宜以可伐之理告之是矣若遂探其情而預設辭以伐之則是[illegible]
險詖之私爾豈所謂聖賢之心哉且齊雖無道若能拯燕之道民於水火之中
而無殺父兄係累子弟之暴則其伐之也亦何爲而不可哉

雙峰饒氏曰惟士師則可以殺有罪之人泛泛如何可以擅殺惟天吏可以伐
無道之國諸侯如何可以擅相征伐天吏天所命者士師君所命者天吏以其
有道故天命之征伐如湯武是也沈同安曉此理但知人之可伐而不知己之
不可伐人

【通】【正解】此章見天討之不可私也上節就燕論燕見燕有可伐之罪下節就齊論
齊見齊非可伐燕之人上節只發明可字下節只發明未也二字孟子不肯輕
許伐燕亦不肯輕與齊私字是一章之斷

燕人畔句王曰句吾甚慚於孟子句

齊破燕後二年燕人共立太子平爲王

【存疑】王蒙引謂是湣王依愚見只是宣王蓋宣王曾以取燕問孟子勸其下議

人心宣王不用而致於燕人之畔此所以慙于孟子也若是齊王何慙之有不

宣王而曰王亦儞然豈詞不同耳不是爲異

心訣 齊之伐燕所謂乘人之危不仁致人之畔不智王之慙于孟子慙其不用

孟子順民心之言與弭兵之策此正媿心之萌却未曾剪芥花何自解之意正

人臣所當引之以改過者詎意陳賈之逢其惡也

講 此孟子儆陳賈爲君文過之非也齊取燕後燕人共立太子平爲王乃畔於

齊王曰吾初欲取燕孟子嘗勸我順民心既諸侯謀救燕孟子又勸我置君而

去我不曾用其言而今其言皆驗吾甚慚愧焉而無以見之也此亦其羞惡本

心有不容自已者

陳賈曰句王讀無患焉句王自以爲讀與周公孰仁且智句○與周公讀仁且智讀王曰句惡句

是何言也句曰讀周公讀使管叔監殷句○管叔以殷畔句知讀而使之讀是不

仁也句不智讀而使之讀是不智也句仁智讀周公未之盡也句而況於王乎句賈

請見而解之句○請字貫至解之

陳賈齊大夫也管叔名鮮武王弟周公兄也武王勝商殺紂立紂子武庚而使管叔與弟蔡叔霍叔監其國武王崩成王幼周公攝政管叔與武庚畔周公討而誅之

[蒙引]陳賈意只要坐下不智與周公故下文又云周公知其將畔而使之與曰不知也賈斷然曉得不是知其將畔而使之亦斷曉得孟子不以為是知其將畔而使之

[說約]賈意大段重不知而使見事固難料也引事則在一畔字映帶

[集說]賈之意不論古今人行事何如只是說燕之畔原出於臆料之外當取燕時何得師思量到此似與周公不知而使之一般故借以為說不止只是說聖人有過今人亦不能無過也○請見孟子而解王意只是要釋王之慚且見孟子辨論一番萬一可伸其說則王不必慚矣陳賈小人只解逢君那是要講求道理

[存疑]此賈妄引周公之事而為辨說以解其慙無患焉分以下正詳無患之實無患謂勿憂無以解慙也賈以齊取燕豈知其畔就把公使叔亦豈知其畔

但說其臣不仁特形起下意耳○賈請見孟子而辯之非言在孟子而周公過

王也以爲辨得周公有不智之過則王昧取燕之智而致燕人之畔其過不足

爲意矣此便是解了

〔正解〕而况於王乎見不可以周公之所未能者而責之王也

〔說統〕陳賈明知齊王不敢與周公較量而反令其自揣孰仁且智即且字便

倒在智一邊知而使之只要形起不知周公知其將畔亦只要引出爲不知其

曰周公未之盡亦正謂不是不仁必是不知定要坐周公以不知之過一邊以

聖如周公猶不能仁而且智則王亦可以少自寬矣

〔指南合參〕知而使之是惡養天倫而置之必不可救之畔故曰不仁不知而使

之是骨肉應情曾不能燭照而敵計故曰不智未之盡謂不能兼盡也見得聖

如周公且不能兼盡仁智何况于王

〔存疑〕陳賈鄙夫乃逢其君曰王無以此爲患焉試問王自以爲與周公孰仁且智王

聳嘆曰惡是何言也我豈敢望周公哉賈曰昔武王克商立紂子武庚以祠商

後周公實使管叔監守武庚之國，及成王初立，管叔蔡叔與武庚同謀以畔，周
假使周公預知管叔之叛而故使之，是陷管叔於死，不仁之甚也；若不知管叔
欲叛而誤使之，是無先見之明，不智之甚也。仁智，周公未之能盡也，豈
於王，豈能與後來之事乎。賈請往見孟子而爲王解之，何傷焉。

見孟子(讀)問曰(句)周公(讀)何人也(句)曰(句)古聖人也(句)○(聖人連)曰(句)使管叔監殷(讀)管
叔以殷畔也(讀)有諸(句)曰(句)然(句)曰(句)周公知其將畔(讀)而使之與(句)曰(句)不知也
(句)然則聖人且有過與(句)○(有過連)曰(句)周公(讀)弟也(句)管叔(讀)兄也(句)周公之過(讀)不
亦宜乎(句)

言周公乃管叔之弟，管叔乃周公之兄，然則周公不知管叔之將畔而使之，其過
有所不免矣。或曰：周公之處管叔，不如舜之處象，何也？游氏曰：象之惡已著，而其
志不過富貴而已，故舜得以是而全之；若管叔之惡則未著，而其志其才皆非象
比也。周公詎忍逆探其兄之惡而棄之耶？周公愛兄，宜無不盡者。管叔之事，聖人
之不幸也。舜誠信而喜象，周公誠信而任管叔，此天理人倫之至，其用心一也。

程子曰象憂亦憂象喜亦喜蓋天理人情於是爲至舜之於象周公之於管叔其用心一也管叔未嘗有惡也使周公逆知其將叛果何心哉惟管叔之叛非周公所能知則其過有所不免矣故孟子曰周公之過不亦宜乎

問周公誅管叔自公義言之其心則正大直截自私恩言之其情終有不自安處所以孟子謂周公之過不亦宜乎者以此朱子曰周公豈得已爲此哉莫大罪惡底事胡氏云象得罪於舜故封之管蔡流言危周公以間王室得罪于天下故誅之非周公誅之天下之所當誅周公豈得而私之哉舜處其常周公處其變此聖人所以同歸於道也

語類問周公當初做這一事也大段疎脫他也看那兄弟不過是怕武庚叛故遣管蔡霍叔去監他爲其至親可恃不知他反去與武庚同作一黨不知何故紂出許个兒子也怎地殺得他想見他當時日夜去炒那管叔說道周公是你弟今却欲篡爲天子你是兄今却只恁地管叔被他炒得心熱他性又急所以使發出這件事來竟卿問是時可調護莫大殺否曰他已叛只得殺如何調護得

叔霍叔監殷漫畀鼓輕所以只因于郭鄰降爲庶人想是舊時被管蔡徵發蓋
事來騷動許多百姓想是也怨人
慶源輔氏曰周公不忍料兄之惡而使之故不免有過是以孟子亦言周公之
過不亦宜乎不説周公無過也
雲峰胡氏曰詎忍逆探其兄之惡而棄之此一句最見得周公之用心孝子之心
誠信而喜象不忍逆以其弟爲詐爲兄之道盡矣周公之心誠信而任管叔
不忍逆以其兄爲叛周公爲弟之道盡矣故曰此天理人倫之至人倫即是天
理特分而言之天理其自然者人倫其當然者爾逆先也
〔蒙引〕然則聖人且有過與不智是過若不仁則不止於過也過字要如此認
周公弟管叔兄愛兄之心勝容有不料其有他而使之者○周公之過天理人
情所不能免之過也故曰不亦宜乎則其不幸也○蓋必求無過必須逆探其
兄之惡而棄之矣然則孰與有過之爲愈乎蓋有過之過小無過之過大也此
尋過眞是聖人之不幸而已何以罪兄也○周公之過所以爲宜者此雖仁者

能知之薄於骨肉者所不免也。陳賈亦未必便深識其所以爲過處。

〔附考〕周公如巢是不知其將畔而使之，蓋愛兄之心蔽之也。若謂已知其將畔，惟不忍以不仁待其兄而姑使之，是以惡養天倫，若莊公之於叔段，其不仁甚矣。故蒙引謂是不止於過。○然則聖人且有過與？謂不知其兄之將畔，失之不智，是過也。周公弟也，管叔兄也。周公之過不亦宜乎。言周公於是宜有過也。蓋周公不可逆探其兄之將畔也。此處直以全天倫存本心爲重也，且不論智識。○上言周公弟也，管叔兄也。兄弟至親，周公必誠信管叔而致其叛，有是過，失兄弟之間始得其道。使逆知其將叛而棄之，似可免于不測之禍，而其無兄之罪大矣。故周公之過當有不當無。周公而無過，則所得者少而所失者大，惟當論其大，不必錄其小。是其無過，適所以爲過也。周公而有過，則所失者少而所得者大，惟當取其大，不必計其小。是其有過，正所以免過也。此周公之過所以爲豈與舜之信象同一天理人倫之至，天下後世未嘗以是病周公者。○過本不當有，亦有當有者，若周公之於管叔是也。蓋事有重於此者，此處須細認似且要

曰丘也幸苟有過人必知之意周公以兄弟而愛不智之過孔子以君臣而諱君

黨惡之過然周公之過初不自知孔子之過亦明知之此其不同也

【集說】既曰不知也則過字俱只就不智上說不必再說不仁亦不必說則仁亦

成其不智蓋周公之仁其見在平日說不是以監殷爲仁其見處且仁而不智

是其蔽也愚矣何得云不亦宜乎○有過亦只在使之監殷而以殷畔言說不

必說到後來殺其兄處○當時天下初定武庚不容於不立立武庚不容不使

主其祀但商之頑民尚多何得遽無反側故使骨肉之親往監其間周公如此

真亦明無不到者觀又於骨肉間再逆料一番則天下無可使之人矣何以直

使之監殷然曾知其後之畔乎此亦氣數使然聖人之不幸然亦未免是著此

一著其過真有不能免者矣要實說是周公之差處不必爲之回互

【承朱】此因賈坐周公以不智之過而明其過之爲宜便見齊王之過爲非宜矣

有過與分上問聖人而推其過下責聖人不容于無過○賈得孟子不知之論

遂曰聖人且有過與設問之意全在于此周公實是不知只緣愛兄之心故

曾計較到此○不疑其畔而卒至于畔則其過也○過于厚其過于愛耳豈非天理
人情所宜有乎○公若求無過則惟逆探兄惡而棄之○難得免不智之誚如舜之
何如天理人情何○曰聖人豈無有過便有何況常人意曰不亦宜便見常人不至
宜有意然且没問泛答○宜字從兄弟二字來兼叔而非公之兄也則可逆探
其惡公而非叔之弟也則可求免於過公而叔之弟也何忍求免於過故公之
過在他人則爲不宜在公則爲宜在他人或以爲不宜在君子則以爲宜○然則
公之過雖不幸宜于一時而公之心則可自白于天下萬世天下萬世雖曰不
能諱公之過而自可以諒公之心

【蒙註】周公之過不亦宜乎全在不忍逆探其兄之惡上發揮○管叔之畔蓋萌
于既使之後而非釀於未使之先似誤認存商之爲忠又誤疑輔政之非忠也
事出偶然乎且未有端倪周公如何逆得他

【心訣】見孟子設問句句有意先曰何人欲得其爲人而說之也○既知爲古聖人
然後問其殷之有無既知其事之有然後問其知而使之及得孟子不知之對

蓋曰聖人且有過與反覆致問之意全在於此責許多執耶○周公之心在王室以己心爲管叔之心而不忍以管叔之心爲有異于己之心周公之過過以誠也過以仁也不害其爲明也借周公不使管叔而使他人是見之惡未形第乃遽擇而先棄之矣枝害陰賊之甚豈所以爲公所以爲聖人乎是則周公未可以不知過之也○

【正解】爲兄受過故曰宜只可說這過是該有的不可說當理若當理則非過矣○不知管叔之畔與不知燕人之畔其不智亦相類但所爭只在周公弟也管叔兄也二句孟子不說周公無過只說周公以兄弟之故不忍逆料自宜有此過○在他人不可以此例論矣

【[illegible]】艾千子云周頑民殷忠臣既武王護管叔皆得罪於名教不可不辨○援使殷可圖復以爲忠則微箕之罪上通於天矣此極背理大不道之論得于于此議足破千古狂霧○周公之過何嫌光明洞達質待後人爲之解說斯蓋此時只宜有過不宜無過豎儒不要此識見豪下一轉曰其有過一如無[illegible]

蚍蜉蠛蠓之論矣

闡賈遂見而問曰周公何等人也孟子曰古之聖人也曰周公使管叔監殷管

叔以殷畔也有是事乎曰然有其事也曰周公預知其將畔也而使之與曰周

公若知管叔之畔豈肯使之必是不知其將畔也曰周公聖人也既不知其將

畔而誤使之亦不能無過矣然則聖人且有不能知人之過與曰周公非他乃

管叔之弟也管叔非他乃周公之兄也公以愛兄之心誠信使之實不料其守

變至此然則周公之過不亦天理人情之至爲所宜有者乎而豈後世所可以

之藉口哉

且顧古之君子讀過頓則改之句今之君子讀過頓則順之句古之君子讀其過也

讀如日月之食讀○民頓皆見之句及其更也讀民頓皆仰之句今之君子讀豈

徒順之讀又從爲之辭句○從字貶至末

順猶遂也更改也辭辯也更之則無損於明故民仰之順而爲之辭則其過愈深

矣責賈不能勉其君以遷善改過而教之以遂非文過也

新安陳氏曰孟子責賈爲君文過之惡於不言之表而責之

新新張氏曰周公與管叔親愛之而不知其將叛其過也宜矣賈爲君文過

之中又生過焉

汪氏曰己富貴而兄弟無位仁者弗爲也兄弟忘其親而以惡逆之智者弗爲

也自陳賈觀之以周公爲仁智未之盡由君子觀之周公貴仁且智者也不與

以叛而卒至於叛不免於過乃所遭之不幸也及其叛也不以私恩害公義誅

之以安宗社天下是於過爲能改矣其不得已而行權也

蒙引今之君子不必說指賈亦不必說指王只是泛論而寓責賈之意於不言

之表聖賢是甚次第爲見賈特地撰出此議論於他面前講必有个來頭必是

慫慂處他故綴以此語其實未知其爲王解燕人畔之慚也○其過也與民其

更也相對皆就君子身上說故註曰更改也又曰更之則無損於明故民仰之

○民皆見之○民皆仰之亦全在君子身上說○順之而爲之辭則其過愈深矣○

皆就君子上言○更之則無損於明明君子之明也及其更也民皆仰之[illegible]

有如日月之食而復其明者焉讀上已有如日月之食了○且古之君子過
則改之云云是一節意○其過也云云又是一節意此與下文二句相反對見
得不是爲之辭所謂君子惡居下落如育天自日者諸爲之辭則前無民皆見之後
無民皆仰之一○豈徒順之云云重在爲之辭一句豈徒順之承上文而帶過下
意耳○又從爲之辭爲字是如字不可讀作去声○責賈不能飽君遂其改過
而教之以遂非文過此意也要微微說○愚觀新安陳氏註云云孟子寬賈爲君
文過之心於不言之表而責之亦有斟酌分曉孟子責陳賈之意亦微微說
當時賈不曾明說出云云孟子亦安得顯然責之云云故君子字不可認作齊
王又不可認作陳賈愚意孟子之說虛虛依集註則君子是齊王
君子疑古之君子其過也如日月之食至爲之辭只是單過則改之二句意甚
意謂古之君子有過則就改今之君子有過就順將去古之君子其過也猶
日月之食民皆見之初不隱諱及其改也復於無過民皆仰之今之君子豈徒
順之而已又從而爲之辭謂於過則改之上又添个無隱諱意於過則順之

下文說个爲之辭意總是即上兩句意而充拓之也○順者順從之謂遂其過已
前只依他做去更不更改便是順也爲之辭爲文其過不肯改是君子自改順是
君子自順辭是君子自解辭故爲字不讀去声
【說約】此節只連過字帶下開論一番而又指見大臣對言古今人不特其過
下相及處過亦不相及也○下段古之君子其過也直至仰之爲一截今之君
子豈徒順之又爲之辭爲一截一是不諱其過一是文飾其過也皆進一節意
【蒙引】說燕人畔矣而陳賈便來有此一番議論聖賢之心如明鏡止水自然知能
是爲此說故末節深責之○更之則無損于明明字是借字從日月之食說來
纔在君子身上說說个無損則其前亦將有不明之時但更之則依然無損
於明耳更字有兩義有可改之過有必不可改之過如周公之過正可改得益
在常人以改過爲更在聖人以始終無過而偶有此一點之錯不足以掩其本
明之体爲更也以前無過以後無過亦可○蒙引所謂微微說者只是不要直
指他姓名而顯責之耳其實猶而爲之辭說得或何心焉成而人無罔[illegible]

自明矣講中不妨明白正大侃侃而談只不避諱陳賈遂稱是語意模糊了

【体注】朱此節總泛論古今君子處過之異以譏責陳賈之意意思實譏責在文過上

古今君子俱泛之說註責賈不能勉君一句是朱子推出意宜緩在後

【翼註】古之君子泛說不指周公未設人皆見之固不肯爲之辭更也人皆仰之

又不必爲之辭如此云與下面有情之爲之辭是自文已過陳賈代爲君飾又

在言外

【說統】此節發然則聖人且有過一句生來亦只渾渾說

【講】且人不能無過而所以處過者不同古之君子事不及察而有過即能自認其

過而改之今之君子事不及察而有過却不肯認錯即順着那過做去而辯了

自改古之君子當其有過明白示人無一毫遮飾就如日月之食一般天下誰

不見之及其汲汲改圖復于無過就如日月復明一般依舊光明照臨天下之

人誰不瞻仰至於今之君子豈徒順從其過不肯改圖又從而借假一段說話

彌縫掩飾以欺人之耳目此古之君子所以能立於無過之地而今之君子所

以至歸于有過也。自愛其身者，固當以古人自勉；愛人以德者，又豈可以今人待之哉。

林氏曰：齊王慙於孟子，蓋羞惡之心有不能自已者。使其臣有能因是心而將順之，則義不可勝用矣。而陳賈鄙夫，方且為之曲為辯說，而沮其遷善改過之心，長其飾非拒諫之惡，故孟子深責之。然此書記事，散出而無先後之次，故其說必考而後通。若以第二篇十章、十一章置之前章之後，此章之前，則孟子之意不待論說而自明矣。

【直解】孟子全【旨】首二節陳賈曲為王解所慚。下二節斷其飾議聖人之過，而責其不知改過之道。

【存疑】於陳賈處見王之無可自解，於論過處見賈之不宜為王曲辭。

孟子致為臣而歸（句）。○致為臣連。

孟子久於齊，而道不行，故去也。

【蒙引】致，送還也。見臣謂致送為臣，猶還其政於君也。○致為臣，還卿位也。○孟子

於齊任而不受祿。與所謂仕不過署其名。而實則未嘗食祿任事。正所謂實[illegible]

為卿常辭十萬之祿也。故去就得以自由。

存疑 王制七十而致政。註曰致其政於君。此曰致為臣。是致還為臣於君也。前為君之臣。今致還於君。不為之臣也。今云致仕亦然。○孟子於齊先處賓師之位。後亦嘗為卿。雖不受祿。畢竟是臣位。故曰為臣。

集說 歸、將歸也。未便即去。只是辭了齊王。安排作歸計也。

講 此見孟子不虛拘于齊也。孟子仕齊為卿。雖不受祿。亦臣位也。久而道不得行。乃致為臣而歸去。

王頓就見孟子讀曰句前日頓願見而不可得句得侍讀同朝甚喜句今又棄寡人而歸句○棄寡人遠不識頓可以繼此而得見乎句○繼見遠○對曰句不敢請耳句固所願也句

新安陳氏曰謙言君得侍賢者同朝者皆甚喜

蒙引 本是孟子千里而見王。今日得侍。是言已得侍賢者也。本是齊王自言今日同朝甚喜。見得同朝者皆喜。則王之喜又當何如。亦言為辭也。

【存疑】同朝甚喜，該君臣在其中。

【集說】請是請之於王，而再約其相見之日；所願指以後相見而言。

【翼注】請與願俱承繼見。不敢請者，恐有干進之嫌；固所願者，出于愛君之意。

齊王止云繼見，是目下已不留孟子了。

【心訣】就見，就孟子之館而見之，乃別之也，非留之也。得侍同朝，謙言得侍教乎孟子而與之同朝也。甚喜，自謂得償願見之懷而喜之甚也。不必講滿朝俱喜。夫不能用之于在國之日，而欲繼見于去國之後，王之辭雖眷，而意則疎矣。不敢請見，無枉道之意；固所願見，有行道之心。然口氣亦只渾融，含有望其枉道行道在言外見之。

鑰按：心訣解此章節節圓活可玩，惟得侍同朝句與他解不同，不必泥。

【講】王就見孟子曰：前日夫子未到吾國之時，寡人願一見而不可得；及到吾國，而寡人得侍夫子，不獨寡人心喜，凡我同朝之臣，其心皆甚喜焉。今又欲棄寡人而歸，不識夫子肯不終絕寡人，可使繼此之後尚得再見否乎？孟子對曰：繼見之期，不敢預以為請耳，然此心固所願也。此可見行道為君子之本心，而枉道一為君子之大戒也。

讀王謂時子曰句。我欲頓中國而授孟子室句。授字趕至室字養弟子以萬鍾句。弟子連

大夫國人讀。諸大夫連皆有所矜式句。子頓盍為我言之句

萬鍾也。中國，當國之中也。萬鍾，穀祿之數也。鍾，量名，受六斛四斗。矜，敬也。式，

法也。盍，何不也。

趙氏曰：四豆為區，區受斗六升。四區為釜，釜受六斗四升。十釜為鍾，鍾受六斛

四斗。

〔蒙引〕「他日」二字，見得孟子亦有遲遲其去之意。

〔存疑〕孟子欲去時，齊王不曾要留。一時去來，纔到他日，齊王見其拳拳不忍，故為此

留也。其留之不誠，亦可見矣。不能行其道，而徒留之為矜式，業既無成，况又不

誠乎？此孟子所以必去也。

〔集說〕孟子為卿，想亦自有所居宅第，此云授室，猶云講習之所耳。○矜式，曰君

所，猶言孟子一去，則無可敬而法則之人了。一般意思，矜式二字相聯，乃敬而

法之非敬自敬法自法也。

[翼註]但使臣民矜式而已則不使道行於上矣。

[心訣]他日王謂他日二字可玩與三宿同意王實無留孟子意只僞爲覓其善去餌去遂謂可授而止乃漫爲緩詞以留之耳王若曰全前後吾鄉所以留孟子矣夫無事而留之在孟子義所不處任官而煩之在大賢情所不屑故云則孟子雖投閒而弟子皆食氣猶之養也失之于三卿得之于萬鍾亦非其意也且跡遠于同朝而矜式于國中則德望尚可以垂儀刑未必非挽[illegible][illegible]之一執也此全是虛文無庸復用之之意可想賢者豈爲是羈縻耶國字起下諸大夫國人謂衆所屬目之地室與祿不在重祿養上故孟子下文只以萬鍾爲詞。處之中國不與共天位也享以萬鍾不與共天祿也使人矜式非其著用之也分明謂孟子迂闊無用姑羈縻之使之坐鎮雅俗以空邀慕賢之名耳。

[講]孟子雖欲去而猶有不忍遽去至于他日王因謂其臣時子曰我欲當[illegible]之[illegible][illegible]而授孟子以居室養其從遊子弟以萬鍾之祿使上而諸大夫下而[illegible]

所以故而取法焉子何不爲我言之而遽去之勿去也

孟子因陳子頓而以告孟子句 陳子以時子之言頓告孟子句

陳子即陳臻也

衆引 所依托也此方是托陳子以告孟子下句言[illegible]孟子

不然下一句是衍了

心訣 令時子而啓於王設誠以留之可也何爲謂陳子而以告之孟子令陳子

而徹時子教王殷勤留之可也何爲以議[illegible]告于孟子一[illegible]一[illegible]

托皆以尊其德望厚之祿養是王之[illegible]可留焉

正解 齊王不敢自達而托于其臣[illegible]孟子門人亦[illegible]

矣然以利誘之實非能尊孟子而[illegible]亦未嘗告知孟子也

廣炬訂 因字是一對顱便[illegible]

講 時子奉王命因托陳子以轉告孟子[illegible]孟子

孟子曰何然何夫時子[illegible]不可[illegible]

為欲富乎句

孟子說道不合[illegible]去則其[illegible]不可[illegible]而[illegible]今若祿則又有難顧言者故道

[illegible]復說欲富[illegible]萬鍾之饋是豈難欲富

[illegible]上[illegible]云此[illegible]成[illegible]欲富乎做甚明順而[illegible]問之詞原非[illegible]口氣可不說

[illegible]計[illegible]孟子之意道合則從不合則去豈

[illegible]多[illegible]言者顧之則訐揚齊王之失而有戾於

[illegible]臣所履之義

[illegible]此時子[illegible]陳子所述時子之言而曰是如此耶然時子惡知我之不可

數義留鄉○且王之欲養弟子以萬鍾者豈以予爲欲富乎如使予欲富云云

[illegible]又前日不受鄉祿亦是以當時諸侯只挾其勢祿在手以爲足以[illegible]天下

之士也如是則得賢之心薄了要望其上下交而德業成也故孟子[illegible]而[illegible]

不受其祿使齊王知其志不在温飽耳故曰如使予欲富云云

[illegible]孟子[illegible]之意難明言故特假如欲富[illegible]

【翼注】按正誼以辭王止此下皆因欲留二字引證明之

【蒙引】孟子去之之意原是道之不行此時若說王不行我之道豈所以爲聖賢之言故註云有難顯言者一又字對時子不知而言還只是道不行非另有一番話說也淺說未是。總是道不行則去而已按室萬鍾矜式三句渾不是孟子本意特萬鍾又覺卑陋故孟子借以言其不可爲此而留耳非按室矜式之爲可留獨不可爲萬鍾留也況辭十萬而受萬亦不是正經主意特爲時子遠人說如此。是教時子自思不是欲富卻是爲着甚來。辭十萬是爲卿時[illegible]未受祿故曰辭不是已曾受而辭之

【合說】然者然其留之之言有如此也猶云這等耳非以其言爲是也惡夫其不可揣揣道不行而義不可留言但此意難以顯言故止就時子命書言之下特借欲富爲辭如使何不必謂王以我爲欲富是自設言以見己之志在行道意若云留人者必諒人之所欲今以萬鍾而留我必我爲欲富之人也則可如使予欲富則先曾辭十萬之多于昔而復受萬鍾之寡於今計亦左矣即在欲富

者必不若斯之昧也。況我本非欲富者耶。既非欲富則所欲殆別有在矣。豈可以萬鍾而留哉。丢下不可留一段公案而告以欲富之言微以龍斷之行但是對俗人的話頭。

講齊王之所以處孟子者未爲不可。然道不行而諄諄以祿養爲言。近于利誘孟子婉言以拒之曰子所述時子之言是如此耶。夫時子惡知我之不可以留齊也。夫齊王之所以處我者如此。而我復留是欲富矣。如使予欲富。當受其多。前辭十萬鍾之祿而不受。今乃受此萬鍾之饋。辭其多而受少。欲富者固如是乎。況我本非欲富耶。

季孫曰句異哉。子叔疑句使己爲政不用。讀已爲政連則亦已矣句又使其子弟爲卿句。其子弟連人亦孰不欲富貴句而獨於富貴之中讀有私龍斷焉句。龍斷連

此孟子引季孫之語也。季孫子叔疑不知何時人。龍斷。岡壟之斷而高也。義見下文。蓋子叔疑者嘗不用而使其子弟爲卿。季孫譏其既不得於此而又欲求得於彼。如下文賤丈夫登龍斷者之所爲也。孟子引此以明道既不行復受其祿則無

於異此也微寓據之意

夔溪蔣氏曰觀季孫所訝子叔疑之事以見我不敢效此之意辭爵而受饋嫌
多寡之不同畢竟是既不得於此而又求得於彼也

蒙引二使字不同上使字是如使之使下使字是子叔疑使之也已指子叔疑
也矣之已止也集註云蓋子叔疑者嘗不用而使其子弟爲卿可見二使字不
同○獨字與上句就不字相反應独于富貴之中有私龍斷焉直指子叔疑也
○龍斷猶言絕頂○問子叔疑是不得於此而又求得於彼龍斷者是欲得于
此而又兼得於彼如何以爲同曰不得此又欲得彼者原其本心則是欲得此
而又取彼也

存疑辭十萬而受萬雖多寡不同畢竟是既不得于此又求得于彼也故引季
孫訝子叔疑之語以明之○斷絕也龍斷岡壟之絕高處也

蒙存私字緊與上独字應○此處龍斷且且囫圇講

彙說又使使字却是叔疑使之此使字有經營籌辦節所講二篇之說也不然

已不做官，難道子弟便不許仕於其國？人亦孰不欲富貴？人字只就平常人說，三富貴，講人不欲，而彼獨若此，言其可異也。未說到私龍斷，便牽了人之富貴上。○龍斷已高，而又且私之，據爲一已之有，可異之甚。下節只釋龍斷二字，未曾釋私字。

【心訣】過此節，夫人一欲富，則其貪可勝節乎？舉季孫訕子叔疑之事，只起下龍斷之說耳。○人皆欲富，而獨爲富者欲便是私，自嘗利有個龍斷之術，以暗藏爲市，以爵祿爲奇貨，故可異也。○不用二字最吃緊，孟子之去不可留，全在於此，故露出耳。

【指南合參】孟子不明言所欲，而但云不欲富，其辭甚隱，及引季孫語，說到不用則亦已矣，又使其子弟爲卿，不覺心事透漏出來，明明影着自家不見用罷了。

【旨□】又使子弟受其萬鍾之養，乃直自借人話表自已心。

【正解】叔疑是客，龍斷是客中之客。

【講】且我既辭卿位，復以萬鍾留我，是不得於彼而求得於此，與子叔疑無異矣，皆季孫者孔子叔徒曰異哉子叔疑之爲人也使己得位爲政至不見用則亦已矣又必百計使其子弟爲卿以代己此其志不過爲富貴耳夫人情亦孰不欲富貴而子叔疑欲于富貴之中展轉營謀有私據之龍斷焉不亦異乎季孫之言如此

古之爲市者讀以其所有讀易其所無者句有司者讀治之耳句有賤丈夫焉賤丈夫連句必求龍斷而登之句以左右望而罔市利句左右望連人頓皆以爲賤句故頓從而征之句從而征連讀自此賤丈夫始矣句

孟子釋龍斷之說如此治之謂治其爭訟左右望者欲得此而又取彼也罔謂罔羅取之也從而征之謂人惡其專利故就征其稅後世緣此遂征商人也

雙峰饒氏曰左右望是欲全得之萬一不得於此亦可得於彼不得於此是譬喻辭十萬得於彼是譬喻受萬

慶源輔氏曰文王關譏不征是三代之初皆如此

新安陳氏曰孟子有引喻以終之不復說上正意者此章之類是也

【纂引】言一罔將去能併云都包得去罔謂網羅取之也有一罔括盡之意○然求龍斷而登之以左右望而罔市利者蓋市所貿易或此處有穀粟而無魚鹽則魚鹽得利矣或此處有魚鹽而無穀粟則穀粟得利矣或止利魚鹽而不兼穀粟或止利穀粟而不兼魚鹽能來爲龍斷也龍斷者登高以望之盡得其所有無以魚鹽馳至無魚鹽處而貨焉又以穀粟馳至無穀粟處而貨焉以至其他所利處皆然是爲罔市而包括取之故使人賤之也然隆古之時尚以此爲壟而今此則皆以此爲當然而不復以爲怪惟恐貨力之不充而已是又可以論世道矣

【纂說】古之爲市者一句所無者三字聯讀則緊接有司者治之耳若兩者字作兩截不成文理○有司者只是司市之官但治其爭訟未嘗征也○望而罔市利還是看何處利多何處人稀我便逐此利去○如魚鹽利多則販賣魚鹽穀粟利多則糴糶穀粟欲使利盡歸於己也存疑云其處利穀粟則以穀粟趨之其處利魚鹽則以魚鹽趨之蒙引以魚鹽馳至無魚鹽處而貨焉又以穀粟馳至無穀

是龍斷貨爲其欲罔天下之利非罔市利也義雖無大關係然亦要知○人
皆以爲賤還只在市之人說初間從而征之或只以其前利妨人明之有可賤
處示罰而已然此節既言遂並商人一槩征之故曰征商自此賤丈夫始矣此
節只說登壟斷者之可羞可賤以釋龍斷之說如此則私龍斷者可知矣○自
時子退知其不可以下總節欲留一節以明其無固此而留之理正意總未說
出壟者亦須斟酌○首段云所無者三字聯讀極是然其說猶未明若字當都指所無之物言
【備考】治之耳分上表古無征商之說下原後世征商之自總是釋龍斷之可賤
見已不可復受齊祿以取賤也
【心說】此節善計龍斷二字然正意只引出一賤字來發揮句首四句特摘古之
不征商以起下文征商之意有賤丈夫有字有味從古未有如此者一旦忽有
此人○見異哉之意登龍斷以左右望見其貨得利處便以其貨驟至其所有一
網指盡之意罔字兼言其罔利也自此始始字極重言此法由賤丈夫專利而始是
以一人而貽萬世之厲階也曰有賤丈夫曰人皆以爲賤曰自此賤丈夫始不

將一人以爲賤，而人皆以爲賤。不特駕禍于當時，而又遺禍于後世。其賤殆甚
可惡之甚也。欲富貴者與此一樣，則是以士大夫之實而下同商賈之賤，亦可
惡之甚矣。此子孫之所以詬予叔疑也。今王以萬鍾而留予，是亦市利之類，無
也。予若辭十萬而受萬，是以龍斷之罔市利也。與人亦以予爲賤丈夫，亦以予
爲異哉之子叔疑矣。而予肯爲是哉。要知孟子非真謂齊王以利誘以市道處
也。若曰君子之居人國，行其道也。予之不見王與王之用予以行道焉耳。今
既不用，則可已矣。若隱顏淹留，使弟子受祿，是欲富也，是賤丈夫云云也。可謂
執甚焉。本意全在爲政不用句，但不好開言耳。○市中焉得罔龍斷之高處
四方之利，只是極形容市人計利之狀。必求若登高利期于必得也。左右望者，目
無遺見也。罔者，手無遺取也。當時縱橫之士，朝而關暮，抵壁走大國，如蘇此盛
求龍斷者也。東馳西突，求遂位高金多之欲，以驕妻嫂，此左右望罔市利者也。
齊子鄙之爲妾婦，又鄙爲賤丈夫。妾婦者，婦女之留鬚眉也。賤丈夫，商賈之俗
衣冠也。逐咨坑儒，非自賤者以啓之哉。

[illegible]說所謂龍斷者，何如也。蓋古之爲市者，以其所有易其所無者，有司者治其爭訟而已，未始征其稅也。有賤丈夫焉，必求龍斷最高處而登之，以左顧右盼而網取一市之利，思盡取之。人皆惡其專利而以爲賤，故從而征其稅。後世緣此征商人，是征商實自此賤丈夫始矣。此季孫龍斷之說也。蓋所以譏子叔疑不得于己而又欲求得于子弟也。龍斷可爲哉？此孟子之所以不留也。蔣子惡知之也。

蔣子曰：齊王所以處孟子者，未爲不可，孟子亦非不肯爲國人矜式者。但齊王實非欲尊孟子，乃欲以利誘之，故孟子拒而不受。

新安陳氏曰：齊王固不得行孟子之道，亦爲不知孟子之心。

【蒙引】孟子之去齊者，以道也。而齊王之所以留者，利也。此齊王之所以終爲不知孟子，孟子之所以終不留於齊，而其道之所以終不行，齊之所以終於不振也。

【言匯解】此章總見君子不以利爲去就也。首二節始答齊王見行道之心，下[illegible]節

四書玩注詳說　孟子　天時

蚳鼃子見守道之義〇孟子之留齊爲行道也其去齊爲道不行也此意難以顯言只粗粗說个不欲富俾知志不屑此而所以不可留之故自在言外

諸家辨　孟子不可留全在道不行齊王當日辭雖欵曲然云繼此得見則已信其必去矣其告時子亦無致國修省之意徒欲使諸大夫國人矜式若孟子但可矜式不可實用也至動稱萬鍾益見齊王處孟子處萬鍾不辨禮義而受孟子所不屑故發欲富龍斷之說以拒之〇王誠欲留孟子但舉孟子前日所陳于王前者沛然施行興兵搆怨之事翻然改步則庶乎去志可回惜王終不悟此孟子所以必去齊也〇註中道既不行圈外說程子云以利誘之是說話体俱不可說孟子口中說出

蔡道堂大全說　一節重固所領也猶彼一節道之行後五節重惡知其不可見萬無可留之理〇

按圈外說雖有利誘二字然稱字在本文究竟是末節旁帶出耳似不可以當道蔽意當以不可二字爲主蓋孟子原因道不行而不可復留而爲不欲富以明之因不欲富而及子叔異因子叔疑而詳龍斷之說其[illegible]然是發明不可之意〇子叔疑餘語皆俱以失此得彼與辭萬受萬[illegible]

[illegible]書則[illegible]卷三
[illegible]訓欲[illegible]請則[illegible]
[illegible]不可二字作注為
[illegible]文也義從前篇說為高

孟子去齊句宿於晝句

晝，齊西南近邑也。

[圖]此見齊王命不可以留孟子，以道不行而去，猶然猶有惓惓屬望之情意。

遲其行而宿於晝

有欲為王留行者句○為王留行連坐而言句不應句隱几而臥句

隱，憑也。客坐而言，孟子不應而臥也。

[講]留行[illegible]而不應，[illegible]不絕之故。後並下一先字。○滇鰲露曰：几與案有是兩物。几者坐具也，曲木附身以自靠倚。○[蒙引]隱几者，手憑几上，几捲手下，有憑依意。

[集說]不奉王命而特欲私留大賢以獻媚于王，其心以孟子若有留意[illegible]，去遷者是王來留孟子，亦非便欲望挽而留也。然不知道既不行而去，又無王命而來者，以特之人，是為何如行徑？何如光景？將視孟子為何等人乎？此皆是欲

留孟子而實所以輕賢也故孟子絕之不然一留亦是好心何如此待之太甚

［餘論］而言分上上是時人留之輕下是太實絕之甚此全是因其不出王命私留

之非爲其坐而言也務叙事中下一坐字似不虚作不重耳

［心議］爲王留行是記者書法○此人不于齊王處調停却自來留孟子縱是

留成何事體

［注疏直解］不應者不欲聞其言也隱几而卧者不欲接其人也皆絕之之意

［講意］有自欲爲王留孟子之行者坐而言其所留之意孟子不應其言且隱几而

卧若置之罔聞焉

客不悅頓曰句弟子頓齊宿而後敢言句夫子頓卧而不聽句請頓勿復敢見矣句

曰句坐句我頓明語子句昔者頓魯繆公頓無人乎子思之側讀○無人乎聲則不能安子

思句○安子思去聲泄柳申詳頓無人乎繆公之側讀則不能安其身句○安其身適

齊宿齊戒越宿也繆公尊禮子思常使人候伺道達誠意於其側乃能安而留之

也泄柳申詳子張之子也繆公尊之不如子思然二子義不苟容非有[illegible]

於其身也若繼詳調護之則亦不能安其身矣

問泄柳申詳無人乎繆公之側則不能安其身二子之賢其心固如是乎朱子曰非謂二子之心希君側之人也語其勢則然耳若二子之心如此則與世之患面汙行而專若側媚之人者何以異乎

慶源輔氏曰繆公好賢之切惟恐有不當其意者常使人道達誠意乃能安之留之泄柳嘗閉門以辭繆公不苟合可見申詳見禮記與泄柳並稱其賢可知

東嘉史氏曰孟子既言繆公待子思之事又言泄柳申詳自處之事以見賢者去就之義有此二等之不同耳至於所以自處則惟在乎子思一事若泄柳申詳則孟子言之非欲以　是自處也觀其言曰繆公無人乎子思之側則不能安子思矣則繆公以待泄柳申詳者待子思必不安乎子思矣蓋孟子平日自知之明自任之重為何如豈肯以繆公待泄柳申詳者待之豈不能安孟子也矣觀下文有子為長者慮而不及子思此言可見矣

【集說】無人乎三字要看豈是繆公使之却得此人亦是賢者侯伺豈是憑為書

其道處須說爲此人妨方與下子爲長者慮而不及子思者全不然其實羣孟
重賢耳非爲前章王何必責之此客○則不能安其身安字亦就無人乎之人字
言之非謂一二子自安其身也
體求見爲分上爲人敘不能之意下孟子專告人留賢有其道以起下篇爲人
留已非其道也曰寧就則無他慮之意曰越宿見積誠之一預留繆廝段一則言
使人留賢一則人教君留賢要在子思遷總見不是自欲爲君留賢者
龔序合參爲無人乎張反言以見其有人上人字是繆公使之下人字是爲長
者言其人使公無人於子思人說乎思一段影客當泰王命來說泄柳申詳一
段影客當爲齊王致賢之意
心詮看來這留行之客亦是有一般位之人爲朋友左右乎王者故責以繆公子
思故事○魯公一段說有斟酌四句俱重繆公身上繆公能留子思以公自使
人道達己之誠意於子思子思安之繆公鑒其誠而留泄柳申詳之留子思只有善
在繆公之側常常稱述子思二子之賢與前啓繆公以重道之意不然二子之不肯安

[illegible]能安其身于魯總就平日言非臨去時事

【指南】合參兩無人之人正指示留行者言這一人留子思卻承繆公之命來道達誠意故子思爲之留這一人留泄柳申詳雖無繆公之命然不向泄柳申詳自敘己留意知從繆公處稱道調護故泄柳申詳爲之留今旣不承王命來留又不去王側調護空托己意代王殷勤何益之有○不是說有兩樣留法蓋子思師道也柳與泄臣道也事体自是不同

【[illegible]】何以子思之側有人便能安子思何以繆公之側有人便能安泄柳申詳會合其所以然之故方見其人必不可闕無人則不能安是反贊語

【講】留行之客因不悅曰弟子齋宿而後敢言夫子乃臥而不聽請勿從此辭勿復敢見夫子矣乃起而欲去孟子止之曰坐子不知我隱几不應之意我明以語子昔者魯繆公尊禮子思使人候伺于子思之側以道達其誠意若無人乎子思之側則不能安子思而久于魯矣至如泄柳申詳乃是有爲豈肯在繆公之側以維持調護之者無人乎繆公之側則不能安其身而久于魯

矣蓋齊君尚以君之敬禮而留而於子思尤為得其道也

子為長者慮讀去聲○長上聲而不及子思句子絕長者乎句長者絕子乎句

長者孟子自稱也言齊王不使子來而子自欲為王留我是所以為我謀者不及

繆公留子思之事而先絕我也我之臥而不應豈為先絕子乎

慶源輔氏曰孟子之自處不在子思之下故意或人之為我謀不及繆公之留子

思之事也蓋有欲為王留行者雖有愛賢之意而不知待賢者之禮故孟子責

之如此

新安陳氏曰孟子之去齊齊王既不能如繆公之待子思留無以安孟子矣

而齊之群臣又無賢者為之維持調護孟子亦豈能安其身哉孟子之德無

異子思齊王如繆公待子思一也故末又以不及子思為言泄柳申詳之[illegible]

此引以言齊之無賢臣耳

〔蒙引〕上文泄柳申詳無人乎繆公之側只見其類同故引之其實孟子[illegible]

[illegible]泄柳申詳之匹亦非只望齊王待以泄柳申詳之禮者故此只言繆公[illegible]

及子思〇今在爲長者慮不及子思一句，正正爲繆公是有使人于子思之側〇
今齊王不使子來而子自欲爲王留我則不以子思待我矣非薄我乎亦宜乎
我之絶子也〇集註先後二字亦是爲孟子周旋語意處不應憑几而卧難說
不是絶他了但是他先不是了〇子絶長者乎要下一先字卧而不應不可說
不是絶〇但不承王命來留而特以己意來這便是無禮了你是何人敢爲一
匹夫之身挾三寸之舌欲爲王留大賢之行以獻媚於王哉眞小人也是故孟
子絶之〇小人何似太甚宜擇之

【存疑】子絶長者乎長者絶子乎詞語是兩平說之其意則是說他先絶我而後已
絶之也集註得其意而已是所以爲我謀者不及繆公留子思之意而先絶我
也我之卧而不應豈爲先絶子乎〇

【集說】註兩先字是言其正義如此其實子絶長者乎二句還只是兩平口氣蓋
謂他今其自悟〇

【指南合參】不及子思不似委子思者承繆公之命也夫不以子思待我是子絶

長者乎我之臥而不應是長者絕子乎一句還孟子平活活說令自轉其非勿直
上乎字作也字看（孟子在齊以賓師自處故翻舉二急自側二乎字語意直
使他自思想勿說煞

心讀書旨要慮孟子之所以不去乎思子之如何可留便有慮及君要如何方
可留孟子者只空空承王命便能留孟子則薛曰陳子臣時子之言總非王命
乎孟子何以不留思之思之此說深一層意
按繆公無人乎子思之側則不能安子思須知安子思之人乃繆公之命蓋不
奉王命爲不及子思照註說甚明若只責他薦揚便是安泄柳申詳之人矣不
及子思斷以不兼平日說爲是況此答客
行致亦是邂逅之緣未必平生相知也
斷按子絕二句朱註加先字豈宗及換一也字固是確切終不如以
自文兩乎字還他爲妙集說合參之說甚是但不必以首註爲嫌
講觀繆公之於子思則留子思必以君命矣今子之來未嘗奉齊王之命而欲挽
私意留我是子爲長者謀慮而不及繆公留子思之事未免薄待長者矣子其
思之是子先絕長者乎抑長者先絕子乎可知我隱几不應之故矣
體注首節是孟子遲于去齊次節是因時人留行而微以拒之末二節思一面

□□不悅而勸以責之○言迎意以無王命蓋止

□是孟子以子思自居不可以空言留也須知客雖以王命留孟子□□□□
□□如下文所謂志丸或之方可○蓋□以王命留孟子□□□□□

之子矣

孟子去齊句尹士語人曰句不識王之不可以爲湯武句○爲湯武是不明也句

□之不可讀然且至句則是干澤也句千里而見王句不遇故去句三宿而後出晝

是何濡滯也句士讀則茲不悅句

尹士齊人也。干求也。澤恩澤也。濡滯遲留也。

[蒙引]識其不可然且至則是志不在於功業。不過只是求些小恩澤以爲身家之

已矣○士則茲不悅言平日欽慕孟子只因此有不足於孟子者。

[彙說]尹士譏孟子要在濡滯上不明于澤意輕了一步說到濡滯上來乎

正指濡滯蓋不則干澤雖尹士亦有疑於孟子。然尚是不決之辭。數爾曰則是

猶云若爲便是這樣干之意。至濡滯而曰是何分明是有不能代爲之解者故

曰茲不悅○然且二字有且將就之意。澤字一串讀蘇字于孟子不受愚尹氏薦

邪也。只是道王上無有所恩潤而已。

【附錄】尹士認孟子一、二、三、四段，重在濡滯一段。蓋以至齊之前事已既往，而三宿出晝之事則見在。然必帶不明了醫而言之者，自其前日之來齊已不是了，而今日之去齊又大不是，故孟子亦只將千里見王句稍見非本願，非予所欲之意而下，詳于濡滯之解也。

【[illegible]】此見孟子行道之志不忘于去國之日也。孟子去齊，尹士語人曰：君子之至人國也，必明于知人，而無所于其去人國也，必勇於行，而無所濡。乃孟子之來齊也，不識王之不可以爲湯武，而欲輔之以立功業，是無擇君之智，而爲不明甚。識其不可以爲湯武，然且至而就之，則是無意功業，特貪寵以自濡，而爲干也。千里而見王，果于來矣，至于不遇故去，吾意其果于去矣，乃猶待三[illegible]出晝，可以速而不速，何其濡滯也。夫孟子之所爲，鮮不當于士心者[illegible]士不悅焉。

【高】子以告句

〔注〕尹士齊人孟子弟子也

〔講〕高子謂尹士之訊也而以告孟子

曰句夫尹士讀惡知予哉句千里而見王讀是予所欲也句〇下所欲連不遇故去讀豈予所欲哉句予不得已也句〇不得已連

見王欲以行道也今道不行故不得已而去非本欲如此也〇

〔蒙引〕不欲如此本字止是後面本心之本〇千里而見王直欲行吾願也不遇故去則違吾願矣豈能以遽去哉此孟子之意也〇尹士訊孟子有三段一曰是不明也二曰是干澤也三曰是何濡滯也今孟子只辨是何濡滯也一節上二句都不曾答何耶曰千里而見王是予所欲也即如此說便見不敢逆詐為不是為湯武且非干澤之意尤明矣

〔存疑〕千里而見王是予所欲也二句只起下不遇故去豈予所欲與予不得已也三句之意欲還續註欲以行道也存疑云見王欲以行道不可說當是予所欲說是為下豈予所欲欲字相同耳其實亦只是行道註本欲二字下得甚好〇

○孟子不得已一以見非予之本心○一則以見不忍下速去之意○上下總是一義

此節只且就尹士之言處處立說下文方言其實耳

[體裁]此承齊之始去欲去之際惓惓屬望之情一致意也首節分上下兩截[illegible]

去就之意下節以去就之情千里見王不遇故去乃尹士一段中語故孟子[illegible]

前此二句辨之○正為下文三宿出晝張本○

[心訣]不得已三字是通章懇惻至情三宿猶速出晝不舍眞亦於此○王由足[illegible]

為善至日望之則發明所以不得已之故總在王之足用為善耳始之欲來[illegible]

之不欲去俱以此也○

[指南合參]惡知予哉空空說予所欲欲者欲王之為湯武而已得行其道也[illegible]

是不明豈是干澤云是孟子不得已甚違其心之所欲雖不得已則其去不[illegible]

速舍又皆是濡滯

[講]孟子曰夫尹士惡知予之心哉○予之千里而見王非敢道得王之[illegible]

為干澤計也意在得行其道而輔王為湯武之業是予所欲也[illegible]

而不遇故去豈予至齊之初願如此哉心不欲去而義不容以不去予之

不得已耳去既出於不得已則其去亦不能以遽舍矣此予所以三宿而後出晝

晝也

予趨三宿而出晝句於予心讀猶以爲速句王庶幾改之句王如改諸讀則必

反予句

所改必指一事而言然今不可考矣

【蒙引】王庶几改之云云言我之予王尚望其能改之也然王如果能改之則必

追我而反之夫惟其出晝而王不予追也予然後浩然云云庶几望之辭

【說約】尹士曰是何濡滯孟子曰猶以爲速語氣亦與七十里之國民猶以爲小一

般看猶字好

【集說】兩王庶几改之不同此云就當日論說王尚可以改下是就後日論仍歷

望王之改此庶几中有猶可以改及甚望其改二義且虛虛說至王如改諸纔

設言其實實改也○詳以所改必指一事而言其實孟子志在行道道若不行

卽一二事如意濟得甚事道若行因一二事便要去不几小丈夫乎大約只以
道之行不行說改不改爲渾淪正大而一事亦包得了然或者道之行不行是
爭此一關節處亦未可知然終不如渾說
依朱此方出晝之時惓惓屬望之情一致意也爲遂分三宿出晝意只重三宿
上

諸家辨當時子傳命孟子却不肯留出晝後又望其追何也蓋須齊王有歸爲
之萌痛自刻責懇懇爲國直待在孟子方有可留之理庶几改之一改字不宜
淺看此正是用孟子安齋安齋下机軸處
指南合參根上不得已說去但是解其濡滯之疑以尹士之意重在濡滯故也
三宿出晝在尹氏爲濡滯在孟子爲猶速速字正破他濡滯意改字只[illegible]用字
看改之斷能用矣俗解改字謂改其功利之習照下王如用予看原[illegible]
不用而用之是也
蓋王庶几改之只氣韻作首狀之子王尚望其庶几能改
也王庶能改之則必追予而反之則必字甚緊看謝之

【講】予不得已而去則三宿出晝尹士以爲濡滯於予心猶以爲速而不能怒然者
爲何也蓋王之不能用我雖是一時之失然或從容悔悟庶几能改之不至于
終不悟也王如知旣往之失而改諸則以王道爲必可行以吾言爲必可信必
將追予而反之矣而安容遽出晝境也
夫出晝頓而王不予追也讀予頓然後浩然有歸志句浩然有歸志連予雖然讀豈舍王哉
句舍王頓由足用爲善句用連是王頓如用予讀則豈徒齊民安讀齊民安連天下之民
王達
頓舉安句王頓庶幾改之句予頓日望之句
浩然如水之流一不可止也傷民日齊王天資朴實如好勇好貨好色好世俗之
樂皆以直告而不隱於孟子故足以爲善若乃其心不然而謬爲大言以欺人是
人終不可與入堯舜之道矣何善之能爲
【參引】所謂爲善是後日事王如用予則豈徒齊民安天下之民舉安此正是足
用爲善處此是出晝後心事○王庶几改之予日望之言毋謂三宿出晝爲濡
滯也吾猶以爲急也今雖決去矣猶望王改之而復來也正反尹士之意○予日

望之仍又是王如改諸則必反予之意要見得

〔存疑〕夫出晝而王不予追條又是一意言三宿出晝之後歸志已決竟有拳拳不忘之意蓋以見三宿出晝有望於王非濡滯也

〔講約〕豈徒二句稍重王身上說方不嫌自譽處凡二句則仍是反予意並有循也

〔集說〕浩然有歸志重在志字蓋以前則身雖歸而志尚未歸也不予追中便有不能改意上節云改則必反則此節不追爲必不改明矣所以然後浩然有歸志也如此說然後字似好不然既不追矣不歸何爲王由足用爲善只在王之質坯上說自用與孟子用之且都不可露只言其足用云耳蓋齊王天資朴實原有可爲湯武之質但亦迷於戰國之習而不能翻然以入聖賢之道者也倘一誠心用賢儒可去得如他國之君其質坯已自不好安望有爲故孟子惓惓於齊王也不可說似張良欲用沛公之用豈徒齊民安天下之民舉安亦在行王道而可以王於天下上說不可一語涉形勢强弱上然何國不

然□君以齊王有可以行王道之資也則王如用予句雖自言其學却□□

字□□□上□用予則然他君非有予而不能用也意思只重發分在王哉□□□

已□甚本領○安齊安天下之道如何曰施仁政於民制田里教樹畜與教□

省刑薄斂勿陷溺其民王往而征之一怒而安天下之民是也

[□]泛張天下安多詞與指陳形勢功利不但不切亦悖仁義救世之旨

○矣語語須從用齊做出天下語語從以王道用齊王做出天下安愈切李本□

愈矣○

[體]此說出晝之發憤悔遺望之情三致意也歸志分上言齊王不留已而去

之爽下言齊王可有為而望之孫正猶足用為善止言不舍王之意是用為善

節下安民字一言

[說統]王由足用為善用予則天下舉安是王實可為湯武而亦非不可為矣

接由字作猶字看是用為善依註只作足以為善看却自用用之多

少看厚薄○方說然後忽接舉安是多少留戀○兩然只是何等景望

[講]三宿出晝猶冀王之追我也夫惟出晝而王不予追也則王之心終不悟而善

不容於不去矣予然後浩然長往而決有歸志焉雖然歸志決矣予豈終肯舍
王哉王之天資朴實雖其不忍處其所好猶足以引道之以行王道而為善也
使王果有志於為善而用予以輔之則保民而王豈徒齊國之民安即天下之
民舉皆被治安之澤矣湯武之功未嘗不可致也王庶几其改之乎予離于晝
之後猶日切望之而何能終舍之也
予豈若是小丈夫然哉句○小丈夫連讀諫於其君而不受諫則怒句悻悻然見於其面○
悻悻言頓則窮日之力而後宿哉句○窮日之力連讀
悻悻怒意也窮盡也
見得予豈若小丈夫然哉係合此丈予三宿而後出晝兩條只是一意反言之
之以辨其濡滯之訓也○
要勘到此處其懷愈順矣本為行道務氣目用不着○
要識得夫夫亦不是低品人只是學問未充而志氣無餘不厚不足者言也
一一一事此等人器量先窄隘了亦無望其有濟世安民之大學問也○

【餘】朱此又是合上二節意反覆言之以見不嫌于濡滯也小丈夫謂不以君民
為心而惟以小嫌介意者也諫君以下正言小丈夫之為也悻悻鄙吝有怒
不忘意思此與不遇故去猶惓惓屬望相反

【蒙】餘千豈若是四字貫全節末句一氣讀

【講】夫子之生民在念而故土情深豈君是規模狹隘之小丈夫然哉有所諫於其
君而君或不受則心有所忿怒悻悻然不平之色見于其面怒然而去則必窮其
一日馳驅之力而後止宿全無愛君憂國之心豈區區濡滯之名可辭受之耶
尹士惡足知之

尹士聞之讀曰句士誠小人也句

【蒙引】尹士人即亦高前面所說之詞亦好

【傳說】小人只是誠然知識見淺不與聖賢忠厚涵養之中寓有行道濟時之意
耳真引咎亦只在濡滯一路上

【翼註】小人即小丈夫但上以量言此以識言各異

[講]尹士聞之自悔其失曰由孟子之言觀之士誠小人也但見得去就之際不可不明豈知行道濟時愛君澤民惓惓不釋君子之所爲有如是乎

此章見聖賢行道濟時汲汲之本心愛君澤民惓惓之餘意李氏曰於此見君子憂則違之之情而荷蕢者所以爲果也　易乾卦文言樂則行之憂則違之

慶源輔氏曰集註本心謂其初本欲如此也餘意則後來不得已之意耳　集註此兩句便可見聖賢之心　千里見王王如用予豈徒齊民安天下之民舉安其行道濟時汲汲之本心　三宿出晝王庶幾改之予日望之此其愛君澤民惓惓之餘意　蒙引

朱子曰孟子與荷蕢皆是憂則違之但荷蕢者果於去不若孟子之遲遲蓋得時行道者聖人之本心不遇而去者聖人之不得已此與孔子去魯同蓋聖賢憂世濟時之誠心非若荷蕢之果於去也

南軒張氏曰齊人士雖鄙而不斂然思夫飾情矯非以自欺欺人者故孟子嘗竊以爲王如用予天下舉安蓋其安天下之道已素定於胸中而其本

[illegible]君心故拳拳望王之改之也甚夫諫而不用去則窮日而後宿[illegible]

所發其諫也固無誠意之感其去也又無忠厚之氣眞小丈夫哉

新安陳氏曰孟子所歷如滕文雖慕道然國微弱道必難行其次如魯但於臧

倉又必不行大國齊梁也梁惠不足與有行襄猶劣矣庶几爲者其齊宣乎齊

有易以安天下之勢孟子又有安天下之道王天資誠朴若可與有行者所以

拳拳望之有不能自已焉于此終不遇合則孟子之道知其不行矣

【蒙引】聖賢要做事業都有个準擬在胸中如孔子當時最準擬个魯故曰齊一

變至于魯魯一變至于道後來不合而去所以遲遲其行也孟子當日最準擬

个齊故曰王猶足用爲善如用予則豈徒齊民安天下之民舉安所以當時亦

遲遲於去齊○未出晝時而三宿於近郊已是一節望王之改而留之矣不然

三宿之晝何爲及出晝而猶自以爲速曰王庶几改之王如改諸則必反予此

第二節望王之改而留之也○夫出晝而王不予追也云云予雖然豈舍王哉云

云王庶几改之予日望之此又第三節之望王之改而留之也於既去之日而

乃三致其意而不已聖賢之急於行道如此然其不肯枉道之意則有確乎其
不可易者焉乎聖賢甚是次第王如用予則豈徒齊民安天下之民舉安以此
言之孟子今日一身之去就其關係何如也安能果于去齊哉當時列國之君
舍齊宣無一可望者矣甚矣孟子之不能果于去齊也○王庶几改之王如改
諸則必反予此謂三宿時心事也夫出晝而王不予追也謂吾出晝而不見王
人之來追也其時心方决去耳雖然我有不舍王之心云云只是兩節此說似
更安穩作兩截看似勝○惓惓之餘意即汲汲本心之不容釋者汲汲之本心所謂
予所欲也惓惓餘意必予不得已之後事○行道濟世汲汲之本心千里而見
王是予所欲也愛君澤民惓惓之餘意不遇故去豈予所欲哉三宿而後出晝
雖然豈舍王哉王庶几改之予日望之輔氏以王如用予豈徒齊民安天下之
民舉安亦爲行道濟時汲汲之本心不知此正是愛君澤民惓惓之餘意也
【集說】朱子本心餘意四字要看本心在當初立意上說行道濟時原衆人之
心也○至道雖不行難道君師不要食民便不理得一齊休了所以有惓惓于

…不得已而又不容已之意也。餘意雖與本心大相反，然却本心…
…即餘意中本心亦未嘗不在。本心較正較大較急，餘意較苦較…
…所以於本心曰汲汲，於餘意曰惓惓。此一章只千里而見王一句是本心，
…餘意也。

【諸家辨】尹士雖設三端以諷孟子，那重去齊濡滯上說，謂君子見義而作，不俟終日，何其悉慕不決如此。不知孟子來齊，志在安齊以安天下，始終不忍舍王，與小丈夫悻悻決去者不同，故孟子亦說濡滯一端，分疏已意。須看數王字、數予字，見已所以不速去齊，意天下望安繫齊王反手章看自見。

【心訣】通章須識大頭腦，大頭腦在王用予以安齊安天下上。孟子此志，遇足用為善之主，那得不望？若非是此志，而左望右望，則直是干澤；且不知王猶足用為善，而茫然望之，則是不剪。惟其安齊安天下之志，望王之改而用予，所以迂宥非濡滯也。○此章文字不宜鑿，次宜曲寫一段纏綿情景。

觀按：孟子願學孔子，所行大約都從孔子家法來。朱子謂此章得孔子遲遲去魯之意，良然。

孟子去齊句充虞路問曰句問連。路 夫子頭若有不豫色然句。豫色連 不 前日頭虞聞諸夫子曰句夫子連。聞諸 君子頭不怨天句不尤人句

路問於路中問也豫悅也尤過也此二句實孔子之言蓋孟子嘗稱之以教人耳。

【集說】不豫色然只是說若有不喜悅之色。然者君子不得於天而不怨天不得於人而不尤人既不怨不尤又何必不豫乎此充虞借以寬釋孟子之言非以孟子爲怨天尤人也

【講】此章孟子反覆明所以不豫之故也。孟子不遇去齊充虞于路中問曰夫子此書以來若有不豫悅之色然前日虞聞諸夫子曰君子不得於天也不怨天不合於人也不尤人以此言觀之則亦無往而不豫矣而夫子何有然也

曰句彼一時讀此一時也句

彼前日此今日

新安陳氏曰前日言不怨尤之時與今日所遇之時不同

【心訣】二時字非拘定前後姑以充虞所聞見者對言之耳。不忠不

[illegible]名心事忽大根人[illegible]聖賢[illegible]

[illegible]彼一時也二句，抑揚重下句，筆下一節，正是說此一時[illegible]

【講】[illegible]曰彼一時[illegible]常無事之時也，此一時[illegible]五百[illegible]行[illegible]之時也[illegible]

[illegible]言[illegible]今時之人所處也。○

五百年[illegible]必有王者興句○王 其間必有名世者句○名

自堯舜至湯，自湯至文武，皆五百餘年而聖人出，名世謂其人德業聞望可名於

世者，為之輔佐，若皋陶、稷、契、伊尹、萊朱、太公望、散宜生之屬。

[illegible]堯在位九十八年，舜在位五十年，禹至桀十七王四百三十二年，

商[illegible]是[illegible]至湯共五百八十年，湯至紂三十王六百二十八年，而周興。

【集說】[illegible]必有[illegible]俱以氣數言，且泛泛說其間自王者初起以至于王天下皆是

名世亦非指定一人，看註舉皋陶、稷、契、伊尹、萊朱、太公望、散宜生，而又[illegible]之屬

可見。○德是道德，業是功業，在其人身上說，聞是聲聞，望是達望，在天下說

名於一世，乃其人之德業聞望，俱是以高出于人，而有為于天下，特異顯著不

[illegible]

可學孟子爲當代所不多指數之人也。
【脈絡】此言要見道有定期以起下節意。已含得數字了見得王者當與六而已
當爲名世歟。
【正解】此節爲下節數與張本。五百年最重。孟子不豫根源全在此。○其間五
當爲與先與後言之。是以名世卜王者。非以王者卜名世。若泥上句看。下似名
世過王者而有。斷此一節。王者不作。亦遂無名世乎。此却說名世先王者有爲
王者所必觀。遂覺孟子壯懷若揭。而必有以道之。亦英英有生氣。必有字重。乃斷語
之辭。
【存疑】五百年節。重王者上。蓋有聖人出。則名世必因之而顯。孟子自是名世者
情慕王者與以爲輔佐。不豫意本此。但未發露出。○五百年亦大約言之。其歸一
半亦活動。重王者說。亦有從者。
【□□】義重名世。不重王者。名世或先王者生。或與王者同時而歸首焉。
者故曰其間。蓋王者之所從踐焉而後。臣者也。非王者興而名世爲之□□

蒙引不遇王者而獨擅其名者蓋之實○三代以來因無王者故雖有孔孟者亦不得名世然必如此然後當得名世二字○若漢唐以下止成得英雄君臣不可云王者名世也然其遇合之難則名世與英雄不異○

翼注王充滄柱曰聖王出而名世生君臣相遇運數爲之本節是十分厭亂語氣

孟子抱名世之才而不遇聖王則追羨往古亦不勝慨歎自前

講此舉何時乎自古明良相遇必有一定之期而不可易歷覽往世大約五百年貞元會合必有王者受命而興然王者不能獨治其間必有德業聞望可名世者出而輔之蓋自古而然矣

由周而來讀七百有餘歲矣句以其數讀則過矣句以其時考之讀則可矣句

周謂文武之間數謂五百年之期時謂亂極思治可以有爲之日於是而不得一有所爲此孟子所以不能無不豫也

存疑以其數則過五百年之期也以其時則可亂極思治之時也値此時而不得有所爲則無可爲之時矣此所以不豫也

【集說】時數字不同，時字是從數字說起，不得于一定之數，則考於宜然之時耳。○朱註以此節上便補出孟子所以不能無不豫也，與上節另起一議處，是此節爲憂世之志，下節爲樂天之誠，有未免遲留未顧，兩節還只是一氣，如一六以其數則已過矣，以其時則亦可矣，數過時可而猶不然者，夫天特未欲平治天下耳，如欲平治天下，舍我其誰，吾亦何爲不豫哉？言中便有名世且在而王者不興，蓋天之意終于此而已，何以自古皆然而今不然也？此吾之所以不能忘於不豫也，如此則以何爲不豫仍歸到前不豫，合上止上下文義覺順。○此段泛發五百年之數，至孟子而過之者，以泛統言，則五百是也，數至孟子而尚未盡也。

【備參】此節承上面言，所今之時數見已不得有爲，此所以有不豫也。

【正解】數已過而王者不興，則不得有所遇以立吾名世之業，將當可爲而[illegible]有爲，則更無可爲之時以成吾名世之功，此正謂不能忘不豫也[illegible]

【晚村語錄】其數指五百，不指七百餘，過矣，乃指七百餘耳，若五百年[illegible]

亂常數七百餘歲而王者不作則亂靡有定故聖賢以爲憂若周過其曆數矣
命于斯世聖賢之所學又何爲不豫乎後世英雄不擇奸人生類倡神猾之
心乃有讖緯符命之術非孟子所云時數也
【集成】倪滄桂曰數過謂上句說來然數雖過而時尚可則王者之興猶或有待
參觀兩者而時事決矣此孟夫子所以不能已於懷也
【講】自周文武而來王者不作已七百有餘歲矣以五百年之數計之則已過矣以
當今之時考之則亂極思治王者當興而名世可以有爲矣孟子此王者不興而
不得有爲以立名世之業此所以不能無不豫也
夫天頓未欲平治天下也句如欲平治天下讀當今之世讀舍我其誰也句吾何
爲不豫哉句
言當此之時而使我不遇於齊是天未欲平治天下也然天意未可知而其具又
在我我何爲不豫哉然則孟子雖若有不豫然者而實未嘗不豫也
新安陳氏曰天意或欲平治天下亦未可知其具謂能平治天下之道也

雙峯饒氏曰孟子到此亦未免如之何所以只得歸之天

【存疑】五百年必有王者與兩條是言其所以不豫夫天未欲平治天下一條是言無不豫若自慰也

【說約】集註天意未可知而其具又在我而甚便可想得未嘗不豫意初無兩解前篇注此孟子所以不能無不豫也此句然任妙若無此句亦起吾何爲不豫哉句不得○不補不能無不豫句亦較含蓄然得集註而愈章矣集註之功大矣哉

【參朱】上文答不豫之意已盡此又出言外之意而言已實未嘗不豫也歸重未句夫天句正呼起下文如欲平治句

按此節重天字如欲一轉寄想悠然懸空描摹大有感慨

若依時說未當徽云推其不然此吾所以不能無不豫也

【講】夫世之治亂皆天爲之當此時而我猶不過是待天之未欲平治天下也如欲意一轉而欲平治天下則當今之世懷名世之具者舍我其誰也天意未可知平治固有日而其具又在我則大行猶有時隨吾所遇安意以待之耳

不豫而其實何嘗不豫說

聖賢憂世之志樂天之誠有並行而不悖者於此見矣

慶源輔氏曰不能無不豫憂世之志也實未嘗不豫樂天之誠也憂樂自常人

觀之則相反自聖賢言之則並行不悖也○自五百年至則可矣觀之則孟子

不能無不豫然也自天未欲平治以下觀之則孟子實未嘗不豫也

【蒙引】承段似亦有憂其所有之意不知孟子如何以爲樂天○言其當不終窮

也有藏器待時之意在孟子分上亦樂天之事樂天之誠此天字以理言與本

文夫天未欲平治天下也之天字不同

【存疑】首節分是充虞疑孟子去國不豫下四節孟子說已所以不豫而及其無

不豫可見其憂世之志樂天之誠並行而不悖矣此是正說

【諸家辨】通章見孟子憂世深心以時可爲而不得爲也不必依註分樂天意

數過時可名世不遇不豫固宜憂之此念從悲天憫人而發其不豫處正不怨

不尤處若泄泄然坐視其不治平徒諉之於數曰天也非人也則雖託言不怨

不允便是興天下於驩外須知不豫與怨尤原自不同蓋不豫公而怨尤私不豫大而怨尤小迹相似源頭自異耳。末節正解今日不豫意如欲三句乃假設之辭大意謂若是見用何不豫之有吾何為不豫是掀起語應轉夫未欲乎治句以明已不豫之故與是則吾能徹倒看

按此章依註分憂世樂天二意則蒲氏之說為甚明矣君依時說遁作不豫看則數過時可當直接夫未欲平治說不必如註補出不能無不豫只到末節露充方挽不能不豫而不用寬未當不豫句充蒼意脈融洽此時說之勝乘註者

竊按註樂天之誠閒見孟子之本領然於章首不豫字不甚相應故近人多欲從時說

孟子去齊句居休句公孫丑問曰句仕而不受祿句古之道乎句。古之道邪

休地名

【集註】仕而不受祿指定孟子。非泛問

【講】此見孟子之辭祿以義也昔孟子仕齊而不受祿及去齊居休公孫丑曰今君子仕人之國者必受人之祿也若夫子仕於齊而不受祿豈古之道與乎

曰何非道有於崇謂吾得見王退而有去志不欲變故不受也

崇齊地名孟子始見齊王於崇所不合故有去志變謂變其去志

新安陳氏曰道不得行於齊其幾已先見乎此

雙峯饒氏曰有見行可之仕有際可之仕有公養之仕孟子當時見王於崇齊

有不合處雖於齊爲卿亦所以止爲際可之仕見行可者見道理有可行也

孟子自崇說退之後未曰見其道之可行所以終于不受祿

集說仕不受祿原非古道於崇節言其所以不受祿之意不欲變便遽爲卿時

已說在內。吾人只爲受其志故爲爵祿所束縛孟子心中有自主意故進退

綽綽有餘裕也

說統志不欲留齊而復受其祿便是有祿所以不受非是惡受祿便爲他羈縻

也

圍孟子曰仕不受祿非古道也吾之所以不受祿者以吾始來齊于崇地得見王

即知其不能用我退而便有去志既志不欲變故不受其祿也

四書玩注詳說

經繼而有師命句不可以請句久於齊句非我志也句○我志遂

師命師旅之命也國既被兵難請去也

新安陳氏曰恐只是因師旅之事而戒嚴耳

蒙引　國既被兵難以請去據孟子是主於義而言蓋新安陳氏是主於義而言

按孟子嘗時仕而不受祿終是賓師之意在與子思卿使去君護與守不同也

只是戒嚴之勢有不容直遂者蓋國既被兵則國門之外都是行不得者

蒙說　繼而有師命想在初爲卿之時久字即連初見王以至爲卿直到此書方

完○○難以請去只依朱子主于義而言孟子雖在賓師之位然已爲卿矣還有

兵事倉卒之際豈有飄然獨往者○爲行道計則久于齊者王由足用爲善也

爲道之來必能行計則久于齊者非我志也此固亦兼行而不悖者

存疑　此節亦不過發明上節不受祿之意勿另作不去之故看

[illegible]詮　過至第二節止用但因二字不必云乃所以不去也又何

[illegible]合參　延而有去志久于齊非我志也此志字和緩些

[illegible]我志也。志字不豆泛說，生平行道之志。[illegible]見我[illegible]齊[illegible]

[illegible]彼[illegible]之命，當是一與時[illegible]應，非倚人為

[illegible]與[illegible]無干，子只是任其[illegible]耳

[illegible]也。但因王見王之後，[illegible]經[illegible]有師旅之命，義不可

[illegible]志也。[illegible]始終，不受祿之故，正此

[illegible]要之所在，禮有時而變，公孫丑欲以一齒

[illegible]以為[illegible]而謂初見已有去志，久于齊非

[illegible]有[illegible]而可去之幾，未嘗不先覺也。初見

[illegible]可取，故不受其祿，姑留以觀其應

[illegible]為苟留也哉。此為[illegible]孟子于齊始終去

[illegible]深究也。

[illegible]孟子是尚處其超然不屬進退餘裕本全在此一見

[illegible]孟子卷之四[illegible]
[illegible]自
[illegible]

[illegible]所以為是為[illegible]者在乎其道。今[illegible]觀[illegible]而去齊，王欲以萬鍾養之。

[illegible]曰[illegible]其言曰[illegible]之[illegible]節[illegible]惟孟子[illegible]而已矣。凡[illegible]者其[illegible]伊[illegible]

[illegible]是丑疑孟子不受[illegible]故。孟子以為不受[illegible]之[illegible]言其[illegible]以

[illegible]之[illegible]上不[illegible]

滕文公章句上

凡五章

滕文公為世子，將之楚，過宋而見孟子。

世子，太子也。

蒙引：或謂天子之子為太子，諸侯之子為世子，非也。周公立教世子之法，成王亦稱世子，則世子、太子，天子、諸侯之子通稱矣，故曰世子，太子也。後世乃分。

說約：按趙注，文公為世子，使於楚，而過宋，孟子時在宋，與相見也。則當在適楚之往而見孟子，另讀，故下文云世子自楚反，復見孟子，不必如常解作迂道。○仁山金氏曰：滕，姬姓之國，今徐州北一百九十里滕縣有古滕城。又曰：呂成公大事記：周赧王元年，孟軻致為臣於齊而歸；二年，孟軻自齊之宋，遣滕考孟子致為臣於齊，歸鄉而鄒，如宋，與宋句踐、戴不勝答問，則滕世子過宋而見孟子，當在此時。自滕而西南過宋三百五十餘里。

□□□□□□藏書印

心訣將字過字有深曰將者不待其反也曰過者非乘其便也之楚與過宋不同道文鄉與見賢不同事將之楚乃過宋而見孟子是不以事大為重而以見賢為急耶此便見得世子天性之善而入聖有機此與說約不作並道稍別然亦可發

纂序合參曰世子便見本性本源日為世子便見後日有天下國家之責任

講此章孟子勉滕世子盡性以法堯舜也滕文公為世子以定公之命將往楚國路過宋時孟子在宋世子慕其賢乃因而見孟子

孟子頂道性善善連句○性言頂必稱堯舜公句

道言也性者人所稟於天以生之理也渾然至善未嘗有惡人與堯舜初無少異但衆人汩於私欲而失之堯舜則無私欲之蔽而能充其性爾故孟子與世子言每道性善而必稱堯舜以實之欲其知仁義不假外求聖人可學而至而不懈於用力也門人不能悉記其辭而撮其大旨如此程子曰性即理也天下之理原其所自未有不善喜怒哀樂未發何嘗不善發而中節即無往而不善發不中節然後為不善故凡言善惡皆先善而後惡言吉凶皆先吉而後凶言是非皆先是而

發非

問孔子言性與天道不可得而聞孟子乃開口便說性善是何如朱子曰孟子也只是大槩說性善至於性之所以善處也少說須是如說一陰一陽之謂道繼之者善也成之者性也方是說性與天道耳○易言繼善是指未生之前孟子言性善是指已生之後雖曰已生然其本体初不相雜也○孟子見滕文公便說性善欲人先知得一個本原則為善必力去惡必勇○伊川謂性即理也一句自孔子後惟伊川說得盡又曰未發之前氣不用事所以有善而無惡○性善者以理言之稱堯舜者質其事以實之所以互相發也其意蓋曰知性善則知堯舜之必可為矣知堯舜之可為則其于性善也信之益篤而守之益固矣○問性善性之之性如何曰性善之性實性之之性虛性之只是台下禀得自下便將來受用○性善故人皆可為堯舜必稱堯舜所以驗性善之實○問人未能便至於堯舜孟子言必稱之何也曰道性善與稱堯舜二句正相表裡蓋人須當以堯舜為法人到得堯舜地位方做得一個人無所欠闕然也只是

本分事這便是止於至善○或問曰孟子之言性善非與惡對之善也特贊美之辭耳信乎曰此亦異乎吾所聞矣夫孟子性善之論至矣而荀楊韓氏或以爲惡或以爲混或以爲有三品最後釋氏者出然後復有無善無惡之論焉儒者雖習聞乎孟子之說然或未知性之所以爲性於是悅於彼說之高而反羞其說之不及則牽孟子之說以附焉而造爲是說以文之蓋推性於善惡之前而置孟子於異同之外自以爲得性之真而有功於孟氏之門矣而不知其實陷於釋氏之餘直以精神魂魄至粗之質而論仁義禮智至微之理也且又不究秉彝之實德而指爲贊美之空言不察至善之本然而別立無對之虛位推而言之至以天理人欲爲同体特因其發之中節與否而後有善惡之名焉斯亦勞力費辭而無復彷彿孟子之遺意矣惜乎吾不得從事於其門以質其說[illegible]廢乎其有相長之意也

謂孟子道性善蓋謂性無有不善也明道乃以爲善固性也然惡亦不可不謂之性其義如何潛室陳氏曰幾識得氣質之性即善惡方各有著落不然惡從

何處生以孟子說未備故程子發此義孟子專說義理之性則惡無所歸是論性不論氣孟子之說爲未備專說氣稟則善爲無別是論氣不論性荀子之所以不明夫本也程子兼氣質論性

雲峯胡氏曰孔子亦嘗論性善曰繼之者善成之者性但善字從造化發育處說不從人生稟受處說子思曰天命之謂性率性之謂道亦是從源頭說性之本善但不露出一善字性善之論自孟子始發之集註釋性者人稟於天以生之理也此一句便闘倒告子所謂生之謂性蓋生不是性生之理是性天地間豈有不好底道理故曰渾然至善未嘗有惡古今只是一個道理故曰人與堯舜初無少異孟子道性善言其理也稱堯舜以實之言其事也天下無理外之事能爲堯舜所爲之事便是不失吾所得以生之理然而人不能皆堯舜者氣質之拘物欲之蔽也集註言物欲不言氣質蓋以孟子不曾說到氣質之性兼但據孟子之意言之孟子曰性善二字孟子擴前聖人之所未發而有功於聖門愚亦敢曰性即理也一句程子擴前聖所未發而有功於孟子

仁山金氏曰性善無形影然凡聖人之所爲皆自性善中出則堯舜即性善之
形象也性既人所同有則堯舜人皆可爲
新安陳氏曰性善是虚說其理稱堯舜是指能盡性之人以實其說如朱子者
小學書列立教明倫於前盡是說其理列實立教實明倫於後並是實有是之
實有是事以實前面之說此之謂實之何以驗人性之善觀堯舜能盡其性而
爲大聖人則可知同有是性者之皆可以爲聖人而不慊於學聖人矣所以言
性善而必稱堯舜以實之歟○集註欲其知仁義云云已包後面揔論三說之
意○
張氏須曰孟子言性善所謂天地之性也斯言也實傳子思天命謂性之言子
思指天所賦而人受之者爲言合理氣而言也孟子指民受天地之中者爲言
專指理而言也孔子言性相近以形体之已具者言孟子之言性善以有形之始
之初者言也皆一理也然則氣質之性孟子所不言乎曰形色天性曰動心忍
性曰君子不謂性皆指氣質之性也

吳氏程曰孟子道性善是就氣質中挑出其本然之理而言○

蒙引　正韻注莊子與汩偕出註面漩而涌出者汩也然則汩沒二字似有浮沉之意盍汩者乍出乍入之義不全是沒也故此句下有而失之之三字若竟作沒字解可不用而失之三字矣○但衆人汩於私欲而失之不可兼氣稟所拘說盍孟子此處正是論性不論氣不備者下文說堯舜亦只言堯舜則無私欲之蔽而能充其性不言氣稟清明無物欲之累也○言必稱堯舜者每言堯舜盡性之事以實之見人皆可以爲堯舜也如二者皆法堯舜了服堯之服舜爲法於天下堯舜與人同之類不拘一格○道性善與稱堯舜二句互相發者也蓋知人性之本善則知堯舜之可爲知堯舜之可爲則性之本善益可見○欲其知仁義不假外求者以仁義皆善性所固有也聖人可學而至者以聖人與我一性也○仁義二字從何來從善字來也性有仁義所以爲善孟子論道理只以仁義二字該之○註欲知仁義必不假外求與性善聖人可學而至必稱堯舜

【存疑】道性善意已明白稱堯舜如何稱若說堯舜均是人則均是性而若此其聖則人性之善可見此殆未足以證人性之善爲何以堯爲君而有象亦足以證人性之惡也愚以下文夫道一而已矣及成覸謂齊景公一節觀之必是許堯舜與人同是一性人皆可以爲堯舜故註既曰欲其知仁義不假外求又曰聖人可學而至也○

【說約】此節顛與爲王論之論語子告之曰某在斯某在斯一例提敘語耳不必盡泥當時所言何等也○孟子道性善言孟子與世子所道者性善言必稱堯舜言孟子與世子無言必稱堯舜俱要根住世子一切說家道學死話俱爲無干○

【集說】性者人所禀於天以生之理至能充其性爾一段是朱子說孟子所以道性善稱堯舜之旨不是孟子自說底所以於下加一故字○實之中有兩義朱子曰知性善則知堯舜之必可爲知堯舜之可爲則其於性善也信之益篤而守之益固矣看來當初孟子對世子只是說人性本善而無惡然說性善恐必指其人以實之如堯舜是也堯舜便是盡性之極者使性有不善如何堯舜

之便爲聖人朕堯舜便到聖人地位何嘗有益於性分之毫不過全其本然之体而已特堯舜性之是安安而然吾人必須勉强然亦爲安安而然率其本体便爲堯舜愈知性善之說而人皆可以爲堯舜矣一是自証其言一是去勉世子故曰實之中有兩義也○仁義不假外求此道性善聖人可學而能至此必稱堯舜其實聖人可學而至者正以仁義不假外求而聖人可學而至者愈以知仁義之不假外求也不懈於用力便是句句要說到世子身上教他知道本体如是所從入又如是自然歇手不得○門人不能悉記其辭而撮其大旨如此此句亦要知二句俱非孟子自己言語乃記者之辭且又以見孟子不止曰性善二字及堯舜二字而已當時反覆開道遠引曲喻道理自多然大約只是說性善而必稱堯舜以實之也

〔體朱〕此是叙事之詞蓋撮舉世子之大旨要得叙事口氣道性善是彷彿言性善言必稱堯舜是必稱堯舜同此性善也性字虛性中之仁義正是善處稱堯舜正見性善意非重堯舜之能盡性也

兩句只作一意併說極是下句總是發明性善實證耳合下文道一即性善句引成覸三段即稱堯舜句也道必稱三字亦只一意範善皆不惑分繇

○此節是孟子一生大本領兩句道理只一而爲說各有指皆立極之言稱性善者理之極堯舜者人之極也知理之極則不爲外說所淆知人之極則足以有爲而無自暴自棄之患兩句原並看時人誤認此句所以證明性善遂謂堯舜之說止一偏非是晚村上條二句作一意是正說下條作兩意是時說其說不同至謂下文道一即性善成覸三段即稱堯舜截然分應尤可疑

彙成徐立齋曰是對滕世子說與他處言性不同若層層說理書義便隔○倪詹枉曰孟子對世子言者其說甚詳特記者約略其辭則括以二語耳○後章爲國專井田學校乃治功之及人者然必從德性源頭上做起離德性而言事功則管晏之霸顯亦將與聖賢爭衡矣以性善告世子正見純王之治必本天德也

心訣道性善與稱堯舜二句正相表裏言道性乞得去時便是堯舜猶堯舜與人同是一性即做到唐虞事業不曾於本体上加得分毫可見人人此性人人

此善即人人堯舜矣。○意只要世子以堯舜自期，不過堯舜能盡性上。此蓋斷說

錯按當功利縱橫、羣言淆亂之日，獨舉性善之說爲世子言，蓋所謂端其本清其源也。不然，本源一差，其餘皆無足觀矣。○性善二字從子思天命之謂性來。當以上句爲主，稱堯舜正以證性善也。觀註實之二字可見。昔王守溪主此說，今人似不必紛紛。

闡觀世子急於見賢，正其天性之善，可與入聖之機也。孟子欲從本原上啓發他，故所與言者大約是說人性有善而無惡，仁無不全，義無不備，而不假外求。而又恐言之無徵，必稱堯舜以實之。蓋堯舜之所以爲聖者，非於性之外有所加，不過由其本善無惡之性以造其極耳。人與堯舜同此性，則聖人可學而至也。孟子所以告世子者如此。

世子頓自楚反句，復見孟子句。孟子曰句：世子頓疑吾言乎句○[illegible]？夫道讀一而已矣句。

時人不知性之本善，而以聖賢爲不可企及，故世子於孟子之言不能無疑，而復來求見，蓋恐別有卑近易行之說也。孟子知之，故但告之如此，以明古今聖愚本同一性，前言已盡，無復有他說也。

朱子曰當戰國之時聖學不明天下之人但知功利之可求而不知己性之本善聖賢之可學聞是說者非惟不信往往亦不復致疑於其間若文公則雖未能盡信而已能有所疑矣是其可與進道之萌芽也故孟子於其去而復來迎而謂之曰世子疑吾言乎而又告之曰夫道一而已矣蓋古今聖愚同此一性則天下固不容有二道但在篤信力行則天下之理雖有至難猶必可至況善乃人之所本有而為之不難乎

雲峯胡氏曰按饒氏謂道一而已矣與性一而已矣不同性以所稟言道以所由言集註此處說得性字稍重愚謂集註不曰同一道而曰同一性者蓋推本而言根自上文性善說來性之外無所謂道同此性即同此道又何疑焉

【蒙引】當戰國之時而言性善人固已不能信矣況又言堯舜可學而至其誰不駭且惑哉其不鬨然與之爭辨已是難得了惟滕世子資質是善者故能領會孟子之言然終不能無疑故自楚反復求而見孟子蓋恐別有卑近易行之說以其前言之難也孟子即迎而謂之曰世子疑吾言乎夫道一而已耳豈不

可謂之微言亦不可與之使一理吾安能復有異說哉○當昧箇一字不容二說也

存疑　後子疑吾言者當時性學不明或謂性惡如杞柳之說或謂有性善有性不善如公都子之問或謂可以爲善可以爲惡如湍水之喻而人之生固有合下就是聖賢如堯舜者亦有合下是愚不肖如桀紂者孟子獨說性善人與堯舜同是一性人皆可以爲堯舜故世子於孟子之言不能無疑也自楚反復見孟子再與審問看別有說惟復只如前說也疑者疑性善之說未必然或有性不善也人皆可以爲堯舜之說未必然堯舜或另是一性而不可幾及也故孟子曰夫道一而已矣言道理在人一而已矣更無兩个上古聖賢也是這一个道理如今塗人也是這一个道理更無聖賢是一个道理塗人又是一个道理也道理只是一个吾之言豈容有二哉此正所以解其疑也○此道字分明就指性說但不可直說作性只當說作道善道是通統字隨處皆說得所以說道爲虛位說仁義爲道也得說禮智爲道也得

通釋紹聞編曰夫道一而已矣人鮮得其語意正爲世子疑孟子所言爲高遠難行而恐別有卑近易行之說故孟子言這个道只是一个堯舜之能事即吾人之能事人亦只欲向前爾別無兩个道則安容有兩般說話○世子疑吾言乎其以道之在聖人者爲高遠而難行乎夫道一而已矣堯舜此道吾人亦此道道無兩箇故我今亦只得以堯舜之所能爲者望世子安得有兩般說話○使有道高遠而難行有道卑近而易行則是有二道矣道豈容有二則亦別無卑近易行之說也

集說自楚反復見孟子[illegible][illegible]有悟於中而慕賢之誠焦註乃云不能無疑者以世子疑吾言乎一句[illegible][illegible]也先言特人如此見得舉世皆然不獨世子一人疑於世子之復來而知[illegible]可[illegible]所疑矣不知性之本善亦應道性善句而以聖賢爲不可企及亦應言[illegible][illegible]舜句○古今聖愚本同一性八字極好古今聖愚總是這性則性之本善而人皆可以爲堯舜意都在內了蓋性有善不善則不同而聖愚有二性則聖人爲不可企及亦不同也○道一只是說這道道[illegible]只是[illegible]

一箇往古今聖愚再沒有兩樣道理也○前言已盡無復有他說是歷而已矣三字數世子勿疑之意不是說今日之道即前日之道今且再沒甚說爲道一理無復有他說亦是說往千言萬語說將來亦不外這道此外不容有他說了是一總沒了說

蔡序合參而已矣三字決定道之必無有二而凡可爲聖之意不言自明故下引言以證之非單證道一二字并以證盡道之意

心訣 世子之復見還是自信不過疑吾性雖善如何便做得堯舜故孟子言世子不必二三其意天下道理只得一个歷歷引證使知聖人必可爲教他狠下手只是爲堯舜更無別法○此道正指性而說道便是說性也常說於本文內或云道出於性性一故道一或云性即道也或云這个性的道理俱欠渾融

按疑吾言及道一兩俱當要總性善堯舜兩層意

講 世子自楚反復見孟子孟子曰世子疑吾言性善堯舜之言乎夫道之在人無論古今聖愚一而已矣堯舜此道吾人亦此道道無兩個安得有二說哉

成覸〔讀〕謂齊景公曰〔句〕彼〔讀〕丈夫也〔句〕我〔讀〕丈夫也〔句〕吾〔讀〕何畏彼哉〔句〕顏淵曰〔句〕舜〔讀〕何人也〔句〕予〔讀〕何人也〔句〕有爲者〔讀〕亦若是〔句〕公明儀曰〔句〕文王〔讀〕我師也〔句〕周公〔讀〕豈欺我哉〔句〕〔歎〕〔我連〕

成覸人姓名彼謂聖賢也有爲者亦若是言人能有爲則皆如舜也公明姓儀名魯賢人也文王我師也蓋周公之言公明儀亦以文王爲必可師故誦周公之言而歎其不我欺也孟子既告世子以道無二致而復引此三言以明之欲世子篤信力行以師聖賢不當復求他說也

朱子曰孟子引三段說話教人如此發憤猛勇向前日用之間不得存留一毫人欲之私在這裏此外更無別法若如此有个奮迅興起處方有田地可下工夫不然則是畫脂鏤氷無真實得力處

【語類】問三子之事成覸則若參較彼己顏子則知聖人學之必可至公明儀則篤信好學者也三者雖有遠〔一作〕深要之皆是尚志曰也暑有个淺深恁地看文字且須看他大意

雲峯胡氏曰性之本善堯舜無異於人行之不力人自異於堯舜

蒙引此承上文言道既一而不容有二說然則惟在世子篤信力行以師聖賢而已又豈可復求他說哉○引此三言以明之據此三人之言可以見道之無二致也道無二致則力行以求其必至豈不存乎其人哉○吾何畏彼哉者以其道之一也有爲亦若是者亦以其道之一也周公以文王爲我師者亦以其道之一也此集註所謂既告以道無二致而復引此三言以明之者也欲世子篤信力行以師聖賢不當復求他說者言外意也○舜何人也予何人也意謂豈是兩樣人哉有爲者亦若是舜之所以爲舜者能有爲也能有爲者盡其性而已矣吾亦能盡性則是有爲矣有爲則亦如舜矣若不識性善與聖人同則何以謂之有爲者亦若是哉又何以謂之吾何畏彼哉又何以謂之文王真可師哉此條以性善入說者不爲非也○成覸顏淵公明儀所以如此云云者正以古今聖愚本同一性耳然則世子復何疑惟篤信力行以師聖賢而已矣

說約按此節蒙引存疑俱作明道一大全小註只云策世子其說皆是然看來

以證一八皆可爲堯舜意尤多觀彼丈夫舜文等字可見也

【集說】以明之明其道之一也因只是說了個道一恐世子又不甚明白又引此三人之言這道一之說便明了只看若不是道一如何吾人不畏聖賢如何有爲亦若是如何文王便可爲我師周公皆以其道之一故耳雖無二道故三言如此看了三人之言豈不益明道一之旨三言俱在道一上立論然道一二字卻不入口中丈夫亦只是個人字言聖人固丈夫而我亦丈夫何獨畏彼以爲不可企及是字雖指舜卻指舜已盡人之極而爲聖人處說二人字一樣言舜之人有何異於我我之人有何異於舜但有爲則亦到得他這地位文王我師也雖是周公之言然卻是公明儀櫽括周公之言如此不然周公不應如此說也周公豈欺我師以文王我師之言爲不欺也真見得可以爲我師故云然爾師字要看乃自身正以至於家國無二處不是我底師法我但依着他行不必另尋道理便可以至於聖人也須切道一之旨來說篤信易知力行易行師聖賢知行兼盡篤信只是信道不止是信君之說

翼註畏字是不敢擔當意○予何人也非自謙是言與舜同性猶云豈別是
人也○周公豈欺我哉兼周公謂能師文王君人亦能師文王意
廣旅訂三段只宜輕輕亦不單證道一全是鞭策世子進步必稱之意如此置
常○不曰有爲者亦若舜而曰亦若是看得稍極平常側初○公明儀自以文
爲師也引公言特作證據孟子引儀言又作道一證據務生○按要有三人曰
物作時要一一分明又要一一線穿落　本公
心訣此節語意全要想他意氣激昂雄偉的口氣與下若藥不瞑眩緊相
照應說非證道一之旨○三引言要得述辭以氣成閑之言爲景公歎勿認
吾我是爲自道何異內當有作爲工夫兩何人謂一樣人也勿說猶未免爲鄉
人有爲不過是一個盡性盡師謂文王我可師而至之也非彼爲我之師也○
古人爲聖賢担當甚大認取甚真是認自身即聖賢彼與我一故曰吾何畏彼
哉認自身即舜舜與予一故曰有爲者亦若是認自身即文文與我一故曰我
師

諸家辨　舜何人也，固是顏子志大，亦因自覺得有此力量。不然，或成覸覸之在
者。文其下則大言不慚。
按前三言以明道一，亦當兼性皆善堯舜可爲二意。彼謂聖賢可該堯舜在內，即舜可以該堯，即文王可以該堯舜。

講　誠以古人之言歷歷驗之。昔者成覸謂齊景公曰：今人說及聖賢便推然畏之，不知彼周文夫也，我亦丈夫也，我一發奮即至彼地矣，吾何歉於彼而畏之哉。顏淵有言曰：古今稱聖人必推舜。然舜果何等人也？我又果何等人也？我與舜同是一樣人耳。但舜能有爲，故爲聖人。人苟能立志有爲者，亦若是舜矣。公明儀曰：周公謂文王我之師，法可學而至也。夫文王必可師，周公之言豈欺我哉。夫三人之言如此，皆足以徵道之一也、性無不善，而堯舜皆可爲世子亦篤信力行可耳，何必復求他說乎。

今滕，讀絕長補短，句將五十里也，句五十里連猶可以爲善國。句爲善國連書曰：句若藥不瞑眩，讀厥疾不瘳。句

絕，猶截也。書，商書說命篇。瞑眩，憒亂。言滕國雖小，猶足爲治，但恐安於卑近，不能

自克則不足以去惡而爲善也

朱子曰滕小不過如今一鄉孟子只說可爲善國終不成以告齊梁之君者告之○人要爲聖賢須是猛如如服瞑眩之藥以除深痼之疾直是不可悠悠

蔡氏曰方言飲藥而毒海岱之間謂之瞑眩

勉齋黃氏曰歷引三人之言所以釋滕文之疑終以藥瞑眩所以厲其志

雙峯饒氏曰前面文公再去見孟子時是疑其資禀凡下不可以爲堯舜故孟子以成覸以下三說答之末後孟子恐文公又自疑其土地狹小故以瞑眩之說告之文公後來能問喪禮問經界亦足見其有爲處

【蒙引】承上文言聖賢既可學而至但恐世子自安于卑近不能自克則終不足以望聖賢矣○此一條所以策勵世子之志使奮意自克以圖興國勢也兼含着勸戒二意○猶可以爲善國言猶可以自立也此于性善堯舜之說何預蓋惟其自克而不安于卑近則必擴充其仁義之心而以堯舜爲法其心必正其身必修其國必治矣此其体用一原之禮又有不可易者○聞但恐安于卑近之

語恐毓國勢衰弱閔惟善曰天下無性外之事豈然修己以安人安百姓者豈有兩項事体哉故就其持身言若安子畢近不能自克不足以去惡而爲善則其國亦不得爲善國矣安子畢近本自其持身言不謂安子國勢畢近也謂以其國小勢弱而不求大有爲也○書曰云云此言其當奮志以有爲勵精而求治不可少有苟且因循之心也○一或苟且因循則國事日非而終無以自存矣可不慎哉孟子此言蓋深警之也愛之至也厚之道也辞兼勸戒○書曰若藥不瞑眩厥疾不瘳此尚書說命上篇蓋高宗初得傅說爰立作相而命之曰朝夕納誨以輔台德若金用汝作礪若濟巨川用汝作舟楫若歲大旱用汝作霖雨啟乃心沃乃心若藥不瞑眩厥疾不瘳若跣弗視地厥足用傷惟暨乃僚罔不同心以匡乃辟

存疑 猶可以爲善國言猶堪做好國言足以爲治也然不敢許以大有爲故又曰猶堪做好國又曰亦以新子之國○瞑眩書旁註云飲藥毒人頭目昏悶扶治深痼之疾須以毒藥去攻之使頭目昏躍方能拔其病根而已疾所[illegible]

毒攻毒是也若和平之藥服之不能使人頭目昏聵音不瞑眩决不能已疾人
之爲善必痛創猛省克去因循之弊如服毒藥而昏瞑然後可以去惡而爲善
若悠悠怠惰安於卑近不能自克則終沉溺而已决不足以振拔有爲○若藥
二句承猶可以爲善國説來言雖可以爲善國然亦顧其作爲何如必猛省奮
振克去因循之弊然後可也若安于卑近不能自克如服藥之一不瞑眩然則不
足以爲善去惡猶如厥疾之不瘳是亦不足以爲善國矣

【集説】善國如修身治人行仁義而自强有立規模雖小小做起亦知完齊周匝可
觀故曰善國猶可以爲者尚可以做起也孟子恐世子以國蹙而爲小遂取法聖
人作有爲之君蹙一特擡持不起故又以此勉之然其實藏蓄之學自合內外
政治而一之不同迂腐之論也○人爲聖賢我爲庸愚便是畏于人爲聖賢我安
爲世俗之人便是近自克者去其私欲矯其氣質勇於自治以取法聖賢而已
自克二字應瞑眩二字蓋云不大動盪一番惡必不能去善必不能爲

【辨疑】善國分上截之下截之此是策勵世子以决意自克善國上須貼性善言

蓋必身爲堯舜。而後能堯舜其治也。引書言要補不能自生意

［圓註］猶可以爲善國。善字自性善推來。從性善做出事業。□後面喪禮井田學校。奮發勇往。行人之所不能行。便是瞑眩之藥。疾驗不瘳。瘳則復善。此只重勉他奮發之意。而善惡無兩層。○猶可以爲善國。且據理□開說。而勉世子奮發有爲之意。非寓引書內。

［集序合參］爲字重看。乃勵精圖治之意。善國以我性之□□之子國。使人人皆爲善也。此看善國善字太重。與存疑作好字看異。

［必訣］性善善國。前後相映處。正是道之。

按瞑眩。存疑謂頭目昏眩。直解謂腹中煩亂。皆可通。

［講］然本性善以爲堯舜。可見之於治國也。今全滕之地。截長補短。將有五十里也。國雖小。君勵精圖治。猶堪做个治安之國。亦顧其作爲何如耳。書曰。若服藥不瞑眩。則厥疾不得瘳。人君若安於卑近。悠悠怠惰。則不能爲善去惡。亦不足以爲善國矣。世子其因吾言而勉之乎。

愚按孟子之言性善始見於此而詳具於告子之篇然默識而擴充之……
中無非此理其所以擴前聖之未發而有功於聖人之門程子之言信矣
西山真氏曰七篇之中無非此理者如言仁義言四端益其大者至於因齊王
之愛牛而勸之以行王政亦因其性善而引之當道也以此推之他可識矣
新安陳氏曰四端章雖言性情之理而性字未說出性字始見於此而詳見告
子盡心篇充其性即擴而充之之充

【首章總論】通章以性善爲主前一節啟世子以性善而實其人後三節決道子以性
善而勵其志

【蒙引】前言性善稱堯舜後言道一引成覸諸人爲証總是一个意思後段言
發前段之意非更深一層也前段只說著其立言之大旨後段則詳之也

【心典】通章都是勉世子爲堯舜意其道性善不過明堯舜之可爲耳
按通章舊說云性善一節稱堯舜性善之証也言道一以性同此善也三引証
以明道一亦以性無不善也末節言性善之兼也依新說重爲堯舜上性善爲堯
舜之源本也道一是已與堯舜無二道也三引証見道一而堯舜可爲也末節
爲堯舜之作用也與世子將來言人君之責無二致意講學者不可以輕重爲堯舜

之誤不爲無見故兩存之○錄後遂從舊說

滕定公句薨句世子讀謂然友曰句然友世子之傅○昔者讀孟子嘗與我言於宋句○與我言於心終不忘句今也讀不幸讀至於大故句吾欲讀使子問於孟子讀然後行事句

定公文公父也。然友世子之傅也。大故大喪也。事謂喪禮。

【新朱】不忘分此世子身居於孟子之論性而復言之以喪禮也。昔字對今字看。

於心終不忘乃是世子行喪禮之根本也。

【集說】於心終不忘在道義上說，不在情意上說。○一如云性善之說堯舜之辨此心事案未嘗一日忘也之意。

【纂疏】今然問于孟子，便有不問父兄不問百官之意。

【通】此孟子教滕文行三年之喪也。世子見孟子乃後其父定公薨，世子謂其傅然友曰：昔者我因過宋得見孟子，嘗與我言性善、堯舜之說，我因得記於心，終不能忘。今也不幸，至於先君之大變，不知喪禮如何，果行我欲使子往見孟子，其一一指示，然後舉行喪事，庶免於悖禮之失也。

然友之鄒讀問於孟子句孟子曰句不亦善乎句親喪讀固所自盡也句曾子曰句
生讀事之以禮句死讀葬之以禮句祭之以禮句可謂孝矣句諸侯之禮吾讀未
之學也句雖然句吾嘗聞之矣句三年之喪句齊疏之服句飦粥之食句自天子
達於庶人句三代共之句

當時諸侯莫能行古喪禮而文公獨能以此爲問故孟子善之又言父母之喪固
人子之心所自盡者蓋悲哀之情痛疾之意出於自然非由外至宜乎文公於此有所不能
自已也但所引曾子之言本孔子告樊遲者豈曾子嘗誦之以告其門人歟三年
之喪者子爲父母皆三年蓋以子生三年然後免於父母之懷故父母之喪必以三年也齊衣下縫也不
緝曰斬衰緝之曰齊衰疏麤也麤布也飦糜也喪禮三日始食粥既葬乃疏食此
古今貴賤通行之禮也

記喪大記君之喪子大夫公子衆士皆三日不食子大夫公子食粥士疏食水
飲夫人世婦諸妻皆疏食水飲大夫之喪主人室老子姓皆食粥衆士疏食水
飲室老其貴臣也衆士家臣也妻妾疏食水飲士亦如之既葬主人疏食水飲

不食菜果婦人亦如之君大夫士一也練而食菜果祥而食肉
朱子曰孟子說制度皆舉其綱而已如井田之什一喪之自天子達之類○孟子
答滕文公喪禮不說到細碎上只說齊疏之服飦粥之食自天子達於庶人這
二項便是大原大本自盡其心喪禮之大本也三年齊疏飦粥喪禮之大經也
孟子生戰國不得見先王全經矣然其學得孔氏之正傳而於文武之道識其
大者故其參論制度雖若疏闊而於大本大經之際則有不可得而亂者以是
爲主而酌乎人情世變以文之則禮雖先王未之有亦可以義起矣後世議禮
者不明乎此故常以其度數節文之小不備而不敢爲卒以貽乎人不備而後
已此劉向所以深歎之也然無孟子之學而强爲之如叔孫通曹褒之流是又
不免乎私意之鑿而已

趙氏曰自天子達于庶人是無貴賤之別三代共之是無古今之異

〔存疑〕親喪固所自盡此因世子之所能而與之也亦因以加勉之也三年之喪
飦粥是正告世子處逆以加飭焉正若卑者其能問爲自盡處從

【說約】文公於父當斬衰不齊而云齊疏大概語耳疏曰言斬衰裳者謂斬三升布以爲衰裳不言裁割而言斬者取痛甚之意又曰斬衰先言斬疏衰後言齊者以斬衰先斬布後作之故先言斬疏衰先作之後齊之故後言齊是斬衰不齊也○子夏傳斬者何不緝也齊者何緝也集注本此○内則注饘厚粥䬸薄粥字彙饘同䬸字彙許世子止哭泣歠飦粥嗌不容粒○顔云音公之切孝使人問於曾子對曰申也聞諸申之父曰哭泣之哀齊斬之情饘粥之食自天子達語與此同申曾參子也

【集說】看朱注意親喪固所自盡句似謂人不亦善乎句内意蓋以不能自已即自盡意也然不知以不亦善乎一句作奬進之辭而以親喪固所自盡一句爲說作勉辭爲明白○自盡者竭其心竭其力視其分之所得爲與時之所可爲無不極其至而無所遺憾方是○生事三句與論語亦微有異論語主勿踰於禮意居多此主勿不及於禮意居多禮字亦兼心與事說○諸侯之禮是當諸侯之喪禮學是綱領當折去講求聞是得其大綱大目之所在○三年之喪句重

齊疏飦粥皆三年內事○註古今二字貼三代共之意豈二字貼自天子達於庶人達字中亦兼諸侯卿大夫士在內而孟子之意則主諸侯也通行之禮無自先王制之然鄒亦從人心之所自盡而不容已者制作出來

【畧朱】善乎分上是善其問下是以自盡之情而許嘆之也不亦善乎是善其來問親喪固所自盡是推其所以來問之心引曾子之言只重死葬之以禮一句見死葬以禮方可謂孝以起下文諸侯之禮及三年之喪意

【纂疏·今參】親喪固所自盡蓋人子之心上說下言以三年之喪之禮正所以盡其心也此引曾子之言只起喪禮當盡意

【輯註】固所自盡泛說人子自然之心說不可加一當字玩註宜乎可見○論語自致自字是自然此自字是自己觀註非自外至可見而自然盡心乃在固字上○

【心識】親喪固所自盡句是求內緊要語自盡見不可一毫內慊於心曰致盡見不可一毫外求於人曰固所自盡見其決在獨斷而不可為人所撓阻也此節

只泛說未着世子身上。盡心在盡禮，引曾子一段見盡禮方是孝。

［註］時孟子嫡而在鄒，然友奉世子之命之鄒，問於孟子。孟子曰：當喪禮廢壞之時，而獨能以此爲問，不亦善乎。然人子居父母之喪，其哀痛迫切之情根於天性，非送終之禮皆自己竭盡其心，而非他人之所能强者，宜乎世子於此有所不能自已也。曾子嘗言曰：父母生時當事之以禮，既沒之後當葬之以禮，又祭之以禮，自始至終，禮無不盡，則心亦無不盡，而可以謂之孝矣。此曾子之論人子當盡之禮如此，若夫諸侯之喪禮，典章殘缺，其詳悉吾未之學也。雖然，禮之大經一定而不可易者，吾嘗聞之矣。蓋父母之喪，必以三年爲定。所服者齊疏之服，所食者飦粥之食。此禮上自天子以下，達於衆人，貴賤通行，而夏商周三代以來皆共之，古今無異。吾聞其大略如此，世子舉行之可也。

然友反命句定爲三年之喪句父兄百官頓皆不欲句曰句吾宗國魯先君讀莫之行句○宗國連吾先君讀亦莫之行也句○先君連至於子之身讀而反之句不可句且志曰喪祭從先祖句曰句吾有所受之也句○有所連

父兄百官皆魯臣也滕與魯俱文王之後而魯祖周公爲長兄弟宗之故滕謂魯爲宗國也然謂二國不行三年之喪者乃其後世之失非周公之法本然也志記也引志之言而釋其意以爲所以如此者蓋爲上世以來有所傳受雖或不同不可改也然志所言本謂先王之世舊俗所傳禮文小異而可以通行者耳不謂後世失禮之甚者也

朱子曰古宗國如周公兄弟之爲諸侯者則皆以魯國爲宗至戰國時滕猶舊

魯爲宗國也

趙氏纂曰文王之子周公旦旦子伯禽封於魯文王子錯叔繡武王庶弟封滕

滕侯爵

仁山金氏曰宗法諸侯之公子爲先君之子今君之兄弟不敢以君爲宗而君爲公子之庶者使宗其公子之適者爲使諸庶弟以一適弟爲宗天子亦然武王爲天子則諸弟不敢以武王爲宗而以周公爲宗故凡文王之子有國者蔡郕霍邢衛毛聃郜雍曹滕畢原酆郇皆謂魯爲宗國也

南軒張氏曰考滕世子問孟子之辭則三年之喪其廢也久矣其在周之衰世乎

【蒙引】定爲三年之喪○則所謂齊衰之服飦粥之食在其中矣○

【存疑】定爲三年之喪只是世子行○未有世子行而臣下不行者然此處所重都在世子上○觀親喪固所自盡一句可見○蒙引說是君臣都行未有證據竟不是本意○喪祭從先祖志言先祖尚是始初立法之先祖○不是後來壞法之先祖○蓋法本壞於後人○非作於始祖○子孫沿襲之久認爲始祖也○但大註不主此說不知何也

【說約】集註上世以來四字卽吾有所受吾字○蓋暗体先祖意以推明其沿襲之禮不可改也○

【翼註】吾字指先祖○先祖有所受則後人不可違○註上世卽先祖也○

【集說】定爲三年之喪○定字內想亦與然友講求其禮而定之○三年之內其事之節目自多○但三年二字足以該之○且當時短喪者多○獨言三年舉其重也○志

之言雖無所考然大抵自是句好語○或亦先人恐後世有更張其禮及有未
莫說而不得者故爲是言教後人只從先祖云爾不謂父兄之誤認先祖二字
也○吾字泛言只是說我後人云爾非父兄百官自指爲吾也此一句一是解
喪祭從先祖志言之意一是來沮世子（此是以吾字作從先祖者說）
〔心訣〕反命復世子之命也此命字屬世子定者定議也世子欲行三年之喪則
父兄百官亦當聽命于冢宰而同行故皆不欲因舉滕魯之故以沮之魯先君
莫之行蓋指魯文公宣公以後而言當時魯文公宣公始不行此禮文公禮祭
未終而思娶宣公喪未期年而逆女春秋皆譏之滕先君莫之行亦是中葉之
君之不行此禮但父兄百官溺於積習未審來歷緊稱爲先君先祖之法而不
舜非周公之法也喪祭從先祖是志之言下句是父兄百官謬什其意吾有所
受之也吾字指從先祖者說謂吾有所受於先祖其得失不由於我也蓋不具
始初立法者爲先祖而以繼世變法者爲先祖耳舊說泥注上世以來句有[illegible]
字指先祖說不惟文义不協且費轉折玩注上世字謂吾之所行自上[illegible]

來有所傳受之也非以先祖爲吾也○所謂先君者當論之于周公滕叔之始而非所論於數傳之後所謂先祖者當論之于創禮之祖而非所論於壞禮之祖父兄百官之言豈足憑耶

按吾字二說一指先祖說則喪祭從先祖句當作先祖訓後之言看一指從先祖者說則喪祭從先祖句當作後人法祖之意看要口氣分得清楚

（講）然友反命於世子世子以孟子之言爲必可行遂定爲三年之喪是時古禮久廢同姓父兄異姓百官皆不欲曰如今彌秉禮之國莫如魯乃吾滕之宗國三年之喪魯先君莫之行吾滕先君亦莫之行也至于子之身而悉反之是違尊先君與吾先君也斷然不可且志有曰喪祭之禮當從先祖卽志言以依先祖之意蓋曰吾所行之禮有所傳受不可改也而子固不從之何也

謂然友曰句吾他日頓未嘗學問句好頓馳馬試劒句今也父兄百官讀不我足也句○不我足連恐其頓不能盡於大事句子爲我頓問孟子句然友復之鄒讀問孟子句孟子曰句然句不可以他求者也句○他求連孔子曰句君薨句聽於冢宰句歠粥句面深墨句卽位而哭句百官有司讀莫敢不哀句先之也句上頓有好者讀下頓必有甚焉

著矣句 君子之德讀 風也句 小人之德讀 草也句 草頓 尙之風讀 必偃句 是頓 在世

子句

○不我足、謂不以我滿足其意也。○然著、然其不我是之言○不可他求者、言當責之於

已○冢宰六卿之長也、歠飮也、深墨甚黑色也、卽就也、尙加也、論語作上古字通也、

偃伏也、孟子言但在世子自盡其哀而已○大全小注必偃 以上皆孔子語

慶源輔氏曰當責之於已、是應前面固所自盡之說○在世子自盡其哀是應上

句不可他求之意○

雙峯饒氏曰君薨君字、約天子、諸侯、而言○聽於冢宰、是國家政事、皆聽命于冢

宰○非聽政聽訟之謂○

蒙引此問、世子是何意慮、蓋以其阻于父兄百官之不欲、而莫知所處也○旣不

得遂行孟子之敎○又不敢輕從父兄百官之議○郤是一个不决之意、此時之情、

覵向日初問時之情、頗有危機矣、孟子告之云、惟在世子之自盡、彼之不欲者

姑置之○蓋知人子秉彝之心、自有同然之理○在世子旣有以先之、彼必[illegible]感

節而無與詞也○位喪位也

〔存疑〕孟子曰然不可以他求也此是因其疑惑之際而贊決之相進之言當喪禮廢壞之久子平生又未足以取信於人一旦欲行禮而父兄百官不汝足誠是也然爲子計者但當求之於己已不可以他求也隨他足不足都莫管他子但自盡而已故未復可囑之曰是在世子引孔子之言是說求之於己無有不應者草上之風必偃都是孔子之言

〔集說〕未嘗學問好馳馬試劍則素無知禮之稱是以難信於人矣此雖世子謙辭都亦是實話然世子此一番都是從至性中作出來底亦足見人心自不容已處○君薨君字是先君聽于冢宰是嗣君命百官各總己之職以聽於冢宰○百官泛指大小之臣有司則有事於治喪者○莫敢不哀哀字亦且在奉行禮度不以戲渝棄之上說故曰莫敢至必有甚方是行禮之際自然良心觸發感戚而動也○君薨至先之也此孔子止言喪禮上有好者以下都是泛論上下感應之理非孔子一時之言孟子撮來成一段話說耳或孟子潤色一兩句

於中亦未可知○自盡其哀哀者心也盡其哀並禮俱在內不能行禮亦不謂之盡其哀也獨言哀者亦舉其重而言之耳

【講朱】問孟子分上是世子自責而言喪禮之行見取於人下是孟子教之而言喪禮之行當盡于己○君薨三句正是自盡百官七句又是感人草偃以上皆孔子之言末句因其猶豫未决而力贊之欲其自盡以感人也

【纂序合參】此問是問何以自盡其心使父兄百官無異詞也○不可他求正與固所自盡也句相應是在世子正與不可他求句相應○君薨數句只是發明真情在人自不容掩不重上感下應說

【心訣】世子見父兄百官之阻心中覺有難處故謂然友云云要看他日與今字好馳馬試劍只見得未嘗學問蓋平日學問的人便深知古禮而足以取信於人唯吾未嘗學問以講求此禮曉得透徹所以今日欲行三年之喪禮而父兄百官皆不信我能知古禮而有不滿足之意也恐其不能盡於大事恐人心不服難以行此大禮而自盡其心也子爲我問孟子廷是求所以息衆論而盡己

得盡心舉行大禮意若謂欲不行則無以盡我之心欲行則又沮於衆人之議則是一團不决之意了恐非世子信孟子本心也但泥於衆論終是難行故孟子欲其言而直教以不須在衆人頭上取决只在自己躬行倡導自有風行草偃妙處也君薨至必偃是孟子以己意集孔子之語百官聽於冢宰嗣君便得以無命戒即位是喪位先之者君之哭爲之先也上有好而下必甚只承上文疊疊說下不必添何也字甚字亦只是同其所好耳不必過泥君子之德風三句正發明所以上好下甚之理以趣在世子句在世子者世子以位則君以德則風也風一行則草必偃正猶上先好則下必甚者而豈在於父兄百官哉又奚可他求耶

〔講〕世子見群臣不從又謂然友曰吾他日未嘗勤學好問只好馳馬爲樂試劍爲勇於古禮未能考究而不足取信於人故今也欲行喪禮父兄百官皆不我滿足也但恐其不能盡喪禮之大事子爲我再問孟子然友復之鄒問孟子孟子曰喪禮从廢世子生平未足取信於人一旦欲行古禮而父兄百官不足是誠

有然也。然爲世子計者，但當求之於己，不可以他求者也。勿恤人言，世子惟自盡而已。孔子有言曰：君薨，則爲嗣君者以百官政事聽命於冢宰，自己守喪，歠飲粥湯，面容毀瘠，至於深墨，即喪次之位，朝夕哭泣，於是百官有司莫敢不哀。所以然者，以在上之人有哀痛以先之，而感發其良心也。蓋凡在上之人有所好者，則在下之好必更有甚焉者矣。故君子之德在上而主感，譬如風也；小人之德在下而主應，譬如草也。草而加之以風，則必偃仆；小人而感以君子之德，則必響應。孔子之言如此。今世子在上之君子也，斷行古禮以自盡其哀，則父兄百官莫敢不遵行古禮，而各盡其哀矣。是在世子而已，豈可他求哉。

然友反命。句 世子曰：句 然。句 是句 誠在我。句 五月居廬，句 未有命戒。句 百官族人可謂

可謂曰知。句 及至葬，句 四方來觀之，句 顏色之戚，句 哭泣之哀，句 弔者大悅。句

諸侯五月而葬，未葬居倚廬於中門之外，居喪不言，故未有命令教戒也。可謂曰知，疑有闕誤。或曰皆謂世子之知禮也。

左傳　隱公元年，天子七月而葬，同軌畢至。言同軌以別四夷之國，[illegible]

盟至同在方嶽之盟大夫三月同位至士踰月外姻至此言赴弔各以遠近爲

差因爲葬節

【禮記】喪大記父母之喪居倚廬不塗寢苫枕塊非喪事不言○【蒙引】前葬曰倚

廬於中門外東墻下倚木爲廬也不塗者但以草夾障不以泥塗飾之也

廖源輔氏曰可當作皆如作可不成文理○當從

【蒙引】是誠在我一句是好古今之世而欲行古之道變今之俗如此而已是認

得孟子是在世子一句謂君子不以成敗論人世子亦偉人哉○禮諸侯五月而

葬同盟至則四方來者必有隣邦使者在內也○弔者四方來弔者也父兄百

官不與存焉○

【存疑】世子曰然是誠在我是因孟子言不可以他求是在世子之言而直承當之

也○言夫子說的是這委的在我不干別人事五月居廬未有命戒正是自盡之

事○百官族人可謂曰知以下是人應之也自五月居廬以下俱是敘其事與上

文引孔子之言相應正見得上有好者下必有甚焉處○

【集說】然即然其不可他求及孔子之言爲能得有理是誠在我即應是在世子一句。○自五月至可謂曰知以未葬前言是世子決行三年之喪其規模度數自此一一做起而百官族人固已謂之知禮矣百官應上百官族人應上父兄皆昔之不欲者○四方來觀之不止弔者而弔者亦在內顏色以色言哭泣以聲言戚憂戚也哀哽咽也世子當初所行必循循一遵夫禮而獨以顏色哭泣言者亦舉其重也○弔者是鄰國諸侯使卿大夫來弔者

【纂序合參】五月四句是未葬時能自盡而感近人及葬五句是方葬時能自盡而感遠人居廬是行諒陰之禮未有命戒是行不言之禮即孔子君薨聽子冢宰之禮也顏色之戚哭泣之哀即孔子歠粥面深墨即位而哭之禮也則其行三年之喪必矣百官等既以爲知禮則從世子三年之喪可知矣○觀與弔不同觀是來觀禮者弔是同盟來弔者悅是悅其能盡禮

【心訣】四方來觀蓋聞世子行古禮而來觀也與弔者自是兩項人顏色二句見真性所發而能自盡處非彌文即孔子所謂面深墨即位而哭是也弔者大悅

不獨頂上二句須蒙復古來

接顏色之戚哭泣之哀二句上承觀之下接大悅觀非專講四方來觀見其如此也一説講弔者即是觀者因觀禮而來弔也不作兩截看亦好

〔講〕然友反命世子直承當之曰夫子説的是是誠在我之自盡而不可以他求也於是斷然行三年之喪方其未葬也五月自居於廬以行諒陰之禮未有命令告戒以行乎不言之禮而父兄百官感悟皆曰世子知禮及至葬期四方來觀之但見世子顏色慘戚一深墨之容也哭泣哀痛一即位之哭也凡諸侯賓客來弔者皆以其能盡禮而大爲悅服益能自盡而人應之所謂上有好下必甚天理之在人心固不可泯而人性皆善亦於此可見矣

林氏曰孟子之時喪禮既壞然三年之喪惻隱之心痛疾之意出於人心之所固有者初未嘗亡也雖其溺於流俗之弊是以喪其良心而不自知耳文公見孟子而聞性善堯舜之説則固有以啓發其良心矣是以至此而哀痛之誠心發焉及其父兄百官皆不欲行則亦反躬自責悼其前行之不足以取信而不敢有非其父兄百官之心雖其資質有過人者而學問之力亦不可誣也及其斷然行之而

遠近見聞無不悅服以人心之所同然者自我發之而彼之心悅誠服亦有所不期然而然者人性之善豈不信哉

西山真氏曰三年之喪自[illegible]三代未有改者春秋之世此禮廢壞於是宰予欲短喪而孔子責其不仁子思亦謂自期以下貴賤有殊父母之喪則一而已方滕文用孟子言欲行此禮父兄百官譁然爭之及違衆而行又以爲知禮何耶蓋以爲不可行者習常襲故之陋見也而以爲知禮者秉懿好德之良心也世降教失雖以東魯文獻之邦猶不能行何怪滕之父兄乎然文公一以身先之則懵然而悟天理之在人心者固不可泯也

雲峯胡氏曰前章論性善此章自是論三年之喪集註引林氏說首尾必舉性善而言者蓋喪禮人子之心所自盡者最可見人性之本善處文公自悔其前日未嘗學問而一旦力行所聞於孟子者是孟子一開發之際而文公之性善見矣及其行之而遠近見聞莫不悅服是文公一感發之頃而遠近之人性善皆見矣於是益可信人性之無有不善而堯舜之皆可爲也

旨蒙引合發此章以三年之喪四字爲主最喫緊在親喪固所自盡一句親喪固
三年之喪下面不可他求是在世子是誠在我皆應此句
注宛直解通章緊要在親喪固所自盡一句曰不可他求曰是在世子堅其所
當自盡也曰是誠在我信其所當自盡也五月居廬未有命戒是自盡其在毙
聽於冢宰之禮顏色之戚哭泣之哀是自盡其歠粥面深墨即位而哭之禮至
可謂曰知也者大悅則又以自盡而格乎人之同盡也即此便見人性之本善
○前三年之喪一段重禮字後君薨一段重哀字然哀之一字正制禮之原自
盡其哀則自盡其禮○
按三代以後之君能行三年喪禮者罕矣孟子教文公行三年之喪是大有關
係處學者以此不出題目而忍之不講甚流俗之見往往然也○文公蕞爾縢
可爲而開性善之旨講井田之法毅然能行三年之喪亦可謂賢矣以視齊梁
大國之君人品不啻霄壤然則人患不以聖賢自命耳時勢所值勿論也

滕文公頭問爲國可

文公以禮聘孟子故孟子至滕而文公問之

婺源輔氏曰前云使然友問後云使畢戰問但此云滕文公問則知是文公親

問孟子也。蓋文公既即位，而不得越國往見孟子，此必是以禮聘孟子至滕，而文公問之也。

【心訣】滕文公有感於爲善國之言，故當嗣位之初，而問治國之道，可謂銳志於治者。

【講】此孟子告滕文治國以民事爲重也。滕文公嗣位之初，以禮來聘孟子至滕，文公遂問治國之道。

孟子曰句民事讀不可緩也句詩云句晝頓爾于茅句宵頓爾索綯句亟其乘屋句其始播百穀句○始播進

民事，謂農事。詩，豳風七月之篇。于，往取也。綯，絞也。亟，急也。乘，升也。播，布也。言農事至重，人君不可以爲緩而忽之，故引詩言治屋之急如此者，蓋以來春將復始播百穀，而不暇爲此也。

慶源輔氏曰：詩言民之趨於農功自然如此，其亟孟子引之以証民事[illegible]之說。然熟玩之，便見得民事真不可緩之意。人君者苟能與知民事之不[illegible]

則於爲國也思過半矣○

蒙引言君當以民事爲急也亟其乘屋其始播百穀民自以農事爲急也惟民所急在此故君當以爲急也晝爾于茅宵爾索綯乃冬月事也故云來春將復始播百穀而不暇爲此

說約民事不可緩也句當緊炤爲國言爲國惟民事不可緩也引詩又取民之自急者以証不可緩之意然下即言制産授田則云急民事者其義亦不可太離

集說民事謂農事民事雖多大抵以農爲本也不可緩有規制立法經營教戒之意此一句是冐民之爲道節是說所以不可緩之故賢君以下至小民親於下者不緩民事之事养教不外先养而後教教所以成其养也末二節乃不緩民事之效○茅是覆屋者索綯是絞以爲繩以束茅者另是一物非即以茅爲絞也亟其升屋自是治屋之事與農事無干但是冬月如此恐來春將復始播百穀有不暇耳主意重播穀上不重治屋急於治屋正其急於農事也要知○

民自急其事如此可見民事不可緩底人君爲民之主豈可緩也

【蒙解】詩經集註索絞也綯索也與此微異

【正解】民事句包一章旨下文制產行助分田制祿等正不緩民事之實民事當然止作農事講下文庠序學校一節只是因養及教而兼言治國之全道耳其餘前后只就恒產助法井田上詳悉意可見矣

【　】民事二字近則農功遠而制產取民井田學校通章都是固要包籠又要不侵占又要有意義論按民事字不可緩字下文皆有實証此處直指不得泛說亦不得須以虛籠爲是

【集成】孔治桂曰民事專指農功說故急引詩詞作証時說兼籠教養者非豳岐百里實以農事開基王者立國本務詎莫有先此者況滕之國小民罷舍此蓋無可爲引詩数語煞有勸勉深意

【心訣】國依民民依稼穡民事即國事非有二也民事要合常心常祿所係不可緩屬君說如定分授之法立賦歛之經所以使民遂生復性而君子小人各得其所者當急急爲之經畫區處不可緩圖也豳風之詩周公欲成王知□□

之艱難而作今以其詩玩之晝夜亟乘屋之圖始終爲播穀之慮則知有周盛時君臣咨嗟告戒胥昕圖維者唯此民事古人急之今可緩之耶分明欲文公法之而急圖民事意非但爲民之自重其事已也○引晝爾于茅之詩有深意周成滕文都是初嗣只有民事是第一義

【廣炬訂】民事一語括盡通章帝王經濟總不出此要說得正大剴切將作直指井田未免有痕或緊承初服亦似小見若人堯舜性善等語尤令人啞殺求作○豳風一段正括出不緩緩字耳非以民不自緩爲不可緩之證周成滕文一般初政須說得甚緊若常○按通章皆說井田此何以不嗇指不得初服意甚一及之倘無妨詩只宜以不講講之一講便呆　本公

按爾字當作而字看乘屋人升屋而治之也

【附詩】九月築場圃十月納禾稼黍稷重穋禾麻菽麥嗟我農夫我稼既同上入執宮功晝爾于茅宵爾索綯亟其乘屋其始播百穀○首節詩柄周公以成王未知稼穡之艱難故陳后稷公劉風化之所由使瞽矇朝夕諷誦以教之

【講】孟子曰國以民爲本民以食爲先農事乃國之急務而不可少緩者人君必爲之經畫區處使民得盡力于農畝可也詩豳風七月之篇有云值此冬月農畢之時當晝而往取茅草宵而絞之成索亟升其屋而治之蓋以來歲將復始播百穀而不暇爲此故也民自急其農事如此爲人君者其可以此爲緩乎

民之爲道也（讀○提下二句）有恒產者（讀○恒產連）有恒心（句○恒心連）無恒產者（讀）無恒心（句）苟（無）無恒心（讀）放辟邪侈（讀）無不爲已（句○無不爲連）及（讀）陷乎罪（讀）然後從而刑之（句）是罔民也（句○罔民連）焉有仁人在位（讀）罔民而可爲也（句○可爲連）

音義詳見前篇

【蒙引】放始遠於道辟則浸淫邪則成其惡矣侈則益肆矣亦有淺深之別

【集說】民之爲道七字虛看只是說民之所以爲民者之意〇一無恒產便流弊至此可見民事不可緩了

【正解】民之爲道〻字不重不宜專句好一邊觀下無恒產句可見

【彙解】此節與齊宣節辭同意異彼爲求大欲之本此明民事之不可緩也

【蒙存合發】此正說民事所以不可緩處只重恒產所係之重無教意

【講】且農事之所以當急者何也蓋以民之爲道也有此衣食之恒產便能相生相養不至爲惡而有其固有之恒心若無此恒產者便朝不謀夕無暇爲善而固有之恒心以亡此勢之必然也苟無恒心則放蕩偏辟邪淫侈肆舉凡不善之事都無不爲而犯罪者衆矣及陷于罪然後從而刑罰治之夫平時不能制民恒產以培養其恒心使其無知犯法而刑罰必加無所逃避是張羅罔而驅民使入其中也其不仁亦甚矣焉有仁人在上位罔民之事而可爲也夫恒產有無所係至重如此農事之所以當急也

是故頓**賢君必恭儉**句**禮下**句**取於民**頓**有制**句

恭則能以禮接下儉則能取民以制

趙氏曰禮下所以開世祿及學校之事也取民以制所以開制民常產及貢助徹之法也

【蒙引】恭儉以持身言禮下取民有制以其所施者言故曰恭則能以禮接下不

可以爲指恭儉之實也看則能二字○賢君必恭儉正與罔民者反雖取民有制便是仁恭者必儉儉者必恭取民有制者必能以禮接下以禮接下者必能取民有制故並言之不但後人之綱定文字格式也先儒謂禮下所以勸賢祿及學校之事者太泥自民事不可緩也直至雖周亦助也皆只是說爲國之當先制民恒產之意設爲庠序學校以教之一條方是教民之事所謂然後驅而之善也○上言仁人之急于制民產只是儉德下復兼恭儉者蓋恭與儉皆賢君事也恭者必儉儉者必恭恭儉直以持身言禮下取民則自其處物者言恭儉實德之流行也且分田制祿二者相須制祿即禮下之事分田即制民產之事故于此兼言之井田行則民有恒產學校立則民有恒心二者之相須固昭昭于上下文之間矣

集說 是故二字緊承民之爲道節民事惟不可緩如此故自來賢君必如此云云也○恭儉就賢君身上說是他持已謙恭律身節儉持已謙恭遇臣下自恭儉恐便能以禮接下律身節儉無妄費便能取於民有制二者皆從實德中行

田而非虛僞之爲也恭儉二字皆含分田制祿乃其經本處蓋下文制產同歸
世祿俱是自此做出若不可以制產便爲取民有制與世祿雖作兩截禮下也節
恭者必儉上者必恭亦是餘義蓋此難兼恭儉言之然亦據其取民有制上重
之取民有制上字內兼制產之意都有產有定制自下者以避取也不止是專
稅斂而已

【蒙註】賢君即仁人也恭者不侮人故敬禮臣下儉者不奪人故取民有制不仁
而闢民便爲富不仁賢君恭儉便是爲仁不富意故引陽虎之言決之

【】恭儉各有義自應平置雖曰恭實爲民然分田制祿兩者並重故又
曰無君子莫治野人無野人莫養君子可互明不可偏并此如云賢君必恭儉而
取於民有制必先恭以禮下行之則大覺支離矣此說較俐非有爲僞

【必讀】必字要看正是不緩處是故二字承上仁人不可開民求恭儉及禮下取
民不必太分只重民事上說

【廣印訂】恭儉禮制俱側卻下禮下原以爲民而卒不以爲民者病民總界不民

事不可緩句〇贊彩〇拔側重取民未爲不是但不必過爲拘牽此亦雜斗之言

〔正解〕儉而取民有制正是不緩民事處必恭恭而禮下說者恭賢所以及民禮下則必思祿自民出愈不敢緩民事也

〔集成〕禮下包世祿及圭田等言取民包貢助徹言躬須恭儉說來見得恭非徒文儉非過嗇不但毋傲毋苛已也倪滄桂曰書意承制恒產說來必兼此兩層者恐在位無以養廉或至浚民生以自利所由厚給祿糈優禮臣下正爲薄民起見也須於平中見側而背以側進意貫之

鎔按恭儉二字平看是節旨側重是實旨二者不可偏廢須於兩平之中識其側意爲是若一味偏向不惟於本節自失不合并下文君子小人亦難說矣

〔講〕恒產所係之重如此是故賢君必將己謙恭自奉節儉惟其恭也則能禮下士而以禮待臣下惟其儉也則能制民恒產而取於民有制此所以爲賢君而善於爲國也

陽虎曰句爲富讀不仁矣句爲仁讀不富矣句

陽虎陽貨魯季氏家臣也天理人欲不容並立虎之言此恐爲仁之害於富也[illegible]

富之惡爲富之害於仁也君子小人每相反而已矣

慶源輔氏曰先儒多以爲孟子不以人廢言集註則以爲言雖同而所取各異其說尤的當

【集說】仁字在陽虎口中只淺乜說只是存好心行正事便是天理人欲是朱子釋此節之大義彼陽虎惡知所謂天理人欲哉

【彙解】此合上條俱承上制恒產起下貢助徹之意

按彙解重爲仁不富爲富不仁玩註孟子引之云云則体朱爲優然須得敘縮上二節意不富與儉爲切恭只帶言○此仁字可兼心之德愛之理

【講】夫無恒產則制民而不仁賢君必取民有制二者當相反也陽虎曰人而爲富則惟利是求行不得仁矣人而爲仁則惟理是循致不得富矣陽虎固非爲仁者而即其言亦可見理欲不容並立而制民者必不能取民有制也

夏后氏頓五十而貢句殷人頓七十而助句周人頓百畝而徹句其實頓皆什一也句○什一連徹音讀徹也句助音讀籍也句

此以下乃言制民常產與其取之之制也夏時一夫受田五十畝而每夫計其五

畝之入以爲貢商人始爲井田之制以六百三十畝之地畫爲九區區七十畝中爲公田其外八家各授一區但借其力以助耕公田而不復稅其私田周時一夫授田百畝鄉遂用貢法十夫有溝都鄙用助法八家同井耕則通力而作收則計畝而分故謂之徹其實皆什一者貢法固以十分之一爲常數惟助法乃是九一而商制不可考周制則公田百畝中以二十畝爲廬舍一夫所耕公田實計十畝通私田百畝爲十一分而取其一蓋又輕於十一矣竊料商制亦當似此而以十四畝爲廬舍一夫實耕公田七畝是亦不過十一也徹通也均也藉借也

周禮夏官司徒遂人凡治野夫間有遂遂々上有徑十夫有溝溝々上有畛百夫有洫洫々上有塗千夫有澮澮々上有道萬夫有川川々上有路以達於畿○考工記匠人爲溝洫九夫爲井井間廣四尺深四尺謂之溝方十里爲成成々間廣八尺深八尺謂之洫方百里爲同同々間廣二尋深二仞謂之澮○趙氏德曰鄉遂之地在國中遂人所職是也都鄙之地在野外周禮匠人所職是也大司徒之職令五家爲比使之相保五比爲閭使之相受四閭爲族使之相葬五族爲黨使之

相救五黨爲州使之相賙五州爲鄉使之相賓是一萬二千五百家爲鄉也○遂人掌六遂猶司徒之六鄉遂人以土地之圖經田野造縣鄙形體之法五家爲鄰五鄰爲里四里爲酇五酇爲鄙五鄙爲縣五縣爲遂朱子所謂以五起數者亦是一萬二千五百家爲遂也○皆有地域溝樹之所謂鄉遂也○遂人治野夫間有遂々廣深各二尺凡一夫所受之田謂必有遂故曰夫間有遂々上有徑々之廣可容牛馬行亦所以通行於國都也十夫有溝十夫千畝之田也溝之廣深倍於遂溝上有畛々之廣可容大車百夫有洫百夫萬畝之田也洫之廣倍於溝洫上有涂々之廣可容乘車一軌千夫有澮千夫十萬畝之田也川所以受溝洫澮之水川上有路々之廣可容乘車三軌以達於畿々亦遂之境也每百夫之田爲經界十夫之田同一遂百夫之遂凡十而皆有溝々有九而皆橫百夫之田萬畝外其餘直千夫之田十萬畝外其澮橫此鄉遂之大略也○小司徒乃經土田而井牧其田野九夫爲井四井爲邑四邑爲丘四丘爲甸四甸爲縣四縣爲都朱子所謂以四起數者此乃造都鄙采地制井田異於鄉遂重立國小司徒經

經之每丘之地縱橫各三溝四丘之田爲一甸十字中爲四澮冬官考工記匠人爲溝洫此畿內采地制井田異於鄉遂故匠人以一井至一同言之則以開方之法而言遂人以一夫至萬夫言之則以長連屬而言也

前漢食貨志理民之道地著爲本地著謂安土故必建步立畮正其經界六尺爲步步百爲畮畮百爲夫夫三爲屋屋三爲井井方一里是爲九夫八家共之各受私田百畮公田十畮是爲八百八十畮餘二十畮以爲廬舍出入相友守望相助疾病相救民是以和睦而教化齊同力役生產可得而平也民受田上田夫百畮中田夫二百畮下田夫三百畮歲耕種者爲不易上田休一歲者爲一易中田休二歲者爲再易下田三歲更耕之自爰其處〔更互也爰於也〕農民戶人已受田其家衆男爲餘夫亦以口受田如比〔比例也〕士工商家受田五口乃當農夫一人此謂平土可以爲法者也若夫山林藪澤原陵淳鹵之地〔淳盡鹵之田不生五穀〕各以肥磽多少爲差民年二十受田六十歸田在野曰廬在邑曰里

朱子曰嘗疑孟子所謂夏后氏五十而貢殷人七十而助周人百畝而徹恐不解如此蓋先王疆理天下之初做許多畎澮溝洫之類大段是費人力了若是自五十而增爲七十自七十而增爲百畝則田間許多疆理都合更改恐無是理孟子當時未必親見只是傳聞如此恐亦難盡信也○問所言井地之法以周禮諸說考之亦未有悉合者何也曰吾於前章固已論之矣大抵孟子之言雖曰推本三代之遺制然常舉其大而不必盡於其細也師其意而不泥于文也蓋其疏通簡易自成一家乃經綸之活法而豈拘儒曲士牽制文義者所能知哉曰三代受田多少之不同何也曰張子嘗言之矣陳氏徐氏亦有說焉蓋皆若有可疑者蓋田制既定則其溝涂畛域亦有一定而不可易者今乃易代更制每有增加則其勞民動衆騷擾已成之法使民不得服先疇之田畝其煩擾亦已甚矣不如孟子之言其所以若此者果何理陳氏云夏時洪水方平可耕之地少至商而寖廣周而大備也徐氏云古者民約故田少而用足後世寖文而用廣故受田之際隨時而加焉

南軒張氏曰楊氏云徹者徹也兼貢助而通力也故孟子曰請野九一而助國中什一使自賦八家皆私百畝其中爲公田所謂九一而助也國中什一使自賦則用貢法矣此周人所以爲徹也

仁山金氏曰集註之說雖明而語錄亦自疑之古者田制遂徑溝畛洫澮道皆來陸封樹自禹濬畎澮距川以來積世累代而後成者商又變爲六百三十畝之區周又變爲九百畝之井則一塍徑遂改易固不甚難而溝畛洫涂路皆改作大費民力久而不定按古者以平地爲田其間溝洫井者無甚疆界但各以畝數爲計而所謂畝又與今尖斜折方不同古者六尺爲步七百爲畝所謂畝者廣一步長百步古人重黍稷粟穀其所謂畝即今種豆麥者作田壟也詩所謂南東其畝謂田間作壟向南向東視水土之利也古者中土既是平田但正以田壟爲計夏后氏之時田未盡闢又去古未遠士大夫無不躬耕猶受田者多故每夫受田五十畝比周一井則十八家受之而自貢其什一至殷人闢田已開闢一夫受田七十畝比周一井則十二家受之而助耕公田六十[illegible]畝

則上田盡關而君子小人又分在官者食公田之祿工商不盡受田[illegible]

散得以百畝爲限鄉遂用貢法十夫有溝都鄙用助法八家同井而一夫各受田百畝其廬舍則擬田之外又其擬若干數三代可以例推也○徹者徹也下徹字讀作撤經書凡以本字解本字者上字是古書下字是當時俗語

新安陳氏曰二十畝分爲八家此各二畝半以爲治田時所居所謂二畝半在田是也○

蒙引制民常產中自有取之之制故夏后氏五十而貢條註云此以下言制民常產與其取之之制也○夏后五十殷人七十周人百畝制常產也而貢而助而徹則其取之之制也正要分析方可若單言貢助徹則該制常產之義矣此爲定說○行助法之地必須以平地之田分畫作九夫中爲公田而八夫之私田環之列如井字整如棊局所謂溝洫者直欲限田之多少而爲疆界行貢法之地則無問高原下隰截長補短每夫受之百畝所謂溝洫者不過隨地之高下而爲之蓄洩此二法之所以異也○鄉遂追近王城凶豐易察故可行貢法都鄙

僻在遐方畸僻難知故止行助法此又先王之微意也○然郷遂之地少都鄙之地多則行貢法之地必少而行助法之地必多○夏時一夫受田五十畝而皆貢其五畝之入以爲貢是於五十畝之內取其五畝也其爲什取其一最爲明白矣○商時井田之制八家私田各七十畝而其所耕公田七十畝公田內除出廿四畝爲廬舍見在公田僅五十六畝八家所助各得七畝七八五十六也是於七十畝之外取其七畝也爲什一分而取其一矣○周制郷遂用貢法十夫有溝十夫各受田百畝也而各自貢其十畝之入此亦於十分之內取其一○都鄙用助法八家同井八家共受私田九百畝而共耕公田百畝公田內除二十畝爲廬舍則公田僅八十畝每夫所助僅十畝此亦是於十分之外取其一周時郷遂之貢無幾惟井田之制爲多貢法是於十分中取其一○助徹二法若計廬舍則是于十分外取其一大槩則同無公故曰其實皆什一也○貢徹助大槩則皆是十取其一也究其實則助法是十一分取其一又輕于十一矣○夫與家一般一夫上有父母下有妻子或九人或五人所謂數口之家也非

夫與家不同也然則何以言十夫也周禮地官司徒遂人凡治野夫間有遂上有徑十夫有溝溝上有畛故用其文云十夫也○耕則通力合作收則計畝均分此周家之徹兼鄉遂之貢與都鄙之助皆然也其曰計畝而分者十夫同溝者亦然也若純以都鄙之助法言則爲計區而分而該不得鄉遂之貢矣○周制公田實計十畝其以十四畝爲廬舍云云者乃都鄙用助法者也不言鄉遂用貢法者十而自賦其一不用訓解也○徹字當與貢助二字爲一類卽是取之之制也按朱子註曰耕則通力合作收則計畝而分便是徹義所謂均也通也○

存疑貢助徹是三代田法之名三句是渾淪說言夏后受田每夫五十畝而行貢法殷人七十畝而行助法周人百畝而行徹法註是細解不可用他說本文觀孟子自解曰徹者徹也助者藉也可見○周人百畝而徹朱子兼鄉遂用貢法都鄙用助法來解亦是因下文請野九一而助國中什一使自賦上看來爾○耕則通力合作收則計畝而分所以謂之徹也通助貢皆然也不是通用

貢助二法故謂之徹○貢法每夫受田五十畝就中出五畝之入以爲貢是十分中取一分也助法每夫受田七十畝外耕公田七畝已得七十畝以七畝之入供上是十分外取一分也曰其實皆十一亦槩言之耳○貢法十中取一似重於助蓋鄉遂附郭其地肥饒故其賦獨重都鄙野外之田不及鄉遂故其賦輕○蒙存俱以通力合作計畝均分兼貢助言似多一折心訣謂專指助而言無貢在內較蒙存爲明要、

說約此節必重在其實皆什一句存疑云貢助徹是三代田法之名名者對實而言也百畝而徹只以通力合作計畝均分爲義不必遽兼貢助蓋此處方以徹與貢助三者之名並列亦不重能兼耳且雖周亦助至雨我節總想像說而貢助兼行則請野節始明言之然亦必是貢少而助多以見其法之通融實不是要行貢謂監二代也○達說什一也分上是叙三代之賦其實嗣下是釋其義也則雖以通力合作計畝均分釋徹字亦當在徹者徹也內叢書須要有步驟分寸槩如此

集說夏時有貢有賦貢者貢其方物賦者賦其粟米獨言貢者以貢[illegible]

賦之總名也此處都是說賦○五十七十百畝想是三代所用丈尺不同故有五十七十百畝之異數耳○只其五畝之入以為貢者乃立法時計其凶歉及其用度大約於五十畝中取五畝所得多寡而制為定数以貢於上也○殷人七十而助乃八家各耕公田若干公田所出者盡歸朝廷與公卿大夫而私田所出則民各自收之不再稅他故曰但借其力以助耕公田而不復稅其私田也○貢助徹皆是三代所立取民有制之名故下云其實皆什一也○什一便都是取民有制處○貢字不必解只是以對賦貢之於上耳至徹之所以名徹者以其上下通徹之義通力而作計畝而分兩等均徹助之所以名助者只取其藉民之力之義絕無復稅其私田以擾民者此是釋三代取名之義見得什一之制三代所同皆是取民有制特因時立制而異其名其所以取義者如此耳○

[illegible] 三代授田多寡之數不同耕斂賦稅之法亦異但是取于民者其實同是十一○實字對數與法皆言不異名字對要之三代法數之異本是理勢不得

不變非謂更姓開國必改易其名號以新耳目也○授田多寡諸解朱子亦取懷徐二說爲近或云易姓改步其名同實田數無增只尺有長短以新其法耳是將殷周聖王都說做朝三暮四欺詐之狙公矣亦是後世心術不正之論量言道○徹者二句不是詳述制作只是疏解名義須要從制作中疏解出來其呆板莫動不得者也二字神理者固非虛描者也字却打成兩橛意外膠粘者亦謬

【點次】四句分上言賦民之制因而下則釋其義此上四節總見常產不可不制此節遂承言制產當稽乎三代而酌之

【鰲亭合參】制民常產即在取民有制內故此節只重取民之制貢助徹取民之制其實皆十分而取一總要重君不嘗多取意見三代無非不緩民事其取民之意無不相同味徹字何等公溥藉字何等簡便此二句正見助徹之[illegible]頂起下文用助徹[illegible]本此不是詳出做助之義要重聖王之精意說見自古之政無非通變以宜民民生之中自有美意也

【講解】三代制産多寡不同，諸家之說，如陳氏、徐氏已載於前矣。外此，仁山金氏以畝爲疄，夏后氏之時，田未盡闢，每夫受田五十疄。至殷人，田已開闢，每夫受田七十疄。至周則土地盡闢，每夫受田百畝。傅氏寅謂夏殷田萊俱足於一甸之內，周悉并其田，夏則田萊各半，殷七十畝爲田，三十畝爲萊，亦以土地漸闢故也。而徐位處又以古之治田者盡力盡法，而不務多，禹時恐民務於廣地，以致荒蕪，故限田五十畝，不得踰制，而使精於其業，此五十畝之田可以食八口之家也。治田既少，業既精專，積久之後，因生便巧，如后稷之耕，兩耜爲耦，其孫叔均遂作牛耕，是也。便巧既多，人力有餘，至於殷周遂以漸加多，而其田亦爲故田七十至於百畝，要使人之力足以治田，田之收足以食人，必不至於務廣而荒耳。此三家議雖不同，大約不外陳氏寢廣大餘之說，均以明畫理不致更改之意也。

【心訣】貢法什而取一，兩是取之於民，其義易曉；助徹法什而取一，不見取之于民，其義未易曉。黄文肅之曰：徹者，徹也；助者，藉也。徹不是通行貢助之謂。蓋耕取通力而無彼此之分收則均分而無多寡之異如徹上徹下然是取通均之意而名之者也若指助而言無貢在內也助者藉也不於私田內取民之稅而惟於公田內借民之力是取藉之義而名之者也曰徹曰助就是各取其一實非另有以取之也二句雖什其名義要見商周取民之制不過從什一中步變名色臨時宜民未有不善者耳

彙成仇滄柱曰徹法既是通力合作計畝均分如何又有上農夫及上次中食之別想是耕時則合作其後來耘鋤灌溉之上則各家又各有勤惰不齊故食之所給亦有多少不同其計畝均收還是逐家各取百畝之粟不是入家盡合田畝而彼此均分也

鰲按貢助徹都是好名目每見呆人見下有莫不善於貢句遂把此貢字亦說的不好此等見識殊爲可笑

講今以制民恒產與其取之之制言之夏后氏每夫受田五十畝而其取之之法貢法殷人每夫受田七十畝而其取之則行助法周人每夫受田百畝而其取之則行徹法貢助徹名雖不同而其實皆什分中而取其一分以供上此皆是

之制也○夫以下貢上貢義易曉而謂徹者何耕則通力合作收則計畝均分取義于徹也所謂助者何不税其私田但借民之力以助耕公田取義于藉也此三代之田法如此○

曰句治地讀莫善於助句莫不善於貢善連句○不貢者讀校數歲之中以爲常句○樂歲讀粒米狼戾句多取之頓而不爲虐句則寡取之寡取連句凶年讀糞其田而不足句則必取盈焉句盈連○取爲民父母讀使民頓盻盻然讀將頓終歲勤動讀不得以養其父母句又稱貸而益之句貸連○稱使老稚轉乎溝壑句稚連○老惡在其爲民父母也句

龍子古賢人狼戾猶狼籍言多也糞壅也盈滿也盻恨視也勤動勞苦也稱舉也貸借也取物於人而出息以償之也益之以足取盈之數也稚幼子也

問貢法大禹之遺制而其不善若此何也朱子曰蘇氏林氏言之矣蘇氏曰作法必始於粗終于精古之不爲此非不智也勢未及也方其未有貢也以貢爲善矣及其既貢而後知其有不善也林氏曰禹貢之法九州之賦有錯出于他

等者不以爲歲之常數又因遊豫則視其豐凶而補助之周制鄉遂用貢法亦有司稼之官巡野觀稼視年之上下以出斂法則其弊未至如龍子之言乃當時諸侯用貢法之弊耳

董氏彝曰夏后氏五十而貢孟子與殷助周徹並言又引龍子之說謂莫不善於貢禹貢之法在當世則爲善在後世則爲弊非法之過也人爲之弊耳後世欲賦於民者必先之以唐虞命官之意而後禹貢之法可行得人而用則爲良不得人而用則爲弊

雙峯饒氏曰稱貸而益之如常年五石納官凶年折了只納四石而公家必取盈五石之數則又貸他人一石來凑納以足其數此所以見貢法之害

蒙引夏后氏五十而貢一條備舉先王取民以制之法也龍子曰治地莫善于助一條則從而裁其所宜行于今者○校數歲之中猶云約數歲之中以爲常年上令如此貢於上也較數歲之中謂樂歲與凶歲二者之中也蓋數歲之中自有凶樂之不同此亦近于子莫之執中矣○狼戾猶狼藉亂存因言粒米狼戾

多狼籍棄損於地也戾字亦有頓乱之意○糞其田而不足謂以其所得者供
糞田之費尚不能給也糞田亦必資米穀以爲飼也○孟子引龍子之言所以
明助法之善而不可不行耳其實龍子所訊非大禹之元法也自古無法無弊
蓋得人則無弊矣○大抵貢之法若常有禹用之則無弊若禹生于周時亦不
止用貢於此亦可以判其得失之所在矣○使文王武王周公生於大禹之時
亦必只是行貢法而已蓋是時洪水方平懷山襄陵之患始息上窟下巢之居
始變其民大槩星居散處其田亦大槩段落不相聯屬若聚其田而經界之聚
其民而使之八家同井通力合作大抵是难及歷四百年而爲商又五百年而
爲周則天下之田土盡巳墾辟天下之生齒益以繁庶且周監于二代安得不
舍貢助而爲徹哉故曰時之未至聖人不能先時以有爲時之旣至聖人不敢
後世而不爲龍子之言蓋激于當日之弊而未及考聖禹之時也
【存疑】引龍子之言是欲文公行助法其言豈不善於貢蓋當時諸侯行貢法之
弊非夏禹之舊也○校數歲之中以爲常校量數歲之所入酌其適中之數而

土爲常法也。如一畝有歲收二石者有歲收一石五斗者有歲收一石者則就中校量以有餘補不足只作一石五斗算收二石時只得便宜五斗或只收一石時可以補之是爲適中遂十中取一取一斗五升而貢於上就立做常法使年有豐歉而稅無增減然年歲不常有收不穀一石時有全無收時皆必責其本數所以其弊如龍子所云也。然法在夏禹不爲弊者先王於民有察豐歉爾稱補助之政戰國之時則無此矣所以弊也。

【集說】沿也猶云爲民制產。○糞字十活用不足者尚不付彼擴田之費也擴田必有費用非謂彼自足而不足應上之稅。○貢之不善只於凶年見之爲民父母以下全節未俱就凶年說

【翼朱】校數歲之中句言貢法如此一而立自樂歲至取盈是發明此句而爲民父母以下正言貢法之弊也

【正解】此節逼是龍子之言。○多取之二何不是欲他多取正形起取盈之辭言以見校數歲之中以爲常其法斷乎不善也

心說善不善二句是冐貢者以下盡說貢之不善然須歷七形出助法之善說見今日當行助法耳就龍子起云自叔季廢助法而行貢法其來非一日矣詳知貢之流弊至今日爲害最甚乎此以予視之　治地莫善於助莫不善於貢焉何也今之貢者非先王隨時變通之制乃校數歲之中以爲常者也校數歲之中謂樂歲與凶歲二者之中也此則其適中之數而立爲常法年有豐歉而稅無增減樂歲非寡取也拘於常數也凶歲非加賦也必欲滿其常數也其病全在爲常爲民父母以下單就凶年上說爲民父母與惡在爲民父母相應是提醒感動人君處糞田不足只所收不足供糞田之費盻盻猶俗言眼睜睜也連着不得養其父母說數語一氣趕下此總是形容取盈之害不必泥一使字把父母老稚作兩件非因終歲勤動而盻盻盡一年辛苦所收曾不得用以供養父母而盡以輸之于官其根當何如將者且然之詞就取盈時度其勢必至此故盻盻然很覗也日父母則妻子可知夫所有者已不得爲奉養之資而所無者又不免有借貸之苦內外俱窮無復生聊所以使老稚轉乎溝壑而親不得養父

母更勝矣。則所以爲民父母者安在。**惟貢法之不善如此。若助法則隨公田所**
得之多寡而取之。安有如此之弊哉。
按治地是經畫田賦之意。○直解皆講田禾。吽做糞當有許多人力。非止分之
糞土。此糞其田。糞是治字。○直解稱償是償債起利。大意自是如此。但未詳
稱也。舉字未知何解。或只是舉行
償貸之意。然在當時必現成字眼。

註三代取民皆什一。如此。乃龍子有言曰。古來治地取民之法。莫善於殷人之助。
莫不善於夏后氏之貢。何以見貢之不善。蓋年歲有豐歉。則收成有多寡。此難
以預定者也。今夏之貢法。較量數歲之豐歉。其收穫若干。而酌乎多寡之中。以
爲取民之常法。年年如此供於上。如樂歲粒米饒多。狼藉滿地。雖多取之。而不
爲虐。則拘於常數。而寡取之。留豐年之有餘。以待凶年之不足。及至凶年。其所
得者。供糞田之費。尚不能給。則仍拘常數。而必取盈足焉。夫人君爲民父母。當
保民如赤子可也。乃以取盈之故。使民盻盻然。怨恨將終歲勤動之所得。盡輸
之官。不得以奉養其父母。猶且不足常數。又稱貸出息以益之。致使老者稚者。
轉死於溝壑。惡在其爲民父母也。貢之不善。流弊一至於此。若助法。隨公田所得

□□□□而取之安有是弊哉即龍子此言可見助法之當行矣

□□□□□滕固行之矣句

論□□言文王治岐耕者九一、仕者世祿二者王政之本也今世祿滕已行之惟助法未行故取於民者無制耳蓋世祿者授之土田使之食其公田之入實與助法相爲表裏所以使君子野人各有定業而上下相安者也故下文遂言助法

【蒙引】上論貢助徹之法而忽着此一句者蓋耕者九一仕者世祿二者王政之本也故言此以起下文見二者當並行而不可偏廢即下文無君子莫治野人無野人莫養君子之意況世祿雖行而助法未舉則所取於民以供世祿之需者猶未出於王政之本意今即其所已行而使并舉其所未行則不惟其所未行者得因以行而其所已行者亦因得以正矣此句特以起下文孟子之意固有在矣○夫世祿滕固行之矣此不必是公田所需者蓋當時助法不行亦有公田只是於貢法隨俗加賦而取之正是取民無制也大抵是魯宣稅畝之法或者更加重耳當時諸侯豈不止魯宣稅畝舉天下之君皆然也○貢法無公

田而集註乃曰蓋世祿者受之土田使之食其公田之入實與助法相爲表裏
云
云此蓋正言之乃承上文講□□一仕者世祿而云也
存疑說引龍子之言見助法當行又說夫世祿滕固行之一句意合只是示行
助法耳遂引詩及註證周亦助以證文公之行助法也亦發上文原有禮下制
祿意發待號起說
集說集註是兩層說自孟子嘗言王政取於民無制耳此是一層乃是說分田
制祿乃王政之大端世祿固行爲何不行助法不行助法則取民無制矣此取
民且泛說不是就說世祿取之於民而無制也自蓋世祿者以下至上下相安
者也此又是一層乃是說世祿固出自公田助法不行此祿果從何出其必盡
徵之于民者也中着一蓋字又作推一步說益云世祿助法必可兼行而民舒
世祿又不可不行助法之意也
翼註固字矣字可玩隱然見得既行世祿奈何不行助法意
質疑訂上下文俱說助此□□□□謂總爲行助而□□□

何難只引起下意

註以下三條，俱貼最當，不易。於上下文便無着落。

此言先王之法，耕者九一，仕者世祿。二者乃王政之本也。然世祿取之公田，實與

助法相表裏，有不容不并舉者。今世祿之制，滕固以行之矣，而助法未舉，則所

取于民以供世祿之需者，猶未有制也，安可不行助法乎。

詩云句雨我公田句公田連遂及我私句惟助頓爲有公田句由此觀之讀雖周頓亦

助也句

詩小雅大田之篇。雨，降雨也。言願天雨於公田，而遂及私田，先公而後私也。當時

助法盡廢，典籍不存，惟有此詩可見周亦用助，故引之也。

朱子曰：考之周禮，行助法處有公田，行貢法處無公田。孟子也不曾見周禮，只

據詩裏說，用詩意帶將去。後面說鄉田同井，出入相友，守望相助，疾病相扶持，

井九百畝，其中爲公田，八家皆私百畝，同養公田。說井田只說得這幾句，是

多少好。這也是大原大本處，那不理會細碎。

【語類】孟子只把雨我公田證周亦有公田讀書亦不須究盡纖微。

【說約】惟助爲有公田雖周亦助而不及徹者承上文莫善乎助其不善乎貢而言也且助字內有公田意徹字內無公田意繇詩觀之則雖周之徹亦何嘗不是助信乎助法當行與世祿相表裏矣惟貢是取之於民無公田助與徹皆有公田則行助亦即是行徹故下曰請野九一而助而又曰方里而井井九百畝則固未嘗判定七十畝者方謂之助將至戰國又不同春秋時亦不必拘已盡徹乃從周制也○莫善一條雖俱龍子語孟子引之已與己意貉成一片大都是貢者以下明貢之失而夫世以下至於此處是明助之得也助得則徹之得亦不待言矣且此節方證周亦用助貢者以下方言貢之失而百畝而徹內節兼助貢而言之何其不倫不脊乎大抵集註之妙只主說書不言行文自以說書行文者誤解也饒雙峯曰集註集註云爾也

【集說】雨我公田之詩是就都鄙用助之民說以鄉遂無公田也○雖周亦助承是周行底也是助正是說周之徹法亦是兼用助法即都鄙用助之意[illegible]

個徹似乎上下無分然公田之法猶有可見者如此若周時不是都鄙用助則
一樣田了有何公私之分其云公田私田者惟助爲有之由此觀之雖周之徹、
蓋亦兼用助也。來當補云特鄉遂用貢且助徹之異名耳則助法之良自若因
之其可行也必矣公奈何不行之也
蔡炬訂。上文既列三代之制而引龍子之說以差等之。明是要公專行助矣然
奈周制何故又引詩言周亦助蓋明其原非皆周正以致其實耳 彝士
翼朱此引詩證助法已行于周見滕之當行也亦字重看雖周亦助言文武周
公亦不能易可見助法之善而可行不但使滕遵周制也周之徹法兼用貢助
註獨云用助者蓋鄉遂用少都鄙用多鄉遂用貢不過通助之窮其實重在助
法也觀下文國中什一使自賦可見 此說簡而明
後世嘉云徹勝于助孟子勸滕行徹非勸滕行助下文自明雖周亦
助猶云雖徹亦助非謂周之法是助也若上文既說周行徹此又說周行助不
相矛盾乎蓋此節與龍子節是一套不過申言助法之善耳是以助與貢較非

與徹較也向俱饋七又雨我公田節要領在惟助爲有公用一句時解俱覆由
是觀之何亦誤按謂徹法兼貢助可謂徹滕子助未可謂勸滕行徹可謂非勸
行助未可看剪堂章真暨使能竟孟子平生實以助法爲至善未嘗言徹也讀
野九一節是兼貢助是勸行徹亦爲國中難行助處只得變通如此耳然國中
行貢之地原自不多究竟以助爲主故死徙無出鄉一節單言周之助法作總
結也錢子所論不免有矯枉過正處雨我公田節是孟子於無可憑據中搜
尋出憑據來另是一格只要將公田兩字坐實在商助甲裏則雖周亦助句不
撰自醒徹之與助只耕斂賦稅之不同其制同爲井田戰國時井田法壞不
但不行助并不知有徹矣近文頗有謂孟子意在復徹者其說非不佳然細思
不是孟子主意孟子主意總欲復井田既復井田則索性復助法耳蓋孟子時
取民已盡本欲其告君行王道都索性從天理當然起論如孔子夏時殷輅之
義未嘗有悠遠周制意也通節大旨只了莫善於助一句借詩引證亦只要公
田三字雖周亦助謂周徹亦然是井田耳非謂徹只更名而法悉同助也一

井之間中公外私此定制也然曰通力計畝則當耕與收時自無彼此之疑若

人情日巧一日假令今以衆農通力未必無偷惰不忠之虞且合衆私以耕一

公畝弊滋裂尚難卒事者亦必比比矣周之改助爲徹未必不慮此而究亦一

助異名而同實也楊子常云向與麟士講此謂助徹字分別確當亦舜爲學徒

言之今按方里而井節明有中外先後之別註曰乃周助法則此雖周亦助知

非孟子竄解詩矣楊氏云徹者徹也兼貢助而通力也故孟子曰請野九一而

助國中什一使自賦八家皆私百畝其中爲公田所謂九一而助也國中什一

使自賦則用貢法矣此周人所以爲徹也通者亦云徹者通也言其通用夏殷

貢助之法也如此則通力計畝兩語似未盡徹解朱子又曰此亦不可詳知但

因洛陽議論中通徹而耕之之說推之耳向余兩人鄭又推朱子之意弟不足爲

據熟玩自文前後義自稍適貢斷七主是說雖余兩人之先後彼此又不兼異

同耳按徹法前註云一夫授田百畝鄉遂用貢法十夫有溝都鄙用助法八家

同井耕則通力合作收則計畝而分按此則徹之取義原以通用貢助之基兼

其於用助則又稱變通力計畝之法本註原兼二義未嘗專以通力計畝畫疆解也顧揚自生葛藤耳至子崇欲竟主通用貢助而廢通力計畝之義乃舉方里而井節有中外先後之別註爲周助法余謂此節乃指井田形勢及與鄉令鄉之先後與殷助異者耳既曰周之助法則與殷之助必有别矣曰惟助爲有公田則徹之公田必又有别矣故二義不可廢一也

【集成】姚淦桂曰徹兼貢助下已說明然行貢處少行助處多孟子欲滕復行徹制非竟欲全周先王法而另爲行助也時解多說○有謂周本無公田因詩而附其有者因屬豳說有謂六田諸詩原係豳頌乃公劉時所作者亦非確詞○周之徹法都鄙用助徹與助原是異名同實引詩只取公田二字見得周亦行助其法不易至于鄉遂周貢亦不過通助法之窮耳究竟貢法各家自賦其什分之一無所謂公田也小說竟誤列徹內無公田惟助有公田便使書旨混淆矣○又說周家防民之僞八家共耕九百畝至收穫時於一井中擇取百畝餘聽八家均分蔵無公田此將聖王創制看作道德小民詐僞全是機術用事光

大、助之公田即是徹之公田，細此説【匡】明白正大
助爲主照上文看原是説徹法只可內含也
【附】詩有渰萋之興雨祁之時我公田遂及我私彼有不穫穉此有不斂穧彼有
遺秉此有滯穗伊寡婦之利【附】首節詩稱此詩爲農夫之辭以頌美其上若此
答前爲之意也
錫按時講云滕行世祿而不行助法得無謂助非周制乎故引詩而言雖周亦
兼見助之當行也此説入多數之然於大意亦無傷姑附於此以備一説
【圏】助法之善觀於詩可見矣詩小雅大田之篇有云願天降雨灌我公田而遂及
我之私田此周人之詩也然貢法無公田惟助法爲有公田由此詩觀之亦可見
助法不特行之於商雖周之徹法亦未始非行助法也蓋以見助法之善當
與世祿並行矣
設爲庠序學校讀以教之句庠者讀養也句校者讀教也句序者讀射也句夏讀曰
校句殷讀曰序句周讀曰庠句學讀則三代共之句皆所以明人倫也句人倫
讀明於上讀小民讀親於下句
庠以養老爲義校以教民爲義序以習射爲義皆鄉學也學國學也共之無異名

也倫序也父子有親君臣有義夫婦有別長幼有序朋友有信此人之大倫也庠序學校皆以明此而已

問鄉學如何朱子曰皆是農隙而學曰辨[illegible]教之曰鄉大夫有德行而致其仕者教之

晨源輔氏曰鄉學有異名國學無異名然其所以人倫以教之之事則同也

雙峯饒氏曰孟子教滕君行仁政只是教與養兩事井田以養之學校以教之告齊王滕文皆如此小民親於下者蓋百姓不親五品不遜所以教以人倫使之君與臣自相親父與子自相親長與幼自相親非尊君親上之親○問夫婦有別如何相親曰夫婦無別則相瀆瀆便相離了

蘆氏德曰王制有虞氏養國老於上庠養庶老於下庠夏后氏養國老於東序養庶老於西序又黨正以禮屬民而飲於序是庠序皆可言養也文王世子云書在上庠是庠亦可言教也孟子特因立名之義舉其重者爾

纂引王制有虞氏養國老于上庠養庶老於下庠夏后氏養國老于東序養[illegible]

于西序殷人養國老於右學養庶老於左學周人養國老于東膠養庶老于虞庠虞庠在國之西郊○龍皆學名也異者四代相變或在東或在西或在國或在郊上庠右學大學也在西郊下庠左學小學也在國中王宮之東東序東膠亦大學也在國中王宮之西西序虞庠亦小學西序在西郊周立小學於西郊○國老謂卿大夫致仕者庶老謂士及庶人在官者養國老者爲大學養庶老者爲小學○庠以養老爲義序以習射爲義而所教實兼五品之人倫此皆鄉學三代所教皆同但取一義以名學○序以習射爲義朱子曰古人之學與今日不同孟子謂序者射也則學蓋有以射爲主者矣記所謂魯人將有事于上帝必先有事乎泮宮蓋射以擇士云爾○庠者養也或養國老或養庶老所以教民之老老而長長也○校者教也教民不外乎六德六行六藝之屬也○序者射也必內志正外體直持弓矢審固然後可以言中也○射義曰古者諸侯之射也必先行燕禮卿大夫士之射也必先行鄉飲酒之禮燕禮者所以明君臣之義也鄉飲酒之禮者所以明長幼之禮也故射進退周旋必中禮內志正

外體直然後持弓矢審固持弓矢審固然後可以言中此可以觀德行矣○是故古之天子以射選諸侯卿大夫士射者男子之事也因而飾之以禮樂也故事之盡禮樂而可數爲以立德行者莫若射故聖王務焉○是故古者天子之制諸侯歲獻貢士於天子天子試之於射宮其容體比於禮其節比於樂而中多者得與於祭其容體不比於禮其節不比於樂而中少者不得與於祭數與於祭而君有慶數不與於祭而君有讓數有慶而益地數有讓而削地故曰射者射爲諸侯也是以諸侯君臣盡志於射以習禮樂夫君臣習禮樂而以流亡者未之有也○陳氏曰古者二十五家爲閭同在一巷巷首有門門側有塾民在家者朝夕授教於塾也愚謂八歲所入之小學即此五百家爲黨黨之學曰庠教閭塾所升之人術當爲州二千五百家爲州州之學曰序則教黨學所升之人也天子所都及諸侯國中之學皆謂之國學以教元子衆子○家有塾二十五家一鄉學也黨有庠五百家一鄉學也恐是教塾中所升之俊秀也州有序二千五百家爲州比序亦鄉學也蓋又以教庠中所升者雖皆是鄉學然當黨序州序庠

人大抵皆十五以上者謂之入大學矣○非使滕文公兼設此四學以教民也只是舉三代教民之制如此故有庠有序有校又有學也若使文公當日設學教民只用一鄉學一國學足矣鄉學則不止一所國學惟天子之都以及諸侯之國都有之鄉學則隨所在而酌立之鄉里子弟之秀者則以次升之至於國學而待用其不然者則又歸之農而士農乃分矣然設為庠序學校以教之以設為二字提端而夏商周字在下還當作滕文公設學教民云○兼舉庠序學校文公君行者聽其自擇一名也○夫諸侯之學小學在內大學在外故王制言小學在公宮之南之左大學在郊以其選士由內以升於外然後達於京故也天子之學小學居外大學居內故文王世子言凡語于郊然後於成均取爵於上尊以其選士由外以升於內然後達於朝故也

說約　設為句總說庠者至共之申庠序學校四字皆所以句申教之二字人倫明二句推其當明也

集說　自庠者養也至三代共之一段總是提出皆所以明人倫句庠者養也三

句言自古鄉學之義有不同夏曰校三句言三代立鄉學之名有不同學則三代共之言三代國學之名則同總是說其名義雖有同不同而大抵皆以明人倫爲主也○皆字指三代之鄉學國學言○明人倫如教人說這是父子之倫這是君臣之倫這是朋友長幼夫婦之倫都又說父子便要盡親君臣便要盡義長幼朋友夫婦便一一要該序該信該別一一都明出來○明且在上人之要之者言故曰人倫明於上

【正解】庠者三句原命名之義夏曰三句言立教之殊皆就鄉學說○庠者七句言建學之名有異同明倫句言建學之實無殊旨

【心訣】根上養來蓋論行助法之後而教始可興不可以教養對總舉夏商周之制只是欲文公立學校教民意非欲文公兼舉四學也○庠序節正結有恆產者有恆心之局與放辟邪侈反當想像行助法後之効處○皆所以明人倫直要推出先王立教之意方剔得所以字出不是單闡明庠序學校之道○小長句是論其理勿指效言人倫明于上是在上者建學立教以倡明之非是解釋[illegible]

儀以身教之謂也親非親上之親乃君臣父子夫婦皆有親義相聯屬之謂
也

【指南】合發通節全重制人倫句○曰設有以養而特起意

【會參】人全蔡氏曰恆產既制恆心可興故欲文公設學教民庠者主其之貝是

敘三代建學之制申庠序學校四字皆所以明人倫三句方是學校關民風而人君不可不設申上當設以教民立意養取尚齒教取與行射取觀德都是大有關係隱寓明倫之意了此即三代所以立教也夏承循遜之後欲民富而知禮故教以六德六行殷當革命之後欲消天下干戈之習故教以習射觀德周承紂播弃黎老之後欲人知尊親之誼故教之養老尚齒

【集成】仇滄柱曰學指國學言凡在諸侯國內者皆是不獨天子辟雍然也特謹多設於鄉學原在鄉所謂黨庠術序是也非諸侯泮宮之謂尊京師故辟雍稱首善耳○皆字兼承鄉學國學有無一處非明倫之地無一事非明倫之義意○下言百姓親睦是同井中自有相親之義此言小民親下是設教後方有再

親之情兩親字微有分别

講 助果行而民有养矣則恒心可復而教化興必也設爲庠序學校以教之庠者以名之爲庠者取养老之義使民知尊年也所以名之爲校者取教民之義使民知三物六行也所以名之爲序者取習射之義使民知序賢观德也在夏則曰校在殷則曰序在周則曰庠此鄉學異名也至于天子諸侯之國學則三代同名俱謂之學而總之鄉學國學之建名義雖殊原其立教之意皆所以明人之大倫使五常有序也誠在上者建學立教而人倫昭明于上則小民亦其教各安倫理之中而相親睦于下情義無乖離矣此教民之法也

有王者起〔講者連〕王必來取法句是爲王者師也句

滕國褊小雖行仁政未必能興王業然爲王者師則雖不有天下而其澤亦足以及天下矣聖賢至公無我之心於此可見

朱子曰孟子謂滕文只說有王者起必來取法不敢便說可以王是亦[illegible]

爲後得[illegible]

【蒙引】上言養民教民之法，皆出於古而宜于今，乃百王不易之良法也。然今有之，雖以國小未能自致王業，然王者有作，必來取法，是而他有所取矣，故曰是爲王者師也。而滕之勢亦將日以强大，如文王之能新其天命可期也。蓋當時國勢大槩弱甚，未可責效于旦夕，若許齊梁之王者故也云云。

【翼註】註有滕國褊小，未必能興王業之語，然口氣中勿露爲妙，若露出不以告滕君語。

【諸家辨】有王者起二節是一氣說，曰爲師，曰新國，總見行仁政不足望。言朱子集註泥師字，謂未必能興王業，則下條新子之國意說得去，總是與告齊梁不同。朱註原自背[illegible]

【國朝】勛注學校，皆王者之政也。滕今舉而行之，則將來有王者受命而起，欲舉三代之政，必來取子之所爲教養者以爲法，是子爲王者之師也。而仁澤及于天下，不亦無窮矣乎。

【詩】云句周雖舊邦句，其命維新句，文王之謂也句。子力行之句，亦以新子之國句。○子之國連

詩大雅文王之篇言周雖后稷以來舊爲諸侯其受天命而有天下則自文王始也子指文公諸侯未踰年之稱也

左傳僖公九年春宋桓公卒未葬而襄公會諸侯故曰子凡在喪王曰小童公侯曰子子者繼父之辭春秋例凡公侯卒未越一年而有王事皆稱子也

雙峯饒氏曰新其國小大雖不同可以爲善便是新其國

【蒙引】天下之事有理又有勢如齊如梁有其勢者也若行仁政則理勢俱到矣故曰然而不王者未之有也若滕未有其勢者也苟行仁政亦僅有其理而勢不足輔之故止曰是爲王者師亦以新子之國而已

【說約】上節言勢此節言理亦有漸致不可知者恭多方勉之○

【集說】文王諸侯之國也而能行仁政則受天命而有天下者實自文王始我今日果能强力有爲則王業亦必基於此矣故曰亦以新子之國便是其命維新之意○于力行之後亦以一字作勉辭莫作已然成效說○爲王者師固已好然猶說向他人身上至新子之國儼然文王可師矣詳翫他處[illegible]

事。制産民事也即學所以成其事也果力行之使可以師王者而新其命矣
知民事之不可緩矣

【翼南合參】力行有奮發自振不虛于國之界弱意新國在恢張國勢上看亦字對文王而言從新命來包天命在內此國字與爲國字相應才答了文公之問

【心訣】力行處以民事爲重而就養字人教上

[illegible]接力行二字要着从恐文公委於弱小故末以此發之

【附】詩文王在上於昭于天周雖舊邦其命維新有周不顯帝命不時文王陟降在帝左右。詩柄周公追述文王之德明周家所以受命而代商者皆由於此以戒成王

【講】而况滕以王之業即基于此乎詩文王之篇有云周自后稷始封以來雖舊爲侯邦而其受天命而有天下則自今日維新也詩所言乃文王之謂也文王能行養民教民之王政故也子君能奮然而力行助法學校之政則天命日集而舊業日增亦以新子之國如文王矣爲國之道孰過於是哉

使畢戰頓問井地句孟子曰句子之君讀將行仁政句選擇而使子句子連○使子頓必勉之句夫仁政讀必自經界始句界連○經界連○經界不正讀井地不均句穀祿不平句是故暴君汙吏讀必頓慢其經界句經界既正讀分田制祿讀可坐而定也句而定連○可坐頓

畢戰滕臣文公因孟子之言而使畢戰主爲井地之事故又使之來問其詳也井地即井田也經界謂治地分田經畫其溝塗封植之界也此法不脩則田無定分而豪強得以兼并故井地有不均賦無定法而貪暴得以多取故穀祿有不平此欲行仁政者之所以必從此始而暴君汙吏則必欲慢而廢之也有以正之則分田制祿可不勞而定矣

雙峯饒氏曰溝塗封植之界經緯錯綜直者爲經横者爲緯只是經字有緯在其中溝乚洫之類塗道塗封土埒植種木爲界

慶源輔氏曰孟子來滕不久便去故使畢戰往問○若有仁君欲行仁政使彼此均平田無多少之差則必從經界之事始起暴君汙吏貪得務多只知有己不知有民只知爲己不知爲人者則必欲毁而廢之也凡事須是敬則能立

纔有漫心使日趨于斂壞也

[蒙引]此仁政專指分田制祿。○溝水界也澮洫之類也如曰澮曰川皆是塗逕畛也如田徑曰畛曰涂曰道曰路皆是封土堠也植種木也直音曰五里一堠○經界不正則田無定分而在下之豪強者得以兼并故井田不均而野人有失其所矣賦無定法而在上之貪暴者得以多取故穀祿不平而君子有失其所矣惟經界一正則豪強不得以兼并貪暴不得以多取分田制祿定矣。○經界不正此士民之所病而暴汚之所利也故曰暴君汚吏必慢其經界

[存疑]孟子之言教養兼舉文公獨使畢戰問井地者蓋必先養而後可教也孟子合下就說民事不可緩主意還重在養上故文公亦惟只此爲問孟子亦惟只此告之也

[說約]後節大全饒注云穀祿即井田中公田穫其穀以爲祿則集註貪暴多取自指在上者而豪強兼并井地不均必謂在下者耳乃蒙引雖從維斗借舊本亦云在上此烈更誤耳達說自以豪強爲在下宜從之。○汙吏謂貪官非掾吏

之吏卽亦在上然此是慢經界者豪傑兼并是因經界既乱而因以爲恣者也○
○[蔡序]下節方指滕言則此節是先槩論
[集說]經書是實字不是必裡經畫之說○經界者經畫其界道經畫一定則謂
之經界矣○必自經界始者欲行仁政必須從此處做起蓋丘甸田賦之類其
事尙多也○此法不修七字要看說个不正想當時滕國經界尙在特不正耳
不正者只是彼此兼并混淆如所云富者連阡陌貧者無卓錐亦是○豪强兼
并世族與豪民說貪暴則專指在位者說○均平二字亦不是一般多少之說蓋
井田公自公私自私八者在民一者在官而民無不受之田卽所謂均也卿大
夫士俱於公田中隨其多寡各得其本分故曰平也○田無定分是無一定之多
寡了則豪强得以任意兼并○不特强相吞奪爲兼并卽貧民稱貸而輸之於彼
亦是兼并得以兼并則多底多少底少有底有無底無豈不是不均○賦無定法
亦從而無定分來既無一定之分則一切賦役都是隨心加派而貪暴得以
取不特無故取民是多取卽奉上命而賦民於中暗行增加亦是多取○

取則暴虐隨心自便入己那是公田應得之分故不平也○專行暴政者有
分數皆入倉是受財害人暴是殘虐害人○井地不均謂分田有多寡不平此倒說
暴斂制祿又在分田中用為表裏穀祿者以穀為祿也○言此欲行仁政者之
所以必從此始者乃是說必自經界之意文法如此其實是故二字貼從井地
不均穀祿不平來蓋井地不均穀祿不平乃暴君汙吏之所甚喜也朱子以前
必字呼此一必字故如此說○暴君不仁之君汙吏貪汙之吏要即指卿大夫
止面言以職事言則曰吏必欲慢而廢之加一廢字甚好不特不留心於此且
要一切廢却蓋以井地之均穀祿之平原不便於他們多取故必慢而廢之也
○不旁而定也不是再無事了經界既正於中分為某家某家某是公某是私
某是圭田餘田某是朝廷公田某是卿大夫之公田但一一分劃之其多寡之數
自是不大費力矣不旁二字雖無坐字然正應必自二字之意
必謹勉字從徒字來要必謹其任意重經界二字謂經理其田土之界即公私内
外之界限也分田制祿是一套事一行助法則有私田必有公田有恒產必有

世蘇孟子初意雖只在取民有制及小人分田上但必兼君子小人而互言之方完得个助法慢是怠慢有心怠慢今其侵廢經界既正則田因界而有定分賦因界而有定法可不勞而井地均穀祿平一反一正提明必自經界始○

按經界不正兩語舊解以不正句爲主而以不均不平分貼分出制祿兩項不知穀祿不平領着井地不均井地不均領着經界不正語意實相承○仁政與仁人處暴君與賢者應井地穀祿語意相承最是祿出公田官有定分無井田則恣意過取民受其害便屬不平非謂官與官不平也

【指南】合參暴君汙吏只便其私而不恤民便侵其經界此正貪暴之多取而棄置之兼并不待問矣○正經界三字是數節綱領

【正經】下段重夫仁政一句以經界二字爲主○井地而言仁政者蓋分田制祿使君子小人各得其所豈不是仁政正經界者使彼此之分限大明公私之疆域不亂也正恒産所以制祿○井地不均野人有失其所者矣穀祿不平君子有失其所者矣如何云仁政故曰夫仁政必自經界始○君子失所不止一家引常說在此則

【集成】仇滄柱曰仁政雖非一端然其始于經界則謀國無本此等

體要上下荊公之方田賈秋壑之公田豈不重爲民病要自聖賢爲之則有利無害且此朱子所以有井田可復之議也○考孟子告滕將距秦商鞅廢井田已四十餘年矣想山東諸國亦必漸開阡陌但廢法未久猶可復行故以正經界言之○若逮秦則井田亦廢後世郡縣之制遷代不常居官者但求稱職不能畢力經理使民間永利農田食數世之福欲行井田徒足擾民必待聖君賢相斷然以井田爲養民第一事使爲州牧者久于其任有能墾荒田務本稼者舉與教化者加其爵而不封以地則官可實心爲民而末流亦無尾大不掉之病嗟乎井田不復富連千頃貧無立錐之遇水旱流離轉死溝壑有窮年勤動而其暴秦事不師古流毒千年真可恨也

【講】文公因孟子之言遂欲行井田之制而使畢戰主其事使之來問其詳孟子曰先王仁天下之政莫大于井田今子之君將行此井田之仁政選擇於群臣之中而獨使子其任重其責專也子必勉力爲之不負其所托可也夫仁政之要必自經界始如遍求道則有溝洫正阡陌則有道塗立疆界則有封

對之土壤所植之樹木之類劃然分明爲先務也若經畫之經界不正則田之在民無一定之分而井地不均豪强者得以兼併于下賦出於田無一定之制而穀祿不平貪暴者得以多取於上是故暴虐之君貪汙之吏必欲慢其經界所以亂之而恣其欲也若經界既正則豪强貪暴俱無所容而在下之分具田在上之制穀祿可坐而定而不勞餘力矣此仁政必自經界始也

夫滕壤地褊小句將爲君子焉句將爲野人焉句無君子讀莫治野人句無野人讀莫養君子句

講言滕地雖小然其間亦必有爲君子而仕者亦必有爲野人而耕者是以分田制祿之法不可偏廢也

蒙引君子小人不可相無故分田制祿不可偏廢將殆也將爲言若必有爲君子者非將然之理○無君子莫治野人無野人莫養君子祿自當備以養君子而田尤不可不分以養野人也其詞雖若兩平其意則重在分田也

旁註曰分田制祿是章起前所以總攝下段有制說

集說無君子莫治野人不重在治法上只是無君子則無治野人者是君子亦可以不爲之制祿也無野人以莫養君子亦不重在養君子上亦是說無野人則無養君子者是野人不可不爲之分田也不制祿將無君子矣不分田將無野人矣

心說此提分田制祿不可偏廢之由將爲二句分言其必有下二句言之不重相須意只是申上文見其必有此二樣人耳無君子莫治野人此所以不容不制祿無野人莫養君子此所以不容不分田分田制祿不可偏廢此所以必正經界也然世祿滕固行之重不可無野人耳

集成沈滄柱曰制祿之典未定謂之無君子亦可分田之法不行謂之無小人亦可蓋官吏無祿則導以剝民之路然則非官也盜也民不聊生流離轉徙倘得謂有其民乎此論雖激然確切今時利弊

講行仁必正經界如此試以滕言之夫滕壤地雖褊小將必有食祿於朝而爲君子者焉必有自食其力而爲野人者焉使無君子則莫爲之施政教以治野

人故祿不可不制也使無野人則莫爲之貢賦稅以養君子故田不可不分也

請野讀九一而助句國中讀什一使自賦句請字貫下

此分田制祿之常法所以治野人使養君子也野郊外都鄙之地也九一而助爲公田而行助法也國中郊門之內鄉遂之地也田不井授但爲溝洫使什而自賦其一蓋用貢法也周所謂徹法者蓋如此以此推之當時非惟助法不行其貢亦不止什一矣

周禮司徒鄉老遂人百里內爲六鄉外爲六遂萬二千五百家爲鄉六鄉七萬五千家遂亦如之遂人主六遂六遂之地自遠郊以達于畿中有公邑家邑小都大都焉遂謂王國百里外也

朱子曰國中行鄉遂之法如五家爲比五比爲閭四閭爲族五族爲黨五黨爲州又如五人爲伍五伍爲兩四兩爲卒五卒爲旅五旅爲師五師爲軍皆就[illegible]遠處所以行不得那九一之法故只得什一使自賦[illegible]鄙行井徹之法郊遂之法次第是一家出一人兵且如五家爲比比有一[illegible]長[illegible]井牧之法次

乘是二十家方出得士十人徒十人。此等亦難率臆須以周禮爲本而參攷孟子班固何休諸說訂之庶几可見髣髴然恐終不能有定論但不可不盡其異同耳

慶源輔氏曰都鄙用助法則収公田所入以爲君子之祿鄉遂用貢法則使什自賦一以充國家所用此周所謂徹法也前云徹通也均也所以釋徹字之義此則正言其法如此。集註以其請野九一而助則知助法之不行又云國中什一使自賦則當時之貢法亦有强取其贏於什一之外者矣

仁山金氏曰孟子雖不見載籍之詳而此二句與周制鄉遂用貢都鄙用助之法合。國中自賦民無遠輸之勞野九一而助則卿大夫食邑無過取之失

【蒙引】野郊外都鄙之地也平原曠野可畫爲萬夫之井故爲公田而行助法也。國中郊門之内鄉遂之地也包山林陵麓在内難用井田齊整分畫只總長補短計之約田百畝則授一夫使貢其什分之一於上也。溝洫亦經界之法井田亦有溝洫此云田不井授但爲溝洫者貢法只有溝洫無井田也。二句

蓋言行周之徹也。前只言治地莫善於助至雖周亦助也切切焉只要滕行助法都不及貢及若戟則云請野九一而助國中什一使自賦却又兼貢何也曰滕當時只是行貢法也世祿已行者正自將貢上之粟充世祿也惟助法未行後始則切切然只言助法後告畢戰不得不兼貢助蓋長以方體形勢也然滕雖常用貢而貢亦不止什一又不止鄉遂用貢也故又云國中什一使自賦而註云以此推之當時非惟助法不行其貢亦不止什一矣

【訓纂】愚嘗考之孟子所謂野九一者乃受田之制國中什一者乃取民之制蓋助有公田其數必拘於九八居四旁為私而一居其中為公是為九夫參與少皆不可行若貢則無公田孟子之什一特言其取之數遂人之十夫特姑舉成數以言之耳若九夫自有九夫之貢法十夫自有十夫之貢法初不必拘以十數而後可行貢法也今徒見匠人有九夫為井之文而謂遂人所謂十夫有溝者亦是以十為數則似太拘

【集說】九一而助却是十一分而取其一曰九一者以形体之制而言也什一而

賦歛只十分中而取其一。○供以体制言，其中有寓尊之分。○只是就分田制
祿制祿而註曰此分田制祿之常法。制祿即在分田中也。制祿之法有分之田
者，卿大夫之采地是也。有錫之賞者，即鄉遂之所出也。鄉遂中亦有賞賚之用
其餘軍國郊甸之類亦供于此也。但非制祿一定之制耳。一定之制只在分田
也。至都鄙之助則公田中出，有制祿也。有卿大夫，底亦非謂鄉遂所出止以
供君上之費，而都鄙之公田則盡指之為君子之祿也。須活看。○集註以此推
之，非謂助法不行其貢亦不止於什一，要此朱子立著什一之意。○自然
自字對助法八家而言。八家各耕公田十畝，是八家同養公田也。至貢法則每
一夫受耕自一夫賦之而已，非十夫一溝共賦也。○九一什一，分田制祿之常
法。卿以下二節，又是分田制祿之外，所以加厚于君子野人者。

餘夫止　正告以定經界之法。請字提起下二句。○九一以田言，什一以
田畝數言。○註所以治野人，使養君子，是貢又具兩層，各有二意，蓋九什字兼
分田以與野人，使養君子，而兩一字即是制祿以養君子，使治野人也。

公歛九一二句何重行助法上而貢法只帶言之以論助之不及者藉鄰郡之地平原曠野可畫爲萬夫之井故爲九一而行助法雖國中之地包山陵林麓在其內有難用井田分畫處則姑用貢法而使什一自賦○或云滕國即今滕縣彈丸之地四境皆平衍有何山陵林麓包絡在內孟子告畢戰兼行貢助若只是國中行不去處始用貢法即如今附郭民居稠密雖有空地難盡井田而國中之地幾何棊爲井田者什九不爲井田者什一非似國中野外中分之也又非國中專險阻野外專平曠也

【　】九一節是周徹法却不純是周徹法故孟子下箇請字周徹亦井田九一但公田歛法不同故下箇而助字徹兼貢法貢只是十一後來加重爲自賦故下箇十一字助法善必當復貢之名可不必復故下箇自賦字就滕貧而言故下箇野與國中字○滕之國小恐原自行貢但未必自賦十一耳且十一何不是勸滕行貢正是則足上句行助謂惟國中不便於行助故可行貢之自賦但必須十一也大意在行貢之不善推出行助非從助移變計爲貢也若曰徹

從新行貢法起則失其義矣○

〔集成〕倪滄洲曰此貢法以濟助法之窮周之徹法兼之使自賦三字中有隨年豐凶定賦不苛征于民之意○什一取民似輕于九一不知井田九區中間一區除去二十畝為廬舍是公田得八十畝民田各百畝矣此九一輕于什一也○

此亦當辨○有疑鄉遂附郭其地肥饒故其賦重正是此意

總按九一而助要說的渾含錄見時文說的太盡便可不用方里節了

一〔圈〕經夫分田制祿之法必因地而制其宜○論于郊野之外土地廣闊則為田九區中一為公田八家助耕收其所入以為君子之祿而行助法至於郊關之內為國中此國相屬難行井田則約田自畝使一夫受之而自賦其什分之一歸上故充〔國〕用此周家徹法正如此而君子養小人治矣○

卿以下〔章〕必有圭田句圭田頃五十畝句

此世祿常制之外又有圭田所以厚君子也圭潔也所以奉祭祀也不言世祿者滕已行之但此未備耳

趙氏惠曰圭潔白也德行潔白始與之田此廢法也趙岐註圭潔也土田故謂之圭田所以奉祭祀集註本此又曰治圭田者不稅所以厚賢也此則周禮之士田以在近郊之地者也

【案】孔註圭潔也所以奉祭祀也據此太注圭潔之義自明甚矣而趙氏惠註乃曰圭潔白也德行潔白始與之田亦大鑿矣○圭田五十畝是卿以下皆同也蓋制祿之法則有定分卿祿四大夫大夫倍上士上士倍中士中士倍下士惟圭田乃是分外加厚之田則一視同仁無卿大夫之別蓋先王之特恩也○一說下士既以身委于官乃不得一廟以祭何也且庶人祭于寢士以上皆有廟也今無下士寢祭之文則安得謂無廟既有廟有祭安得獨不與之圭田況野人尚有以厚之餘夫皆二十五畝而下士乃獨無圭田反不得齒於餘夫矣故宜皆有圭田也○卿以下必有圭田圭田五十畝餘夫二十五畝此亦井田之制也非井田法外之制但是分田制祿常制之外爾圭田則都是井田之中而求有所爲中分之爲五十畝也餘夫則或都鄙之井田或鄉遂十夫之田而四分

之餘四人，人二十五畝也。

說約：按祭法，大夫三廟，曰考廟、王考廟、皇考廟；適士二廟，曰考廟、王考廟；官師一廟，曰考廟。王考無廟而祭之。註：適士，諸侯之上士也。官師，諸侯之中士、下士爲一官之長者。一廟，祖禰共之，故王考雖無廟亦得祭之也。庶士、庶人無廟，死曰鬼。註：庶士，府史之屬。死曰鬼者，雖無廟亦得薦之於寢也。可見是有廟則有祭，有祭則有圭田，故曰一視同仁，無卿大夫之別，而降至下士爲一官之長者亦願之。或曰此二頃，當取潤田爲之，雖則曰圭田在公田中七分得之，實屬在私田中四分得之，似亦可也。

集說：圭田以奉祭祀，乃卿大夫士見在位者，另與此田以供彼祭祀，爲加厚意。非其人既死而與之，以加厚也。恐其人不在位，則此田仍自歸之于朝廷，若其子孫則自有世祿也。○圭田于公田百畝中分其半，亦只是於井田中八家所耕者與之。或半歸朝廷，或兩人共一百畝也。

彙解：位有尊卑，則廟有多寡。如大夫三廟，適士二，官師一，是也。廟有多寡，則祭

有豊殺如三鼎五鼎之類是也而圭田定於五十者蓋卿大夫祿厚故廟多祭豊而□圭田不必增士之祿薄故廟少祭儉而圭田不可減也

【林朱】圭田必五十者約可以備物不缺耳圭田五十畝卿以下皆同之蓋祿必視戢之大小而尊祖敬宗之心則一也

【心訣】制祿以仁君子而祿秩之薄責之以常祀之供必有所不繼故卿以下制之祿外之祿圭田五十畝則粢盛之需可不費於追遠也分田以仁小人而一夫之獲分之爲餘弟之祿必有所不足故分以田外之田餘夫二十五畝則八口之家可無虞於不給也二節皆先王之特恩雖在常制之外然分田卽有此田制祿卽有此祿皆一時事皆有經界所當止者

【講】大國田制祿固所以厚君子然不但此也於君子世祿常制之外又自卿以下至於士必有圭潔之田以供祭祀其田皆五十畝蓋取一分公田可以作兩分圭田也

餘夫□二十五畝句

程子曰一夫上父母下妻子以五口八口爲率受田百畝如有弟是餘夫也年十六別受田二十五畝俟其壯而有室然後更受百畝之田愚按此百畝常制之外又有餘夫之田以厚野人也

趙註餘夫者一家一人受田其餘老小尚有餘力者受二十五畝半于圭田謂之餘夫也受田者田萊多少有上中下周禮曰餘夫亦如之乃如上中下之等也王制曰夫圭田無征謂餘夫圭田皆不當在賦也蔣無圭田餘夫孟子欲令復古所以重祭祀利民之道也

問野人一夫之圭田必有耕之者豈亦有耕屬可耕乎朱子曰恐圭田只是給祭田之在民者大抵古者田祿皆是助法之公田充而入家因爲之屬如宥田一成有衆一旅是也圭田恐亦如此故王制云夫圭田無征

雙峯饒氏曰圭田餘夫亦是百畝中撥與他半分則五十畝四分則二十五畝

問各受田百畝六十歲傳與其子并其父但只是長子受父之田次子便是餘夫別請二十五畝若無子則百畝納之官曰然問人物繁夥公家安得有許

多田分授○曰天地間只着得許多物事○少間人物過多便自有乘除亦理勢使
之然也○
仁山金氏曰上文絕長補短方五十里是除山川林麓城郭而以田計也以五十
里之田而分君子以有公田小人私田君子又有圭田小人又有餘夫似爲難
給然以方田法計之方十里者爲方一里者百則是百井九百夫矣方五十里
者爲方十里者二十五則是二千五百井二萬二千五百夫矣亦自不患於不
給以此知戰國之時諸大國若能修復井田不爲園囿宮室汙池以廢地能行
王政以聚民則田野不至于不給人衆地大不患於不可以行王政也○
集說又有餘夫之田以厚野人此野人不是說餘夫乃是說受百畝之田者他
既餘有此夫而使之共耕百畝焉不特勸惰無分生齒不繁且以百畝共食之
恐五口八口亦有不給也故另與之二十五畝以爲加厚此二十五畝亦百畝
四分之一皆既受公田四分之一亦當耕公田一家四分之一也此二十五畝自是取之公
田至于耕公田一家四分之一想當然耳非正意可不泥

鐍按念臣而念及臣之先人念民而念及民之子弟眞可謂仁之至也

【講】計口授田固所以厚野人然不但此也於一夫八口之外其家中子弟尚有餘力者謂之餘夫則受田二十五畝蓋取一分私田可給四餘夫也

死徙頓無出鄉句鄉田頓同井句出入頓相友句守望頓相助句疾病頓相扶持句則頓百姓親睦句

死謂葬也徙謂徙其居也同井者八家也友猶伴也守望防寇盜也

【趙註】死謂葬死也徙謂受上易居乎肥磽也不出其鄉易爲功也同鄉之田共井之家各相營勞也出入相友相友讓也周禮太宰曰八曰友以任得民守望相助七察姦惡也疾病相扶持扶持其羸弱救其困急皆所以教民相親睦之道也○孫疏相助以守而此不可以威武奪相助以望而彼不得以投隙來

【蒙引】此言井田之法有以善乎民俗也若只說井田之善則上下俱見其善不獨民俗矣今觀死徙無出鄉七田同井出入相友守望相助疾病相扶持則百姓親睦都是就百姓說故定爲井田之法有以善民俗亦不必云著其效也蓋

都是井田之制使然耳。

說約 如蒙引則此條亦正對人倫明於上小民親於下二句說。達說講首二句云死者徙者舉無出鄉而人懷旧上之恋鄉田之治同此一井而人安共業之風同井字亦稍作着力說妙據此則似上句言其變而下句言其常皆為安土重遷盛世之象也

集說 死徙無出鄉此一句是助法之下善處下相友等皆從無出鄉來故首言之。死既葬也朱子之意原是說死了還如何出鄉故以葬了解之亦不差其實孟子之意只是說田既各有定分任是死了徙去終出不得此鄉。友字解作伴字甚好以下仍有百姓親睦句也。守是護守望是瞭望相助者或此守則彼望此望則彼守或彼此代為守望皆是。則百姓親睦看一則字非謂百姓自能如此也乃井田之制盡善則百姓自相如此耳親是相親不疏遠睦是和睦更有情意在內然親睦亦只在同井中和氣上說尚未說到教化行■俗美處。此與下一節都是說助法蓋以貢法不待言但以什一而足矣

【講】案此言助法之善有以厚民俗而便會致教化可興之意不作教言五句各散平說
【彙解】鄉田同井句乃結上接下之語蒙引謂聖賢信筆成文若論理道之寄處
當云鄉田同井出入相友至扶持然後接死徙無出鄉則百姓親睦方順故知
同井句為結上以接下也鄉字作里字看非鄉遂之鄉此說雖本蒙引然轉折太多不必用
【集成】仇滄柱曰守有守之義望有望之義彼此相助又有相助之義分疏詳明
方見寓兵于農之意○井田一壞民不知兵故寇盜長驅直入而民不能禦此
生民大不幸也三代以上民間各修武備縱有疆暴之外患散之三五國而敵
勢不能支矣安能盡有之土為彼統據乎嗚呼秦人遺禍流于千古為可痛
也
【講】徵十一夫有溝者不必言矣識以助法言之○一鄉之民安土重遷死而葬者與還
居者皆不能出其鄉這一鄉田地八家同此一區之井居止既相聯屬情又自
相維繫出入往來相為伴侶晝夜防守瞭望相為接應遇有疾病視其醫藥燈

其有無相爲扶持如此則鄉井之人講然相與而無不親睦者矣井田之法有

以善民俗如此可見助法之善矣

方里而井句井頭九百畝句其中爲公田句八家皆私百畝句〇私百畝連同養公田句公

事畢讀然後敢治私事句〇治私事連所以別野人也句〇野人連

此詳言井田形體之制乃周之助法也公田以爲君子之祿而私田野人之所受

先公後私所以別君子野人之分也不言君子據野人而言省文耳上言野及國

中二法此獨詳於治野者國中貢法當時已行但取之過於什一爾周職法是從百畝言出

朱子井田類說曰班志古者建步立畝六尺爲步步百爲畝畝百爲夫夫三爲

屋屋三爲井井方一里是爲九夫八家共之一夫一婦受私田百畝公田十畝

是爲八百八十畝餘二十畝以爲廬舍民受田上田夫百畝中田夫二百畝下

田夫三百畝歲更耕之換易其處注何休曰司空謹別田之高下善惡分爲三

品上田一歲一墾中田二歲一墾下田三歲一墾肥饒不得獨樂墝埆不得獨

苦三年一換土易居其家衆男爲餘夫亦以口受田如此比士工商家受田五

田乃皆農夫。八口有稅斂則出賦以助公田什一。及工商衡虞之[illegible]

出國供車馬兵甲士徒之役及賓客而連雞子之賦稅。以當祭祀百神之祀。而不[illegible]

並百官祿食庶事之費。民年二十受田六十歸田。種穀必雜五種以備災害。

無得有樹以妨五穀。環廬種桑麥菽有畦瓜瓠果蓏。植於疆畔。雞豚狗彘毋失

其時。女修蠶織。五十可以衣帛。七十可以食肉。五家為比。五比為閭。四閭為族。

五族為黨。五黨為州。五州為鄉。七萬二千五百戶。又曰三年耕則餘一年之蓄。

故三年有成。此此功也。故王者三載考績。九年耕餘三年之食。進業曰登。故三

登則升平。再登曰平。餘六年食。三登曰太平。二十七歲餘九年食。然後至德流洽。

禮樂成焉。

慶源輔氏曰。上既言助法之善。故此下遂言周之助法也。方里而井。井九百畝。

其中為公田。便是井田形體之制也。

袁氏曰。善曰井田始於黃帝。經界如井字。後世因號為井田。

【蒙引】謂野人以見其不得同於君子。而在其後也。故云據野人而言者文耳。

存疑 此言井田形體之制所以經緯助爲有公田請野九一而助之意也看蓋孟子告文公還重助法上貢法亦帶說耳觀上文言曰當時非惟助法已不行貢法亦不止作一意自可見

說約 註孔疏夫有百步三夫爲一里縱則此言方里者縱横皆一里其体正方中九百畝耳此爲不易之解○古者畝非正方其闊一步長一百步然積至百畝濶亦百步矣但以一畝三畝之法治田故畝計長而不方然六尺計井仍是方也方里猶與人但言方方一里中即畫一井字井字之中必九百畝也○井田之制方里而井八家皆私百畝其中爲公田而廬舍在焉公用八十畝而家治十畝廬舍二十畝而家二畝半廬舍在內貴人也公田次之重公也私田在外賤私也民年二十受田六十歸田而任之也有期廣者有所加乎羅者覺有罰辱而勸之也有法此民所以樂事勸功而無憾於養生送死也先王之時上仁撫下下以義事上以仁撫下故先民而後公則駿發爾私是也以義事上先公而後已則雨我公田遂及我私是也又彩田禄不善則井地公典教

鄉則井民亦有鄉遂公邑之吏從民以公使不恤其私者乎〇蒙引[illegible]

此蓋至此方說出井中公外私井田形制則前七十而助者九一而助皆宜兼看

若先說更則此節贅矣

〔存疑〕注中利弊前已說盡方里一節但詳盡一井之形體而不之正與首節正經界相應公私先後俱義亦是從形體中滯論兩來于此節大意不盡人多貪容此處只是有寬套話頭可抄填也

〔集說〕養兆耕種收割之事皆是同養者亦不是混同去耕種八家各耕公田十畝則同養公田八十畝矣餘二十畝爲廬舍〇公事公田耕稼之事私事私田耕稼之事〇所以別野人不止承公事畢然後敢治私事之爲別其中爲公田餘爲私田亦是別野人同養公田亦是別注自公田以爲君子之祿至先公後私一氣讀〇原是說所以別君子野人而不言君子者別野人則君子自別矣〇看來此節雖是說井田形體之制而未綴之以所以別野人也亦猶上節繼以則百姓親睦之意上是說百姓在下之俗此是說上下各盡其分還是助之

善處。

【注疏直解】正經界直貫至此。上正所謂正經界者。方里而井是里之經界。截爾井九百畝是井之經界。要與公田私田則是內外經界俱明。而官不侵民。民不侵官也。

【閑說】方里二句是說井田的大綱。中公外私以定其區。先公後私以別其分。是說井田的細目。正是經界處所以別野人也。何極妙。此便見野人之分。宜恭君子深遠。二 君子解便不是

【辨疑】兩段分上是分田有法。而公私所由辨。下是治田有序。而上下所由定。方里而井二句。上句是畫野之定制。下句是爲田之定數。寔則因地以制井。因井以定田。必方一里而後可以周井田之界。惟九百畝而後可以稱井地之形。總是一事也。先公後私所以別野人之職。不得同君子之貴。蓋辨分之道。此是兩截

【正解】所以別野人。是分井地一句說。此節大意在別野人上。見得井地[illegible]

所以养也而辨分之意行乎其中

總説此節舊說以方里二句提起下中公外私是一意先公後私是一意而以別野人從承之說是形体之制也近來諸說皆作兩截看上四句一連是言井田形体下三句一連是野人养君子之意與朱註小異或云重別野人不重形体之制別野人不補君子則明與註背矣

註井田之善當行如此試以其形体詳之每地方正一里而畫為九區形如井字每區田百畝九區共田九百畝其中百畝為公田以為君子之祿外八家各私百畝以自贍而此八家之民則同出力以治公田凡耕耘收穫之時必公田之事已畢然後敢治私田之事所以別野人以下服上养君子之分也周之行助有如此

此其大略也何〇大路連若夫潤澤之讀〇潤澤連則在君與子矣何〇君與子連

井遂之法諸侯皆去其籍此特其大略而已潤澤謂因時制宜使合於人情宜於土俗而不失乎先王之意也

或問潤澤之說雙峯饒氏曰前面說底是个硬局子到這裏須是要變通使合人情宜土俗可也潤澤非文飾之謂乃是和軟的意思不全是硬局子溫潤滑

澤存可行得此朱子善于形容孟子用心處○

【蒙引】此其大略者仁政必自經界始至所以辨野人也此比周禮亦爲略今勸

蘇以周禮律之蓋孟子不見周禮王制又漢儒剌六經爲之者故講孟子者只

用孟子大意不必過求强合益紛紜而不相入矣但其所以異處亦當考而知

之處凡其於古法縣有權度而得節其意以見諸用耳○潤澤而不硬也潤澤

而不滯也推此意可見但凡論古制後面都着服此義合殺○潤澤二字最好

者古法有不宜于今者不能因時制宜而善用之只拘古制而定於時是又何

取于古商不能盡因乎夏周不能盡因乎商故曰周監于二代如何拘于古得

【槩說】大畧是說大槩規模盡於此矣雖其詳有不可得聞然由此做去其法可

以類而推也此字當如此看若說此不過其大畧而已還有詳細處我未之聞

不假孟子勉畢戰與文公之意了且下不曰若夫潤澤之而曰潤澤之便可見

○此其大畧節雖緊要助法說然亦兼貢法在內以貢法中亦有潤澤者○徹

於人情宜於土俗亦不是問人情願意行助不行助土俗可行助不可行助也

助法大抵都是一定行了但宜貢者則貢之便是合人情宜土俗處此處貢助

雖兼言而孟子之意還偏重在助法上以其單載所問者井地且貢法雖亦有潤

澤而亦無多潤澤也○合人情宜上俗只主行助說爲是貢法輕帶不可併言

【集註】潤澤只是善用法意凡死物便枯硬活物便柔潤今井田雖是死規矩却

用得員活故曰潤澤

【廣訂】潤澤之說只細微曲折畧之所未盡者稍一斟酌之耳今主變通說便

非○務皇○變予通亦不妨

【心訣】君與子要串說○在君子句是孟子屬望之辭有千載一時不可虛過直

須再見三代之盛治意

【正解】助法久廢硬行必有牖碍況文公使畢戰問井田不徒問其形体并問其

所以運用之方故又教他多方委曲以用其法只要完得行助法一事○上節

註言詳其制而本文只言大畧者蓋朱子就孟子通章觀之則以此節爲詳而

孟子就先王典籍觀之則以所言爲畧也

集成　仇滄柱曰：蒙引將首句通承前七節看，淺說只承上方里而井一條，以前面是概論其法，方里一節方是言井田形體之制，所謂潤澤亦是就中斟酌變通，使之合準古宜今也。王崔夏曰：潤澤二字，大有妙處，王年山不曉此，竟以爲解周禮亡于趙宋天下，此錯如何鑄來。此字還以通承爲是。

諸家辨　孟子責畢戰文公畢戰，見此事非可苟且圖成，潤澤在君與子耳，則字語氣最緊，見責之不容旁諉處，言外寓潤澤非孟子不能意。○君與子與子之君相爲始終，說不到自寓一體。

講　然井田之法久廢矣，先我之所言正經界而常制餘制之並行，畫井田而中公外私之不紊，特其大畧也。若夫因時度勢，使合于人情，宜于土俗，不拘先王之法而又不失其意，潤而澤之，以不滯于行，則上在君而下在子，非吾言之所盡矣。

呂氏曰：孟子張子慨然有意三代之治，論治人先務，未始不以經界爲急，講求法制，粲然備具，要之可以行於今，如有用我者，舉而措之耳。嘗曰仁政必自[illegible]

富不均教養無法雖欲言治皆苟而已世之病難行者未始不以亟奪富人之田
爲辭然茲法之行悅之者衆苟處之有術期以數年不刑一人而可復所病者特
上之未行耳乃言曰縱不能行之天下猶可驗之一鄉方與學者議古之法買田
一方畫爲數井上不失公家之賦役退以其私正經界分宅里立斂法廣儲蓄興
學校成禮俗救菑恤患厚本抑末足以推先王之遺法明當今之可行有志未就
而卒○愚按喪禮經界兩章見孟子之學識其大者是以雖當禮法廢壞之後制
度節文不可復考而能因略以致詳推舊而爲新不屑屑於既往之迹而能合乎
先王之意真可謂命世亞聖之才矣

新安陳氏曰喪禮有節文經界之法有制度二者皆廢壞故不可詳考
【蒙引】命之訓名猶今之人題書名亦云命之曰何書者名之義也亦有理○此
二字不見經傳三國史稱玄謂曹操曰天下將亂非命世之才不能濟也能安
之者惟在君乎命世二字蓋出於此
南軒張氏曰井田王制之本也大要在於田制祿二事當

已田得其分則小民安其業祿得其制則君子賴其养上下相須而名宜焉治之所由興也人皆知商鞅廢井田開阡陌考孟子之言則井田之廢久矣蓋孟子時井田之法雖廢而井田之名猶在暴君雖去其籍猶不敢易其名至鞅始蕩然一泯其迹而掃除其阡陌并與其名亡之矣

雙峯饒氏曰井田之法黄帝開端便欲成了如何做得商人七十畝周人如何便更百畝至於溝洫塗畛亦非一朝一夕所能成朱子亦嘗疑之王制與周禮已不同孟子多是臆度言之非井田可行于中原平曠之地若是地勢高低如何可行恐江南是用貢法阡陌是田間路古人車徹一車濶六尺有餘而兩旁又闢之以人占田太多商君欲富國所以繫開阡陌爲田前此諸侯欲富其國并田大綱已自廢了商君則索性壞卻

朱氏公遷曰龍子之言貢之不善甚矣但意其初制未必然難行之既久而不能無弊耳鄉遂用貢法周亦未嘗廢之孟子亦言國中什一使自賦蓋斟酌損益推舊爲新貢助兼行此王制之大略也先王之法何嘗[illegible]而不可[illegible]

【旨】東陽許氏曰文公問爲國孟子告以教養其民有養然后可教故先言分田制祿而後及學校也自民事不可緩至雖周亦助也養之事設爲庠序至小民親於下教之事下至新子之國總言之答文公者止此下皆畢戰却只是言分田盖畢戰惟掌井田之事也

【存疑】民事不可緩一句是一章大旨通章皆是此意引詩是證民事不可緩之說民之爲道也一節是說民事所以不可緩處民之陷罪由于無恒心無恒心由于無恒產此民事所以不可緩而民之恒產不可不制也故承曰明君必恭儉禮下取民有制自夏后氏五十而貢至雖周亦助都是說此事設爲庠序一節又是說旣富而教之事不在民事內蓋必教養兼具然後爲治法也然後歸重在民事上故自使畢戰問井地後只說井田不復言學校

【翼註】告滕文與畢戰分兩段看民事不可緩也一章之大旨章內雖以恒產恒心貢法助法分田制祿並言而恒產邊重恒心邊輕助法邊重貢法邊輕分田邊重制祿邊輕○下半段以經界二字爲重如九一什一五十畝二十五畝之

纔非有經界如何分須逐段點入經界字妙

諸家辨新子之國以上是教其君以經國之大綱畢戰以下是教其臣以制産之條目雖分教養却重制産上○只不緩民事一句爲主民惟邦本民事與爲國交相維繫行助是不緩民事實用處正經界又是行助實用處前段論制産說到明倫後段論正經界說到百姓親睦總見助法之善不可不行教養貢助等不宜對說對說便失主賓輕重

後問爲國問井地是兩時語自是兩段文字然後段井地只完得前段行助事文未嘗不是一片文字也○前面從民事不可緩說起次說恒産取民行制以引起貢助徹而究歸於行助正意已完因井田學校不相離故說行助便說設庠序學校一節話且與前恒心相應是無滲漏處新子之國正應爲國之問分明是一段結尾後段說井地之制從經界說起次說分田制祿繇有關一床請野三節是言分田制祿之可見諸行者如而究歸到井田形体之制方盡其所以子之君云云須在君與子又是一段自爲起落意○開口說民事不可緩便含已行助在內亦未嘗不可包井地在內也後段說井地以明助法亦未嘗不可以爲不緩民事意也前段說祿下世祿後段說制祿君子前段說恒産取民有制及入貢助徹後段說分田九一什一九百畝前段說小民親於下後段說百姓親睦前段說力行後段說潤澤又未嘗不一一照應也○依大文看莫善于助雖周亦助請野九一而助只是要行助法耳朱註都於請野節云是徹法故有謂孟子是要滕行徹法者未免泥朱註而不体大文其前面取助周徹並言及說到雖周亦助可見助徹只同小異不必過分今大文鄉遂用貢都鄙用[illegible]爲徹[illegible]疑[illegible]行

助法亦必有不可井授之地，可以權宜用貢者，不然何以殷皆分井，而至周遽
有不可井授者，可徹兼助貢歟？未為確論也。大抵助徹之分，只在各井一區處
通力合作，有不同耳。
古制莫考，姑存其疑。
總按：言性善必稱堯舜，論為國必
法三代，是孟子真學術、真經濟。

有為神農之言者（讀）許行（句○神農之言連）自楚之滕（句）踵門而告文公曰（句○告文公連）遠方之人（句）聞君行仁政（句）願受一廛（讀）而為氓（句）文公與之處（句）其徒（頓）數十人（讀）皆（頓）衣褐（句）捆屨（讀）織席（讀）以為食（句）

神農，炎帝神農氏，始為耒耜，教民稼穡者也。為其言者，史遷所謂農家者流也。許，姓；行，名也。踵門，足至門也。仁政，上章所言井地之法也。廛，民所居也。氓，野人之稱。褐，毛布，賤者之服也。捆，扣椓之，欲其堅也。以為食，賣以供食也。程子曰：許行所謂神農之言，乃後世稱述上古之事失其義理者耳，猶陰陽醫方稱黃帝之說也。

前漢藝文志：農家者流，蓋出于農稷之官，播百穀，勸耕桑，以足衣食。

問：許行為神農之言，而有君臣并耕、市不貳價之說，何耶？朱子曰：程子之言盡矣。然以易考之，二者皆神農之所為也。當時民淳事簡，容或有如許行之說者。

及乎世變風移至於唐虞之際，則雖神農復生，亦當臨時以立政，而不必同乎。其舊矣。況許行之妄，乃欲以是而行於戰國之時乎。

慶源輔氏曰：陰陽醫方所稱黃帝之說，如素問靈樞之類是也。農亦有神農黃帝之說傳于世。孔孟豈得而不稱述之哉。

新安陳氏曰：後世小道，必推古聖賢爲宗，以求信於世故也。

【蒙引】着一爲字，便見其皆本非神農之言矣。爲其言之爲字，彷彿似云爲其學者之類。○按集註：廛，民所居也。氓，野人之稱。則此居固非市宅矣。野人亦不在市宅，在市宅者商賈也。願受一廛而爲氓，則有田可知。○衣褐二字爲讀，其所以衣者也。猶屨織席以爲食爲一項，其所以食者也。舊讀衣褐捆屨爲一讀，織席以爲一句，則贅而無謂。

【存疑】許行此來，只是反孟子之說。

【集說】註所謂農家者流，朱子引言精潔。蓋許行想不特有其言，而且身有其事。所作底無非托神農之說一路上事也。○衣褐是其衣之儉，捆屨織席以爲食。

是其食之不借於人二者已皆異樣想亦從並耕中想出造假說作來欺人

滕文爲塤公上是異端託爲慕仁之誠而歸附下因以衣食之要而以見首居

皆敘事惟遠方三句是述言玩衣褐梱屨二句皆不勞於人而自食其力之事

就見許行有陰壞孟子分別君子野人之法意

心訣有爲神農之言一句是書法是提綱便爲下并耕張本神農雖爲耒耜以

教天下耕雖有夫必親耕婦必親績之說未嘗身自爲之如爲市井以教人貿

易未嘗齊其市價也許行是个大言欺世之徒欲以異術爭勝者見孟子井田

之法分別君子野人之說取重於滕心懷忌嫉欲陰壞之以來滕思非神農教

耕本源不能變置在堯舜周孔之上奪動當時彈壓孟子故托其說以至滕者

个爲字見本非神農之言特以其世遠言湮真偽無從考故假托其說以惑人

仁政指井田言廛非市宅乃耕民在野居住之宅願分一夫之田宅便有與耕

稼之意觀其後之捆屨織席爲食見已之一衣一食皆其所自爲被爲君者

要得食民之奉養安于上而已乎則并耕而食饔飧而治之意已露于此矣

𥳑按此節大意僅是如此

「説」𥳑微見孟子言三代之說爲文公最重故自錄一議不曰三代齊等論堯舜而直曰神農爲神農之道在二帝三王之上而已之所學在孟子之上

「節」不是數十人從許行是許行要數十人從己却有箇假心隱之欲奉許拜尊爲聖天下耳

講此見孟子闢異端兼排齊價之非也昔文公問孟子之言欲行三代井田之法時有託於神農之言而倡邪說以惑衆者許行自楚之滕踵文公之門而告曰吾遠方之人聞君分田制祿而行仁政願受一廛之居而自附於野人之氓以爲君之民於是文公以其廛授之而來處焉但見其徒有數十人皆衣褐相與捆屨織席以供食以爲人必自食其力而後可也此亦可以觀其意之所在矣

陳良之徒讀陳相句與其弟辛句負耒耜讀而自宋之滕句宋連○句曰句聞君行聖人讀之政句○聖人之政連是亦聖人也句願爲聖人氓句

陳良楚之儒者非所以起其來且之稱也

蒙引 聞君云云 非面對滕君也 上文則云踵門而告文公曰方是面對之詞 ○許行自楚來 既捆屨織席以爲食 陳相自宋來 又負耒耜是其未相見之前已有歡相遜之機矣 ○

集說 願爲聖人之氓三節 所以對滕君言爲正 ○聖人之政 亦指井田之法 ○陳相當初來滕 亦未便是有棄學意 即許行來時亦未便有必與孟子作對想 滕文經畫井地 亦似瀕然有爲之君 許行以欲售其術而來 陳相則以受田而來耳 恐須平氣看 ○

心說 叙陳相與弟辛 而必提出陳良之徒來 從後罪他兄弟倍師一段公案見其所宗者正 無容倍也 與其弟辛者 見天倫同氣之樂 非若數十人朋從之衆也 負耒耜亦出器不舍之意 非與學捆屨之徒 兼同術業者也 聖人之政亦指井田 是禹湯文武數聖人所規畫者 原相兄弟之歸 實爲感化而來 非有餘望之計 ○相之自歸也 有願受一夫之田意 其與弟辛歸也 有願皆餘夫之田意 ○

此數語領滕章

【註】又有楚儒陳良之徒陳相者，與其弟辛，聯負耒耜而自宋之滕，曰：聞君行三代聖人之政，是亦今之聖人也，願爲聖人氓，以被仁政之澤。爲彼本學于陳良，而爲出農而舍其耒耜耳，非若許行直欲售其邪說而來也。

陳相見許行讀而大悅，句盡棄其學讀而學焉。句陳相見孟子，讀道許行之言曰：句許行之言止滕君頓則誠賢君也，句雖然，句未聞道也。句道達○聞賢者頓與民並耕頓而食句饔飧而治。句今也頓滕有倉廩府庫，讀則是頓厲民而以自養也，句惡得賢？句

饔飧，熟食也，朝曰饔，夕曰飧，言當自炊爨以爲食，而兼治民事也。厲，病也。許行此言，蓋欲陰壞孟子分別君子野人之法。

【[illegible]】聞道，蓋謂神農之道也。○陳相見許行而大悅，盡棄其學而學焉，則[illegible]許行之道爲是，而孟子之道爲非矣。○陳相許行之言，所刺在滕君，而其[illegible]意實在孟子也。陳相見孟子而道其言，蓋將有所軒輊乎其間也。學亦將思以易天下者然，真所謂邪說也。

【存疑】賢者與民並耕而食，正是許行邪說害道處，故通章節節辨之。

【集說】謂棄其學，自然說是陳良之學，然所學亦要自己得聞也，凡平日所學之道皆是。陳相大抵是無主見的人，其所學亦只淺說。○未聞道，蒙引以爲蓋謂神農之道也，看來還只虛說，賢君修己治人之大道爲是。若一旦使道出神農，亦無此義㸦。然其實主意則說是神農之道耳。○並耕亦不是說與民親耕，只是說君耕君之地，民耕民之地，兩不相干，便是食卽並耕之所得者。○饔飧跟並耕來，亦是自爲之意，兼治民事方說到治民上。○有倉廩府庫，有字與以所積者言。

【蒙引合參】大悅二字與下文說周公仲尼之道相關。

【心訣】悅而曰大，棄其學而曰盡，見惑之易而溺之深也。賢君乃假託之詞，便與下上聖人不同矣，只淺淺說个有志復古，欲以惠民意。若以行井田者爲賢，則與下面說話矣。道指致治之道言，然亦須與神農相關。賢者二句正是道之所在。賢與惡得賢，俱指合神農與不合神農之道言，與上賢君不同。並耕言與民各

自耕而食，非親耕也，褏發即止，食字非必身親爲之，大槩言其不食于民耳。二

何者重並耕上，與孟子分別君子野人之法正相反。曰滕有倉廩府庫亭厲

取民所耕者而食之也，正指其公田以制祿，又說不自食以治勞人而受其養。豈

厲民也，是未聞道也。兼字與罩字參看，正是邪說害道處，下文俱辨此兩字。

兼耕而食二句串說，重並耕上，食字要連饔飧作過，後而又兼治民事作是。

冉說衍按許行數語，並耕爲辨論之端，厲民字亦要顛倒，而且君字食字治字俱有照應，文章線索極密，不可忽過。

講乃邪說易以惑人，陳相一見許行而大悅，盡棄其所學于陳良者而學許行。盡二

陳相既學其道，乃見孟子，道許行之言，曰：滕君能行仁政，則誠賢君也。雖然

未聞古聖人治天下之大道也。彼賢君平時必與民並耕田而供己之食，自爲

饔飧，饔之餘而兼理治民之事，所以爲天下任勞而無所取於民也。今也滕

有倉廩以貯五穀，有府庫以藏貨財，都是取之於民者，則是厲病其民而以自

奉養也，惡得爲賢？許行此言，其意欲陰擯孟子分別君子小人之法也。

孟子曰：句許子句必種粟而後食乎？句○曰：句然。句許子句必織布而後衣乎？

[illegible]許子[illegible]冠乎句曰冠句曰奚冠句曰冠素
而後[illegible]句曰[illegible]曰害於耕
句曰否句自織之與句曰否[illegible]以粟易之句曰許子奚為不自織句曰[illegible]
[illegible]許子以釜甑爨以鐵耕乎句曰然句自為之與句曰否
否句以粟易之句

釜所以爨甑所以炊爨然火也鐵耜屬也此語八反皆孟子問而陳相對也〇

〔蒙引〕許子必種粟而後食乎曰然此決知其然者以起下句之辭猶將有以亦與致而先問以挺與亦將問與少樂樂與衆樂樂而先問獨樂樂與人樂樂也孟子於折辨之際多用此法〇曰否許子衣褐陳相本以衣褐遜孟子之最也然要亦遜不得孟子姑置之續以許子冠乎曰冠又曰奚冠恐其如衣褐之說彼則曰冠素冠素乃布為之者也即曰自織之與至此則陳相無遁處矣曰否以粟易之則已自為孟子辟之地矣又曰害於耕則盡之矣此雖孟子長于論說然亦其理之自勝有非取辨乎口舌間也雖出于勝之理然非孟子之辞辯足以發之則亦未能破人之蔽志而折人之詞鋒也蓋其精义之功如此

○許子必種粟而後食乎此一段意總謂莫道爲人君者難以與民並耕而食饔飧而治便是他這一匹夫之身已不盡兼他技况人君一身其職尤煩乎故兼發詰之云云亦果不待辨而支離矣○許子衣褐豈能身皆褐乎故曰要兼豈不得也○上文因論冠彼日以粟易之則詰之曰許子奚爲不自織之論釜甑爨鐵耕彼又日以粟易之則不復曰許子奚不自爲之蓋以其理之窮也節進就是詰言之長才文章之妙法○

【參序】下節許子何不爲陶冶一段正復以此意詰之也

【參說】兩必字皆是說身自爲之之意其實許子衣褐此處孟子當已有了辨論○而必又以冠與釜甑鐵兩路詰他使其義理不待辨而自明○孟子之問非不知而問也種粟兩段乃就他并耕之說詰之而織布又跟種粟來還是詰他並辨冠乎自織之與奚爲不自織以釜甑爨以鐵耕乎自爲之與皆明知其然而故詰之乃難之之辭也不是一樣口氣於詰問中稍帶辨駁之意○

【翼註】孟子最善辨不直言人君不能並耕先就許子身上所難兼者歷詰之○開

得其情然後折之此机是矣○許子必種粟而後食乎曰然此作一頭話不知許子種粟但此開辨問之端耳下文衣冠作一腳釜甑鐵作一腳皆[illegible]之身所不能兼者愚意自織之當總承衣褐冠素來今人不知○冠素只是纓又備不限白色

〔蒙引〕上文捆屨織席以爲食此何以云必種粟而後食蓋此上文據其事此推其意也不是已在滕種粟

〔備旨南合參〕此孟子先就許子身上所難兼者歷言之明知許子種粟只要將此二句開个辨問之端得他兩句以粟易之難兼之情已露了却又種之詰難直至下[illegible][illegible]百工之事不可耕且爲句纔以治天下獨可耕且爲闢之使他便問且迷不窮○種粟句是一頭此是許子所能爲者以下則屢詰之以探其不能兼爲之情必種粟必字從上並耕而食二句來詰他中間衣冠對看皆根首句來但釜甑爨應饔飧鐵耕應并耕另作一段

〔廣淵訂〕辨難俱在下文此處直叙爲是陳曰粟易曰害耕陳相已盡發其情已

矣君常

鑰按此節有先輩程文一二

以白文還他後人多尊之

［講］孟子將辨其非而先詰之曰據子之言許子必種粟而後食乎相對曰然孟子蓋亦灼知其然特以起下之難端耳又詰曰許子必織布而後衣乎對曰否許子衣褐蓋相欲以衣褐遊孟子之駁也然褐必待織孟子姑置之又詰曰許子冠乎對曰冠又詰曰奚冠恐其如衣褐之說也相對曰冠素蓋以素布為之冠其費也因即詰曰許子自織之與至此則相無所逃因對曰否以粟易之則已為孟子闢之地矣乃又詰曰然則許子奚為不自織又對曰為其有妨於耕故不得自織也至此可闢之端已盡露矣孟子乃姑置之詰曰許子以釜甑爨且以鐵器為耕具乎對曰然詰曰自為之與對曰否以粟易之此可見許子衣冠器用皆必出於粟易如此

以粟易械器者（[illegible]）不為厲陶冶（[illegible]）陶冶亦以其械器易粟者（[illegible]）豈為厲農夫哉（[illegible]）且許子何不為陶冶（[illegible]）舍皆取諸其宮中而用之（[illegible]）

何爲紛紛然與百工交易何許子之不憚煩曰百工之事固不可耕且爲也

此孟子言而陳相對也。械器，釜甑之屬也。陶爲甑者，冶爲釜鐵者。舍，止也。或讀屬上句，舍謂作陶冶之處也。

新安陳氏曰：厲農夫之說，乃是因行厲民自養之言，承其厲字而辯以闢之。

【蒙引】械器釜甑之屬，謂其機械便當也。凡民生日用所資器皿皆是，故用之備二字以該之。下文亦兼百工言之，蓋本文而言，則饔飧耒耜皆是也，但不可分貼，惟陶冶則分。○此厲字兩從厲民自養而發言，故爲滕有倉廩府庫爲厲民自養。以今觀之，以粟易械器者不爲厲陶冶，陶冶亦以其械器易粟者，豈爲厲農夫？豈知陶冶與農之相易爲不相厲，則滕君之不並耕而食饔飧而治，亦未爲厲民以自養也可知。此乃是以折陳相之說無餘矣，然猶未也，又從之曰：且許子何不自爲陶冶，則凡百器械止皆自取於其家而用乎？其家是多少便益乃何爲紛紛然與百工交易何許子之不憚煩曰百工之事固不可耕且爲也節應之曰然則治天下獨可耕且爲與○此上既承其言於耕之說而明彼此之不相厲以見滕君之非厲民以自養矣此則又承其百工不可耕且爲之辭而明彼之交相濟亦以見滕君之不厲民以自養也只是一意層出於言次之[illegible]不必强分爲二意抑通章是此意也○

【[illegible]】數以粟易器數句只就其以粟易句而畧畧支帶一辨而隨即以許子何不爲陶冶何爲紛紛何不憚煩疊疊詰之仍如奚爲不自織仍緊緊逼出他言於耕那一句來即相百工之事不可耕且爲之答是也故此節只寬以釜甑爨之詰一設意下節乃正辨明之

【纂說】以粟易械器者四句乃承上以粟易之來特借厲字作話頭雖是泛論其實仍是就許子說因其所已然而不得不然者見得這亦都不爲厲知道你要易械器既不是厲陶冶則陶冶以械器易粟豈爲厲農夫若以爲厲爾先自厲矣且天下無非厲矣若一不爲厲則君子之所以得其養者亦豈爲厲此[illegible]

隱含於中且許子以下看二且字及三何字俱是詰難郤又深一層說來得渾
百工之事固不可耕且為一句出來而折之撚是為並耕之說而先設此難也
故下便從此說到治天下云云一句折倒以下再不用問難而竟闢之矣若干此
處便不明說出正義覺不包含且亦非孟子當日語氣○且許子作一轉語何
不為斷出至而用之是一句一氣讀下何為紛紛然何與上句一正一反何許
子之不憚煩又從紛紛然句而詰問之要看三何字
【蒙註】以粟易械器節只承上釜甑爨鐵耕一邊說與上節俱是詰問之辭俱未斷定
也說者多於豈為厲農夫哉之下即補出滕君豈為厲民似太早觀豈字歲字
亦暮帶詰詞○許子至不憚煩一氣看交易本非煩乃反激隙相耳○以粟易
四句見農末實相濟且許子六句見農末難相兼然則治天下至路也見君民
難相兼故曰或勞心至又也言君民實相濟然亦活看
【餘采】以粟易四句暗照滕君非厲民自養之意非即闢之也且許子數句暗照
並耕而食之說而詰之亦非闢之也三何字不可脫是要窺其不能兼之故也

必讀以粟易械器四句緊接以粟易之句落下歸重豈爲厲農夫哉與自織之害於耕相應俱宜活看兩厲字是厲民自養的暗線切勿補實正意且許子以下云

云從厲字翻出个煩字敲打他農不兼工屈服招案討他不可耕且爲句此文勢之妙處三句字一氣疊下追詰他上三句詰其何不自爲於己而反使安逸下二句詰其何必交易于人而不憚煩勞挑見許子不知彼而知此是何故也百工之事不可耕且爲重農難兼工說須認个固字言實不可耕且爲看此時陳相入籠阱中難以自脫矣自許子必種粟起至不憚煩一氣凡八問八答而又破之俱是詰難他不可依章句分截另起挑以種粟而食一段爲主許子只辦得一種粟事餘接說上下語氣融合當看

諸家辨以粟易械器四句重下二句以粟易械器正許子事必不自以爲厲陶冶獨陶冶不耕而食成類于厲農故孟子言農既不厲陶冶則陶冶豈厲農分明說農之以粟易者不爲厲君則君之以粟易粟者非厲民時說只將君并子民民濟子君兩平說非本旨蓋許行只議君厲民何嘗說厲君句作兩層

之辭看也

〔蒙引〕語錄兩不二字不是要他爲正是要他知其不可爲處　安他自已耕也斷然

不爲爲之故來也

〔講〕孟子承其說欲辨而詰之曰許子之粟易如此是則以己之粟易陶人冶人之械器者原不爲有病於陶冶彼陶人冶人亦以其械器易農夫之粟者豈爲有病於農夫哉凡相易固不相厲也我且問子許子何不自爲陶冶則凡百械器止皆自取其家而用之是多少便乃何爲紛紛然與百工交易是何許子之不憚煩勞也對曰許子耕者也百工之事固不可既已耕而且兼爲之也

然則讀治天下讀獨可耕且爲與句有頓大人之事句有頓小人之事句且頓一人之身讀而百工之所爲讀備句○百工之所爲連如必頓自爲而後用之讀是率天下而路也句○率天下讀故曰句或勞心句或勞力句勞心者讀治人句勞力者讀治於人句治於人者讀食人句治人者讀食於人句天下之通義也句○通義連

此以下皆孟子言也路謂奔走道路無時休息也治於人者見治於人也食人者

出說一親以給公上也食於人者見食於人也此四句皆古語而孟子引之也君子無小人則飢小人無君子則亂以此相易正猶農夫陶冶以粟與械器相易乃所以相濟而非所以相病也治天下者豈必耕且爲哉大全小註首有故曰字如其爲古語

題註孟子言百工各爲其事尚不可得耕且兼之人君自天子以下當治天下正事此反可耕且爲邪欲以夯許行之非滕君不親耕也勞心君也勞力民也君政教以治理之民竭力治公田以奉養其上天下通義所常行者也

新安陳氏曰百工之事不可耕且爲此亦陳相對得理明處故孟子節此二句以難之百工之事尚不可耕且爲而治天下國家乃可耕且爲也

南軒張氏曰滕文亦可謂賢君矣而不克終用孟子之說寂然無聞於後世者許行之言有以奪之也蓋治於人者出力以食其上而治人者享其食此通天貫底之萬世所共由者故曰天下之通義也如許行之說則咈天理之當然務小惠以妨大德昵私情以妨正□率歸於不可行耳

蒙引天地間大綱有兩樣人亦大綱有兩樣事大人自有大人之事小人亦有

百人之事○且一人之身云云　此節即陳相所謂百工不可耕且爲之意而[illegible]
暢言之也。所謂由其所明通其所蔽也○言此四句皆古語而孟子稱之以證大[illegible]
只以或勞心或勞力二句接截曰二字爲古語而以下四句爲申釋之詞故因
解治於人等句之義而承之曰此四句皆古語而孟子引之也
存疑有大人之事二句是承治天下獨可耕且爲說治天下大人之事也耕小
人之事也且說治與耕是兩事不是上文治耕不可相兼意且一人之身而
百工之所爲備二句又是發百工之事不可耕且爲意尋發揚之是率天下而
路也下總言聖云云而治天下獨可耕且爲與故曰或勞心或勞力云云
○治於人者食人治人者食於人天下之通義這便見得食人者不爲觀食於
人者不爲虧只許行爲民自養之說不攻自破矣○
蒙引治天下三字說與獨可耕且爲反字說非獨治天下與耕相較何
嘗有兩者獨不成之意○而且爲字兼都是說兼爲之意然上下不同上節說
不可兼爲百工之事此節說不可兼爲治天下之事○且一人之身而百工之

四書玩注詳說　上孟卷之五　滕文　上　寶善堂

所爲備如必自爲而後用之上句重在備字下句重自爲二字如必二字中有
文字意在且字亦深一步說見得不特理之當然亦勢之不得不然也○此則
治天下獨可耕且爲與一句已說盡大義有大人之事二句兩也開說見天地
間事自然是兩等且一人之身云云又自小人之事而勞之見得自然行不去
即獨可耕且爲之意而又深一步說也緊接下故曰說○二或字即上二有字
之意○勞心者未必不用力但心上工夫重則不言力耳勞力者未必不用心
但其心所用者歸只在力上○或勞心或勞力二句即有大人之事有小人之
事二句○但事以其類所業言心力則實做那道與業的此二句兩開說勞心
治人二句方說到兩下相關處治於人者食人二句又說到兩下職分當然處
朱註乃所以相濟而非所以相病乃從二或字及四者字看出勞心勞力歟
不得故曰相勞勞心者治人勞力者治于人是上之濟下處治於人者食人治人
者食於人是下之濟上處非所以相病意耶○總食人食於人二句亦要
【講註】然則治天下一句緊接上獨可耕且爲與言○可以見天下之事一

[illegible]二[illegible]得各有其事[illegible]

[illegible]能兼小人與大人然兼小人乎百工之所為備是件也不可缺意○勞心者

大人之事勞力應小人之事下四句作兩層勞心者治人重講勞力者不還治

於人而已治於人者食人重講治人者不過食於人而已○義者宜也凡為上

者皆宜勞心而治人凡為下者皆宜勞力而食人故曰通義繙按說兼義字明白

【心訣】然則二字承上百工之事不可耕且為來治天下者萬幾之煩待理億兆

之衆待命豈直百工之事百工之事既不可耕且為然則治天下獨可耕且為

與治不能兼乎耕與耕不能兼乎工一也則彼之說窮而耕之不可並可一言

折矣有大人二句承治天下句來方明白與說從來天下原有兩等人則原有

兩等事有大人便有個大人之事經世宰物以統理小人有小人便有小人之

事服田力穡以供養君子其人不同則其事亦不同也無論大人不能為小人

之事且一小人之身耕用耒耜衣用織布食用釜甑舉百工之事皆所備用之

如必自為而後用不以有無相通彼此相濟則一身之所為者有限百工之合

用者無窮將率天下之人終日營營既爲此又爲彼奔走道路無休息之期矣勞勞之極斷是不可行的况以大人而能兼小人之事乎此舉百工之事不可耕且爲者再一敷演之見大人之兼小人之事必不通之理也惟相兼之不可通則必相易始通耳故曰云云 六句皆古語勞字承上率天下而路來兼勞不能惟有分任其勞而已或勞心二句見勢無有勞心而兼勞力之理或爲大人而以勞心爲事或爲小人而以勞力爲事兩或字要玩便見勞心則所遯在力勞力則所遯在心下四句每二句相連勞心者非無所濟於人立綱陳紀而治人彼勞力者不過奉令守法見治於人而已此二句重在君子治人上治於人者非無所濟于人輸貢賦而食人彼治人者亦惟坐享王食見食于人而已此二句重在小人養君子上末句是孟子斷語大人以治而易小人之養小人以食而易大人之治由是大人端拱於廟堂小人優游於畎畝各得其所不至率天下而路並耕農夫陶冶以粟與械器而相易乃所以相濟而非相厲矣此天下之常經古今所共由而爲天下之通義也豈一人之私說一時之[illegible]

於雖通者哉天下包一世萬世言　錫按此條明暢

【繫序合參】或勞心六句全要体貼治不兼農意不但相濟

【注疏直解】論治人則勞心者當其勞而勞力者享其逸論食人則治於人者當其勞而治人者享其逸上職其治下職其養各做一事不相侵亂豈不是義此句是述古語而斷之之詞

【廣聞訂】有大人之事不是大人有事必一句會兩句之神本何始醒豈之

錫按治天下獨可耕且爲何關陳相處最直捷痛快有大人至路也言天地間自有此兩樣原是兼不得的「引古語見非」一人之私言「說通義見非」一己之偏見

【講】孟子節應其言而辨之曰子謂百工之事尚不可耕且爲然則人君之治天下視百工之事何如獨可耕而且爲之與蓋凡在上之大人自有大人之事在下之小人自有小人之事固不可得而同也且就一人之身計之服食器用百工之所爲無不具備如必出於自爲而後用之是驅率天下之人既營此又營彼奔走道路無時休息也是則小人一身而猶不能相兼况欲以大人之事兼小

人之事乎故古語有曰或爲大人而勞心於上或爲小人而勞力於下勞心於上者須政布教以治在下之人勞力於下者安分務本以受治於在上之人治於人者出賦稅以食在上之人治人者取正供以受食於在下之人即此觀之一勞心一勞力一治人一食人相濟而非相病此乃天下古今通行之大義也安得挾並耕之說而以滕君爲厲民自養哉

當頓堯之時讀天下猶未平句洪水橫流句氾濫於天下句草木暢茂句禽獸繁殖句五穀不登句禽獸偪人句獸蹄鳥跡之道讀交於中國句堯頓獨憂之句舉舜而敷治焉句治焉連○敷舜頓使益掌火句益頓烈山澤而焚之句○山澤連禽獸逃匿句禹頓疏九河讀瀹濟漯讀而注諸海句決汝漢讀排淮泗讀而注之江句然後頓中國可得而食也句而食連○可得當是時也讀禹頓八年於外讀三過其門頓而不入句雖欲耕頓得乎句

天下嘗未平者洪荒之世生民之害多矣聖人迭興漸次除治至此尚未盡平也[illegible]不由其道[illegible]者行也氾濫橫流之勢暢茂長盛也繁[illegible]

五穀稻黍稷麥菽也登成熟也道路也獸蹄鳥跡交於中國言多也
益舜臣名烈熾也禽獸逃匿然後禹得施治水之功疏通也分也九河一曰徒駭二曰
太史三曰馬頰四曰覆釜五曰胡蘇六曰簡七曰絜八曰鉤盤九曰鬲津瀹亦疏通之意濟漯二水
名決排皆去其壅塞也汝漢淮泗亦皆水名也據禹貢及今水路惟漢水入江
汝泗則入淮而淮自入海此謂四水皆入於江記者之誤也

趙注遭洪水薦天下未平

朱子曰決汝漢排淮泗而注之江此但取其字數足以對偶而云爾只是行文
之失無害爲義理不必曲爲之說也諸頰淮自不與江通大綱如此說

新安倪氏曰蔡氏書傳云按爾雅九河一曰徒駭二曰太史三曰馬頰四曰覆
釜五曰胡蘇六曰簡七曰絜八曰鉤盤九曰鬲津其一則河之經流也先儒不知河
之經流遂分簡絜爲二此與集注小異書傳經朱子晚年訂正當以爲定也

吳氏程曰曰簡曰絜集註與爾雅同而蔡氏則謂爾雅合簡絜爲一而其一則
河之經流殊不可曉以水道攷之九河率在河間路滄州境內今存者僅五六

處何得言盡濟入海南皮縣明有潔河未聞與衛河合一集註良是○

仁山金氏曰汝出今河南梁縣天息山至蔡州下入淮漢出今漢中利縣之嶓

西縣嶓冢山東南流二千四百二十里至漢陽軍大別山入江淮出唐州桐栢

山三千七百里至海州入海泗出襲慶府泰山陪尾有泗源南至下邳入淮當云

疏九河瀹濟排淮江而注之海決汝泗而注之淮決漢而注之江

新安陳氏曰堯獨憂之所憂者大舉舜禹益而用之所憂在此何暇於並耕哉

欲耕得乎是提掇耕字以照應前獨可耕且爲與句

【蒙引】上言治人者食于人正以見其不暇耕自此以下皆是反覆證明此意蓋

堯之時敷治者舜也烈山澤者益也治水至三過門而不入者禹也皆治人者

也雖欲耕得乎食于人也又教民稼穡者稷也承勞來匡直之命而教人人倫

者契也亦治人者也而暇耕乎亦以食于人也似不宜重括治人句○本文雖欲耕得乎

一句只承禹八年於外說聖人之憂民如此而暇耕乎一句亦只承勞來匡直

輔翼四句說以子舜益后稷諸公有欠詞焉然古之文多取意足而已其子

猶不暇耕然者而實足以互見而相發也抑亦多是舉其切而重以該其餘故

此段禹八年于外三過其門而不入則于不暇耕之意尤切放勲曰勞之來之

匡之直之輔之翼之使自得之又從而振德之聖人之命官教民可謂憂之甚

此其於憂民之意尤切故曰聖人之憂民如此而暇耕乎其他則皆可以意會

矣○當堯之時天下猶未平此以下言自古聖君賢臣歷歷可數那一个不是要

民並耕而食饔飱而治者耶○洪水横流氾濫于中國草木暢茂禽獸繁殖蓋

惟洪水氾濫草木得水則暢茂矣禽獸得草木則繁殖矣禽獸草木皆妨害五

谷者故五谷不登則人類益稀而禽獸逼人舉中國多是禽獸之地此其上下

文相屬之大意也○洪水横流云云使于是而遽施治水之功則草木之暢茂

者道途既為之梗塞而不通而禽獸之逼人者又方巢穴於其中而不可遽治

水之功固未可施舜灼見其理勢乃先使益烈山澤而焚之草木既焚禽獸失

其所依乃皆逃匿遠去然後禹得以施功於水土如黄河之水天下之最大者

也禹則于兖州之城疏大河之流為九河以分其勢又疏通濟漯水並九河

皆注之海九河濟漯皆西北之水也又决汝漢排淮泗而注之
江天下大水只此數者今導其流而注之江海之中然後大地就平中國之民
可得而粒食以相生相養而免于墊溺之患矣且當是時也禹治水在外者
八年三次過家門而不入其憂民之急如此雖欲耕得乎然不但禹之急于斯
民其迹尤顯故獨言之而其他可以類推○益烈山澤而焚之烈熾其火也焚
之者灰之也焚字從林從火此亦六書之会意者也○書舊瀹河之枝流也
存疑 天下之通義以上是即民生日用之常來辨析當堯之時以下又是與堯
舜治天下之事來辨析益掌火禹治水稷教稼穡契敷五教皆爲治之事也
事皆出於堯舜堯舉舜匕舉禹益稷契故曰堯以不得舜爲己憂舜以不得
皐陶爲己憂上曰舜使益烈山澤而焚之則下文曰禹疏九河瀹濟漯
使也○堯獨憂之舉舜而敷治焉舜使益掌火益烈山澤而焚之后稷
稷西聖人皆不耕也獨於禹也曰雖欲耕得乎亦[illegible]
所到就見其意益見也

【蒙引】按堯憂之固是爲天下君治人專責意然當是時治水無功亦甚無人治之也意便與以不得舜爲已憂暗相照顧故下即接舉舜而敷治焉○按負討烈熾也趙注云益視山澤草熾者而焚之是烈屬草木末是烈者火猶云以火熾烈于山澤之間而焚之詩叔于田篇叔在藪火烈具擧是也○當是時也至未爲一氣當是時也何正與雖欲耕得乎句緊相接應

【集說】惟其洪水横流所以氾濫於天下○禽獸逼而爲害只在五谷上說不是便都噬人○蹄跡說一獸一鳥之所踐說道却成了道路又是衆鳥衆獸不一而足故狀交于中國又不止一二道而狀禽見其衆多矣亦一節深一節說○舉舜敷治舉之以爲相而布其治道如下所云皆敷治之事也○使益掌火意在草木禽獸烈山澤而焚則草木不得言矣故下文止言禽獸逃匿不是烈焚專爲禽獸也○疏九河乃是疏之以爲九河一者其正流也八者其枝流也九河之名宜以朱註爲正徒駭是河之本道餘八者皆禹播之蓋在入海之處恐其潮逆横决而上流下流俱不得其安故耳○可得而食上字且粗淺如書

所云艱食者是說可得是水平土見可得以耕種若食还有后稷教民稼穡在下。八年於外言其久三過不入言其急不是以八年見其宜八而不入之意

【集解】禹貢云導河積石至於龍門。稽河出崑崙至積石而流始大又禹貢云浮於濟漯達於河注漯水出東郡東武陽縣又云導沇水東流為濟山海經云濟水出河東郡垣曲縣王屋山初名沇水東出溫縣西比始名濟水

【集成】仇滄柱曰據禹貢而言雖有參錯處然在孟子口中只照本文說去不得自行理解

【說統】此節洪水是主草木因洪水而暢茂禽獸又因草木而繁殖五句皆根洪水來五穀句則頂上草木句禽獸逼人二句則頂上禽獸句堯獨憂之二句堯勞心而擇相舜使益以下舜勞心而擇羣有司益烈山澤不垂特起禹施治水之功耳九河濟漯是比條水汝漢淮泗是南條水於海於江順其勢而利導之也可得而食要看可字猶未得粒食

【心訣】此合下節言聖人之治天下不暇兼耕並許行假神農之言以欺世者不

稱堯舜之道之心可據者發出一段憂世之心不用于耕何以折服得他關此節
重洪水二句草木二句皆根洪水來偪者人畏而不敢近獸蹄鳥跡之道交于
中國正是偪人處堯獨憂之言勞心甚也独字妙此雖承水害說而無食無教
亦該了敷治亦該除民害遂民生復民性意蓋堯憂世而擇一相以敷治舜受
命而擇羣臣以分其憂是禹益稷契皆舜之所使而实承堯之命也故舜使二字
直貫益禹稷契益司火政而禽獸逃匿然後禹可施治水之功此次第也排次
跡論不是新鑿水道只是尋其舊迹以道壅塞使之一注于海一注于江而得
所疏耳可得而食見前此有洪水則無可耕之地無洪水故可開粒食之原未
就是答憨民育也三過不入開是讚禹勤民之心仰休堯舜憂民之心亦畢竟懷
襄之勢未平安得入也卿此說方切不暇意雖欲耕亦頂禹說○許行只要把神
農做並耕的證據孟子是把堯舜做不並耕的證據數節內曰獨憂曰有憂
曰憂民如此曰爲已憂總見堯舜諸人只汲汲孜孜去幹治人事更不惹著食
人事正爲大人之事而不使小人之事者也要見是箇証或勞心數語意○堯

獨憂之獨字與並耕並字相映。繙勞心訣條是正說

【備旨合參】凡个憂字俱從勞心生來

【纂序合參】當堯之時二節似案，堯以不得三節似斷。

按此數節正發明治天下之不可耕且為，所謂大人之事也。勞心食於人，亦可点綴然在上文，源是引語，不可跟定作旨。蒙引只承治人者食於人說，甚偏。○翼註天下猶未平，猶字有味，註明然依集說，只當虛涵。近講多照下文洪水說，按之古註亦頗有據。○蒙引謂益烈山澤然後禹得以施功，有使益一段太輕，集說有辨，然從蒙引者多。○堯舉舜，舜上便益禹稷契，自當以堯舜為主，然本文說禹雖欲耕得乎，只是隨文起義，不拘泥處。或曰禹不暇耕，而堯舜可知。繙按：拈大人不拈勞心，從自文賓主中辨出，最是細心。○禹疏九河兩段，只依自文，遂他援引禹貢，反覺多事，繙村說最是。

【講】勞心之大人，若堯舜是也。治天下而可耕且為，則堯舜當先為之矣。當堯之時，生民之害未盡除，天下猶有未平。蓋以其時洪水橫流，氾濫于天下，水盛故草木茂暢，草木盛故禽獸繁衍，生殖禽獸。草木皆妨害五谷者，故五谷不登，則人類日稀，而禽獸偪人，凡獸蹄鳥跡之道，交遍于中國。天下未平如此，堯為天子而獨憂之，然不能獨為治也，舉舜為相而命官分任，以敷布其治功焉。當是時草木梗塞道途，禽獸乃巢穴其中，雖欲施治水之功而不可得也。舜乃先使

為害禽獸之害而前學以益焚山澤所生之害 [illegible]

皆奔走遠竄逃而匿于他所由是得以施功于水土乃使禹爲司空治水

河之水天下之最大者也禹則于兖州之域疏塹入河之流爲九河以分其勢

疏通濟水漯水並九河皆注諸海而北條之水有所歸矣又南決汝水漢水排

淮水泗水以去其壅塞而悉注之江而南條之水有所歸矣天下大水只有此

數者今導其流而注江海之中然後天地就平中國之民可得而耕食也當是

時也禹受治水之責勤事於外凡八年之中三過其家門而猶不及入見其家

人其急於救民如是雖欲耕得乎

后稷讀教民稼穡讀樹藝五穀句五穀熟讀而民人育句人連○民人之有道也句飽食煖衣讀逸居而無教讀則近於禽獸句聖人有憂之句使契爲司徒句教以人倫句父子有親句君臣有義句夫婦有別句長幼有序句朋友有信句放勳曰句勞之來之句匡之直之句輔之讀翼之句使自得之句得連○自 又從而振德之句德連○振 聖人之憂民讀如此句而暇耕乎句

言水土平然後得以教稼穡衣食足然後得以施教化后稷官名棄爲之然言教民則亦非並耕矣藝亦種也藝殖也殖謂生種之斯生也

趙氏德曰稷乃五穀之長故以稷爲農官之稱后者有爵土之號蓋又稱曰稷欽曰稷

黃氏紹曰治水之役勢必偕行故禹稷言予乘四載隨山刊木暨益奏庶鮮食予決九川距四海濬畎澮距川暨稷播奏庶艱食鮮食夫豈稷播穀禹則何嘗身耕矣蓋當疏導之餘相其便宜有可播種以爲民食者稷授其方稷豈爲未始相離也禹過門不入稷何得從容暇逸乎雖謂稷亦過門不暇入可也

蒙引 水土方平稷始教民粒食以免其艱食之患急于民之事如此是又自有不暇耕意在

存疑 后稷教民稼穡亦是舜使之卻都於承堯命而成益禹契做此

說約 命稷以播百穀此段承接成後可得而食其有來只作過接語側重在命契[illegible]司徒上

【正解】不必言種之曰稼收之曰穡蓋言教民樹藝如耕耨收播種下早晚之
宜皆有法以下之也

契亦舜臣名也司徒官名也人之有道言其皆有秉彝之性也然無教則亦放逸
怠惰而失之故聖人設官而教以人倫亦因其固有者而道之耳書曰天敘有典
敕我五典五惇哉此之謂也放勳本史臣贊堯之辭孟子因以爲堯號也德猶惠
也堯言勞者勞之來者來之邪者正之枉者直之輔以立之翼以行之使自得其
性矣又從而提撕警覺以加惠焉不使其放逸怠惰而或失之蓋命契之辭也
問振德是施惠否朱子曰是然不是財惠之惠只是施之以教化上文匡直輔
翼等事是也彼既自得之又從而教之
慶源輔氏曰勞者勞之來者來之所以安其生也邪者正之枉者直之所以正
其德也輔以立之翼以行之所以勉其當行也自得謂自得其性也振謂提撕警
省也此乃大學新民之功也○[illegible]者天命節所謂固有也勉而
厚之即所謂道之也

朱氏公遷曰此人倫以道言指其異於禽獸者勇君子當全天倫之性以自別于禽獸也

新安陳氏曰聖人有憂之又言堯所憂者大使契爲司徒以教民所憂在此猶暇並耕聖人之憂民如此而暇耕乎是再提暇耕字以照應猶可耕且爲與

【蒙引】民經得粒食堯舜又慮其無教而入于禽獸之歸又使急亡使契爲司徒教民人倫堯又且可寧告戒之曰勞來匡直輔翼云云聖人之憂民如此而暇耕乎此聖人指堯與舜契舜臣名使契爲司徒舜舉而使之但天無二日民無二王制誥拜除還須是堯出故是放勳曰亦可謂舜甚事之實矣其實言舜臣若舜是堯之臣言契爲舜臣則終屬堯

【存疑】聖人有憂之聖人兼指堯舜引放勳之言特以爲證也不是專指堯

【說約】按兩節結尾一則曰雖欲耕得乎一則曰而暇耕乎本自割截不知何從出聖人之憂民句連插益禹稷契並說以爲與子常屢辨叠斷自應

一全蒙引此段亦數據我此及今如其意說云云繁說多

孰上數个聖人誤矣況雖欲耕得乎曰[illegible]

舜正非一日亦不待許子避作徧也○下節云堯以不得舜爲己憂舜以不得

禹皋陶爲己憂而當堯節亦云舉舜敷治舜使益掌火則禹稷契皋[illegible]

承堯敷治之命也故集註云契亦舜臣名雖蒙引云古人遇上有君臣之分者

可証使契爲舜使無疑矣但聖人之憂民如此何暇承放勳之命則自當畢盡

說而聖人有憂句又與聖人之憂民句叫應不應獨判前一聖人爲指舜則說

者亦領大意照本文各以聖人字還之而不必紛乜其說曰使堯非舜後堯尚

舜兼堯兼舜尤進也達說講放勳處云民之用力於人倫而爲勞者則獎勸以

勞之民之歸向于人倫而爲來者則誘掖以來之民之立心背乎人倫而爲邪

者則約其情以正之民之所行戾乎人倫而爲枉者則矯其偏以直之凡此勞

來匡直所以輔以立之翼以行之使之自得其性也旣自得其性矣則又從

而提撕警覺以振德焉不使其放逸怠惰而或失之也勞來匡直俱貼人倫始

欲亦本淺說○勞來匡直之貼人倫猶中庸生而知之安而行之等之字之旨

達道也今人皆將說閒全無把鼻矣○集註固謂放勳堯號也勞來匡直云云
命契之辭也則使契雖舜使之實堯使之也但觀下堯以不得舜爲己憂舜以
不得禹臯陶爲己憂兩憂字亦安得謂堯之憂舜不憂之耶故聖人有憂之聖
人之憂民兩聖人惟大全小註專指堯而存疑淺說達說俱兼堯舜蒙引則躊
躇言之今亦專指堯者鱗变濶作一串耳如此或意兼堯舜而語則以聖人字
渾說還他似亦無不可也
集說勞來等都在放上說還作六項事看○輔慶源以勞來爲安其生說不是
此是說教事也○使自得之註使自得其性意自明白不是從容以俟其自得
之自得○惠字原當不得德字故註云德猶惠也只在提撕警覺中重無已上
想振德之意便了○又從云云者不是二教便了又要常常如此提撕警覺而無
已也民之既得與未得者都是如此然于既得者受病爲多故只屬既得者若
未得者則雖千遍萬遍止謂之勞來匡直輔翼而不謂之振德也又從中有整
其已往勉其將來兩義○註放逸怠惰四字放逸是此心雖暫收卻又放逸去

了怠惰是雖亦爲善却中塗忌惰不肯爲了。聖人之憂民如此如此一字

此是說聖人之心乃說旣養之而又教之如此兼事俱在內然事却是命官之

事。

【蒙註】人之有道謂人皆有秉彝之性也下父子有親等五有字正應此一有字

皆因其固有而導之。用力於人倫者則慰勞之方向於人倫者則招來之此

長善之教也立心悖人倫者則匡正之行事悖人倫者則矯直之此救失之教

也柔而不能立者輔之使立於人倫之中怠而不能行者翼之使行乎人倫之

道此勸不及之教也使自得之即自得其所有之道總承上六項註提撕警覺

解振字以加惠焉解德字。說將輔翼各另說不承上四項亦可

【纂序合發】聖人有憂之有字可味到民人育時聖人還有憂在

【心訣】逸居本飽煖來飽煖則逸居逸居而無教則昏昧而放逸近於禽獸將使

繁殖偪人之害復見于人類中矣堯舜聖人有憂之所以不肯放手又要立教

是何等汲汲然不容已之意人之有道即五品人倫下面君臣父子夫婦長幼

朋友卽人字親義序別信卽道字五有字卽應此句一有字父子有親云云教之使知性中有親義序別信也特從氣拘物蔽中爲之一開明不是取之於外以益其所本無也若云某處教以某件某處教以某件恰似不曾有的都從教上取得一般差矣此是命契以立教之道勞來至振德又是命契以敷教之方竟命雖在于舜而制命則出自堯故引放勳云云民行難齊有遣教不可民心易懈有倦教亦不可勞之六項須淺說見多方敷教意勸善懲惡又助其不逮委曲化誨使之自得其本來固有之性而已自得於五有字相應勞來匡直以輔翼之已是德惠了又以振德德其後恭人情狃於習見視爲故常徃徃嬉怡媮惰而不自覺必須以勞來等法時時提醒儆動俾之意氣常新精神奮發可以保其終此斥句總是曲加反覆勤勤懇懇惟恐入於禽獸意憂民以善[illegible]言憂上有憂只就教民說最顯。振德二字有二解據註加惠二字屬[illegible]說卽教民之德意非謂民性之德。要看使字又字儘見爲敷教告戒自盡人分明點出大人面目此條詳而確[illegible]

【講】……稷丁寧自是無益，道成使之一義，蓋人有……
分事也，然只說教民之憂，皆自此說聖道……
寸下不應重叠字句……

【集說】饒雙峯曰：上節憂民之不得耕，自有二結。此節憂民如此，只承使契及放勳一段來，專屬教事邊，而並承以不暇耕、不必耕收兩節，至下節方兼承而結言之。一樣翼謚舉舜敷治一頭，下文益禹稷契作兩腹，是也。其云聖人之憂民此一句作一是竟未是，蓋此二句只說得一邊也。○益禹稷契雖同有賴篇甚見得歷此形出憂民意，當以平列爲妥。或云以益引禹，以稷引契，似屬偏重矣。舜摄聖人之憂民如此，蒙引專主教說，是從上下自文中發。雖出衆説，人多主之，然前叠多用摠承其説，亦不可盡廢之。

【講】水土既平，民然可興矣。由是使棄爲后稷之官，教民之稼穡，以樹藝五谷。樹藝有道，則五谷熟而民人乃有粒食，育養以免其艱食之患。然人之爲農者之道也，苟其自有但飽食煖衣，安逸以居，而上無以教之，則不知由其道而近於禽獸。聖人有憂之，急急使契爲司徒之官，教民以人倫：父慈子孝而有親，君令臣共而有義，夫外婦內而有別，長先幼後而有序，朋友之交而有信。此五者人之

人倫。故放勳又告夫契曰民之用力於人倫而爲勞者則獎勸以勞之民之歸向
於人倫而爲來者則誘掖以來之民之立心背乎人倫而爲邪者則匡飭之使歸
于正理。民之所行戾乎人倫而爲枉者則輔翼之以歸於直道凡此勞來匡直所
以輔之以立於人倫之中。翼之以行於人倫之途。皆使之自得其固有之性也。
既自得其性矣猶慮其勤始怠終又從而提撕警覺使之保其所得以加惠焉
不使其放逸怠惰而或失之也。堯舜聖人之勞心以憂民如此其勤且至也而
暇爲之耕乎。
堯讀以不得舜讀爲己憂句舜讀以不得禹皋陶讀爲己憂句夫以百畝之不易爲
己憂者讀○百畝之不易連農夫也句
是堯也堯舜之憂民非事事而憂之也。急先務而已。所以憂民者其大如此則不
惟不暇耕而亦不必耕矣
聖注言聖人以不得賢聖之臣爲己憂農夫以百畝不易治爲己憂
且謂禹之功大矣而孟子以憂禹皋陶並之何也 曰皋陶之賢純粹

則刑[illegible]教爲助尤多故舜欲耕並于[illegible]而爲獨謙之則其德業已盛於[illegible]

[illegible]之備矣

[illegible]民曰舉農者之所憂以并堯舜之憂見其小大廣狹之不倫則不暇耕與予必耕可知矣

虛齋蔡氏曰按上文三憂字文勢則出三憂字在三句中聖人之憂在不得聖賢而用之得而用之則足以釋己之憂矣此集註所謂急先務也聖人所以憂民者其大如此若農夫之憂止之小者耳許行又欲聖人憂百畝之憂可乎哉

說憂字累意說

[蒙引]上三節言聖人憂民之事備矣此節承言聖人之憂民如此固非事上而憂之一說能先務其大者耳所謂所以憂民者其大如此不必另說一意

[存疑]此當堯之時二節言堯舜憂民爲憂之急於爲治而不暇耕堯以不得舜爲己憂二節言堯舜憂民所憂之大而不必耕要之得人意上節堯獨憂之舉舜敷治使契爲司徒憂復歸有可得[illegible]上文方重在急於爲治不暇耕上且未及此意于此

則尊賢其意見聖人所憂者大其篤有以及天下也不惟不暇耕而亦不必耕
也觀此不當不暇耕與不必耕矣二句便見得有兩層意○以百畝云云言非
堯舜之所憂也此句總歸在堯以不得舜爲己憂二句內故並不管是斥許行
自爲并耕之說正是以百畝之不易爲己憂農夫之所爲也
[饒說]堯舜憂不得人何以見其不必耕言其所憂者特其大者耳先儒已言矣
亦不必身自爲之而况于耕乎以見其不必耕也所憂者大此字乃大綱大要
之大非恩惠廣大之大也
[說約]上兩節無臯陶而此舜之憂無益稷契獨禹臯並列者亦大概之言不屑
屑龍耳其堯舜禹而下揆其品地實必先臯而後益故史稱禹元歲即位任臯
陶益以國政二一歲臯陶卒薦益命費侯伯益總師則令臯陶不亡薦天七年不及益
矣原謂舜爲天下得人自禹而下宜以臯陶爲急武吉人原以并稱而[illegible]日[illegible]
之類不得契也○契纔山譜錄日[illegible]舜之[illegible]在廷之臣多矣至舜[illegible]
[illegible]臯陶舜也曰[illegible]舜[illegible]此兩人而天下已[illegible]

[illegible]者兵洲之言合一、觀舜之命皐陶稷契爲是官[illegible]
之賢所施于外者爲詳故皐陶雖不可以無禹禹不可以無皐陶[illegible]
得位禹稷雖之餘人不與焉孟子曰舜以不得禹皐陶爲已憂而子夏[illegible]
有天下選於衆舉皐陶不仁者遠矣蓋有見於此

集說 以不得爲已憂初間尚只是懸想此等人道後有舜禹皐陶而後[illegible]之重
不得舜禹皐陶爲已憂也不是知道有了舜等而以不得爲憂爲以不得禹皐[illegible]
已憂原是爲相時心事然得人則後爲君事亦遂完成在此節承上文則堯著
也舜相也禹稷益契皐陶羣有司也在君哉節則舜君也禹益稷契皐陶皆臣
也不必甚拘觀註於前註云蓋舜臣名契亦舜臣名也亦微有此意堯舜二句
只殫已說人兩聖人所憂之大而已。農夫也句要重講自當堯之時以下正
言並耕之非處無節都帶一句如雖欲耕得乎而暇耕乎亦不用於耕耳節爲
天下得人節雖未明言勝亦以惠忠二字微帶總只反覆說並耕之非耳上二
節說不暇耕此一節說不必耕下說亦不用於耕朱子自以不必耕三字解夫

以百畝之不易爲己憂者農夫也甸矣。不必耕者言自有當先之務而廣己

百畝因以待與自不必屑屑於此也。

【眞註】所爲己憂卽含下節爲天下三字之意蓋君不得相相不得舉賢而天下

無由治也。其憂大則不屑於其小矣。農夫也三字見堯舜豈屑爲之

【□□】禹皋乃擧舜之詞蓋稷契卽在裏非獨舜所憂之不得止在禹皋[illegible]

稷契不與也。

【心說】上言堯舜之憂民而不暇耕其關堯之擧舜舜之擧益禹稷契便有[illegible]

意了此欲以不得者此出須是繪上文語不得易起一頭。憂相之不得者[illegible]

也憂舉有兩之不得者稱道也若止憂百畝之不治者農夫也。農夫分[illegible]

出小人面目。

【體朱】全重上二句。當百畝字正斥許行並耕之說也不暇以工夫言不[illegible]

事体言。

【翼家辨】爲己憂二句全要看兩个己字便見皆己分內事不[illegible]

撫[illegible]萬物一體之意。使聖人視天下猶與己不相屬，疾痛痾癢何[illegible]之[illegible]。

註堯舜憂民急也。於使益、使禹、使稷契如此。是堯舜當日非事事而憂之，所以[illegible]

得舜爲己憂。蓋不得舜，則無與命官而敷治也。舜當日亦非事事而憂之，而[illegible]

不得禹皐陶爲己憂。蓋不得禹皐陶，則無與分理而成治也。堯舜之憂甚大，[illegible]

急先務也。若夫以百畝不易爲己憂者，農夫小人之事也，豈堯舜之所憂哉。

分人以財讀謂之惠句，教人以善讀謂之忠句，爲天下得人者讀人難。○得謂之仁句。是

故頂以天下與人讀易句，爲天下得人讀難句。

分人以財，小惠而已。教人以善，雖有愛民之實，然其所及亦有限而難久。惟若堯

之得舜，舜之得禹皐陶，乃所謂爲天下得人者，而其恩惠廣大，教化無窮矣。此其

所以爲仁也。大全小註：人者對己而言，故有限。○教之者僅己耳，然難久。○恩惠應惠字句，教化應忠字句，仁字可包惠忠字矣。

[illegible]源蕭氏曰：以己之善而教人，使人皆爲善，則是有愛民之實矣。然其所及有

止於吾力之所能盡、吾身之所及而已，豈有限而難久也。○堯之得舜，舜之得

禹皐陶，則能廣吾力之所能，而俾其恩惠施於廣大；繼吾身之所存，而俾教化

推於無窮矣然後可以謂之仁

【蒙引】夫以不得人爲己憂其功利之及人者大矣故曰分人以財當上之惠云云謂之仁。是故以天下與人易爲天下得人難此句與上文爲天下得人者謂之仁何所關曰是故二字可味也蓋上文謂爲天下得人者謂之仁言得人之功大也復下爲天下得人之難以見其功之所以大也而必以天下與人易對言之此猶中庸言天下國家可均也至中庸不可能也論語謂三軍可奪帥也匹夫不可奪志也之例。一說惟爲天下得人難此堯舜之所以孜孜然用心于得人也故曰堯以不得舜爲己憂舜以不得禹臯陶爲己憂惟難故憂也此說優

【存疑】分人以財謂之惠三句是解堯以不得舜爲己憂兩句是厭以天下與人易爲天下得人難二句又是因爲天下得人謂之仁句特舉[illegible]人[illegible]。[illegible]人使人知所重也。蓋以不得舜爲己憂而所與上文相[illegible][illegible]此固急於[illegible]不暇耕[illegible]其所係亦大初不庸[illegible]

不憂民也。然舜以不得禹臯爲已憂。舜未嘗不憂[illegible]
憂。○圖非事〻而憂之也。○彼以百畝之不易爲已憂者農夫之所[illegible]
所憂乎何也。盖分人以財特小惠耳。教人以善可謂忠矣然未仁也惟爲天
得人始謂之仁。○此堯舜所以特以不得禹臯陶爲已憂初不屑〻於其小而憂天
〻憂之也。○夫爲天下得人謂之仁如此則得人豈易哉是故以天下與人此[illegible]
難者惟爲天下得人其事始難耳。○誠知得人之難從而謹之斯能爲天下得人[illegible]
而仁覆天下矣。○何必屑〻於其小事〻而憂之哉。○大意是如此。○知得其人可
以授天下便把天下與他只爭能捨與不能捨耳。○何擔利害故謂之易欲爲天
下得人一毫少差便許多爲害如何得恰好無差所以爲難爲天下得人難發
就當徵云爲天下得人則仁自有以被天下。○如此何用於耕哉
【蔡】存疑之語麟士善之愚亦有商焉得人意上面已有至此專言是矣既爲
知堯以不得節乃承上起下也曰舜曰禹臯陶是承上節來曰不得則照下得
人是起下去只宜平〻說莫非事〻而憂之急先務二句本節正解止此至下

節爲天下得人謂之仁方言得人所係之大爲天下得人難方言堯舜所憂之大
大方是舜堯以不得舜爲己憂二句二節註所以憂民者其大如此因憂言謹
句暗形而預透此意于前耳存疑子爲天下得人謂之仁是解堯以不得舜二
句而謂爲天下得人難又因謂之仁句特則出飛人使知所重便爲當爲折其
云爲天下得人難下就當發何用於耕說更不必蓋何用耕意直至下堯舜之
治天下豈無所用其心哉亦不用于耕耳方繳完此節何得繳上節註不惟不
暇耕亦不必耕又是預透此意而言之于前耳皆宜渾上漸次說去○又按得
人謂之仁意上面爲治水稷教稼契教倫等亦便都有了○
蒙引序耕存疑權有理謂之仁處只見得人所係之大到得人難處方
蒙引先堯舜所以爲憂若於謂之仁便繳憂之大意便截斷語氣矣○
〔集說〕愛民之實是說忠字教人以善教字與上教以人倫教字不同乃只爲人
說些好言語訓誨人便是○有限就人人說難久卽就此一人說難久卽難繼
之意若舜之命契則久而可繼教化流于無窮矣○此卽承上憂民之大來說
聖人所憂者大則其所及亦自廣彼分財教善止亦可謂之忠惠而難以

惟聖人這等以爲己憂便是爲天下得人這纔謂之仁這个仁卽以□□□
人猶不是與之較其難易也總是從所憂者大得來存疑說大意尚欠直截○
是故二句是又就爲天下得人者謂之仁句剔出難意以言其仁之不可及也
而氣說爲天下得人方謂之仁則聖人之仁非惠忠之可言矣惟其如是所以
把天下與人猶易這爲天下得人極是難底難字亦只在聖人身上說他難處
云是難能也之意不是說我們學聖人之難○以天下與人以常情視之是爲
君極難者○然這却還易蓋聖人看得可與則與之耳何所係吝○雖爲天下得人
其人不能一日卽得卽或有得之未便卽可付托以慰吾之心真有不得不已
而又未能遽得者○雖聖人則先以不得爲己憂而終必能得之以仁及天下所
以爲難比易是我們去說聖人不是說聖人之心有易有難也○存疑說尚未是
此節仁字之義○
〔集註〕忠是實心愛民○爲天下三字不可放過蓋仁者以天下爲一体爲天下
而得人是一体中最懇切處故謂之仁○爲天下而得人非一官一方之寄則

其人必大賢大聖不易蓋長者故又曰爲天下得人難以天下與人作禪讓說

【心訣】此節承上言堯舜何獨以不得人爲憂以濟天下之功莫大於得人義也蓋聖人治天下期於仁之而已而仁可易致哉兩人字與天下字便有大不同之別。爲天下三字本上文憂字來見得爲己憂者非直爲己也爲天下也[illegible]以憂之心事者字暗指堯舜說堯爲天下得舜匕爲天下得禹皋陶則財不必自己分前土平谷播天下皆足于財善不必自己教而倫明刑弼天下皆天子善容得無疆教思無窮聖心之仁森然一條周徧於天下而無一處不貫與道一化生匕之意絕無間隔矣仁在得人若此故以天下與人云云以天下付託之人容下句耳蓋天下大器也以天下與人大事也然在既知人之後猶無私之[illegible]之心指能之故易得人者在未知人之先非有掄選之明者不能也故[illegible]難此堯舜之所以爲憂也向使不以爲難而弗憂則將不得其人矣其視天下[illegible]哉以天下與人[illegible]指堯[illegible]選言以天下與舜[illegible]天下[illegible]天下與[illegible]易而爲天下得[illegible]

思至廣大天下之人至疏遠吾欲爲天下而得人第一已私見不得雜衆人之聲不得直者有不易致者所謂知人則哲安民則惠惟帝其難之也堯舜能爲其所難所以謂之仁也。爲天下之爲即上憂字勞心字仁就這念頭上看出不待澤及于民。與人得人兩人字只是一个人

【集成】倪滄桂曰得人須貼堯舜講推開不得堯有如天之仁舜有好生之仁此處且就勤于求賢憂勞無已上說。註中雖以恩惠廣大教化無窮爲仁却不可粘着上兩句反覼賓失主蓋上是說分人教人便有限此說爲天下自包括也。

[illegible]摠見勞心爲大人之事得人二字上文已盡複衍便失謂之仁三字又非本義所重贊頌亦非力發爲天下三字從得人之前看出勞心大處來手目乃絕。上文數憂字是緊接勞心來此爲天下三字是緊接憂字落。爲天下句不是贊嘆堯舜之仁只極言勞心爲天下之大耳重頓上六字輕點下三字乃以爲天下三字結掉乃是爭上流眞要手段。此仁字與他處仁字不同

他處仁字以心言此但以其德澤溥被而言也仁字要從天下也溥字看出不在為字看出心說重拈為字謂仁不待澤加于民不如此說較實

[體朱]此承上節二聖人得人之意而推言之三句抑揚重為天下得人句益言聖人得人其澤足以及天下而其人且難得故必以為憂而不必耕也

丹溥按上節說堯舜以不得人為憂此節接上言得人所關之大下節方繳出亦不用於耕耳三節相通一氣次第不可凌亂

[講]堯舜之憂惟在得人者何也誠以得人之所係為甚大也且如憂人之困乏而分人以財為恩甚小止可謂之惠而已憂人之愚昧而以善道教之自盡其心止可謂之忠而已惟若堯之得舜匕之得禹皐陶乃為天下而得人則恩惠及於天下教化施於四海并濟天下而謂之仁也得人所係之大如此則得人豈容易哉是故天下大器而推以與人雖若至難然得其人而與之只合得便了猶見為易惟是為天下得人則人不易得為至難也堯舜所以切切然憂之正為此耳

孔子曰句大哉讀堯之為君句惟天為大讀惟堯則之句蕩蕩乎填民無能名焉句

無能名連君哉讀舜也句巍巍乎頓有天下頓而不與焉句○不與連堯舜之治天下讀豈無
所用其心哉句○用其心連亦不用於耕耳句○不用於耕連
則法也巍巍蕩蕩廣大之貌君哉言盡君道也巍巍高大之貌不與猶言不相關言其
不以位爲樂也

新安陳氏曰亦不用於耕耳至此三提掇耕字以照應收結獨可耕且爲與一
何不待辯闢明白痛快文法亦照顧得好以上已辨倒許行之說下文乃責陳
相也

蒙引此條莫依愚舊說其引孔子曰云云者總是說堯舜之德業巍巍如許雖
有所用心亦斷不至於耕○亦不用於耕謂其心不至用于耕也看於字

存疑引孔子稱堯舜之言是說堯舜功業之大如許必有所用心然亦不在於
耕所以辨並耕之說之非也此比上兩節又是一意○蔡虛齋按自當堯之時
兩節是一意乃欲耕而不得不暇也堯以不得舜至此只一意言耕固不是其
所用心也不必作二意○不得不暇猶以事勢言不用于耕直以事理言更切

○旨正解所謂但勞心治人自爲大人之事也○蒙引發此條與存疑說得但好二三節之說可不拘

集說兩引孔子之言見得堯舜之德業如此則其治天下也用心蓋亦多矣然用心雖多而但不用心於耕耳口氣如云堯舜當初豈無所用心而至此哉然任他用盡了心也用不到耕上也后稷教民稼穡豈不是堯舜之用心然使人教之如此后稷且非用心于耕者而況堯舜乎用於耕者圖謀盤算耕地種地之事也○只然則治天下獨可耕且爲與一句正說不可並耕耳然猶對百工之事而言以下說不暇耕不必耕亦不用於耕反復辨論只在古今情勢上說來今他自悟而不可並耕之理只在古語六句內包了因陳相亦是个淺人故只得如此說也

翼註則天見法意不與見憂勤意與論語不同如此看方起得不用心字

纂序合參用心就指上爲己憂二句講要根憂字意發揮末句雖頂上句實總前不暇耕不必耕而收結之也

心訣大哉堯之爲君及君哉舜也二君字分明是[illegible]

語意蓋因許行謂君道以并耕爲賢故引孔子稱堯舜云云過文宜云非堯舜
不得人若此則君道所宜用心者可知矣而許子乃以并耕爲賢也豈自古賢
君而有過于堯舜之用心者耶夫神農以來聖作非一乃孔子獨稱堯爲君之
大至於蕩蕩則天而難名舜之克君于巍巍有天下而不與君道至矣盡矣其
賢無以加矣其法天也其不以天下爲樂也是其治天下豈一無所用其心哉
則惟用心于大者而欲得人以仁天下亦不用心於耕耳蓋我不必于耕而民
自無不耕我不與民並而民亦不我病此所以爲萬世君道之極也此之謂大
人之事也此之謂勞心以治人而食於人者之通義也而許行乃以並耕爲賢
故不引孔子之稱堯舜者觀之也用心即上憂字即勞心之說自當堯之時至
此三絕語曰雖欲耕得乎曰而暇耕乎曰亦不用於耕耳總收拾上治天下獨
可耕且爲一句已上闢倒許行並耕之說初欄辨折如士師之折獄努其情辭
中入堯舜一段是比例末引孔子之言是斷案便更翻招不得賸只許行
案未及相良下文乃責陳相也

堯之爲君二段貌甚冠冕而其神甚空只要引起不用心于耕耳異
此數語全無交涉　要說不用心于耕先將堯舜抬高最有味
鑄按孔子曰三字不可輕放過孔子之聖異於群聖則其言
亦必異於群聖人之言說孔子真可令許行陳相一齊折倒

【講】孔子有言曰大而不可限量哉堯之爲君惟天道爲大惟堯之爲君能法之其德蕩蕩乎廣遠民無得而稱焉真與天同大者也能盡君道哉舜也其德巍巍乎高大雖富有天下若與己不相關涉而惟以治天下爲憂真盡君道者也孔子稱堯舜如此然則堯舜之治天下至於蕩蕩巍巍功業之大如此豈無所用其心哉葢民害未除思得人以除之民生未遂思得人以養之民性未復思得人以復之此皆其用心所在亦不屑屑然用之于耕耳並耕而治之說古之聖君孰有爲之者甚哉許行之謬也

吾聞頓用夏變夷者句未聞頓變於夷者也句○變于夷連陳良頓楚產也句悅頓周公仲尼之道句北學於中國句北方之學者讀未能或之先也句○或之先連彼頓所謂豪傑之士也句子之兄弟讀事之數十年句師死讀而遂倍之句

此以下責陳相倍師而學許行也夏諸夏禮義之敎也變夷變化蠻夷之人也變於夷反見變化於蠻夷之人也產生也陳良生於楚在中國之南故北遊而學於中國也先過也豪傑才德出衆之稱言其能自拔於流俗也倍與背同言陳良用夏變夷陳相變於夷也

慶源輔氏曰陳良楚人而北學於中國則是用夏變夷陳相素學於陳良乃爲許行所變則是變於夷也

【蒙引】此條言陳良非可倍者而倍之爲乖方也

【集解】按吾聞用夏變夷二句起直至子是之學亦爲不善變矣方是纔落題應處既處只宜責相倍師由孔子沒至南蠻節方說到許行又引周頌以責能變于夷而適之也時講俱要蹴犯下【合參】責陳相之倍師正闢許行之不可學其辨之說不可從前後只一意語意只重責相上說稱良之賢正以見相之不可倍也

【存疑】此節下斷俱是責其倍師之失以變于夷爲主吾聞二句泛說乃先立

今斷案以爲指撥之本下方說陳良與陳相事夏以禮義之教言夷以習俗之人言變夷照下陳良只就本身說不必謂變化夷俗皆從也周孔之道其人則有君臣上下其事則有禮樂名物正與許行之道相反楚越在南服陳良産於楚其初本夷也能悅周公孔子之道北游而學於中國此即用夏變夷者也未能或先只宜言北方學者素服周孔禮義之教淵源有自卓乎難及者今良能與之媲美亦未有能先良也不宜誤抑了北方學者要看或字彼指陳良生于夷而不受變于夷可謂拔于流俗裒然豪傑士也子之兄弟三句言事陳良則所宗者正事之久則馴習者深乃師死而遂倍之以學于許子亦薄之甚矣非變于夷而何此節說出周公仲尼之道後昔者孔子一節是與仲尼相應出幽遷喬二節是與周公相應

【諸家辨】說陳良悅周孔便見良學術之正自與堯舜之道相符

按孟子闢並耕則舉堯舜責倍師則舉周孔是學問本源處言外見神農荒遠無所徵也悅周公仲尼之道正與見許行大悅相應

【諸】許行之學悖謬如此而子乃悅而從之亦異乎吾所聞矣吾聞用[illegible]夏禮義之

教以變乎蠻夷之俗者未聞以中夏之人而反爲蠻夷所變者也子之師陳良
生長於楚者也而能悅周公仲尼之道自楚而北學於中國中國北方之士素
學周孔者其造詣未能或居其先也彼能用夏變夷如此乃所謂豪傑之士自
拔流俗者也宜終身師之可矣子之兄弟事之已數十年乃一旦師死而遂倍
之是何心哉

昔者頓孔子沒句三年之外句門人頓治任將歸句入頓揖於子貢句相嚮而哭讀
皆失聲句然後歸句子貢反句築室於場句獨居三年句然後歸句他日頓子夏讀
子張讀子游讀以有若似聖人句○似聖人連欲以所事孔子頓事之句彊曾子句曾子曰
句不可句江漢以濯之句秋陽以暴之句皜皜乎頓不可尚已句○不可尚連

三年古者爲師心喪三年若喪父而無服也任擔也場冢上之壇場也有若似聖
人蓋其言行氣象有似之者如檀弓所記子游謂有若之言似夫子之類是也所
事孔子所以事夫子之禮也江漢水多言濯之潔也秋日燥烈言暴之乾也皜皜
潔白貌尚加也言夫子道德明著光輝潔白非有若所能彷彿也或曰此三語者

孟子賢美曾子之辭也

記檀弓事師無犯無隱左右就養無方服勤至死心喪三年又云孔子之喪門人疑所服子貢曰昔者夫子之喪顏淵若喪子而無服喪子路亦然請喪夫子若喪父而無服。有子問於曾子曰問喪於夫子乎曰聞之矣喪欲速貧死欲速朽有子曰是非君子之言也曾子曰參也與子游聞之有子曰然則夫子有爲言之也曾子以斯言告於子游子游曰甚哉有子之言似夫子也昔者夫子居於宋見桓司馬自爲石椁三年而不成夫子曰若是其靡也死不如速朽之愈也死之欲速朽爲桓司馬言之也南宮敬叔反必載寶而朝夫子曰若是其貨也喪不如速貧之愈也喪之欲速貧爲敬叔言之也曾子以子游之言告於有子有子曰然吾固曰非夫子之言也曾子曰子何以知之有子曰夫子制於中都爲民作制四寸之棺五寸之椁以斯知不欲速朽也昔者夫子失魯司寇將之荆〔蓋應聘於楚〕蓋先之以子夏又申之以冉有以斯知不欲速貧也

趙氏德曰孔子既沒弟子思慕有若狀似孔子相與共立爲師故集註謂若貌

古行氣象有似之者築室於場〔冢上祭祀壇場〕孔子葬魯城北泗上去城十里冢塋百畝前北廣十步東西十三步高一丈二尺冢前以瓴甓爲祠壇方六尺冢塋中樹以百數皆異種魯人世世無能名者弟子各持其方樹來種之塋中不生荆棘及刺人草

〔蒙引〕此條竊謂有三段皆不背師而以其猶難者在後。入揖云云門人厚於師也子貢反云云子貢尤厚於師也。他日云云曾子不肯以事夫子者事有若視陳相以其所事陳良者而改事於其道相反之許行者何如尤見曾子的肰尊信其師而不惑於衆人之見也。江漢以濯之秋陽以暴之分明謂夫子道德明著光輝潔白譬如江漢之所濯秋陽之所暴皜皜乎無以加已直妄能擬其彷彿有若既不足以彷彿夫子而乃事以事夫子之禮不惟尊信有若爲過高以夫子爲有若所可同其待夫子反卑矣而可乎。有若之道德本不足以彷彿夫子特言其言行氣象有類焉而諸子至欲以所事夫子者事之何如。雖肰有若之言行氣象猶有類於夫子者直而諸子之移所事夫子者事之亦未有倍事師之志也。但擬人非其倫。爲有負於夫子耳。曾子亟爲之變色厲辭以正之。

況陳良豪傑之士。許行鴃舌惟僻之人。相之背此趍彼。誠所謂不善變也。

[存疑]昔者孔子沒節。見孔門弟子不背師有四。相向而哭。皆失聲。不倍師一也。獨居三年然後歸。不倍師二也。欲以所事孔子事之。亦不倍師三也。曾子曰不可。亦不倍師四也。下文獨曰亦異於曾子者。從殺尾一人不倍師尤得其道者言也。蒙引作三段說。依其說。則子張子夏輩是倍師矣。要三子不是倍師。其欲以所事孔子事有若者。特以致其思慕之心。如後世丁蘭刻木之類耳。江漢水多而濯之。潔無一點汚也。秋陽爆烈而暴之。乾無些溼氣也。在聖人則是一疵不存。萬理明淨。人欲淨盡。天理流行。皜皜潔白也。即是承江漢以濯秋陽以暴上說。凡物濯不潔暴不乾則不潔。白濯之潔暴之乾則潔自矣。註明著光輝潔白。通是就道德上說。或以道德光輝二句平讀非也。或以明著貼濯光輝貼暴潔白又縮二項亦覺未妥。不如渾發。或以道德明著於明著處見其光輝潔白。倒重在潔白上以接皜皜。尚不失語氣。

[淺說]江漢以濯之。秋陽以暴之。此二句之字指孔子道德言。猶云吾夫子之道

[illegible]

輝之意明著光輝總是潔白之意蓋有點污則無便不光明也潔白只是[illegible]

夫理顏子三月不違仁猶未得為潔白此潔則亦是借來字面承上二句實[illegible]

但當實說不可謂如物之潔白也

集說 想當初孔子沒後門人心喪三年而未去其光潔規矩仍儼如孔子在焉

也 般迫三年之外門人皆去子貢當此更有不似三年以前者故心又復不忍

而築室於場也 不獨三年前有為不築室 ○ 想獨而哭上孔子也非以有別而

異 ○ 言行氣象四字要看也不說有若之德也不說是形狀相似但言言行氣

象則亦即所謂其依而微者然大文曰似則亦非真矣集註曰有似之者則並

亦不全似矣 ○ 江漢以濯之二句乃言其潔之至乾之至無可形容特以江漢

秋陽非他之可比者以言其至潔至乾耳非孔子尚需於濯之暴之也 ○ 皜皜

潔白貌七字亦形容之辭亦非即謂夫子之道德潔白也故集註仍以明著光

輝四字說在前 ○ 不可尚即自生民以來未有孔子之意不是與有若論優劣

纂註非有若所能彷彿也乃說曾子不可之意不是正說不可尚不可尚之義
於夫子道德明著光輝潔白而已說了○蒙引云此條意有三段前以其光輝
著在後說是存疑以爲孔門不倍師有四節未然子夏子游子張之倍師固
不可而師爲之正其不倍師處亦不可苟只是個無聊之意前量如此蓋二言夫
文只引來歸倂曾子曰不可一段耳不甚重亦有味　存疑說

翼註江漢以濯之二句是喻聖人之心倂不可在外面說○濯之潔無一毫汚
纂暴之乾無一點濕氣也兩喻總是一意俱見得聖心一疵不存天然潔白表
不必分潔屬江漢白屬秋陽作文但據字義影切爲分別而大意無別斯得之
皓潔字屬江漢可也而白字雖屬秋陽若光輝字屬秋陽亦畧差况可以明著
屬江漢字乎○本文原不以江漢喻聖德而以江漢所濯言聖德原不以秋暴
喻聖德而以秋陽所暴言聖德俱不作喻看

心訣孔子節引孔門尊師於旣死後之事正見得師死而遂倍之者不可也○
要不甚重只是敘事以起曾子尊信之意見所宗之正確乎不可易也　十章

有若之似其師者還不肯事顔閔與許行之反其師者乃從而學之故子亦於

曰亦異於曾子還不若上文子夏子游子張欲事有若亦不可看壞了泰山氣

象太壞孰可為依欲事夫子亦只識不忘耳然只在言行氣象上看夫子曾子

聞道者必從上說○江漢二句乃假借形容之詞不可作譬喻看皜皜即質

二句並以道德言夫子之道德即心之即道德也

【正蒙】焦漪園壽翟暴云言聖心全体乾乾淨淨四字最妙言毫無渣滓淨盡

【集成】仇滄柱曰聖門推尊夫子者有若宰我子貢各都只稱道如百王未有之盛

賢于堯舜類出類拔萃或在功業上形容或在道德上贊美俱能表揚夫子之

盛大不如曾子此語直從聖人心体上推究說到一毫不存萬理明淨獨以達

夫大本大源之地其言更為精粹

沒門人弟子皆以人將歸謂各歸其家也入揖於子貢看一入字當是門人自當

入辭也失聲謂悲不成聲即哭至痛極也反謂送別衆人而復反築室場

在先有公所後乃為獨居之室耳○夏

月潦暑有濕氣至秋氣燥故暴之乾

【講】子亦於孔門弟子之不忘師者乎昔者孔子沒門人在魯皆服心喪三年三年

之外各治行攜將散而歸哭以子貢主其事人揖辭之彼此相嚮而哭皆失聲
悲不成聲然後歸門人追慕其師有如此子貢猶不忍遽去又返築室於墓旁無廬
於壇場之上獨居三年然後歸子貢追慕其師又如此至他日子夏子游子張
思慕孔子不置乃以有若言行氣象有似孔子欲以平日所事孔子之禮事之
以寄其思慕之意亦不忍忘其師者也因請曾子共事曾子曰不可以事夫子
者事之也蓋師原論道德不論形似我夫子之道德猶其潔白就如江漢之水
洗濯出來底一般秋陽之暴曬出來底一般皜皜乎舉天下之潔白者無以
加於其上矣豈有若所彷彿哉曾子之尊信其師而不忍倍叛有如此

今也頂南蠻鴂舌之人句非頂先王之道句子倍子之師頓○子之師遠而學之句亦異於
曾子矣句

鴂舌也惡聲之鳥南蠻之聲似之指許行也
[illegible]非先王之道此非字不訓非毀與論語異端非聖人之道者
[illegible]異於曾子[illegible]其下[illegible]事於陳相正相反[illegible]

此節不倍師者有三不全是曾子

【疑義】南蠻鴃舌之人見人爲異類非先王之道見道爲異端非中與上之學者

□曾子不肯事似聖之有若而相顧以倍覺肩孔子之陳良故曰亦異曾子不倍師

就不倍師說

【□□】有若似聖人曾子尚不肯以事孔子者事之今也許行乃南蠻鴃舌之人所學

不是先王所傳之道與子之師正相反也子乃倍子之師而學之亦異於曾子

之尊其師者矣

【吾聞】出於幽谷遷于喬木者何未聞下喬木而入於幽谷者句○入于幽谷遷

小雅伐木之詩云伐木丁丁鳥鳴嚶嚶出自幽谷遷于喬木

新安陳氏曰譬陳相由高遷下不如禽能舍下遷喬也

【蒙引】此與上節吾聞用夏變夷章一意是而疊出所以深責之也

【存疑】此節且就吾聞變說下節明擊之所謂竟發句緊幾句愈寬乃愈緊也

【□□】此節雖與吾聞用夏變夷二句是一意但前是起此一段冒頭語此節議

承上異於曾子起下不善變乃兩節過接語也

【心訣】合下節專斥其受變之非正應吾聞出夏二句一串説下意重下句下喬入幽正於不善變見之也過云子之學説異曾子其受變之謬可勝惜哉出於幽谷二句是用夏變夷意暗指陳良下喬木句是變於夷意明指陳相復著在人身上看幽谷喬木只借言之不必粘着鳥與詩説但就白文一滚提起下以正意發之總見陳良之學宗周孔之道光明正大喬木也許行之學倡異端之説悖謬邪闢幽谷也棄此學彼豈不是下喬木而入幽谷志趣何等卑暗但語意渾涵只照陳相説莫實指出尤妙

【講】且子倍陳良而學許行其於取舍之間可謂不知所擇矣吾聞有出於幽谷之鳥而遷于喬木之高者未聞反下喬木而入於幽谷者

魯頌曰句戎狄是膺句荆舒是懲句周公方且膺之句子是之學讀亦爲不善變矣句○不善變謙

魯頌閟宫之篇也膺擊也荆楚本號也舒國名近楚者也懲艾也按今此詩爲僖

公之頌而孟子以爲周公言之亦斷章取義也

【通註】周家薄伐戎狄之不善者懲止荆舒之人使不敢侵陵也周公常欲膺之又

言南蠻之人雖用而子反悅是人而學其道亦爲不善變更矣孟子欲[illegible]

所以責陳相也〇【孫疏】此詩頌僖公能復周公之宇也箋云僖公與齊桓[illegible]

舉北當戎狄南艾荆與群舒是其解也〇以戎狄之地遠荆舒之地近[illegible]

者所膺擊則近者自此從而治也

新安陳氏曰不善變謂變於夷也

【纂序】按註此僖公之頌孟子以周公言之斷章取義也然僖公周公孫也與[illegible]

說周公無妨也〇既云師死而遂倍之又云子倍子之師而學之此又云子是

之學與所以反覆言陳相者至矣〇【合參】用夏變夷五節只是說他變得不善

一句括盡大意此節以不善變句結局不善變正應變于夷

【集說】魯頌之詩本詩人爲僖公之頌而孟子以爲周公之事集註所謂斷章取

義者也只借膺之一字見得聖人還要膺他而今乃學之何也〇不善變即諸

變於夷變字學者之變縱不能愈道愈高亦當擇其所可者勿為聖人之所棄今竟甘入匪類豈變之善者○出於幽谷及魯頌一節亦一節深一節說入幽谷方是就下至周公方且膺之則名教之罪人無可容於天地之間具作入讀蓋覺

【心議】通云夫下喬入谷奚但鳥之不如爲孔門之罪人且入于夷狄亦周公之所不容也觀魯頌云云戎狄荊舒與南蠻鴃舌相應方且二字不爲無味言此類亦天地間一物也而公又休之有察者方且膺之不使進來而相乃學之反入于夷豈得謂之善變言變得不善也能不見膺於周公哉眞所謂下喬木而入幽谷者矣豈吾之所聞耶

按方且膺之膺字兼懲字當言懲而言膺是舉其重者言之子是之學是字承上戎狄荊舒指許行說之

【附錄】公車千乘朱英綠縢二矛重弓公徒三萬貝冑朱綅烝徒增增戎狄是膺荊舒是懲則莫我敢承俾爾昌而熾俾爾壽而富黃髮台背壽胥與試俾爾昌而大俾爾耆而艾萬有千歲眉壽無有害

閟宮之頌曰於[illegible]

齊人以正夷夏之防如此今許行乃蠻夷之人正周公之所膺也子乃倍師而學之是
遷所謂下喬木入幽谷而變于夷者也亦爲不善變矣不止爲孔門之罪人亦
周公之所不容也

從許子之道讀則市賈不貳句賈連市讀國中無僞句雖使五尺之童頓適市讀莫之或欺句布帛頓長短同讀則賈相若句麻縷絲絮頓輕重同讀則賈相若句五穀頓多寡同讀則賈相若句屨頓大小同讀則賈相若句

陳相又言許子之道如此蓋神農始爲市井故許行又託於神農而有是說也五尺之童言幼小無知也許行欲使市中所粥之物皆不論精粗美惡但以長短輕重多寡大小爲價也

慶源輔氏曰若不以精粗美惡言之則無由說得通此義未有人看得出至集註而義始明

雙峯饒氏曰長短以丈尺言輕重以權衡言多寡以斗斛言皆是比而同之與共耕相似便是齊物剖斗折衡而民不爭之說凡託神農黃帝者皆老氏之説

也。

【蒙引】如二尺布五丈錢二一尺布十丈錢通天下布價一定如此下倣此

【纂序】註旨不論精粗美惡句又是透下意而預逗其弊端于此宜潭之

【集說】從許子之道便指他治市之道蓋神農始爲日中而市許行亦欲假其說故陳相説旁於並耕而又舉此以言之也○縷是麻之治爲縷者絮是絲之治爲綿者

【心訣】市價不貳句重看正言許子之道好處下無僞不欺俱從此來蓋物價有低昂則民之奸僞所緣以萌而相欺者有矣惟市價一定而不二故國中無僞價之僞而五尺之童適市亦不得而欺之布帛以下正指市價不二處長短以丈尺較輕重以權衡定多寡以斗斛具大小以形体寬則賈相若等句只於輕賈長短多寡大小都不論美惡精粗如是一樣長但是一樣價其餘做此上四項亦頂前面種粟縷布帛履百工各各之事來見能使天下各得其所[illegible]百[illegible]要易而不必於煩其道爲可從也言外見得並耕之說夫亦[illegible]

淳風如治市之意亦可厚非之耳

【正解】未經辟績為麻已經條析為縷絲蚕所吐也細者為綿絮敝綿也

按市價不二國中無偽當連讀見得齊價可以去偽方與下文相貫

【圖解】陳相曰並耕雖不可從然許子亦有可從者從許子淳樸之道可使市無二價國中之人不相為偽雖使五尺之幼童適市亦不相欺詐如布與帛但丈尺長短同則價即相若麻縷絲絮但斤兩輕重同則價即相若五谷但斗斛多寡同則價即相若屨之大小同則價即相若所以市無二價人無欺偽許子之道其可從如此

曰句夫物之不齊讀物之情也句◯物之情連或相倍蓰句或相什伯句或相千萬句子比而同之讀◯比而同連是亂天下也句◯亂天下連巨屨讀小屨同賈讀人頓豈為之哉句從許子之道讀相率頓而為偽者也句◯為偽連惡能治國家句

倍一倍也蓰五倍也什伯千萬皆倍數也比次也孟子言物之不齊乃其自然之理其有精粗猶其有大小也若大屨小屨同價則人豈肯為其大者哉◯今一不論

粗使之同價是使天下之人皆不肯爲其精者而競爲濫惡之物以相欺耳

慶源輔氏曰物之不齊乃物之情而實天之理也物各付物止於其所吾何容
心於其間哉若強欲齊之私意橫生徒爲膠擾而物終不可齊也故莊周之齊
物雖欲以理齊之猶爲賊夫道况乎許子遂欲一天下之物而泯其一定之分
其蔽豈不甚哉孟子應以物之不齊物之情也斯言足以發明天理之大[illegible]
可以闢許行而莊周之說併可坐見其偏矣

新安陳氏曰情實也自然之理即所謂物之實理也

【蒙引】巨屨小屨同價此巨小與上文屨小大者不同此巨屨小屨設言皆[illegible]
美惡說言巨屨與小屨同價則人豈肯爲其大者哉論物若不論美惡[illegible]
惡者同價則人又豈肯爲其美者哉都一向從簡陋易就上去了何[illegible]

【存疑】只相率爲僞上就見得了比而同之是亂天下物有精粗美惡之
欲使皆同一價則精粗美惡皆失其平是天下從此亂也

【[illegible]】巨屨小屨同價人豈爲之[illegible]

【集說】物之不齊，乃就一樣物上論，非謂此等物與彼等物不齊也。倍蓰什伯千萬，亦都在那一般物上說。○子比而同之，子字如云你子這樣說比而同之。○亂天下大槩說巨屨小屨以下至節末，正其亂天下處。○巨屨小屨同價是設辞，不是實說，如此緊要看註其有精粗猶其有大小也二句意。○末句只在治市上說，治國家與亂天下一樣看，不關並耕，亦不是泛論。

【彙解】亂天下，且就物之情上說相率為偽，方說到人上。

【心訣】市之為偽，在精粗美惡之詐罔，不在長短輕重多寡大小之相欺。蓋長短輕重多寡大小，物之形易見者也，度量權衡可以齊之，如何欺得？惟精粗美惡參錯不齊，或相倍蓰什伯至於千萬，皆造化有參差，人事有巧拙，物情之自具，而難以度量權衡强齊者也。若不因物制宜，與論長短輕重多寡大小而同其價，是亂天下也。何者？物有精粗美惡，猶屨有大小也。若巨屨小屨同價，人豈肯為其大者哉？如精者與粗者同價，人豈肯為其精者哉？從許子一價之道，將使天下之人相率而競為濫惡之物，以相欺罔耳。要除偽而適以長偽，要無事而遣以多事如之何能治國家故曰是乱天下亂非禍乱卽相率爲僞是也相率爲僞正破他國中無僞之說物之不齊本造化所生人事所成來或相三句正見不齊處只就一物言非合衆物而論之也其相去或自一倍至五倍或十倍百倍千倍萬倍不齊甚遠非可比而同者也子比而同之是齊倍蓰什百千萬之數而同爲一價則人心不從而亂從此始矣巨屨下正言其所以乱也治字應上乱字巨屨小屨同價與上屨大小同則價相若不同上言大者與大者同價小者與小者同價此是以大喩精以小喩粗因上文借一件爲喩蕃綠許行揣屨必當身親較量其價故因明以通其蔽也

〔纂序〕合參情之一字正是僞之對僞之一字正藏欺之府治國家句重通章所關皆是治國家事

〔講〕孟子曰不二價之說除非凡物都是一般乃可夫萬物美惡異質精粗異功其不能齊乃物本然之實也極其不齊之致其價或相去一倍或相去五倍或相去什倍伯倍甚之或相去千倍萬倍子欲盡合而同之是將乱天下本然之實

也且物有精粗美惡猶屨有巨小也設使巨屨與小屨同價人豈爲其巨者哉然則精美者與粗惡者同價人豈爲其精美者哉從許子之道是率天下競爲僞濫惡之物以相欺而教人爲僞者耳本欲去僞適以長僞本欲息爭適以啟爭安能治國家哉如許子之說無一可者也

旨 東陽許氏曰此章孟子曰以下三大節自許子種粟而後食乎至不用於耕耳闢其假託神農之言吾聞用夏變夷至不善變矣責其倍師從許子之道以下陳相之遁辭故又辟其市價不二之說

總統 通章分三大段落自並耕而食直至亦不用於耕耳是闢許行之並耕自用夏變夷至亦爲不善變矣是責陳相之倍師末因陳相節外生情爲許行辨故又併闢許行之治市三段落中復遂段分鎖首段至通義也截是就許行身上所不能兼者而明治之不能耕且折倒並耕之說次段至豈暇耕乎截是言堯舜憂民之切而不暇耕三段至不用於耕耳截是言堯舜所憂之大而不必耕然二段相承皆足上文之意至若責陳相之倍師亦從並耕生來而末段同價

之説特因其所遁而闘之不得平重。許行始托神農君民並耕之説欲齊人
也而不知人有大小之等不可以相兼又托神農市價不二之説欲齊物也而
不知物有精粗之殊不能以同價

註䟽直解孟子稱堯舜以折其並耕之非曰獨可耕且爲與曰雖欲耕得乎曰
而暇耕乎曰亦不用於耕耳重七打點步七䀿顧稱周孔以罪其倍師之失曰
變於夷曰南蠻鴃舌曰荆舒是懲曰非先王之道曰昔者孔子曰異於曾子曰
周公方且膺之語雖不同而無一贅漏至究所從之道則推極人情物理此孟
子學問大根原大識見大議論大文章處

按此章闢許行並耕爲主腦責陳相倍師是就中推論未及前道是因其遁辭
而折之也。首二節是案三節陳相口中説許行語提出並耕以爲起論之端
許子必種粟二節先反詰之然則治天下節方是正論不可並耕道理當堯二
節叙古人之事以見不得耕不暇耕堯以不得三節是即上文而論斷之見堯
舜所憂之大其用心有在豈不必用於耕至此闢並耕意方盡用夏五節責倍
師用夏二句總提起一段意陳良楚産云云見良之不可倍次引孔子以證之
今也節見許行之不可學而總歸于不善變以繳變於夷意陳相又爲許行治
市之道是要齊價與並耕是一派話孟子駁之從他無僞處看出反以滋僞故
其説立
窮也

墨者(讀)夷之(句)因徐辟(頓)而求見孟子(句)○求見孟子見逮　孟子曰(句)吾(頓)固願見(句)今(頓)吾尚病(句)病愈(讀)我(頓)且往見(句)夷子不來(句)

墨者治墨翟之道者夷姓之名徐辟孟子弟子孟子稱疾是疑亦託辭以觀其意之誠否

【說約】墨子兼愛近於無父而之厚葬是其本心明處求見亦以此

【指南合參】夷子而冠以墨者別其初也學于墨而求見吾儒其心必不安于彼而慕乎此便有反正之漸了孟子不輕見之而托疾以觀其誠否重吾道也夷子不來是孟子令夷子不必再來也非記者語

按直解蒙引注諸書於夷子不來句俱云夷子不必再來則是此時已至孟子之門矣說約以為願見是願往見不來是不必來則是夷子未來只托徐子致意似未安

【講】此孟子之闢墨也有為墨之道者夷之因徐辟而求見孟子意其慕道而來或反正之机也然未知其意之誠否何如孟子曰吾固願見夷子奈今吾尚病上愈我且往見之夷子不必再來也蓋托病以辭之欲堅其求見之心以為施教

之地也○

他日頓又求見孟子句孟子曰句吾今頓則可以見矣句○可以見連不直讀則道不見句○道不見連我頓且直之句吾聞夷子頓墨者句墨之治喪也讀以薄爲其道也句○爲其道連夷子思以易天下句○易天下連豈以爲非是頓而不貴也句○非是連不貴連然而夷子葬其親頓厚句則是以所賤事親也句○以所賤連

又求見則其意已誠矣故因徐辟以質之如此直盡言以相正也莊子曰墨子生不歌死無服桐棺三寸而無椁是墨之治喪以薄爲道也易天下謂移易天下之風俗也夷子學於墨氏而不從其教其心必有所不安者故孟子因以詰之

【莊子天下篇】古人喪禮貴賤有儀上下有等天子棺椁七重諸侯五重大夫三重士再重今墨子獨生不歌死不服桐棺三寸而無椁以爲法式

問夷之請見而孟子終不見之何也朱子曰孟子雖以闢邪說爲已任然不過講明其說傳之當世使聞者有以發悟于心而自得之耳固不輕接其人交口競辨以屈吾道之尊也譬如盜賊之害聖人固欲去之然豈肯被甲執兵

而親與之角哉

慶源輔氏曰夷子雖師墨氏之教至於葬親之時天理自然發動有不得外其師之說者故不用其制而凡事從厚也此於人情固宜有之故孟子因舉此一事以詰之而下文又舉丧葬之說以發其意此正夷子之天理一點明處也

[蒙引]夷子思以易天下言其道宗于薄而自用則又獨出于厚何也此便是因其所明而通之

[說約]按可以見言病愈也且直之未見而先質之也○厚字與薄字對賤字與貴字對薄貴當從其貴也厚賤不宜賤事其親也

[集說]吾今則可以見矣意是在求見之誠然孟子口中却只在病愈上說然一番說話却只在門内外兩相傳道郤未相見也我且直之且字亦猶云我先且盡言一番看他能受得否之意想憮然為閒之後孟子亦必有引見時也必待其悟而後見之不遽然以見亦是孟子不屑之教誨○墨者之道自是一個敎門他底話說儘多不止治丧一事孟子特因夷子厚葬其親為與其道自相背

又且是他良心不自安有可撥動處故特揭而詰問之通節孟子之言都是詰問口氣到夷子二本故也方是直闢○易天下從道字來既以之爲道便要想移易天下之風俗○豈以爲非是而不貴是反言以起下所賤二字夷子尚且思以易天下則於其道必是以爲至是而貴之者○則是以所賤事親也旨在薄則賤在厚葬其親厚反明以已道之所甚惡者而待其親矣此即夷子之行與其道自相背謬處詰問他令彼自解也然其實以薄爲道者蔽於邪教也厚葬其親者發于良心也此亦正見夷子之良心自在有可教處故集註指出其心必有所不安一心字來

【心訣】又求見仍因徐辟也吾今則可以見不必猶病愈以假作真也亦不可明說是意誠只含虛說不直二句乃一正一反之詞直者盡言以相正道不見只虛就道理說且字有味謂我未即見之先且直之墨者以薄爲道不獨治喪一節但因夷子葬其親厚違良心未泯故以治喪詰之言墨以薄爲道夷子學於墨既思以薄易天下豈以薄爲非是而不貴之哉以薄爲是而貴之一則然則

非而賤之今乃葬其親厚是不用其所貴者以事親却用其所賤者事親也豈其道可以易天下不可以用之三身邪當必有說矣通節全重夷子葬親厚何益學於墨而不安于墨此夷子之心不容泯滅處故孟子從此與醒他而又以所賤事親敬發他如以墨爲是何故厚葬其親如以厚葬其親爲是何故却學于墨自思自悟則必知墨道之爲真非而儒道之爲真是矣○以薄爲道如何思以易天下彼其意曰天下皆吾一体也何問于親疎世知有我各私其親是以無大同之治我教以大同之治無親無疎畧無差等而俾皆得其所此其說亦欲動人而思以易天下者却不知父子天性本不同於路人即夷之從墨氏教非其親厚此亦可驗天性之真有不忍薄者從墨氏之教易天下而身厚其親以爲顛倒孟子即此顛倒處詰令其自思則必知親其親自當異於他人而可悟墨氏之教之非此孟子極善醒發夷之之處○豈以爲非是而不貴口氣了而不了有使他自猜自疑之意

[指南合參]所賤事親何非道折語是故意儆他若以墨道爲是則學于墨者爲

何若以薄道爲是則厚葬又爲何所行與所學相反必有个緣故只要他自省

這一點厚葬的念頭

按道不見道守固是吾儒之正道但宜虛說不可指定其道是墨道即韓子所謂道其所道非吾所謂道也然而一轉甚喫緊葬其親厚已伏有一本意

[講]他日又來求見孟子則其意誠矣孟子曰吾今已病愈則可以見矣但夷子來意爲道也若不直言則道理不得明白我且未見而先直言之吾聞夷子乃學于墨氏之道者墨氏之治喪也凡棺椁之類一槩從薄此墨氏之道也夷子既從其教將思以此移易天下之風俗豈以墨氏之道爲不是而不貴重之也既以薄爲貴則必以厚爲賤矣然而夷子之葬其親反從乎厚則是不以墨氏之所貴事親而以墨氏之所賤者事親也學其術而不遵其教是誠何心哉

徐子以告夷子句夷子曰句儒者之道句古之人讀若保赤子句此言讀何謂也句之頓則以爲頓愛頓無差等句施頓由親始句徐子以告孟子句孟子曰句夫夷子頓信以爲頓人之親其兄之子讀○兄之子連爲若頓親其鄰之赤子乎句○鄰之赤子連彼頓有取爾也句○取爾連赤子頓匍匐將入井讀非赤子之罪也句○赤子之罪連且頓天之生物也

請使之一本何而夷子二本頓故也何

若保赤子周書康誥篇文此儒者之言也夷子引之蓋欲援儒而入於墨以拒孟子之非己又曰愛無差等施由親始則推墨而附於儒以釋己所以厚葬其親之意皆所謂遁辭也

問愛無差等夷子既知此說便當一槩親疎合貴賤方得今却曰施由親始則是又將親疎對待而言豈非吾之愛又有差等也哉其辞秪牾信乎其遁而窮矣

朱子曰夷子之所說愛無差等此其大病其言施由親始雖若粗有差別然亦是施此無差等之愛耳故孟子但責其二本而不論其下句之自相矛盾也夷之所以卒能感動而自知其非蓋因下文極言非為人泚之心有以切中其病耳此是緊要處當着眼目○施由親始一句乃是夷子臨時撰出來湊孟子却不知愛無差等一句已自不是了他所謂施由親始便是把愛無差等之心施之肰把愛人之心推來愛親是甚道理○問夷子學於墨矣而必推其說以求合於儒何也曰天下之理其本有正而無邪其始有順而無逆故天下之勢正

而順者常重而無待於外邪而逆者常輕而不得不資諸人此理勢之必然也胡不以近世之佛學觀之吾所以拒彼者至矣彼未嘗不求自附於吾儒蓋不如是則尤反側而無以自安也其理之悖説之窮於此亦可槩見惜世無孟子無能因其所明以誘之者是以卒於漂蕩而不反也

慶源輔氏曰夷子蓋以儒者若保赤子是愛他人子如愛我之赤子有似於墨子愛無差等之説故謂其欲引儒家入墨教中去

新安陳氏曰之又曰墨氏兼愛之學愛其親與愛外人無差等之殊但施則自親始耳施由親始一句要彌縫竊取儒家立愛自親始之意是推墨氏而依附於儒家也○理屈詞窮強爲此説以自逃遁也

蒙引 儒者之道云云喚起之則以爲愛無差等施由親始此二句是夷子自以己意解書之言以釋己厚葬其親之意蓋謂我之愛無差等即儒者之若保赤子者也然愛無差等親與他人一般係而施必自親始此吾之所以厚葬吾親正施由親始之説也○墨者以薄親爲道而夷子却從厚此正其一點天理之

不容已者矣。孟子所以道明以人其勢也孟子蓋亦發其[illegible]

聰明蓋虎得孟子之意欲以兩路捨獲 他若御吾之厚者是其[illegible]

矣矣若伸其道之薄者是則我之獨厚 又無謂矣左右皆非各也乃爲扶[illegible]

說黨者之勢曰吾之兼愛與儒者之保赤子何異但謂之如保赤子則所爲[illegible]

自親者始我之獨厚亦未爲倍也蓋兩扶之詞也。既曰愛無差等施一不[illegible]

疎矣而又曰施由親始則又畧有親疎之辨此其言亦自相矛盾足見其辭之[illegible]

然下何自有是處故孟子不攻其說之矛盾而力攻其本病之所在也

〔說約〕之意愛他人之子同於己之子本近於愛無差等故曰援儒入墨道要

無差等而施則舉親始却與儒合故曰推墨書固曰立愛惟親記又曰立愛自

親始也之則以爲愛無差等施由親始是他杜撰解書說下之辭直怠巧甚

〔存疑〕之則以爲句即是以己意釋上書詞相承貫說

〔心試〕儒者三句應上以薄爲道之說二句應上以愛事親但語意一氣說下蓋

援儒入墨推墨附儒之詞雖不差却太分晰且夷之再三求見原慕儒而來本

非便挑其議以爲勝。如云孟子闢以墨之兼愛爲非，實欲儒者之道亦有上[illegible]

之人儒者之人也。其言曰若保赤子。夫赤子至親，小民至疎，而乃保之如赤[illegible]

此言果何謂乎。之即其言推之，蓋謂赤子至親也。視天下之人皆如赤子，雖[illegible]

其親亦愛他人，初無厚薄之別，是愛無差等。儒與墨未嘗不一也。但不曰保[illegible]

子若保民，而謂保民若保赤子，則保赤子還在先，而後保人也。已若[illegible]

乎。是愛之施由於親始也。既由親始，此吾所以厚葬其親耳，而豈以薄[illegible]

之謂乎。此言何謂，不是問詞，則以爲三字正與何謂也相應，是更了自解者[illegible]

爲愛無差等之謂也。施由親始，則明己厚葬之意耳。

〔餘〕朱若保赤子，勿露愛民字，他意只云愛他人子如己子也。愛無差等，施由[illegible]

始，都從一个若字上看出。若保赤子，則人與赤子雖不同，而其保則同，便是[illegible]

無差等，所謂之如保赤子，則先有保赤子然後有若保赤子，便是施由親始[illegible]

何之釋，以解墨之兼愛與儒者不異；下句之釋，以解己之厚葬未爲不是[illegible]

〔正解〕古之人若保赤子，正說儒者之道，愛無差等二句是夷之錯解[illegible]

夷人之親其兄之子二句意也

孟子言人之愛其兄子與鄰之子本有差等書之取譬本爲小民無知而犯法如

赤子無知而入井耳且人物之生必各本於父母而無二乃自然之理若天使之

然也故其愛由此立而推以及人自有差等今如夷子之言則是視其父母本無[illegible]

異於路人但其施之之序姑自此始耳非二本而何哉然其於先後之間猶知所

擇則又其本心之明有終不得而息者此其所以卒能受命而自覺其非也

蒙子曰人之有愛本由親立推而及物自有等級今夷子先以愛無差等[illegible]

之則由親始此夷子所以二本○事他人之親如己之親則是兩個一[illegible]

如一本有兩根也○愛無差等何止二本蓋千萬本也

[或問]天之生物使之一本而夷子二本何也曰天之生物有血氣者本於父母[illegible]

無血氣者本於根荄皆出於一而無二者也惟其本出於一故其愛有主於一[illegible]

焉蓋一體而分血氣連屬眷戀之情自不能已固非他人之可比也自是推之

則因其親疏遠近而所以爲愛者有差焉此儒者之道所以親親仁民以至於愛[illegible]

物。而無不各得其所也。今夷之乃謂愛無差等。則是不知此身之所從出。而愛其父母無以異於路人也。雖其施之先後、稍不悖於正理。然於親疏而謂之施焉。則亦不知愛之所由立矣。是非二本而何哉。而說者乃或謂其權由親始之言暗合於吾儒之一本者。愚以為差之毫釐、繆以千里。為是說者亦自不知一本所以為一本矣。又有以愛有差等為一本者。雖無大失。而於文義有所未盡。蓋謂其一本。故愛有差等。則可。直以愛有差等為一本。則不可也。

慶源輔氏曰。彼有取爾也。一句先儒說皆不明。今斷以為書之取譬。方說得通。蓋非謂愛凡人之赤子與兄弟之子一般也。言兄弟之子而不言己子者。蓋兄弟之子與己之子無二也。書曰。立愛惟親。記曰。立愛自親始。蓋愛必始于愛親。因事親以立其愛。即所謂孝弟也者為仁之本也。然後推以及民及物。自有差等輕重。此仁義所以相為用也。夷子雖陷於墨教。而其天理一點之明。終有不可泯滅者。此蓋秉彝之心也。故其先[illegible]後疎之際。猶知所擇而不至[illegible]。孟子之言。得因所明而入之。亦可[illegible][illegible]其[illegible]而愛之也。

雙峯饒氏曰夷之引若保赤子來証愛無差等孟子謂其差認了此句意彼有取爾也是說周書別有所取譬也下二句却解周書本意又曰一本便有厚薄如木然根幹枝葉自有大小次第二本則天下皆是父母無分根幹枝葉了蓋親親而仁民仁民而愛物各有差等不同夷子不識以爲愛無差等

雲峯胡氏曰本文云使之一本而集註以自然之理釋之蓋經謂之使便以設於人爲今曰天使之則莫之爲而爲故人物之生萬有不齊無不一本而生者若使之然莫非自然是之謂天夷子二本非天矣集註後節釋掩之誠是也以爲皆所當然正與此自然二字相應蓋凡人事之所當然者卽本於天理之自然者也

[蒙引]彼有取爾也見下文爾也二字皆語助辭赤子云云明小民之無知而犯法亦非小民之罪也乃上失其道而致然也故保民當如保赤子耳豈真以爲民與吾子全無差等哉如夷子之所見則父母與路人一也豈不爲二本而逆天哉愛無差等待其親如路人待路人如其親是親其親也路人亦其親

也非二本而何抑豈惟二本蓋千萬本也。

存疑 本是本乎天者親上本乎地者親下之本物之所從出處便是本也人物只有一个父母更無兩个故曰一本

說約 夫夷子信以爲至非赤子之罪也先辨儒無兼愛之誤且天之生物至二本故也方正愛無差等之誤既辨儒無兼愛之說則不得援儒入墨也復正愛無差等之誤亦不得推墨附儒也

集說 又言已子而言兄之子人且除却已子是至愛卽到兄子與鄰子處難道遂無差別了並言其萬殊不同者中間一段之意耳兄之子上尚有已子鄰之子外尚有國人之子天下人之子也不止是說則已之子亦可知。信字猶言認眞之說言彼見若保赤子之言便認爲親其兄之子爲若親其鄰之赤子是這樣無所差等乎。取是取譬非取義之取言彼書之言自有所取譬之意云爾也又承上二句又取下二句下二句正說取譬之意蒙引云見下文說是不可便作收語。赤子匍匐入井言小民之無知犯法所當矜恤者也此正書取譬之意此二句孟子之意只緊要辨一若字非赤子之罪則小民之所當矜恤可知則若保赤子之若字乃在上人心裡若非謂天下之民人與吾之赤子一様之爲者也自此以上只說他錯認其言爲不知儒者之道尚未關他愛無差等施由親始之說下一且字作轉語則直闢之矣須看明段落。曰天之生物不特人爲然卽物亦有然者故集註兼言人物。自然之理四字要看是正說使字義天豈一一而使之盖道理自是如此而人物自不得不如此皆天使之然總要想另一様去也不能只看今之人物有兩个父母生底否天者何曰理而已矣朱註加一若字似不直捷。故也二字亦要看人惟識得一本之理故凡所推及輕重條理一一不爽夷子惟於此處未曾看真故曰愛無差等施由親始也二本又是他愛無差等施由親始之病痛原本處

［翼註］親愛其兄之子若保其鄰之赤子只是親疏一致意。彼指書言別有取義爾也見非兼愛。取譬本大全而取義是常說

［說統］兄之子與鄰之子相形說來正見愛自有不得不分別處何況吾親彼有

取爾三句是明周書取譬之意以保民當如保赤子云爾非眞以民與赤子全無差等也赤子匍匐二句當以小民相形說且天之生物三句是推生物之本原以辨其愛無差等之謬

心訣　夫夷子五句辨其所論書詞之謬是折之以人情重一人字且天之三句折其施由親始之悖是折之以天理重一天字兄之子必不肯視之若鄰之子而鄰之子必不肯等之若兄之子此人情之自然而不容强者如謂卽兄與鄰亦必有差等而况吾親與他人乎是孟子立言激射處彼書所言誠有取爾也赤子匍匐二句正解書意所取赤子二字書以小民無知而犯法罪不在小民是君上不教之罪若赤子無知而匍匐入井罪不在赤子是父母不謹之罪故爲君上者保民之無知若保赤子之無知可也書之取義如此豈謂愛民愛己子全無差等如兄子鄰子之無別也不然何不曰如保子而必曰如保赤子耶且天之三句又從本原把天來說見得愛無差等者逆天之事也且字根上來謂書之所言固自有辨且人生於天天生物而使之一本萬類皆然未有能違

若言人只有一个父母更無两个猶草木只有一根更無二根也夷子視其親無異路人但謂施之之序畧自親始而不分外加厚則親是一本路人與親二般亦是一本非二本而何惟其本之二故其愛無差等也。天使二字亦重但此使字是自然之使子之于親其真意相維處蓋天于冥匕之中默相聯屬而不能已已者下節非爲人此等字可見

彙解曰兄之子則己之子可知視親之愛子則子之愛親可知互見之詞也

諸家辨天夷子五句解書辞非愛無差等之謂只是與夷子辨明道理不當以薄爲道而其撥醒夷子最親切處全在天之生物三句蓋一本則愛不能無差等若愛無差等便看得至親如路人便是二本說到夷子二本雖攻其蔽正見他厚葬其親一念却不汨没了一本之愛却終不忍二本意上世節非但深明一本意亦見夷子厚葬爲是適合於仁孝之道不當依附墨道以薄爲貴也此夷子所以終憮然悟也

集成仇滄柱曰爲愛無差等者不知父母之重故以一本之說啓之親愛之篤

出於自然是謂天之使之本節反覆推明總闢夷子兼愛之非[illegible]生
物只指生人若禽獸多不能知其一本間或有之亦不能全也
講徐子以孟子之言告夷子夷子知孟子欲兩路辨難他若申吾之厚葬爲是則
與其道之薄者戾矣若申其道之薄者爲是則已之厚葬又無謂矣乃爲兩救
之說曰夫子以兼愛爲非是然儒者之道如康誥之言古之人保民若保赤子
此言何謂也不猶吾之兼愛乎在之則以爲愛天下之人與愛吾之親皆無差
等但其所施有序必由親始耳故我厚葬其親亦欲推之以厚葬天下人之親
乃施由親始之意也夫豈以所賤事親乎徐子以夷子之言告孟子孟子闢之
曰夫夷子引康誥之語謂保民如赤子夷子真以爲人之親愛其兄之子爲鄰
若親愛其鄰之赤子都無分別乎況民與已之赤子安得無分也彼書之言蓋
有所取義云爾也書言以爲小民之犯法出於無知非小民之罪乃上之失教
使然亦猶赤子匍匐將入井出於無知非赤子之罪也故保民當如保赤子不
使無知之民陷於刑罰耳謂儒者之道亦兼愛不亦謬乎夷子之引書詞且失

其有矣。且天之生物也，使之受氣成形，只有一个父母，從這根本上發生出來，故愛親之心根於天性。雖愛由此立，而推以及人，自有差等。今夫子待路人如其親，殆有兩个根本，故愛無差等也，豈人理哉。

蓋上世頓嘗有不葬其親者句〇不葬其親連　其親死讀則舉而委之於壑句〇舉而委之連　他日過之句狐狸食之句蠅蚋頓姑嘬之句其顙有泚句睨頓而不視句夫泚也讀非為人泚句〇為人泚連　中心達於面目句　蓋歸頓反虆梩頓而掩之句　掩之誠是也讀則孝子仁人之掩其親讀〇掩其親連　孝子仁人連　亦必有道矣句

因夷子厚葬其親而言此，以深明一本之意。上世，謂太古也。委，棄也。壑，山水所趨也。蚋，蚊屬。姑，語助聲，或曰螻蛄也。嘬，攢共食之也。顙，額也。泚，泚然汗出之貌。睨，邪視也。視，正視也。不能不視，而又不忍正視，哀痛迫切不能為心之甚也。非為人泚，言非為他人見之而然也。所謂一本者，於此見之尤為親切。蓋惟至親故如此，在他人則雖有不忍之心，而其哀痛迫切不至若此之甚矣。反，覆也。虆，土籠也。梩，土轝也。於是歸而掩覆其親之尸，此葬埋之禮所由起也。此掩其親者，若所當然，則孝

滕文

子仁人所以掩其親者必有其道而不以薄爲貴矣

慶源輔氏曰此又孟子畧其遁辭而專以其良心之發有不容已處深明大惟一本故其於親之喪哀痛廹切非他人之所可得同者而因以見先王所制葬埋之禮必誠必信勿之有悔者固皆自然之理而墨子二本薄葬之說爲杜撰妄作而不可行也

雙峯饒氏曰厚葬其親發於其心之不能自已這便是夷子求見孟子之萌芽孟子就舉上世不葬其親之說亦見得發於不容已蓋上世不葬其親這一人於心有所不安却掩之葬親之事〻此始若以爲掩得是則孝子仁人之掩其親亦必有个道理以此觀之則厚葬其親自有不容已者葬其親厚則無差等之說不攻自破矣集註若所當然四字說掩之誠是一何隹

蒙引夫泚也非爲人泚註言非謂他人見之而然也言其泚無所爲也所謂一本者於此見之尤爲親切蓋歸反虆梩而掩之通是一本之意不止非爲人泚[illegible]其[illegible]於此見之尤[illegible]切耳其[illegible]非爲他人見此而發愧有泚也

他人泛指路人。夷子二本一條只破其所謂愛無差等者以其逆夫一本之理也蓋上世嘗有不葬其親者一條則又因其厚葬之本心而痛言之以深明夫一本之意其所以開發之者可為中其肯綮矣夷子自有資質且其所以悟也

存疑 非為人泚猶非所以納交於孺子之父母三句意言非有所為而泚也蒙引前說是後說非為他人之子見之而泚不是仁人之葬其親必有道言必從厚也曰掩之誠是也只從掩之上搭過厚葬云蓋因此而推廣之也

說約 孝子仁人謂今日對上世言

集說 上世乃太古之時尚無葬埋之禮也故集註於下云此埋葬之禮所由起也嘗有二字是孟子推之即指此之葬其親者言非對亦有葬其親者而言也要知。所謂一本者無處不可見而於此見之尤為親切朱子所謂一本云云三句乃於節中緊要處着此數語以見一本之懇切正其悚動夷子處蒙引以為蓋歸以下通是一本之意不止非為人泚也不知蓋歸以下乃是俱從非為

人此一段良心中來猶所謂仁術也於一本二字尙後一層蓋惟至親故如此在他人則雖有不忍之心而其哀痛廹切不至若此之甚矣又是申說所謂一本者三句之意○至親指其親說他人指他人之親說○若所當然若字是解誠字則掩之誠是也句當緊接下句而非繳上意也○當然如云一定說如此當然二字便吸下道字在上世止謂之當然在後世便謂之道○孝子仁人只是一人○亦必有道亦字承誠字說來如云這掩若不是便罷若以爲這掩是當然底則天下後世孝子仁人之不忍于親而掩之者也都一定有個道理在不容於苟且自已者矣

駁朱掩之分上是原葬埋之禮所由起下是斷葬埋之禮所當厚揔是即其發于至情之不容已者以明一本之意實因其厚葬之本心而開發之也非爲二句相炤應掩之是就上面未有葬禮之先說孝以情言仁以理言孝子仁人之掩其親就葬埋之禮說便有厚意了必有道只就情與理上說註中二他人字不同上對已言下對親言誠是誠字即註若字乃承上起下之詞仁人孝子即

吾儒也下掩字指厚葬言與上二掩字不同

心訣又原其厚葬之本心而痛言之亦深明一本之理以感動之也重在心二字上世乃生民之初法制未備不曉得何如殯殮沒奈何只得委之于壑非忍弃之也他日過之亦其已委之不忍忘之復往顧低面耳及見親体爲物所殘傷不勝倉皇驚駭發泚於面目不能不覩又不忍正覩哀痛廹切不能爲心之矣非爲人泚也或謂非爲見他人之親而有此泚乃見巳之親云云與一本意亦切但照下中心字不協還是言不是爲外人看見謂我薄親有愧而發出此泚乃是我中心誠孝的至情自然發達此泚於面目耳曰目則淚可知矣中心一句最重蓋一本之理所可驗者莫切於此蓋歸字有急之之意掩之誠是句乃承上接下之詞誠是謂此掩其親者誠揆之天理而順合之人情而發出亦必有道謂孝子仁人當旣有掩親之後肯不篤一本之愛反從其薄而無以厚之不使土親膚之道耶吾想推類泚之至情必有所自致出睍視之深愛必有所獨隆愈厚愈好乃仁孝之天性殊不忍與他人等也今夷子厚葬其親正

其本心之明而有合于孝子仁人所爲者乃謂愛無差等而惑於墨氏二本之教謂之何哉自有其明而爲學所蔽自有乎仁孝而不能盡仁孝不亦可惜耶孟子說到此處極痛切懇惻故能感動夷之○葢上世葢歸反兩葢字大都茫憶度想像當如此耳其顙有泚睨而不視俱是他不識不知中良心發見處若少涉情識便非上世人的光景

按反虆梩直解謂反虆梩反土當是以虆梩盛土至而顧之也集說謂反是自家而復至其所稍別

講夷子二本如此而其厚葬之心爲何心亦自知之耶葢上世之時禮制未備嘗有不葬其親者其親死則其子舉而委棄之于壑及他日過其處但見大而狐狸食其肉微而蠅蚋嘬其膚於是其顙自泚然汗出但邪視而不忍正視夫其泚也非爲人見之而然也葢其哀痛之至由中心達於面目而不自禁也使非一本之親何以如是於是葢歸取虆梩覆土而掩覆其親之尸此掩之若誠合乎理之當然也則孝子仁人之掩覆其親亦必有當然不容已之道而不以薄爲貴矣可見人必一本道必從厚夷子厚葬其親正其一本之真情所自見

[illegible]說辨愛無差等之說並

[illegible]夷子句 夷子憮然[illegible]爲間曰句 命之矣句

[illegible]然自失之貌爲間者有頃之間也命猶教也言孟子已教我矣蓋因其本

[illegible]以攻其所學之蔽是以吾之言易入而彼之惑易解也

夷子曰之字夷子名君仍虛字不成句法

諸家辨 憮然爲句爲間二字屬下文

心說 憮然爲間有頃[illegible]初醒稍定始能直[illegible]悟深以孟子之

言爲然是像若直說教我使不得[illegible]本之首相激發

地

合參 命字語盡上二節意命如要[illegible]

孟子之言告夷子夷子聞之遂[illegible]然自[illegible]待而命

致我矣盡其本心復明而[illegible]皆其非如此

[illegible]目許行與民並耕之說是欲以其君下同[illegible]之說是

[illegible]卷之五 滕文 [illegible]堂

[illegible]

[illegible]同，公衆人皆非聖人之道而自爲，端此孟子所以闢之也。

[illegible]也而[illegible]其親厚此一厚字猶是夷子行倍是施愛無差等施由

[illegible]非也然此一始字猶[illegible]夷子說得是處所以可因其本心之

[illegible]也

[illegible]愛以衛正道着二句是夷子有逃墨歸儒之機吾固願見至節

[illegible]誠以下詳闢之以啟其悟通章重一本二字人以本生愛以本

[illegible]不得不差等此人心自然不容已處夷子雖漸於墨教而厚葬

[illegible]之動於一本而不自知者孟子從此處挑動他說得天理人情況

[illegible]子之闢言而悟也。

[illegible]二字通章骨子仁人二字通章關鍵

[illegible]是孟夫子大功然他處處我兼愛無父無君皆是自己議論

[illegible]相背[illegible]又謂徐子一折不合他而相抗言大有妙用

[illegible]註詳說上孟卷之五終